ISBN 978-0-282-16962-6
PIBN 10587749

FB &c Ltd, Dalton House, 60 Windsor Avenue, London, SW19 2RR.
Company number 08720141. Registered in England and Wales.

For support please visit www.forgottenbooks.com

MELLIN
E SAINT-GELAYS

(1490 ? - 1558)

ÉTUDE SUR SA VIE ET SUR SES ŒUVRES

THÈSE

PRÉSENTÉE

A LA FACULTÉ DES LETTRES DE L'UNIVERSITÉ DE TOULOUSE

PAR

L'ABBÉ H.-J. MOLINIER

Professeur au Collège libre d'Espalion

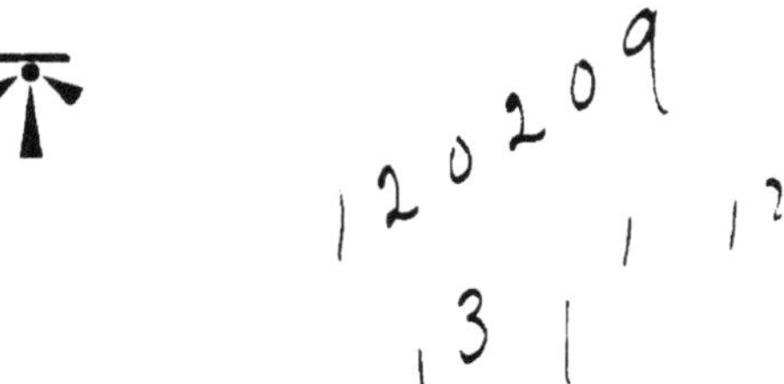

RODEZ

IMPRIMERIE CARRÈRE

1910

A

M. HENRY GUY

PROFESSEUR A LA FACULTÉ DES LETTRES

DE L'UNIVERSITÉ DE TOULOUSE,

HOMMAGE

DE RECONNAISSANCE

MELLIN DE SAINT-GELAYS

(1490?-1558)

AVERTISSEMENT

Voici le résultat de sept années de travail. Depuis le mois d'octobre 1902, quelles qu'aient été mes occupations, j'ai été heureux d'y employer toutes mes heures de loisir. Pendant ce temps, il ne s'est presque pas écoulé de jour sans que je m'en sois occupé, et je lui ai consacré à peu près exclusivement toute cette dernière année.

Qu'il me soit permis de déclarer dans quel but j'entrepris cette œuvre.

En voyant tant de lettrés travailler avec une ardeur passionnée à élever chaque jour le grandiose monument de l'*Histoire littéraire* de notre pays, j'ai eu la témérité de vouloir leur apporter mon faible concours, poussé par l'amour de la Vérité. Et je me suis mis à étudier la vie et les œuvres de Mellin de Saint-Gelays.

D'aucuns peut-être blâmeront mon choix, en disant que ce poète courtisan ne méritait pas tant d'honneur. Mais, tout d'abord, on n'est pas absolument libre de choisir son sujet pour ce genre de travail, surtout quand on vit en province. De plus, d'autres moins grands et moins intéressants que Saint-Gelays avaient eu avant lui l'honneur d'une étude particulière. S'il est par lui-même assez peu sympathique, on ne saurait lui refuser dans l'histoire de notre littérature une place que le temps et la critique semblent lui avoir définitivement accordée. Je l'ai étudié, sinon toujours avec plaisir, du moins consciencieusement.

Et, comme ses vers ne se trouvent pas facilement, j'ai cru devoir multiplier les citations afin de mieux faire connaître son genre et son talent. Dans ce but encore, je me suis efforcé de replacer son œuvre dans le milieu social où elle s'est produite, faisant une large part à l'histoire des événements et de la littérature générale de cette époque. Sans cela, il serait impossible de comprendre le rôle véritable que joua Mellin de Saint-Gelays dans cette société élégante et curieuse, qui s'agitait autour de François Ier et de Henri II.

Ce n'est pas que j'aie la prétention de dire le dernier

mot sur ce poète : je ne puis me flatter d'avoir heureusement résolu toutes les difficultés que j'ai rencontrées, et d'avoir fait la lumière sur tous les points obscurs. Du moins, puis-je me rendre le témoignage de n'avoir rien négligé pour découvrir la vérité. Pas une source connue de renseignements à laquelle je n'aie été puiser moi-même, ou que je n'aie fait explorer par des amis dévoués. Et si toujours le succès n'a pas répondu à mes efforts, puisse ma bonne volonté me mériter l'indulgence pour tout ce qui manque à mon travail ! Il contient, en effet, plus d'une lacune. Quelques-unes sont voulues. Je n'ai pas cru devoir étudier dans un chapitre spécial la langue et la métrique de Mellin, parce que cette étude avait été minutieusement faite déjà [1], et qu'elle sortait du plan que je m'étais tracé... Quant aux autres, *veritas est filia temporis*, a dit Bacon.

Parvenu enfin au terme de mon entreprise, j'éprouve une joie bien vive à remercier tous ceux qui, de près ou de loin, m'ont généreusement aidé à la mener à bonne fin. Et tout d'abord mes remerciements émus s'adressent à M. Henry Guy, mon ancien et vénéré maître de l'Université de Toulouse. Non seulement il me suggéra l'idée de la présente étude en m'encourageant à l'entreprendre,

1. Cf. Ernst Winfrid Wagner — *Mellin de Saint-Gelays, Inaugural-Dissertation*, présentée à l'Université de Heidelberg, 1893. — Chap. IV et V, p. 47-119.

mais, pendant tout mon labeur, il n'a pas cessé de me prodiguer ses indications et ses précieux conseils, avec le dévouement le plus affectueux. C'est un devoir très doux pour moi de l'assurer de ma profonde reconnaissance, en le priant respectueusement d'agréer l'hommage de mon travail, que je suis fier de lui dédier.

Je dois aussi des remerciements à M. Camille Couderc, mon compatriote, archiviste paléographe attaché à la Bibliothèque Nationale, qui, avec une amabilité parfaite, aplanit pour moi toutes les difficultés des manuscrits du XVIe siècle. Beaucoup d'autres collaborateurs, aussi modestes que dévoués, m'ont eux aussi généreusement prêté un concours des plus utiles. Avec reconnaissance, je dis à tous un cordial merci.

Espalion, 1er mai 1909.

BIBLIOGRAPHIE

I. Œuvres de Mellin de Saint-Gelays.

On trouve des vers de ce poète dans :

A. MANUSCRITS.

1° *De la Bibl. Nat.*

Fr. 842. — *Recueil de poésies du* XVIe *siècle*, f° 48-64 et 114-144.

Fr. 878. — *Poésies de Mellin de Saint-Gelays recueillies pour le sieur de Villecouvin*, par P. D. M. P.

Fr. 885. — *Livre de vers que le roy Henri second avait donné à Diane de Poitiers, duchesse de Valentinois, sa maistresse...*

Fr. 1663. — *Poésies du* XVIe s., f° 83 v°. Dizain.

Fr. 1667. — *Epigrammes grecz et latins avec la traduction françoise sur les anciennes armoiries et sang naturel de Me Jacques Thibaust, Escuyer, seigneur de Quantilly*, f° 79, 165, 171, 184, 233, 279.

Fr. 1700. — *Recueil de poésies du* XVIe *siècle*, f° 6, *Sur la mort d'une belette*, et f° 36, *Translation d'une épigramme de Catulle*.

Fr. 2.334. — *Recueil de poésies du* XVIe *siècle*, f° 36, 49, 79, 80, 82, 118.

Fr. 2.335. — *Recueil de pièces en vers et en prose du* XVIe *siècle*. Très nombreuses poésies de Saint-Gelays. — *Traduction du Courtisant*, f° 3-28.

Fr. 2.336. — *Poésies*, f° 101, *Lamentation de Vénus sur la mort d'Adonis*.

Fr. 4.967, porte au dos : *Histoire de France, par Crelin*, contient des poésies de Mellin de Saint-Gelays dans le *Recueil* qui commence au f° 201.

Fr. 15.220. — *Mélange en prose et en vers*, composé au XVIIe siècle f° 34-37.

Nouv. Acq. Fr. 1158. — *Recueil de poésies d'Octovien de Saint-Gelays et de Mellin de Saint-Gelays*, f° 151-186.

2° *De la Bibl. de l'Arsenal.*

N° 1243. — *Recueil de poésies latines érotiques*, formé par Bernard de La Monnoye, traduction, f° 3.

N° 3.458. — *Recueil de poésies françaises en vers et en prose, Deffinition d'Amour*, f° 21.

3° *De la Bibliothèque de la ville de Soissons.*

N° 199. — *Mélange de prose et de vers*, f° 40, *Vision de Saint-Gelays* ; c'est le *Chapitre*, II, 185.

N° 201. — *Mélange de prose et de vers*,
f° 35, *Rondeau de Saint-Gelays*,
f° 40, *Complainte de Vénus à Adonis.*

N° 203. — *Mélange de prose et de vers*,
f° 102, *Envoy de Saint-Gelays au seigneur des Essarts.*

B. IMPRIMÉS [1].

1. Saingelais, *Œuvres de luy, tant en composition que translation, ou allusion aux auteurs grecs et latins.* — Lyon, Pierre de Tours, 1547, in-8 de 79 pages, lettres rondes.

2. *Œuvres poétiques de Mellin de Sainct-Gelais.* — Lyon, Antoine de Harsy, 1574, in-8 de 8 ff. liminaires, 253 pages et un feuillet blanc, caractères italiques.

1. Je renvoie pour de plus amples renseignements aux précieuses indications que donne P. Blanchemain dans son édition des *Œuvres de Sainct-Gelays*, t. I, p. 33-42.

3. *Œuvres poétiques de Mellin de Sainct-Gelays.* — Lyon, Benoist Rigaud, 1582, in-16 de 295 pages et 16 ff. préliminaires dont un blanc.

4. *Id.* — Paris, Guill. de Luynes, 1656, in-12 de 9 ff. préliminaires et 246 pages. Caractères ronds.

5. *Id.* — Paris, (sans nom) Coustelier, 1719, in-12, avec 4 ff. préliminaires, 275 pages, suivies de 9 pages non chiffrées.

6. *Œuvres complètes de Melin de Sainct-Gelays, avec un commentaire inédit de B. de La Monnoye, des remarques de MM. Em. Phelippes-Beaulieux, R. Dezeimeris,* etc. — Edition revue, annotée et publiée par Prosper Blanchemain. — Paris, Paul Daffis, 1873 — 3 vol. in-16, Bibl. elzév.

Il faut signaler encore :

Advertissement sur les jugemens d'astrologie à une studieuse damoyselle. — Lyon, Jean de Tournes, 1546, in-8° de 40 pages et 3 ff. non imprimés.

Une reproduction typographique de cette plaquette, tirée à 20 exemplaires seulement, a été publiée par Eusèbe Castaigne. — Angoulême, Goumard, 1866, in-8° de 45 pages

Sophonisba, tragédie très excellente, tant pour l'argument que pour le poly langage et graves sentences dont elle est ornée : représentée et prononcée devant le Roy en sa ville de Bloys. — Paris, Ph. Danfrie, ou Richard Breton, 1559, in-8° de 47 feuillets.

Imitation de quelques chants de l'Arioste, par Desportes, Mellin de Saint-Gelays, Baïf, Louis d'Orléans. — Paris, Lucas Breyer, 1572, in-8°.

Mellin de Saint-Gelays corrigea encore la traduction française du *Courtisan de Messire Baltazar de Castillon,* nouvellement revu et corrigé. — Lyon, François Juste, 1538, in-8°.

Il mit également en ordre pour être publiés, les *Voyages avantureux du Capitaine Jan Alfonce Sainctongeois.* — Poitiers, Jean de Marnef, 1559, petit in-4°.

II. Ouvrages consultés.

ALBERT (Paul). — *La littérature française des origines au* XVIIe *siècle.* Paris, Hachette, 1872, in-8°.

ANBAU (Barthélémy). — *Le Quintil Horatian sur la Deffence et Illustration de la langue francoyse.* — Lyon, 1556. — Bibl. Nat. Rés. Ye. 1212.

Annuaire statistique, administratif, commercial et judiciaire de la Charente et de la ville d'Angoulême pour l'année 1836. — Angoulême, P. Lacombe, 1836, petit. in-12. — *Notice sur la famille Saint-Gelais,* par Eusèbe Castaigne, p. 307-337.

Archives historiques du Poitou, Poitiers, t. XXXIII, 1904. — *Correspondance politique de M. de Lansac (Louis de Saint-Gelays), 1548-1557,* par Charles Sauzé de Lhoumeau.

ARIOSTO. — *Orlando furioso.* Paris, Cazin, 1786, in-8.

Art de vérifier les dates des faits historiques. Edit. de 1818, 18 vol. in-8.

ARTIGNY (Antoine Gachet d'). — *Nouveaux mémoires d'histoire, de critique et de littérature.* Paris, 1749-1756, 7 vol. in-12. — t. V, p. 202-206.

AUGUIS. — *Les poètes français depuis le* XIIe *siècle jusqu'à Malherbe, avec une notice historique et littéraire sur chaque poète.* Paris, 1824, 6 vol. in-8. – t. II, p. 375-408.

AUTELZ (Guillaume des). — *Les façons lyriques,* imprimées à la fin de l'*Amoureux repos* de Guillaume des Autelz, gentilhomme Charrolois. Lyon, Jean Temporal, 1553, in-12 — Bibl. Nat. Rés Ye. 1623.

— *Réplique aux furieuses défenses de Louis Meigret.* Lyon, Jean de Tournes et Guill. Gazeau. 1558, in-8. p. 58-71. Bibl. Nat. Rés. Ye. 1679.

BAÏF (Jean Antoine). — *Œuvres,* publiées par Marty-Laveaux (Collection de La Pléiade). — Paris, Lemerre, 1881-1891, 5 vol. in 8 — t. II, *Poèmes,* p. 231-260, *Eglogues,* p. 406, 468, 469.

BAILLET. — *Jugemens des savans sur les principaux ouvrages des auteurs* (1685). Edit. de La Monnoye, Paris, 1722, 7 vol. in-4o — t. IV., 383.

BARILLON (Jean). — *Journal de Jean Barillon, publié par Pierre de Vaissière* pour la Société de l'Hist. de Fr., 1897, 2 v. in-8. — t. I, 72, 102 ; t. II, 82-84.

BERNIER (Jean). — *Jugement et observations sur la vie et les œuvres de M. F. Rabelais.* Paris, d'Houry, 1699, in-12 — p. 52-53.

Bibliothèque poétique, ou nouveau choix des plus belles pièces de vers en tout genre, depuis Marot jusqu'aux poètes de nos jours. Paris, Briasson, 1743, 4 vol. in-4. — t. I, p. 20-24.

BINET Claude — *Discours de la vie de Pierre de Ronsard* — dans l'édit. des *Œuvres de Ronsard*, publiées par la Vve de G. Buon, 1597, t. IX, p. 109. — Bibl. Nat. Rés. Ye. 1893-1895.

BLANCHEMAIN (Prosper). — *Notices sur Mellin de Sainct-Gelays et Bernard de La Monnoye* — en tête des *Œuvres de M. de S. G.*

— *Poètes et Amoureuses. Portraits littéraires du* XVIe *siècle.* Paris, Willem, 1877, 2 vol. in-8 formant pagination continue — t. I, p. 117-149.

— *Recherches sur les noms véritables des Dames chantées par les poètes français du* XVIe *siècle.* Paris, Aubry, 1868, plaquette de 12 pages, in-8.

BONNEFON (Paul). — *Le différend de Marot et de Sagan* — *Revue d'Hist. Litt. de la France*, 1894 — t. I, p. 103-138 et 259-285.

BOUCHET (Guillaume). — *Second livre des Serées.* 2e édit, reveu et corrigé de nouveau par l'autheur. Paris, Jérémie Périer, 1608. Réimpression par C. E. Royet. Paris, Lemerre, 1874, 3 vol. in-12. — t. III, p. 222.

BOURCIEZ. — *Les mœurs polies et la littérature de cour sous Henri II.* Thèse. Paris, Hachette, 1886, in-8.

— *Marot et la poésie française de 1500 à 1550* ; chap. III de l'*Histoire de la Langue et de la Littérature Française*, publiée par L. Petit de Julleville, t. III. *Seizième siècle.*

BRANTOME. — *Œuvres*, publiées par Ludovic Lalanne pour la Société de l'Hist. de Fr., 1865-70, 4 vol. in-8.

BRUNET. — *Manuel du Libraire,* 5e édit. 6 vol. 1860-1865 — Art. Saint-Gelays. — t. V, p. 46-47.

— *Supplément,* 2 vol., 1878-1880. — id — t. II, p. 556-558.

BRUNETIÈRE. — *Manuel de l'Histoire de la Littérature française.* Paris, Delagrave, 1898, in-8.

— *Histoire de la Littérature française classique* (1515-1830). Paris, Delagrave, s. d — t. I. De Marot à Montaigne.

BRUNOT. *Histoire de la Langue Française des origines à 1900* — t. II, le *Seizième siècle.* Paris, Armand Colin, 1906, in-8.

— *La langue au* XVIe siècle, chap. XII du *Seizième siècle,* dans la grande *Histoire de la Littérature française.* Paris, A. Colin, 1897.

Buchanani Georgii, Scoti, poetarum sui seculi facile principis opera omnia. Lugduni Batavorum apud Johannem Arnoldum Langerak, 1725, 2 vol. in-4. — t. II, p. 375 et 413.

Bulletin de la Société archéologique et historique de la Charente. Cinquième série, t. VII, années 1884-1885. — *Communication de M. Emile Diais,* 9 avril 1884.

Bulletin historique et philologique du ministère de l'Instruction publique et des Beaux-Arts. Année 1895, p. 506-509 — *Communication de M. Maurice Dumoulin.*

BURCKHARDT. — *La civilisation en Italie au temps de la Renaissance,* traduction Schmitt, 1885. 2 vol. in-8.

CASTAIGNE (Eusèbe). — *Notice littéraire sur la famille Saint-Gelais* [1]. Angoulême, Lacombe, 1836, pet. in-12.

CASTILLON (Baltazar de). — *Le Courtisan, nouvellement reveu et corrigé.* Lyon, Fr. Juste 1538, in-12. — Bibl. Nat. Rés. 2049. A.

Catalogue des actes de François Ier, publié par l'Académie des Sciences morales et politiques. — 10 vol. in-4o.

1. Cet ouvrage ne se trouve pas à la Bibl. Nat., aussi M. Winfrid Wagner déclare qu'il n'a pu le consulter ; il est à la Bibliothèque de la ville d'Angoulême.

CHAMARD (Henri). — *Joachim Du Bellay*, 1522-1560). Thèse. Lille, Le Bigot, 1900, in-8.

— *La Deffense et Illustration de la Langue francoyse de Joachim Du Bellay*, édition critique. Paris, A. Fontemoing, 1904, in-8.

CHAMPIER (Symphorien). — *Les gestes ensemble la vie du preulx chevalier Bayard.* Lyon, Gilbert Villiers, 1525, pet. in-4. — Bibl. Nat. Rés. Ln27. 1198.

CHASLES (Philarète). — *Etudes sur le* XVIe *siècle en France.* — Edit. de 1876. Paris, Charpentier, in-12.

CLÉMENT (Louis). — *Henri Estienne et son œuvre française.* Thèse. Paris, Picard, 1898, in-8o.

— *Le poète courtisan de Joachim Du Bellay. Revue de la Renaissance*, nov. déc. 1904, p. 226-265.

— *De Adriani Turnebii regii professoris præfationibus et poematis.* Thèse. Paris, Picard, 1899, in-8.

COLLETET (Guillaume). — *Vies des poètes françois. Vies d'Octovien de Sainct-Gelais, de Mellin de Sainct-Gelais, de Marguerite d'Angoulême et de Jean de La Péruse*, publiées par Gellibert des Seguins, avec des remarques de E. Castaigne Paris, Aubry, 1863, in-8.

— *Eloges des hommes illustres... composez en latin par Scévole de Sainte-Marthe et mis en françois par G. Colletet.* Paris, 1644. p. 87-91.

— *L'Art poétique*, Paris, Antoine de Sommaville, 1658, in-12.

CRAPELET. — *Poésies des* XVe *et* XVIe *siècles.* Crapelet, 1830-1832, in-8.

CREPET (Eugène). — *Les poètes français.* 2e édit. Paris. Maison Quantin, 1887, 4 vol. in-8. — *Notice sur Mellin de S. G.*, t. I, p. 607-617.

DARMESTETER ET HATZFELD. — *Le seizième siècle en France.* — Septième édition revue et corrigée. Paris, Delagrave, s. d. in-12.

DARMESTETER (Mary-James). — *La reine de Navarre Marguerite d'Angoulême* ; traduction de Pierre Mercieux. Paris, Calmann Lévy, 1899, in-12.

DEGERT (abbé). — *Le poète Mellin de Saint-Gelays, abbé de Lescale-Dieu.* — *Revue de Gascogne*, mars 1904, p. 122.

DESLANDES. — *Réflexions sur les grands hommes qui sont morts en plaisantant.* Rochefort, J. Le Noir, 1755, in-12, p. 133-134.

DELARUELLE (Louis). — *Un diner littéraire chez Mellin de Saint-Gelays.* — *Revue d'His. litt. de la France*, 1897, p. 407-414.

— *Guillaume Budé, les origines, les débuts, les idées maîtresses,* Thèse. Paris, H. Champion, 1907, in-8.

— *Répertoire analytique et chronologique de la correspondance de Guillaume Budé.* Thèse, Toulouse et Paris, 1907, in-8.

DOLET (Etienne). — *Doleti, Stephani, Gallii, Aurelii, carminum libri quatuor.* Lugduni, anno 1538, in-12. p. 30, 34 et 156 — Bibl. Nat. Rés. mYc. 772.

DORAT. — *Johannis Aurati Lemovicis poetae et interpretis Regii poemata.* Paris, 1576. — in-8. — *Epicedium*, p. 35-42.

DOUMIC (René). — *Histoire de la Littérature française.* Paris, Delaplane, in-12.

— *Une histoire du sonnet.* — *Revue des Deux-Mondes*, 15 mars 1904, p. 444.

DU BELLAY. — *Œuvres* publiées par Marty-Laveaux. (Collection de La Pléiade) 1866-1867, 2 vol. in-8.

— *Poematum libri quatuor.* Fédéric Morel, 1558, in-4. — fol. 59 v°-60. Bibl. Nat. Rés. pYc. 1447-1462.

— *Tumulus Henrici secundi Gallorum regis christianiss. per Ioach Bellaïum.* Fédéric Morel, 1559, in-4°, fol. VII., Bibl. Nat. Rés. mYc., 113.

DU BLED (Victor). — *La Société française du* XVIe *au* XXe *siècle.* Paris, Perrin, 1903, in-12. — 1e série, *première conférence.*

DUMOULIN (Maurice). — *Donation faite par le maréchal de Saint-André à Mellin de Saint-Gelays. Bulletin hist. et philol. du Ministère de l'Instr. publique*, 1895 — p. 506-509.

DUPRÉ-LASALE (Emile). — *Michel de L'Hospital avant son élévation au poste de chancelier de France.* — 1e partie (1505-1558). Paris, Thorin, 1875, in-8°, p. 166 — 2e partie (1555-1560). Paris, Fontemoing, 1899, in-8°, p. 48-49.

DU VERDIER. — *Bibliothèque française (1584).* Edit. Rigoley de Juvigny. Paris, 1772-1773, 4 vol. in-4. — t. III, p. 52-57.

EGGER. — *L'Hellénisme en France*. Paris, Didier, 1869, 2 vol. in-8.

ESTIENNE (Henri) — *Apologie pour Hérodote*. La Haye, 1735, 3 vol. in-12. — t. I, 147, 154 ; t. III, 342-343.

FAGUET (Emile). — *La tragédie française au* XVIe *siècle*. Thèse, 1883, in-8.

— *Etudes littéraires. Le seizième siècle*. Paris, Lecène et Oudin, 1894, in-12.

FAVRE (Jules). — *Olivier de Magny (1529-1561). Etude biographique et littéraire*. Thèse. Paris, Garnier, 1885, in-8°.

FEUILLET DE CONCHES. — *Causeries d'un curieux*. Paris, H. Plon, 1862, 2 vol. in-8. — t. II, p. 392.

FLAMINI (Francesco). — *Studi di Storia letteraria italiana e straniera*. Livorno, Giusti, 1895, in-8. — p. 197-337.

FONTAINE (Charles). — *Odes, Enigmes et Epigrammes*. Lyon, Jean Citoys, 1557, in-8 — p. 30, 54, 65 — Bibl. Nat. Rés. Ye. 1681.

FOURNIER (Marcel). — *Les statuts et privilèges des Universités françaises*. Paris, Larose et Forcel, 1892, 5 vol. in fol. — t. III. p. 333-334.

FRANKLIN (Alfred). — *Histoire de la Bibliothèque Mazarine*. Paris, Aubry, 1860, in-8.

FROGER (abbé L.) — *Les premières poésies de Ronsard. Odes et Sonnets*. Mamers, Fleury et Dangin, 1892, brochure in-8., — p. 24-28.

GAILLARD (G. H.) — *Histoire de François Ier*. Paris, 1766-1769 7 vol. in-12.

GALLIA CHRISTIANA. — Edition de 1770 — t. II, col. 1017-1018. et 1135. ; t. XII, col. 603.

GENTY (Achille). — Art. *Mellin de Saint-Gelays*, dans la *Nouvelle Biographie générale*. Paris, Firmin Didot — t. 43.

GINGUENÉ (P. L.) — *Histoire littéraire de l'Italie* — 2e édition revue et corrigée par Daunou. Paris, Michaud, 1824, 9 vol. in-8. — t. VI, p. 1-60.

GODEFROY (Frédéric). — *Histoire de la littérature française* : XVIe *siècle*. — 2e édition. Paris, Gaume, 1897, in-8., p. 579-585.

GOUJET (abbé). — *Bibliothèque française*. Paris, 1741-1756, 18 vol. in-12. — t. XI, p. 456-472.

GOVEA (Antoine). — *Goveani opera juridica philologica et philosophica*, Roterdam, J. Ven Vaassen, 1766, in-8o — p. 688.

Grande Encylopédie, 1886-1902, 31 vol. in-4. — Art. *Saint-Gelays (Mellin)*, signé A. Jeanroy.

GRÉVIN (Jacques). — *L'Olympe, ensemble les autres œuvres poétiques*. Paris, Robert Estienne, 1560, in-8o — p. 112. — Bibl. Nat. Rés. Ye. 1807-1808.

GUIFFREY (Georges). — *Chronique du Roy Françoys premier de ce nom*, Paris, Vve J. Renouard, 1860, in-8o.

— *Lettres inédites de Dianne de Poytiers*. Paris, Vve J. Renouard, 1866, in-8o. — Bibl. Nat. Rés. Z. 4.230.

— *Œuvres de Clément Marot de Cahors en Quercy* — t. II, Paris, Claye, 1875 ; t. III, Paris, A. Quantin, 1881.

GUY (Henry). — *De fontibus Clementis Maroti poetae, antiqui et medii aevi scriptoris*. Thèse. Foix, L. Gadrat, 1898, in-8o.

— *La chronique française de maître Guillaume Cretin* — dans la *Revue des Langues Romanes*, sept. oct. 1904 — nov. déc. 1905.

— *Un souverain poète français : Maître Guillaume Cretin* — dans la *Revue d'Hist. litt. de la France*, oct. déc. 1903 — p. 553-589.

— *Octovien de Saint-Gelays : Le Séjour d'Honneur* — dans la *Revue d'Hist. litt. de la France*, avril-juin 1908, p. 193-231.

— *Jean Marot*, dans la *Revue des Pyrénées*, 3e trimestre 1905, p. 357-391.

GUY LEFÈVRE DE LA BORDERIE. — *La Galliade ou De la révolution des Arts et des Sciences*. Paris, Guill. Chaudière, 1578, in-12 — fo 123-124. Bibl. Nat. Rés. Ye. 519.

HABERT (François). — *Le temple de chasteté avec plusieurs épigrammes*. Paris. Michel Fézandat, in-8o, non folioté. — Bibl. Nat. Rés. Ye. 1692.

— *Les Epistres héroïdes, très salutaires pour servir d'exemple à toute âme fidèle.* Paris, Michel Fezandat, 1550, in-12. f° 67-69. — Bibl. Nat. Rés. pYe. 243.

— *Les Divins oracles de Zoroastre,* Paris, Philippe Gaufric et Richard Breton, 1558. pet. in-12. — *Epitre latine,* f° 55. Bibl. Nat. Rés. Ye. 1696.

HAURÉAU (Barthélemy). — *François Ier et sa cour.* Paris, Hachette, 1855, in-12. — p. 235-237.

HAUVETTE (Henri). – *Littérature italienne,* Paris, Armand Colin, 1906, in-8°.

— *Les relations littéraires de la France et de l'Italie au* XVIe *siècle.* — Dans les *Annales de l'Université de Grenoble,* s. d. brochure, p. 255.

— *Un exilé florentin à la cour de France au* XVIe *siècle* : Alamanni. Paris, Hachette, 1903, in-8°.

Hécatomphile de Leone Battista Alberti, de vulgaire italien tourné en langaige françoys. Les fleurs de poésie françoyse.. Paris, Galliot du Pré, 1534, in-8.

HÉRICAULT (Charles d'). — *Etude sur Mellin de Saint-Gelays,* dans les *Poètes français* de Crepet.

JASINSKI (Max). — *Histoire du sonnet en France.* Thèse. Douai, H. Brugère, 1903, in-8°.

JUGÉ (abbé C.) — *Jacques Peletier du Mans : 1517-1582.* Thèse. Paris, Champion, 1907, in-8.

KASTNER (L.-E.) — *La terza rima en France,* dans la *Zeitschrift für französischen sprache und Litteratur,* 1904, t. XXVI, p. 241-253.

Kritischer Iaresbericht, t. V, p. II — 132 — *Neufranzasische Literatur,* 1500-1629 – E. Stengel.

LACHÈVRE (Frédéric). — *Bibliographie des recueils collectifs de poésie publiés de 1597 à 1700.* Paris, 1901-1906, 2 vol. grand in-4°.

LA CROIX DU MAINE. — *Bibliothèque françoise* (1584). Edit. Rigoley de Juvigny. Paris, 1772, 2 vol. in-4 — t. II, 114-117.

LANSON (Gustave). — *Histoire de la littérature française*. Paris, Hachette, 1895, in-12. — 3e partie, *Seizième siècle*.

— *Manuel bibliographique de la littérature française moderne. Seizième siècle*. Paris, Hachette, 1909, in-8o.

— *Etudes sur les origines de la tragédie classique en France*, dans la *Revue d'Hist. lit. de la France*, année 1903, p. 177 et 413.

LAVISSE (Ernest). — *Histoire de France*. Paris, Hachette, 1904, 9 vol. grand in-8, t. V, par H. Lemonnier.

LE CARON (Louis). — *La poésie*, Paris, Vincent Sartenas, 1554, in-12. — fo 47 et 55. — Bibl. Nat. Rés. Ye. 1695.

LENIENT. — *La satire en France, ou la littérature militante au* XVIe *siècle*. Edit. de 1877. Paris, Hachette, 2 vol. in-12.

LE PRINCE. — *Essai historique sur la bibliothèque du Roi et sur chacun des dépôts qui la composent*. Paris, Belin, 1782, petit in-12 avec de nombreuses additions manuscrites — Bibl. Nat. Rés. pQ. 77.

LEROUX DE LINCY. — *Recueil des chants historiques français depuis le* XIIe *jusqu'au* XVIIIe *siècle*. Paris, Ch. Gosselin, 1842, 2 vol. in-8.

L'HOSPITAL (Michel de). — *Michaëlis Hospitalii, Galliarum cancellarii carmina*. Amsterdam, Balthazar Lakeman, 1732, in fol.-p. 457.

LINTILHAC (Eugène). — *Précis historique et critique de la Littérature française*. Paris, 1890, 2 vol. in-12.

LONGCHAMPS (DE). — *Tableau historique des gens de lettres, ou abrégé chronologique et critique de l'Histoire de la littérature française*. Paris, 1767-1770, 6 vol. in-8.

LONGUEIL (Christophle de). — *Christophori Longolii Lucubrationes, Orationes III, Epistolarum libri IIII..., una cum vita ejusdem Longolii ab ipsius amicissimo quodam exarata*. Lugduni, apud Seb. Gryphium, 1542, in-12.

LURBÉE. — *De illustribus Aquitaniae viris, à Constantino magna usque ad nostra tempora, Libellus*, auctore Gab. Lurbeo I. C., procuratore et syndico curtatis Burdigalensis. Burdigalae, apud Simonem Millangium, 1591, in-8 — p. 95-96.

MACRIN (Salmon). — *Salmonii Macrini Juliodunensis carminum libri quatuor*. Paris, Simon Colin, 1530, in-12, f° 31 et 44. — Bibl. Nat. Rés. pYe. 1302.

— *Hymnorum selectorum libri tres*. Paris, Robert Estienne, 1540, in-12 — p. 12.

— *Odarum libri sex*. Lyon, Sébastien Gryphe, 1537, in-12 — f° 128.

MADELEINE (Jacques). — *Le Madrigal de Ronsard*, dans la *Revue de la Renaissance*, 1902 — t. II, p. 248-264.

MAGNY (Olivier de). — *Œuvres*, publiées par Courbet. Paris, Lemerre 1871-1881, 6 vol. in-12.

MAROT (Clément). — *Œuvres, publiées avec les ouvráges de Jean Marot, son père, ceux de Michel Marot, son fils, et les pièces du différend de Clément avec Fr. Sagon*. — Edition Lenglet-Dufresnoy, La Haye, P. Gosse et J. Néaulme-1731, 6 vol. in-12.

MARTY-LAVEAUX (Charles). — *La Pleïade française*. Paris, Lemerre, 1866-1898, 20 vol. in-8.

MAULDE LA CLAVIÈRE (R. de). — *Louise de Savoie et François Ier*. Paris, Perrin, 1895, in-8.

— *Les origines de la Révolution française au* XVIe *siècle. La veille de la Réforme*. Paris, Ernest Leroux, in-8.

MAUREPAS. — *Recueil de chansons*. Leyde, 1865, 6 vol. pet. in-12.

MÉNAGE. — *Menagiana*, édition donnée par La Monnoye. Paris, 1715, 4 vol. in-12.

Mélanges tirés d'une grande bibliothèque. Paris, Moutard, 1780 — t. VII, p. 146.

MORÉRI. — *Dictionnaire*, 20e édit. Paris, Drouet, 1750 — t. IX.

NANGLARD (abbé) — *Pouillé historique du diocèse d'Angoulême*. Angoulême, Chasseignac, 1894, 2 vol. in-8 — t. 1.

NICERON. — *Mémoires pour servir à l'histoire des hommes illustres dans la république des Lettres*. Paris 1725-1745, 43 vol. in-12 — t. V. p. 197-206.

NISARD. — *Histoire de la littérature française*. 15e édition. Paris, Firmin Didot, 1889, 4 vol. in-12 — t. I, liv. II, chap. IV, p. 342.

NOLHAC (P. de). — *Documents nouveaux sur la Pléiade : Ronsard, Du Bellay*, dans la *Revue d'Hist. litt. de la France*, 1899. – *Lettres de L'Hospital à Jean de Morel pour réconcilier Ronsard et Saint-Gelays*, p. 351-361.

OMONT (Henri). — *Concordances des numéros anciens et des numéros actuels des manuscrits de la Bibliothèque Nationale, précédées d'une notice sur les anciens catalogues*. Paris, Ernest Leroux, 1903, brochure in-8° — p. XII-XIX.

— *Anciens inventaires et catalogues de la Bibliothèque Nationale*, tome I, *La librairie Royale à Blois, Fontainebleau et Paris au* XVIe *siècle*, Paris, 1908, in-8° — p. 262-263.

OROUX (abbé). — *Histoire ecclésiastique de la cour de France*. Paris, Imprimerie royale, 1777, 2 vol. in-4°.

PASQUIER (Estienne). — *Œuvres*. Amsterdam, Libraires Associez, 1723 — t. I, *Recherches de la France*, Liv. VII — t. II, *Lettres* ; 2 vol. in fol.

PELETIER (Jacques). — *Les œuvres poétiques. Moins et meilleur*. Paris, Michel de Vascosan et Gilles Corrozet, 1547, in-8. *Epistre à Monsieur de Sainct-Gelays*.— Bibl. Nat. Rés. Ye. 1853.

— *L'Art poétique, departi en deux livres*. Lyon, Jean de Tournes et Guillaume Gazeau, 1555, in-8 — p. 13. — Bibl. Nat. Rés. Ye. 1214-1215.

PELLISSIER. — *De sexti decimi sæculi in Francia artibus poeticis*. Thèse, Paris, Vieweg, 1882, in-8.

— *Ronsard et la Pléiade*, chap. IV du *Seizième siècle*, t. III de la grande *Histoire de la Langue et de la Littérature française*, publiée par L. Petit de Julleville.

PERSON (Emile). — *La Deffence et Illustration de la langue française, suivie du Quintil Horatian*. Paris, L. Cerf, 1892, in-8.

PETIT DE JULLEVILLE. — *Histoire de la Langue et de la Littérature française*, t. III, *Seizième siècle*. Armand Colin, 1897. — Chap. I. *La Renaissance*.

PHELIPPES-BEAULIEUX. — *Essai biographique et littéraire sur Mellin de Sainct-Gelays*. Nantes, Vve Mellinet, 1861, in-8.

PICOT (Emile). — *Les Français italianisants*. Paris, H. Champion, 1906-1907, 2 vol. in-8 — t. I, p. 51.

PIERI. — *Pétrarque et Ronsard, ou de l'Influence de Pétrarque sur la Pléiade française*. Thèse. Marseille, Laffitte, 1895, in-8. — Ch. II. *Le Pétrarquisme en France*, p. 51-56.

PONTUS DE TYARD. — *Œuvres*, édition Marty-Laveaux, 1875, in-8.

RABELAIS. — *Œuvres* par Marty-Laveaux, (Collection de la Pléiade), 1868-1903, 6 vol. in-8.

RATHERY. — *Influence de l'Italie sur les lettres françaises depuis le* XIIIe *siècle jusqu'au règne de Louis XIV*. Mémoire couronné par l'Académie française, 19 août 1852. Paris, Firmin Didot, 1853, in-8°. — *Ecole de Ronsard*, p. 105-110.

Recueil des épigrammatistes français, anciens et modernes (depuis Marot), Paris, 1720, 2 vol. in-12° — t. I, p. 22-29.

Recueil des plus belles pièces des poëtes français, tant anciens que modernes avec l'histoire de leur vie, par l'auteur des Mémoires et Voyages d'Espagne. Amsterdam, 1692 — t. I, p. 142-181.

RICCI (Charles). — *Sophonisbe dans la tragédie classique italienne et française*. Turin, G. B. Paravia, 1904, in-8° — p. 73-74.

ROCHAMBEAU (marquis A. de). — *Recherches sur la famille de Ronsard*. Paris, Franck, 1869, in-8° — p. 185.

RIGAL (E). — *Le théâtre de la Renaissance*, chap. VI, du *Seizième siècle*, t. IIIe, de la grande *Histoire de la Littérature Française* publiée par L. Petit de Julleville.

RIGOLEY DE JUVIGNY. — *Notes et remarques dans l'édition des Bibliothèques de La Croix du Maine et Duverdier*. Paris, 1772, 6 vol. in-4.

RONSARD (Pierre de). — *Œuvres*. Je me suis servi des deux éditions suivantes :

a) Prosper Blanchemain, édit. elzév. 1857-1867, 8 vol. in-16.

b) Marty-Laveaux, Lemerre, Collection de la Pléiade, 1887-1893. 6 vol. in-8.

ROY (Emile). — *Lettre d'un Bourguignon, contemporaine de la Deffence et Illustration de la langue française*, dans la *Revue d'hist. litt. de la France*, 15 avril 1895, p. 233-243.

— *Charles Fontaine et ses amis. Sur une page obscure de la Deffence*, dans la *Revue d'Hist. litt. de la France*, 15 juillet 1897, p. 412.

Rus (Jean). — *Œuvres*, publiées par Tamizey de Larroque. Paris, Claudin, 1875, in-8.

Saint-Marc-Girardin. — *Tableau de la littérature française au* XVIe *siècle*. Edit. de 1862. Paris, Didier, in-12.

Sainte-Beuve. — *Tableau de la poésie française au* XVIe *siècle*. Edit. de 1893. Paris, Charpentier, in-12.

Saint-Romuald (Pierre de). — *Thrésor chronologique et historique*. Paris, Ant. de Sommaville, 1646, 3 vol. in-fol. — t. III, p. 594.

Sainte-Marthe (Charles de). — *La poésie françoise, divisée en trois livres*. Lyon, Le Prince, 1540, in-12 — p. 125 et 202. — Bibl. Nat. Rés. pYe, 193.

Sainte-Marthe (Scévole de). — *Gallorum doctrina illustrium*. Poitiers, 1606, in-12.

— *Les voyages avantureux du Capitaine Jan Alfonce, Sainctongeois*. Poitiers, Jan de Marnef, 1559, in-12 — Préface — Bibl. Nat. Rés. G. 1149.

Sautreau de Marsy et Imbert. — *Annales poétiques, ou Almanach des Muses*. Paris, Delalain, 1778, 40 vol. in-8. — t. III, p. 67-113.

Scaliger. — *Julii Cæsaris Scaligeri, viri clarissimi poemata, in duas partes divisa*, s. l., 1574, in-8 — Prima pars : *Farrago*, p. 167 ; *Archilocus* p. 343.

Scève (Maurice). — *Délie, objet de plus haute vertu*. Lyon, 1544, in-12 — Réimpression, Lyon, Scheuring, 1862.

Séché (Léon). — *Joachim Du Bellay. La défense et illustration de la langue française, avec une notice biographique et un commentaire historique et critique*. Paris, E. Sansot, 1905, in-12.

Sibilet (Thomas). — *Art poétique françois*. Paris, Gilles Corrozet, 1548, pet. in-8° — Bibl. Nat. Rés. Ye. 1213.

— *L'Iphigène d'Euripide, poète tragic : tourné de grec en françois par l'auteur de l'Art poétique*. Paris, Gilles Corrozet, 1549, petit in-8° — Bibl. Nat. Rés. Yb. 832.

SIMEONI (Gabriel). — *Epitome de l'origine et succession de la Duché de Ferrare...* Paris. Guill. Cavellat, 1553, in-12. — *Epistre XX.* — Bibl. Nat. Rés. 1043.

TAHUREAU (Jacques). — *Poésies, mises toutes ensemble et dédiées au Révérendissime Cardinal de Guyse.* Paris, Nicolas Chesneau, 1574, in-8, p. 66-69. — Réimpression par P. Blanchemain, Genève, J. Gay, 1869, in-12.

THEVET (André). — *Les vrais pourtraits et vies des Hommes illustres Grecz, Latins et Payens.* Paris, Vve J. Kervert, 1584, in-fol. — f° 557-559.

THOU (J. A. de). — *Historiae sui temporis libri XXXVI,* ann. 1560. — Edit. de Londres, Samuel Buckley, 1733, 7 vol. in-fol.

TILLEY (Arthur). — *The literature of the French Renaissance.* Cambridge, 1904, 2 vol. in-8 — t. I, p. 146-153.

TITON DU TILLET. — *Le Parnasse François.* Edit. de 1732. Paris, Coignard, in-fol. — p. 123-124.

THUASNE (Louis). — *Roberti Gaguini Epistolæ et orationes.* — Bibliothèque littéraire de la Renaissance, 1904, 2 vol. in-8.

UTENHOVE (Charles). — *Xenia seu ad illustrium aliquot Europæ hominum nomina Allusionum.* Basileae Rauracorum, anno 1568, in-8 — p. 89-90.

VAGANAY (Henri). — *Le sonnet en Italie et en France au* XVIe *siècle.* Lyon, 1902-1903, 2 fasc. in-8.

VAISSIÈRE (Pierre de). — *Journal de Jean Barillon,* publié pour la société de l'Hist. de France, 1897, 2 vol. in-8°.

VAUQUELIN DE LA FRESNAYE. — *Les diverses poésies.* Caen, Charles Macé, 1605, in-12 — *Art poétique* — Bibl. Nat. Rés. Ye. 1804.

VEYRIERES (Louis de). — *Monographie du sonnet. Sonnettistes anciens et modernes.* Paris, Bachelin-Deflorenne, 1869, 2 vol. in-12 — t. I, p. 40 et 95-96.

VIANEY (Joseph). — *L'influence italienne chez les précurseurs de la Pléiade,* dans le *Bulletin italien,* 1903. — p. 85-117.

— *Les origines du sonnet régulier*, dans la *Revue de la Renaissance*, 1903.

— *Marcello Philoxeno et Mellin de Sainct-Gelays*, dans le *Bulletin Italien*, 1904, p. 238-243.

— *Compte rendu de la Thèse de l'abbé Grente sur Bertaut*, dans la *Revue d'Hist. lit. de la France*, janvier-mars 1904.

VULTEIUS J. — *Inscriptionum libri duo* — Apud Sim. Colinaeum, 1538, in-12. — F° 103-104.

WAGNER (Ernst Winfrid). — *Mellin de Saint-Gelais, Eine litteratur und sprachgeschichtliche Untersuchung* — *Inaugural-Dissertation* — Ludwigshafen, August Lauterborn, 1893, in-8.

Nota. — Je n'ai porté dans cette liste que les ouvrages — éditions et travaux — qui parlent directement de Mellin de Saint-Gelays, ou qui sont d'une grande importance pour l'histoire et la littérature du XVI° siècle. Quant aux autres, j'ai cru bon de les citer simplement au fur et à mesure dans le cours de cette étude.

GÉNÉALOGIE

DE LA FAMILLE DES SAINT-GELAYS

C'était chose admise sans conteste, au XVIe siècle, que les Saint-Gelays descendaient de l'illustre famille des Lusignan ou Lezignen. Seulement les généalogistes sont loin de s'accorder entre eux pour établir cette filiation et parfois même leurs renseignements sont passablement contradictoires. Voici les diverses sources auxquelles j'ai puisé pour établir, au moins mal, la généalogie de la branche cadette à laquelle se rattache Mellin de Saint-Gelays, le poète, aumônier de François Ier et de Henri II.

A. Cabinet des titres de la Bibl. Nat.

I. Famille Saint-Gelays.

1. *Dossier Saint-Gelays*, 158, fol. 373.
2. *Dossiers bleus*, 308, fol. 12.
3. *Carrés de d'Hozier*, 290, fol. 240.
4. *Pièces originales*, 2.751, fol. 1 et ss.

II. Famille Fontenay de la Tour de Vesvres.

1. *Cabinet de d'Hozier*, 144.
2. *Dossiers bleus*, 275.
3. *Carrés de d'Hozier*, 263.
4. *Nouveau d'Hozier*, 137.

B. Manuscrits de la Bibl. Nat.

1° Fr. 20.222, *Généalogies de saint Magloire*, t. XXIII, fol. 138-140.

2° Fr. 20.228, *Généalogie de la famille Fontenay*.

3° Fr. 20.229, *Tableau généalogique des barons de Saint-Gelays et seigneurs de Lansac*, fol. 220-221.

4° Fr. 20.291, *Brouillon de généalogies*, fol. 26 et fol. 43.

C. Imprimés.

1. Le Père Anselme, *Histoire généalogique et chronologique de la maison de France*.
2. De Courcelles, *Nobiliaire universel de France*, 1820-1821, t. XVII, p. 393 et ss.
3. Henri Filleau, *Dictionnaire historique, biographique et généalogique de l'ancien Poitou*; 2 vol. gr. in-8, 1846-54. Voir famille Fontenay.
4. La Chesnaye Des Bois et Badier, *Dictionnaire de la noblesse*: 3e édit. Paris, Sclésinger, 1873; t. XVIII, p. 100-103.
5. Thaumas de la Thaumassière, *Histoire du Berry*. Voir famille Fontenay.
6. Moréri, *Dictionnaire historique*, t. IX.
7. E. De Foucher, *Charles de Saint-Gelais, évêque d'Elnes* (1470-75) ou un *Poitevin en Roussillon au* XVe *siècle*, in-8°.

Tableau généalogique de la famille Saint-Gelays.

Hugues I, Comte de Lezignem.
Hugues II, dit le Bien Aimé, bâtit le château de Lezignan.

Comtes de Lusignan
Hugues VIII, dit Le Brun.

Hugues IX
Hugues X devient Comte d'Angoulême 1218.

Guy de Lusignan roi de Chypre 1194.

Amaury roi de Jerusalem 1205.

Barons de Saint-Gelays

Hugues III de Saint-Gelays meurt en 1185.
Charles I, se marie en 1340.
Charles II, se marie en 1364.
Charles III, se marie en 1405.

Barons de La Rochefoucauld

Jean I branche aînée des Saint-Gelays

Pierre de Saint-Gelays, seigneur de Montlieu, le 25 juillet 1455, épouse **Philiberte de Fontenay.**

Mérigot, seigneur de Séligny.

1 **Jean** seigneur de Montlieu 1457-1512
— **Jeanne** épouse **Chabot**

2 **Mellin** seigneur de St-Séverin ? | ?
— **François, Jean, Louis, Philippe.**

3 **Jacques** évêque d'Uzès. 1461-1539

4 **Charles** archidiacre de Luçon 1461-1533

5 **Octovien** évêque d'Angoulême. 1468-1502

— **Mellin** 1490-1558

6 **Alexandre** seigneur de Cornefort 1472-1522
— **Louis** seigneur de Lansac 1512-1589
— — **Guy de Saint-Gelays** seigneur de Lansac.
— — **Charles** seigneur de Précy.
— — **François** prieur de Saint-Lô.
— — **Claude** Baronne de Laye.
— — **Urbain** évêque de Comminges.
— **Barbe** abbesse d'Angoulême
— **Claude** Baronne de Viboul.

7 **Marguerite** épouse **Geoffroy du Puy du Fou**

Ses Armoiries.

D'après La Chesnaye des Bois, voici quelles étaient les armoiries de la famille de Saint-Gelays : « Ecartelé : au 1 et 4, d'azur, à la croix alésée d'argent ; au 2 et 3, burelé d'argent et d'azur de 10 pièces, au lion de gueules, couronné, armé et lampassé d'or. » Et, de fait, c'était cet écusson qu'on voyait sur le mausolée que Diane, sa nièce, fit élever au poète Mellin de Saint-Gelays, mais il était orné d'une crosse en pal pour rappeler sa dignité de protonotaire apostolique. Cf. Bibl. Nat. Ms. Fr. 8.217, fol. 868, et Dossiers bleus, n° 308, fol. 12 v°.

Son nom.

On trouve le nom de ce poète écrit de bien des façons différentes. Dans un *Inventaire de la librairie de Blois* [1], portant des corrections de sa propre main, il a signé : *Mellinus Sangelasius, regiæ librariæ custos.* Il devait donc orthographier son prénom Mellin. D'un autre côté, tous les membres de sa famille, à peu d'exceptions près, signaient Sainct-Gelays, comme on peut le constater en feuilletant les pièces originales conservées à la Bibliothèque Nationale dans ce dossier. C'est ce qui m'a décidé, après quelques hésitations, à écrire toujours en parlant de mon auteur : Mellin de Saint-Gelays.

1. Cf. H. Omont, *Concordances des numéros, etc., précédées d'une notice sur les anciens catalogues*, chap. II, p. XII.

ERRATA

Page				
Page 34	ligne 13,	au lieu de	Anger	lire Angers
— 75	note 2	— —	Patvajo	— Patavio,
— 124	note 2	— —	nuctua	— mutua
— 126 note,	vers 6	— —	tigidde	— tigride
— 132 note,	ligne 4	— —	platonienne	— platonicienne
— 219	ligne 12	— —	injares	— injures.
— 229	ligne 21	— —	pausible	— plausible,
— 243	note 1	— —	editia	— editi a
— 259	ligne 10	— —	chancellier	— chancelier
— 299	note 1	— —	Ms Fr. 12.558,	— Ms F. Lat. 12.558,
— 314	ligne 23	— —	Amoris erat	— Amoris erat ;
— 318	ligne 6	— —	in eadem	— in eamdem
— 342	vers 7	— —	un amour singulier	— une amour singulière.
— 423	note 3	— —	in viglia	— in vigilia
— 427	ligne 8	— —	la Meuse	— la Muse
— 471	vers 10	— —	112,59.	— t. III, p. 59.
— 552	ligne 17	— —	un lange	— un langage
— 557	ligne 4	— —	p. 918.	— p. 9-18.
— 591	note 4	— —	veri clarissimi	— viri clarissimi,

PREMIÈRE PARTIE

VIE

de Mellin de Saint-Gelays

PREMIÈRES ANNÉES — ÉDUCATION

(1490 - 1508)

I. — La famille Saint-Gelays : comtes de Lusignan. — Messire Pierre et ses enfants : Jean, seigneur de Montlieu ; Merlin, seigneur de Saint-Sévérin ; Jacques, évêque d'Uzès; Charles, archidiacre de Luçon ; Octovien, évêque d'Angoulême ; Alexandre, seigneur de Cornefort et de Lansac ; Marguerite.

II. — Mellin de Saint-Gelays : Sa naissance. — Ses parents. — Son nom. — A l'évêché d'Angoulême.

III. — Octovien de Saint-Gelays. — Sa jeunesse. — Etudes. — Vie à la cour. — Maladie et retraite. — Protonotaire.

IV. — Ouvrages d'Octovien : *Séjour d'Honneur*. — Nombreuses traductions. — Poésies de circonstance. — *La Chasse et le départ d'amours*. — Ouvrages qu'on lui attribue faussement.

V. — Nommé évêque d'Angoulême, il fait l'éducation de Mellin. — Programme d'études complet : Avantages. — Lacunes. — Mort de Charles VIII. — Mort d'Octovien. — Sa sépulture.

VI. — Situation de Mellin. — Va à l'Université de Poitiers finir ses études.

I

Parmi toutes les familles nobles qui, au XVe siècle, habitaient les castels et demeures seigneuriales de la Saintonge et de l'Angoumois, il n'en était certes aucune dont l'origine fut à la fois plus illustre et plus ancienne que celle des hauts et puissants seigneurs, barons de Saint-Gelays. Elle tirait son nom du petit bourg de Saint-Gelays, antique prieuré des environs de Niort, ayant appartenu autrefois à la célèbre maison de Lezignem ou Lusignan. C'est de cette vieille et illustre race que se disaient issus les Saint-Gelays. Non sans orgueil, ils prétendaient se rattacher à ce fameux Hugues, premier de nom, quand vivait comte de Lusignan, vers l'an 950, et qui fut « la tige des autres comtes et des roys de Chypre et de Jérusalem »[1]. Ils étaient fiers de se dire les descendants des favoris de la fée Mélusine, qui avait bâti pour eux, racontait la légende, le célèbre castel de Lusignan, redoutable forteresse aux tours massives et menaçantes, détruit sous Louis XIII. D'après des titres authentiques, ils établissaient qu'en 1109 Hugues VII de Lusignan avait fondé le prieuré de Saint-Gelays, pour le donner à un fils cadet, avec le titre de baron. Et, bien qu'il fut fort difficile de reconstituer exactement tous les anneaux de la chaîne généalogique qui rattachait Hugues de Lusignan, troisième du nom, baron de Saint-Gelays, décédé en la paix du Seigneur, l'an 1185, à Charles de Saint-Gelays, premier du nom, vivant vers le milieu du XIVe siècle, c'est de cette souche principale des Lusignan que ce dernier se disait issu. Aussi, quand la descendance directe des rois de Chypre et de Jérusalem fut éteinte, les membres de la branche aînée des Saint-Gelays s'empressèrent de joindre ce nom de Lusignan à leur nom propre, comme un titre leur revenant par droit d'héritage. Et Loys, seigneur de Saint-Gelays, chevalier de l'ordre du Saint-Esprit, surmonta son cimier de la fée Melusine, marque distinctive de la maison des Lusignan[2].

Quoi qu'il en soit de ces prétentions, qui paraissaient alors pleinement justifiées, « Pierre de Saint-Gelays, chevalier, seigneur de Montlieu, Sainte-Aulaye, Saint-Sévérin et autres seigneuries, fils puîné de Messire Charles de

1. Bibl. Nat. Ms. Fr. 20.229, fol. 220.

2. Cf. Eusèbe Castaigne, *Notice sur la famille Saint-Gelais*, dans l'*Annuaire statistique de la ville d'Angoulême*, année 1836, p. 307 ; et Phelippes-Beaulieux, *Essai biographique et littéraire sur Mellin de Saint-Gelais*, p. 4-5.

Saint-Gelays, troisième du nom, fonda vers le milieu du xve siècle la branche collatérale » [1], d'où devait sortir le poète dont j'entreprends de raconter la vie et d'étudier les œuvres.

Le 25 juillet 1455, Messire Pierre de Saint-Gelays épousait Philiberte de Fontenay. Elle lui donna sept enfants, six fils et une fille, tous illustres devant l'histoire. Autant qu'on peut en juger par les documents généalogiques connus, le premier de ses fils fut Jean [2]. Après la mort de son père, il devint seigneur de Montlieu et Sainte-Aulaye et fut conjoint par mariage avec Marguerite de Durfort. Sa vie s'écoula d'abord à la cour de Charles d'Orléans, comte d'Angoulême, qui fut le père de François Ier. Ce fut un des plus fidèles partisans de ce prince qu'il appelle « son bon seigneur, nourrisseur, bienfaiteur et maître » [3]. Il lui rendit les plus signalés services dans ce que l'histoire a appelé « la guerre folle ». Après la mort du comte, il resta le conseiller toujours écouté de Louise de Savoie, qu'il suivit à Amboise. Mais, sous l'influence du maréchal de Gié, Louis XII lui envoya l'ordre formel de s'éloigner [4]. Pour essayer de rentrer en faveur, il se mit à écrire son histoire laudative de Louis XII [5]. Il y fait preuve de qualités rares. On reconnaît bien vite dans ces pages un esprit des plus fins, à la fois brillant autant qu'habile,

1. Ms. Fr. 20.222, fol. 139.

2. Contrairement à toutes les généalogies et à tous les auteurs qui ont parlé de cette famille Saint-Gelays, J. Quicherat, dans l'*Histoire de Sainte-Barbe*, prétend que Jean était frère de Pierre et oncle d'Octovien. Il s'appuie pour cela, dit-il, sur des mémoires de famille tirés du *Dossier généalogique de Fontenay de La Tour de Vesvre*. N'ayant pu découvrir ces mémoires dans le *Dossier* indiqué, je suis la filiation généralement acceptée et corroborée par tous les renseignements connus jusqu'à ce jour : Cf. *Histoire de Sainte-Barbe*, 3 vol. 1860, t. I, p. 94.

3. Eusèbe Castaigne, *op. cit.*, p. 309.

4. Cf. De Maulde La Clavière, *Louise de Savoie et François Ier*, p. 38, 122 et passim.

5. *Histoire de Louis XII, roi de France, père du peuple, et de plusieurs choses mémorables advenues en France et en Italie jusques en l'an 1510*, par Messire Jean de Saint-Gelais, seigneur de Montlieu, tirée de la Bibliothèque du roi et nouvellement mise en lumière par Théodore Godefroy. Paris, A. Pacard, 1622, in-4°.

maître de son expression comme de sa pensée, une intelligence perspicace, que nul scrupule ne gêne, mais pleine de goût et d'amour de l'art.

Malgré tous ses efforts, il semble bien qu'il ne put jamais retrouver sa première faveur. Après la condamnation du maréchal de Gié, 1er avril 1906, il s'installe de nouveau sans bruit à côté de Louise de Savoie[1]. De 1510 à 1514, il est porté comme chambellan de Mgr François d'Orléans, duc de Valois et comte d'Angoulême, avec quatre cent livres d'appointements[2]. A partir de ce moment, il n'est plus question de lui, et il devait déjà avoir cessé de vivre lorsque François Ier monta sur le trône. En mourant « il ne délaissa qu'une seule fille, Jeanne, laquelle porta les seigneuries paternelles à Messire Charles Chabot, seigneur de Jarnac, son mary[3] ». Nous savons que le mariage fut conclu en grande pompe, le 17e jour du mois de juin de l'année 1506[4].

Le second des enfants de Pierre de Saint-Gelays paraît avoir eu nom Mellin ou Merlin, mais certains généalogistes l'appellent Nicolas[5]. Il reçut pour sa part d'héritage paternel la seigneurie de Saint-Sévérin-de-Pavancelle et donna origine aux autres seigneurs de Saint-Sévérin. Il épousa Madeleine de Beaumont, dont il eut huit enfants, quatre fils et quatre filles[6]. Malheureusement les enfants

1. Cf. De Maulde La Clavière. *Op. cit.*, p. 191-192 et 195-196.

2. Cf. Bibl. Nat. Ms. Fr. 7.856. — *Etat des officiers des Maisons royales*, p. 861.

3. Ms. Fr. 20.222. — Saint Magloire, 129[1], fol. 139.

4. Cf. Ms. Fr. 2.748 — contenant le traité de mariage entre Charles Chabot, seigneur de Jarnac, et demoiselle Jehanne de Saint-Gelays, fille de Jehan de Saint-Gelays, seigneur de Montlieu, du dix-septième jour du mois de juing 1506, t. III, fol. 267.

5. J'ai remarqué que dans les diverses généalogies manuscrites, et en particulier dans les *Dossiers bleus* et dans le *Cabinet de d'Hozier*, le nom de Niçolas est toujours barré et remplacé par celui de Mellin ou Merlin.

6. Cf. De Courcelles — *Nobiliaire universel de France*, t. XVII, p. 393-94, note.

Il y a dans les *Carrés de d'Hozier*, vol. 290, p. 210, un contrat de mariage qui nous donne quelques renseignements sur ces quatre fils de Mellin. Dans ce contrat, « Messire François de Saint-Gelays, chevalier, seigneur de Saint-Sévérin, fils de

mâles moururent tous sans postérité masculine, et la seigneurie de Saint-Sévérin passa dans une autre famille. Mellin joua un rôle aussi brillant que celui de son aîné Jean, seigneur de Montlieu. Il entra d'abord au service du comte d'Angoulême, comme simple gentilhomme, et devint ensuite maître d'hôtel de Louise de Savoie [1]. Il conserva même sa place après l'éloignement forcé de son frère [2], en attendant de passer, comme maître d'hôtel, au service de François d'Angoulême, le jeune duc de Valois, avec trois cents livres d'appointement [3]. Nous le retrouvons ensuite premier maître d'hôtel de François Ier, et il garda cette place de faveur jusque vers 1525. Mais il touchait alors douze cents livres tournois pour sa charge et le roi lui confiait, à l'occasion, les missions les plus délicates.

Dans son *Journal* [4], Jean Barillon nous le montre à côté de François Ier, dans sa première expédition d'Italie. Il occupe même un rang des plus honorables parmi « les trois mille hommes d'ordonnance » [5] qui composaient l'élite de l'armée royale. Ce fut lui qui, « le lendemain du jour de Nostre-Dame de septembre, 1515, deux heures après minuit arriva au camp de La Cherelle, apportant au Roi un traicté de paix faict et conclud par les am-

Messire Merlin de Saint-Gelays, en son vivant chevalier, seigneur du lieu de Saint-Sévérin, premier maître d'hôtel ordinaire de la maison du roi, est assisté de noble, puissant, scientifique et Révérend Père en Dieu Messire Jean de Saint-Gelays, évêque d'Uzès, et de Louis de Saint-Gelays, écuyer, seigneur de Glenais, ses frères, tant en leur nom que pour Messire François de Saint-Gelays, aussi leur frère, doyen d'Angoulesme ». D'après ce document il y avait deux François dans cette famille. Le doyen d'Angoulême portait le nom de Brillebant, quelques généalogistes le nomment Philippe. Cf. *Cabinet de d'Hozier*, vol. 158, p. 373.

1. Cf. Ms. Fs. 7.856. *Etat des officiers des maisons royales*, p. 850.

2. Cf. Ms. Fr. 21.478, fol. 35.

3. Voir la quittance citée par P. Blanchemain, *Notice sur Melin de Saint-Gelays*, p. 6. Cf. Ms. Fr. 7.856, p. 861.

4. *Journal de Jean Barillon*, publié par Pierre de Vaissière... pour la Société de l'Hist. de France.

5. Cf. *Ibid.* Voir le nom des principaux seigneurs composant cette élite, t. I, p. 72 et ss.

bassadeurs des Suysses[1] ». Trois ans plus tard, en 1518, il joua un rôle non moins important dans l'enregistrement du Concordat. D'Amboise, où il se trouvait, François Ier ayant appris que l'Université élevait des protestations et en appelait par affiches *ad futurum concilium*, « envoya à Paris le seigneur des Roches, maistre des Requestes et le seigneur de Saint-Sévérin, pour informer des choses susdictes et faire connaître ses intentions formelles[2]. » Après quelques résistances, le parlement se soumit, dans les premiers jours de mai. Mellin dut être récompensé de son zèle et de son activité. Dans tous les cas, le 27 mai de cette même année 1518, le roi étant à Chinon manda à Jean Scapin, « receveur général de Languedoïl et de Guyenne » de payer la somme de cent cinquante écus d'or au seigneur de Saint-Sévérin, précédemment envoyé deux fois à Moulins pour affaires royales[3]. Mais à partir de 1525, on ne trouve plus trace dans l'histoire de François Ier, de ce brillant seigneur, qui avait jusque-là rempli de si hauts emplois à la cour. Probablement il ne dut pas tarder à mourir.

Les deux premiers fils de Messire Pierre de Saint-Gelays avaient cherché la fortune dans le monde et à la cour ; les trois suivants préférèrent entrer dans l'Eglise et courir après les dignités ecclésiastiques. Ils avaient nom Jacques, Charles et Octovien.

Jacques, tout jeune encore, ayant su plaire à Louis XI, fut nommé évêque d'Uzès par une bulle de Sixte IV, datée de l'an de grâce 1483. Seulement, le roi étant mort sur ces entrefaites, il éprouva de très grandes difficultés à se faire reconnaître par le chapitre de son Eglise ca-

1. Jean Barillon, *op. cit.*, t. I, p. 101-102.

2. *Ibid.* t. II, p. 81. Voir aussi Michel Félibien, *Histoire de la ville de Paris*, revue et augmentée et mise au jour par D. Guy-Alexis Lobineau. Paris 1725, 5 vol. in fol. — t. II, p. 938-39.

3. Cf. *Actes de François Ier*, t. V, p. 400, n° 16.728, tiré des Arch. Nat., 2e compte de Jean Scapin, KK. 289, fol. 484 v°.

thédrale. Il fallut engager un procès [1]. Au reste, il n'alla prendre possession de son siège que 20 ans après, lorsque son jeune frère, Octovien, fut passé de vie à trépas. Jusque-là il avait laissé à un autre le soin d'administrer et de gouverner son diocèse, préférant rester tranquillement à Angoulême, à côté de ses deux frères, avec le simple titre de doyen du chapitre de cette ville. Il mourut, dit-on, fort âgé [2], en 1539.

Nous trouvons ensuite Charles, connu sous le nom d'*Archidiacre de Luçon*. Il était né en 1461, et était jumeau de Jacques. Ce fut probablement le moins illustre des fils de Pierre de Saint-Gelays. Cependant, ayant été nommé chanoine d'Angoulême par son frère, il devint ensuite archidiacre d'Azenay, dans le diocèse de Luçon [3]. A l'avènement de François Ier, Louise de Savoie s'empressa de le choisir pour son Grand Aumônier. Il laissa un *Traité sur la Politique* [4] et une traduction du livre des Machabées [5]. Son frère Jacques avait aussi composé en

1. Cf. De Maulde La Clavière, *op. cit.*, p. 37-38.

2. Quant à admettre qu'il avait 85 ans, lorsque la mort vint le frapper, ceci n'est pas possible, sans quoi il serait né en 1454, une année avant le mariage de son père. Si les dates qu'on donne pour sa naissance et sa mort sont justes, il mourut à l'âge de 78 ans. — Cf. Abbé Nanglard, *Pouillé historique du diocèse d'Angoulême* t. I, p. 122. Voir aussi le *Gallia Christiana*, t. VI, p. 643.

3. Cf. Abbé Nanglard, *op. cit. et loco cit.* Peut-être est-ce là le fameux *Archidiacre de Luxon* dont Marot s'est moqué.

4. *Le politicque de la chose publicque... compillé par maistre Charles de Saint-Gelays, chanoyne et esleu évesque Dangolesme, en l'honneur et révérence de Françoys, roi des Francoys, premier de ce nom, nouvellement imprimé à* Paris, *pour* Hémon *Lefèvre, marchant libraire... Et fut achevé d'imprimer en octobre, le XXIIII jour, mil cinq cens XXII.* — in 8, caract. goth.

5. *Les excellentes, magnifiques et triumphantes Croniques des très louables et moult vertueuz faictz de la saincte hystoire de bible du très preux et valeureux prince Judas machabeus, ung des IX preux, très vaillant juif. Et aussy de ses quatre frères Jehan : Symon : Eléazar et Jonathas, tous nobles, hardyes, vaillan machabées, filz du bienheureux prince et grand pontife Mathias. Lesquelz en diverses batailles, sièges de villes, forteresses et assaulz de guerre, ont subtillement et victorieusement démonstrés plusieurs grantz et merveilleux faictz d'armes... Le présent livre contenant les deux livres des Machabées nouvellement translaté de latin en françois et imprimé par Antoine Bonnemère, marchant libraire, demeurant à Paris, à l'enseigne de Sainct-Martin, rue Sainct-Jehan de Beaulvais, 1514* — in fol. goth. fig. en bois.

latin une œuvre intitulée *l'Estrif de Science, de Nature et de Fortune* [1], qui ne fut jamais imprimée. Nous verrons qu'Octovien la traduisit en français.

Ce cinquième des fils de Pierre de Saint-Gelays est autrement connu. C'est lui qui « commença l'illustration littéraire de cette famille [2] », dont la gloire devait être portée si haut par Mellin, notre poète. Malheureusement Octovien mourut à la fleur de l'âge, emporté par un mal terrible que la science n'est pas encore parvenue à dompter. C'est sur le siège épiscopal d'Angoulême que la mort vint le frapper. Son jeune frère Alexandre, n'illustra pas moins le nom de Saint-Gelays, mais dans le monde politique. Par suite des caprices de la fortune, ce fut lui, le dernier-né de la famille, qui continua la lignée. Il mourut pourtant jeune encore, en 1522. Les dignités ne lui manquèrent pas : « chambellan du Roy Louis XII, il entra ensuite au service du roy de Navarre [3] », après avoir été attaché à la personne du jeune François d'Angoulême [4] ; on le trouve encore ambassadeur en Espagne et en Suisse [5]. Il fut conjoint par mariage avec Jacquette de Lansac, fille unique de Messire Thomas de Lansac, seigneur de Romefort et d'autres lieux, et de dame Françoise d'Escars [6]. Elle lui apporta en dot toutes les seigneuries et possessions de sa famille, qui étaient fort considérables. Un fils et deux filles issurent de ce mariage. L'ainée des filles, Barbe, devint abbesse d'Angoulême et l'autre, nommée Claude, épousa Jacques de Pons, baron de Viboul.

Quant au fils, Louis, connu sous le nom de seigneur

1. Ms Fr. 1155.
2. E. Phelippes-Beaulieux, *op. cit.*, p. 5.
3. Cf. Arch. Nat. J. 619, n° 28.
4. Bibl. Nat. Ms. Fr. 21.478, fol. 39.
5. Cf. Saige. *Doc. rel. à Monaco*, II, 152 — cité par de Maulde La Clavière, *op. cit.* p. 390, n° 3.
6. Cf. Ms. Fr. 20.222, fol. 139.

de Lansac, il fut encore plus illustre que son père. Seigneur de Saint-Savin, Précy-sur-Oise, Vernoux, Cornefou, Ardilleux, baron de La Mothe Saint-Heray, il devint chevalier d'honneur de Catherine de Médicis et surintendant de sa maison. En particulière faveur auprès de Henri II, nous le trouvons en 1553, ambassadeur à Rome, auprès du pape Jules III. A son retour, il fut nommé gouverneur des deux premiers fils du roi, qui devinrent plus tard François II et Charles IX. On connaît le rôle qu'il joua au Concile de Trente, où il représentait le roi de France. « Il mourut l'an 1589, au mois d'octobre, estant âgé de plus de 86 ans [1] ».

De son double mariage avec Jeanne de La Roche Andry, en 1545, et avec Gabrielle de Rochechouart, vingt-ans après, il eut de nombreux enfants. Qu'il me suffise de signaler Guy, connu sous le nom de jeune Lansac, fort habile politique ; Charles, seigneur de Précy, mort en 1586, à Angoulême ; « François, sieur de Vernon, abbé de Saint Lô, appelé protonotaire de Lansac, et enfin dame Claude, qui espousa Messire Charles, baron de Lux en Béarn [2] ». Je dois cependant ajouter que Louis de Saint-Gelays eut aussi un fils naturel, Urbain, qui devint évêque de Cominges et fit une assez triste figure dans l'épiscopat. Mais il y avait quelques années déjà alors que Mellin, le poète, avait disparu de ce monde.

Enfin Marguerite, la seule fille connue, et le septième enfant de Messire Pierre, épousa Geoffroy du Puy du Fou et fit souche de nobles descendants.

---

1. Ms. F. 20.222, *loco. cit.* — La correspondance politique de M. de Lansac vient d'être publiée par M. Sauzé de Lhoumeau, dans les *Archives du Poitou*, t. XXXIII 1904 et t. XXXIV, 1905.

2. Ms. Fr. 20.222, *loco. cit.*

II

Tels furent les plus proches parents de Mellin de Saint-Gelays, au milieu desquels il passa son existence, et que j'ai cru devoir faire connaître tout d'abord pour mieux comprendre la situation privilégiée qu'il devait à sa famille. Et l'on voit par tout ce qui précède qu'il appartenait à une antique et noble race, dont la plupart des membres occupèrent au XVIe siècle des places distinguées, à la cour et dans l'épiscopat, dans le monde des lettres comme dans celui des armes et de la politique. Tous ces fils et petits-fils de Messire Pierre de Saint-Gelays et de noble dame Philiberte de Fontenay nous apparaissent doués de qualités exceptionnelles pour « réussir ». Intrigants et nombreux, pleins d'intelligence, d'habileté et de finesse, ils savent se pousser eux-mêmes, se soutenir mutuellement les uns les autres, profitant de toutes les occasions pour se faire valoir auprès des princes et capter les faveurs. Au reste, bons et serviables, pétillants d'esprit, d'un commerce des plus agréables, aux mœurs très faciles, ils savaient se faire pardonner, autant que faire se peut, leurs succès et leur exceptionnel crédit auprès des grands. Nous dirions aujourd'hui que c'était une famille « d'*arrivistes* », accomplis. Il faut cependant ajouter que leurs nombreuses qualités d'esprit et de corps, jointes à leur activité, les rendaient dignes « d'arriver ».

Mellin de Saint-Gelays avait donc de qui tenir. Mais de qui tenait-il l'existence ? Ceci est un problème dont la solution présente quelques difficultés, et qui a suscité déjà plusieurs réponses différentes. Ce qu'il y a de certain c'est qu'il était fils d'un des enfants de Pierre de Saint-Gelays, mais fils illégitime. Vers la fin de sa vie, il était en effet obligé, pour devenir abbé de L'Escale-Dieu, de demander au pape une dispense spéciale pour vice de naissance « *defectu natalitium* »[1]. D'un autre coté ce fut Octovien, l'évêque d'Angoulême, qui l'éleva près de lui, avec une affection toute paternelle. Faut-il en conclure que Mellin était son fils, fruit illégitime d'une jeunesse orageuse ? La conclusion paraît logique, bien que les preuves ne soient rien moins qu'absolues et la déduction assez peu scientifique [2]. L'Evêque l'appelait son neveu et Mellin parait bien avoir toujours vu en lui un oncle particulièrement affectionné, n'ayant jamais songé à lui donner un autre titre. Et de fait, en 1525, Symphorien Champier lui adressant une « épître dédicatoire » en tête de la *Vie du preulx chevalier Bayard* qu'il éditait, lui parle « de feu son oncle, évêque d'Angolesme » [3]. De plus, si plusieurs des contemporains de Mellin ont suspecté la légitimité de sa naissance dans leurs écrits, nul n'a jamais nommé ses parents, ni désigné son père d'une ma-

1. M. l'abbé Degert, professeur à l'Institut catholique de Toulouse, est le premier à avoir signalé cette particularité, dans la *Revue de Gascogne*, mars 1904, p. 122. Cf. *Acta consistoriala*, Bibl. Nat. F. lat. 12.558, fol. 465ᵛᵒ. On trouve là que le pape « commendavit ad eamdem nominationem monasterium Scalae Dei... B. Merlino de Sancto Gelasio, clerico Engolismen, diæcesis... cum dispensatione super defectu natalitium ».

2. C'est cependant l'opinion la plus commune : les généalogies même manuscrites donnent presque toutes Mellin comme le fils naturel d'Octovien, avant son entrée définitive dans les ordres sacrés. On lit dans le Gallia Christiana, à l'article de l'évêque d'Angoulême : « Filium habuit Merlinum Sangelasium, qui patris vestigia secutus, præclara ingenii sui monumenta posteritati consecravit. » — t. II, Col. 1017-18.

3. « *Les gestes ensemble la vie du preulx chevalier Bayard ; avec la généalogie : comparaisons aux anciens preulx chevaliers ; gentilz : israélitiques et chrétiens. Ensemble oraisons ; lamentations épitaphes du dict chevalier Bayard, contenant plusieurs victoyres des roys de France : Charles VIII, Loys XII et Françoys premier de ce nom...* Imprimé à Lyon sur le Rosne par Gellibert de Villiers, l'an de grâce 1525, le 24ᵉ de novembre. Bibl. Nat. Rés. Ln²⁷ 1198. » — « *Aultre épistre à Monsieur Merlin de Sainct-Gelays, ausmosnier de Monseigneur le Daulphin,* » — « Doncques, mon amy, Merlin, je te prie veuille excuser les faultes de ce petit livre (si aulcunes en y a) et si ne sont escriptes en vraye rhétorique françoyse, comme les épistres d'Ovide, translatées de latin en nostre langue gallicane par feu ton oncle, évesque de Angolesme, » — fol. VII, vº. Sur cet auteur, consulter P. Allut, *Etude biographique et bibliographique sur Symphorien Champier*, Lyon, 1859, in-8.

nière certaine [1]. Quelques auteurs l'ont vaguement dit [2], mais sans preuves, fils de Jean, l'aîné de la famille, qui peut-être pour se débarrasser d'un fils gênant, au moment de contracter mariage [3], aurait été bien aise de pouvoir le confier à ses frères destinés à l'état ecclésiastique. D'autres le croient plutôt fils du seigneur de Saint Sévérin, qu'on s'accorde à lui donner comme parrain. Et cette opinion me paraît assez vraisemblable. Elle s'appuie, en effet, sur une généalogie manuscrite [4] et concilie bien des difficultés ; en particulier elle explique l'entrée subite de Mellin dans l'état ecclésiastique, juste au moment de la naissance du fils aîné du seigneur de Saint-Sévérin.

Quoi qu'il en soit, il faut convenir que la naissance de cet enfant fut entourée d'un certain mystère. Ceux qui en connaissaient les diverses arcanes, en ont soigneusement gardé le secret. « Peut-être même Mellin ne connut-il jamais positivement lui-même quel était l'auteur de ses jours » [5]. Nulle part dans les vers qui nous restent de lui on ne trouve la moindre allusion à ceux qui lui donnèrent l'existence. Personne ne nous a jamais parlé de sa mère ; il ne nous en a jamais parlé. Etait-elle morte en lui donnant le jour ? Avait-elle fui le monde ? Se trouvait-elle mariée à un étranger ? Mystère. Et l'on ne saurait dire si ce mystère cache un simple oubli de l'honneur et du devoir, ou quelque sombre drame de folle passion ou de vengeance.

---

1. Duverdier, Dreux du Radier, La Croix du Maine et Nicéron paraissent croire que Mellin était le neveu d'Octovien, sans parler de ses parents; mais Thevet et Scévole de Sainte-Marthe le disent fils illégitime.

2. Cf. Abbé Nanglard, *loco. cit.;* et Prosper Blanchemain, p. 5.

3. Jean de Saint-Gelays épousa Marguerite de Durfort, le 9 février 1481. Cf. Anselme, V, 734.

4. Cf. *Dossier Saint-Gelais*, 158, fol. 373 ; il y est dit fils de Nicolas, seigneur de Saint-Sévérin. Voir de même *Dossier bleu* n° 308 et les autres généalogies manuscrites, mais on y remarque plus d'une contradiction.

5. E. Phelippes-Beaulieux, *op. cit.*, p. 6.

Dans ces conditions, on conçoit qu'une certaine incertitude plane sur la date du jour et de l'année où cet enfant vint au monde. Thevet [1], son compatriote et son ami, nous apprend qu'il mourut au mois d'octobre, à l'âge de 67 ans, 6 mois et 15 jours. A prendre ce renseignement comme absolument exact, sachant de part ailleurs [2] que notre poète mourut le 14 octobre 1558, il faudrait placer sa naissance au 30 mars 1491. Mais Thevet ne se distingue pas précisément par l'exactitude chronologique, et les erreurs de ce genre abondent dans son œuvre. D'un autre côté, on a cru longtemps que Mellin était mort en 1554, et dès lors c'est en 1487 qu'on le faisait naître [3]. Mais voici qui complique les données de ce problème : notre poète nous apprend lui-même que c'est un « troisième jour de novembre » [4] qu'il vint au monde. Et ceci ne concorde nullement avec les indications de Thevet. Et nous sommes réduits encore à de simples conjectures sur la date exacte de cette naissance. Au reste ce détail n'est pas d'une importance capitale dans le récit de la vie de Mellin. Toutefois si l'on admet qu'il était fils d'Octovien,

1. *Les vrais pourtraits et vies des hommes illustres grecz, latins et payens, recueillis de leurs tableaux, livres, médailles antiques* et *modernes*, par André Thevet, Angoumoysin, premier cosmographe du Roy. — fol. 558 v°.

2. Cf. Bibl. Nat. Ms. Fr. 8.217, p. 868.

3. Prosper Blanchemain le fait naître le 3 novembre 1487. Cf. *Notice sur Mellin de Sainct-Gelays*, p. 5.

4. Huitain — *autre de sa naissance*, I, 114.

Novembre et mars en leurs troisièmes jours,
Seront partout de toute ma puissance
Solennisés et honnorés tousjours
Car j'eus de l'un ma vie et ma naissance,
L'autre de vous me donna congnoissance...

Je suis à me demander si le poète n'aurait pas dû écrire « mars et novembre » renversant ainsi l'ordre des mois ? Quand on connaît l'homme et sa manière poétique, ceci ne semble pas impossible, bien que peu vraisemblable à première vue. Mellin n'y regardait pas toujours d'aussi près dans ses nombreuses improvisations, et de plus la destinataire du huitain gallant ne devait pas éprouver la moindre difficulté à comprendre s'il s'agissait pour elle de novembre ou de mars. Admettons ensuite qu'on ait lu 3e pour 30e — rien de plus commun — et nous arrivons ainsi à la date fournie par Thevet : 30 mars. Mais ce n'est qu'une supposition.

on ne saurait vraisemblablement retarder sa venue au monde après 1490. Cette année-là, en effet, le futur évêque d'Angoulême, si l'on en croit son propre témoignage, avait dit adieu aux plaisirs de la cour et renoncé pour toujours aux désordres de sa jeunesse, pour se consacrer définitivement au service de Dieu. Et rien ne permet de douter de la sincérité et de la persévérance de sa conversion [1].

Que ce soit en novembre ou en mars, en 1491 ou une année plus tôt qu'il naquit, cet enfant reçut au baptême le nom quelque peu étrange de Mellin [2]. Aussi ses contemporains ont-ils bien souvent défiguré ce nom fort peu commun : on écrit Melin, Merlin, Marlin, Meslin, Maslin, Marin, et même Mélusin [3].

Mais quels que fussent les parents de notre Mellin, et la ville où il vint au monde, il passa sa jeunesse dans le palais épiscopal d'Angoulême, grandement choyé par Messire Octovien de Saint-Gelays. Cependant je me hâte d'ajouter que Jacques de Saint-Gelays, évêque d'Uzès, et son frère Charles n'avaient pas moins d'affection pour ce neveu. Son éducation fut particulièrement soignée, et l'évêque d'Angoulême lui-même se constitua son maître, avec un dévouement sans limites. C'est donc une nécessité pour moi, au début de cette étude, de consacrer quelques pages spéciales à ce prélat poète. Aussi bien est-ce une des plus intéressantes figures des écrivains de cette fin du XVe siècle, et il mérite une place honorable dans

1. Cf. *Séjour d'Honneur*, ch. IV.

2. Notre poète signait *Mellinus Sangelasius* et par conséquent avait adopté Mellin, comme orthographe de son bizarre prénom. Cf. H. Omont, *Concordances des numéros anciens et des numéros actuels des manuscrits latins de la Bibliothèque nationale*, planche VII.

3. La Monnoye, après avoir fait remarquer la singularité de ce nom, ajoute dans une note insérée dans les œuvres de La Croix du Maine, t. II, p. 114 : « On écrit Mellin, Melin ou Merlin. Le plus régulier des trois est Mellin, nom d'un saint autrefois patron d'une église de la province de Cornouailles en Angleterre. Melin a été introduit par la prononciation, Merlin s'est dit par allusion. »

l'Histoire de notre littérature par ses nombreux écrits. « Mellin fut encore le meilleur ouvrage de son père », à-t-on répété plusieurs fois malignement [1]. Dans tous les cas, ce n'est pas une petite gloire pour lui d'avoir éveillé dans cette jeune âme l'amour des Belles-Lettres et d'avoir initié cet enfant au culte des Muses.

III

Ce fut dans la Saintonge [2], à Montlieu ou à Cognac, que naquit Octovien de Saint-Gelays, en l'an 1468 [3]. La nature n'avait pas été avare de ses dons envers cet enfant, et sa naissance lui permettait d'espérer la plus brillante fortune. On le destina à l'état ecclésiastique où il était alors si facile pour une âme bien née de parvenir aux honneurs, sans parler des richesses. Il vint donc à Paris avec ses deux frères, Jacques et Charles, et étudia d'abord les belles-lettres au Collège Sainte-Barbe [4], sous la direction du célèbre Martin Lemaistre, dont il garda toujours le plus précieux souvenir [5]. Il passa ensuite à la Sorbonne, pour s'adonner à la philosophie « et aux divines lois sacrées ». Mais les douceurs de la poésie, surtout les amusements et les plaisirs, avaient plus d'attraits pour lui que les questions théologiques. Il se laissa entraîner par *Sensualité* et se mit à parcourir allègrement le sentier de

1. Cf. Castaigne, *op. cit.*, p. 335, et Anatole de Montaiglon dans les *Poètes français de Crépet*, t. I, p. 480.

2. Cf. Ms. Fr. 1155 : *Estrif de Nature, Science et Fortune.* Prologue.

3. Cette date est donnée par deux documents différents. — a). Dans les *Procédures politiques du règne de Louis XII*, publiées par De Maulde La Clavière, p. CXXIV, nous apprenons qu'Octovien avait 25 ans en 1493. — b). Il nous déclare lui-même dans la *Préface*, mise au devant de la traduction de *l'Estrif de Nature, Science et Fortune* (Ms. Fr. 1155), qu'il avait alors 20 ans, en 1488. Voir mon *Essai sur la vie et les œuvres d'Octovien de S. G.*

4. Cf. Quicherat, *Histoire de Sainte Barbe*, t. I, p. 93 et ss. ; voir aussi De Maulde La Clavière, *La veille de la Réforme*, p. 329.

5. Dans le *Séjour d'Honneur*, il le salue avec une respectueuse émotion, au milieu de tous les savants illustres du royaume des ombres, liv. III, fol. v

Fleurie Jeunesse, désertant trop souvent les doctes leçons des Universités.

A la cour de Charles VIII, où il ne tarda pas à s'introduire, comme à celle du comte d'Angoulême, il se livra sans retenue à tous les entraînements de la jeunesse. Poussé par sa nature ardente, aidé par sa naissance et plus encore par ses merveilleuses qualités d'esprit, il voulut goûter à tous les plaisirs, et longtemps il eut tous les bonheurs. Admiré des seigneurs, choyé des dames pour son extrême gentillesse, en grande faveur auprès du roi, il était de toutes les fêtes pour son esprit, sa bonne mine, son joyeux entrain et ses galants petits vers. Il le confesse lui-même, non sans quelque regret, lorsque la maladie l'eut abattu[1] :

Quand je vivois en mondaine plaisance...
Des dames lors estoye recueilly,
Entretenant mes doulces amourettes ;
Amours m'avoit son servant accueilly,
F° Aiiii, v°. Portant bouquetz de boutons et fleurettes.

On peut se faire approximativement une idée de l'existence qu'il mena alors par les vers du *Séjour d'honneur*, où, après avoir été assommé par *Les autres*, il se représente repassant mélancoliquement dans son esprit toutes les joies passées. Dame *Raison* vient le consoler et essayer de le remettre dans la bonne voie ; mais *Sensualité* pour le garder à elle, lui place sous les yeux une sorte de « sinomple », « où estoit peinct d'or et de soie », la vie de plaisirs qu'il avait menée jusqu'à ce jour.

La veis mes premières amours,
Mes doléances et clamours ;

1. Cf. *Séjour d'Honneur, composé par révérend* Père *en Dieu messire Octovien de Sainct-Gelays, evesque d'Angoulesme,* nouvellement imprimé à Paris pour Anthoyne Vérard... et fust achevé d'imprimer le XXV° jour d'aoust, mil CCCCC et XIX. Bibl. Nat. Rés. Y° 296.

La veis mes baisers en paincture,
Et mes regards à l'aventure ;
La veis ma dame, ainsi m'aist dieux,
Qui gectoit envers moy ses yeulx ;
La veis mes songes et mes faictz
Et mes beaux semblans contrefaictz ;
La veis les rondeaulx que faisoye,
Quant d'Amours serviteur estoye ;
La veis mon visaige joly,
Qui maintenant est aboly ;
La me veis en habitz divers.
Pour l'esté et pour les yvers ;
La me veis certes figuré
Comme ung homme délibéré,
Adès dançant, adès chantant,
Adés ma mie regrectant,
Adès faisant épistre ou lectre
F° Cii, v°. Pour devers ma dame transmettre.

Il ne tarda pas à acquérir une extraordinaire réputation poétique, plus particulièrement dans cet art des petits vers amoureux. Tout jeune encore, il était regardé comme l'égal des plus célèbres rhétoriqueurs de cette époque. Aussi le fameux Jehan Molinet, déjà vieux, dans une *Epître à Cretin*, n'hésite pas à reconnaître qu'Octovien s'est fait une place à part dans l'art de rhétorique, et s'il réclame pour lui-même « le pris au vergier liligère », ce n'est qu'après avoir mis hors de pair son jeune et brillant concurrent [1].

Ainsi donc, Octovien guidé par *Sensualité* à travers la *Forest des Aventures*, menait joyeuse vie dans le *Séjour d'Honneur* où il était enfin parvenu, c'est-à-dire à la cour. La fortune lui souriait, le roi Charles VIII lui témoignait une bienveillance marquée. Que ne pouvait-il pas se pro-

1. *Les faictz et dictz de feu de bonne mémoire maistre Jehan Molinet, contenant plusieurs beaulx Traictez, Oraisons et Champs royaulx : comme l'on pourra facillement trouver par la table qui s'ensuyt. Nouvellement imprimez à Paris l'an mil cinq cens trente et ung, le neufviesme jour de décembre* — in fol. Bibl. Nat. Rés. Y° 42.

mettre ? Certes de longtemps encore *Long-Age*, ce cerbère impitoyable pour les vieux courtisans, ne pouvait le mettre à la porte de ce paradis de délices, étant dans toute la force de sa prime jeunesse et dans tout l'éclat de ses vingt ans. Seulement, avec une âme ardente et passionnée, on n'abuse pas impunément des plaisirs. Au milieu des fêtes auxquelles il se livrait sans retenue, il tomba tout à coup épuisé. Une maladie terrible s'en suivit, faisant craindre pour sa vie. Il se releva, mais transformé, au physique comme au moral. La maladie « avait tourné son dos et amesgrie sa face » ; une toux douloureuse secouait de temps en temps sa poitrine oppressée ; avant l'âge il sentait

les amères poinctures
De vieillesse, en ses nerfs et joinctures [1].

Dès lors, se sentant atteint d'un mal incurable, il fut pris d'un immense dégoût pour ces plaisirs qui l'avaient perdu. Triste et désabusé, se considérant comme un vieillard ennuyeux, il dit — non sans d'amers regrets — adieu au monde où l'on s'amuse et prit incontinent « *le Chemin de Pénitence* » pour arriver à « l'*Hermitage d'Entendement.* » En d'autres termes, Octovien renonça sinon à la cour — nous l'y retrouverons souvent — du moins à ses plaisirs, entra définitivement dans les ordres sacrés, et chercha dans le fidèle accomplissement de tous ses devoirs sacerdotaux un peu de consolation pour son cœur à jamais brisé [2].

Ordonné prêtre, il n'abandonna pas pour cela le culte des Muses et de la poésie, mais il le modifia et le trans-

1. *Séjour d'Honneur*, liv. IV, fol. Ab ro.

2. Voici ce qu'on lit dans une note ajoutée par Rigoby de Juvigny dans la *Bibliothèque de la Croix du Maine* : « Après quelques années de la plus brillante jeunesse passées dans l'ivresse des plaisirs, Octovien de S. G. essuya une longue et dangereuse maladie, suivie d'un épuisement si grand qu'il fit craindre pour sa vie. Il se peint lui-même dans cet état comme un vieillard chagrin et mélancolique, qui voit avec regret qu'il ne peut plus jouir », t. II, p. 201.

forma pour le mettre plus en rapport avec son état et ses nouveaux sentiments. Laissant de côté tous ces petits vers érotiques, qui lui avaient pourtant valu tant de succès, il aborda des genres plus sérieux. Il est probable aussi qu'il donna quelques soins aux études ecclésiastiques un peu négligées jusqu'alors. On dit qu'il s'adonna encore au ministère de la prédication [1]. Nul doute que dans la chaire de vérité, son âme ardente et passionnée ne trouvât des accents profonds et vibrants : il avait fait lui-même l'expérience personnelle de la fausseté des plaisirs du monde. Sa conviction, sa mine austère, ses talents déjà connus, autant que sa haute naissance, et sa maladie elle-même, lui acquirent bien vite de nombreuses sympathies parmi ses auditeurs. Sa réputation d'orateur, à ce qu'il semble, devint bientôt considérable. Le docte Guillaume Cretin, dans sa *Déploration sur le trespas de feu Okergan* [2], survenu en 1496, en fait grand cas.

Aussi Rome pour le récompenser, s'empressa sur sa demande, de le nommer protonotaire apostolique avec le titre de Monseigneur [3].

IV.

Vivant désormais à l'écart des plaisirs du monde et de la cour, il résolut pour charmer ses moments de tristesse de raconter sous forme allégorique l'histoire de sa vie. Mais il voulut en faire une leçon frappante pour la jeunesse. Et voilà pourquoi, suivant un procédé fort en

1. Cf. Colletet, *Vie d'Octovien de S. G.*, p. 53.

2. *Chantz royaulx*, Oraisons *et aultres petitz Traictez, faictz et composez par feu de bonne mémoire maistre* Guillaume *Cretin : en son vivant chantre de la Saincte Chapelle royale, à Paris, et trésorier du Bois de Vincennes.* — Paris, Galliot du Pré, 1526 — fol. 33 v°. Bibl. Nat. Rés. Y° 1256.

3. La première édition connue du *Séjour d'Honneur*, publiée par Antoine Vérard, s. d., porte que cet ouvrage a été composé « par messire Octovien de Sainct-Gelaiz, lors protonotaire et depuis évesque d'Angoulesme ».

honneur depuis le *Roman de la Rose*, il se peint entraîné par *Sensualité* sur le chemin de *Fleurie Jeunesse*, se lançant sur le fleuve de *Joie Mondaine*, puis traversant la terrible *Forest des Aventures* pour arriver enfin, après bien des péripéties, au *Séjour d'Honneur*. C'est là le titre qu'il donna à son ouvrage, en le dédiant « à la très haulte, très crestienne et très redoubtée et impériale puissance et souveraine majesté de Charles VIII »[1]. Et pour rendre plus saisissante la leçon morale destinée à la jeunesse, il se représente à la fin de cette longue fiction, chassé de la cour, vieux, accablé de chagrin, repassant tristement sous l'*Arbre d'Angoisse* le souvenir des joies passées, effrayé par les amertumes de l'avenir. Il y a là, comme on l'a fait bien souvent remarquer[2], des souvenirs personnels d'un charme saisissant, des retours douloureux et pleins de sincérité, des regrets « sur son premier temps perdu » empreints d'une mélancolique poésie, qui rappellent Villon et font songer à Du Bellay.

S'adressant ensuite à tous ces imprudents, pleins de jeunesse et d'espoir, qui se laissent entraîner comme lui par *Sensualité*, sur l'abime de *Joie Mondaine*, il leur crie :

> Certes je fuz tout tel comme vous estes,
> Gens de loysir, et vous n'y pensez pas,
> Si vous faudra-il que vous passez le pas,
> De fer n'estes, ne d'acier, ne de cuyvre,
> N'en plus que moy pour en estre délivre.
> ... A l'heure bonne,
> Fº Ab. vº. Véez là l'estat de ma povre personne,
> En attendant que Dieu fasse de moy
> L'âme partir...

C'est vers l'année 1492 qu'Octovien faisait entendre ces accents pleins de regrets. Mais, comme il n'a pas lui-

1. Sur le *Séjour d'Honneur*, voir l'étude si pénétrante et si complète qu'en a donné M. Henry Guy, dans la *Revue d'Histoire litt. de la France*, avril-juin 1908, p. 193-231.
2. Cf. Anatole de Montaiglon dans les *Poètes français*, de Crépet, t. I, 478-480.

même publié ses propres ouvrages, ou qu'ils ont paru sans aucune date, on est très souvent réduit à de simples probabilités sur l'époque de leur composition.

Dans son *Séjour d'Honneur* [1], il nous apprend incidemment que son premier ouvrage poétique fut la traduction des *Amours d'Eurialus et de Lucresse* [2], petit opuscule composé depuis peu d'années par Æneas Sylvius Picolomini, devenu le pape Pie II. Seulement ses vers ne furent imprimés qu'en 1493, chez Antoine Vérard, l'éditeur ordinaire des œuvres d'Octovien. Il n'avait que vingt ans, quand il « translata » de même de latin en français l'*Estrif de Science, Nature et Fortune* [3], compilé par son frère, Jacques de Saint-Gelays, déjà nommé évêque d'Uzès. C'est le 24 juillet 1488, nous dit-il, qu'il termina ce travail dédié au Comte d'Angoulême « son très illustre et redoubte seigneur ».

Les traductions occupent une place importante dans les œuvres de ce poète. Et si elles présentent de nombreux défauts, du moins témoignent-elles du bon goût littéraire de leur auteur et de son labeur continuel. D'ailleurs, ces défauts tiennent bien plus à l'ignorance de son temps et à la pauvreté de la langue française, qu'à l'infériorité de son talent poétique. La meilleure de

1. Voici les vers en question :

Quant au premier le livre translatay
D'Eurialus et de dame Lucresse,
Et qu'en françoys de latin le gectay
Selon mon sens et ma rude simplesse,
Par le vouloir et pour la charge expresse
f° Ab. r°. D'une dame, qui ce me commanda.

2. *L'Ystoire de Eurialus et de Lucresse, vray amoureux, selon pape Pie* — suivi du *Traicté des deux loyaulx amans, imprimé à* Paris *le sixième jour de may, l'an mil* CCCC *quatre vingts et treize, par Antoine Vérard* ». Le premier ouvrage est un petit in fol. goth. de 93 pages, avec le texte latin en abrégé à la marge — Bibl. Nat. Rés. Y[e] 38.

3. Bibl. Nat. Ms. Fr. 1155. — portant comme titre *L'Estrif de Science, Nature et Fortune*... faict et accompli le XXe jour d'aoust, l'an mil CCCC quatre XX et VIII. — La dédicace, très modeste, à Monseigneur Charles, comte d'Angoulême, se trouve à la fin. Cette traduction n'a jamais été imprimée et ne mérite guère de l'être.

toutes les preuves, c'est le succès éclatant qu'obtinrent ces traductions pendant toute la première moitié du XVIe siècle. Et de plus, ce n'est pas une petite gloire pour ce jeune poète, touché déjà par le doigt de la mort, d'avoir mis à profit les quelques jours de répit qu'elle lui laissait, pour tâcher de faire passer dans notre langue française encore dans l'enfance, quelques-unes des beautés des chefs-d'œuvre de l'antiquité.

La première et la plus célèbre de ces traductions « ce fut une version en vers des *Héroïdes* ou des vingt et une *Epistres amoureuses* d'Ovide, imprimée de son vivant à Paris, et depuis encore, l'an 1533, in-8°, et in-12, l'an 1546 ; différentes et nouvelles éditions qui tesmoignent assez le favorable accueil que l'on fit à ce gentil ouvrage » [1]. Colletet aurait pu singulièrement allonger cette liste des différentes éditions des « Epistres amoureuses » ; nous en connaissons au moins quatorze différentes [2], qui ont paru dans la première moitié du XVIe siècle. Il aurait pu ajouter encore que les nombreux manuscrits qui nous restent de cette traduction [3], dont quelques-uns sont ornés de splendides miniatures [4], montrent non moins clairement quel fut le succès de cet écrit.

Cette traduction, Octovien l'entreprit par le commandement du roi, et quelques auteurs ajoutent qu'elle servit à payer, ou plutôt à gagner son évêché. Il n'est pas douteux, en effet, qu'il accomplit son travail avant d'être évê-

1. Colletet, *Vie d'Octovien de S. G.*, p. 12.

2. Voir l'énumération dans Brunet et Deschamps, *Supplément au Manuel du libraire*, t. II, p. 118-119. Voir aussi Duplessis, *Essai bibliographique sur les diverses éditions d'Ovide*. Paris, 1889, in-8 — p. 2-45.

3. La Bibliothèque Nationale possède six manuscrits différents des *Epitres héroïdes* : Fr. 873, 874, 875, 876-77, 1641 et 25.397. Il y en a un autre à la Bibliothèque de l'Arsenal, n° 5.108

4. Sur les cinq manuscrits à miniatures connus jusqu'ici, voir le savant et curieux travail : *Les Manuscrits à Miniatures des Héroïdes d'Ovide, traduites par Saint-Gelais, et un grand miniaturiste français du XVIe siècle*, par Paul Durrieu et Jean-J. Marquet de Vasselot. Extrait de l'*Artiste*, mai et juin 1894.

que d'Angoulême [1]. Quant à la *Translacion du Livre des persécutions des Crestiens* [2], l'auteur nous apprend dans sa préface « qu'elle fust entreprinse par le commandement du roi Charles VIIIe, auparavant son voyage d'Italie, et présentée à luy-même à son retour de Naples » [3].

C'est encore à Octovien que j'attribuerai la nouvelle traduction du *Livre de l'Information des Princes* [4], exécutée vers la fin du xve siècle et présentée au roi Charles VIII. Ceci peut expliquer comment, quelques années après, Antoine Vérard publia la traduction de ce même livre par Jean Goulein, sous le titre de *Trésor de noblesse* [5], avec une lettre dédicace d'Octovien. Ce fut une confusion non un plagiat [6]. Au reste, tout porte à croire que l'évêque d'Angoulême était mort depuis quelque temps déjà lorsque parut ce livre qu'on mettait sur son compte. Il avait assez écrit certes sans recourir à des plagiats de cette sorte, trop faciles à découvrir surtout pour des contemporains. Je me hâte d'ajouter qu'il entreprit en effet bien d'autres traductions encore. « Comme il n'avait l'esprit porté qu'aux grands et pénibles travaux, il traduisit en vers quelques livres de l'*Odyssée* [7]

1. Cf. *Ibid.* p. 2 et 3.

2. *Le livre des persécutions des Crestiens, translaté de latin en françoys par Octovien de Sainct-Gelays, évesque d'Angoulesme. Imprimé nouvellement à* Paris *pour Anthoine Vérard* — petit in fol. — Bibl. Nat. Rés. Vélins 1161.

3. Colletet, *op. cit.* p. 28.

4. Bibl. Nat. Ms. Fr. 1212. — Sur le *Liber de Informatione* Principum, voir un article fort savant et très précis de L. Delisle, dans l'*Hist. litt. de la France*, t. XXXI, p. 35 à 47.

5. *Le Trésor de noblesse fait et composé par Octovien de Sainct-Gelaiz, évesque d'Angoulesme, imprimé nouvellement à Paris... pour Anthoine Verard* — in-4. de 136 ff. Bibl. de l'Arsenal, Vélins 607.

6. C'est M. L. Thuasne qui dans son ouvrage, *Roberti Gaguini Epistole et orationes*, t. II, p. 204 n. écrit « le Trésor de noblesse est un effronté plagiat du ms. de la Bibl. Nat. fr. 579, le *De Regimine principum de Gilles de Rome* ». Le manuscrit indiqué est la traduction du *De Informatione Principum*. — Sur cette question, voir mon *Essai sur Octovien de S. G.*, IIe partie ch. II.

7. Il ne nous reste absolument rien de cette traduction d'Homère, entreprise par Octovien, mais tous les auteurs contemporains sont unanimes à la lui attribuer.

d'Homère, les six *Comédies* de Térence [1] en rymes et en prose et toute l'*Eneyde* de Virgille [2] en vers » [3]. Seulement ce sont là des œuvres, non de sa vieillesse, il mourut si jeune, mais des derniers jours de sa vie.

Il ne faut pas croire cependant qu'après sa conversion et son entrée définitive dans l'Eglise, Octovien se contenta de ces œuvres générales. Il ne cessa jamais de s'intéresser à la fortune publique de la France et à tout ce qui préoccupait la cour. Nous possédons un grand nombre de poésies de circonstance qui en sont une preuve irrécusable. Ainsi, malgré sa maladie, il s'intéressait grandement au sort du duc d'Orléans, enfermé à Bourges, et s'empressa de chanter « son heureuse délivrance » [4], en juin 1491. Et plus tard, en 1496, il déplora la mort de Charles, comte d'Angoulême [5], père de François Ier. Cela ne l'empêchait pas de faire sa cour à Charles VIII. C'est ainsi qu'il chanta le mariage du roi avec Anne de Bretagne [6], lui souhaitant « paix, longue vye et génération ». Il célébra encore son entrée triomphale à Rome [7] et fit une sorte d'*Apologie* [8] de tout son règne. Son crédit particulier à la cour, lui permettait même de dire quelquefois des vérités peu agrables aux oreilles des princes [9]. Mais ce dont on ne saurait assez le louer, c'est de s'être

1. *Thérence en françoys, prose et rime avecques le latin... imprimé à Paris, pour Anthoyne Vérard.* s. d. (vers 1500) — in-fol. goth. de 384 ff. chiff. — Bibl. Nat. Rés. gYc. 214.

2. *Les Eneydes de Virgille, translatez de latin en françois par messire Octovian de Sainct-Gelaiz, en son vivant évesque d'Angolesme, reveues et cottez par maistre Jehan d'Ivry, bacchelier en médecine... imprimez à Paris, le VIe jour d'avril mil cinq cens et neuf, pour Anthoyne Vérard.* Bibl. Nat. Rés. gYc. 318.

3. Colletet : *op. cit.* p. 13-14.

4. Bibl. Nat. Ms. Nouv. Acq. Fr. 1158, fol. 82 à 96. Ce manuscrit contient beaucoup de vers inédits d'Octovien.

5. *Ibid.* fol. 119-137.

6. *Ibid.* Ballade, fol. 139.

7. *Ibid.* Rondeau 3, fol. 142 v°.

8. *Ibid.* fol. 96 à 106.

9. Bibl. Nat. Ms. Fr. 1717, fol. 78 à 81 ; et Fr. 1721, fol. 57 *Epistre faicte en équivoques, envoyée au Roy Charles.*

montré particulièrement bon Français et ardent patriote. Il faut voir avec quelle ardeur il incite, sans se lasser, le roi, les grands seigneurs et le peuple à s'unir pour chasser hors du royaume les Anglais débarqués à Calaïs [1], en octobre 1492. Après leur avoir reproché à tous « de caqueter, banqueter, baller, danser, se gaudir », pendant que les « lyépards » désolent le pays, il s'écrie avec véhémence :

Sus, gens de cœur, à l'enseigne courez,
Et recouvrez vostre propre domaine !
Roys, princes, ducs et contes, accourez,
Ne demourez, voyons que vous ferez ?
Délibérez prendre peine pour peine ;
Si Charlemeine eust encore vye humaine,
Jour de sepmaine n'eust cessé par ses faictz,
Fo 81 ro. Que ces Anglais n'eussent esté deffaictz.

Ailleurs, il nous montre la France lui apparaissant tout à coup, « la face seigneuriale », mais avec « une taincture de paslie desconfiture », pour se plaindre avec force sanglots de ses malheurs. C'est après la capitulation d'Arras (5 nov. 1492) ; elle lui dit : « Octovien prend plume et encre et trace mes complaings ». Et le poète obéit, essayant, malgré « la simplesse de son gros ramentevoir », de faire comprendre à tous les Français la détresse de la Patrie [2]. Il n'hésita pas non plus à prendre la défense d'Arras, « la dolente cité », « trahie par d'aulcuns faux proditeurs plus trahystres qu'Antechrist », qui l'ont livrée à Maximilien [3]. Et comme ses paroles sont peu écoutées, il représente ensuite la France agonisant sur un lit de douleur. Pour la consoler, il fait descendre du ciel une « tourbe de nobles dames », en tête desquelles

1. Ms. Fr. 1721.

2. Ce petit poème a été imprimé en tête de la *Chasse et le départ d'amours*, fol. Ai et ss. — Bibl. Nat. Rés. Velins 503. Il se trouve aussi au début du Ms. Nouv Acq. Fr. 1158.

3. *Ibid*. fol. Aiiii et ss.

marche *Paix* [1]. Elle vient, tenant en main « une palme notable », reproche amèrement leur cupidité aux princes et aux grands, les suppliant de mettre fin à leurs discordes, pour que « France redevienne ung paradis ».

Mais la guerre a cessé, voici « l'heureuse paix de France, d'Allemaigne, d'Espaigne et d'Angleterre » [2]. Et le poète entonne aussitôt un hymne d'allégresse, invitant tous les corps de l'état, « évesques et prélats, nobles de tous pays, citoïens et marchans », à chanter joyeusement pour célébrer l'heureuse nouvelle :

> Et vous, povres laboureurs, exillez,
> Couruz, battuz et oppressez de taille...
> A vos maisons tournez sans demeurer,
> Et quand vouldrez vos terres labourer,
> Liez vos bœufs et faictes vostre office,
> Fo B 5 ro. Car vous avez pour deffence Justice.

Voilà certes un Octovien tout à fait inconnu, patriote éclairé, aimant passionnément la France et ses enfants. Et l'on éprouve encore plus de joie que d'étonnement à constater que ce brillant seigneur de 24 ans, épuisé par les plaisirs, qu'on donne comme le type même du poète courtisan, ne se plaisant qu'aux mièvreries d'un amour raffiné, incapable de s'élever au-dessus de banales fictions érotiques depuis longtemps usées, possédait en réalité une âme patriote, noble, aimante et généreuse, qui souffre des douleurs de son pays, gémit sincèrement sur les malheurs du peuple qu'il voudrait soulager, et chante avec enthousiasme les avantages de la paix et le bonheur de la Patrie. Ce sont là, certes, des vers sincères et vibrants, bien éloignés des puérilités des rhétoriqueurs. Il

---

1. *Ibid.* Biii et ss.

2. Il s'agit des traités de paix consécutifs que Charles VIII conclut, à des conditions désastreuses, pour préparer plus librement sa funeste expédition d'Italie. 1° Traité d'Etaples avec le roi d'Angleterre, Henri VII, 3 nov. 1492 ; 2° Traité de Narbonne, signé le 18 janvier 1493, avec Ferdinand d'Aragon ; 3° Traité de Senlis, fait le 23 mai de la même année, avec Maximilien, roi des Romains.

est seulement à regretter qu'ils soient les moins connus de ceux qu'écrivit ce poète, et que beaucoup même n'aient jamais été publiés. Ils forment cependant des pages autrement intéressantes que la plupart de celles de ces poèmes allégoriques, d'après lesquels on a coutume de le juger.

En revanche, on lui attribue souvent des compositions poétiques qui ne lui appartiennent nullement. Ainsi on ne saurait mettre sur son compte ni le *Vergier d'Honneur*, ni le *Traité de la Politique*, ni la traduction du *Régime des Princes*, ni celle de l'*Art d'aimer* d'Ovide.

Le *Vergier d'Honneur* [1] doit être restitué à « maistre Andry De La Vigne », qui le composa : les preuves en sont multiples [2]. Il n'y à là appartenant à l'évêque d'Angouleme que la *Complainte et Epitaphe du roy de France Charles, huytiesme de nom* [3]. Le *Traité de la Politique* [4] est l'œuvre de Charles de Saint-Gelays, « chanoyne et esleu evesque d'Angoulesme », qui le composa, dit-il, « en l'honneur et révérence de François Ier », en 1522, par conséquent vingt ans après la mort d'Octovien. Et c'est ce même Charles, que nous avons appelé archidiacre de Luçon, qui traduisit encore le *Régime des Princes* de Saint Thomas d'Aquin. Il fit cette traduction en l'an 1487, cette fois « en l'honneur et révé-

1. *Le Vergier d'Honneur, nouvellement imprimé à Paris. De l'entreprinse et voyage de Napples. Auquel est comprins comment le roy Charles, huitiesme de ce nom, à bannyère desployée, passa et repassa de journée en journée depuis Lyon jusques à Napples et de Napples jusques à Lyon. Ensemble plusieurs aultres choses faictes et composées par Révérend* Père *en Dieu, monseigneur Octovien de Sainct-Gelays, évesque d'Angolesme, et par maistre Andry De La Vigne, secrétaire de monsieur le duc de Savoie.* — Paris, Vérard, s. d., in fol. goth. — Bibl. Nat. Rés. Lb. $\frac{28}{15}$.

2. Voir mon *Essai sur Octovien de S. G.* IIe partie, ch. V.

3. *Vergier d'Honneur*, fol. p6.

4. *Le politicque de la chose publicque... c'est la fin de ce petit œuvre nômé le Politicque compillé par maistre Charles de Sait-Gelays, chanoine et esleu évesque Dangolesme, en l'honneur et révérence de... Fráçois, premier de ce nom, nouvellement imprimé à Paris, pour Hémon le Fèvre, marchant libraire... et fust achevé en octobre le XXiiii iour, mil cinq cens XXii,* in-8. goth.

rence de très hault et puissant prince... monsieur le Comte d'Angoulême, Charles, premier de ce nom [1] ».

Quant à la *Chasse et le départ d'amours*, on va répétant — exagérant les paroles de M. Piaget [2] — que ce n'est là qu'un simple plagiat des poésies de Charles d'Orléans [3]. Il faut d'abord bien remarquer que cet ouvrage ne parut qu'en 1509, par le soin et avec des additions « de noble homme Blaise d'Auriol... demourant à Thoulouze » [4]. C'est donc à lui que doit surtout s'adresser le reproche de plagiat. D'ailleurs les vers appartenant à Charles d'Orléans ne forment qu'une minime partie de cette vaste compilation. Surtout, — détail fort important — ce ne sont guère que des rondeaux et des ballades, ajoutés à la fin de ceux que l'*Amant parfait* et sa dame sont censés avoir faits l'un pour l'autre [5]. Et ces pièces ne se rattachent que

---

1. Ms. Fr. 1204. Porte au dos : *Le régime des princes.* On lit à la fin : « *cy fine le livre du Régime et gouvernement des princes, translaté de latin en françoys par moy, Charles de Sainct-Gelays, licencié es loix, en l'honneur et révérence de très hault et puissant prince, mon très redoubté seigneur, monsieur le comte d'Angoulesme, Charles, premier de ce nom, le six^e jour de décembre mil quatre cens quâtre vings et sept.* »

C'est la traduction, plus ou moins exacte, du *De regimine principum ad regem Cypri*, composé par St Thomas d'Aquin. Cf. *Opuscules de St Thomas d'Aquin*, t. III, Paris, Louis Vivès, 1857.

2. *Romania*, année 1902, t. XXI. *Une édition gothique de Charles d'Orléans*, p. 581 et ss.

3. Cf. L. Thuasne, *Roberti Gaguini Epistole et orationes*, t. II, p. 204 n. — Voir l'article Octovien de S. G. dans la *Grande Encyclopédie* et le *Nouveau Larousse illustré.*

4. *La Chasse et le Départ Damours fait et composé par Rév.* Père *en Dieu messire Octovien de Sainct-Gelays, évesque d'Angoulesme, et par noble Blaise Dauriol, bachelier en chascun droit, demourant à Thoulouse — cum privilegio... Cy fine la Chasse et le Départ Damours nouvellement imprimé à Paris, le Xiiii^e jour d'avril 1509, pour Anthoine Vérard,* — in fol. goth. — Bibl. Nat. Rés. Vélins 503.

5. Voici le tableau des rondeaux et ballades qui se trouvent à la fin de *La Chasse d'amours*, afin de pouvoir se rendre mieux compte de l'état de la question : « s'ensuyvent :

1. Cent rondeaux, dont trois sont pris de Charles d'Orléans, 7e, 30e et 38e — un est emprunté à Vaillant le 42e.
2. Sept ballades, toutes d'Octovien de Saint-Gelays.
3. Quarante joyeulx rondeaux composés par la dame de l'Amant parfait, appartenant à Octovien.
4. Deux ballades séparées par un rondel consonant : œuvres d'Octovien. »

Après quoi — dit une indication en prose — « l'Amant parfait se remect plus fort

très indirectement au sujet lui-même. On pourrait les retrancher sans diminuer en rien l'unité, l'intérêt et le mérite de l'ouvrage. De sorte qu'on peut bien se demander si ce n'est pas une main étrangère qui les a insérés là, peut-être inconsciemment. Et voici qui confirme encore cette hypothèse.

Bien que Blaise d'Auriol s'attribue la composition de la seconde partie du poème, intitulée la *Départie d'amours* [1], des preuves sérieuses établissent que l'ensemble de l'ouvrage est véritablement d'Octovien. Dès lors « noble Blaise » n'aurait coupé en deux cet ouvrage que pour intercaler plus facilement au milieu « toutes les façons de rymes », auxquelles il s'était patiemment exercé. Ne serait-ce pas lui également qui, sciemment ou non, prit les vers de Charles d'Orléans pour les ajouter à la fin de la seconde comme de la première partie de cet ouvrage, où ils sont parfaitement inutiles d'ailleurs? Je dois cependant avouer, qu'Octovien de Saint-Gelays s'est incontestablement servi des œuvres de Charles d'Orléans, pour composer son poème, les imitations sont manifestes. Elles ont été signalées déjà par M. Piaget avec un peu trop de sévérité, me semble-t-il. Deux fois, il est vrai, notre poète s'est contenté de copier son modèle avec quelques légères mo-

....

que devant à faire rondeaulx et ballades. » Or toutes les pièces qui suivent, à savoir, — a) cinquante-quatre ballades, — b), cinquante-six rondeaux, — c) huit ballades — appartiennent toutes à Charles d'Orléans.

La liste alphabétique de tous les rondeaux et de toutes les ballades empruntés a été donnée par M. Piaget dans la *Romania, loco cit.*

1. *La Départie damours par personnaiges parlans en toutes les façons de rymes que l'on pourroit trouver là où il y a de toutes les sciences du monde et de leurs acteurs, faicte et composée par noble Blaise Dauriol, baschelier en chascun droit, natif et chanoyne de Castelnaudary et prieur de Denisan, l'an de grace mil neuf cens et huyt, à Toulouse,* fol. aaii.

Voici les pièces appartenant à Charles d'Orléans dans cette seconde partie :

a) Sept Ballades, après les vers de Blaise d'Auriol.

b) Deux ballades et cent trente-cinq rondeaux, c'est-à-dire toute la fin du poème, à partir du fol. eei.

difications [1]; mais partout ailleurs on ne saurait parler de plagiat. Si la pensée est à peu près la même, l'expression varie [2]. Octovien n'est pas toujours heureux dans ses imitations, soit ! ; cependant j'estime qu'après avoir lu les vers de Charles d'Orléans, on peut encore trouver quelque grâce à ceux de son imitateur.

Somme toute, dans ce procès littéraire, si l'on tient compte de la date et des circonstances de la publication de la *Chasse et le départ d'amours*, si l'on considère attentivement la nature et la place des emprunts, le caractère du poète, ses œuvres si nombreuses et son extrême facilité poétique, ce n'est pas de plagiat qu'il faut parler. Je vois plutôt là un simple malentendu, une confusion peut-être involontaire de la part de Blaise d'Auriol. Octovien s'était servi des œuvres poétiques de Charles d'Orléans, dont il possédait les vers manuscrits. Après sa mort, on lui attribua indistinctement toutes les poésies qu'on trouva dans ses papiers. Et personne ne protesta [3].

C'est aussi à tort qu'on a mis sur le compte d'Octovien

1. La « *Lectre de retenue* » donnée par Cupido est à peu près la même dans les deux auteurs. Cf. *Chasse et Départ d'amours*, fol. L 5ro ; *Charles d'Orléans*, édit. Guichard, p. 12. — De même encore pour les *Lectres closes au dieu d'amours*. Cf. *Chasse et Départ d'amours*. fol. ee ; *Charles d'Orléans*, p. 95.

2. Voici l'indication de ces pièces imitées.

1. Les *Commandements d'Amour*. — Cf. Charles d'Orléans, édit. Guichard, p. 11, 20 vers. — Chasse et Départ d'amours, fol. L 5, 64 vers.

2. Le *Songe en complaincte* — Charles d'Orléans, p. 80, emploie le décasyllabe. — Octavien, fol. ddi, se sert du vers de huit syllabes.

3. La *Requeste à Cupido*. — Charles d'Orléans, p. 86, strophe de 12 vers de 7 et de 3 syllabes. — Octavien fol. ddiii v°, emploie l'octosyllabe.

4. *Copie de la Lectre de quictance* ; les deux, textes sont fort différents. — Charles d'Orléans, p. 91. — Chasse et Départ d'amours, fol. ddiiiii v°.

Quant à l'*Episode de la Dame sans pitié et de l'Amant oultrecuydé*, il avait paru dans le *Jardin de Plaisance*, mais avec une vingtaine de huitains en moins et sans nom d'auteur. On ne peut donc rien conclure à ce sujet.

3. M. De Maulde La Claviere, (*Louise de Savoie et François Ier*) p. 54, fait remarquer que personne, surtout à Cognac, ne pouvait se tromper sur les vers de Charles d'Orléans, qu'on connaissait bien. Mais il ajoute que cette publication rajeunie des œuvres « du bon Charles » ne pouvait déplaire aux intéressés. Il y aurait eu connivence entre Octovien et la famille d'Orléans. L'explication est ingénieuse.

la traduction de l'*Art d'aimer*[1] d'Ovide. D'aucuns voient là une malice des Protestants, heureux de trouver une occasion d'attaquer la réputation d'un évêque catholique[2]. Il est plus probable que c'est simplement le résultat d'une nouvelle confusion. On dut confondre l'*Ystoire d'Eurialus et de Lucresse* avec le *Remède d'amours*, composés tous deux par Æneas Sylvius Piccolomini. Et par une association d'idées assez naturelle, on passa ensuite à l'*Art d'aimer* d'Ovide, poème bien différent des deux autres[3].

Malgré ces diverses éliminations, l'œuvre littéraire d'Octovien reste encore fort importante. Et si l'on considère qu'il est mort à l'âge de 34 ans, après une jeunesse des plus orageuses, miné par une cruelle maladie, qui lui laissait peu de temps de repos, il faut convenir qu'il a fait preuve d'une rare fécondité. Il mérite pleinement du reste les éloges que lui donne Colletet : « Il fut le premier qui, par la bonté de son esprit, par ses travaux assidus et par l'affection qu'il avoit pour sa langue maternelle, prit le soin de lui donner je ne sçay quel point de consistance qu'elle n'avoit point encore, estant auparavant cela vague et diffuse, dans ses vers sans ordre et sans mesure. Et quoyqu'il ne l'ait pas tirée des ténèbres de la barbarie où elle estoit, il ne laisse pourtant pas d'estre extrêmement louable dans ce qu'il a fait pour elle. Et en cela il est d'autant plus louable que ny sa condition, qui estoit fort eslevée, ny ses dignitez, qui estoient grandes dans l'Eglise, ny ses employs espineux,

1. *Ovide, de Arte amandi, translaté de latin en françoys*, sans nom d'auteur... *Cy finist Ovide de l'art d'aymer, avêcqs les sept arts libéraulx, nouvellement imprimé à Genève*, petit in-4 goth. signature a-k.

2. Cf. *Les supercheries littéraires dévoilées*, par M. J. M. Guérard, seconde édition considérablement augmentée, publiée par MM. Gustave Brunet, et Pierre Jannet. Paris, 1870, t. III, p. 530.

3. Voir à ce propos une note des plus précieuses de Gellibert des Seguins, *Vie d'Octovien de S. G. par Colletet*. Il cite le témoignage de La Monnoye, qui reprend La Croix du Maine d'avoir confondu l'*Ystoire d'Eurialus et de Lucresse* avec le *Remède d'amour d'Ovide*, p. 15 et 16.

qui n'avoient guère de commerce avecque les lettres humaines, ne furent jamais capables de refroidir en luy cette ardente passion qu'il avoit pour les Muses. Aussi pour recognoistre son mérite, le roy Charles VIII [1], qui l'aimoit fort le porveust de l'évesché d'Angoulème » [2].

V

En effet, en cette année 1494, l'évêque d'Angoulême, Robert de Luxembourg, vint à mourir. Le chapitre de l'Eglise cathédrale ayant transmis au roi son droit de nomination au siège épiscopal, Charles VIII présenta à Rome Octovien de Saint-Gelays comme candidat. Le pape Alexandre VI s'empressa de l'agréer. Le nouveau prélat n'avait que 26 ans. Il fut sacré dans l'église Saint-Paul de Lyon par Charles, évêque d'Elnes [3], assisté des évêques d'Anger [4] et de Cornouaille [5]. Afin de lui faire honneur, le roi en personne se trouva à la cérémonie, avec le duc d'Orléans et le duc de Bourbon, les comtes d'Angoulême, de Foix, de Nevers et de Montpensier, pour ne signaler que les principaux parmi les grands seigneurs de la cour [6]. Et lorsque, quelque temps après, il fit son entrée solennelle dans sa ville épiscopale, le 17 août, dimanche après l'Assomption, qui était le XIIIe après la Pentecôte, il fut reçu en grande pompe par le comte Charles d'Angoulême en personne, entouré de toute la noblesse du pays, au milieu

1. C'est par inadvertance qué Colletet, a mis Louis XII, car Charles VIII ne mourut qu'en 1498.
2. *Vie d'Octovien de Saint-Gelays*, publiée par Gellibert des Seguins, p. 4-6.
3. L'évêché d'Elnes fut depuis transféré à Perpignan ; ce Charles avait nom de Martigny, et devint évêque de Castres.
4. C'était Jean de Rely, aumônier et précepteur du roi ; il avait succédé au cardinal Bulue, mort en oct. 1491.
5. C'était l'évêque de Quimper, qui était la capitale du pays de Cornouaille, dans la Basse Bretagne. Il s'appelait Raoul de Moël ou dé Malvy, aumônier de Charles VIII.
6. Cf. *Gallia Christiana*, II, 1018.

d'un grand concours de fidèles [1]. Il alla solennellement prendre possession de son église cathédrale où il célébra une messe solennelle de la Vierge. Louise de Savoie, dut prudemment rester à l'écart se contentant d'applaudir de loin à la venue du nouveau prélat. Quelque temps après (12 sept.), elle donnait naissance au prince qui devait illustrer le trône de France sous le nom de François Ier.

Il faut noter que le nouvel évêque rencontra quelque opposition dans un compétiteur, nommé Jehan-Hélie de Coullonge ; il se prétendait canoniquement élu par le chapitre et porta plainte au Parlement. L'affaire traîna en longueur pendant deux ans. Le pape y mit fin, en 1496, en accordant à cet Elie de Coullonge, une pension de 500 livres de rente sur les revenus de l'évêché [2]. Et désormais rien ne vint plus troubler Octovien dans ses occupations ordinaires : l'administration de son diocèse, ses études et par-dessus tout l'éducation de son cher Mellin. Profondément versé dans les langues anciennes, professant un véritable culte pour les grands écrivains de l'antiquité, que son âme délicate goûtait avec délices, il s'efforça de donner à cet enfant « une de ces éducations fortes, profondes et brillantes comme on en donnait alors à ceux qu'on destinait aux grandes fonctions publiques » [3].

1. C'est évidemment par une erreur manifeste qu'Eusèbe Castaigne écrit dans sa *Notice* : « En faisant son entrée solennelle dans sa ville épiscopale, le 17 août 1497, Octovien fut reçu en grande pompe par Louise de Savoie, suivie de son jeune fils agé de trois ans. » Le *Gallia Christiana* dit expressément... « fecit suam inthronisationem in dicta ecclesia Engolism. die dominica post festum Assumptionis B. Mariae, 17 augusto, eodem anno. » Et il ajoute à la fin : « sic habent chartae Engolism, episcop. » Les dates en effet concordent exactement, le 17 août 1494 fut un dimanche, de sorte qu'une erreur ne paraît nullement probable. Je ne comprends pas non plus pourquoi M. De Maulde La Clavière, *Louise de Savoie et François Ier*, fixe cette entrée à l'année 1495, p. 48. — Voir *Gallia Christiana*, t. II, 1.018. et Nanglard, *Pouillé historique*, t. I, p. 58.

2. Cf. *Compte rendu des Séances de la société Archéologique et historique de la Charente*, par Sénemaud, juin, août 1858, p. 24.

3. P. Blanchemain, *Notice sur Mellin S. G.* p. 7. — Voir à propos des études que l'on faisait à cette époque ce que rapporte Rollin, *Traité des Etudes*, liv. II, chap. II, § 1, citant les *Mémoires* rédigés par Henri de Mesmes pour sa famille.

Il est juste de faire remarquer d'ailleurs que l'élève se montra digne de son maitre et correspondit pleinement à la solide éducation qu'on lui donnait. La nature l'avait au reste bien partagé, au moins pour les qualités de l'âme. En effet, s'il était un peu chétif d'apparence et de complexion délicate, son esprit prompt et facile, pétillant de vivacité, dénotait en lui la plus brillante intelligence. C'est une chose proclamée par tous ceux qui ont écrit sa vie, « qu'il fit paraître dans sa jeunesse tant d'heureuses dispositions qu'il paraissait également propre à tout » [1].

On peut avancer selon toute vraisemblance que Mellin, tout jeune encore, connaissait la langue latine et la parlait aussi couramment que le français. Le latin « était alors la langue de quiconque était quelque peu clerc » [2] ; et nombreux par conséquent devaient être les enfants de son âge aussi avancés que lui. Mais nul ne fut mieux partagé sous le rapport de son maître. Octovien l'initiait progressivement avec amour à tous les charmes de la belle littérature d'Athènes et de Rome. Je suis fort porté à croire que c'est à cette époque qu'il traduisit l'*Enéide* de Virgile et les *Comédies* de Térence, encore plus pour l'utilité de son élève que pour s'attirer les faveurs de Louis XII. Il voulait lui apprendre par la pratique l'art d'exprimer en vers français les belles pensées des poètes latins. Et quand on lit les explications pleines de clarté, d'exquise simplicité et de pénétration, qui accompagnent scène par scène la traduction des pièces de Térence, on ne peut s'empêcher de se dire que ce doit être là les leçons d'un maître affectionné, faisant appel à toutes ses ressources littéraires pour mettre son enseignement à la portée de son jeune élève.

De plus Mellin eut encore l'avantage d'être initié par ce

1. Nicéron, *Mémoires pour servir à l'Histoire des hommes illustres dans la République des Lettres*, t. V, p. 128.

2. E. Phelippes-Beaulieux, *op. cit.*, p. 7.

maître aux beautés de la langue et de la littérature grecque. On sait en effet que le grec était en honneur au Collège Sainte-Barbe où Octovien fit ses études avec ses deux frères. Et les « barbistes » ne sont pas peu fiers de proclamer que le premier essai d'une traduction d'Homère en notre langue fut l'œuvre d'un de leurs prédécesseurs, brillant élève de Martin Lemaistre [1]. On s'accorde, en effet, à dire qu'Octovien traduisit plusieurs livres de l'*Odyssée*. Malheureusement ces vers ne sont pas parvenus jusqu'à nous, et il n'est pas possible de savoir si le traducteur avait pleinement saisi et compris toutes les beautés littéraires de son modèle. On peut cependant croire qu'Octovien ne s'en tint pas au seul Homère et qu'il fit pareillement connaître à son élève tous les autres grands écrivains de la Grèce ancienne.

En plus du latin et du grec, le jeune Mellin fut encore initié à toutes les autres sciences enseignées avec honneur dans les écoles d'alors : théologie, philosophie, mathématiques et même astrologie. Bien plus, il fit également des armes et de l'équitation, apprit la musique et le chant, et s'exerça dans l'art de se servir des instruments à corde pour accompagner la voix. Ses progrès dans toutes ces branches diverses de la science durent être d'autant plus rapides et plus sûrs que son éducateur était plus affectueux, plus savant et plus fin lettré. Dans ce commerce journalier et en quelque sorte de tous les instants avec l'âme délicate, noble et artistique d'Octovien, l'âme de Mellin puisa cet amour tout particulier du Beau, des Lettres et de l'étude, qui le distingua toujours dans sa longue carrière. Enfin, ce fut sûrement sous la direction de ce maître si expert en ce genre qu'il tenta ses premiers essais poétiques. Et ce n'est certes pas une des choses les plus piquantes de cette fin du XVe siècle, si fécond

1. Cf. J. Quicherat, *Histoire de Sainte Barbe*, t. I, p. 44.

en contrastes, que de se représenter dans une des grandes salles du palais épiscopal d'Angoulême restauré par Octavien, cet évêque brisé par la maladie, surmontant ses souffrances, encourageant d'un sourire affectueux et dirigeant avec amour dans la carrière poétique les premiers pas de celui qui devait être le galant poète épicurien, Mellin de Saint-Gelays.

A cette éducation, si brillante et si complète, il manqua cependant quelque chose : ce je ne sais quoi d'indéfinissable, fait d'amour sans réserve, de profonde confiance et de cordiale délicatesse, que seule une mère peut donner à son enfant. Il lui manqua cette profonde et puissante influence maternelle, qui, sans heurts violents et sans souffrances, fait jaillir naturellement dans un jeune cœur les sources pures de l'amour véritable et des saintes affections de la vie. Et l'on reprochera à Mellin de n'avoir pas su aimer et d'avoir trop souvent manqué de cœur. Un critique moderne trouve ses élégies faibles et froides. « Comme on sent à les lire, que cet arrangeur de rimes élégantes ne sut jamais ce que c'est que d'aimer, de se dévouer, de vivre tout entier pour un objet chéri, de regretter, de pleurer, de nourrir au fond de l'âme une inguérissable douleur[1] ».

Ce jugement est sévère. Cependant il faut avouer que le cœur tient bien peu de place dans l'œuvre de Mellin de Saint-Gelays ; l'esprit au contraire s'y étale à chaque page, à chaque ligne même. Aussi trop souvent sa poésie est froide, rarement on sent passer dans ses vers le soufffe ardent d'une passion vraie.

Mais, qu'elles qu'aient été les conséquences diverses de cette éducation pourtant si soignée, elle se poursuivait sans relâche et non sans de réelles jouissances pour l'élève comme pour le maître. Octovien se trouvait d'ail-

1. Godefroy, *Histoire de la littérature française*, t. I, *seizième siècle*, p. 583-584.

leurs aidé dans cette tâche par ses deux frères, Jacques et Charles, qui vivaient à côté de lui dans la plus étroite intimité fraternelle. Et c'était une existence des plus heureuses et des plus tranquilles. Un évenement malheureux pour la France vint l'interrompre quelques jours seulement. Le « bon roi Charles VIII étant mort, le 6 avril 1498, au château d'Amboise, l'évêque d'Angoulême fut du nombre des prélats choisis pour accompagner le corps du défunt jusqu'à Saint-Denys [1] ». De retour dans sa ville épiscopale, il s'empressa de payer un autre tribut de reconnaissance à « feu roy Charles dernier, trespassé ». Il composa sous le titre de *Complainte et Epitaphe* [2] une sorte d'Elégie en 800 vers, où il célébrait, non sans émotion, les vertus et les exploits du défunt.

On a dit que ces vers « d'une beauté antique » étaient peut-être impolitiques [3]. Je ne crois pas cependant que son crédit et sa faveur à la cour aient subi quelque diminution par suite de ce changement de souverain. Louis XII ne pouvait oublier ceux qui lui avaient été fidèles dans le malheur, comme il prétendait oublier les injures faites au duc d'Orléans. Or les Saint-Gelays, liés aux comtes d'Angoulême, s'étaient toujours trouvés du coté de Louis d'Orléans. Bien plus, Octovien avait célébré avec enthousiasme sa délivrance [4], en 1491, et tout en louant le roi

1. Moréri, *Dictionnaire*, 1759, IX, p. 72.

2. On trouve à la Bibl. Nat. Ms. Fr. 13.761, la *Complaincte du trespas de très chrestiens et magnanime Roy de France, Charles, huitième de ce nom.* -- L'*Epitaphe* est rapportée à part dans le Ms. Nouv. Acq. Fr. 1158, fol. 137-139, et se trouve reproduite sans nom d'auteur, dans *Les Epitaphes des feuz roys Loys unziesme de ce nom et de Charles son filz, VIIIe de ce nom, que Dieu absoïlle et la piteuse complaincte de dame Crestienté sur la mort du feu Roy Charles, avec la complaincte des trois Estatz* — in-4 goth. de 6 ff. — Voir Montaiglon, VIII, 91-105. Brunet indique une plaquette s. l. n. d., où les deux pièces se trouvent réunies, *Complaincte et Epitaphe du feu Roy Charles dernier trespassé, composée par Messire Octovien de Sainct-Gelays évesque d'Angoulesme*, in-4 goth. de 6 ff., mais je n'ai pu découvrir cette édition; dans tous les cas, les deux pièces furent publiées ensemble dans le *Vergier d'Honneur*, compilé par Andry De La Vigne. fol. p6.

3. Cf. De Maulde La Clavière, *op. cit.* p. 125.

4. Ms. Nouv. Acq. Fr. 1158, fol. 82-89.

défunt dans sa *complaincte*, il avait trouvé moyen d'adresser un compliment des plus flatteurs au nouveau monarque. Il disait à tous les bons Français, pleurant amèrement le trépas de Charles VIII :

Membres sans chef vous ne demourez pas ;
Grâce divine, par mesure et compas,
Y a commis successeur magnifique,
Roy est enjoint débonnaire et unique,
Douziesme au ranc des triumphans Loys,
De luy seront grans et menus ouys ;
Paix fleurira ; Justice décorée
F° 20 v°. Aura son cours comme en l'aage dorée [1].

Octovien ne perdit donc rien de sa faveur avec l'avènement de Louis XII. Et, comme le remarque un de ses biographes, « il est bien croyable que, si la mort ne l'eust point prévenu, il se fust encore plus amplement ressenty de la magnificence d'un si bon maistre et d'un si juste estimateur de la vertu de ses subjectz [2] ».

Malheureusement la terrible maladie qui l'avait terrassé au milieu de la folle dissipation de sa jeunesse, n'avait cessé de faire chaque jour des progrès effrayants. Il avait eu beau changer totalement ses habitudes de vie, s'adonner à la pénitence, fuir avec le plus grand soin tous les excès et vivre dans la plus complète sagesse : c'était trop tard. Le germe de mort qu'il avait contracté au sein des plaisirs avait poursuivi, lentement mais sans arrêts, son œuvre de destruction. A 30 ans, nous dit-on [3], son corps était vouté comme celui d'un vieillard, sa figure emaciée ; ses cheveux avaient blanchi, ses pas étaient mal assurés, et à certains jours même, son mal prenant le dessus le réduisait à la dernière extrémité. Il mourut dans les premiers jours de décembre [4] de l'année

1. Bibl. Nat. Ms. Fr. 13.761.
2. Colletet, *op. cit.*, p. 6-7.
3. Eusèbe Castaigne, *Notice sur la famille Sainct-Gelays*, p. 315.
4. Sans pouvoir fixer d'une manière absolument précise l'époque de sa mort, il

1502. Pour éviter la peste qui faisait de cruels ravages dans sa ville épiscopale, il s'était retiré à Vars, petit bourg situé sur la Charente, à 15 kilomètres environ en amont d'Angoulême. C'est là que la mort vint mettre un terme aux pénibles souffrances de son corps. Il n'avait guère que 34 ans.

De ses funérailles nous ne savons rien de particulier ; mais, malgré les dangers de la peste, elles durent être en rapport avec la haute naissance du défunt et l'éclat de ses vertus épiscopales. Il fut enseveli, selon la coutume, dans son église cathédrale. Son frère, Jacques, évêque nommé d'Uzès depuis longtemps et doyen du chapitre d'Angoulême, s'occupa de lui préparer une digne sépulture. « Il fit construire à l'orient de la cathédrale et communiquant avec elle, une chapelle magnifique qu'il fit décorer de sculptures, d'emblèmes et d'écussons, de banderolles et de cartouches, où se lisaient de pieuses légendes extraites de l'Ecriture Sainte... C'était un vrai tombeau de poète délicat » [1]. La chapelle fut consacrée à la Vierge, sous le titre de l'Annonciation, mais elle était plus connue sous le nom de chapelle des Saint-Gelays. Là, à côté de ses deux frères, Jacques, ci-dessus nommé, et Charles, archidiacre d'Azenay, qui vinrent l'y rejoindre, Octovien reposa longtemps en paix. Sur la magnifique dalle de marbre blanc qui recouvrait ses restes, se lisait une longue épitaphe latine gravée en lettres

me semble qu'on peut indiquer les premiers jours de décembre comme la date la plus vraisemblable. En effet, le 23 novembre 1502, Octovien passait une transaction avec l'abbé de Saint-Cybard, Guillaume III de Montbron. Or nous savons par un *Inventaire des titres de la Cathédrale*, que le 20 décembre des assignations étaient adressées aux chanoines alors retirés à Mansle, à cause de la peste, pour les inviter à se rendre à Angoulême, le 30 janvier, à la fin de donner un successeur à Messire de Saint-Gelays, naguère décédé au lieu de Vars. C'est donc dans les tout derniers jours de novembre ou beaucoup plus vraisemblablement au commencement de décembre qu'il était mort. Cf. Eusèbe Castaigne, *loco. cit.*

1. Gellibert des Seguins, note dans la *Vie d'Octovien de Saint-Gelays*, par Colletet, p. 16.

d'or, rédigée en distiques et formée d'antithèses à l'antique [1]. Aujourd'hui tout cela a disparu ; il n'en reste plus que quelques vestiges insignifiants.

VI

Cette mort prématurée fut un véritable malheur pour Mellin. Il lui fallut quitter le palais épiscopal d'Angoulême, dire adieu à ces vastes salles aux doux souvenirs, où si souvent il avait écouté avec plaisir les leçons de son oncle, pour aller terminer ailleurs son éducation. Mais il est bien permis de croire qu'il ne resta ni sans protection, ni sans ressources. De son vivant, Octovien lui avait témoigné trop d'affection et d'intérêt pour ne pas lui avoir assuré, après sa mort, de chauds et puissants protecteurs. Nul doute qu'il n'eut pris ses précautions pour mettre cet enfant qu'il aimait de cœur à l'abri du besoin. Il avait certainement assuré son avenir. Au reste, sans parler des autres membres de la famille Saint-Gelays, Jacques et Charles étaient là : ils avaient dû recevoir les dernières instructions de leur frère mourant, et ne pouvaient que s'intéresser à ce neveu qui donnait déjà les plus belles espérances. D'ailleurs, à cette époque aux mœurs si faciles et si légères, ce n'était pas une tare irrémédiable que d'être fils illégitime [2]. Pourvu qu'on eut

1. Voici cette épitaphe élogieuse:

Octovianus ego, qui summi culmen honoris
Attigeram, modico subtegor ecce solo.
Engolisma sacrae dederat mihi jura cathedrae,
Tempore sed periit gloria tanta brevi.
Non medios vitae natura reliquerat annos,
Debita quando ferae solvo tributa neci.
Discite, mortales, celeri quam vita volatu
Praeterit, atque levi transit, ut aura, pede.
Spiritus astra petens, miserum me corpus humatum
Liquit : ad extremum spero redire diem.

2. Voir ce que dit à ce sujet M. De Maulde La Clavière, *Louise de Savoie et François Ier*, p. 5 et 15.

de qui tenir, on pouvait aspirer hardiment à tous les honneurs et aux plus hautes dignités : les exemples ne manquent certes pas.

C'est à l'Université de Poitiers que Mellin fut envoyé pour terminer ses études. Cette école, fondée en 1431, n'était pas parmi les plus célèbres de ce temps là. mais elle comptait cependant un très grand nombre d'élèves. En l'année 1504, les « docteurs régens » de cette université se réunirent avec les échevins de la ville pour rédiger d'un commun accord de nouveaux statuts, afin d'imprimer aux études une direction sérieuse et suivie. Ces « docteurs régens en ladite Université » [1] avaient nom Antoine de Labardi, Pierre Régnier et Jehan de Haulcours : tous les trois personnages bien peu connus. Là Mellin se perfectionna surtout dans la rhétorique, la philosophie et les mathématiques. Il s'occupa aussi certainement de la théologie et des autres sciences sacrées que tout homme de lettres de cette époque connaissait plus ou moins. Seulement il est bien probable qu'il leur accorda peu de soins ; ce n'était pas ce qu'il fallait à cet esprit pénétrant mais léger et primesautier. Les graves et sévères questions que discutaient les théologiens devaient le laisser fort indifférent. Dans tous les cas, il ne s'est guère servi de sa science théologique dans ses vers que pour en faire des applications plus que déplacées.

Selon toute vraisemblance, il passa environ six ans à l'Université de Poitiers. En effet, d'après l'article 11 des statuts établis « ès jours de lundy et mardy prouchains précédens la feste de Pasques, l'an mil cinq cent troys », « les escholiers ayant suivi les lectures ordinaires et extraordinaires par trois ans et payé les salaires et collectes, en monstrant les dittes cédulles et actestatoires

1. Marcel Fournier, *Statuts et privilèges des Universités françaises*, t. III. p. 333.

pouvaient estres pourveuz au degré de bachellerie »[1]. Il est vrai que « les dicts docteurs pouvaient dispencer avecques les dicts escholiers de cinq mois desdicts trois ans, en payant le total desdittes collectes ». Mais il fallait encore passer « trois autres ans continuelz et subsécutifz » avant d'être promu au degré de licence en la dite Faculté. Dès lors c'est probablement vers 1509, à l'âge de 18 ou 19 ans que Mellin dut terminer ses études classiques avec le grade de licencié. Seulement ce grade loin de consacrer en quelque sorte la fin de ses études, ne fit qu'éveiller en son âme le désir de nouvelles connaissances et il se mit en devoir de partir pour l'Italie.

1. *Ibid.* p. 334.

SÉJOUR EN ITALIE

(1509 - 1518)

I. — Causes de son départ : circonstances, la famille. — Expéditions militaires.
II. — Etat de l'Italie au début du XVIe siècle. — Etat politique. — Littérature. — Beaux-arts. — Morale.
III. — Impressions de Mellin. — Influences diverses et profondes. — Changement d'idées.
IV. — Il étudie la langue et les écrivains en vogue : néolatins — modernes : Pétrarque et autres, surtout Séraphin d'Aquila. — Autres sciences.
V. — Conséquences de ce séjour : morales et littéraires. — Retour en France.

I

On ne saurait dire d'une manière certaine, si Mellin, après avoir quitté l'Université de Poitiers, partit immédiatement pour l'Italie ou s'il passa quelque temps à jouir de sa jeunesse, avant de choisir sa voie. On s'accorde généralement à croire qu'il n'avait pas encore 20 ans lorsqu'il quitta la France.

L'Italie était alors en pleine floraison de Renaissance ; partout les sciences, les lettres et les arts étaient cultivés avec un véritable enthousiasme. Des chefs-d'œuvre de tout genre se multipliaient à l'envi. Aussi, les compagnons de Charles VIII et de Louis XII, après avoir franchi les Alpes, furent-ils véritablement enchantés par les merveilles sans nombre offertes à leurs yeux « de barbares du

Nord ». Et de retour, ils prodiguaient les éloges à cette riante contrée. Le seul souvenir de son beau ciel, de ses fêtes délicates et voluptueuses, des joies goûtées dans ces magnifiques palais ornés de merveilles de toute sorte, remplissait encore leur âme d'un charme indéfinissable. Et ils se plaisaient à faire partager leur admiration et leurs regrets autour d'eux. Peut-être même exagéraient-ils un peu ; mais ils paraissaient si sincères ! Aussi n'y eut-il plus bientôt une seule âme, capable d'idéal, qui ne rêvat de se rendre dans ces riantes plaines qu'avaient illustrées Dante et Pétrarque, après Horace et Virgile, et où tout était si beau et si poétique. A tel point que désormais un voyage en Italie sembla le complément nécessaire d'une éducation libérale. Rares sont les prosateurs et les poètes qui, au début du XVIe siècle, par simple amour de l'étude, ou profitant d'une occasion avidement recherchée, ne franchirent pas les Alpes pour aller jouir de « toutes les splendeurs de la Renaissance [1] ». Erasme, Budé, Marot, Dolet, Rabelais, du Puys, du Faur de Pibrac, et un peu plus tard Montaigne, Remy Belleau, Joachim Du Bellay, Pasquier, Henri Etienne, Amyot et Brantome, s'y rendirent tour à tour, et comme eux une foule d'autres écrivains moins connus, mais non moins empressés à suivre le courant général.

Ses goûts personnels et son ardent amour pour les lettres et les arts portèrent Mellin à suivre ce courant, lui aussi. De plus il dut trouver d'utiles et précieux encouragements au sein même de sa famille. On peut bien croire que plusieurs de ses nombreux parents avaient fait partie de l'expédition de 1509. Certains avancent même que son oncle, Jean de Saint-Gelays, avait accompagné Charles VIII, au delà des Alpes. Il se trouvait actuellement sans emploi bien déterminé, auprès de Louise de

1. Francesco Flamini, *Studi di Storia letteraria, italiana et straniera.* Voir *le lettere italiane alla corte di* Francesco *I, re de* Francia, p. 262.

Savoie [1], écrivant son *Histoire de Louis XII* : belle occasion de se réhabiliter en accompagnant le roi. Ses frères, Mellin et Alexandre, étaient au service de la comtesse d'Angoulême. Mais il n'est pas impossible qu'ils eussent pris part à l'expédition de 1507 et de 1509, malgré leurs charges. Dans tous les cas, ils ne purent qu'encourager Mellin à entreprendre son voyage. D'ailleurs à partir de 1509, des convois réguliers de troupes ne cessèrent de se diriger vers Milan et Naples. Les occasions ne manquèrent donc pas à notre poète pour passer en Italie. Il partit.

Son séjour fut assez long. Aussi les impressions diverses qu'il rapporta durèrent autant que sa vie. Jeune encore, plein d'ardeur et d'enthousiasme, il fut tellement saisi et pénétré par ce milieu si captivant, qu'il se fit en quelque sorte une âme italienne. A telle enseigne qu'Amomo, poète italien, « le place en tête de la bande des poètes Toscans » [2] de cette époque. Sans aller jusque là, il est universellement reconnu que Mellin eut la plus grande part dans l'introduction du Pétrarquisme en France, dans cette première moitié du XVIe siècle. Durant sa longue carrière poétique, il fut le principal et le plus actif agent de l'influence italienne sur notre littérature. Cette

1. Voici ce qu'on trouve dans le Ms Fr. 7856, *Etat des officiers des maisons royales* :

A. Hôtel de Madame Louise de Savoie : p. 850, « Merlin de Saint-Gelays, seigneur de Saint-Séverin ». A partir de 1504, « hors en 1508 ». Cf. Cte de 1506, fr. 21.478, f° 35.

B. Officiers domestiques de la maison de Monseigneur François d'Orleans, duc de Valois, comte d'Angoulême.

1. Du 1er janvier 1510 au dernier de décembre 1514, p. 861, CHAMBELLANS, à IIIIe liv.

Jehan de Saint-Gelays, seigneur de Montlieu, hors en avril 1512.

Alexandre de Saint-Gelays, à partir du 1er mars 1513, date d'émancipation du duc de Valois. Cf. Cte de 1513, fr. 21.478, f° 39.

2. MAISTRE D'HOTEL, à IIIe liv.

Merlin de Saint-Gelays, seigneur de Saint-Séverin. — On le retrouve, p. 929, premier maître d'hôtel de François Ier, en 1515, avec XIIe liv. tournois d'appointements.

2. Francesco Flamini, *op. cit.*, p. 262.

influence se retrouve partout dans les œuvres de Mellin [1]; bien plus elle se fait sentir profondément dans toute sa conduite. Même à Fontainebleau, il est resté plus d'à moitié italien dans ses pensées et dans ses mœurs. Et ceci peut, ce me semble, expliquer en partie les singularités étranges de ce caractère, et projeter une lumière spéciale sur toute son œuvre, pour aider à mieux la comprendre. En conséquence, il me paraît nécessaire de jeter un rapide coup d'œil sur l'état social, artistique et littéraire de l'Italie vers 1510 [2]. Il sera ensuite plus aisé de saisir et de noter dans l'âme de Mellin les traces profondes qu'y laissa ce séjour.

II

Malgré les nombreuses révolutions dont elle venait d'être le théâtre pendant le xve siècle, l'Italie avait repris avec plus d'ardeur que jamais le mouvement intellectuel de la Renaissance. Venise exceptée, plus de républiques jalouses, s'attaquant avec fureur ; partout l'au-

---

1. Cf. Vianey, *Influence italienne chez les précurseurs de la Pléiade*. — *Annales de la Faculté des Lettres de Bordeaux. Bulletin italien*. Année 1903, n° 3, p. 105.

2. Pour établir cette rapide et superficielle esquisse de l'état de l'Italie au début du Quintecento, voici les auteurs dont je me suis servi :

1. Ernest Lavisse, *Histoire de France*, t. V, rédigé par M. Henry Lemonnier, liv. II, ch. 2.
2. Burckhardt, *La civilisation en Italie au temps de la Renaissance*, nouvelle édition annotée par L. Geiger, Plon, 1906.
3. De Treverret, *L'Italie au XVIe siècle*, 2 v. in-8.
4. Taine, *Philosophie de l'art en Italie*. Paris, 1867 — premières pages.
5. Muntz, *Histoire de l'art pendant la Renaissance*. 3 vol. particulièrement t. II. Paris, 1891.
6. Henri Hauvette, *Littérature italienne*.
7. Francesco Flamini, *Studi de Storia letteraria italiana et straniera*.
8. Brunetière : *Histoire de la littérature française classique*, I, Introduction : *La Renaissance*.
9. Philarète Chasles, *Etudes sur le XVIe siècle ;* Liv. 1 : *Premiers essais de réforme littéraire*.

Cf. Gustave Lanson, *Manuel bibliographique de la littérature moderne*, seizième siècle, p. 60-61.

torité des princes s'était établie et consolidée. Mais partout aussi avec la richesse florissaient les lettres et les arts, inconnus du reste de l'Europe. Dans les cités ducales et princières, comme dans les villes libres et commerçantes, la prospérité favorisait l'élégance des mœurs et la culture de l'esprit. C'était partout comme une floraison luxuriante de civilisation et de progrès. Le *Cinquecento* débutait brillamment. Et, malgré les invasions répétées « des Barbares du Nord », artistes et savants continuaient leur œuvre, et la Renaissance se développait et grandissait chaque jour, en attendant qu'elle secouât l'Europe tout entière.

Chaque ville importante possédait son Université et ses grands hommes, dont elle était fière. Et partout une jeunesse avide et curieuse de comprendre, de sentir et de vivre, se pressait autour de maîtres savants, expliquant à ces jeunes esprits enthousiastes les chefs-d'œuvre de l'antiquité enfin retrouvés [1].

Les princes, sans exception, favorisaient ce mouvement de rénovation générale sur toute la surface de l'Italie. Les papes à Rome, et pour le moment Jules II, les Médicis à Florence, naguère les Sforza à Milan, les Gonzague à Mantoue, les Montefeltre à Urbin, la maison d'Este à Ferrare, et une foule d'autres seigneurs de moindre importance, recherchaient avec avidité le titre de Mécènes. Il n'y avait pas de genre de luxe plus noble et plus élevé que celui d'encourager et de soutenir les artistes et les savants. Venise et les autres villes libres rivalisaient avec les princes, et les riches familles de la bourgeoisie avec les maisons princières, pour honorer et faire fleurir à l'envi les lettres et les arts. Une foule d'*Académies* [2] s'étaient formées sur tout le sol de l'Italie,

1. Cf. Voigt, *Die Wiederbelebung des classischem Alterthums* — Traduction Le Monnier, *La Renaissance de l'antiquité classique.* — Paris Welter, 1894.

2. Brunetière, *Histoire de la littérature française classique*, I, *La Renaissance en Italie*, p. 18.

groupant dans une commune pensée tous les amis de la science, de la civilisation et de l'antiquité. Il serait trop long de les énumérer.

De là était sortie une nouvelle classe d'hommes, les *humanistes*, dont l'influence était immense. Ce seul titre d'humaniste suffisait pour conduire à tous les honneurs. Politien était devenu le favori de Laurent de Médicis. A Milan, le duc Ludovic Sforza avait choisi pour ministre le savant Cecco Simoneta. Et Machiavel, après Léonard Arétin et Le Pogge, pour s'en tenir aux noms les plus connus, remplissait alors même les fonctions de Secrétaire de la République florentine. Enfin, un jour, le pape Léon X fera compter 500 ducats au petit poète Tebaldeo, comme prix d'une simple épigramme qu'il avait particulièrement goûtée [1].

Jamais, certes, les Lettres et les Arts ne trouvèrent autant de protecteurs, et, si tous ceux qui s'y adonnaient n'obtenaient pas des places de confiance ou de hautes dignités, il n'en était pas un seul qui ne reçut à chaque production de son talent les plus magnifiques récompenses. Durant la dernière moitié du *Quattrocento*, Le Pogge, Valla, Filelfo, Pulci, Politien, Boïardo et Pontano en avaient fait l'expérience. Et, s'ils avaient disparu, leur gloire était intacte et vivante ; on lisait avec passion l'*Orlando innamorato* et le *Morgante Maggiore*, tout comme on se délectait aux ouvrages plus savants imités de l'antiquité. Et, pendant ce temps, des disciples nombreux, pleins d'enthousiasme et d'espérances, s'efforçaient de marcher sur leurs traces, rêvant de les dépasser. Sannazar, l'ami de Giovano Pontano, s'était acquis une grande réputation par ses poésies italiennes et latines et son roman pastoral, *l'Arcadia*, qui venait d'être imprimé en 1502. Et, s'il avait eu à supporter quelques années d'exil en France,

1. Taine, *Philosophie de l'art en Italie*, p. 35 et ss.

retiré depuis 1504 dans sa villa de Mergellina, il s'adonnait tranquillement à l'étude.

Machiavel, tout en rédigeant les actes du Conseil des Dix, avait publié le poème du *Decennale primo* (1504) et songeait à son livre *du Prince.* Mais tout cela ne l'empêchait pas de travailler encore à ses *Discours sur la première Décade de Tite-Live.* Bembo était le familier du duc d'Urbin, en attendant de devenir le secrétaire de Léon X ; tandis que son ami, L'Arioste, déjà célèbre par deux comédies et un petit recueil de vers, mettait la dernière main à son *Roland Furieux*, auprès du Cardinal d'Este [1].

Ce même duc d'Urbin et sa femme Elisabeth de Gonzague, qui tenaient alors, dit-on, la cour la plus brillante de l'Italie, y avaient attiré le célèbre Balthazar Castiglione. Dans ce milieu où régnaient avec une parfaite harmonie la plus exquise politesse, l'amour des Lettres et le culte du Beau, ce gentilhomme accompli avait l'occasion de voir chaque jour mis en pratique cet art délicat du parfait courtisan, dont il devait tracer le *Code*, en 1514.

D'un autre côté, Florence venait d'envoyer Guicciardini comme ambassadeur auprès du roi d'Aragon ; il ne songeait pas encore probablement à écrire son histoire, il la faisait en prenant part aux affaires. Mais Le Trissino avait déjà fait paraître sa *Poétique*, avec un poème *l'Italie délivrée des Goths par Bélisaire*, et il se préparait à doter sa patrie de la première tragédie régulière. Quant au toscan Berni, il faisait admirer déjà les productions de sa Muse licencieuse et satirique, dans ce genre nouveau de poésie auquel il devait donner son nom [2].

Par suite donc d'un concours de circonstances toutes spéciales, et grâce à l'heureuse protection dont elles étaient entourées, les Lettres jetaient un vif éclat dans

1. Cf. Henri Hauvette, *Littérature Italienne* — 2e partie — *Renaissance*, p. 121-247.
2. Cf. De Treverret, *L'Italie au* XVIe *siècle*, t. Ier.

cette troisième et dernière période de la Renaissance italienne. Les Arts n'avaient rien à leur envier [1] : ils produisaient eux aussi des chefs-d'œuvre immortels. Et tout en s'efforçant d'imiter l'antiquité, les artistes d'alors parvenaient à la surpasser. Du reste, ils n'étaient pas moins bien partagés que les Littérateurs.

Si Michel-Ange dans la sculpture ne dépassait pas ses prédécesseurs, Ghiberti et Nicolas de Pise, du moins il promettait déjà de les égaler. Mais il se montrait incomparable dans les merveilleuses fresques de la Chapelle Sixtine, qu'il décorait alors. Et ses rivaux en gloire s'appelaient Léonard de Vinci, Le Corrège, Le Titien et Raphaël. Tous à l'envi, sans parler d'une foule d'autres artistes moins connus, mais dont les noms suffiraient à la gloire d'un pays, tous s'efforçaient avec leur pinceau merveilleux de fixer les diverses conceptions du Beau enfantées par leur génie. Et pour y parvenir, de son côté, Bramante, marchant sur les pas de Brunelleschi, travaillait à l'édification de Saint-Pierre de Rome.

Architectes, sculpteurs, peintres et écrivains tressaient donc, en 1510, d'un commun accord, une couronne de gloire immortelle pour l'Italie. Malheureusement ce retour à l'antiquité eut les plus funestes conséquences pour les mœurs. Après avoir, en effet, admiré ces chefs-d'œuvre antiques, on voulut, autant qu'il était possible, les remettre en pratique, les revivre en quelque sorte [2]. Laissant donc de côté les prescriptions de la morale chrétienne, rejetant toute contrainte, l'Italie se replongeait dans le paganisme. La foi religieuse s'affaiblissait, la foi politique était morte. On ne voyait plus dans la vie qu'une fête, trop courte, hélas! pour en perdre quelques instants. Comme du temps d'Horace, il fallait se hâter de jouir.

1. Cf. Muntz, *Histoire de l'Art pendant la Renaissance*, t. II, *L'Age d'or* — Paris 1891, et t. III, *La fin de la Renaissance : Michel-Ange, Le Corrège, les Vénitiens*. Paris, 1895.
2. Brunetière, *op. cit.* p. 15-17.

Et l'on jouissait, profitant de « toutes les commodités, de toutes les splendeurs de la richesse et du luxe, de tous les agréments de la société »[1]. Et de là une effrayante décadence morale. Sous les dehors d'une politesse raffinée, derrière ce brillant rideau de civilisation, de progrès et d'art, l'Italie se livrait à tous les crimes, à toutes les turpitudes. « L'histoire de cette époque n'est qu'un tissu d'abominations, de perfidies et d'atrocités qui étonnent. C'est que tout se dissolvait dans l'ardente volupté des mœurs, dans le luxe des fêtes princières et le culte physique des passions, de la beauté et des arts[2] ».

Il y avait quelque cinquante ans, le fameux Lorenzo Valla, dans un de ses ouvrages, *De voluptate ac summo bono,* n'avait pas craint d'affirmer que toute passion naturelle a droit à sa satisfaction : « *Omnis voluptas bona est.* » Il avait même tiré toutes les conséquences logiques de cet étrange principe. On n'avait pas tardé à les mettre en pratique[3].

Aussi, au milieu de ces jouissances effrénées, le dogme, mais surtout la morale du christianisme, s'étaient singulièrement modifiés. On négligeait de s'occuper de ces hautes vérités doctrinales, auxquelles s'était complu tout le moyen âge ; ou bien on les traitait avec un scepticisme plein d'ironie. Et par suite, on façonnait au gré des passions diverses et des intérêts en jeu, la morale chrétienne qui devenait quelque chose de peu gênant[4]. Sans doute, il y avait de nobles et respectables exceptions, mais elles étaient rares Partout en Italie régnait un épicuréisme artistique et raffiné. Il avait pénétré la masse populaire et envahi le clergé lui-même. Evêques et cardi-

1. Lanson, *Histoire de la littérature Française*, p. 220.
2. Ph. Chasles, *Etudes sur le* XVI*e siècle en France*, p. 40.
3. Cf. Brunetière : *loc. cit.* p. 14.
4. Cf. Philarète Chasles, *loco cit.*

naux trop souvent s'efforçaient de concilier au moins mal les devoirs sacrés de leur état avec la superstition de la beauté et le culte passionné de l'art. Il en était résulté un mélange quelque peu surprenant de sacré et de profane, de mythologie et de christianisme, de dévotion et de galanterie, qui nous choque aujourd'hui comme une sorte de sacrilège.

Telle la façade de cette fameuse Chartreuse de Pavie, tant vantée, où des prophètes coudoient des héros mythologiques, des anges célestes voisinent avec des petits amours, et Hercule étouffant Antée se trouve tout à côté de la Vierge Marie et de Jésus [1].

Naturellement la littérature reflétait cette disposition de l'esprit. On composait des volumes nombreux sur la vertu et les devoirs ; on exposait avec des périodes cicéroniennes toutes les obligations morales de l'humanité. Mais nul n'en tenait compte [2]. Et souvent un même écrivain, après avoir magnifiquement prôné la morale, se compromettait à écrire les ouvrages les plus sceptiques et les plus libertins. Il y a dans la plupart des écrits, surtout poétiques, de cette époque, une dose considérable d'épicuréisme voluptueux, fait d'indifférence hautaine au bien et au mal, avec un déchaînement de toutes les passions. Ajoutez à cela un penchant prononcé pour le badinage et l'ironie, engendrant les plus étranges fantaisies de l'imagination. Bien plus, la recherche du bel esprit, l'abus du trait, les concetti brillants faisaient tout le mérite des nombreuses bluettes poétiques qu'on se passait avidement de main en main, avec un sourire blasé.

Dante n'était plus goûté : sa noble et chrétienne théorie du beau avait été malheureusement remplacée partout par celle de Boccace et de tous ceux qui confondaient la Beauté avec les diverses satisfactions de l'a-

1. Cf. Lavisse, *Histoire de France*, t. V, Ire partie, p. 151.
2. Cf. Philarète Chasles, *op. cit.*, p. 53.

mour, ou plutôt du plaisir [1]. En revanche, on exalte Pétrarque, mais en *quintessenciant* encore en quelque sorte son œuvre déjà si recherchée et en exagérant sa manière. Sonnets, épigrammes, capitoli et strambotti de toute sorte circulaient à profusion. C'était le règne de tous les petits genres connus, en attendant la création d'un nouveau par Berni.

Mais on n'aurait pas une idée exacte de la situation morale de l'Italie à cette époque, si à tout cela, recherche du beau, étude de l'antiquité, amour des plaisirs, ironie et bel esprit, on ne mêlait intimement un profond sentiment esthétique : dans la politique, l'amour, la philosophie, la science, le besoin, tout s'enveloppait d'art. Partout et en tout de l'art, et encore de l'art. Manquer « *un peu* » à la probité, violer la morale, enfreindre les lois naturelles, distribuer un subtil poison, assassiner même, ne pouvaient être condamnés quand on y apportait la politesse voulue et l'habileté d'un artiste [2].

Tel était l'état de l'Italie au début du *Cinquecento*. Et l'on se figure aisément quelle dut être la stupéfaction des Français quand ils se trouvèrent pour la première fois en présence d'un monde si nouveau pour eux. « Ce fut une stupeur, un éblouissement, un enivrement. Ils furent pris par tous les sens et par tout l'esprit : une conception nouvelle de la vie s'éveilla en eux [3]. »

III

Dès lors, on peut aussi concevoir facilement quelles furent les impressions du jeune Mellin, quand il eut franchi les Alpes. Sûrement, il ne fut pas comme Luther,

1. Cf. De Maulde, qui a étudié cette question dans le chap. III de son excellent livre, *Louise de Savoie et François Ier : L'idée du Beau.*

2. Cf. Philarète Chasles, *op. cit.* p. 53.

3. Lanson, *Histoire de la Littérature Française*, p. 221.

quelques années auparavant, choqué et scandalisé par le déploiement de toutes les pompes de la Renaissance. Il avait trop profité des leçons d'Octovien, pour ne pas saisir immédiatement la valeur et le prix des merveilles diverses qu'il découvrait. Devant ce spectacle, certes, son âme naturellement élevée et passionnée pour le culte du beau, dut éprouver une satisfaction profonde. On peut également assurer qu'il ne se contenta pas, comme Christiern de Danemarck, d'admirer les *Pandectes* et l'exemplaire grec des Evangiles : « la loi et la foi ». — Mais où alla-t-il tout d'abord ? Je suis très porté à croire qu'il erra un peu à l'aventure, au caprice de sa fantaisie, ne pouvant rassasier ses sens avides de beauté. Emerveillé en face de tant et de si beaux chefs-d'œuvre, il dut tout d'abord courir çà et là sans but arrêté, impatient de tout voir, en attendant de prendre le temps de mieux admirer plus tard chaque chose en particulier. Plusieurs biographes [1] prétendent d'ailleurs qu'il fit plusieurs voyages en Italie et y séjourna chaque fois assez longuement.

Du moins il semble bien établi qu'il passa quelque temps à l'Université de Bologne, et vint ensuite à celle de Padoue, où il termina sa carrière d'étudiant. Là il fut l'élève du célèbre savant helléniste, Marc Musurus, et peut-être le condisciple de Lazare de Baït. Nous verrons que pendant ce séjour en Italie il se lia de la plus étroite amitié avec le célèbre Christophe de Longueil.

Le ciel de la Lombardie est beau et captivant sans doute ; pourtant, après avoir admiré les splendeurs de Milan et de Venise, la tentation dut être bien forte pour lui de voir aussi Florence, Naples et surtout Rome. Le pays alors, il est vrai, était bouleversé par la guerre : mais, si tous les Italiens s'étaient ligués pour chasser les

1. Entre autres Thevet et Niceron.

Barbares, la lutte n'était pas acharnée au point de rendre tout voyage impossible. Il semble même que les diverses expéditions militaires, précédées et suivies d'ambassades, durent en plus d'une circonstance favoriser et multiplier les relations entre les cités diverses [1].

Mellin dut en profiter, et je me plais à me le représenter sous les traits d'un jeune homme blond, aux membres grêles et délicats, à la mise soignée, arrêté tranquillement devant quelque chef-d'œuvre, l'œil brillant de curiosité, ou bien encore le visage animé par le plaisir, souriant au milieu d'une de ces mille fêtes littéraires et mondaines, que l'Italie multipliait alors. Un de ses premiers soucis dut être de se rendre familière cette langue italienne, si harmonieuse et parvenue déjà à toute sa perfection. Il y réussit si pleinement que, quarante ans plus tard, Gabriel Siméoni, lui envoyant quelques « épigrammes toscanes » qu'il avait composées, et le priant de vouloir bien en « français déclarer le sujet de ses rimes », proclame « qu'il entend et parle mieux par aventure la langue toscane que personne de France » [2]. On sait qu'en 1538, il fit paraître à Lyon, revue et corrigée, la traduction du *Courtisan* [3] de Balthazar de Castiglione, par Colin d'Auxerre, son ami. Et nous verrons qu'il traduisit lui-même assez heureusement la *Sophonisba* du Trissino, et entreprit la traduction d'un épisode célèbre de l'Arioste : *Genèvre.*

Bien plus, il ne se contenta pas d'entendre et de parler la langue italienne, il l'écrivit. Certainement il dut s'exercer souvent à rendre sa pensée dans cet idiome, et

1. Cf. Lavisse, *Histoire de France*, t. V, Ire partie, p. 150.

2. *Epitome de l'origine et succession de la Duché de Ferrare, composé en langue Toscane par le Seigneur Gabriel Syméon, et traduict en François par lui-mesme. Avec certaines Epistres à divers personnaiges et aucuns Epigrammes sur la propriété de la Lune par les douze signes du Ciel. Pour madame la duchesse de Valentinois.* Epistre XX, fol. 44. — Bibl. Nat. Rés. K. 1.043.

3. *Le Courtisan de Messire Balthazar de Castillon nouvellement reveu et corrigé.* — Bibl. Nat. Rés. 2.049, A.

s'il n'entreprit probablement pas de longues compositions, du moins il n'était nullement embarrassé pour tourner une épigramme, un petit dizain galant, un gentil compliment, en un mot, un de ces mille petits riens rimés, que l'on appelait alors des *strambotti*. De toutes ces compositions italiennes, il ne nous reste que deux distiques, identiques pour le fond, mais ils furent « escrits d'un diamant sur le miroir de Mlle de Rohan [1]. » D'un autre côté, comme je l'ai déjà remarqué, un strambottiste contemporain, Amomo, place Saint-Gelays « en tête de la bande des poètes toscans [2] » qui illustraient alors la cour de François Ier. Or, il n'est pas croyable que ce fût uniquement à cause des ornements italiens dont Mellin parait sa Muse, que ce rang lui ait été attribué. Il devait y avoir plus que cela. Voici, au reste, en quels termes Amomo se plaît à le saluer :

Le gentil Saint-Gelays à moi se présente,
Lui qui couvre ses feuillets d'une encre amoureuse
Avec un style tel qu'à peine j'en crois de meilleur,
Et, si des montagnes le vieil Ascréen attira
Les myrtes et les ormes, celui-ci peut, en chantant,
Apaiser le tigre, là où coule le Gange.
Il a poussé si loin la langue française
Qu'elle a peu à envier à Athènes et à Rome [3].

Cette douceur et cette mélodie de style, que tous les contemporains s'accordent à louer en Mellin, ce serait

1. *Œuvres*, II, 28. Voir aussi Emile Picot, *Les Français italianisants au* XVIe *siècle*, p. 51.

2 Francesco Flamini, *op. cit.*, p. 262.

3. Voici les vers italiens d'Amomo, rapportés par Francesco Flamini, *op. cit.*, p.262.

Sangelesse gentil mi s'apresenta,
Che verga i fogli d'amoroso inchiostro
Con uno stil ch'a pena li meglio intendo :
Et se tiro dai monti il vecchio Ascreo
I mirti e gli ormi, puo costui cantando
Placar la tigre dove inonda il Gange.
Egli ha spinto si longe il sermon gallo,
Che poco Atene e manco invidia Roma.

encore à l'Italie qu'il la devrait. Colletet nous l'affirme expressément. « Comme il respiroit le doux air d'Italie, écrit-il, il s'acquit insensiblement aussy une certaine doulce et agréable faculté d'escrire et d'exprimer ses pensées, laquelle, l'eslevant audessus du vulgaire, faisoit que son idiome françois se ressentoit en quelque sorte de l'ancienne pureté du style grec et romain, et en représentoit aucunement les grâces ; ce qu'il faisoit d'autant plus heureusement, qu'ayant une grande et exacte cognoissance des lettres humaines, des mathématiques et de toutes les parties de la philosophie, il en faisoit toujours esclater quelques traits dans ses escriptz, qu'il enrichissoit ainsi des despouilles de ces nobles sciences » [1].

Et, en effet, sans parler des pièces où il imite directement les auteurs grecs et latins, on rencontre en lisant les vers de Mellin, des emprunts fort nombreux faits à l'antiquité. La Monnoye les a relevés dans son *commentaire* ; et si quelques-uns lui ont parfois échappé, ceux qu'il indique sont assez nombreux pour justifier le jugement de Colletet [2]. On ne peut donc douter que Mellin de Saint-Gelays ne connût beaucoup les auteurs anciens pour les avoirs pratiqués. Il les avait lus avec intelligence, notant au fur et à mesure tout ce qui lui paraissait propre à lui servir un jour dans ses improvisations poétiques. C'est la méthode qu'adoptera aussi plus tard André Chénier. Est-ce pendant son séjour en Italie qu'il fit ce travail ? Rien ne le prouve d'une manière sûre. Il n'est pas impossible qu'il l'eut déjà commencé plus tôt, peut-être même sous la direction d'Octovien ; mais les exemples de Bembo, Sannazar, Vida, Fracastori, Flaminio et surtout Navagero [3], sans nommer beaucoup d'au-

1. *Vies d'Octovien de Sainct-Gelays, de Melin de Sainct-Gelays*... etc, p. 75-76

2. Voir plus loin, IIe partie, ch. VI, l'énumération successive de toutes ces imitations.

3. Il est en particulier facile de constater que Mellin en traduisant ou imitant

tres savants italiens, qui s'exerçaient alors à lutter d'élégance et d'harmonie avec les poètes du siècle d'Auguste, durent exciter le jeune Mellin et piquer son émulation. Il lut les ouvrages de ces savants latinistes, étudia leurs procédés, bien décidé à les imiter à l'occasion, pour se procurer un jour en France la gloire dont il les voyait jouir en Italie. Son espérance ne fut pas trompée. Il sera en effet regardé par tous ses contemporains comme un maître sans rival dans la poésie latine. Sa réputation était telle que le plus illustre latiniste de la première moitié du XVIe siècle, Buchanan, « estoit diverty de faire des vers sur le fameux siège de Metz, après ceux que Mellin de Saint-Gelays avait publiés »[1].

Il est bien probable que dès cette époque Mellin s'exerça fréquemment, lui aussi, dans la langue de Virgile et d'Horace. Son compatriote, Thevet, semble indiquer qu'il débuta dans la carrière littéraire « en composant en latin des poèmes de plusieurs sortes[2] ». Mais ces diverses compositions latines ne sont pas parvenues jusqu'à nous.

Dans tous les cas, ce n'est pas à l'étude aride du droit et de la philosophie qu'il fit la plus large part. Il semble avoir eu « bien peu de commerce avec Ulpian et Papinian[3]. » Préoccupé tout d'abord par l'étude de la langue italienne, attiré par les chefs-d'œuvre de tout genre, captivé par son admiration pour les Cicéroniens, et peut-être encore davantage ébloui par la gloire de ceux qui marchaient sur les pas de Pétrarque, il laissa de côté pour le moment l'étude de la jurisprudence. Et lorsqu'il

les auteurs anciens ne fait parfois que suivre la traduction donnée par Navagero. Cf. I, 249 et II, 93. — Voir aussi I, 196.

1. Colletet, *Vie de Mellin de Sainct-Gelays*, p. 84.

2. Voici les paroles de Thevet, f° 557 v° : « Il a de son vivant diligemment et soigneusement recherché la lecture de tous les Poètes, et à leur exemple et imitation composé en latin des poèmes de plusieurs sortes. »

3. Colletet, *op. cit.*, p. 75.

voulut enfin s'y adonner, il en fut bien vite dégoûté[1]. Son esprit facile mais léger, assoiffé surtout de plaisirs, de beau et d'art, enivré par les nombreuses merveilles qu'il avait pu contempler depuis son arrivée, devait répugner à toutes les arguties de la science juridique d'alors. « Il se desgoûta de ce travail, renonça tout à coup à son entreprise et se vint bientôt reposer dans le sein des Muses fleuries[2]. »

C'est qu'il avait compris, par tout ce qu'il avait vu et entendu en Italie, qu'il était un autre chemin bien plus sûr que la jurisprudence pour parvenir à la gloire. Et cette voie plus facile était encore mieux appropriée à son esprit et à son tempérament. Il voyait chaque jour, dans des exemples frappants, de quelle gloire et de quelle estime on entourait partout les écrivains. Les rois et les seigneurs se disputaient l'honneur d'avoir à leurs côtés un poète qui chanterait leurs mérites. Mais, en retour, ils lui accordaient toutes les faveurs et en faisaient un ministre à l'occasion ! Et quels magnifiques projets d'avenir ne devaient pas échafauder chaque jour devant Mellin, les jeunes compagnons d'étude qu'il avait rencontrés. Bien souvent il les entendit répéter « que dans toutes les cours de la Péninsule, pour obtenir de belles amours, de

1. Voici ce que dit Thevet à ce sujet : « il abandonna le droit, lequel il vit tellement espart et confus et rempli de telles contrariétez, qu'il n'y avoit interprète ou Docteur sur iceluy, qui n'eust besoing d'autre interprète. Destourné de cette science pour l'obscurité et confusion d'icelle (selon l'erreur du vulgaire) et pour la diversité d opinion des Docteurs, il reprend la poésie, beaucoup plus douce et mieux sonnante, laquelle dès son commencement il avoit suivie et embrassée et s'estoit jetté au giron d'icelle », fol. 557 v°.

2. Colletet. Voici en entier le récit de ce changement, il est assez piquant : « Il est bien vray qu'ayant d'abord faict dessein d'embrasser l'estude de la jurisprudence, comme celle qui ouvre la porte des charges de la robe, il eut, pendant quelque temps de son séjour d'Italie, plus de commerce avec Ulpian et Papinian qu'avecques Démosthènes et Virgile. Mais enfin, comme il vit la science du droit espineuse, obscure et embarrassée par les diverses interprétations et les différentes gloses des docteurs et des interprètes, dont le langage barbare en augmentoit encores les ténèbres et la confusion, il se desgouta de ce travail, et se vint bientôt reposer dans le sein des Muses fleuries », p. 75-76.

lourds écus, de bonnes places et de la considération, il suffisait de couplets qu'on s'en allait chantant »[1]. Et pourquoi, dût-il nécessairement se dire, n'en serait-il pas de même par delà les Alpes, sur cette belle terre française, où l'amour des lettres et des arts commençait déjà à fleurir ? La chose devait être même plus facile, les compétiteurs étant plus rares et la cour des rois de France autrement brillante que celle des petits princes italiens. Jeune et de figure agréable, doué d'une voix harmonieuse et sympathique, portant un nom déjà illustre, ne pouvait-il pas, lui aussi, se promettre un avenir riant et glorieux, en suivant tout doucement cette voie de la poésie ? La tentation était trop forte, le raisonnement trop naturel et trop convaincant pour que le jeune Mellin y résistât dans l'enthousiasme de ses 20 ou 25 ans ! Et dès lors rejetant « Ulpian , Papinian », Aristote et Saint-Thomas, il se mit avec ardeur à étudier la musique et la poésie[2]. Il savait déjà toucher les instruments à corde, il se perfectionna, s'exerçant à improviser des airs faciles et brillants, pour pouvoir accompagner à l'occasion les paroles de quelque piquant strambotto , qu'il feindrait d'improviser.

IV

L'époque où cette conception toute spéciale de la poésie fut définitivement arrêtée dans l'esprit de Mellin est une date capitale dans l'histoire de sa vie. Il sera en effet fidèle jusqu'à la fin à cet idéal poétique, qu'il se créa en Italie.

Rien dans la suite ne sera capable de modifier essen-

1. Cf. Vianey, *L'Influence italienne chez les précurseurs de la Pléiade*. Bulletin italien, IIIe partie, 1903, p. 104.

2. Cf. Wagner, *Mellin de Saint-Gelais : eine litteratur und sprachgeschichtliche Untersuchung, chap. VI.* — Ueber den italienischen Einfluss bei Mellin de Saint-Gelais, p. 119.

tiellement cet état d'âme et de lui faire changer de but. Vieillard à cheveux blancs et aumônier de Henri II, chef vénéré du Parnasse français, ou en butte aux attaques des jeunes novateurs de la Pléiade, il ne connaîtra jamais qu'une seule manière poétique, celle qu'il avait adoptée à 25 ans. Voilà ce qui explique, du moins en partie, sa carrière littéraire quelque peu étrange et surtout le caractère particulier de son œuvre poétique, composée d'une infinité de petites pièces très courtes, galantes, spirituelles et badines, mais trop souvent maniérées. Ebloui par la gloire des poètes italiens alors en vogue, il n'eut plus désormais qu'une ambition : devenir un strambottiste brillant, le premier des strambottistes français. Il le sera, mais malheureusement ne sera guère que cela.

Pour le devenir, il s'étudia de son mieux à orner son esprit et sa mémoire d'une foule de traits piquants, de pensées ingénieuses et délicates, des plus belles formules érotiques et laudatives qu'il put découvrir, en un mot, de tout le clinquant des petits genres alors à la mode. Dans ce but, il lut avidement les poètes italiens et Pétrarque tout d'abord [1]. Malheureusement, avec ces idées en tête, il ne devait pas comprendre le *Canzoniero*, ou du moins il ne pouvait lui emprunter ce qui fait son charme et sa grandeur : je veux dire la sincérité de l'inspiration et la vérité de cet amour aussi sincère que chevaleresque. Aussi, pour Mellin, tous ces soupirs, ces feux, ces flammes et ces plaintes, tous ces élans passionnés, ne sont que d'ingénieuses inventions de l'esprit, où le cœur a bien peu de part. Mais il vit là, en retour, un magnifique thème de galanterie, une source abondante et facile d'improvisations poétiques sur l'amour, à laquelle il se promit de puiser largement. Et c'est là qu'après lui

1. Les emprunts faits à Pétrarque par Mellin ont été minutieusement étudiés par M. Wagner dans son *Inaugural Dissertation*, chap. VI, § 4, *Mellin's Verhältniss zu Petrarca*, p. 131.

vinrent puiser également tous ces fades poètes du XVIe siècle, qui, dans le désir de piquer l'attention et de gagner les cœurs, chantèrent sur tous les tons un amour fictif pour quelque idéale beauté, dont l'indifférence les condamnait à mourir en les faisant vivre.

Traiter ainsi Pétrarque, c'est le défigurer singulièrement, en dénaturant l'œuvre capitale de sa vie. Et pourtant voilà quel est le caractère du *Pétrarquisme* que Mellin introduisit ou du moins acclimata en France, en repassant les monts [1]. Il n'emprunte au poète italien que ses procédés extérieurs, sa fastidieuse galanterie. Quant à la passion profonde et ardente, qui vivifiait l'œuvre entière « du chantre de Laure », elle va devenir un jeu d'esprit, une pure fiction. Et Dieu sait à quels lamentables excès se laissèrent entraîner nos pétrarquistes. On ne peut cependant en rendre Mellin entièrement responsable. Pour sa part, il est vrai, il a eu trop souvent recours « à tous les lieux communs du pétrarquisme », mais son bon sens naturel, l'influence de Marot et de la Cour, et peut-être aussi le souvenir des bonnes leçons d'Octovien, le préservèrent toujours des exagérations d'un Maurice Scève par exemple, sans parler de la foule des vulgaires pétrarquisants. Sans doute trop nombreux sont les huitains et dizains où il célèbre sa dame, tantôt exaltant ses qualités, plus souvent se plaignant en style précieux de sa cruauté, de son absence. Mais il est bon de faire remarquer qu'il ne destinait nullement ces vers au public, et que, de fait, pour la majeure partie, ils ont été seulement publiés de nos jours, avec le manuscrit La Rochetulon [2].

D'ailleurs cette imitation de Pétrarque est fort discrète

1. Cf. Wagner, *op. cit.*, p. 122.

2. Sur les 186 petites pièces tirées de ce manuscrit, il n'y en a qu'une trentaine qui ne soient pas consacrées aux mièvreries du pétrarquisme ; — les 150 autres sont pour la plupart des billets érotiques de la plus insipide galanterie.

chez Mellin ; elle ne se trahit que deux fois d'une manière manifeste [1].

De même, il dut certainement lire avec avidité les contes de Boccace, mais il n'y a puisé qu'une seule fois [2]. Il doit beaucoup plus aux poètes récents, qu'il put voir et connaître pendant son séjour en Italie. Avec eux, il en use bien plus librement. Le relevé de toutes ces imitations ou traductions a été déjà fait [3], elles sont fort nombreuses. Mellin ne se gênait nullement pour emprunter aux autres ses idées, et au besoin ses expressions, et, comme le lui reproche M. Francesco Flamini [4], il ne cite pas toujours ses sources. Le pouvait-il ?...

Quoi qu'il en soit, à Bembo il dérobe sa fameuse *Description d'amour* (I, 82) et à Berni un sonnet ironique *Sur une beauté fanée* (I, 285, v) ; il doit un autre sonnet à Sannazar (I,78) ; et l'Epigramme *A une mal contente d'avoir esté sobrement louée*, (I, 196) n'est qu'une paraphrase d'une fantaisie de l'Arétin. Mais c'est surtout l'Arioste qu'il a mis à contribution. Il lui a pris d'abord trois dizains, (I,107 et II, 108 et 109, XXXV et XXXVI) puis la petite pièce *D'un eslongnement* (I, 210), et a imité « (trop) fidèlement la catullienne description d'une nuit d'amour [5] » (III, 99). Enfin il a paraphrasé, en 314 vers, une partie du célèbre épisode de *Genèvre*, tiré des IV et V[e] chant de l'*Orlando furioso* ; mais il n'eut pas le temps de terminer cette traduction.

De plus, qu'il suffise de signaler ici, en réservant tous

---

1. Voyez quinzain « *de lui-même* », I, 150, et quatorzain, II, 147. Cf. Wagner *loc. cit.*
2. *Œuvres*, I, 274.
3. Voir — Francesco Flamini, *Le lettere italiane alla corte di Francesco I, re di Francia*, dans *Studi di storia letteraria italiana e straniera*, p. 228, 256, 261-268, 309, 312 — J. Vianey, *L'Influence italienne chez les précurseurs de la Pléiade.* Bulletin italien de la Faculté des Lettres de Bordeaux — avril-juin 1903, p. 104-107,et *Marcello Philoxeno et Melin de Saint-Gelais*, id. juillet, sept. 1904, p. 238-243. — Wagner, *op. cit.* ch. VI' § 3, Ital. Stoffe in den übrigen kleineren Gedichten Mellin's, p. 129-131.
4. *Op. cit.*, p. 265 et 329.
5. Francesco Flamini, *op. cit.*, page 265.

les détails, l'adaptation assez heureuse, en prose mêlée de vers, qu'il fit de la *Sophonisba* du Trissino, ce poète qui donna à l'Italie sa première tragédie régulière. Ce n'est que beaucoup plns tard, après 1550, que Mellin exécuta cette traduction.

Seulement Mellin ne s'est pas adressé qu'aux plus illustres représentants de l'Italie, il n'a pas craint à l'occasion d'emprunter largement à des écrivains tout à fait secondaires. Amomo paraît en effet lui avoir inspiré la célèbre *Elégie ou chanson lamentable de Vénus sur la mort du bel Adonis* (I, 127). Ce poète obscur avait au moins donné déjà une paraphrase en vers libres de cette idylle de Bion [1], et Mellin semble bien s'en être servi largement. Dans tous les cas, l'imitation de Giulio Camillo, dans un sonnet adressé au Dauphin Henri, (I, 296) est incontestable : ce n'est même presque qu'une simple traduction. Il est facile aussi de reconnaître en particulier une comparaison assez curieuse empruntée à Tebaldeo, dans un dizain ou notre poète se plaint d'être transpercé par l'Amour de tant de flèches, que la Mort qu'il avait appelée dût pousser la sienne « au visaige » (III, 93).

Or, comme le remarque M. Francesco Flamini, avant Mellin, Tebaldeo prétendait être devenu un véritable porc-épic, ou, comparaison plus noble, un Saint-Sébastien grâce aux traits du petit dieu [2]. Ceci pourrait être un simple

1. Voir Francesco Flamini, p. 256.

2. Cf. Francesco Flamini, p. 266. — Saint-Gelays se représente « désespéré » appelant la Mort, qui arrive

Et droit au cœur tira son dard infect.
Mais quand du tout transpercé l'aperceut
De ceux d'Amour, sa flèche elle ne sceut
Jeter dedans et la pousse au visaige,
Qui garison soudainement receut,
III, 83, CLXXIV. Par le mesme œil dont sortit tout l'outraige. .

Or, Messire Antoine Tebaldeo avait écrit dans un sonnet :

Non piu saette, Amor ; non c'e piu orma i
Loco nel corpo mio caduco e frale
Ove bisogni adoperarsi il strale :
Se guardi, piaga sopra piaga faï. *Sonnet 152.*

« Plus de flèches, Amour ; il n'y a plus désormais || de place dans mon corps ca-

effet du hasard, mais trop nombreuses sont les autres ressemblances que présentent les œuvres de Saint-Gelays avec ce « prescentiste » pour le croire. Mellin lut sûrement ses vers, pendant qu'il se trouvait en Italie.

On a relevé également quatre imitations bien manifestes de Marcello Philoxeno [1], poète encore plus obscur que les précédents. Mais de tous les strambottistes, celui qui fascina le plus Mellin de Saint-Gelays, par l'éclat de sa réputation, fut le fameux Séraphin d'Aquila [2]. On sait quelle existence il avait menée. Sa vie ne fut qu'une suite de fêtes brillantes, dans toutes les cours de la Péninsule, qui se disputaient l'honneur de le posséder tour à tour. Il eut toutes les bonnes fortunes, peut-on dire ! Impatiemment attendu, choyé, applaudi, adulé par « tout le beau monde », nulle faveur ne lui fut refusée. Grâce à une extrême facilité d'adaptation et à une certaine habileté d'art, il avait trouvé le moyen de varier ingénieusement ses prétendues improvisations poétiques, qui roulaient sans cesse sur l'amour et la galanterie. Mais, comme il se gardait bien de publier ses vers, il passait pour donner toujours du nouveau, sans jamais se répéter. Pourtant, ce qui l'avait surtout aidé à conquérir son extraordinaire réputation, c'est que, doué par la nature d'une voix mélodieuse, soigneusement cultivée, il chantait ses improvisations sur le luth, avec une sorte d'accent passionné, qui charmait et captivait son auditoire. Il avait ainsi parcouru presque toute l'Italie en véritable triomphateur, étonnant partout les esprits, mais encore plus captivant tous les cœurs.

Cette existence si brillante et si glorieuse en apparence,

duc et frêle || où il faille employer le trait : || si tu le remarques, tu fis plaie sur plaie »

1. Cf. Vianey, *Marcello Philoxeno et Melin de Saint-Gelais*, *Bulletin Italien*, 1904, p. 238-243.

2. Sur Séraphin Cf. Vianey, *L'Influence italienne chez les précurseurs de la Pleiade* ; Bulletin Italien, 1903, p. 94.

parut à Mellin, semble-t-il, le suprême idéal de la poésie. Courir de fête en fête, s'enivrer de gloire et d'amour au milieu de cette atmosphère capiteuse qu'engendre une joyeuse réunion de dames et de seigneurs, voilà désormais son rêve de poète. Il voulut « devenir le Séraphin de la France, être comme Séraphin un prince de l'épigramme, décidé à mettre lui-même comme lui ses vers en musique, et comme lui à les chanter, à ne jamais les publier, à les faire toujours passer pour des improvisations [1]. » Et de fait c'est ce qu'il fit, malheureusement avec trop de fidélité, et cela jusqu'à la fin de ses jours.

On n'a cependant signalé dans les œuvres de Saint-Gelays, qu'un seul huitain à peu près traduit d'un strambotto de Séraphin [2]. Mais ce qui est frappant, et ce qu'on a déjà noté [3], c'est l'étrange similitude des conceptions poétiques des deux écrivains : mêmes sujets, mêmes procédés, même manière de voir, de sentir et de s'exprimer. Tous deux, à grand renfort d'antithèses sonores, chantent les anneaux reçus en gage, une jarretière donnée, les gants qui couvrent les mains de leur dame ; tous deux portent envie au petit chien de leur maîtresse, s'étonnent de vivre d'un mal qui fait mourir. Tous deux se passionnent pour ou contre Amour, qu'ils mettent aux prises avec Fortune, Mort, Foy, Malheur et Honneur, imaginant tour à tour entre ces personnages, et eux-mêmes quelquefois, des luttes ou des pactes singuliers. Tous deux enfin, par un étrange abus, se laissent aller à prendre au sens propre les métaphores de la galanterie pour en tirer les plus extravagantes consé-

1. Vianey, *loco cit.*, p. 105.

2. Cf. III, xi : « *Si je maintiens ma vie seulement par ton regard* » ; paru dans l'*Hécatomphile* avec ce titre : *Ung amoureux parle a sa dame et la supplye ne luy estre chiche de doulx regards pour maintenir sa vie.*

3. M. Vianey, *article cité*, p. 106. — Cette constatation avait été faite aussi par M. Francesco Flamini, *ouvrage cité*, p. 267.

quences. Le feu qui les brûle produit de la fumée, mais lorsqu'Amour l'active (battant l'une et l'autre aile), il donne de la vapeur [1], à moins qu'il n'allume des incendies [2]. Et pourtant ce beau feu ne peut émouvoir le cœur de leur belle. Je le crois bien, c'est un glaçon [3], nous dit Mellin. Et dans une autre circonstance, trouvant que sa dame est aussi dure qu'une meule de moulin, il lui déclare sans rire « qu'il la fera ou tourner ou choisir d'être noyée à force de ses larmes » [4].

Je me hâte d'ajouter que de pareils oublis du bon goût sont heureusement rares chez Mellin. Mais c'est à son admiration inconsidérée pour Séraphin et les autres strambottistes, qu'il les doit certainement. Toutes ces fadaises et ces mièvreries, tous « ces vers emmiélés à la saveur ennuyeusement douceatre », ont en effet un goût fortement « transalpin » [5].

On ne saurait déterminer au juste combien d'années Saint-Gelays passa en Italie. Mais ce qui est sûr, c'est qu'il mit heureusement le temps à profit pour se former à toutes les sciences utiles. On prétend qu'il s'adonna particulièrement avec beaucoup d'ardeur à l'étude de l'Astrologie. Son *Advertissement sur les jugements d'Astrologie à une studieuse damoyselle*, prouve suffisamment qu'il était pleinement versé dans cette prétendue science. Or, l'Italie était le pays classique par excellence de cet art de lire dans les astres les destinées humaines [6]. Poussé par son esprit de curiosité, Mellin voulut connaître cette science mystérieuse. « A Rome, s'écriait

1. Vide II, 108 — III, 66, 33.
2. Vide III, 54, et II, 141.
3. III, 84.
4. III, 99.
5. Francesco Flamini, *op. cit.* p. 237. « I versi melati di Melin hanno lo stesso sapore stucchevolmente dolciastro dei leziosi di presecentisti. »
6. Cf. A Maury, *La Magie et l'Astrologie dans l'Antiquité au Moyen Age* — seconde partie.

Savonarole, vous ne trouveriez pas un prélat, pas un homme comme il faut, qui n'ait près de lui un astrologue pour diriger sa conduite »[1]. Au reste, à l'occasion, elle ne pouvait que lui être d'une très grande utilité pour gagner et conserver la faveur des princes et des rois, et plus particulièrement pour frapper l'imagination des dames.

D'ailleurs, il ne se contenta pas des données assez peu scientifiques de l'Astrologie, et s'efforça d'acquérir des connaissances autrement solides. A ce que l'on dit, il étudia même la médecine, et serait devenu assez habile dans cet art. Niceron nous apprend en outre, qu'à tort ou à raison, on lui attribuait une foule d'autres qualités diverses, en dehors de son talent incontesté de musicien. « Il était regardé, dit-il, comme mathématicien, philosophe, orateur, théologien, jurisconsulte, médecin et astronome tout ensemble[2]. » Niceron ne fait que reproduire le jugement du Quintil Horatian[3], qui après avoir énuméré ainsi tous les talents de ce poète, l'appelle un « *panepistemon* », c'est-à-dire un homme doué de la science universelle.

Même en admettant beaucoup d'exagération dans ces éloges, ils sont une preuve manifeste que Mellin s'était donné une brillante et forte culture dans sa jeunesse. Aussi doit-il être placé au nombre de ces savants humanistes du XVIe siède, dont la profonde érudition nous étonne.

---

1. Villari. *La Storia di G. Savonarola*, I, 169.
2. Niceron, *Mémoires*, t. V, p. 199.
3. Chamard, *La deffence et illustration de la langue françayse de Joachim Du Bellay*, p. 227, et Person, p. 207.

V.

Quand enfin les circonstances le rappelèrent dans sa patrie, il pouvait caresser les plus flatteuses espérances. Son éducation solide, brillante et variée, complétée par un long séjour en Italie, le mettait à même d'occuper avec honneur les plus hautes situations. Ce jeune homme blond, à la barbe soyeuse artistement taillée à la mode italienne, « aux yeux verts, aux sourcils un peu elevez », avec le front découvert, la bouche souriante et spirituelle, « le visage long et modeste [1] », aux mouvements souples et harmonieux, à la parole facile et caressante, montant élégamment à cheval, était certainement un gentilhomme accompli.

Si, en repassant les monts, son « bagage juridique » était assez léger, en revanche, il avait les poches pleines de spirituelles épigrammes et de galants dizains, qu'il allait servir à ses compatriotes comme de brillants impromptus [2]. Sa mémoire débordait d'une foule de traits piquants, de compliments délicats, d'aperçus ingénieux. Il brûlait de faire parade de son esprit, qu'il avait si soigneusement préparé en vue des triomphes qu'il escomptait. Mais ce qu'il faut bien noter surtout, c'est que pendant les années de son séjour, un changement profond s'était opéré en lui. Imbu de pétrarquisme, saturé de galanterie, grisé de mignardise, d'affèterie et de spirituels concetti, il rêvait de faire de sa Muse, jeune et brillante, une sorte de *ballerine*, pimpante, rieuse, surtout spirituelle en diable, qui amuserait de son rire étincelant et de ses mille tours variés, belles réunions et fêtes joyeuses. Autrement dit, pour lui la poésie est à peine un joyeux

1. Voir le portrait tracé par Colletet, p. 88, qui ne fait que reproduire textuellement les paroles de Thevet, fol. 557 r°.

2. Cf. Vianey, *L'Influence italienne chez les précurseurs de la Pléiade*, *loco cit.* p. 104.

passe-temps, un élégant badinage, c'est plutôt un jeu d'esprit, un moyen aristocratique d'amuser son public, un simple jeu de société [1]. Conception bien mesquine certes, et que la Pléiade lui reprochera, non sans raison. Mais à cette heure la poésie n'était plus en France qu'un « pur exercice de patiente industrie », que les rhétoriqueurs compliquaient encore tous les jours avec puérilité. A tout prendre, mieux valait la manière que Mellin rapportait d'Italie ; corrigée par l'influence française, elle a pu nous donner Marot.

D'un autre côté, ayant mené pendant assez longtemps cette vie de plaisirs, dans laquelle l'Italie se berçait alors voluptueusement, Mellin de Saint-Gelays était devenu une sorte d'épicurien, aux mœurs faciles et galantes. Rechercher le plaisir et les jouissances, tout en gardant une certaine dignité, voilà pour lui le but de la vie. Il était tout préparé pour devenir « le prêtre de Vénus » [2], le chantre de la galanterie. Aussi le sujet ordinaire de ses poésies, comme pour les strambottistes italiens, sera l'amour, ou plutôt ce commerce galant, spirituel et léger, par lequel un amant cherche sans relâche tous les moyens de faire connaître à la dame aimée les sentiments de son cœur. Mais ceci peut mener loin. Il n'est pas en effet facile de s'arrêter sur cette pente qui conduit à la licence. Les poètes italiens s'étaient trop souvent laissés entraîner bien au-delà des limites de la bienséance, à plus forte raison de la morale. Mellin n'était naturellement que trop porté à les suivre : trop souvent il les imita, et trop souvent aussi on l'imita en France. De là ces « gaillardises » par trop osées, que l'on trouve fréquemment dans la poésie du

1. Cf. Muret dans sa préface des *Juvenilia*, publiée en 1552 : « Qui se vernaculo nostro sermone poetas perhiberi volebant, perdiu ea scripsere quae delectare modo ociosas mulierculas,non etiam eruditorum hominum studia tenere possent », p. 9.

2. *Œuvres*, II, p. 73.

XVIe siècle, et qui choquent désagréablement aujourd'hui [1]. Mais je croirais volontiers que bon nombre des peintures licencieuses et cyniques que l'on reproche à Mellin de Saint-Gelays, et à son ami Marot, comme à toute cette école, sans parler de celle de Ronsard, sont simplement empruntées à quelqu'un des auteurs italiens alors en vogue. Qu'il me suffise de citer parmi ces écrivains connus pour leurs excès de langage : Pontano, Politien, Laurent Valla, le Panormita, l'Arétin, Berni, l'Arioste, Merlin Coccaie et cet « Olympo de Sassoferrato, le plus fécond des strambottistes, mais le plus volage et le plus polisson » [2]. Aussi je n'hésite pas à emprunter ici à M. Vianey la conclusion de son article sur *Philoxeno et Mellin de Saint-Gelays* : « Il est convenu qu'on doit attribuer à une poussée naturelle de sève gauloise ce qu'il y a quelquefois d'un peu cynique ou libertin chez Marot et Saint-Gelays, il peut se faire qu'au contraire il n'y ait rien chez eux de plus italien que leurs gauloiseries [3]. »

Une autre particularité littéraire que Mellin doit encore à l'Italie, c'est ce mélange équivoque et fort déplacé de galanterie et de dévotion, qu'il se permettra trop souvent dans ses vers. Devenu prêtre, il ne craindra pas en effet de profaner son ministère sacré en faisant servir les choses les plus saintes à d'étranges badinages amoureux. Et les applications choquantes qu'il se permet dans ces rapprochements sacrilèges, sont plus qu'inconvenantes surtout de la part d'un ministre de la religion. Mais, sans vouloir l'excuser, on peut bien cependant faire remarquer qu'il avait vu pratiquer couramment en Italie ce mélange irrévérencieux de sacré et de profane, sans que nul songeât à réclamer. Il voulut l'essayer en France. Aussi,

1. Cf. Philarète Chasles, *op. cit* : *Premiers essais de réformes littéraire*, p. 52.

2. Joseph Vianey, *Marcello Philoxeno et Melin de Saint-Gelays*. Bullet. Ital., juillet-sept., 1904, p. 243.

3. Ibid. *loco. cit*.

malgré tout, faut-il voir là, me semble-t-il, un jeu d'esprit — fort répréhensible il est vrai — plutôt qu'une profonde perversion du cœur.

Quoi qu'il en soit, Mellin de Saint-Gelays respira pendant assez longtemps cette influence italienne, si pénétrante pour une âme d'artiste délicat et jeune, comme il était. Il vécut ainsi pour le moins sept ou huit ans au-delà des Alpes. Dès lors il ne me parait nullement nécessaire d'admettre qu'il revint plusieurs fois dans la suite en Italie. Sans doute cette hypothèse est loin d'être invraisemblable, mais son premier séjour fut assez long pour expliquer le reste de sa vie, son idéal poétique, ses œuvres, son caractère et même sa conduite tout entière. En effet, pendant les années qu'il vécut sur le sol italien au début de sa jeunesse, ardent et passionné, il se livra tout entier aux charmes du milieu qui l'avait captivé dès ses premiers pas. Cette influence italienne envahit toutes les facultés de son âme, changeant presque complètement son naturel français. De telle sorte que Mellin sera surtout et avant tout un « italianisant » parlant français à la cour de François Ier et de Henri II.

On peut croire que, ses études terminées, Mellin ne se pressait nullement de rentrer en France. D'après une lettre très curieuse de son ami Christophe de Longueil, il semble qu'il s'était mis à parcourir l'Italie, menant joyeuse existence. Seulement, ses parents, inquiets de ce séjour prolongé, lui intimèrent l'ordre de revenir, et par suite lui supprimèrent les secours pécuniaires qu'ils lui envoyaient. Il s'adressa alors à son jeune compatriote, Longueil, que les Italiens comblaient d'honneurs de toute sorte, pour le prier d'intercéder auprès des siens et leur demander quelques mois de grâce et un peu d'argent. « Au premier jour, lui répond Longueil, je vais te donner toute satisfaction. Cependant je ne parlerai nullement de ce à quoi tu sembles tenir beaucoup, à savoir qu'on t'envoie de l'argent pour ta subsistance. Si en effet nous pouvons gagner une année et même deux, nous obtiendrons de l'argent par le fait même. Mais, si le premier point ne peut être obtenu, inutile de parler d'argent. Au reste il ne te manquera nullement, si tu veux te servir de ma bourse. Je ne suis pas en effet si pauvre, ou si amateur d'écus, que je ne puisse avec empressement et libéralité venir à ton secours, pour te permettre de poursuivre tes études. Et sur ce point tu partageras ma manière de voir [1] ».

Mellin avait de généreux amis. Cette lettre fut écrite de Padoue, dans les derniers jours du mois d'avril [2]. Longueil nous apprend qu'il venait d'être nommé citoyen romain, et que la ville de Florence lui avait accordé une pension annuelle de 20.000 livres. C'était donc en 1518. Je ne sais quel fut le résultat de ces démarches, mais notre poète ne dut pas tarder beaucoup à rentrer en France, où tout le rappelait. Son séjour avait d'ailleurs été assez long pour lui permettre d'admirer la plupart des merveilles de l'Italie. Il revint donc, mais combien changé ! C'était un gentilhomme accompli, ou plutot un strambottiste passionné. Rien ne lui manquait pour être le poète galant à la mode, aussi renommé pour sa science que pour son esprit, sa facilité et ses bonnes manières. Il n'avait qu'à se faire connaître.

---

1. *Christophori Longolii Lucubrationes, Orationes III, Epistolarum libri IIII. His appensus Epistolarum Pet. Bembi et Jac. Sadoleti liber I ; una cum vita ejusdem Longolii ab ipsius amicissimo quodam exorata. — Christ. Long Merlino Gelasiano*, p. 290.

2. Voici la fin de cette lettre. *Ex urbe Patvaio, V. calend. Maï.* » — Sur ces divers événements, voir la biographie de Longueil écrite par Polus, p. 493.

CHAPITRE III

DÉBUTS POÉTIQUES A LA COUR DE FRANÇOIS Ier

(1518 - 1525)

I. — Avènement de François Ier. — Espérances générales. — Faveur des Saint-Gelays. — Mellin entre a la cour.

II. — Etat de la poésie : rhétoriqueurs et disciples de Villon. — Mellin se lie avec Marot : constante amitié, ressemblances.

III. — Premières poésies : succès. — Son genre. — Il entre dans l'état ecclésiastique : causes.

IV. — Auprès de François Ier, Mellin corrige les vers du roi, — chante les événements — fait des impromptus — favorise ses amours.

I

Pendant que Mellin savourait avec délices tous les plaisirs de la Renaissance italienne, transformant peu à peu ses idées, ses habitudes et son caractère, bien des changements s'opéraient aussi en France. Louis XII mourait, le premier jour de janvier de l'année 1515, et était remplacé par le jeune duc de Valois, qui prit le nom de François Ier. Le nouveau roi, fils de Charles d'Orléans, comte d'Angoulême, et de Louise de Savoie, était gendre de Louis XII, dont il venait d'épouser la fille , Claude. Son avènement fut salué avec le plus grand enthousiasme, à l'étranger comme en France. Sans doute le roi défunt avait mérité l'affection de ses sujets au point d'être appelé le *Père du peuple*, mais son successeur, depuis longtemps déjà, avait fait concevoir de telles espérances qu'elles légitimaient tous les transports.

Chacun se plaisait à vanter à l'envi les extraordinaires qualités d'esprit et de corps de ce brillant chevalier de 20 ans. On le proclamait partout aussi passionné pour les lettres, les sciences et les arts, que pour les armes et les belles manières. Et voici ce que le comte Balthazar de Castillon, fait dire à Julien de Médicis, dans un dialogue qui aurait eu lieu, en 1507, et rapporté dans son fameux *Courtisan* [1] : « Si la bonne fortune veut que Mgr d'Angoulesme, ainsi qu'on l'espère, succède à la couronne, j'estime que si, comme la gloire des armes florist et resplandit en France, celle des lettres y doibve aussi florir en souveraine réputation. Car il n'y a pas un long temps que me trouvant à la court, je veiz ledict seigneur, qui me sembla, oultre la disposition de sa personne et beaulté de visaige, avoir au regard une telle majesté conjoincte avecques une certaine gracieuse humanité, que le royaulme de France luy deust sembler tousjours estre peu de chose. J'entendz après beaucoup de gentilz hommes Françoys et Italiens, ung très bon rapport de sa valeur et libéralité. Et, oultre aultres choses, me fût dict qu'il aymoit souverainement et estimoit les lettres, et avoit en singulière recommandation et révérence tous les littérez, et blasmoit les mesmes Francoys d'estre si estrangez de cette possession, aïant mesmement en leur pays une noble université comme celle de Paris, où le monde accourt de toutes parts. » (I, 42).

Ce jeune Roi, qui promettait tant, avait donné à Marignan une preuve éclatante de son courage et de sa valeur chevaleresque. Mais, la lance et la cuirasse déposées, il n'avait pas tardé à charmer les Italiens par son esprit et ses bonnes manières, surtout sa passion pour les lettres et les arts. Et ceci devait fortement encourager Mel-

1. Je me sers de l'édition même revue et corrigée par Mellin de Saint-Gelays, *Le Courtisan de Messire Baltazar de Castillon, nouvellement reveu et corrigé.* — Lyon, Francoys Juste, M. D. XXXVIII. — Bibl. Nat. Rés. 2.049. A.

lin à repasser au plus tôt en France, selon le désir des siens. Que ne pouvait-il, en effet, se promettre de ce prince, si magnanime, avec lequel probablement il avait joué tout enfant ?

Dans tous les cas, à son retour, il trouva de nombreux et puissants protecteurs parmi les membres de sa famille. En effet le crédit et la faveur des Saint-Gelays avait été loin de perdre au changement de souverain. On sait quels liens étroits et anciens les unissaient aux comtes d'Angoulême et à Louise de Savoie. Et si, par suite de circonstances spéciales, leur étoile avait peut-être un peu pâli pendant les dernières années de Louis XII [1], elle brillait maintenant d'un éclat plus vif que jamais.

Jean, le brillant seigneur de Montlieu, n'était plus là, mais son frère Merlin ou Nicolas, seigneur de Saint-Sévérin, avait hérité de sa faveur. Entré au service de François Ier, lorsque ce jeune prince fut émancipé [2], en 1513, il devint « son premier maistre d'hostel », et fut regardé comme un ami dévoué sur lequel on peut compter aveuglément. Nous avons vu qu'il joua un rôle important dans la première expédition d'Italie et dans l'enregistrement du Concordat par le Parlement [3]. Charles de Saint-Gelays, l'archidiacre de Luçon, venait d'être choisi par Louise de Savoie comme son grand aumônier. Et l'habile seigneur de Lansac, Alexandre, qui avait fait déjà ses preuves comme homme politique, était devenu ambassadeur de France : il avait servi de témoin, le 5 juillet 1515, dans une transaction entre le bâtard René de Savoie et Lucien Grimaldi, prince de Monaco [4].

Le jeune Mellin ne manquait donc pas de protecteurs pour l'introduire à la cour. Et tous les membres

1. Voir De Maulde, *Louise de Savoie et François Ier*, p. 195-6.
2. Cf. Ms. Fr. 21. 478 — *comptes de 1513*, f° 39.
3. Voir plus haut, ch. I, p. 6-8.
4. Cf. Saige, *Doc. relatif à Monaco*, II, 152.

de sa nombreuse famille ne purent qu'accueillir avec empressement ce jeune homme, à qui tant de précieuses qualités assuraient le plus bel avenir. De plus, tout me porte à croire qu'il devait connaître personnellement le nouveau roi. Leur différence d'âge était peu considérable, et il est fort vraisemblable qu'ils avaient dû, enfants, se rencontrer assez souvent, soit au palais épiscopal, soit à l'hôtel des comtes d'Angoulême. On n'oublie jamais ses camarades d'enfance, pas même en montant sur un trône. Aussi Mellin de Saint-Gelays dut-il immédiatement et de plein pied prendre rang parmi les gentilshommes, les poètes et les savants de la cour de France.

II

Au reste, l'occasion était favorable en ce moment pour faire son entrée dans la carrière des lettres. La poésie se débattait sous les ridicules entraves dont les rhétoriqueurs l'avaient chargée, dans leurs bizarres jeux d'esprit. Heureusement le public, après un fol engouement, en avait assez de ces puérilités, et demandait quelque chose de plus sérieux et de plus humain. Mais personne parmi tant d'écrivains n'avait pu encore prendre en main le sceptre de la poésie, pour la ramener dans le chemin du naturel et de la vérité. Jean Meschinot [1], l'auteur des *Lunettes des Princes*, et Jean Molinet [2] étaient morts. Guillaume Cretin s'était retiré de la Cour pour travailler loin du bruit ses vers équivoqués [3]. Et la

1. Sur Meschinot, cf. Goujet, *Bibl. Franç.* t. IX, p. 404, et A. de la Borderie *Jean Meschinot : sa vie et ses œuvres*, Bibl. de l'Ecole des Char. LVI, p. 620.

2. Sur Molinet, cf. Goujet, t. X, p. 1, et un article de P. A. Becker, *Zeitschrift für rom. Phil.* — 1902, p. 641.

3. Sur Cretin, cf. deux articles de M. Henry Guy, *Un souverain poète français ; Maître Guillaume Cretin*, dans la Revue *d'Hist. litt. de la Fr.*, octobre-décembre 1903, p. 553-589 ; et *La Chronique francaise de Maitre Guillaume Cretin*, dans la *Revue des Langues Romaines*, septembre-octobre 1904 — novembre-décembre 1905.

foule de leurs disciples, pédants rhétoriqueurs sans grands talents, tels André de La Vigne, Jean d'Auton, François Charbonnier, Guillaume de Lanzay, etc., n'étaient que de plats et ridicules versificateurs, « grands escumeurs de latin », dont allaient se moquer Ch. Fontaine, Dolet, G. Tory [1].

Un seul de ces écrivains avait montré réellement du talent, c'était Jean Lemaire de Belges [2], l'auteur des *Illustrations des Gaules et des singularités de Troie.* Par malheur, on ne sait trop pourquoi, il venait de rentrer dans l'obscurité, après avoir perdu sa place d'historiographe.

A côté de ces grands rhétoriqueurs, fiers de ce titre, il faut placer quelques disciples attardés de Jean de Meung, qui méritent eux aussi une mention spéciale. En 1508, Eloy d'Amerval [3], avait donné son étrange *Livre de la diablerie* ; Laurent Desmoulins [4] fait imprimer le *Catholicon des Maladvisés*, en 1512, et une année après, Pierre Vachot [5] écrit une *Déploration des Etatz de France.* Mais ce ne sont pas là des maîtres de la poésie. Et quant à Jean Bouchet [6], il travaillait patiemment, à Poitiers, élaborant sans talent ses cent mille vers indigestes. Pourtant le souvenir de Villon ne s'était pas perdu, loin de là. Malgré toute la faveur de la rhétorique, il avait encore ses lecteurs et même des disciples qui, après Coquillard, s'efforçaient de continuer la véritable tradition gauloise. Malheureusement Roger de Collerye [7] n'était encore qu'un

1. Darmesteter et Hatzfeld, *Le seizième siècle en France*, p. 83.

2. Sur Jean Lemaire de Belges, consulter Fr. Thibault, *Marguerite d'Autriche et Jehan Lemaire de Belges*, 1888, in-8. — Voir Lanson, *Manuel Bibliographique — Seizième siècle*, p. 58.

3. Cf. *Bibliothèque de La Croix du Maine et Du Verdier.*

4. Cf. Goujet, *Bibl. Franç.* t. X, p. 95.

5. Cf. Crépet, *Les poètes français*, t. I, p. 567.

6. Sur Jean Bouchet, consulter Goujet, *Bibl. Franç.* XI, p. 242 ; Ouvré, *Notice sur Jean Bouchet*, Poitiers, 1858 ; mais surtout A. Hamon, *Un grand rhétoriqueur Poitevin ; Jean Bouchet* ; thèse, 1901.

7. Sur Roger de Collerye, qui a, dit-on, popularisé le type de Roger Bontemps,

basochien insouciant, et Jean d'Ivry avec Jehan de Pontalais [1], deux faméliques luttant avec âpreté contre la misère.

De son côté, la poésie dramatique, bien que jouissant d'une grande faveur auprès du peuple comme des gens lettrés, n'avait encore donné aucune œuvre de talent. Mystères, sotties, farces et moralités, à part *la Farce de Pathelin* d'un auteur inconnu, n'avaient en général d'autre mérite que leur excessive longueur ou leurs grossières bouffonneries. Et Pierre Gringore [2], en mettant sa verve satirique au service de Louis XII, pour l'aider dans sa lutte contre le pape guerrier, Jules II, avait composé des pamphlets politiques assez piquants sans doute, mais qui n'étaient que des œuvres dramatiques sans grande valeur.

Ainsi partout des écrivains médiocres, assujettis à de ridicules coutumes ou dépourvus de talent. Quand ils ne négligeaient pas complètement la forme, style et composition, ils concentraient tous leurs efforts sur quelque bizarre et puéril assemblage de mots. Mellin avait donc la partie belle. Le chemin était libre. Pourtant il faut ajouter qu'il y avait déjà à la Cour, quand il y entra, deux poètes officiels, portant le même nom (ils étaient père et fils), nom destiné à devenir illustre : c'était Jean Marot et son fils, le célèbre Clément. En 1506, Jean Marot [3]

voir l'*Etude* de Charles d'Héricault en tête des œuvres de ce poète, publiées dans la bibliothèque elzévirienne, 1855 — in-12.

1. Sur ces deux poètes peu connus, cf. La Croix du Maine et Duverdier et Ch. d'Héricault dans *les Poètes Français de Crépet*, t. I. — Jehan de Pontalais, p. 531-541; Jehan D'Ivry, p. 569-574.

2. Une bonne partie des œuvres de ce poète a été publiée par Ch. d'Héricault et Montaiglon, dans la bibliothèque Elzévirienne : cf. Nicéron, *Mémoires*, t. XXXIV. — Goujet *Bibl. Franc.* t. X, et Petit de Julleville, *Répertoire du théâtre en France au Moyen-Age*. Paris, grand in-8, 1885.

3. Les Œuvres de ce poète ont été imprimées avec celles de son fils, Clément-édit. *Lenglet Dufresnoy*, La Haye, 1731, t. V. — En 1860, Georges Guiffrey a publié un Poème *inédit de Jehan Marot*. — Sur la vie et les ouvrages de ce poète cf. Goujet, *Bibl. Franç.* t. XI ; — Louis Theureau, *Etude sur la vie et les*

fut attaché à la reine Anne comme « facteur et escrivain ». Sa protectrice étant morte, il s'était adressé à François d'Angoulême, et par une ballade, où il se dépeint lui-même « mince de bien et pauvre de santé », réussit à gagner sa faveur. Il ne quitta donc plus la Cour jusqu'à sa mort, arrivée en 1526, rimant des ballades, des rondeaux et de plates chroniques, essayant de rajeunir sa manière à l'avènement de François Ier, pour rester toujours un très médiocre poète, mais un obstiné quémandeur. Son meilleur titre de gloire, somme toute, c'est d'avoir essayé de former par ses leçons son fils Clément [1]. Aussi, celui-ci en a-t-il conservé le plus attendrissant souvenir. Et si, devenu vieux et chagrin, il n'a que des sarcasmes amers pour ses « anciens régents », qui ont « perdu sa jeunesse », il bénit encore la mémoire de son père, « ce bon vieillard » qui prit tant de peine à le former à la poésie :

> Le bon vieillard après moy travaillait
> Et à la lampe assez tard me veillait [2].
>
> Eglogue au Roi, t. I, p. 41.

En 1515, à l'âge de 20 ans, il venait d'offrir à François Ier le premier fruit de ces leçons paternelles : c'était

---

œuvres de Jean Marot, Caen, 1873; — Arweld Ehrlich, *Jean Marot's Leben und Werke*, Leipzig, 1902; et un article de M. Henry Guy dans la *Revue des Pyrénées*, 3e trimestre 1905.

1. Clément Marot occupe une place trop considérable dans notre Histoire littéraire, pour indiquer approximativement tous ceux qui ont parlé de lui, je me contente de signaler trois études fort différentes : *Etude biographique de E. Voizard*, en tête des *Œuvres choisies de Clément Marot*, Paris, 1890 — *Marot et la poésie française*, par M. Bourciez, dans l'*Histoire de la langue et de la littérature française* par L. Petit de Julleville, t. III, chap. III — enfin l'*Etude* écrite par Brunetière dans son *Histoire de la littérature française classique*, t. I, p. 85-105. Cf. Gustave Lanson, *Manuel Bibliographique*, chap. II. *Clément Marot et son école*, p. 63-65.

2. Je me suis servi pour les poésies de Marot de l'édition de l'abbé Lenglet-Dufresnoy — 6 volumes, chez les libraires Gosse et Neaulme, La Haye, 1731. — Brunetière estime cette édition — « la plus commode à consulter et la plus complète de toutes » — (*Hist. de la littérat.*, t. I, p. 93 — note). Je renvoie à l'édition Guiffrey pour les *Opuscules* et les *Epîtres*.

un petit poème intitulé le *Temple de Cupido*. Le succès en fut assez considérable à la Cour. Mais, renonçant pour l'instant aux lettres et à la poésie, dégoûté de l'étude du droit, où le poussait son père, il entra comme page chez Nicolas de Neuville, un des plus puissants seigneurs de ce temps. Enfin, après trois ans d'une « jeunesse folle », ramené par les avis et l'exemple de son père, il devint, en 1518, secrétaire de Marguerite de Valois [1]. Et désormais, grâce à la protection de cette princesse, il va s'adonner presque exclusivement à la poésie [2].

Mais, malgré tout, lorsque Mellin et Marot, tous deux jeunes, pleins d'ambition et d'enthousiasme poétique, se rencontrèrent pour la première fois à la Cour, tout l'avantage était pour le premier. Sans doute, dans la suite, Marot l'emporta de beaucoup par ses talents naturels, la hauteur de son inspiration et surtout sa facilité et sa grâce ingénue, seulement il n'y paraissait guère encore. Et, d'un autre côté, il était fort au-dessous de son rival par son éducation et sa naissance. Connaissant bien peu le latin, ignorant le grec et l'italien, ayant gaspillé sa jeunesse, il dut se sentir dans un état d'infériorité bien marquée auprès de ce brillant seigneur, revenant d'Italie, aux manières si aimables et dont les connaissances étaient aussi étendues que variées. Cependant, nonobstant ces différences, au lieu de se livrer à ces rivalités déplorables, dont trop souvent les grands génies eux-mêmes nous ont donné l'exemple, ces deux jeunes gens se lièrent aussitôt d'une amitié sincère, qui ne se démentit jamais. Ceci est à l'honneur de l'un et de l'autre, et venge à l'avance Mel-

1. Ce qui lui valut cette place ce fut la protection d'un certain « Pothon », qui présenta lui-même la fameuse *Epistre du Despourveu à Madame la duchesse d'Alençon et de Berry, sœur unique du Roy*, t. II, p. 9-17.

2. Presque exclusivement, car il ne semble pas avoir pour cela abandonné le métier des armes ; en 1521, il était au camp d'Attigny, d'où il écrivait une *Epistre à ma dite dame d'Alençon*, t. II, p. 17, et il fut blessé à Pavie, à côté de François Ier. — Cf. E. Voizard, *op. cit.*, (XI-LII).

lin de l'accusation d'envieux, que les poètes de la Pléiade porteront plus tard contre lui. Nos deux jeunes poètes se tendirent donc affectueusement la main, pour s'entr'aider fort amicalement à gravir le sommet du Parnasse. Et, sans défaillance, pendant leur vie entière, ce secours mutuel continua, affectueux et dévoué, au grand avantage de tous les deux.

Il semble bien pourtant que ce ne fut pas Marot qui gagna le moins à ce commerce d'amitié, surtout dès le début. Il avait en effet tout profit à fréquenter ce jeune homme aux manières distinguées, « qui avait beaucoup vu », et surtout « beaucoup retenu » de ses nombreux voyages. Et Mellin paraît s'être prêté volontiers aux besoins de son ami. Non seulement, dans leurs causeries intimes, il l'initia, à ce que je crois, aux merveilles de l'Italie, mais l'aida de ses lumières et de ses conseils dans ses compositions poétiques. Maitre Clément ne sentait que trop les lacunes de son éducation première, il l'a avoué non sans dépit. Mellin vint à son secours, et aplanit pour lui les difficultés du grec et du latin. C'est probablement grâce à cette obligeance — quoi qu'on en dise — qu'il put traduire assez exactement, avec sa grâce habituelle, le petit poème de Musée, *Héro et Léandre*, sans parler des autres imitations grecques et de la traduction des *Métamorphoses d'Ovide* [1]. La Croix du Maine écrivait, en 1584, en parlant de Marot : « Il a traduit les *Psalmes* de David, selon la traduction que lui faisait en prose français Mellin de Saint-Gelays et autres hommes doctes de ce temps-là [2]. »

S'il avait ainsi besoin d'un ami complaisant pour comprendre et traduire les psaumes de l'Eglise, à plus forte raison, peut-on conclure, ce secours lui était nécessaire,

1. Cf. Phelippes-Beaulieux, *op. cit.*, p. 14-15.

2. La Croix du Maine — édit. de 1772, t. I, p. 156. Sur la traduction des psaumes, cf. O. Douen, *Clément Marot et le psautier Huguenot*, Paris, 1878-1879, 2 vol. in-4.

pour saisir et rendre exactement en français la pensée des classiques latins.

En retour de ces services, Mellin trouva auprès de son ami un correctif heureux de l'influence italienne. Marot, en effet, malgré des fautes regrettables, qu'il doit aux rhétoriqueurs qui furent ses maîtres, avait le goût sûr et un jugement des plus sains. Il n'eut probablement pas beaucoup de peine à faire comprendre à son jeune émule, combien il était puéril et contraire au pur esprit français de rechercher ainsi sans cesse les pointes, de se complaire dans la mignardise et l'afféterie, en mettant toute sa gloire à « aiguiser par la queue une épigramme folle ».

Au reste, dans la suite, Mellin paraît bien en être venu à se moquer lui-même un peu de cette manie d'*italianiser* [1]. Du moins il sut, en général, se préserver des exagérations ridicules, dans lesquelles se laissèrent vite entraîner les courtisans qui voulurent l'imiter.

Par suite de ce commerce d'amitié, nombreux sont les points de ressemblance entre les deux poètes. Qu'il me suffise d'indiquer les principaux. Il n'est pas nécessaire de lire un grand nombre de pièces de l'un et de l'autre, pour s'apercevoir qu'ils chantent souvent les mêmes sujets : leur Muse va puiser aux mêmes sources [2]. En outre, il y a plus d'un huitain, que les éditeurs attribuent éga-

1. Voir *Œuvres*, I, 197.

2. On peut même se demander si parfois ils n'ont pas traité le même sujet en concurrence, pour prendre part à quelque tournoi poétique. Cette supposition se trouve singulièrement rendue vraisemblable par les vers de Marot dans son *Eclogue au Roy sous les noms de Pan et de Robin*. Il déclare là en effet que, dans une circonstance, luttant avec Mellin, pour savoir « lequel des deux gaigné le prix avoit », il bailla à choisir à son ami ». I, 221. — Voir ce que dit à ce propos Guiffrey, t. II, p. 293-294. — Voici quelques-uns de ces sujets communs : *Traduction d'une épigramme de Martial* : Mellin, I, 77 ; Marot, III, 171. — *Vers pour Mlle Tallard* : Mellin. II, 215 ; Marot, III, 9. — *Anne malade* : Mellin, II, 270 ; Marot, VI. 245. — *Le doulx baiser* : Mellin, III, 45 ; Marot, VI, 245. — *Oui et nenny* : Mellin, I, 115 ; Marot, III, 107, etc.

lement à Marot et à Mellin [1], sans qu'on puisse décider auquel des deux il appartient. C'est qu'ils ont mêmes procédés de composition et même tournure d'esprit : ne reculant ni devant les peintures licencieuses, ni devant les crudités d'expression ; fort enclins tous les deux à la galanterie, ils ont redit bien souvent leurs tourments amoureux, mais sans grande sincérité de passion.

Partisans d'une vie facile, ils ont cherché ardemment tous les plaisirs au sein d'une cour frivole et dissolue. Chantres poétiques attitrés de cette cour, ils ont célébré à l'envi ce qui pouvait charmer dames et grands seigneurs qui la composaient, s'efforçant d'apporter un nouveau lustre aux fêtes qui s'y succédaient. Et, lorsque la Réforme parut, Mellin, comme Marot, accueillit les idées religieuses nouvelles avec une faveur marquée. Seulement, plus prudent et plus réservé, il sut se garder de tout excès, et se hâta de rejeter publiquement ces opinions dangereuses, qui firent le malheur de son ami. C'est encore lui qui garda le plus de réserve et de retenue dans les éloges qu'il dut adresser aux puissants du jour. Marot, au contraire, dépassa quelquefois la mesure. Les flatteries qu'il prodigua à des princes, ennemis de la France, doivent nous surprendre, même aujourd'hui [2].

Mellin, en grand seigneur qu'il était, toujours à l'abri du besoin, montra plus de tact et de dignité. Grâce à ses puissants protecteurs et à l'immense crédit qu'il obtint aussitôt à la cour, il put rendre à son ami les services les plus nombreux. Aussi Marot lui témoigna-t-il toujours une grande déférence. Plus tard, en 1539, dans sa célèbre *Eclogue au Roy sous les noms de Pan et de Robin,* il

1. Voir plus loin l'indication de ces poésies, IIe partie, chap. VI.

2. Il ne ménagea pas les éloges et les flatteries à Charles-Quint. Cf. t. II, p. 137 : *Prise de Tunis* ; — p. 309, *Entrée de Charles-Quint à Paris* ; — p. 311, *Marot à l'Empereur* ; — p. 313, *France à l'Empereur* ; — p. 426, *Adieu de la France à l'Empereur*, Rondeau. Voir au contraire Mellin, I, 93.

n'hésite pas à proclamer Mellin digne de partager le prix de la poésie pastorale avec lui. Bien plus, il lui cède la première place avec empressement [1] :

> Une autrefois, pour l'amour de l'amye,
> A tous venans pendy la challemye,
> Et ce jour là, à grant peine on scavoit
> Lequel des deux gagné le prix avoit,
> Ou de Merlin ou de moi ; dont à l'heure
> Thony [2] s'en vint sur le pré grant alleure
> Nous accorder, et orna deux houlettes
> D'une longueur, de force violettes :
> Puis nous en fist présent, pour son plaisir,
> Mais à Merlin je baillay à choisir.

Dans une autre circonstance, adressant une *Epistre à son amy Papillon, contre le fol amour*, il lui disait : Veûx-tu bien savoir « qu'est-ce qu'amour ? Voy qu'en dict Sainct-Gelais [3] ». Par ce flatteur renvoi, il louait grandement la fameuse *Description d'amour* (I, 82), écrite par Mellin, montrant par là toute l'estime qu'il avait pour le talent poétique et la science de son ami.

Cette étroite et constante amitié était d'ailleurs chose reconnue et admirée de tous. J'en trouve une preuve manifeste dans les œuvres de Jean Rus, le poète Bordelais, dont les écrits ont été récemment tirés de l'oubli par Tamizey de Larroque. Ne trouvant aucune occasion favorable pour se mettre en rapport avec maître Clément, voici le petit quatrain, qu'il lui fit parvenir [4].

---

1. Edit. Guiffrey, t. II, p. 293-294 ; Lenglet Dufresnoy, I, 221.
2. En la circonstance, paraît-il, Thony était le poète Héroët.
3. Epistre LX : *A son amy Papillon, contre le fol amour*, t. II, p. 214-218.

> Qu'est-ce qu'amour ? Voy qu'en dict Saint-Gelays,
> Pétrarque aussi et plusieurs hommes lays,
> Prestres et clercs et gens de tous estophes,
> Hébreux et Grecs, Latins et philosophes. p. 216.

4. *Œuvres de Jean Rus, poète bordelais de la première moitié du* XVI*e siècle* — publiées d'après l'unique exemplaire qui paraisse subsister, par Tamizey de Larroque, p. 50.

Je songeay, l'aultre nuict, Marot, que tu m'avois
Envoyé quelqu'escript, et je te rescrivois :
T'esbahiz tu comment j'osais prendre ce faiz ?
Je cuydois estre aussi Merlin de Sainct-Gelais.

L'allusion est pleine de délicatesse et également flatteuse pour les deux poètes.

III

Ainsi donc, à peine revenu d'Italie, Mellin, à côté de Marot, s'empressa de produire au grand jour toutes les ressources poétiques de son esprit, augmentées par de longues années de préparation sérieuse. Grâce à sa fidèle mémoire, aidé surtout par ses nombreux petits papiers, où il avait consigné les plus heureuses trouvailles de l'esprit italien, il ne tarda pas à se créer une situation privilégiée à la Cour. Sa réputation de poète spirituel, aimable et galant, fut bientôt établie d'une manière brillante. Toujours prêt à la réplique, empressé auprès des dames, qu'il éblouissait par son esprit et charmait par ses quatrains galants, il n'étonnait pas moins par l'universalité que par la facilité de ses talents. S'agissait-il d'improviser un compliment flatteur, de rédiger une devise galante, quelque petit quatrain pour l'envoi d'un présent, de chanter une naissance ou un mariage, de rappeler gentiment quelque aventure ou quelque propos piquant, de rédiger même au besoin une missive amoureuse, Mellin n'était jamais embarrassé. Gentilshommes et demoiselles de la Cour, à qui il venait si aimablement en aide, devaient raffoler de ce blond poète « aux vers emmiellés [1] ». Et ces vers, si faciles et si coulants, il excel-

1. Joachim Du Bellay, *Vers lyriques*, ode III.

..... Tes vers emmiellés,
qui aussi doux que ton nom coulent... T. I, p. 238.

lait encore à les chanter d'une voix harmonieuse, car « il avait l'art de marier agréablement sa voix avec les accords de son luth ou de sa guitare [1] ». Et, lorsqu'au milieu d'un cercle de courtisans et de belles dames, il se levait pour chanter quelque nouvelle improvisation, que d'admiration et quels sympathiques sentiments il devait exciter dans tous les cœurs ! [2]

Mais, son chant terminé, quand il déposait « sa lyre », aux applaudissements répétés de l'assistance, ses succès n'étaient pas finis. Les nombreuses connaissances qu'il avait acquises et sa brillante instruction lui permettaient encore de charmer les auditeurs qui l'entouraient. C'est qu'il savait se servir de la parole aussi harmonieusement que de son luth [3].

Seulement il faut bien noter qu'il s'abstenait soigneusement, autant que possible, de donner copie de ces improvisations ; sur ce point il se montrait intraitable, et savait résister à toutes les supplications.

Aussi serait-il téméraire de vouloir déterminer d'une manière certaine quels furent les premiers fruits de sa jeunesse. Tout ce que nous apprend Colletet, après The-

1. Cf. Nicéron, *Mémoires*, t. V, p. 199. Après avoir rapporté le jugement qui le proclame mathématicien, philosophe, médecin, astronome, etc., il ajoute : « Il y a lieu de croire qu'il ne meritoit pas toutes ces qualitez ; mais, celle qu'on ne peut lui refuser, c'est que personne ne savoit mieux que lui faire de ces sortes de vers qui ne disent pas grand chose, mais qui sont fort propres à être mis en chant. En effet Saint-Gelays les chantoit parfaitement bien et il avait l'art de marier agréablement sa voix avec les accords de son luth ou de sa guitarre ».

2. Cf. Francesco Flamini, *Studi* etc. p. 266 : « Je m'imagine Mellin, bien campé sur ses pieds, tenant dans ses mains le luth dont il joue si bien, entouré d'un cercle de messieurs et de dames. Un murmure flatteur accompagne ses improvisations méditées ; des interjections admiratives saluent chacune de ses nouvelles conceptions. — Comment est-il possible de tirer de n'importe quel rien une telle quantité d'arguties rimées ? — Et lui chante :

Désespéré et prest de m'aller pendre, etc. (t. III, Dizain, CLXXIV.)

On ne sait que dire : Sarrazin et Voiture ne sauront imaginer rien de plus raffiné. »

3. Cf. Thevet, Niceron, Goujet, Colletet et Symphorien Champier.

vet, c'est que « dans cette bonne posture, il donna plusieurs témoignages de son savoir par plusieurs petits ouvrages, semez parmi ceulx de plusieurs autres autheurs de son siècle, qui furent aussy très favorablement receus et fort approuvez [1] ».

De tous ces « *petits ouvrages* », le plus ancien qui nous soit parvenu, est probablement une épitaphe assez courte, en vers latins, composée pour la reine Anne, morte en 1514 [2]. Il est aussi permis, avec quelque vraisemblance, de voir exclusivement des œuvres de la jeunesse de Mellin, dans les pièces que contenait le manuscrit La Rochetulon, et publiées par P. Blanchemain [3]. Sans examiner si c'est bien là le manuscrit d'Hélène de Culant, ni à quelle date il fut écrit, il est manifeste que les vers qu'il renferme se ressentent singulièrement de l'influence italienne. Nulle part ailleurs, Mellin n'a prodigué plus de froide galanterie, en des termes plus alambiqués. Seulement, par suite de la règle qu'il semble s'être irrévocablement imposée de ne jamais livrer ses écrits à la presse, non seulement beaucoup de ses compositions se sont perdues, mais il pourrait bien se faire, qu'il n'ait pas composé toutes celles qu'on lui attribue. « Dès qu'à la Cour, nous dit Colletet, on voyoit quelque pièce nouvelle, dont les vers estoient forts et délicats, mais dont le nom de l'autheur estoit incogneu, on l'attribuoit incontinent à Saint-Gelays, comme à celluy qui estoit en possession de ne rien faire que d'excellent et de bien imaginé, soit quant au Style, soit quant à la Pensée [4]. »

Quoi qu'il en soit, Mellin après *des débuts* si brillants, alors qu'il pouvait se promettre le plus bel avenir, re-

1. *Vies d'Octovien de Saint-Gelays*, etc. p. 76.
2. T. II, 303.
3. T. III, *Préface*, p. 1-2.
4. *Op. cit.* p. 76.

nonça brusquement à toutes ces légitimes espérances, pour embrasser l'état ecclésiastique. Il n'en avait rien moins que l'esprit. Aussi cette détermination dut surprendre ses contemporains plus que nous encore, à moins qu'ils n'en connussent les véritables motifs. Ces motifs, nous les ignorons aujourd'hui. Dès lors on ne peut hasarder que de simples hypothèses ; serait-ce, comme quelques-uns l'ont prétendu [1], pour être plus libre de s'adonner aux plaisirs, et de suivre en toute sécurité les idées de la Réforme sous le couvert de l'habit ecclésiastique ? Ceci parait monstrueux et bien peu vraisemblable même. La Réforme n'avait pas encore commencé quand Mellin prit sa détermination ; et si le roi en avait eu le soupçon, il ne l'aurait pas placé à côté de ses enfants. Peut-être ne suivit-il en cela que son ambition personnelle, ou ne fit-il que céder aux sollicitations de sa famille.

Cette carrière, en effet, pouvait alors mener rapidement à la fortune. Mais je croirais plutôt que c'est par dépit, à la suite de quelque triste événement, qu'il entra dans les ordres sacrés. Il ne serait pas impossible qu'il eût espéré succéder, dans ses biens et dans ses charges, à son parrain, Mellin de Saint-Gelays, privé d'enfants mâles jusque-là. Or, c'est vers cette époque que naquit François de Saint-Gelays, fils du seigneur de Saint-Sévérin et de Madeleine de Beaumont [2]. Et dans cette hypothèse, le pauvre Mellin dut dès lors tourner ses espérances d'un autre côté.

Quel que fût le motif de cette détermination, il dut la prendre peu de temps après son retour d'Italie. En

1. Entre autres Blanchemain, *Notice* en tête des *Œuvres de Saint-Gelais*, I. 14

2. Cf. *Carrés de d'Hozier*, vol. 290, p. 240.

effet, dans sa fameuse *Epître à Diane, sa nièce* [1], il déclare que « le grand François d'éternelle mémoire » le plaça près de son fils, le roi Henri II, « quasi dès sa naissance ». Or, c'est le jeudi, 31 mars de l'année 1518, que naquit ce prince, à Saint-Germain-en-Laye. Et, bien que l'avancement dans les ordres sacrés fut parfois très rapide à cette époque, il dut cependant s'écouler un certain temps entre l'entrée de Mellin dans la cléricature et sa nomination au poste d'aumônier du Dauphin. Nous savons qu'il occupait cette place depuis quelque temps déjà en 1525. C'est Symphorien Champier qui nous l'apprend, dans une très intéressante lettre [2] qu'il lui adresse, pour le prier d'agréer la dédicace de la *Vie du Chevalier Bayard*. « A toy doncqs, cher amy Merlin, ay voulu ceste histoire envoyer, pour ce que elle est dung preulx entre tous les aultres qui ont esté au pays de Monseigneur le Daulphin, au service duquel tu es ordinairement et des plus familiers... Je te ay bien voulu ceste épistre envoyer, pour te donner à cognoistre que à cette foys que tu fus en ma mayson, à Lyon, avec plusieurs aultres docteurs littères, entre tous aultres me pleust ton éloquence et adorné langaige. Veuilles doncques recongnoistre lamour de moy envers toy et faictz que elle soit réciproque, et soye juge de mes labeurs. »

---

1. Voir *Œuvres*, II, 196.

Ceux qui ont la suprême puissance
M'ont veu près d'eux, quasi dès leur naissance,
Mis de la main (qui ne m'est peu de gloire)
Du grand François d'éternelle mémoire.

2. *Les gestes ensemble la vie du preulx chevalier Bayard ; avec la généalogie ; comparaisons aulx anciens preux chevaliers : gentilz : Israélitiques et Crestiens. Ensemblé oraisons : lamentations : épitaphes dudict chevalier Bayard, contenant plusieurs victoyres des roys de France, Charles VIII, Loys XII et Françoys, premier de ce nom. — ...* L'an de grâce M.DXXV, le 24ᵉ de novembre. Bibl. Nat. Rés. Ln [27]. 1.198. — Cet ouvrage débute par trois lettres : la première est adressée à Révérend Père en Dieu, Monsieur Laurens des Alemans, seigneur et évêque de Grenoble ; la seconde au Lieutenant du Dauphiné de Monseigneur le duc de Lorraine, capitaine Bayard ; la troisième à Monsieur Merlin de Sainct-Gelays, aumônier de Monseigneur le Dauphin, fᵒ VI vᵒ.

IV

Ceci prouve clairement quelle était la réputation littéraire de Mellin, à cette époque, et son grand crédit à la Cour. C'est que, outre ses mérites personnels si nombreux, il avait celui d'être un courtisan très habile, toujours disposé à prêter son concours poétique à François Ier. Le roi se piquait de poésie, comme de galanterie, mais préoccupé des affaires du royaume et de ses plaisirs, il n'avait ni le loisir, ni le goût de polir ses vers. Mellin lui venait en aide, et fort discrètement « pourvoyait de béquilles dorées la muse boiteuse du roi chevalier[1] ». On a malignement fait remarquer déjà que François Ier faisait les vers comme Saint-Gelays, de même que, plus tard, Charles IX versifia comme Ronsard, et Henri IV comme Bertaut[2]. Mais n'insistons pas. Mellin, d'ailleurs, n'attachait aucune importance a ses productions poétiques ; au reste, y aurait-il tenu, qu'il n'aurait pas manqué de dire comme dans une autre circonstance : « Si le roi en a envie, il n'a qu'à prendre[3]. » Le bien du sujet était au souverain. Il n'est donc pas étonnant que quelques pièces se trouvent à la fois dans les ouvrages de l'un et de l'autre. Les emprunts du maître ont du être fréquents[4]. Et difficilement il aurait trouvé d'ailleurs un

---

1. Francesco Flamini, *Op. cit.* p. 268.

2. P. Blanchemain, *Poêtes et Amoureuses du* XVIe *siècle*, p. 5.

3. Il s'agit du tableau « *du passereau d'une damoyselle* »,

Mon Dieu ! que tout ce sera beau
S'il est bien painct en un tableau !
J'oserois bien gager ma vie
Que le roy en auroit envie ;
S'il lui plaist il le pourra prendre,
Mais qu'un autre vint entreprendre
De l'avoir, il s'abuseroit
Car on le lui refuseroit. I. p. 60.

4. Voir à la fin du tome III des *Œuvres de Mellin*, p. 279 à 286, les pièces de ce poète imprimées dans les *Poésies de François Ier* ; et il y en a bien d'autres.

sujet plus docile, plus empressé et plus habile à tirer parti des événements, pour flatter son amour-propre et satisfaire ses caprices. On comprend qu'il ait tenu à le garder à côté de lui.

Naturellement Mellin a tout d'abord chanté en termes pompeux, la gloire de ce Roi brillant, ami des lettres. Que l'Euphrate se glorifie, dit-il, d'avoir vu Alexandre, le Pô, Annibal et Phaéton, et le Mincio Virgile... Que « la gloire courante,

Du Tybre vieil sonne en toute Province ;
Tous leurs honneurs sont deus à la Charante,
D'où vint des Rois et des Poètes le Prince. I, 105.

Et le Roi paraissait à tous si « bon », si « sage », si « heureux » dans ses entreprises et « si glorieux », qu'on ne pouvait que le proclamer « parfaict ». Saint-Gelays n'y a pas manqué :

Si la bonté se voulait amender,
Et le bon sens plus avisé se faire,
Félicité mieux au sort commander,
Et mieux à tous la bonne grâce plaire,
Perfection encores se parfaire,
Il leur faudroit de vous, Sire, obtenir
Que leurs surnoms il vous pleust retenir,
Comme avez pris leur essence et effect,
En les souffrant à ce bien parvenir
Qu'après François on mette, à l'advenir :
Bon, sage, heureux, agréable et parfaict.[1] II, 144.

Mais, de plus, il sut habilement profiter des événements heureux ou malheureux, pour adresser au Roi des éloges délicats. Les exemples abondent, même dans les œuvres qui nous restent. François Ier venait d'être malade ; à peine rétabli, le poète lui envoie un treizain, pour expli-

1. Antoine Govea trouva ces vers si gentils, qu'il s'empressa de les traduire en distiques latins : *Opera*, par J. Van Vaassen, p. 686.

quer ingénieusement la raison de sa maladie et la cause de sa guérison. C'est le « Ciel et l'humaine nature » qui se disputaient pour savoir qui doit posséder un « trésor si parfaict ».

Mais Dieu, qui peut le faict et le deffaict,
Voyant l'ennuy auquel estions soubmis,
Pour appaiser leurs débats en effet,
Nous l'a laissé et au ciel l'a promis. III, 56.

Et pour ces ingénieuses explications, Mellin n'était jamais à court, son esprit facile trouvait toujours quelque invention nouvelle. S'agit-il de justifier la coutume « de se faire percer les oreilles et d'y attacher des bagues ou anneaux », coutume qui, dit-on, s'introduisit à la cour après l'accident de Romorantin [1] ? Rien n'est plus simple et en même temps plus glorieux pour les Français :

Voyant jadis Hercules nostre forte
Et ample Gaule invincible par main,
La sceust gagner par son langage humain,
Dont il acquit le bruit d'avoir mené
Ce peuple grand par l'oreille enchesné. II, 151, VI.

Seulement il n'a garde d'oublier François Ier ; s'il y a quelque honneur, c'est au « Roy » qu'il doit revenir en premier lieu, et il ajoute :

Mais au grand Roy devons plus de louanges ;
Car le ciel l'a seul pour vaincre ordonné
Les siens par langue et par main les estranges.

Lorsque François Ier, après 1533, eut fait reconstruire le tombeau de Laure à Avignon, Mellin ne manqua pas de l'en féliciter. Il composa un huitain-épitaphe pour le « sépulchre refaict ». C'est Mme Laure elle-même qui remer-

1. Ce détail, que quelques-uns regardent aujourd'hui comme contraire à l'histoire, nous est fourni par Pasquier, *Recherches de la France* — édit. d'Amsterdam, 1723, livr. VIII, chap. IX, t. I, p. 782. B.

cie le roi de « ce los d'honneur » qu'il lui avait départi, et elle proclame ailleurs qu'elle a reçu plus « d'honneur » de « François monarque », que de « François Pétrarque [1] ».

On peut croire aussi qu'après que la fortune eut trahi le roi chevalier dans les champs de Pavie, notre poète trouva plus d'une explication heureuse pour pallier ce désastre. Dans tous les cas, il avait en 1524, lors de l'expédition du Milanais, encouragé fortement le Roi dans son entreprise, et résumé très heureusement la situation respective de François Ier, de Clément VIII et de Charles-Quint, dans une sorte de *pasquinade poétique*, fort vantée. D'après lui,

> Le Roy, le Pape et le Prince Germain
> Jouent un jeu de *prime* assez jolie
> Dont le prix est l'Italie.

Et tous les avantages sont pour le roi de France. L'invention dut plaire grandement et par sa justesse et par son ingéniosité [2]. Mais, dans ce genre, voici ce que Mellin a trouvé de mieux. C'était en 1536 ; à la tête de 50.000 hommes, Charles-Quint avait envahi la Provence, au mois de juillet. François Ier se hâta d'accourir avec ses troupes et ne tarda pas à obliger l'empereur à s'enfuir, ayant perdu 30.000 soldats. Le roi triomphant revenait à Paris, quand, s'étant arrêté à Donzère, la foudre tomba sur la chambre où il se trouvait. Dès que Mellin connut cet accident, il s'empressa de lui adresser le dizain connu :

> Voyant du ciel Jupiter comme l'Aigle,
> Qui apporter ses armes luy souloit,
> Prenoit la fuitte en désordre et sans reigle,
> Comme recreue et qui trop mal voloit,
> Dit que servir plus il ne s'en vouloit,

1. Voir sur Laure, II, 165 et III, 3, 31.

2. Voir les explications que La Monnoye a données longuement de ce jeu et des allusions de la pièce de Mellin, I, 251.

Et luy osta, pour mieux en ordonner,
Le feu qui peut terre et ciel estonner,
Délibérant au Coq présent en faire ;
Et alors, Sire, il le vous vint donner
Quand cheut la foudre à vos yeux, à Donzaire. II, 114.

On prétend que François Ier récompensa ces vers par le don d'une abbaye. Malgré leur mérite, ils auraient été, certes, bien payés. Il est vrai qu'ils devaient avoir été précédés de beaucoup d'autres restés sans salaire spécial.

Mellin avait encore gagné toutes les bonnes grâces du roi par un talent particulier : celui de faire des impromptus. Si l'on en croit la tradition, il y était extrêmement habile, jamais embarrassé, parfois fort heureux. Au dire de l'historien Gaillard [1], François Ier prenait souvent plaisir à s'amuser à ce jeu avec lui, sur les sujets les plus divers et les plus inattendus.

« Le Roi, dit-il, ouvrait le discours en vers, Saint-Gelays achevait la phrase sur les mêmes rimes. Un jour, le roi apostrophant ainsi son cheval :

Joli, gentil, petit cheval,
Bon à monter, bon à descendre,

on dit que Saint-Gelays ajouta sur le champ :

Sans que tu sois un Bucéphal
Tu portes plus grand qu'Alexandre. »

« Si le fait est vrai, poursuit avec raison Gaillard, Saint-Gelays était plus heureux en impromptus qu'en ouvrages médités. »

On doit émettre quelques doutes sur l'authenticité de l'anecdote, mais elle est une preuve de l'extraordinaire réputation que Mellin s'était acquise dans ce genre. Seulement, ce n'est pas une raison suffisante pour mettre sur

1. *Histoire de François Ier*, t. VIII, p. 48.

son compte [1] « la gaillardise », quelque peu scandaleuse, que Henri Estienne [2] attribue à Octovien de Saint-Gelays.

Comme l'a fait justement remarquer Ménage [3], le fait est chronologiquement impossible. L'évêque d'Angoulème mourut en 1502 ; or, à cette époque, François Ier n'avait encore que six ans. Il était un peu trop jeune, malgré ses précoces qualités d'esprit, pour s'amuser ainsi à faire des impromptus avec un poète. Je suis de l'avis de ceux qui croient [4] l'anecdote inventée à plaisir, ou du moins recueillie à la légère par Henri Etienne, pour avoir l'occasion d'accuser les prêtres d'alors de « changer la messe en véritables actes de paillardise, pressés d'en finir avec les cérémonies et de desbrider la messe » [5]. Les impromptus de notre sémillant poète durent, certes, n'être pas toujours bien réservés, avec son maître et seigneur ; mais il est inutile de lui prêter. En effet son rôle auprès de François Ier ne fut pas toujours bien moral.

C'est chose connue que ce roi se distingua tristement par un genre de conquêtes peu glorieuses pour un prince guerrier. Or, il semble bien que, dans plus d'une de ces occasions, le secours de Mellin lui fut fort utile, bien que scandaleux. Cet aumônier du Dauphin, ministre et dignitaire de l'Eglise catholique, s'oublia jusqu'à favoriser les amours de son maître. Il y a dans ses œuvres plusieurs pièces érotiques, qui ne peuvent convenir qu'au Roi seul ; c'est évidemment pour lui que Mellin les avait composées [6]. Bien plus, quand le Roi ne pouvait parvenir assez facilement à son but, Mellin, par une étrange

1. Cf. P. Blanchemain, *Notice sur Mellin de Saint-Gelays*, p. 12.

2. *Apologie pour Hérodote* ou Traité de la conformité des merveilles anciennes avec les modernes, t. III, p. 342-343.

3. *Menagiana*, édit. d'Amsterdam, 1762, t. I, p. 266. — Voir aussi La Croix du Maine — édit. Rigoley de Juvigny, t. II, p. 203.

4. Entre autres Pierre de Saint-Romuald, *Thrésor chronologique*, t. III, p. 452-453, et Goujet *Bibl. Franç.* t. X, p. 233.

5. *Apologie pour Hérodote*, t. III, p. 342-343.

6. Voir en particulier I, 61, 115, 116, et III, 72.

profanation de son ministère, ne craignit pas d'engager la victime à succomber, et d'incriminer au besoin sa prétendue « dureté »[1]. D'un autre côté, il fut toujours le secrétaire empressé des « beautés complaisantes »[2], qui tenaient à conserver la faveur royale.

Il fallait que la corruption des mœurs importée d'Italie eût singulièrement faussé le sentiment moral et religieux de la cour de France, pour qu'elle ne fût pas révoltée par cette sacrilège adulation.

Toujours est-il que, si l'histoire peut faire peser de lourdes responsabilités sur les courtisans flatteurs, qui procurèrent au Roi « toute facilité de se satisfaire[3] », Mellin doit en prendre une bonne part. Car, de concert avec Marot, il se fit le chantre complaisant des plaisirs et des fêtes quotidiennes de la cour, qui trop souvent servirent de voile à la plus cynique corruption. Il prodigua ses couplets et ses flatteries poétiques aux « reines » du jour : Mme de Châteaubriand, la duchesse d'Etampes et Diane de Poitiers, sans parler d'Hélène de Culant et des autres moins connues. Il flattait et encourageait le roi et ses seigneurs, avides de jouissances, par ses chansons d'amour, ses épigrammes gaillardes et toutes sortes d'inventions galantes. Et certes, en voyant à la fin de ce règne, si brillant en apparence, la désorganisation et l'affaissement général qui se manifestaient partout, Mellin, s'il n'avait pas perdu l'habitude d'interroger sa conscience, pouvait bien ressentir quelques inquiétudes. Mais, vers 1520, il ne songeait qu'à contenter le Roi et à se pousser dans ses bonnes grâces. Il y réussit : aussi les honneurs et les récompenses ne lui manquèrent pas.

1. Voir le dizain, *A une dame estant mordue d'un rat marin*, I, 100 — de même, I, 111 et 115, et III, 13 et 35.

2. III, 69 et 70.

3. M. H. Lemonnier, *Le Roi et son entourage*, ch. Ier du livre III, dans le tome V de l'*Histoire de France* d'Ernest Lavisse.

CHAPITRE IV

AUMONIER DU DAUPHIN FRANÇOIS

(1525 - 1536)

I. — Mellin est nommé aumônier ordinaire du roi, attaché au Dauphin ; ses fonctions.

II. — Dignités et récompenses : abbé de La Fresnade, — abbé de Reclus, — protonotaire, — garde de la Bibliothèque de Fontainebleau. — Revenus.

III. — Compositions poétiques : secrétaire, — petits vers galants, — théories sur l'amour.

IV. — Grande discrétion. — Dames auxquelles il s'est adressé. — Mlle Loyse. — Chaluan. — Libertés de langage. — Ton de la conversation à cette époque.

V. — Ses amis : Marot, — protestantisme, — dangers courus, — changement d'opinions. — Rabelais. — Dolet.

VI. — Ses amis (suite) : Salmon Macrin, — Bonaventure Despériers, Brodeau, — Salel, — Antoine Heroët et la *Parfaicte Amye*, — Lazare de Baïf, — Budé, — Dumoulin, — Nicolas de Herberay, etc. — Constante faveur.

VII. — Voyages à la suite de la cour. — Mort du Dauphin François.

I

Ainsi donc, pour garder Mellin de Saint-Gelays à côté de lui et s'assurer ses bons services, François Ier le nomma aumônier de son fils aine, le Dauphin, tout jeune encore. Et Champier nous apprend qu'il ne tarda pas à devenir « un des plus familiers » [1] de ce prince.

Il serait assez difficile de déterminer exactement quelles furent ses attributions. Il n'était sûrement pas le seul aumônier du Dauphin. D'un autre côté, les documents

1. *Les gestes, ensemble la vie du preulx chevalier Bayard*, fol. VI, v°.

officiels que nous possédons datant de cette époque, le désignent sous le nom d'aumònier ordinaire du roi [1]. François Ier se plut à augmenter considérablement ces sortes d'officiers de la cour. Mais souvent ce n'était qu'un simple titre honorifique [2]. Il y avait en effet les « aumôniers servans » ou de quartier, au nombre de seize, et les aumôniers ordinaires ou honoraires, qui étaient pour la plupart sans service fixe et rétribué. Mellin devait se trouver dans cette catégorie, avec mission spéciale de servir le Dauphin, qui le payait sur ses revenus particuliers, avec plus ou moins de régularité. Son office auprès du jeune prince devait être à peu près le même que celui des « aumoniers servans » auprès du roi. Il consistait dans l'accomplissement des fonctions religieuses qu'on appelle ordinaires et de nécessité : faire la prière au lever et au coucher du Dauphin, dire le bénedicite et les grâces à ses repas, l'accompagner et le servir à l'église et dans l'accomplissement de ses devoirs religieux quotidiens.

De plus, à en juger par deux petites pièces que Mellin nous a laissées, je serais volontiers porté à croire

1. Cf. 1° *Actes de François Ier*, t. II, p. 270; 22 décembre 1532... don à Melin de Saint-Gelays, *aumônier du roi*. — 2° *Ordonnance du 8 décembre 1536 : Aumônier ordinaire du roi*. Ms. Fr. 21.816, fol. 21 v°. — 3° Dans l'*acte du 4 juin 1544*, constatant la remise des volumes de la librairie de Blois, il est appelé « conseiller du Roy notre sire, son *aulmosnier ordinaire* ». Vide H. Omont, *Concordance des numéros anciens et des numéros actuels des manuscrits latins de la bibliothèque nationale*, p. XIV. Dans une autre pièce du 8 juillet 1531, il est désigné sous le titre « d'aumônier ordinaire du roi, attaché à la maison de France. » *Bulletin de la Société Archéologique et Historique de la Charente*, 5e Série, t. VII, séance du mercredi, 9 avril 1884.

2. Cf. Du Peyrat, aumônier de Henri IV et de Louis XIII, *Histoire ecclésiastique de la Cour, ou Antiquités et recherches de la chapelle et oratoire des Rois de France, depuis Clovis Ier jusqu'a notre temps*, in fol. 1645 — p. 391 et p. 456. L'abbé Oroux, chapelain du Roi, *Histoire ecclésiastique de la Cour de France*, t. II, p. 66-67 et 90.

D'après Du Peyrat, p. 454 et 455, un état des comptes de l'an 1526 mentionne douze aumôniers seulement, mais en 1532, on en trouve jusqu'à 30, sans compter le Grand Aumônier de France et le Premier Aumônier du Roi.

qu'il donna encore des leçons de musique et d'italien aux enfants de France, ou du moins au jeune duc d'Orléans, Charles, troisième fils de François Ier.

Il y a, en effet, quelques vers de notre poète « sur une guitare espagnolle rompue et puis faicte rabiller par Monseigneur d'Orléans étant malade ». C'est la « guitare » elle-même qui parle, et, selon un procédé bien cher à Mellin, elle explique l'accident qui lui est arrivé.

> ..... Quand je vins à estre
> Donnée à Monseigneur et maistre,
> J'eus tel deuil de sa maladie
> Que perdis son et mélodie... I, 235.

Et, souhaitant au jeune prince de recouvrer bien vite sa santé et son bonheur, elle termine par cet autre vœu :

> Que pleust à Dieu qu'en lieu de moy,
> Vous tinssiez un sceptre de roi :
> J'entends que par vous fust tenue
> La terre dont je suis venue.

On sait que Saint-Gelays était un habile joueur de luth. Et ce qui précède semble bien indiquer qu'il donnait des leçons de guitare au jeune duc, qui vif et emporté, comme nous le peint Brantome [1], brisa son instrument dans un moment d'impatience. Plus tard, ce jeune prince, promettant beaucoup déjà, put espérer par le traité de Crespy (1514) posséder bientôt le Milanais, que la fille ou la nièce de Charles-Quint devait lui apporter en dot. En conséquence il s'adonna grandement « au vray Toscan ». Et Mellin composa un sonnet pour « mettre au Pétrarque » qu'il lisait assidûment :

> Doncques lisez avec heureux présage
> Les loz de Lore, espérant par vos faicts
> De verd laurier les honneurs plus parfaicts I, 287.

1. *Vie de Charles, duc d'Orléans*, t. III, 169-187.

Ces espérances ne se réalisèrent pas. Mais nul, certes, à la cour de France, n'était plus à même d'enseigner le « vray Toscan » au futur duc de Milan, que Mellin de Saint-Gelays. Et il me semble qu'il n'est pas invraisemblable de croire qu'il donnait également des leçons pratiques d'italien aux autres enfants de François Ier.

II

Le Roi, certes, devait bien récompenser un serviteur si précieux et si dévoué. Il n'y manqua pas, et les prébendes et riches abbayes ne tardèrent pas à lui être distribuées.

Déjà, en 1531, Mellin avait succédé à son oncle, Jacques de Saint-Gelays, évêque d'Uzès, comme abbé de La Fresnade, au diocèse de Saintes [1]. Mais les revenus de ce monastère étaient assez minces pour un courtisan de la trempe de notre poète. Aussi, l'année suivante, il fut nommé abbé commendataire de Reclus en Brye [2]. C'était une belle et florissante abbaye de la règle de Saint Benoit, appartenant à l'ordre de Citeaux, et comptant près de quatre siècles d'existence. Saint Bernard l'avait fondée lui-même, en 1142, de concert avec Hutton, évêque de Troyes. Bien située, non loin de Paris, près d'un vaste étang, d'où sort un petit affluent de la rive gauche de la Marne, elle devait rapporter d'assez jolis revenus à son abbé. Lors de l'ordonnance de 1768, elle comptait encore quatre religieux avec 7.976 livres de revenus annuels [3]. Mellin en fut le 26e abbé, et succéda à un certain Nicolas Bou-

1. Cf. *Gallia Christiana*, édition de 1770, t. II, p. 1135, C. Il est donné comme le 22e abbé de La Fresnade, ayant succédé à l'évêque d'Uzès, mort en 1531.

2. *Ibid.* t. XII., p. 603, D.

3. Voir *Tableau des Abbayes et des Monastères d'hommes en France à l'époque de l'édit de 1768, relatif à l'assemblée générale du clergé*, par M. Peigné Delacourt, Arras, A. Planque et Cie, 1875, in-fol.

cherat, docteur en théologie de la Faculté de Paris [1]. Il faut noter aussi qu'il était déjà revêtu de la dignité de protonotaire apostolique, et portait par conséquent le titre de Monseigneur [2]. C'est le *Gallia Christiana* qui nous donne ces divers renseignements. Le Saint Siège dut s'empresser de conférer cette distinction à l'aumônier du Dauphin, sitôt que le Roi ou quelque personnage influent en fit la demande à Rome.

Protonotaire apostolique, abbé commendataire de Reclus, abbé commendataire de La Fresnade, aumônier du Dauphin, professeur des enfants de France, collaborateur du roi pour ses vers, Mellin fut encore nommé garde de la librairie royale du château de Blois. Il l'était du moins en 1536. Il y a, en effet, une ordonnance de François Ier, datée du 8 décembre de cette même année, « qui pour la restauration des Belles-Lettres défend de vendre ni envoyer en Pays estrangers aucuns livres ou cahiers, en telle langue qu'ils soient, sans en avoir remis un exemplaire ès mains de son Aumosnier ordinaire, l'abbé de Reclus, et sans l'avoir fait voir et examiner à M. Mellin de Saint-Gelays, garde de la Librairie au château de Blois, et de même pour les autres villes du royaume » [3].

1. La Monnoye, dans son *Commentaire*, prétend que le Roy fut si content des vers sur l'accident de Donzère, qu'il récompensa l'auteur, quoiqu'absent, par le don d'une abbaye. Ce ne serait donc qu'en 1536 que Mellin aurait été nommé abbé de Reclus. — A cette assertion du commentateur, vague et sans preuves à l'appui, je préfère le témoignage formel du *Gallia Christiana* : « Merlinus de Sainct Gelays, poeta haud ignobilis, sedis apostolicàe protonotarius, regi ab eleemosynis, primus Reclusum in commendam obtinuit 1532.. Quamdam donationem suae ecclesiae factam acceptavit 1546, 27 martii. Adhuc memoratur 1554, etc. — t. XII, p. 603.

2 Il n'était pas encore protonotaire en 1525, puisque Champier ne lui donne que le titre de Monsieur, Cf. *loco cit.*

3. Le Prince, *Essai historique sur la bibliothèque du Roi, et sur chacun des dépots qui la composent...* avec additions, notes, corrections de la main de l'abbé de Saint-Léger, (Mercier) et Foisy — Petit in-12, Belin, 1782 — Très curieux exemplaire avec de nombreuses additions manuscrites, notes et feuillets intercales — enfermé dans une gaine en carton — Bibl. Nat. Rés. pQ. 77. Cette indication se trouve sur un feuillet manuscrit collé à la page 114; la note renvoie au Ms. Fr. 21.816, fol, 21 v°.

Ce renseignement nous est en outre confirmé par le procès-verbal de la translation, qui fut faite en 1544, de la bibliothèque de Blois au château de Fontainebleau [1].

Ces diverses charges et abbayes devaient procurer à Mellin d'assez jolis revenus annuels. Mais il semble bien qu'il ne put pas d'abord les percevoir sans quelques difficultés, et je crois que ses gages ne lui furent pas non plus toujours fort exactement payés. François Ier prodiguait ses libéralités [2] sans compter, et se trouva sans cesse à court d'argent. Aussi, par une ordonnance datée de Fontainebleau, le 8 juillet 1531, il « mande à Jean de La Guette, receveur général des finances extraordinaires, de donner sur la vente de l'office de notaire vacant au Châtelet par la mort de Nicolas Courtin, la somme de 300 écus au soleil à Mellin de Saint-Gelays, aumônier ordinaire du roi, attaché à la Maison de France » [3]. Bien plus, à la fin de l'année suivante, le 22 décembre 1532, il était réduit à faire don à Mellin « d'une amende de 650 livres parisis, prononcée par arrêt du Parlement contre un nommé Jean Fournier, en récompense de ses gages de dix-huit mois entiers, qui lui étaient dus » [4]. Seulement, chose assez curieuse, la Chambre des comptes intervient, et, par une ordonnance, réserve la moitié « des 650 livres parisis précédemment octroyées à Mellin de Saint-Gelays ». Et, le 13 avril 1534, don en est fait, en la ville de Compiègne, à Jean Lebègue, valet de chambre du roi [5].

1. Cf. H. Omont, *op. cit.*, p. XII à XIX.

2. Sur les prodigalités de François Ier, voir le chapitre II, liv. III de l'*Histoire de France* de Lavisse : *Les dépenses et les ressources*, par M. Lemonnier. — Voir aussi Ms. latin 5.976 : *Historia Francisci I*, par Claude Cotereau, de Tours, fol. 29 et ss.

3. *Bulletin de la Société Archéologique et Historique de la Charente*, loco cit. Cette pièce curieuse est mentionnée par M. Emile Diais, qui l'avait relevée dans un catalogue de vente faite à Paris, le 31 mars 1884. Le document original est sur parchemin et signé de la main de François Ier.

4. *Catalogue des Actes de François Ier*, t. II, p. 270, n° 5.170.

5. *Ibid.* t. II, p. 661, n° 6.980.

Mellin n'était pas un ambitieux et tenait peu aux richesses. Il l'a déclaré plusieurs fois avec sincérité. Ce qu'il estimait le plus, c'était l'insouciance d'une vie exempte de tout tracas, et par-dessus tout les bonnes grâces du Roi et la faveur de la cour.

> Fy du voisin ! fy de l'or et du cuivre !
> Je ne veux rien ; car si le Roy peut vivre,
> J'ay trop de biens ayant sa bonne grâce ! I, 255.

Voilà ce qu'il répétait, en réclamant la protection de François Ier, contre un voisin importun et chicaneur, qui lui suscitait des difficultés à propos de son abbaye de Reclus. Ce fâcheux devait être quelque puissant seigneur, voisin du monastère donné par le roi, et sur lequel il élevait des prétentions gênantes.

> Or ce voisin, pour le grand contrefaire,
> L'œuvre du Roy veut corrompre et deffaire,
> Jusques à rien me rendre et me poursuyvre.
> Mon clos il gaste et mon rustique affaire,
> Et ne me laisse aux Muses satisfaire,
> Ny au désir de l'aimée Cour suyvre !

Il semble même que notre abbé perdit le procès qu'il dut soutenir en cette occasion. Du moins, dans une circonstance, vers cette même époque, il se plaint d'avoir été condamné à une amende.

> Mais de payer comptant l'amende il le faudrait,
> Et le faudra bientôt sy le Roy n'en dispose. III, 9.

Bien décidé, dit-il, de ne pas « en ce poinct s'amender », il « ayme mieux telle amende au maistre demander », et prie un ami de ne pas lui ménager ses bons offices.

Probablement cependant le procès traina en longueur, malgré toute la protection royale. Ailleurs, en effet, toujours vers la même époque [1], il adresse un nouveau di-

1. Ces poésies se trouvent en effet dans le *Manuscrit La Rochetulon*. Il faut

zain au Roy, pour implorer son appui contre « Fortune », qui « de son bien envieuse et jalouse », « a faict revivre un demy-mort », « pour rendre de nul effect le bon vouloir royal. » Le voisin importun avait sans doute eu recours à d'habiles manœuvres, et peut-être fait intervenir quelque tiers, qu'on croyait à tout jamais enterré.

Mais, sire, si pour moi vous plaict de tenir fort,
J'auray contre Fortune et contre Mort victoire. III, 49.

Le roi tint bon pour « son cher poète », et Mellin put désormais jouir en paix jusqu'à sa mort des revenus de l'abbaye de Reclus.

III

Ces divers tracas durent ennuyer le délicat aumônier du dauphin François, mais non pas au point de l'empêcher de s'adonner comme d'ordinaire au culte des Muses. Il continuait ses prétendues improvisations galantes, semant à profusion ses billets pleins d'esprit et d'à-propos. C'est ainsi que vers 1528, il écrivait sur « un livre de Perceforest donné à une dame » :

Quand vous lirez quelque conte en ce livre,
Pour passer temps et vous donner plaisir,
Souvienne vous d'un qui n'est à délivre,
Pour vous conter aux livres son désir,
Car s'il avait liberté de choisir
Il prendrait mieux que fables ne que songes,
Et vous feroit escouter à loisir
La vérité au lieu de ces mensonges. II, 65.

Parmi les nombreuses petites pièces qu'il composa, au gré des événements, jusqu'en 1536, il nous reste quel-

remarquer de plus que ce *Dizain* parut dans l'*Hécatomphile* et que le « demy-mort » devient « un amant ». Nous verrons que Mellin faisait servir plus d'une fois la même poésie, sans grands changements.

ques épitaphes. C'est d'abord celle de Jean de Selves, le célèbre président du Parlement de Paris, mort en 1529 (II, 278). Il en écrivit une autre pour le vicomte de Turenne, en 1532, et une troisième pour Mme de Traves, en 1533. Il y en a même deux différentes sur cette dame, la mère de la célèbre « belle de Traves ». Et à propos de cette mort, un italien, Gabriel Symeoni, ayant envoyé un sonnet de condoléances à la fille de la défunte, « Mademoiselle de Traves, Hélène de Clermont, qui depuis a esté Madame de Grammont », s'adressa au gentil aumônier pour la réponse. Celui-ci s'empressa de déférer à son désir, et composa pour elle un sonnet (I, 281), qui fut envoyé à l'Italien. « Le Symeoni l'inséra dans ses œuvres sous le nom de Mlle de Traves »[1].

A cette époque, en 1533, sa réputation de secrétaire poétique, toujours serviable et toujours prêt à rimer pour quiconque l'en priait, devait être établie. Alors il ne devait plus craindre qu'on « fist lecture » de ses vers « faits à l'improvis », comme il le craignait autrefois en écrivant une « response des filles de Madame, demeurées à Saint-Germain, aux lettres du S. de La Vigne[2] ». Cette « épistre » assez curieuse, me semble être une des premières de Mellin en ce genre. Elle est fort intéressante, bien que nous ne puissions plus aujourd'hui saisir et goûter toutes les allusions qu'elle renferme, et qui devaient en rehausser l'intérêt. Le poète, au nom de ces demoiselles, commence par plaisanter « De La Vigne » sur un « grand vent froid » dont il se plaignait ; elles sont bien tranquilles à Saint-Germain » ne sentant

Nul mal, fors la peine et souci
Que ce froid moleste et indigne
Ne gèle les nez et la vigne.

---

1. Voir *Commentaire* de La Monnoye, I, 282.

2. I, 129. Cette lettre fut écrite avant 1527, date probable de la mort d'André de La Vigne.

Vient ensuite une énumération de quelques-uns des « biens » dont elles jouissent dans l'aimable liberté que leur laisse la Princesse qu'elles entourent. Parfois, comme dans cette circonstance, elles font des vers. Mais, comme ils sont improvisés, elles ne voudraient pas que des yeux autres que ceux du destinataire pussent les lire. Passe encore pour leurs compagnes, « car leur œil n'est point estranger », mais si Madame, Louise de Savoie, venait à les voir, elles en rougiraient :

Entendant que cette ignorance
Fut venue à la congnoissance
De ses yeux divins et célestes.

Et sur ce, elles clôturent leur lettre.

En cette occasion, Mellin allègue le peu de mérite de ses vers pour ne pas les livrer au public. Quoi qu'il en soit de ce prétexte, ceux qu'il laissa imprimer ou qu'on imprima à son insu, avant 1536, sont très peu nombreux. L'*Hécatomphile*, qui parut en 1534, en contenait quelques-uns, mais sans nom d'auteur. C'est là que se trouvait la fameuse *Description d'amour*, avec trois dizains et trois huitains. Les *Fleurs de poésie* qui terminaient cet ouvrage, contenaient encore un autre « dizain » de notre poète [1]. Seulement il a fallu attendre jusqu'à la publication du manuscrit « de La Rochetulon », pour savoir à qui attribuer sûrement ces petites pièces. Ce ne furent probablement que de simples improvisations, ou quelque petit billet envoyé par l'auteur, et que l'on publia ensuite sans son autorisation. Mais ces vers nous montrent quels étaient les sujets qu'affectionnait alors la Muse de Mellin : l'amour et la galanterie.

Ce serait, en effet, se tromper sur le caractère de notre abbé, que de croire qu'il avait changé ses goûts en

1. Dans l'*Hécatomphile*: *Description d'amour*. I, 82 ; — Huitains, III, 7, 22, 24 ; — Dizains, III, 47 et 48. — *Fleurs de poésie* ; Dizain, III, 3.

devenant l'aumônier du Dauphin. Nullement, il est bien plutôt « l'ambassadeur et prestre »[1] de Vénus et de l'Amour, qu'un ministre de la religion. Ces deux divinités sont même les seules qu'il semble servir sincèrement et prêcher avec le plus d'affection. Voici ce qu'il écrivait à une dame.

> ... Vous, dy-je, estant au surplus satisfaite,
> Voudriez-vous bien demeurer imparfaite
> En ce seul poinct, de fuïr et blasmer
> Amour, qui fait tant de gens vous aimer?
> Voudriez-vous bien appeler malfaisant
> Ce qui est seul tout plaisir produisant?
> Qui de tous ceux dont il est diffini
> Est réputé céleste et infini. II, 250-251.

Ses théories sur l'amour ont varié bien souvent selon les personnes et les circonstances, mais c'est l'esprit et non le cœur qui les lui dicte toujours. L'amour n'a jamais été pour lui un tourment de l'âme, ni surtout cette exaltation mystique, faite de respect, de vénération et de dévouement envers l'objet aimé : non, ce n'est qu'un badinage, dont la récompense est le plaisir, « l'amour à la gauloise[2] ». Il n'a jamais pu se contenter d'une affection purement platonique ;

> La foy sans œuvre est morte et endormie,
> Aussi l'amour sans effect vient à rien, [3]

s'en allait-il répétant sans cesse. Et pour arriver à ses fins, il va jusqu'à prôner l'inconstance et même l'infidélité conjugale[4]. Ce n'est pas sans raison, certes, que Henri Estienne lui fait un crime plus tard « d'opposer telles vila-

1. Cf I, 229 et II, 73.
2. Doumic, *Une histoire du sonnet*, dans la *Revue des Deux-Mondes*, 15 mars 1904, p. 444.
3. II, 111, XXXIX ; voir aussi II, 185, 267, dizain ; — 268, douzain ; — III, 76, CXLI, et 95, CLXXIX.
4. Voir en particulier la chanson si souvent fredonnée à cette époque : « Je ne veux point de trop volage amie », II, p. 222, et III, 99.

nies profanes aux sainctz et sacrez commandemens de Dieu »[1]. Plus d'une fois aussi, semble-t il, on s'étonna autour de Mellin de la singulière immoralité de ses théories. Mais il n'était jamais à court pour inventer une excuse nouvelle[2].

En cas d'amour c'est trop peu d'une dame ;
Car si un homme aime une honneste femme,
Et s'il ne peut à son aise l'avoir,
Il fait très bien d'autre accointance avoir,

parce que, dit-il, « chacun est tenu de se pourvoir en cas d'amour ». (I, 309-310).

IV

Ses théories, notre poète les mit malheureusement en pratique. Au milieu de cette cour galante, ses qualités aimables lui valurent de nombreux succès. Seulement, plus réservé et plus discret que Marot, il se garda bien de se trop vanter des faveurs qu'on lui accorda. Il s'adressa pourtant bien haut, à ce qu'il semble, et « de là ne peut venir honte », (III, 55), nous dit-il ; mais il sut apporter la plus grande discrétion et une extrême délicatesse dans ce commerce galant[3]. Plein de déférence et de retenue, il commence par offrir ses services en tout honneur (III, 24, XLIII). Bien plus, s'il soupçonne quelque difficulté, il attend patiemment un signe non équivoque des sentiments qu'il a provoqués, quitte à s'excuser ensuite d'avoir tant tardé à parler lui-même.

Non par défaut de cognoistre et entendre
Que mieux que vous œil ne sauroit choisir,
Non pour vouloir à autre bien prétendre,

1. *Apologie pour Hérodote*, La Haye 1735, t. I, p. 147 et 148.
2. Voir II, 4, *Ballade*, 100, 294. — III, 39, 41, 52, 55.
3. Voir III, 37, LXVIII, et II, 58, XVIII.

Ne pour fuïr labeur et desplaisir,
J'ai différé, contre mon grand désir,
A vous offrir ma prompte obéissance;
Mais, congnoissant que ma foible impuissance
Pour heur si grand est offre trop petite,
J'ay mieux aimé croire ma cognoissance,
Qu'en offrant peu blesser vostre mérite. II, 87.

Peut-on lui faire un crime de cette obéissance ?[1]

Il est d'ailleurs bien résolu à ne pas se départir de sa réserve respectueuse et de sa prudence, prêt à étouffer son amour au premier signe de mécontentement :

Contre mon veuil, j'ai tasché à laisser
Une qui peut me guérir et blesser,
Qui a trop d'heur pour y oser prétendre,
N'ayant en moy rien qui se puisse attendre
De voir cy-bas si beaux yeux s'abaisser. I, 304.

Et lorsque, comme il le dit ailleurs,

L'œil trop hardi si haut lieu regarda
Que le parler n'y osa oncq atteindre, III, 37.

il se contente de chanter les grandes vertus et les « beautés angéliques »[2] de la puissante dame.

Il était d'ailleurs trop homme d'esprit, et surtout trop ami du plaisir, pour ne pas préférer des conquêtes plus faciles et moins dangereuses. Les demoiselles d'honneur étaient là. Mellin dut profiter de l'occasion, mais il a été fort discret même à leur sujet. Nous en sommes réduits à de simples conjectures sur cette Antoinette et cette Hélène qu'il a quelquefois chantées[3]. On a fait remarquer — et la remarque est facile — que bon nombre de petites pièces galantes et badines, en latin comme en français, s'adres-

1. Voir aussi III, 26, XLVII, et I, 305.
2. Voir III, 96, CLXXX.
3. Voir sur Antoinette, II, 86, VIII, 162, 320, et III, 75 — et sur Hélène III, 7, X.

sent à Mlle de Saint-Léger [1], mais c'est tout ! Il y a aussi trois pièces adressées à Mlle de Rohan [2], mais que pourrait-on en conclure ? A cette époque de sa vie, notre poète semble cependant avoir particulièrement poursuivi de ses galanteries une certaine Loyse du Plessis [3], qui épousa plus tard Jacques de Mornay, seigneur de Buhy et de la Chapelle. Il fait le plus grand éloge de cette demoiselle (III, 43), « beauté parfaicte en bonne grâce », et voudrait sincèrement l'avoir pour « seule maistresse » (III, 32). Mais elle, certes, ne l'entendait pas ainsi, et faisait grise mine au galant aumônier :

> Toutes les fois que je vais veoir Loyse,
> Que le ciel m'a de servir ordonné,
> Elle me fait une mine si grise
> Que je voudrais quasi n'être pas né. III, 32.

Bien plus, elle paraît avoir pris plaisir à lui être désagréable en toute circonstance. Mellin s'étant un jour trouvé engagé dans une discussion, elle s'empressa de lui donner tort. Le poète s'en plaint dans un billet, lui reprochant d'être plus cruelle que l'antique Hélène, qui « de grand'-pitié et de frayeur trembla », en voyant les Grecs et les Troyens assemblés pour en venir aux mains.

> Mais vous, Loyse, en qui j'ai le cœur mis,
> Prenez plaisir au débat des amis,
> Et plus chargez celui qui plus est vostre. III, 18.

Il ne se laissa pas décourager pour si peu, et déclara galamment qu'il gardait son amour au fond de son cœur, et montrerait ainsi quelle était sa force, puisqu'il vivait de rien (III, 21). Loyse probablement lui défendit sa porte (III, 61) : il continua ses galanteries quand même. Or, un

1. Voir sur Mlle de St-Léger II, 7, 31, 33, 46, 270, 307, 329 — III, 114.
2. II, 19, 28, 47.
3. Les poésies concernant cette Loyse sont toutes dans le manuscrit La Rochetulon.

beau jour, impatientée de cette poursuite, la demoiselle lui lança violemment un bâton qu'elle avait à la main. Il est atteint à la jambe de façon à avoir besoin d'un « barbier ». Mais, bast ! voici le petit billet qu'il s'empresse d'écrire aussitôt à la demoiselle :

Loyse entend que plus je ne demande
Fors la servir et tousjours estre sien ;
Et toutesfois la fascheuse commande
Que de la veoir m'abstienne, et si sçait bien
Que je ne puis et que n'en ferai rien.
Dont de despit, en lieu d'une sagette,
Contre ma jambe un baston elle jette.
Le sang en sort. O grande cruauté !
Mais le barbier trouve ma jambe nette,
Et dit : « Le mal en est au cœur monté ». III, 12.

Etranges procédés, mœurs bien singulières ! Mais Mellin courut encore des aventures autrement dangereuses. Ses succès galants, malgré toute sa réserve, devaient nécessairement faire bien des jaloux. L'un de ceux-ci, qu'il appelle Chaluan, quelque seigneur de la Cour, résolut de se venger d'une manière éclatante, comme on ne le faisait que trop souvent alors. Il apposta « un de ses valets » pour « oster la vie à Saint-Gelays », au moment où il revenait chez lui sans défiance. Le jaloux avait ordonné de frapper « au cœur tout droit ». Mellin s'en tira avec trois blessures assez légères. Mais à voir la manière leste, badine et railleuse, sans amertume pourtant, dont il raconte lui-même cette aventure [1], on peut croire qu'il ne fut nullement corrigé et continua sa vie légère comme par le passé.

La vérité m'oblige même à ajouter que notre poète, d'ordinaire plein de délicatesse et de réserve, comme il convient à un écrivain de noble race et de bonne société, n'a pas su toujours garder sa dignité. Sa galanterie de-

1. II, 277.

vient parfois de la licence. Et l'on s'étonne qu'il ait pu se commettre jusqu'à écrire des pièces licencieuses — véritables « folies », comme elles sont intitulées — où le cynisme le dispute à la grossièreté.

Peut-être pourrait-on alléguer que Mellin n'était en la circonstance que le secrétaire trop complaisant de quelque seigneur débauché; mais l'excuse est mince. Ce serait pourtant se montrer injuste envers lui, que de le juger sur ce point d'après nos idées modernes. Il ne faut pas oublier en effet qu'au xvie siècle, et particulièrement sous le règne de François Ier, s'étalait partout une sorte d'impudeur naïve [1], faite de curiosité artistique, de libertinage, de politesse et d'immoralité, inconsciente semble-t-il, qui déconcerte nos esprits du xxe siècle, habitués à plus de décence et de respect de soi-même. Et ce mélange choquant d'indécence et de grossièreté avec une certaine finesse d'esprit, et trop souvent aussi avec les choses les plus sacrées de notre religion, se rencontre partout alors : au théâtre avec les mystères et les farces, chez les conteurs et les philosophes comme dans toute la poésie. Propos grivois, plaisanteries déplacées, gaillardises osées, termes bas et crus formant les tableaux les plus licencieux, ne sont pas rares dans les écrits de cette époque. Ils abondent chez Rabelais, Nicolas de Troyes [2], Béroalde de Verville [3], Eloy d'Amerval [4], Charles de Bourdigné [5],

1. Cf. Bourciez, *Les mœurs polies et la littérature de cour sous Henri II*, particulièrement les chap. III, IV et V du Livre troisième.

2. *Le grand parangon des nouvelles Nouvelles*, composé par Nicolas de Troyes et publié d'après le manuscrit original par Emile Mabille. — Bibliothèque elzévirienne, 1869.

3. *Le moyen de parvenir*, réédité par P. Lacroix, in-12. Paris, 1841. — Voir sur Béroalde Nicéron, t. XXXIV.

4. *La Grande Dyablerie*, qui traite comment Sathan fait démonstrance à Lucifer de tous les maulx que les mondains font selon leur estatz, vocations et mestiers et comment il les tire à dampnation. — Paris, in fol. 1508.

5. *La légende de Pierre Faifeu*, dédiée à Jean Alain, prêtre, et mise en vers par « son très humble serf, petit disciple et obéissant chapelain, Charles de

Hugues Salel [1], Jacques Tahureau [2] Amadis Jamyn [3], Remy Belleau [4] et Brantome [5]. On en trouve, et des plus regrettables, chez Marot, Ronsard, du Bellay, Olivier de Magny, Desportes et Montaigne.

Pour avoir une idée du ton de la conversation polie à cette époque, il suffit de parcourir *l'Heptaméron.* Les plus hautes dames de la cour ne sont nullement scandalisées par des allusions grossières et des propos bassement grivois. Elles se prêtent même sans trop protester aux plus libertins caprices des artistes de l'époque [6], et ne paraissent pas choquées par les bacchanales auxquelles on se livre sous leurs yeux, presque avec leur connivence [7]. Les libertés de langage et d'expression que se permet la reine de Navarre, nous choquent aujourd'hui, personne ne s'en étonnait alors. Et il n'y a plus lieu de s'en étonner quand on a parcouru les Chroniques grandement scandaleuses de Brantome. Même en faisant une

Bourdigné ». Angers, in-4, 1532. Consulter Goujet, t. X ; et les Poètes *français* d'Eugène Crépet, t. I.

1. *Œuvres d'Hugues Salel* — à Paris, chez Etienne Roffet, 1539. Bibl. nat. Rés. Y^e. 1666. Consulter Goujet, t. IV et XII.

2. Voir *Poésies de Jacques Tahureau,* édition Blanchemain. — Librairie des Biblioph. Paris, 1870, 2 vol. in-12. Cf. H. Chardon, *Vie de Tahureau,* Paris, 1885.

3. *Œuvres poétiques,* en cinq livres, publiées en 1575. — Le second livre intitulé l'*Oriane,* et le quatrième, *Artémis,* sont remplis de pièces galantes, parfois fort libres.

4. Voir les *Œuvres poétiques de Remy Belleau,* publiées par Gouverneur, dans la Bibliothèque elzévirienne, 1867, 3 volumes.

5. Voir en particulier *ses Mémoires,* publiés par Ludovic Lalanne, dans la Collection de la Société de l'Histoire de France. Ce n'est pas sans raison qu'on l'a appelé « un cynique sans vergogne ».

6. Cf. En particulier *Bellaii Poematum libri quatuor,* fol. 31. Bibl. Bibl. Nat. Rés. pYc. 1447.

7. Témoin cet étrange et scandaleux « *esbattement qu'on prit à Blois à l'entrée du roy* .» Henri II, et justement critiqué par Henri Estienne ; *Apologie pour Hérodote,* t. I, ch. XII, p. 170. — L'on peut même se demander si de pareils « esbattements » n'étaient pas ordinaires depuis un certain temps, lors de l'entrée solennelle de nos Rois dans leurs bonnes villes : Cf. *Chronique de Jean de Roye,* ou Chronique scandaleuse, publiée par B. de Mandrot : *Entrée de Louis XI à Paris* ; — De Barante, *Histoire des ducs de Bourgogne,* t. VIII p. 383.

très large part à la calomnie, dans l'œuvre de l'abbé de Bourdeille, il reste encore assez de vilenies incontestables pour tracer un attristant tableau de l'immoralité de cette époque. La littérature se ressentit étrangement de ce dévergondage, et ne contribua peut-être pas peu à le propager elle-même.

Mellin a bien sa part dans cette propagation. Grivois, grossier, cynique et licencieux, il le fut trop souvent, pourtant pas plus que ces contemporains. Sa muse, certes, ne se montrait pas toujours ni chaste, ni décente, mais sans se faire remarquer par son dévergondage — loin de là. Elle jouit de la plus universelle réputation d'urbanité. Et si parfois elle s'oublia, ce fut sans faire de scandale. Reste que ce protonotaire apostolique se permit d'étranges et coupables libertés dans sa conduite, et prêcha autour de lui de singulières doctrines. Et de cette double accusation on ne saurait le justifier complètement. Tout au plus peut-on demander pour lui les circonstances atténuantes, mais en lui laissant devant l'histoire la responsabilité de ses actes et de ses écrits. Cependant il est juste de faire remarquer qu'il ne dépendit pas de lui que ses vers ne fussent jamais publiés, et si quelques-uns parurent de son vivant, ce fut — on peut l'assurer — « contre sa volonté et son intention » [1]. Excuse que d'autres contemporains, non moins blâmables que lui, ne pourraient pas alléguer.

V

Dans tous les cas, ces pièces licencieuses que nous blâmons aujourd'hui, étaient trop dans le goût de l'époque

1. Thevet, *Les vrays Pourtraits et Vies des hommes illustres*, fol. 557 v°.

que pour avoir porté atteinte au crédit et à la réputation du gentil aumônier [1]. Il continua de jouir de la plus grande faveur à la Cour, louant le roi d'avoir fait bâtir Fontainebleau [2], chantant les divers évènements qui pouvaient l'intéresser. En 1531, il tomba gravement malade pendant que Marot, atteint du même mal, était, prétend-il, dévalisé par le fameux valet de Gascogne. A peine un peu rétabli, Mellin s'empressa d'envoyer « un de ses valets » à son ami pour lui porter le dizain suivant, tout plein de délicatesse, témoignage de cordiale amitié :

> Gloire et regret des poètes de France,
> Clément Marot, ton ami Sainct Gelays,
> Autant marri de ta longue souffrance
> Comme ravi de tes doux chants et lais,
> Te fait savoir par un de ses valets
> Comme en son mal et amour il se porte :
> Deux accidents de bien contraire sorte !
> Désirant fort de tes nouvelles avoir,
> En attendant que la personne forte
> De l'un de nous l'autre puisse aller voir. II, 131.

Seulement, par suite de cette amitié constante et intime, il semble bien que les idées huguenotes de Marot ne tardèrent pas à déteindre singulièrement sur le nonchalant aumônier. Tout en lui d'ailleurs devait le porter à faire bon accueil aux opinions nouvelles ; il n'avait qu'à se laisser entraîner par ses penchants naturels et à suivre bon nombre de ses amis. De plus, à cette époque, le roi, influencé par sa sœur, n'était pas sans indulgence pour ces nouveautés, vers lesquelles, en toute bonne foi,

1. Voici ce qu'écrit Rigoley de Juvigny, dans une note insérée dans la *Bibliothèque de La Croix du Maine* : « Les mœurs de son temps étaient à la Cour d'une liberté extrême ; ainsi il ne faut pas s'étonner que le sacré et le profane soient toujours mêlés dans ces petites pièces fugitives : c'était le goût du moment et le moyen de plaire et de se faire lire » — t. II, p. 116.

2. II, 135.

inclinaient autour de lui bon nombre d'esprits éminents dans les sciences et la littérature [1]. A son retour de Madrid, il ouvrit les portes des prisons aux divers partisans de la « luthérerie », que le Parlement et la Sorbonne avaient fait enfermer. Bien plus, en 1533, la reine Marguerite offrait aux prédicants une salle du Louvre pour leur ministère évangélique. Mellin n'avait donc pas à se gêner. Aussi, dans une circonstance, il ne craignait pas d'écrire à une dame, avec une certaine effronterie, qu'il était prêt à jeter « le froc aux orties », s'il ne fallait que cela pour arriver à ses fins :

> Je ne voy riens qui vous puisse estranger
> De mon amour que mon acoustrement ;
> Or, s'il ne tient si non à le changer,
> Nous aurons tost faict nostre appoinctement. III, 50.

Lorsque, par suite de ses imprudences répétées, Marot se vit en butte aux « inquisitions du docteur Bouchard », Mellin prit la défense de son ami malheureux. Il essaya d'intercéder pour lui, et quand les poursuites devinrent plus vives, il composa une sorte de satire voilée, sous le nom d'énigme, pleine des allusions les plus transparentes aux malheurs de maitre Clément. La pièce, assez obscure pour nous, devait offrir une saveur particulière de malignité aux contemporains, heureux de saisir les traits mordants et acérés que le caustique abbé avait enveloppés d'une forme énigmatique [2]. Mais ceci était bien dangereux, sentant étrangement le luthéranisme et par suite le fagot. En effet, devant l'audace croissante des novateurs, qui avaient fait placarder jusque sur les portes de

1. Cf. Ernest Lavisse, *Histoire de France*, t. V, Ire partie, Livre VIe : *L'évolution religieuse*, par M. H. Lemonnier.

2. I, p. 70. Il est difficile d'assigner une date exacte à cette pièce. Il y est question du concile de Bâle, de l'inquisiteur Bouchard, avec des allusions à Diane de Poitiers et au départ du docteur Ockan, lequel ne peut être Théodore de Bèze, qui ne se rendit à Genève qu'en 1548.

la chambre du roi une affiche injurieuse dénonçant « l'idolâtrie de la messe », François Ier avait changé de sentiments et de conduite. Les premiers jours de 1535 virent s'allumer çà et là de lugubres bûchers, où l'on brûla bon nombre d'hérétiques. Mellin, dans ces circonstances, put bien « attaquer la papalité » [1], et accuser cette « gaillarde dame » d'être « desjà tombée en frenaisie », mais, averti par les exemples qu'il avait sous les yeux, il éprouva le besoin de se montrer prudent et de surveiller ses écrits. Il ne se sentait nul goût pour le martyre, pas plus que pour l'exil. Aussi il n'hésita pas à condamner hautement les opinions nouvelles, qu'il avait d'abord accueillies avec faveur. Au sujet d'un hérétique endurci, il déclare qu'il est digne de mourir sans pardon ni prière, et « qu'on ne l'en doit pas plaindre » :

> Et dessert bien de mourir en prison ;
> Pour l'obstiné ne se faict oraison. III, 22.

Quant à la lecture de la « saincte escripture », il allait disant que pour en profiter,

> Il ne faut pas en son sens se fier,
> Mais, par humblesse, en défiant de soy,
> Il faut avoir, pour se mortifier,
> En la lisant ferme espérance et foy. III, 92.

Mais on ne saurait douter qu'il eut besoin à ce sujet de réformer ses idées. Dans une prière à Dieu, il remercie la clémence divine de lui avoir rendu la « clarté de ce jour ». Il sent la nécessité de demander au ciel de ne pas permettre, qu'au milieu « de cet air trouble » et des ténèbres de l'esprit, il « tresbuche en la fosse d'aucune erreur et d'opinion fausse ». Voilà une prière suggestive et qui vaut la peine d'être citée en entier :

1. Voir *Autre dizain ou énigme*, I, p. 108.

Je te rends grâce, ô clémence divine,
De ce qu'à moy, de tes grâces indigne,
Il t'a pleu rendre, après l'heureux séjour
De cette nuit, la clarté de ce jour !
Veuilles, Seigneur, qu'après la nuit obscure
De cette vie, où trop est nostre cure,
Tirés à toy de ton bras paternel,
Puissions voir luire un beau jour éternel !
Et cependant, ô Sire, que nous sommes
En cet air trouble, aux ténèbres des hommes,
Ne nous permets tresbucher en la fosse
D'aucune erreur et d'opinion fausse,
Ains à nos pieds la sainte lampe esclaire,
Qui ta parole et ton veuil nous déclaire,
Et nous conduise à vive charité,
Par foy constante et pure vérité. II, 289.

S'il s'était laissé imprudemment entraîner, le retour du poète à la foi catholique paraît sincère et fut durable. Cette faveur temporaire accordée aux idées luthériennes, faillit-elle le compromettre à la cour et lui faire perdre la confiance du roi ? On pourrait le croire en lisant les vers de Marot, dans un moment critique. Exilé à Ferrare, il avait envoyé en France son fameux blason, en invitant tous les poètes à l'imiter. Mellin garda le silence, ou plutôt, pour une cause quelconque, ses deux blasons arrivèrent un certain temps après les autres. Aussi Marot, dans sa célèbre *Epistre à ceux qui après l'épigramme du beau t.... en firent d'autres* [1], s'écriait avec inquiétude :

O Saint-Gelays, créature gentille,
Dont le savoir, dont l'esprit, dont le style,
Et dont le tout rend la France honorée,
A quoi tient-il que ta plume dorée
N'a faict le sien ? Ce mauvais vent qui court
T'aurait-il bien poussé hors de la cour ?
O roy Françoys, tant qu'il te plaira pers le,

1. Marot, Edition Guiffrey, t. III, p. 400 à 410.

Mais si le pers, tu perdras une perle,
(Sans les susdits blasonneurs blasonner),
Que l'Orient ne te sçauroit donner. I, 147.

« Si ce mauvais vent » qui soufflait, et qu'activaient peut-être quelques envieux, « poulsa Mellin hors de la cour », ce ne fut jamais pour longtemps. François Ier ne pouvait se passer de lui pour mettre au jour les produits de sa Muse royale. D'un autre côté, ses protecteurs étaient toujours tout puissants, et si ses mœurs avaient laissé à désirer, il était facile de se montrer plus circonspect. Quant à ses sentiments intérieurs au sujet des nouvelles doctrines qui allaient perdre tant de malheureux, il avait certes trop de bon sens, de prudence et surtout de « monchaloir naturel » pour s'exposer longtemps à la persécution. Pourtant il resta toujours fidèle à ses nombreux amis, quelles que fussent leurs opinions.

De tous les écrivains célèbres de cette époque, le mieux fait pour *sympathiser* avec Mellin était Rabelais. Ses idées hardies, son amour de l'étude, son goût pour l'antiquité et les belles lettres, et par dessus tout sa conception de la vie devaient singulièrement le rapprocher de l'aristocratique abbé de Reclus. Ils se rencontrèrent, semble-t-il, de bonne heure. Rabelais, en effet, séjourna assez longtemps à Poitiers et dans l'Angoumois, avant de quitter l'habit religieux. Les deux jeunes humanistes se plurent naturellement et se vouèrent une de ces amitiés que rien ne peut détruire. Par suite, lorsque l'ex-cordelier publia, en 1535, *La vie inestimable du grant Gargantua père de Pantagruel* [1], le livre se terminait par « ung énigme en prophétie », « trouvé aux fondemens de

1. *La vie inestimable du grant Gargantua, père de Pantagruel, jadiz composée par labstracteur de quinte essence : livre plain de Pantagruélisme.* Lyon, Françoys Juste — in-16, 1535. Cf. *Mellin de S. G.*, II, 202.

l'abbaye » de Thélème « en une grande lame de bronze ». Cette pièce de vers assez longue appartenait à Mellin. Rabelais le déclare d'ailleurs lui-même en désignant l'auteur sous le nom élogieux de « Merlin le prophète » [1]. Dans le *Nouveau prologue du quart livre* nous trouvons un dizain épigramme, sans aucune désignation d'auteur, et qui est encore de Saint-Gelays. Ce qui a fait croire, non sans quelque vraisemblance, que tous les vers qui sont dans les œuvres de Rabelais, mais surtout dans le *Gargantua*, appartiennent à Mellin. Il était certainement heureux de venir ainsi au secours de son ami, peu habitué, croit-on, au maniement de la rime [2]. Dans tous les cas, ces petites poésies sont bien dans le goût et la manière de notre aumônier [3]. Nul mieux que lui n'était qualifié pour composer l'*inscription mise sur la grande porte de Thélème*, et certes on aurait difficilement trouvé meilleur abbé pour une pareille abbaye. Au reste, son long et solide crédit auprès de François Ier et de Henri II, lui permirent d'être fort utile à son ami, durant les années difficiles. Mais aussi nous verrons que, lorsque la Pléiade attaquera Mellin, Rabelais se fera à son tour l'un de ses intrépides défenseurs contre Ronsard [4].

1. Chap. LVIIIe du liv. Ier, p. 165 de l'édition elzévirienne. Il y a deux vers au commencement et dix à la fin, qui ne se trouvent pas dans la pièce de Mellin ; Rabelais les changea plusieurs fois.

2. Voir I, p. 144, ce que dit Harsy dans sa préface de l'édition de 1574.

3. Il y a en particulier des ressemblances frappantes entre les *Fanfreluches antidotées*, qui se trouvent au début de *Gargantua* (I, p. 11), et l'*Enigme* en faveur de Marot, I, p. 70.

4. Nous trouvons une nouvelle preuve des relations cordiales qui existaient entre Mellin et Rabelais dans les vers suivants du fameux Nicolas Bourbon, dit l'Ancien :

> Jam raro Lateranus et Maïnus
> Occurrunt mihi, Sangelasiusque :
> Nempe, urgentibus, aulicisque rebus
> (Ut sunt tempora) ferio occupati :
> At tu, mi Rabelaese, quando abire
> Certum est, quò mea me vocat voluntas,
> Quò fatum potius vocat, trahitque,
> Illis nomine dic meo salutem.

Œuvres de Rabelais, édit. Marty-Laveaux, t. III, p. 379.

Nous savons par une pièce latine de Dolet [1] que la plus étroite amitié l'unissait à Marot et à Rabelais. Il nous en donne même la raison ; ce qui les lie si étroitement, c'est la ressemblance des mœurs et le même goût pour les belles-lettres :

Jam, quibus par concessa est
Virtus, amicitia invicem conflagrare
Miraris ? Id facit similitudo morum
Et artium earumdem societas concordans. [2]

Or, on peut bien croire que Mellin, ayant les mêmes goûts et se trouvant intimement uni à Marot et à Rabelais, partageait cette étroite amitié. Peut-être sont-ce là les quatre amis dont parle le poète,

Joincts et unis par telle affection ;
Que de l'un seul la séparation
Mourir ferait tous les quatre en une heure ;
Mais quand des lieux survient mutation
Le cœur de l'un faict que l'autre ne meure.

III, p. 15, XXIV.

Au reste, Dolet écrivit fort amicalement lui-même, vers 1536 [3], à Mellin, pour lui dire que si le soleil venait de subir une éclipse, c'était en signe de deuil, à cause de la mort d'Erasme et de Lefebvre d'Etaples, deux amis communs, décédés cette même année. Mais il lui avait déjà adressé, bien avant cette époque, un dizain assez curieux. Parmi toutes les merveilles et tous les prodiges que contient l'Afrique, lui disait-il, il n'y en a aucun d'aussi surprenant que de te voir, toi élevé au milieu de la Cour, exempt de tous les vices qui la déshonorent, et l'emporter sur tous tes contemporains par ta

1. *Stephani Doleti, Gallii Aurelii, Carminum libri quatuor.* Lugduni, Anno 1538.

2. Liber I, carmen XXIIIe : *Ad Franciscum Rabelaesum.* De nuctua inter se et Clementem Marotum amicitia, p. 30.

3. *Doleti carmina.* Lib. III, p. 156, carmen V, *Ad Merlinum Sangelasium* : De eclipsi solis, quæ anno a Virgine gravida MDXXXVI accidit : quò Erasmus et Faber Stapulensis e vita excesserunt.

brillante éloquence [1]. Il est dès lors bien évident qu'une cordiale amitié unissait entre eux Mellin et Dolet. En publiant la traduction du *Courtisan de Balthazar de Castiglione*, ce dernier écrivait à son ami avec le plus affectueux abandon, lui rappelant leurs relations passées dans la ville de Lyon, et le mettant au courant de ses travaux littéraires [2]. Peut être même notre poète ne fut-il pas étranger à la grâce que François Ier accorda à Dolet [3], accusé d'avoir commis un meurtre à Lyon, vers la fin de 1535. Mais il ne put lui épargner le malheur de terminer par la main du bourreau une vie fort agitée [4].

VI

Mellin entretint aussi des relations très amicales et plus suivies encore avec Salmon Macrin, celui qu'on a surnommé « l'Horace français ». Il y a, dans les *Quatre livres de poésies* de cet écrivain latin, parus en 1530, une pièce adressée *ad Sangelasium Mellinum* , qui présente un intérêt particulier. C'est, semble-t-il, une réponse, mais qui nous donne des détails fort curieux. « Tu me demandes, écrit-il à Mellin, tu me demandes par quels dons j'ai ainsi rendu ma Chloris obéissante et empressée à mes désirs ? Tu t'étonnes de la voir d'un esprit si tranquille, alors qu'elle était pire que les serpents de Libye ou que la tigresse à qui le chasseur a dérobé par sur-

1. *Op. cit.* Lib. I, p. 34, carmen XXXI.

2. Cf. *Le courtisan de Messire Balthazar de Castillon, nouvellement reveu et corrigé* — Lyon, MD.XXXVIII — Bibl. Nat. Rés. 2.049. A — fol. II : « *Estienne Dolet à Merlin de Sainct Gelais.* » Entre autres choses, il lui annonce que dans peu de jours il va publier « quatre livres d'épigrammes. » L'ouvrage parut en effet cette même année.

3. *Doleti carmina*, Lib. I, p. 59. *Caedis a se factae et sui deinde exilii descriptio.*

4. Sur Dolet on peut consulter Joseph Boulmier, *Estienne Dolet, sa vie, ses œuvres, son martyre.* Paris, Aubry, 1857 ; et particulièrement Richard Copley-Christie, *Etienne Dolet, le martyr de la Renaissance, sa vie et sa mort*, 1880. — Cet ouvrage a été traduit par M. C. Stryienski. Paris, Fischbacher, 1886.

prise ses petits, dans les sables de l'Hyrcanie ! Ah ! ce n'est pas Médée avec ses enchantements nocturnes de la Thessalie qui me l'a changée, pas plus que quelqu'entremetteuse, habile à transformer les cœurs par le charme de discours empruntés. Non, cet honneur revient tout entier à ta lyre, ô Mellin, et à ses doux chants ; en les écoutant attentivement ma Chloris est charmée comme le serpent. Mais lorsqu'elle se met à les chanter doucement, pinçant les cordes de son luth léger, on dirait une des Muses ou quelque nymphe de Sicile... Près d'une maîtresse si belle et si aimable, personne, je l'espère, ne refusera de me proclamer heureux ; je ne changerais pas le bonheur de mon sort contre les délices du roi des Parthes. Tu peux porter jusqu'aux astres ta tête joyeuse, si ta Laodice mérite par sa conduite de pareils éloges, et mêlant sa voix mélodieuse à la tienne, redit tes chants sur le luth. [1] »

---

1. *Salmonii Macrini Juliodunensis carminum libri quatuor.* Parisiis, apud Simonem Colinoeum, 1530. — Bibl. Nat. Rés. pYc. 1302.

Quæ dona Chlorin morigeram mihi,
　Atque obsequentem reddiderint rogas,
　Melline? miratus quietum
　Tam facile hanc animum induisse.
Esset Libyssis cum tamen anguibus,
　Fœtaque nuper tigidde sævior,
　Cui raptor hircanis dolosus
　Abstulerit catulos arenis.
Non hanc Citheis gramine thessalo
　Nocturna vertit, lena vel efficax
　Quodcumque fallacis loquelae
　Blanditiis variare pectus.
Laus ista nostrae San gelasii lyrae
　Accedat omnis dulcibus et modis
　Intenta quos audit, tenetque
　Non secus ac mea Chloris angues.
Quin voce deducta hos ubi concinit,
　Tangitque dulcem police barbiton,
　Unam Camoenarum putabis
　De grege Sicelidum aut sororum.....
Tam scita opinor, tam sociabili
　Nemo beatum me domina neget,

Quelle était cette Laodice, si chère à Mellin ? On ne saurait le dire ; mais voilà qui nous renseigne singulièrement sur sa réputation de galanterie, vers 1530, et sur les mérites particuliers qu'on attribuait à sa poésie.

Ces échanges de vers entre les deux poètes furent fréquents. Macrin avait déjà envoyé une ode à son ami lors de la révolte du connétable de Bourbon, pour l'assurer que François Ier ne tarderait pas à punir le parricide, et qu'il serait de nouveau loisible « de s'asseoir à l'ombre des forêts pour chanter les louanges des héros, et redire par quels efforts les mortels ont atteint l'Olympe embrasé » [1]. Et, quelques années plus tard, il traduisit, en vers latins, l'épitaphe que Mellin avait composée pour le dauphin François [2]. De plus parmi ses *Epigrammes*,

Cum rege nec mutanda partho
Esse meae bona tanta sortis.
Laeto alta tangas sidera vertice
His Laodice si tua moribus
Laudetur, argutaque tecum
Voce modos fidibusque dicat. Fol. 44-45.

1. *Salmonii op. cit.* fol. 31 r°.

Dulce est jacentem sub nemorum coma,
Melline, laudes dicere cœlitum,
Quantoque mortales Olympum
Igniferum attigerint labore.....

Mais partout maintenant la guerre est déchaînée :

Celtis minatur Flandrus, et Atrebas
Confoederatae fretus ope Angliae,
Commovit intestina nuper
Borbonius quoque bella princeps,
Prœbente vires Cœsare, sed ferox
Non auspicatos reprimet impetus
Franciscus, et vindicta fractum
Inveniet sua parricidium.

2. *Salmonii Macrini, Juliodunensis, Cubicularii regii, Odarum libri sex,* ad Franciscum regem Regum potentiss. invictiss. que Seb Gryphius excudebat Lugduni, anno MDXXXVII — in-4 de 132 ff. non numérotés. — A la fin se trouvent : *Ejusdem Salmonii aliquot epigrammata.* C'est là que se trouve la traduction des vers de Mellin, I, 118. — Bibl. Nat. Rés. Y^c^. 8.327.

qui parurent en 1537, à la suite des *Six livres d'Odes*, l'avant-dernière est adressée à l'abbé de Reclus. Il demande « au poète illustre dont les lèvres distillent le nectar de l'Hymette, comment il pourrait chanter dignement le Roi conduisant cette phalange héroïque d'illustres seigneurs contre les cruels ennemis de la France. » Il déclare en terminant « que Saint-Gelays est seul digne de cet honneur » [1].

A cette épigramme si élogieuse, Mellin ne manqua pas de répondre. Mais, chose à noter, après avoir remercié son ami, trop bienveillant, il nous apprend qu'il ne fait plus de vers, se bornant à applaudir ceux des autres. Les soucis et une longue inaction ont tari sa veine poétique, il se contente de cultiver la vertu et surtout l'amour du bien qu'il recommande à son ami, en lui demandant une affection constante [2]. On peut croire que c'est lorsqu'il était menacé de perdre sa faveur à la cour, par suite de ses idées religieuses ou pour tout autre motif, que Mellin écrivit cette réponse, pleine de mélanco-

1. *Ibid.* Cette pièce est intitulée, *Ad Mellinum Sangelasium, Horti Clausi Antistitem.* Macrin est plein d'une respectueuse déférence pour son ami et ne lui ménage pas les éloges :

Praestans ô patrii carminis artifex,
E cujus labiis nectar Hymettum
Manat, divite rythmo
Quandocumque modos refers,
Regem prosequier quo modulamine
Ducentem procerum bellipotentia
Saevos agmina in hostes
Decretum tibi ? Si mea
Sint aequanda tuis barbita buccinis,
Ad cœli hunc meritum jam ardua tollerem,
Perque incederet astra
Sydus jam axe novum aurea.
Verum cedo volens muneris id tibi,
Inque his trado meam lapada cursibus,
Dignum fassus honore
Te isto, Sangelasi, unicum. Fol. 128.

2. *Œuvres de Saint-Gelays*, II, 327. Cette pièce se trouve aussi dans les poésies de Salmon Macrin, après l'épigramme dont elle est la réponse : *Epigrammata*, fol. 128 v°.

lie et de désenchantement. Macrin resta fidèle à son ami et peu après s'efforça de le consoler en lui rappelant dans une ode assez longue que les hommes sont fous de courir après de faux biens, négligeant le seul véritable, qui est d'aimer Dieu, pour éviter « de tomber dans l'infernal chaos »[1]. Cette amitié se continua sincère et dévouée à travers toutes les vicissitudes. Et Macrin s'empressa de traduire en vers latins la fameuse chanson *Laissez la verde couleur*, dès qu'elle parut[2].

Parmi les autres écrivains qui recherchèrent à cette époque l'amitié de Mellin, et échangèrent avec lui « les présents des Muses », il faut placer d'abord Bonaventure Despériers, le valet de chambre et le secrétaire de Marguerite de Navarre. Nous possédons de lui une petite pièce latine, adressée à Saint-Gelays, qu'il appelle « *Gallorum vates clarissime* »[3], (II, 325). C'est un simple billet, sollicitant en retour une petite réponse, comme un bien précieux. La réponse que nous lisons à la suite de ces vers est bien insignifiante, et le distique avait déjà servi une première fois pour Mlle de Saint-Léger. Mellin a de ces nonchalances.

Il fut aussi très intimement lié avec Victor Brodeau[4]. Ce poète, disciple privilégié de Marot, protégé de Marguerite de Navarre, valet de chambre de François Ier et son

1. *Salmonii Macrini Juliodunensis cubicularii Regii, hymnorum selectorum libri tres.* — Ad illustrissimum Principem Io. Lotharingium, cardinalem amplissimum. Cum privilegio regis. — Parisiis, ex officina Roberti Stephani (MDXL). Typograhi Regii, p. 12. — Bibl. Nat. Rés. Y^c^. 8.328.

2. Sur Salmom Macrin consulter Nicéron, *Mémoires*, t. XXXI, et un article de J. Boulmier, *Salmon Macrin et l'Horace français*, paru dans le *Bulletin du Bibliophile*, en nov. déc. 1871.

3. Sur Bonaventure Despériers voir ses *Œuvres* publiées à la bibliothèque elzévirienne par Lacour : 2 vol. 1866. — Cf. aussi Chenevière, *Bonaventure Des Périers, sa vie, ses poésies.* — Paris, Plon et Nourrit, 1885, in-8. — Voir Gustave Lanson, *Manuel Bibliographique de la littérature française moderne*, t. I, seizième siècle, p. 87.

4. Victor Brodeau a peu écrit ; ses œuvres parurent sous le titre de *Louanges de Jésus-Christ*, Lyon, in-8, 1540. Cf. Goujet, *Bibliothèque Française*, XI, p. 440.

secrétaire ensuite, ne pouvait qu'avoir de très fréquentes relations avec l'aumônier du Dauphin. Tous deux prêtaient volontiers le secours de leur Muse aux dames et aux courtisans de François Ier, pour l'échange de petits billets galants. Plusieurs fois ils se répondirent ainsi directement [1] ; c'étaient deux amis intimes.

Aussi quand le Dauphin fut mort, Hugues Salel, dans sa fameuse *Eglogue marine sur le trespas de Monsieur Françoys de Valois* [2], ne trouva rien de mieux que d'introduire comme personnages « Merlin et Brodeau, poètes françoys ». Ce petit poème valut à son auteur l'amitié de Saint-Gelays, qui ne le connaissait pas [3]. Et si le huitain qu'il lui adressa à cette occasion, peut paraître un peu épigrammatique, Mellin resta cependant toujours l'ami sincère de l'abbé de Saint-Chéron [4].

Dans la société des gens de lettres que fréquentait notre poète, il faut citer encore Antoine Héroët, dit La Maisonneuve, devenu plus tard évêque de Digne. C'est lui qui, quelques années après, publia la *Parfaicte Amye* [5], « petit œuvre, mais qui en sa petitesse surmonte les gros ouvrages de plusieurs », comme dit Pasquier [6]. S'inspirant de Platon, il se faisait le chantre de l'amour idéal, pur et

1. Cf. *Œuvres de Mellin*, II, 12, 19.

2. *Eglogue marine sur le trespas de feu M. Françoys de Valois, Dauphin de Viennoys, fils aîné du Roy*, en laquelle sont introduitz deux Mariniers, Merlin et Brodeau, deux poètes Françoys. — *Œuvres d'Hugues Salel*, Paris, s. d. — Estienne Roffet, fol. 25 à 32. — Bibl. Nat. Rés. Ye. 1666.

3. Voir *Œuvres de Mellin*, II, 60.

4. Sur Hugues Salel consulter Goujet, t. II, 1 à 14, et particulièrement la plaquette du Dr Ch. Calmeille, *Les poètes Quercynois au* XVIe *siècle: Hugues Salel* — in-8 de 29 pp. — Tours, Bousrey, 1899.

5. *La parfaicte amye*, nouvellement composée par Antoine Héroët, dict la Maisonneuve — Avec plusieurs aultres compositions du dict Autheur. — On les vend à Lyon en la rue Mercière, par Pierre de Tours, 1542. — Bibl. nat. Rés. Ye, 1692, à la suite du *Temple de Chasteté*.

Sur Héroët consulter Goujet, *Bibliothèque Françaisc*, t. XI, p. 141 : Colletet notice inédite : Bibl. nat. n. acq. fr. 3073. Fol. 241 ro ; et L. Grou *La famille d'Anthoine Héroët* (Revue d'hist. litt. de la Fr. 1899, page 277.)

6. *Recherches*, VII, 5.

dégagé de toute sensualité. Mais cette théorie ne devait pas être du goût de tous les courtisans de François Ier. Et la *Parfaicte Amye* donna lieu à une véritable joute littéraire, assez amusante. La Borderie, le mignon de Marot, y répondit par son *Amye de Cour* [1], un peu moins platonique certes, mais aussi plus ressemblante aux Célimène de l'époque. Charles Fontaine répliqua par sa *Contr'amye de Cour* « louant honnestement la bonne amour » [2]. Enfin deux ans après, Maurice Scève essaya de continuer le débat par sa *Délie objet de la plus haulte vertu* [3], mais il l'étouffa sous le poids de quatre cent quarante neuf dizains, pleins de froideur, d'obscurité et d'excessive recherche [4].

---

1. *L'Amye de Court*, Paris, 1542, in-8. La Borderie est peu connu ; je n'ai trouvé aucune notice un peu etendue sur ce poète — il donna aussi le *Discours du Voyage de Constantinople*, où il raconte ce qu'il a vu dans ses courses.

2. *Ruisseaux de Fontaine*. Lyon, 1555 — in-8, p. 95, à Catherine Morelet. *La Contr'amye de Court* parut en 1543.

3. Parut à Lyon en 1544, in-8° a éte réimprimée à Lyon, Scheuring, 1862, in-8. — Sur Maurice Scève, consulter Brunetière, *Un précurseur de la Pléiade : Maurice Scève*, 6e Série ; et *La Pléiade Française*, dans la *Revue des Deux Mondes*, 15 déc. 1900 ; — Vianey, *L'Influence italienne chez les précurseurs de la Pléiade : Bulletin Italien*, avril-juin 1903, p. 258-274 ; — Baur : *Maurice Sève et la Renaissance Lyonnaise*, 1906, in-8.

4. Les principales pièces de ce curieux débat furent rassemblées dans un petit volume, intitulé *Opuscules d'amour*, par Héroët, La Borderie, Paul Angier et autres divins poètes. Lyon, Jean de Tournes, MDXLVII. — Il fut réimprimé, en 1568, à Paris, par Jehan Ruelle le Jeune. — Voici l'indication des pièces que contient ce dernier opuscule :

1. Le *mespris de la Court avec la Vie Rustique*, composé par Antoine Guevara, évêque de Mondovent, traduit en français par Antoine Alaigre.
2. *La parfaicte amye*, par Anthoine Héroet, dit La Maisonneuve.
3. *L'amye de Court*, inventée par le seigneur de Borderie (*sic*).
4. *La Contre amye de Court*, par Charles Fontaine, parisien.
5. *L'Androgyne de Platon*, nouvellement traduit de latin en francoys par Anthoine Heroët, dit La Maisonneuve, avec une *Epistre au Roy Francois Ier*.
6. *Complaincte d'une dame surprinze nouvellement d'amour*, par La Maisonneuve.
7. *L'expérience de Maistre Paul Angier, Carentonnoys, contenant une briesve deffense en la personne de l'honneste Amant pour l'Amye de court, contre la Contre Amye.*
8. Le *Nouvel Amour*, inventé par le seigneur Papillon, item une

Mellin était trop nonchalant pour prendre part effectivement à ce débat. Mais ce tournoi littéraire, entre poètes qui étaient ses amis, dut l'amuser beaucoup. On peut croire cependant, d'après ce qu'il a écrit lui-même, qu'il n'était pas pour l'amour platonique. Dans tous les cas, Héroët, La Borderie, Charles Fontaine et Maurice Scève étaient ses amis avant qu'éclatât cette curieuse joute littéraire et le restèrent toujours [1]. Il connut encore, dans cette première période de sa carrière littéraire, Lazare de Baïf [2], humaniste de l'école de Budé, grand amateur de grec, d'érudition et d'antiquité, traducteur de l'*Hécuba*, auteur de plusieurs travaux, estimés encore aujourd'hui, mais plus célèbre peut-être pour avoir été le père de Jean Antoine de Baïf, l'une des étoiles de la Pléiade.

Il eut aussi pour ami Guillaume Budé, le vrai fondateur des études grecques, en particulière faveur auprès du Roi, qui le nomma maître de sa librairie, et institua sur les conseils de ce savant les lecteurs royaux, origine du Collège de France. Quand il mourut, en 1540, Mellin composa pour lui une épitaphe très élogieuse, où il explique fort ingénieusement, selon son habitude, les dernières volontés du défunt [3]. Notre poète fréquenta également An-

---

Epistre de Marot abhorraut la folle Amour ; item *plusieurs dizains à ce propos*, de saincte Marthe.

9. *Epistre doulouroase de l'Amant à son Amoureuse.*

Sur ce débat cf. A. Lefranc, *Le Platonisme et la littérature platonienne en France à l'époque de la Renaissance* (1500-1550). *Revue d'Hist. Litt. de la France*, année 1896, Janv.-Mars, p. 13.

1. Lorsqu'en 1555, Charles Fontaine fit paraître à Lyon une traduction des *Remèdes d'Amour*, d'Ovide, en vers français, Mellin s'empressa de lui envoyer un huitain fort élogieux. Voir *Œuvres de Saint-Gelays*, II, 59.

2. Sur la famile Baïf consulter Hauréau, *Histoire littéraire du Maine*, 1843, III, p. 1 à 16. — Sur Lazare de Baïf voir M. Pinvert, *De Lazari Bayfii vita ac latinis operibus et de ejus amicis*, thèse de 1898 — remaniée et publiée en français sous le titre : *Lazare de Baïf.* Paris, Fontemoing, 1900, in-8.

3. I, 120. Sur cet auteur consulter les deux thèses récentes de M. Louis Delaruelle, *Guillaume Budé, les origines, les débuts, les idées maîtresses*, et *Répertoire analytique et chronologique de la correspondance de Guillaume Budé.*

toine Dumoulin [1], valet de chambre de Marguerite et partisan avéré des nouvelles idées religieuses. Cet écrivain jurisconsulte publia à Lyon, en 1545, la *Déploration de Vénus sur la mort du bel Adonis* [2], avec plusieurs autres chansons de Saint-Gelays. Il s'autorisa probablement de son intimité avec Mellin pour faire paraître encore, sans autorisation, quelques-unes des poésies de son ami dans la fameuse plaquette de 1547.

Nicolas de Herberay [3], seigneur des Essarts, qui songeait déjà à doter la France de la traduction des Amadis, fut aussi un des intimes de l'aumônier du Dauphin. Il était regardé comme un des plus beaux parleurs de son temps et écrivait avec grâce et facilité. Mellin lui adressa un dizain sur la vraie liberté [4], en attendant d'écrire un sonnet pour le solliciter avec instances de faire paraître sa traduction du Roman espagnol [5]. Plus tard, Herberay épousa en secondes noces Marie Compan, sur l'album de laquelle notre poète, dit-on, avait écrit plusieurs petites pièces, bien peu chrétiennes [6]. Quand elle fut morte, il composa pour elle trois épitaphes différentes, dont une est formée par deux distiques latins [7].

Dans cette énumération des amis de Mellin, il ne faut pas oublier Jacques Colin d'Auxerre, aumônier de François Ier et secrétaire de ses commandements. Il traduisit quelques passages des *Métamorphoses d'Ovide* et surtout le *Courtisan de Balthazar de Castiglione.* Mais ce fut

---

1. Sur Dumoulin, cf. Hello, *Essai sur la vie et les ouvrages de Dumoulin* — in-8, Paris, 1839.

2. *Déploration de Vénus sur la mort du bel Adonis avec plusieurs chansons nouvelles*. A Lyon, par Jean de Tournes, MDXLVII, in-8 de 104 p. chif. Italiq. Biblioth. Maz. 21.658. Rés. — Consulter, *Revue d'hist. litt. de la Fran.* 1896, p. 97.

3. Sur Des Essarts, cf. Niceron, *Mémoires*, t. XXXIX ; et Bourciez, *Les mœurs polies à la cour de Henri II*, liv, I. chap. III.

4. *Œuvres de M. de Saint-Gelays*, II, 128.

5. *Ibid.* II, 300.

6. *Ibid.* II, 25, 45, 76 et 244.

7. *Ibid.* II, 176, 293 et 316.

son ami qui revit et publia cet ouvrage, en 1538 [1]. Mentionnons encore Pierre Du Chastel [2], lecteur du Roi, qui le récompensa bientôt par l'évêché de Tulle ; le poète Claude Chapuys, bibliothécaire de François Ier et regardé par Marot comme un des meilleurs écrivains de ce temps [3] ; enfin les cardinaux du Bellay et de Châtillon, qui tenaient à grand honneur de se montrer les véritables Mécènes de tous les gens de lettres d'alors.

Auprès de ces nombreux amis, Mellin avait acquis une extraordinaire réputation d'amabilité, par son extrême serviabilité, car il était toujours prêt à aider autrui de son crédit, de sa bourse et de son talent. Comment aurait-il pu tomber et rester longtemps en disgrâce avec tant et de si profondes sympathies ? Son départ aurait causé un vide immense à la Cour. Poète officiel, il remplissait toutes les obligations de sa charge avec beaucoup de tact. Nous avons encore les vers « en forme d'aelles » [4], par lesquels il célébra la prétendue « guérison de Madame, mère de François Ier ». Et lorsqu'elle fut passée de vie à trépas, il composa trois épitaphes à son éloge [5], dont une en latin.

VII

Puisqu'il était plus particulièrement attaché au service du dauphin François, il dut accompagner ce jeune prince dans ses nombreuses pérégrinations, et prendre part aux divers déplacements de la cour [6]. Un des articles du

1. *Ouvrage déjà cité* : Voir *Chap. suivant.*

2. Sur Du Châtel ou Du Chastel consulter Ant. Galland, *Vita Castellani*, avec Notes par Etienne Baluze (1694, in-8).

3. Claude Chapuys est peu connu ; on trouve bon nombre de ses vers mêlés à ceux de Saint-Gelays dans les divers manuscrits de l'époque.

4. II. 130. On sait que Louise de Savoie avait pris pour devise une paire d'ailes avec ces paroles : « Je volerai et me reposerai. »

5. II, 169, 279 et 303.

6. Le manuscrit Larochetulon contient un billet sous forme de dizain, envoyé

traité de Madrid portait qu'on livrerait comme otages douze grands seigneurs français ou deux fils du roi, dont le Dauphin. Ce fut cette dernière clause qui fut acceptée, et les deux « Enfants de France » ne recouvrèrent leur liberté que le 1er juillet 1530. Que devint Mellin pendant ce temps ? Il est plus que probable qu'il n'avait pas suivi son jeune maître en prison ; tout au plus dut-il l'accompagner jusqu'à la frontière. Il resta à la cour, auprès de François Ier ; mais l'on peut croire qu'il se trouvait à côté du Dauphin, quand il fut couronné duc de Bretagne, à Rennes, en 1532.

Il est encore plus probable qu'il l'accompagna dans la Provence, quatre ans plus tard, alors que, Charles-Quint ayant envahi la France, le roi partit avec ses deux fils pour aller organiser la défense du pays. Et c'est dans cette occasion, selon toute vraisemblance, qu'il écrivit un de ses sonnets les plus mignards, sur la vue des Alpes. (I, 78)

« Voyant ces monts de veue ainsi lointaine », il les compare à son long déplaisir, se trouvant privé des joies du cœur que lui offrait la Cour. Quelques jours après, il avait le déplaisir plus vif, certes, de voir mourir brusquement le jeune prince dont il était l'aumônier, et cela dans des circonstances mystérieuses. Pourtant deux épitaphes, qu'il composa pour son royal élève [1], ne font aucune allusion aux bruits d'empoisonnement qu'on répéta partout depuis, et qui amenèrent peu après la condamnation et le supplice de Montécuculli. Probablement il avait écrit ces vers avant que les soupçons fussent confirmés.

Cette catastrophe si brusque et si inattendue, laissait

---

par Mellin et ses amis aux demoiselles de la cour, pendant qu'ils faisaient un voyage en mer, III, 96, CLXXXI.

1. Ces deux pièces parurent cette même année dans le *Recueil des épitaphes de François, dauphin*, publié à Lyon, chez François Juste, in-8.

Mellin sans situation officielle, mais ses inquiétudes — si inquiétudes il y eut — ne durèrent pas longtemps, le roi s'empressa de le confirmer dans son titre d'aumônier du Dauphin de France, et il passa aussitôt au service de Henri, le second fils de François Ier.

CHAPITRE V

AUMONIER DU DAUPHIN HENRI

(1536 - 1547)

I. — Caractère du nouveau Dauphin. — Rivalité entre Diane de Poitiers et la duchesse d'Etampes. — Situation délicate de l'aumônier.

II. — Différend de Marot et de Sagon, 1536. — Mellin défend son ami, 1537. — *Le Courtisan* de Castillon, 1538.

III. — Grande réputation de Mellin. — Dîner littéraire, 1538. — Il attaque l'empereur Charles-Quint et célèbre les événements intéressants. — Tentatives de conversion. — Mort de Marot, 1544.

IV. — Bibliothécaire de Fontainebleau, 1544. — Transport des livres du château de Blois. — Soins donnés à la bibliothèque royale. — Décrets.

V. — Science astrologique : *Advertissement à une studieuse damoiselle*, 1546. — Vers pour un *Livre de sort*. — Edition de 1547. — Derniers jours et mort de François Ier, 1547.

I

Le nouveau dauphin, Henri [1], était un personnage bien différent de son frère, mort si tragiquement. Peu aimé de son père, tenu systématiquement à l'écart, il montrait déjà un caractère fort énigmatique, froid, hautain et réservé. Les témoignages du temps s'accordent à le représenter comme peu intelligent, et par suite fort entêté. Il n'accordait pas vite sa confiance et son amitié, mais c'était pour toujours. On lui reconnaissait d'ailleurs du sang-

1. Cf. Lavisse, *Histoire de France*, t. V, liv. VIIIe, chap. Ier; et Brantôme, *Vie de Henri II*.

froid et un certain jugement, qui laissaient espérer un roi sage et modéré.

Né à Saint-Germain-en-Laye, le jeudi 31 mars 1518, il avait alors un peu plus de 18 ans, et était marié depuis 1533 à Catherine de Médicis[1]. Cette princesse, de famille secondaire, se trouvait ainsi poussée par les événements sur les marches du trône. Elle s'efforçait, par tous les procédés de la finesse italienne, de gagner la sympathie de son mari et l'affection de son beau-père. Se faisant très modeste, n'ayant pas le bonheur d'avoir des enfants, elle va s'effacer le plus possible en face de sa rivale, Diane de Poitiers. Chose curieuse, en effet, le dauphin qui, contrairement à son père, était peu enclin aux plaisirs, venait de se jeter dans les bras de cette trop célèbre favorite[2]. Fille de Jean de Poitiers, seigneur de Saint-Vallier, et mariée en 1515 à Louis de Brézé, Grand Sénéchal de Normandie, Diane était de longue date une habituée de la Cour. Veuve depuis 1531, ayant vingt ans de plus que le Dauphin, elle commençait alors à exercer sur lui cet empire absolu, qui ne devait finir qu'avec la mort.

On a cherché à expliquer cette passion étrange par un sentiment chevaleresque, ajoutant que Diane, mêlant à son affection des sentiments quasi maternels, s'était donné la tâche de polir son amant, de le façonner à la galanterie et aux belles manières. Quoi qu'il en soit, dure, sèche et avide, par jalousie contre Madame d'Etampes, elle poussa le Dauphin vers Montmorency, et pendant toute cette fin si triste du règne de François Ier, troubla la Cour par d'incessantes et mesquines machinations. Aussi,

1. Sur Catherine de Médicis, voir E. Lavisse, *Histoire de France*, t. V, liv. VII, chap. Ve, p. 98; — Brantôme, *Vie de Catherine*; et Bouchot, *Catherine de Médicis*, 1899.

2. Cf. Guiffrey, *Lettres inédites de Dianne de Poytiers*. Voir aussi E. Lavisse, *Histoire de France*, t. V, Ire partie, p. 201. — 2e partie, p. 98, 132, 258 — et Bourciez, *Les mœurs polies et la Littérature de Cour sous Henri II*.

deux partis opposés ne tardèrent-ils pas à se former, celui de Madame de Poitiers et celui de Madame d'Etampes, car l'on peut bien dire que le Roi et le Dauphin, dans ce conflit d'intérêts, ne firent que suivre les passions de leurs maîtresses. Outre le Roi, qui s'adonnait de plus en plus aux plaisirs, Mme d'Etampes avait de son côté Charles d'Orléans, le second fils de France, et les ennemis personnels de Montmorency, l'amiral Chabot, le maréchal d'Annebaut, la reine de Navarre et le cardinal du Bellay.

Il était dès lors difficile de se maintenir entre les deux partis, et la position de Mellin devenait délicate. Aumônier du Dauphin, il devait être porté à se ranger du côté de ses partisans. Et, d'autre part, il avait de nombreuses attaches avec les tenants de Mme d'Etampes. Heureusement pour lui, il n'était pas ambitieux, et attendait que l'on prévint ses demandes [1]. Il détestait cabales, disputes et rivalités. Aussi se tint-il soigneusement à l'écart, s'efforçant d'être agréable aux uns comme aux autres. La faveur particulière dont il jouit sous Henri II, qui n'avait oublié aucune des rancunes du Dauphin, montre bien qu'il ne trahit jamais les intérêts de ce prince. D'ailleurs Catherine de Médicis, comme perdue au milieu de cette brillante cour, devait trouver un charme tout particulier dans la conversation de ce gentil aumônier, si italien par tant de côtés. Mais il ne laissa pas de flatter aussi et de louer Diane de Poitiers. Il s'empressa d'applaudir à la détermination du Dauphin, quittant tout autre affection pour celle de la duchesse de Valentinois. Le onzain suivant, encore inédit, semble bien n'être qu'une spirituelle justification de cette liaison, quelque peu surprenante à première vue, surtout pour les contemporains.

---

1. Voir *Epître à Diane, ma nièce*, II, 196.

> Mesme attendu que de leurs bontés grandes
> Ils ont souvent prévenu mes demandes.

Dame, qui Cypre et Paphoz habitez,
Pourvoyez-vous d'accointance nouvelle;
Vostre ami, Mars, vos beaulx yeux à quictés
Une autre il aime à son gré trop plus belle,
Parce qu'ell' tient à sa main immortelle
Luy a semblé estre mieux de sa sorte,
Que n'est celluy qu'Amour, vostre filz, porte.
Par quoy son sein d'une fleur a orné,
Qui ce nom, Mars, tout entier lui rapporte,
Pour vous monstrer que de vous se déporte,
F° 126, r°. Et pour Diane il laisse Dioné [1].

Et il continuera à prodiguer ses vers et ses compliments à la « Minerve française », à ses filles, Madame la Mareschale de La Marck, et Madame d'Aumale [2]. Naturellement Montmorency, le chef du parti du Dauphin, ou son plus solide appui, ne fut pas oublié dans ces éloges. Lorsque, le 10 février 1537, François Ier lui eut donné l'épée de Connétable, en reconnaissance des services rendus, Mellin en félicita le Roy par le dizain suivant :

Entre les biens dont le ciel favorable
A vostre France ennoblie et ornée,
Grand est celuy du nouveau Connestable,
Par qui la paix au monde est retournée.
Vienne donc tost la prospère journée
Que vostre nom, clair en paix et en guerre,
Soit obéi du reste de la terre,
Et fasse entendre à la postérité
Que moins de los ont les grands de conquerre,
Que d'aggrandir ceux qui l'ont mérité. II, 102.

Et, pour mieux faire sa cour, il composa encore un

1. Bibl. Nat. Ms. Fr. 842. — *Recueil de poésies du* XVIe *siècle.*
On peut se demander quelle est cette fleur dont Mars a orné son sein, qui « luy rapporte » si bien son nom. En rapprochant ce onzain d'un autre adressé à « d'heureuses violettes » ornant le sein de Diane (II, 136), on pourrait croire que c'était la violette, la fleur de Mars, messagère du printemps.
2. Voir sur Mme la Maréchale de Lamarck, Françoise de Brézé, II, 136 et 310 — et sur sa sœur cadette, Louise de Brézé, devenue duchesse d'Aumale, I, 165 et II, 163.

douzain sur ce même sujet. La France, dit-il, « esbahie » de tous les grands biens, que vous lui avez donnés, Sire, n'attendait plus rien :

Mais voyant or le grand Montmorenci
Vostre heur accroîstre et le rendre plus stable,
Loue sans fin, par égale merci,
Dieu de vous, Sire, et vous du Connestable. II, 266.

Il va de soi, qu'au milieu de toutes ces rivalités féminines, Mellin tenait avant tout à conserver la bienveillance du Roi. D'ailleurs il n'avait, semble-t-il, aucun grief contre la toute puissante duchesse d'Etampes ; de plus, nous avons vu déjà qu'en 1506, un Charles Chabót, seigneur de Jarnac, avait épousé Jehanne de Saint-Gelays, fille de Jean, baron de Montlieu [1]. Il existait donc des liens de parenté entre les Saint-Gelays et le célèbre Amiral Chabot, cousin de Charles, seigneur de Jarnac. Il n'est donc pas surprenant que Mellin ait composé, même avant 1536, un huitain pour célébrer la douceur et la beauté de « l'Admiralle », Françoise de Longwy. Chaque amoureux, dit-il, estime son amie « sans semblable ».

Mais pour asseoir jugement équitable
Confesser faut (car el' l'a mérité)
Que l'Admiralle est sur tout admirable
En grand' douceur et parfaicte beaulté. III, 41.

Notre poète courtisan s'arrangea aussi pour mériter toujours les bonnes grâces de Claude d'Annebaut, maréchal et amiral de France ; et après sa mort, en 1552, il composa pour lui une épitaphe latine [2], on ne peut plus élogieuse. De cette manière, distribuant largement autour de lui éloges et compliments, ne ménageant ni ses sourires, ni son esprit, fuyant l'intrigue et la jalousie, ne re-

1. Voir Bibl. Nat. Ms. Fr. 2.748.
2. T. II, 319.

cherchant que le plaisir, il put se tenir éloigné de toutes ces mesquines rivalités qui divisèrent la cour jusqu'en 1547.

II

Mais il n'avait pas les mêmes ménagements à garder dans la République des lettres, où son rang et sa réputation le mettaient hors de pair. Aussi prit-il hardiment parti pour son ami Marot, dans sa fameuse querelle avec Sagon. Les diverses phases de ce débat ont été maintes fois racontées [1].

Sagon était un curé de Beauvais, mauvais poète, qui se prétendait disciple de Cretin. Il avait pourtant entretenu d'abord d'excellentes relations d'amitié avec Marot, mais ils se brouillèrent aux fêtes du mariage d'Isabeau, sœur de Henri d'Albert, avec le vicomte René de Rohan, et ce à propos des doctrines nouvelles. On discuta, on se fâcha et les dagues sortirent du fourreau. Peu après, Marot partait pour l'exil. De Ferrare, où il s'ennuyait fort, il écrivit une lettre à François Ier, pour solliciter son rappel, présentant les plus belles excuses. Mais en même temps il envoyait à deux *Sœurs savoisiennes* une autre missive, où se manifestaient ses idées luthériennes. Par ressentiment, peut-être aussi sous les excitations des « Sorboniqueurs », ou encore blessé, comme bon nombre d'autres catholiques, par la désinvolture du poète, Sagon publia son *Coup d'essay*. Indigeste recueil d'épîtres, de rondeaux, de dizains, de chants royaux, précédés d'un prologue, c'était plus simplement une violente diatribe

1. Cf. Voizard, *De disputatione inter Marotum et Sagontum*, (thèse latine), Paris, 1885 ; — P. Bonnefon, *Le différend de Marot et de Sagon*, dans la *Revue d'Hist. litt. de la France*, année 1894, p. 103-138 et 259-285. Les diverses pièces concernant ce débat furent publiées pour la plupart en 1537, dans *Plusieurs traictez, par aucuns nouveaulx poètes du différend de Marot, Sagon et La Huesserie* — in-16 de 144 ff. non chiffrés.

contre le poète exilé Jean Le Blond, personnage bien obscur, vint encore à la rescousse. Marot répondit, et dans son fameux *Dieu gard'* essaya de se justifier. Il rentra en France. Mais Sagon s'empressa aussitôt de publier un *Dieu gard'* fort injurieux, et la querelle ne tarda pas à se généraliser. « Les disciples et amys de Marot », Bonaventure Despériers, Charles Fontaine, Brodeau, Chapuys, Scève, Héroët, prirent la défense de leur maître. Avec empressement, Despériers avait appelé au combat « tous les poètes français », « nobles esprits, amateurs de savoir [1] », et tous avaient répondu à cet appel.

Mellin était depuis trop longtemps l'intime ami de Marot, pour ne pas lui apporter un concours efficace. Il s'empressa d'avertir par lettre maître Clément de ce qui se préparait contre lui, et celui-ci, rassuré, lui répondit aussitôt par le sixain suivant :

Ta lettre, Merlin, me propose
Qu'un gros sot en rime compose
Des vers, par lesquels il me poind ;
Tien toy seur, qu'en rime n'en prose

1. *Les disciples et amys de Marot contre Sagon, La Huetterie et leurs adhérents....* On les vend à Paris en la rue Sainct-Jacques près Sainct-Benoist, à l'enseigne du Croissant, en la boutique de Jehan Morin, MDXXXVII. — In oct. de 36 ff. non chif. — Bibl. Nat. Y. 4.593.

Nobles esprits, amateurs de savoir,
Qu'il vous ennuie et vous est grief de veoir
Vostre Maro, indignement traité
D'un *Coup d'essai*, trop venimeux tracté
Fait par Sagon ; en sa faim saguntine,
Non pas de pain, mais de gloire indigne.....

Après quoi, il appelle au combat tous ces nobles esprits :

Qu'attendez-vous, ô poètes françois,
Ses bons amis ? Pensez-vous que je sois
Expert assez, ou si sur de mon rôle
Pour à Phébus porter quelque parole
De son Mars, que tout seul me laissez
Parler pour luy, et ne vous avancez
A excuser d'icelui la querelle ?

Celui n'escrit aucune chose
Duquel l'ouvrage on ne lit point [1].

Aussi Marot, au début de sa Lettre de *Fripelippes contre Sagon*, place-t-il Saint-Gelays, en tête de ceux qui ne vont pas « escrivant contre luy » [2].

Mais les adversaires ne manquèrent pas d'essayer d'attirer à eux un poète d'une si haute réputation. Dans son *Rabais du Caquet de Fripelippes et de Marot, dict Rat pelé* [3], Boutigny déclarait avec empressement :

Je ne veux pas rabaisser les crédits
Des excellents par toy nommés et dicts,
De Sainct-Gelays, Heroët, Chappuy, Scève,
Ces quatre ici ne sont folz étourdis
Comme ton maistre, obstiné en mesdits.

Et, quelque temps après, un autre disciple de Sagon, La Huetterie, qui se prétendait l'ami de Saint-Gelays, essaya de l'exalter aux dépens de Marot, pour les mettre en désaccord. Il disait dans sa *Responce* [4].

Dans son patois et fol' langage,
Il fera bien un sot ouvrage,
Que l'on dira communément
Cela est venu de Clément,
Lequel on vendra au palais ;
Mais faire ainsi qu'un Sainct-Gelays,
Qui pèse comme en la balance
Ses nobles vers pleins d'éloquence,
Et sans en réserver aucun
Il a la grâce de chacun ;

....

1. Marot, III, 158.
2. *Ibid.* II, 193.
3. *Le rabais du caquet de Fripelippes et de Marot, dict Rat pelé, adictionné avec le commentaire, faict par Mathieu de Boutigny, page de maistre* François *de Sagon, secrétaire de l'abbé de Saint Evroult*, s. l. n. d. — in-8 de 20 ff. — Bibl. Nat. Y. 4.503.
4. *Responce à Marot, dict Fripelippes et à son maistre Clément.* On les vend à Paris en la rue Sainct-Jacques, devant l'escu de Basle, par Jehan Luquet — in-8 de 8 ff. non chiff. — Bibl. Nat. Y. 4.501.

Aussi faict, ce n'est chose neuve
Le bien voulu La Maison Neuve.

Il en appelle ensuite à l'autorité de Chartier, Cretin, Gréban, Meschinot et Bertin, invitant Bouchet et Germain Colin à venir se ranger à ses côtés.

Sans doute, Mellin avait accepté peu auparavant les fades louanges, que La Huetterie lui avait adressées en tête de son mauvais recueil *Le Concile des Dieux* [1], mais vouloir le brouiller avec son ami, c'en était trop. Il prit sa plume et décocha ce mordant septain contre l'imprudent :

Si Charles n'estait grand menteur,
Jamais n'eust esté inventeur
Du livre qu'il nous a donné ;
Et si on l'en a guerdonné,
C'est à fin qu'il perde, en lisant,
Le plaisir trop mal ordonné
Qu'il avoit pris en mesdisant. II, 41.

Et comme ce mauvais poète se plaignait naïvement de n'être pas payé de retour dans ses éloges, Mellin lui fit la maligne réponse bien connue :

Tu te plains, ami, grandement
Qu'en mes vers j'ay loué Clément
Et que je n'ay rien de toy :
Comment veux-tu que je m'amuse
A louer ni toy, ny ta muse?
Tu le fais cent fois mieux que moy. II, 42.

La guerre continuait toujours, mais la fatigue arrivait ; il fallait en finir. On sait comment elle se termina, vers la fin de 1537, par la sentence des Conards de Rouen, qui prièrent Marot d'accorder à son adversaire « paix et pardon ». Ce fut alors que Mellin, qui ne s'était mêlé

1. *Concile des Dieux sur le mariage du roy d'Ecosse*, par Charles de la Huetterie — in-8, Paris, Ol. Maillard, 1536.

qu'indirectement à cette querelle, où trop souvent les injures et les invectives grossières avaient servi de raisons, essaya de donner la note juste dans sa *Ballade du milan et du chat.* Ce milan imprudent voulut s'en prendre à un chat qui dormait, « mal lui en prit ». Et cela rappelle au poète la fameuse dispute. Ce souvenir lui est pénible : il m'est douloureux, dit-il,

> Qu'en ce temps-cy, où nous avons renfort
> D'un vif esprit, qui donne réconfort
> Aux bonnes arts, que le commun mesprise,
> Un sot busard le moleste à grand tort,
> Qui par son mal a sa foiblesse apprise. II, 2.

Aussi engage-t-il l'imprudent à ne pas recommencer sous peine de recevoir « infinis traits ». Mais, fidèle à ses principes de modération, et ennemi de la médisance, « pour ce coup-ci il n'escript même pas son nom ». Sagon se le tint pour dit, et la paix régna de nouveau.

A peine ce différend était-il apaisé, que Mellin, de concert avec Dolet et Nicolas Bourbon, donna une nouvelle édition de la traduction du *Courtisan de Balthazar de Castillon*, par Colin d'Auxerre. Elle parut à Lyon en 1538 [1]. Une lettre d'*Estienne Dolet à Merlin de Saint-Gelays*, publiée en tête du livre, nous renseigne sur les circonstances qui décidèrent cette entreprise. « Ainsy, y est il dit, il te peut souvenir comme dernièrement en ceste ville, lisant le Courtisan du conte Balthasar de Castillon, y trouvasmes plusieurs facultés et lieux omis à l'interprétation. Depuis il a été reveu par aulcuns de bon jugement [2]. » D'après ces termes on pourrait se demander si c'est bien Mellin qui a revu et corrigé cette traduction. Mais des vers latins de Nicolas Bourbon au lecteur, précédant cette lettre, ne laissent aucune place

1. *Le Courtisan de Messire Baltazar de Castillon, nouvellement reveu et corrigé.* — Lyon, François Juste, MDXXXVIII. Bibl. Nat. — Rés. 2049. A.
2. *Ibid.* fol. II [ro].

au doute. « Colin avait exactement et même élégamment traduit le texte italien, seulement son travail fut détérioré par des ignares, au grand déplaisir des courtisans. Ce que voyant, Mellin s'est empressé de rendre le texte à son ancienne pureté, afin de réparer le mal [1]. »

Peut-être même avait-il entrepris de traduire personnellement l'ouvrage de Castillon tout entier. Nous trouvons en effet dans un manuscrit, (Fr. 2.335) [2] la traduction des premières pages du *Courtisant*, traduction assez différente de celle qui fut publiée. Mais l'entreprise était au-dessus des forces, ou plutôt de la constance de l'auteur, il s'arrêta avant d'avoir atteint la fin du premier livre. Quoi qu'il en soit, la fin de la lettre de Dolet est une preuve de l'amitié qui l'unissait alors à Mellin de Saint-Gelays. Après lui avoir annoncé l'envoi de la traduction, il ajoutait : « Au demeurant, si veulx savoir de mes nouvelles, dedans peu de jours je feray imprimer quatre livres d'Epigrammes [3], affin que les poètes Italiens qui viennent avec le Pape à cette assemblée du Roy et de L'empereur [4], congnoissent qu'en France il y a des corps pleins de vers aussi bien qu'en aultre lieu.

1. *Nicolaus Borbonius Vandoperanus Lingonen. poeta ad Lectorem* :

> .. .. Ecce jam olim
> Hunc librum bene Gallice loquentem
> Colinus dederat, fideliterque et
> Docte transtulerat : sed impudenter
> Corruptum a sciolis legebat aula.
> Quam cladem pia Musa Sangelasi
> Indignata, suo nitori eumdem
> Nuper restituit..... f° I v°.

2. Bibl. Nat. Ms. Fr. 2.335. Cette traduction est précedée des initiales St G. et se trouve au milieu de poésies appartenant à Mellin de Saint-Gelays.

3. L'ouvrage parut en effet cette année même, *Steph. Doleti Carminum libri quatuor* — Lyon, 1538, in-4 — Bibl. Nat. Rés. mYc. 772.

4. Il s'agit de l'entrevue de Nice, que le pape Paul III avait ménagée pour le 1er mai entre François Ier et Charles-Quint, alors en guerre depuis longtemps. Le Souverain Pontife s'offrait comme médiateur, et, bien que septuagénaire, il se mit aussitôt en marche pour le lieu indiqué : Cf. Du Bellay et Brantome.

A Dieu, amy, le priant te donner en toute chose prospérité. Escript à Lyon. »

III

A cette époque, Mellin se trouvait en quelque sorte le chef des *Humanistes* français, sa réputation était grande et c'était un honneur que de lui être présenté. C'est ce que nous apprend Vultéius dans ses *Hendécasyllabes latins* [1]. Etant venu à Paris vers ce temps, en 1538 [2], il cherchait avidement une occasion de nouer connaissance avec notre poète. Il la trouva à propos d'une sorte de dîner littéraire que Mellin donnait à ses amis, et ce grâce aux bons offices de Guillaume Scève. Vultéius fut si enchanté de cette bonne aubaine, qu'il s'empressa de la raconter en vers latins. A ce dîner, dit-il, qui lui rappelle de si doux souvenirs [3], se trouvaient rassemblées les plus brillantes gloires du Parnasse français :

In hac lumina Galliae sedebant
Tecum, lumina Galliae ipse dico
Inter cœtera luminosiora,
Gentem sidere quae suo serenant.

Et ces gloires, qui brillent ainsi d'un éclat incomparable, ce sont Florimont II Robertet et son précepteur, Jacques de Vintimille ; Emile Perrot, un célèbre professeur de l'Université de Padoue ; Lancelot de Carle, le

1. *Joan. Vulteii Rhemi inscriptionum libri duo, ad Ægidium Boherum, Arch. Rhem. et Aven. Ad Barpt. Castellanum Nicaeum Xeniorum libellus.* Apud Sim. Colinaeum, 1538. — Bibl. Nat. Rés. Yc. 8.752.

2. Voir à ce sujet l'ingénieuse étude de M. Delaruelle, *Un dîner littéraire chez Mellin de Saint-Gelais*, dans *Revue d'Hist. littér. de la France*, année 1897, p. 407 et ss.

3 Ad delicias tuae vocavit
Cenae Juppiter, ô mihi beatae
Cenae, longe aliis disertioris, etc.

futur évêque de Riez ; Aimar de Rançonnet et enfin Jean des Moutiers, seigneur du Fraïsse. Ces humanistes distingués étaient à deviser gaiement et savamment, lorsque survient Guillaume Scève, amenant Vultéius. Il le présente avec chaleur. On fait bon accueil aux nouveaux venus : l'amphitryon est on ne peut plus gracieux, et le dîner continue plus littéraire encore après l'arrivée des deux nouveaux humanistes. Enfin, quand le défilé des mets fut terminé, on entendit un chant exécuté par des voix de femmes [1]. Il n'est pas impossible que ce fut une sorte de chœur composé par Mellin lui-même, paroles et musique. Son talent de musicien est connu, et il voulait procurer à ses hôtes tous les régals possibles. On comprend donc l'enthousiasme que le seul souvenir de ce dîner excitait encore dans l'âme de Vultéius. Aussi termine-t-il sa pièce par la plus solennelle protestation d'amitié :

Tandem et, Sangelasi, obtinere apud te
Nomen et titulum probati amici
Possim, judice te, et tibi placere
Uni, prae reliquis mihi placenti.

Si la situation de Mellin à la Cour avait été un moment menacée, elle était redevenue on ne peut plus favorable et il continuait à jouir de la faveur du Roi et de la sympathie des courtisans. François Ier l'employait au besoin dans ses missions. Ainsi un « mandement » royal du 17 janvier 1538 ordonne au trésorier « Jean Laguette » de payer « à Mre Merlin de Sainct-Gelays la somme de trente escuz d'or au soleil, à lui ordonnée pour aller et retourner en diligence de la ville de Montpellier en celle de Thoulouze, pour faire inventaire des livres estans de la librairie du feu evesque de Rieuz,

---

Et ut de dapibus, cibisque lautis,
Ut de femineo choro pudico
Verbum ne faciam quidem... etc.

(Jean de Pins) et aussi pour recouvrer quelques papiers qui estaient en sa possession, concernant les affaires du Roy [1]. »

Connaissant de longue date déjà l'art de saisir les occasions favorables de faire sa cour, il eut en plus le mérite de ne pas se laisser duper, semble-t-il, par la feinte générosité de Charles-Quint, et contrairement à plus d'un poète d'alors, il ne le gratifia jamais que d'amères épigrammes. On sait qu'à force de belles promesses, et par l'étalage des plus beaux sentiments, Charles-Quint obtint de François Ier la permission de traverser la France pour aller châtier les gantois révoltés [2]. Bien plus, la ville de Paris, toujours courtoise et généreuse, multiplia les arcs de triomphe pour recevoir le madré politique. Aussi grande fut la déception, quelques jours après, en voyant qu'on s'était laissé duper. Devant ces arcs de triomphe encore debout, le dépit devait mordre l'âme chevaleresque de François Ier. Et tandis que chacun ne songeait qu'à récriminer contre le perfide empereur, Mellin se souvint de son habileté à interpréter les événements à son gré, et composa le onzain suivant :

> Un Espaignol, entrant dedans Paris,
> Vit les grands arcs, que l'on avoit dressés
> Pour l'Empereur, presque cheus et péris,
> Et des ouvriers et d'eux mesdit assez.
> Lors dit quelqu'un : — « Ne vous esbahissez
> Si chose faible a eu peu de durée :
> L'estoffe fust à la foy mesurée
> D'un empereur qui se va commuant,
> Et s'il l'eust eue entière et assurée,
> On lui eut faict ouvrage de durée,
> De marbre dur, voire de diamant. » I, 93.

En la circonstance, laisser entendre et prouver même

1. *Archives nationales*, J. 961, et *Actes de François Ier*, III, p. 454, n° 9.599.
2. Cf. Mignet, *Rivalité de François Ier et de Charles-Quint*, 2 vol. 1875.

qu'après tout on se méfiait bien un peu, et qu'on n'était pas si dupe qu'on le paraissait, était une assez jolie trouvaille.

Dans deux autres circonstances, Mellin renouvela ses attaques contre l'empereur. Une première fois, (probablement après la malheureuse expédition d'Alger) il invective violemment contre « l'Aigle Romaine », qui n'est plus qu'une « Autruche en Autriche », en attendant de devenir « Dromadaire, ou chameau », (II, 292.) C'est assez piètre. Il fut plus heureux certes en 1543. François Ier venait de faire lever le siège de Landrecies, et la situation de Charles-Quint était devenue assez précaire, sur terre et sur mer. Mellin dépeignit ingénieusement cette situation sous l'allégorie suivante :

> Où pensons-nous que l'aigle puisse aller,
> Perdant son nid et branche paternelle ?
> Si elle veut se mettre au vent et à l'air,
> Le Coq royal a bien plus heureuse aile.
> Quant à la terre, il n'y a rien pour elle,
> Car le nouveau Porc-espic furieux
> De l'en chasser sera bien curieux,
> Et le Dauphin en mer est trop à craindre :
> Et quant au feu, le Serpent glorieux
> Qui s'y nourrist l'y feroit tost estaindre. II, 137.

Ces allégories étaient tout à fait dans le goût de l'époque et le dizain dut avoir un grand succès. Cl. Chapuys en effet développa cette même idée dans son poème intitulé : l'*Aigle qui fait la poule devant le coq* [1], et Jean Rus ne fit qu'imiter Mellin dans son épigramme « *du Roy et de l'empereur* [2], à propos du même événement.

Ainsi Saint-Gelays continuait à remplir son office de

1. Cette pièce a été publiée par A. de Montaiglon dans son *Recueil*, t. IV, p. 47.

2. *Œuvres de Jean Rus*, publiées par Tamizey de Larroque, p. 42 et 67, *Appendice*.

poète officiel, chantant tous les faits divers qui pouvaient intéresser la Cour et particulièrement la famille royale. Lorsque par le traité de Crespy, 18 septembre 1544, Charles, duc d'Orléans, put se promettre d'épouser bientôt la fille ou la nièce de Charles-Quint, avec le duché de Milan pour dot, notre poète lui promettait « tous les honneurs de verd laurier », dans un sonnet écrit en tête d'une édition de Pétrarque, appartenant à ce jeune prince [1]. Et quand une mort prématurée eut brisé toutes ces belles espérances, il composa une épitaphe pour son tombeau, épitaphe qu'il traduisit ensuite en vers latins [2]. Mellin paraît avoir aimé particulièrement ce fils de François Ier. Quelque temps après, en effet, apercevant « une peincture de feu Monsieur d'Orléans comme il estait en sa conqueste de Luxembourg », il écrivit au-dessous :

Vous qui n'avez cognu que par renom
Le plus que grand Charles, duc d'Orléans,
Fils de François, premier Roy de ce nom,
Qui tant de gloire acquit en si peu d'ans,
Si ce pourtraict vous estes regardans,
Vous le voyez tel qu'il estoit en armes ;
Et si le mieux pouviez voir du dedans,
Vous ne sauriez le regarder sans larmes. II, 80

Mais il chantait aussi les événements heureux. Lorsqu'enfin, après de longues années d'attente, Catherine de Médicis, en 1544, donna un fils au Dauphin Henri, on alluma partout des feux de joie. Et Mellin ne manqua pas de célébrer cette naissance (II, 288), en même temps qu'il expliquait une éclipse de soleil survenue ce jour là. Apollon déclarait :

Besoing n'aviez de ma clarté première
......, venant à comparoistre
Nouveau soleil et plus grande lumière. I, 290.

1. T. I, 287.
2. T. II, 298 et 318.

Ses éloges et ses gentillesses ne s'adressaient pas qu'aux membres de la famille royale. Il continuait à prodiguer autour de lui toutes les richesses de son esprit, dans une foule de petits vers. Ainsi, tout en composant les épitaphes de Polisy (1539) [1] et de Budé (1540) [2], il multipliait ses épigrammes et ses billets, lettres et étrennes [3]. Les demoiselles de la Cour en « auraient eu de quoy dire. » Aussi la faveur dont jouissait Mellin augmentait en quelque sorte chaque jour. Etienne Dolet et Salmon Macrin le proclamaient la gloire et l'ornement de la France [4] ; Antoine Govea lui recommandait humblement ses petites épigrammes [5], et Charles de Sainte-Marthe dans sa célèbre *Elégie du Tempé de France*, où il plaçait tous les poètes célèbres d'alors à côté d'une des neuf Muses, selon leurs attributions, faisait de Mellin le favori d'Erato, la déesse de la poésie lyrique.

> Puis Erato un Sainct-Gelays maintient,
> Qui sa partie avec les aultres tient,
> Chantant des sons de sa sonnante lyre,
> Plaisants à tous et utiles à dire [6].

---

1. T. II, 276.
2. T. I, 120.
3. Voir en particulier, t. II, 209 et 210.
4. *Doleti Carmina*, Lugduni 1538, p. 34, et *Salmoni Macrini Hymnorum selectorum libri tres*, Parisiis, 1540, p. 12.
5. *Antonii Goveani* Opera *juridica, philolog. et philosophica*. J. Van Vaassen, Roterod. 1766.

> Nostros, Sangelasi, tibi libellos,
> Libellos brevitate singulari,
> Commendo; exiguis licet, videbis
> Conclusum genus omne ineptiarum.

Liv. II, Epig. VIII, p. 688.

Sur cet écrivain, consulter E. Caillemer, *Etude sur Antoine de Govea*, dans les *Mémoires de l'Académie de Caen*, 1865.

6. *La poésie Francoise de Charles de Saincte-Marthe, natif de Fontevrault en Poictou. Divisée en trois livres.* Le tout adressé à très noble et très illustre Princesse, Madame la Duchesse d'Etampes et contesse de Poinctièvre. Plus un livre de ses amys. — Imprimé à Lyon, chez Le Prince, MDXL. Bibl. Nat. Rés. pYe. 193. — Voici à titre de curiosité, comment Sainte-Marthe distribue les poètes auprès des diverses Muses, dans le tiers livre. Calliopé, « la

Un certain changement s'était cependant produit dans les idées de notre poète : la fougue des passions s'était amortie avec l'âge, et si les déboires de l'expérience, joints à la lassitude, ne l'avaient pas à tout jamais guéri du pétrarquisme, sa galanterie était devenue plus délicate et plus réservée. Il n'avait pas hésité autrefois à prier Dieu de favoriser ses amours, et terminait un dizain galant par ces deux vers ;

> ... Si voulez faire devant nos yeux
> Un grand miracle, il faut qu'elle soit mienne [1].

Mais, dégoûté par la froideur de sa dame, et trop souvent trompé par l'Amour, qui toujours lui a envoyé « le rebours de ce qu'il a dévotement prié [2] », il prit la résolution de ne plus supplier ce dieu. Le danger l'aida probablement aussi à vouloir changer de conduite. Toujours est il, qu'au milieu de ses plaisirs, si peu en rapport avec l'éclat ecclésiastique, il ne pouvait se défendre de certains remords. Même avant qu'il put voir le feu dévorant les hérétiques, il s'écriait dans une heure de repentir :

> Fuyez de moi, males conditions !
> Où est mon bien là est mon espérance.
> Vertu est toute en mes affections,
> Tant que de vice en moy n'a apparence.
> Rien fors que Dieu en mon cœur n'a crédit ;
> Et s'il n'est vray, au moins est-ce bien dict. III, 61.

Il semble, en effet, que Mellin entreprit alors de changer sérieusement de conduite et de mener une vie plus chrétienne et plus sacerdotale.

tant bien résonnante » a auprès d'elle son Marot, et Clio son docte Colin — Scève « est assis auprès de sa doulce Thalie », et « La Maison neufve, esprit gentil » près de Melpomené, tandis que « Terpsicoré a près de soi Brodeau », et Euterpe Bouchet ; Héroët et Fontaine chantent auprès « de l'haulte Polymmie, et enfin Salel est guidé par Uranie. »

1. T. III, 16.
2. T. III, 77, CXLIV et 42, LXXVIII.

Il n'était sûrement pas sans se rendre compte du désaccord trop criant entre sa conduite et son état. Il essaya de se convertir. Par de longs et sérieux efforts, il s'efforça de bien se convaincre que Dieu était son « *Tout* » et qu'il n'était « *Rien* », demandant au Seigneur de lui accorder persévérance (III, 67).

> En vostre amour j'ay parfaicte espérance,
> Que la grâce qu'en mon *Rien* avez faict
> Enfin fera son chef d'œuvre parfaict,
> Le couronnant par sa persévérance,
> Vous monstrant Dieu, bonté, sens et puissance,
> D'autant meilleur que plus suis imparfaict.

Ces tentatives devaient être sérieuses, elles ne furent pas couronnées de succès. Malheureusement nous constaterons que Mellin aura encore bien des faiblesses. Au reste, il continua toujours sa vie à la Cour, où il s'était acquis déjà une grande réputation comme chansonnier ; plusieurs de ses compositions dans ce genre faisaient fureur. Des témoignages contemporains nous affirment que les dames et les courtisans se plaisaient à fredonner les couplets de la *Chanson des Astres*. L'astrologie jouissait en ce temps-là d'une vogue sans pareille. Or, par une invention assez heureuse, le poète donne le nom d'une étoile à chacune des principales dames de la Cour, agrémentant ses couplets d'une foule d'allusions. La duchesse d'Etampes, Diane de Poitiers, Marguerite de Valois, la reine Eléonor, « Magdelaine de France », Mademoiselle de Canaples, la comtesse de Saint-Paul, Madame l'Admiralle, parmi les plus connues, ont tour à tour chacune leur couplet, dans cette longue et amusante chanson, qui compte vingt-deux strophes [1]. Elle dut être composée en 1540, ou dans les premiers mois de 1541. Un de ces

1. T. I, p. 121. Des notes, insérées dans le manuscrit, nous donnent la clef de presque toutes les allusions.

couplets nous apprend, en effet, que Thétis, qui n'est autre que Françoise de Longwy, femme de l'amiral Chabot,

> Partout cherche fortune
> Pour hors du tourment odieux
> Retirer son Neptune. (20e couplet).

Et nous savons par l'histoire [1] que le 8 février 1540, Chabot fut condamné ; mais, le 24 mars 1541, à la suite de nombreuses démarches, la duchesse d'Etampes obtint un arrêt du Parlement qui déchargeait l'amiral de tout crime.

Quelque temps après, en septembre 1544, Mellin apprenait que son ami, Clément Marot, venait de mourir. C'était à Turin qu'il avait fini, exilé et misérable, après avoir été obligé de s'enfuir de Genève, où Calvin, malgré son crédit, eut toutes les peines du monde à le sauver des rigueurs de juges austères, irrités et scandalisés, dit-on, par la licence de ses mœurs. Ce dut être un coup bien pénible pour le cœur de Saint-Gelays. Mais cette mort, regrettée d'ailleurs amèrement par tous les amis des lettres, plaçait Mellin à la tête de tous les poètes d'alors, ou du moins consacrait cette situation. Il ne fut pas le moins empressé à pleurer cette perte, et tout en gardant précieusement le souvenir de son ami, il se promit de continuer fidèlement sa tradition poétique.

IV

C'est encore en 1544 que Mellin fut nommé par le roi à la charge qui lui convenait entre toutes, celles de Bibliothécaire royal de Fontainebleau [2]. Nous avons vu qu'il

1. Cf. *Histoire de France* d'Ernest Lavisse, liv. VII, ch. V, p. 100 et ss.

2. Cf. A. Franklin. *Histoire de la Bibliothèque Mazarine depuis sa fondation jusqu'à nos jours* ; et surtout Le Prince, *Essai historique sur la Bibliothèque du*

était déjà chargé de la garde des livres réunis au château de Blois. Et certes il ne contribua pas peu, par sa compétence et son amour des lettres, à enrichir la première bibliothèque royale, vraiment digne de ce nom. Elle était bien pauvre encore. Louis XII avait fait transporter à Blois, pour les réunir à ceux qui avaient appartenu à son père, Charles d'Orléans, tous les ouvrages recueillis par ses prédécesseurs, Louis XI et Charles VIII. Mais il y avait à peine une centaine d'imprimés et environ 1.700 manuscrits, en cette année 1544, où tous ces écrits divers furent transportés à Fontainebleau par les soins de Mellin.

François Ier, en effet, qui se plaisait à orner Fontainebleau, avait fondé une bibliothèque dans ce château. Il ne négligea rien pour l'enrichir. C'est là qu'il fit déposer les précieuses acquisitions littéraires faites dans ses expéditions d'Italie. En 1527, ce dépôt fut encore augmenté des livres et manuscrits de la maison des princes de Bourbon, confisqués au Connétable. Et pour garder et augmenter ce trésor littéraire, le Roi établit un nouveau personnel. Jusqu'alors il n'y avait qu'un simple « Garde » en titre, quelques « Ecrivains » et un « Enlumineur ». François Ier, pour donner plus de relief à sa bibliothèque, et, sans doute, pour avoir dans sa maison une charge distinguée, qui fut la récompense du savoir, en créa une de Bibliothécaire en chef, qu'on appela longtemps : « Maître de la librairie du Roi [1] ». Cette charge, créée vers 1522, fut donnée pour la première fois à Guillaume Budé, le savant humaniste. Le choix était heureux. Quand il mourut vers 1540, ce fut Pierre Duchastel qui lui succéda. Mais, comme ses nombreuses occupations et les soins de son diocèse lui laissaient peu de

Roi, et sur chacun des dépôts qui la composent..... avec additions, notes corrections de la main de l'abbé de Saint-Léger (Mercier) et Foisy.

1. Cf. Le Prince, *op. cit.*, p. 23.

temps à consacrer à ses livres, il pria le Roi de lui donner Mellin de Saint-Gelays, pour le seconder dans sa tâche. Elle allait devenir plus considérable encore par le transfert de toutes les richesses littéraires de Blois à Fontainebleau. Ce fut Mellin lui-même qui fut chargé de faire exécuter les ordres de François Ier.

En conséquence, le 4 juin 1544, « deux Maitres des Comptes connus de la Chambre de cette ville, (c'étaient Jehan Grenaisie et Nicollas Dux) dressèrent l'inventaire des livres, sphères, globes etc.... Saint-Gelays donna son récépissé, et, accompagné d'un des Maîtres des Comptes, il fit conduire les ballots à Fontainebleau, où ils furent remis entre les mains de Mathieu La Bisse, qui en donna son reçu, le 12 juin 1544, comme garde de la Librairie de ce château » [1].

Il y avait là 1.890 volumes environ, ne comprenant pas plus de 109 livres imprimés et 38 ou 39 manuscrits grecs, apportés naguère de Naples par le célèbre Lascaris, et déposés à la Bibliothèque de Blois. Ces renseignements nous sont fournis par un inventaire de cent vingt huit feuillets, commençant par une sorte de procès-verbal, et rédigé en présence de Mellin de Saint-Gelays et de Jean de la Barre, commis à la garde de la Librairie du Château de Blois [2]. Cet inventaire, ou plutôt le double de cet inventaire transcrit pour Mellin, porte de nombreuses corrections de la main même de notre poète, d'une écriture très belle [3]. Il lui servit évidemment à faire le récolement des livres, après leur transfert à Fontainebleau.

Nous avons un témoignage indirect du soin avec lequel il veilla sur les richesses littéraires qui lui étaient confiées. A cette époque, un certain nombre de volumes

1. Le Prince, *op. cit.*, p. 18.
2. Bibl. Nat. Ms. Fr. 5.660.
3. Cf. H. Omont, *Concordance des numéros anciens et des numéros actuels des manuscrits latins de la Bibliothèque nationale.* — Notice sur les Anciens Catalogues, ch. II, p. XII.

de la bibliothèque du château de Blois avaient été prêtés avec autorisation du roi. Mais quelques-uns de ces prêts remontaient à douze ans et plus. Mellin voulut y mettre bon ordre, et établir un contrôle serieux et efficace. Il réclama, en effet, et garda par devers lui « les cédules et mémoires » constatant et établissant authentiquement le prêt des livres déjà consenti, et en fit établir quand il n'y en avait pas [1].

Dès lors on peut bien assurer qu'il eut la plus grande part dans la fondation de cette bibliothèque, et c'est véritablement à lui qu'il faut rapporter la gloire des nombreuses acquisitions qui vinrent enrichir ce premier fonds. Déjà François Ier avait envoyé de nombreux émissaires pour rechercher et acheter les manuscrits antiques ; Jérôme Fondule, Jean de Pins, évêque de Lavaur, Georges d'Armagnac et Guillaume Pellissiers, évêque de Montpellier étaient partis en mission. On en envoya d'autres sous l'impulsion des Bibliothécaires, et dans moins de cinq ans ils grossirent ces richesses intellectuelles par l'apport des plus rares acquisitions.

Mais il fallait aussi veiller soigneusement à l'exacte conservation de tous ces trésors. De concert avec Duchâtel, Mellin prit ses précautions. Un grand nombre de livres et de manuscrits furent reliés avec art, et l'on dressa plusieurs catalogues pour établir le nombre et l'état de tous les ouvrages.

De plus, il est bien probable que Mellin fut le véritable inspirateur de l'ordonnance de 1556, par laquelle Henri II statue « qu'on ne donnera aucun privilège d'imprimer qu'à la charge que de tous les livres qui s'imprimeront, lui en sera baillé et présenté un, imprimé en parchemin de vélin, relié et couvert, comme il appar-

1. *Ibid.*, ch. II, p. XVIII et XIX. Il est curieux de voir à qui ces prêts avaient été consentis.

tient lui être présenté, pour être mis en sa bibliothèque de Fontainebleau et à celle du château de Blois [1] ».

Ce décret n'était, somme toute, que le couronnement de deux autres, édictés par François Ier, quelque vingt ans auparavant. L'honneur et l'initiative de ces décrets doivent pareillement, selon toute vraisemblance, être attribués au nouveau Bibliothécaire. Du moins, c'était à lui qu'ils se rapportaient particulièrement. En effet, une déclaration royale du 8 décembre 1536, « défend pour la restauration des Belles-Lettres de vendre ni envoyer en Pays estrangers aucuns livres ou cahiers, en telle langue qu'ils soient, sans en avoir remis un exemplaire ès mains de son Aumosnier ordinaire, l'abbé de Reclus, et sans l'avoir fait voir et examiner à M. Mellin de Saint-Gelays, garde de la Librairie au château de Blois, et de même pour les autres villes du royaume » [2]. Une année après, 28 décembre 1537, nouvelle ordonnance royale portant « défense à tous Imprimeurs et Libraires de mettre en vente aucun livre, sans en avoir donné un exemplaire au Garde de sa Librairie, s'il est imprimé dans le Royaume, et sans en avoir donné connaissance, s'il est imprimé dans les pays étrangers [3] ».

Après cela, n'est-il pas juste de regarder Mellin comme le créateur, ou du moins comme le premier organisateur de notre Bibliothèque nationale ? Non seulement, en effet, pendant près de trente ans, il organisa lui-même

1. Une autre close de cette ordonnance porte « que les dicts privilégiés seront tenus bailler à chacun monastère des religieux mendians, habitués en la ville où se fera l'impression, un desdits livres reliés pour le prix qu'ils cousteront aux dits privilégiés, sans y amander ni profiter aucunement, dont ils seront tenus de se purger par serment devant le juge ordinaire ».

Tous ces divers renseignements sont tirés d'une note manuscrite se trouvant sur un feuillet collé à la page 113 du curieux petit livre de Le Prince, *Essai historique sur la Bibliothèque du Roi*, déjà cité. Cf. également Ms. Fr. 21.816, fol. 21 v°.

2. *Ibid.*, p. 114.

3. *Ibid.*, p. 113.

et grossit le premier noyau de cette splendide collection, mais surtout par les trois décrets qu'il fit porter, il en assura le constant accroissement. Quand parut le décret de 1556, Duchâtel était déjà mort depuis plusieurs années. Il avait été remplacé, en 1552, dans sa charge de « Maître de la librairie », par Pierre de Montdoré. Mais ce nouveau bibliothécaire était loin d'avoir la science et les talents de son prédécesseur.

V

Au milieu de tous ces travaux, Mellin ne négligeait pas une autre science, apportée aussi de l'Italie, et qui dut lui valoir peut-être encore plus de succès : c'était l'astrologie. En 1546, paraissait à Lyon, chez Jean de Tournes, une petite plaquette d'une quarantaine de pages, intitulée *Advertissement sur les jugements d'astrologie, à une studieuse damoyselle.* Elle ne portait aucun nom d'auteur, et l'on ne sut longtemps à qui l'attribuer. Mais un petit sonnet, placé en tête, au verso du frontispice, et qui se trouve dans plusieurs manuscrits des poésies de Mellin, et fut imprimé dans ses ouvrages en 1574, avec cette mention : *Sonnet mis au devant d'un petit traité que je fis intitulé : Advertissement sur les jugements d'astrologie*, ne laisse plus aucun doute à ce sujet. On n'ignorait pas d'ailleurs que Mellin avait composé un ouvrage sur l'astrologie ; mais comme il avait pour habitude de ne rien livrer à la presse, et que cet opuscule fut publié « contre sa volonté et intention [1] », on répétait après Thevet, que c'était en latin qu'il l'avait écrit et intitulé : *De fato.* Erreur que n'a pas manqué de reproduire Colletet [2]. « Comme il avait une grande in-

1. Thevet, *Les vrais Pourtraits et Vies des Hommes illustres*, p. 557, v°.
2. *Vies d'Octovien de Saint-Gelays, Mellin de Saint-Gelays...* etc., p. 99.

telligence de tous les secrets de l'astrologie judiciaire et de toutes les autres parties des mathématiques, aussy bien que des beautés de la langue latine, il composa un livre latin, intitulé *De Fato*, de la Destinée, et qui depuis a esté imprimé soubz le nom de l'autheur, avec quelques autres de ses ouvrages, et contre son intention mesme, n'ayant pas beaucoup d'inclination à faire imprimer, sur la crainte qu'il avait de s'exposer aux bizarres sentiments des hommes, qui ne sçauroient souvent mesme approuver de bouche ce qu'ils adorent en leur cœur, tant l'envie et l'infidélité règnent au monde et y infectent tout de leur noir poison. »

On serait peut-être tenté de sourire, en voyant un esprit aussi distingué s'occuper d'une chose aussi futile que l'astrologie, si l'on ne savait quelle place importante cette science occupait alors dans la vie des hommes les plus éclairés. Il en fut ainsi pendant tout le XVIe siècle. Les esprits n'étaient pas encore dégagés de la plupart des ténèbres scientifiques du Moyen-Age. On croyait fermement à l'astrologie, comme à beaucoup d'autres fables, qui nous semblent aujourd'hui bien puériles. Quelques hommes, plus clairvoyants, purent bien répéter les paroles de Gargantua à son fils Pantagruel : « Laisse-moi l'astrologie divinatrice et l'art de Lullius, comme abus et vanités »[1] ; mais l'immense majorité des Français d'alors continua à être intimement persuadée de l'influence des astres sur la destinée humaine. Le succès de Nostradamus et de ses pareils en est une preuve évidente.

Le Roi d'ailleurs, avec toute sa cour, encourageait ces superstitieuses croyances. Ainsi Cornélius Agrippa[2]

1. Rabelais, t. II, chap. 8.

Notons aussi la protestation de Bonaventure Des Périers dans sa satire en vers, *Prognostication des prognostications*, dirigée contre les astrologues. Voir *Œuvres complètes*, dans la Bibliothèque elzévirienne, publiées par L. Lacour, 1856 — 2 vol. in-12, t. I, p. 130-139.

2. Cornelius Agrippa, le médecin de Louise de Savoie, astrologue et profes-

dans son traité de la *Vanité des sciences* rapporte que, lorsque les deux fils de François Ier se trouvaient otages en Espagne, le roi fit venir à la Cour un magicien allemand, qui se chargeait de ramener ces deux princes en France, à travers les airs, comme Habacuc fut transporté par un ange au-dessus de la fosse aux lions [1]. Vains projets. — En arrivant d'Italie, où Luc Gauric et Cardan exerçaient la haute astrologie judiciaire, Catherine de Médicis avait amené avec elle les deux Ruggieri. Et si elle se trouve encore gênée dans son penchant pour les sciences occultes, elle s'y livrera en toute confiance, quand elle aura le pouvoir [2]. La Cour ne se fit pas faute de l'imiter dans ces bizarreries. Quant au vulgaire, qui ne pouvait recourir aux astrologues, il avait à sa disposition le *Plaisant Jeu du Dodechedron de Fortune*, qui, au moyen d'un dé spécial ayant douze faces, permettait par de patientes recherches d'obtenir la réponse demandée. C'était en vers qu'elle était formulée. Et nombreux étaient les ouvrages de cette sorte, comme ceux qui traitaient scientifiquement (?) de l'astrologie. Aussi le xvie siècle possède-t-il une véritable littérature astrologique, fort curieuse [3]. Mellin doit y occuper une place importante avec son *Advertissement* et les nombreux vers composés pour un *Livre de sort*. Ces vers forment une

---

seur d'hébreu, après avoir été partisan des sciences occultes, les attaqua dans son traité, *De incertitudine scientiarum declamatio invectiva*, Paris in-8, 1531. Consulter A. Prost, *Corneille Agrippa. Sa vie et ses œuvres* -- 2 vol. in-8, Paris, 1881.

1. Regios pueros reducere per aera, quemadmodum legitur Habacuc cum suo pulmento traductus ad lacum leonum. » Rapporté par Gaillard, *Histoire de François Ier*, t. VIII, p. 202. — Nombreux sont les autres exemples de superstition qu'il rapporte dans ce volume.

2. Cf. Dreux du Radier, *Anecdotes et Mémoires historiques des Reines et régentes de France*, Paris, 1763, t. IV, p. 261 et ss. Voir aussi Maury, *La Magie et l'Astrologie dans l'Antiquité et au Moyen-Age*.

3. Cf. *La langue au* xvie *siècle*, par M. Ferdinand Brunot dans l'*Histoire de la langue et de la Littérature française*, (Petit de Julleville), t. III, p. 690. — Et *Histoire de la Langue Française*, t. II, seizième siècle, p. 59.

longue suite de quatrains — il y en a plus de cent — entremêlés de quelques distiques, donnant une vague réponse à diverses questions de galanterie :

> Tant plus clos ce mal vous tiendrez,
> Et plus malade en deviendrez :
> On guérit l'ulcère en l'ouvrant,
> Et l'amour en le descouvrant. III, 138.

Ce sont d'insignifiantes bagatelles, renfermant parfois une fine pensée, exprimée avec bonheur, au milieu de beaucoup de mièvreries et de fadeurs. A ces vers, pour la plupart publiés seulement de nos jours, on ne saurait approximativement attribuer une date. Mais l'*Advertissement à une studieuse damoyselle*, doit chronologiquement se trouver en tête de la liste des principaux ouvrages astrologiques du XVIe siècle. Dès lors son influence a dû être importante. C'est, en effet, une franche apologie de cette prétendue science. A cette « damoyselle studieuse », mais « non instituée en mathématiques », et qui désirait « user des haults mystères de l'astrologie », Mellin répond en lui exposant quels sont ceux qui « l'estiment chose louable et digne d'admiration », et ceux qui « la vitupèrent pleinement ». Il réfute ensuite toutes les objections diverses qu'on peut faire contre cette science, afin de lui en donner une excellente opinion, parce que « l'opinion en toutes choses est de grand prix et importance. » Et il termine en l'engageant vivement à ne pas craindre de faiblir en se mettant au nombre de ceux qui font « profession d'astrologie ».

Je ne sais si Mellin réussit, mais il ne plaidait pas trop mal sa cause. Aussi, la « studieuse damoyselle » ne résista pas à la tentation de faire imprimer le petit traité.

C'est très probablement encore sans son autorisation que, l'année suivante, on fit paraître un certain nombre de vers qui lui appartenaient, chez Pierre de Tours, à Lyon [1]. Ce petit recueil d'à peine quatre-vingts pages dut lui causer un sensible déplaisir et une surprise désagréable. Passe encore pour quelques contes et rondeaux, pièces assez grivoises et quelque peu scandaleuses ; mais il y avait là aussi une certaine énigme [2], dont les allusions n'étaient que trop transparentes, et pouvaient rappeler des souvenirs fâcheux et même dangereux pour leur auteur. Un *Autre dizain* [3] dirigé contre « une gaillarde dame », et formant acrostiche pour donner *la papalité,* devait faire naître fatalement de singuliers soupçons sur l'orthodoxie du poète. Aussi Mellin s'empressa-t-il de réparer de son mieux l'imprudence de ses amis. Pour empêcher que ces vers compromettants ne vinssent à tomber sous des yeux trop sévères, il fit rechercher et détruire tous les exemplaires qu'il put trouver. Il le fit si consciencieusement, que, jusqu'à ce jour, on n'a pu en découvrir qu'un seul [4]. Mais cet accident était bien de nature à confirmer notre poète dans sa résolution déjà ancienne de ne jamais livrer ses œuvres aux imprimeurs.

Il est bon d'ajouter pourtant qu'en 1545, avait paru, à Lyon, chez Jean de Tournes, la *Déploration de Vénus sur la mort du bel Adonis avec plusieurs chansons nouvelles* [5], dont deux au moins étaient de Saint-Gelays. Et

---

1. *Saingelais, œuvres de luy tant en composition que translation, ou allusion aux Auteurs Grecs et Latins.* — A Lyon par Pierre de Tours, MDXLVII, in-8 de 79 pages. — Edition reproduite par P. Blanchemain en tête des *Œuvres de Mellin de Sainct-Gelays.*

2. *Enygme,* I, 70.

3. *Autre dizain ou énigme,* I, 108.

4. Cf. P. Blanchemain, *Œuvres de Mellin, Bibliographie,* I, 33.

5. *Déploration de Vénus sur la mort du bel Adonis, avec plusieurs chansons nouvelles,* à Lyon, par Jean de Tournes, MDXLVII. — In-8 de 104 p. chif. Ital., Bibl. Mazarine 21.658, Rés.

Les pièces appartenant à Mellin de Saint-Gelays, outre la *Déploration de Vénus,* sont : la 3e Chanson, « *par une dame* », *Œuvres,* I, 66 — et la 4e, *Complaintes,* Hélas mon Dieu ! *Œuvres,* I, 69.

Sur ce recueil, voir *Revue d'hist. litt. de la France,* année 1896, p. 97 et ss.

ces diverses pièces furent encore réimprimées en 1547. Mais elles étaient en quelque sorte tombées dans le domaine public par leur succès même. Et d'ailleurs on put agir à ce sujet envers Mellin, comme on avait fait pour *l'Advertissement* et les *Œuvres*, parues ou à paraitre cette même année, chez Pierre de Tours.

Pendant ce temps, il s'efforçait de charmer de son mieux la vieillesse prématurée et de rendre moins tristes les derniers jours du Roi chevalier. Ne pouvant plus donner de grands coups d'épée sur les champs de bataille, usé par les plaisirs, torturé par la maladie, François Ier cherchait auprès des lettres et des arts quelques distractions. « Même pendant ses repas, nous dit de Thou, il voulait qu'on lui parlât de choses curieuses, qu'il écoutait avec beaucoup d'attention. » Mellin, certes, ne devait pas être le moins intéressant de ses bibliothécaires. Il pouvait lui donner les plus curieux renseignements sur les sciences et la philosophie, lui traduire les écrivains de l'antiquité, ou réciter des vers de sa voix harmonieuse, qu'il savait si bien marier aux accords du luth ou de la guitare. Il devait bien ses meilleurs services au protecteur des Lettres, qui lui avait octroyé tant de faveurs. D'ailleurs il n'était pas homme à se laisser décourager par les fantaisies maladives de ce prince, et trouvait sans nul doute toujours moyen de les satisfaire. Mais François Ier s'affaiblissait de plus en plus [1]. Au début de cette année 1547, il devint évident qu'il touchait à sa fin. Un nouvel abcès vint précipiter le dénouement : il s'éteignit dans la nuit du 31 mars, entre une heure et deux heures du matin.

Entre autres marques de regret que donna Mellin « au feu Roy », il composa deux épitaphes pour son cœur, « enterré à Haute-Bruyère ». C'est un hameau de Seine-et-

1. Voir, Ch. Paillard, *La mort de François Ier et les premiers temps du règne de Henri II*, dans la *Revue d'hist.*, t. V, année 1877.

Oise, non loin de Rambouillet. Il y avait alors là une célèbre abbaye de religieuses de l'ordre de Fontevrault, auxquelles on confia la garde du cœur de François Ier, enfermé dans une urne, ornée d'inscriptions. Voici l'une des deux que composa Mellin, dans sa reconnaissance pour le prince, dont il avait tant à se louer et depuis si longtemps :

> Du bon François, des Princes l'ornement,
> Qui de fortune et de foy fut vainqueur,
> Cy est enclos le magnanime cœur
> Qui clos à peine estoit du firmament. II, 174.

AUMONIER DU ROI

(1547 - 1550)

I. — Etat de la Chapelle royale : grand aumônier ; premier aumônier ; aumôniers ordinaires.

II. — La nouvelle cour : Henri II, Diane de Poitiers, Catherine de Médicis. — Réformes tentées. — Supplique de Vénus.

III. — Amusements : Mellin en est l'organisateur ; mascarades, fêtes, danses, joutes et cartels.

IV. — Lettres : pour le dauphin François, 1548 ; pour le Roi à Anet, 1548 ; pour d'autres : dames et seigneurs.

V. — Inscriptions sur des images religieuses ; badinages déplacés. — Ancienne bonhomie.

VI. — Mellin est le chef du Parnasse français. — Jacques Peletier, 1547. — Jan Alfonse, Sainctongeois, 1547. — *Art poétique* de Thomas Sibilet (1548).

I

En apprenant la fin de son père, le dauphin Henri manifesta, dit-on, une profonde douleur. Mais il ne se montra guère fidèle aux dernières recommandations du défunt. A peine sur le trône, il s'empressa de satisfaire ses rancunes, trop longtemps contenues, et de frapper tous ceux dont il croyait avoir eu à se plaindre. Un de ses premiers actes d'autorité fut de rappeler le connétable de Montmorency, retiré dans ses terres, et d'éloigner sans ménagement le cardinal de Tournon et le maréchal d'Annebaut. Et pourtant François Ier lui avait recommandé en mourant de laisser le premier dans la disgrâce, et de prendre toujours les avis des deux autres. Le nouveau roi n'en demeura pas là, il se mit en devoir de réformer « la vieille cour ». Madame d'Etampes et tous ses amis furent chassés, pour laisser le champ libre à Diane de Poitiers et à ses partisans [1]. C'était, outre le Connétable, le cardinal de Lorraine et son frère Claude de Guise, les Bourbons et le maréchal de Saint-André.

Avant même que les obsèques de François Ier fussent terminées, le cardinal de Meudon, grand aumônier de France, le cardinal d'Annebaut, maître de l'Oratoire et le cardinal de Tournon, maître de la Chapelle-musique, furent brusquement privés de leurs charges à la Cour. Seul parmi les principaux officiers de la Chapelle Royale, Jean Gagnée garda son emploi de premier aumônier [2]. Mais bon nombre d'autres employés moins en vue furent aussi disgraciés. Au milieu de tous ces bouleversements, la fortune de Mellin ne semble pas avoir subi la moindre baisse, tout au-contraire. Il était aumonier du Dauphin, il devint aumonier du roi en titre, et jouit dans ce nouveau poste d'une faveur et d'un crédit plus grands que jamais.

L'aumônerie royale avait pris une extension considérable dans les dernières années du XVe siècle. Les rois de France s'étaient plu à donner à cet office un lustre particulier. Dès l'origine, l'aumônier, comme son nom l'indique, était simplement un ecclésiastique de confiance, chargé de distribuer les aumônes du roi. Mais peu à peu son office s'étendit, et il devint le chef « de tous les hôpitaux royaux gouvernés par gens laïques ». Il fallut nommer plusieurs aumôniers. Louis XI établit un grand aumônier, chargé de présider aux diverses fonctions de cette charge. François Ier, qui se piquait d'être le défen-

1. Cf. Ernest Lavisse, *Histoire de France*, t. V, liv. VIII, chap. I, *Le nouveau roi et la nouvelle cour*, p. 123-138.

2. Pour tous les détails concernant les aumôniers et autres renseignements sur la « Chapelle Royale », cf. Du Peyrat, *Histoire ecclésiastique de la Cour*, in-fol, 1645 ; — Archon, *Histoire ecclésiastique de la Chapelle des Rois de France*, 2 vol. in-4°, 1704 et 1711 ; Oroux ; — *Histoire ecclésiastique de la Cour de France*.

seur de l'Eglise et d'encourager ses cérémonies, voulut donner à la Chapelle royale une splendeur digne de ses dessins. Il multiplia les aumôniers et créa de nouveaux offices. Il y eut dès lors un *Grand aumônier*, auquel il donna, en 1543, le titre de *Grand aumônier de France* avec les fonctions d'une sorte de ministre des affaires ecclésiastiques auprès du trône. Aussi fut-ce désormais une des principales charges du royaume [1].

Il avait sous lui un *Premier aumônier*, son vicaire, chargé de le suppléer en son absence [2]. Venaient ensuite les simples *aumôniers*, prélats et simples prêtres, candidats au premier évêché vacant. Leur nombre était considérable, il le devint encore davantage avec Henri II. Un état de la maison du roi, dès le début du règne, en nomme près de quatre-vingts, on en comptait environ cent cinquante vers 1555.

François Ier créa encore un *Maître de l'Oratoire* et un *Maître de la chapelle-musique.* Le premier avait pour charge de diriger les chapelains et clercs qui célébraient dans l'oratoire privé du roi pour son service particulier [3]. L'autre était le chef de tous les ecclésiastiques spécialement destinés aux fonctions de l'office public et solennel [4]. Il faut mentionner encore la création des aumô-

---

1. Avant Antoine Sanguin, dit le Cardinal de Meudon, et le premier *Grand aumônier de France*, voici quels avaient eté les *Grands aumôniers du roi* sous François Ier — 1° Adrien de Boisy, évêque d'Albi, cardinal, légat a latere, se démit de sa charge en 1519; — 2° François Desmoulins, nommé évêque de Condom, mort en 1525; — 3° Jean Le Veneur, évêque de Lisieux, nommé cardinal en 1533, mourut dix ans après, et fut remplacé par le cardinal de Meudon.

2 Le premier qui fut revêtu de cette charge, en 1523, fut Jacques Hamelin, chanoine du Mans, nommé évêque de Tulle. Il mourut en 1539, et fut remplacé par Jean Gagnée, ou de Gannay.

3. Cet office fut créé en 1523. Le premier titulaire avait été Symphorien Bullioud, mort en 1543, évêque de Soissons. Il fut remplacé par Antoine Sanguin, cardinal de Meudon, qui céda sa place au cardinal d'Annebaut, quand il devint *Grand aumônier de France.*

4. Le premier dignitaire de cette charge était le cardinal même de Tournon; elle n'avait été creée qu'en 1543.

niers de la maison du roi, ou *Chapelains de Saint-Roch*, établis en un temps de peste, et chargés d'assister les officiers de la maison du roi, en cas de maladie. On voit par tout ce qui précède combien grand était le nombre d'ecclésiastiques de tout rang — cardinaux, évêques, prélats, chanoines et simples prêtres — chargés de remplir les nombreux offices de la chapelle royale.

Le poste de *Grand aumônier de France*, enlevé au cardinal de Meudon, fut confié à Philippe de Cossé, évêque de Coutances, auparavant *Premier aumônier du Dauphin*. A sa mort, en 1548, Pierre du Châtel le remplaça. Ce fut Pierre Palmier, archevêque de Vienne, qui devint *Maître de l'Oratoire* et la charge de *Maître de la chapelle-musique* fut donnée à Paul de Carette, évêque de Cahors. Parmi les simples aumôniers, collègues de Saint-Gelays, citons François de Noailles, un des plus habiles négociateurs de son temps, et Philibert de l'Orme, bien plus connu comme architecte. Si Mellin de Saint-Gelays n'était pas au premier rang pour la dignité, nul certes ne le dépassait en réputation et pour le crédit auprès de Henri II. Peut-être même contribua-t-il un peu à la fortune de son cousin, le seigneur de Lansac, qui devint aussitôt gentilhomme de la chambre du roi et même gouverneur des enfants de France. Nous savons que les différents membres de sa famille eurent toujours à se louer de ses bons offices.

II

Il comptait d'ailleurs de nombreux et chauds amis dans la nouvelle cour. Henri II, Diane de Poitiers, Catherine de Médicis étaient en quelque sorte « *ses débiteurs* », et il avait su, par ses moyens ordinaires, capter les bonnes grâces de Marguerite de France [1], de Montmorency [2]

1. *Œuvres de M. de S. G.* I, 122, 163, 188 et 250.

2. *Ibid.* II, 102 et 265.

des Guise [1] et du Maréchal de Saint-André [2]. Le nouveau roi qui aimait les vers, bien qu'il fut peu sensible à l'art et à la beauté littéraire, devait accorder toute sa confiance à cet aumônier poète, dont-il avait eu tant à se louer. Saint-Gelays d'ailleurs ne lui ménagea pas les louanges :

> O très chrestien et magnanime Roy,
> Dont les vertus méritent donner loy,
> Non seulement à la Gaule féconde.
> Mais au surplus de la fabrique ronde [3],

lui disait-il, en proclamant « bienheureux » ceux qui étaient à son service, car il est

> Le plus grand roy qu'on eut su couronner [4].

Aussi s'empressa-t-il de célébrer dans un sonnet, qui est des meilleurs de l'époque, toutes les espérances que faisait naître l'avènement de Henri II. En qualité de poète, il déclare qu'il a entendu les « neuf sœurs » convoquer « tous les professeurs »

> Des bonnes arts et des sciences belles,
> Pour consacrer louanges éternelles
> Au plus grand Roy des Rois leurs défenseurs. I, 295.

L'éloge est forcé, mais ce sont les Muses elles-mêmes qui parlent, on aurait mauvaise grâce à les critiquer ; Mellin a encore un souvenir pour le roi défunt, qu'il appelle « le bon François », mais c'est tout. Le plus grand des rois est toujours celui qui règne. D'ailleurs même du vivant de François Ier, notre poète, échappant aux cabales, avait chanté « Monsieur de Dauphin » et celle qui, dit-on, avait pris à tâche de le former. Le sonnet suivant pour

1. *Ibid.* I, 123 et 177.
2. *Ibid.* II, 73 et III, 117. — Mellin a déploré aussi la mort de Mme de Lustrac, alliée du Maréchal, II, 117.
3. *Pour une partie d'armes. Au roy*, I, 231.
4. *Cartel pour une partie d'armes*, I, 154.

être emprunté à Giulio Camillo, n'en est pas moins d'une belle venue.

Vous, que second la noble France honore,
Pouvez cueillir, par ces prés florissants,
Œillets pour vous seul s'espanouissans,
Esclos ensemble avec la belle Aurore ;
Pour vostre front le rosier se collore,
Dont les chapeaux, si haut congnoissans,
Forment boutons de honte rougissans,
Sachant que mieux vous appartient encore.
Ceinte de liz, la blanche Galathée
Ses fruits vous garde, en deux paniers couverts,
L'un d'olivier, l'autre de laurier verds. »
— Ainsi chantoit, des Nymphes escoutée,
La belle Eglé, dont Pan ayant le son,
Du grand Henry l'appela la chanson. I, 296.

Cette Eglé qui exhorte le Dauphin à cueillir des œillets et des boutons de rose pour orner son front, en attendant une plus belle couronne, c'est Diane de Poitiers [1]; et Pan doit être le connétable de Montmorency. Il y a probablement là des allusions que nous ne comprenons plus, mais cette chanson, ou plutôt ce sonnet dut résonner très agréablement aux oreilles du Dauphin et de sa belle « Egérie ». Et, lorsque débarrassée de sa rivale, la duchesse d'Etampes, et de tous ses ennemis, Diane put tout à l'aise s'asseoir sous le dais royal, dans ce curieux arrangement de ménage à trois [2], elle n'oublia pas ceux qui lui avaient été fidèles aux heures difficiles. Elle s'efforça seulement de rendre sa situation inexpugnable, en se faisant habilement « l'intendante des passe-temps du Roi », et en se constituant en quelque sorte la sage-femme attitrée

1. Sur Diane de Poitiers, outre les *Lettres*, publiées par Guiffrey, et ce qu'en dit Brantome, voir un tout récent article de M. Louis Batiffol, paru dans la *Revue hebdomadaire*, 25 novembre 1908, p. 481-500.

2. Cf. Georges Guiffrey, *Lettres inédites de Dianne de Poytiers*, publiées d'après les manuscrits de la Bibliothèque impériale, avec une introduction et des notes, *Introduction*, p. LXIV.

de la Reine, et « la surveillante et la gardienne de la progéniture royale [1] ». Afin de pouvoir procurer elle-même à Henri II tous les plaisirs et toutes les jouissances dont elle le savait friand, elle chargea le célèbre Philibert de L'Orme de lui bâtir un château magnifique, sur les bords de l'Eure, près du bourg d'Anet. Les embellissements y furent prodigués sans regarder à la dépense. Mellin y apporta sa contribution en composant une inscription latine pour la fameuse horloge qui surmontait le portail d'entrée.

> Cur Diana oculis labentes subjicit horas?
> Ut sapere adversis moneat, felicibus uti. II, 312.

L'on sait que la belle duchesse ne négligeait aucun des moyens alors connus de conserver sa beauté et de la préserver « des injures des ans ». En courtisan avisé, Mellin ne manqua pas de chanter cette beauté, à qui le temps donnait encore une nouvelle grâce. Il accompagnait un bouquet de violettes d'hiver du joli onzain suivant, bien souvent cité :

> Contentez-vous, heureuses violettes,
> De recevoir honneur et parement
> De la blancheur du beau sein ou vous estes,
> Sans luy cuider apporter ornement,
> Car elle est mesme honneur du firmament ;
> Et si, sachant qu'à elle deviez estre,
> En ce froid temps nature vous fist naître,
> Ce fut à fin que vostre nouveauté
> De plus en plus au monde fist cognoistre
> Que le temps fait en Diane apparoistre
> Nouvelle grâce et nouvelle beauté. II, 136, LXXIV.

Au reste, pour célébrer la favorite, Mellin ne risquait pas d'encourîr la disgrâce de Catherine de Médicis. Par un phénomène étrange, ces deux femmes semblent s'être parfaitement entendues. De particulières qualités d'ailleurs

1. *Ibid.* p. LXV à LXVII.

attirèrent à notre poète toute la bienveillance de la reine. Elle devait éprouver une singulière sympathie, italienne transplantée à la cour de France, pour cet aumônier si italien par tant de côtés. D'autant plus que Mellin ne lui ménagea ni compliments, ni petits vers. Mais ce qui lui valut une faveur particulière, ce fut sa science astrologique. Comment la superstitieuse Catherine, qui avait inscrit les deux Ruggieri [1], en tête de la liste des gens de sa suite, n'aurait-elle pas accordé toute sa confiance à l'auteur des *Jugements d'Astrologie*. Mellin en profita, dans une circonstance assez curieuse, pour plaider la cause de Vénus et des plaisirs, « et voici comme ».

La nouvelle Reine, choquée trop longtemps par la licence, le libertinage et surtout la grossièreté des courtisans de François Ier, avait entrepris dès les premiers jours de son règne, de réformer la Cour. Dès qu'elle le put, elle s'empressa de mettre un terme « aux saturnales [2] » qui déshonoraient trop souvent les fêtes publiques données à l'occasion du nouvel avènement [3]. Secondée en cela par son mari, elle se mit à l'œuvre, et s'efforça d'établir autour d'elle une discipline sévère, faisant respecter par tous et partout la décence, la politesse et la retenue. On causait, on lisait ; la Reine s'adonnait avec plaisir à la culture des beaux arts et particulièrement à la broderie. Ses demoiselles d'honneur l'imitaient. Et si parfois quelque seigneur, plus hardi ou plus puissant, essayait d'enfreindre cette sévère discipline, la Reine avait tôt fait de le ramener au devoir [4].

Aussi se forma-t-il vite à la cour un parti de mécontents, composé de tous ceux qui regrettaient amèrement

1. Cf. Brantome, *Vie de Catherine* ; et Bouchot, *Catherine de Médicis*.
2. Cf. H. Estienne, *Apologie pour Hérodote*, ch. XII.
3. Cf. Bourciez, *Les mœurs polies et la littérature de la Cour sous Henri II*, p. 348 à 355.
4. Cf. Brantome, *Vie de Henri II et de Catherine de Médicis* — en particulier t. IX, p. 180 et ss.

les plaisirs et la licence du règne précédent. Après avoir longtemps répété tout bas leurs doléances, ils s'adressèrent au galant Saint-Gelays, pour être leur porte-parole auprès de la reine elle-même. L'entreprise était hardie, mais Mellin avait des ressources.

Un jour donc, Catherine vit s'avancer vers elle une jeune « damoyselle » costumée en nymphe, et entourée de six graves personnages aux allures de « docteurs experts [1] ». La jeune nymphe salue gracieusement et prend aussitôt la parole. Elle vient de la part de Vénus elle-même, qui, ayant appris que la cour de France négligeait maintenant son culte et ses fêtes, autrefois si brillantes, pour se consacrer exclusivement « à la sévère importune Minerve », « a despéché vers elle ces six docteurs ès amours », pour « la prescher » et détourner de « si perverse hérésie ». Avec sa permission, ces docteurs vont tout à l'heure distribuer à droite et à gauche leurs « propos sur papiers estendus », vrais messages de Vénus. Mais, en attendant, comme « la saincte Déesse

Au despartir « lui » donna charge expresse
De les guider et leur servir aussi
De truchement, quand ils seroyent ici,

elle va simplement ajouter deux mots, pour montrer que les restrictions que Pallas

..... contre Amour a faict faire,
Sont pour le monde abolir et deffaire.
..... Car quoy ? Oster Vénus de liberté
Serait oster du monde la clairté,
Clairté qui est la cause et l'ornement
De tout le bien qu'enclost le firmament.

Et elle suppliait la reine de se méfier grandement de Minerve, parce que cette déesse voulait se venger sur

1. *A la royne*, I, 223.

les descendants de Vénus et de Paris, de l'antique défaite qu'elle subit autrefois, quand elle se vit « fraudée de sa pomme ». Et, non sans une certaine hardiesse, la belle nymphe ajoutait, en désignant les filles d'honneur, fort amusées par cette mascarade :

> Qu'il soit commis à toutes les plus belles
> De recevoir leurs escrits et libelles,
> Auxquels, trouvant raison qui les contente,
> Chacune appreigne à blasmer son attente,
> Et souffre unir le plaisir à l'honneur
> Qui d'amour vraye est juste guerdonneur.

Alors, certes, la cour de France retrouvera la gloire et la renommée qu'elle possédait,

> Lorsqu'on disait que la belle Cypris
> En nulle part n'estait en plus grand prix.

En ce temps-là, « n'a pas longtemps », à cette aimable déesse d'un commun accord « sacrifiaient les esprits plus contents ».

III

La supplique, fort longue, n'en est pas moins claire. Et, si les petits vers de Mellin sont trop souvent assez plats, ils nous renseignent pleinement sur l'état des esprits à la cour de Henri II. Cette démarche eut-elle un plein succès ? La Reine permit-elle aux « six docteurs dont il est peu de tels », de distribuer aux filles d'honneur les madrigaux et quatrains galants que le poète avait probablement composés ? Peut-être ; mais, dans tous les cas, Catherine de Médicis ne changea pas sensiblement sa conduite, si elle mitigea ses défenses et adoucit son austérité. On remplaça les plaisirs quelque peu grossiers du temps jadis, par les fêtes allégoriques, mascarades et tournois surtout, le jeu préféré du roi Henri II, où il devait trouver la mort. Et c'est encore Mellin qui va devenir le grand organisateur de ces fêtes nouvelles. Elles n'avaient pas d'ailleurs été inconnues sous le règne de François Ier. Il y a dans les premières poésies de Saint-Gelays un dizain et un quatrain, dans lesquels, avant 1535, il félicitait Mlle du Plessis, la célèbre Loyse, d'avoir dans quelque occasion supérieurement rempli le rôle de Vénus « en ung char triumphal [1] ». Mais ces divertissements vont se multiplier désormais à mesure que s'affirmera la Renaissance. Et Mellin ne contribuera pas peu à ce développement, par son concours et son extrême ingéniosité. Sa réputation était même telle, qu'on peut dire que nulle fête ne paraissait réussie s'il n'en avait lui-même réglé le dispositif. Et pour qu'un tournoi fut vraiment divertissant, il devait débuter par un fier cartel ou quelque compliment aux dames, comme seul notre poète savait en inventer.

Ainsi, en 1548, lors de l'entrée de Catherine de Médicis dans sa bonne ville de Lyon, ce fut Mellin qui composa le huitain par lequel « des masques vestus en amazones », présentèrent « à la Royne », un certain nombre de chevaliers, qu'ils « menoyent sur les rangs au tournoi » [2]. Et, quelque temps après, la reine étant à nouveau devenue mère, pour honorer « les couches de la dite dame », neuf de ses filles d'honneur, représentant chacune une des neuf Muses, lui donnèrent une mascarade. Partagées en trois bandes, elles adressèrent successivement un compliment en vers au Roi, à la Reine et à Madame sœur du Roi [3]. Mellin était encore l'instigateur de ce di-

1. *Œuvres de M. de S. G.*, III, 44.

2. *Ibid.* I, 162. — Voir sur cette entrée *La magnificence de la superbe et triomphante entrée de la noble et antique Cité de Lyon, faite au Très chrétien Roy de France, Henry, deuxième de ce nom, et à la Royne Catherine, son Espouse, le XVIIIe de septembre,* MDXLVIII. Lyon, Guillaume Rouille, 1549.

3. *Ibid.* I, 187.

vertissement, dont il avait rimé les vers. Rarement il fut plus insignifiant poète, et surtout plus maniéré et plus obscur.

Dans une autre circonstance, le cardinal de Lorraine [1] voulut donner « un festin aux Roynes », Catherine de Médicis et la jeune Marie Stuart, récemment arrivée en France. Il fit appeler Mellin et le chargea de rehausser cette fête par quelque nouvelle invention de son esprit. Et Mellin eut vite trouvé.

Le festin [2] devait avoir « six services » différents ; ils furent faits « par douze masques servans, vestus en six sortes de six différentes nations, deux à deux, accompagnés de douze dames vestues de mesmes eux » [3]. Ces vingt-quatre personnages allégoriques, se trouvaient sous la conduite d'un chef « vestu en Amphion », qui à chaque entrée se dirigeait vers la Reine Catherine et lui adressait un compliment en vers, au nom du pays représenté par les masques placés « au premier rang ». C'est ainsi qu'il parla tour à tour pour l'Italie, Rome, Venise, la Grèce, l'Allemagne et l'Espagne. Et ces « parolles, prononcées à chacun service par Amphion, estoyent des chantres réiterées en musique, » œuvre aussi probablement de Mellin. Ce n'est pas tout, ces mêmes paroles étaient « encore sonnées par divers instruments, à diverses fois durant l'attente du service ensuivant ». « Enfin

1. Etait-ce le Cardinal Jean de Lorraine, le Séraphin de la *Chanson des Astres*, disgracié vers la fin du règne précédent, et qui avait retrouvé tout son crédit ; ou son neveu, Charles, archevêque de Reims ? Il importe peu en la circonstance. Cependant il est bon de noter que l'archevêque de Reims, Charles, fut désigné sous le nom de *Cardinal de Guise* tant que vécut son oncle, Jean, *Cardinal de Lorraine*.

2. Quant à la date de ce festin, le titre porte que c'était « le lendemain des nopces », mais rien ne permet de déterminer quelles étaient ces noces. Ce n'était probablement pas cependant celles du mariage du Dauphin et de Marie Stuart, en 1558. Il est plus probable qu'il s'agissait de noces particulières à la famille de Guise ; celles du mariage de François de Guise avec Anne d'Este, en 1549, me semblent la date la plus vraisemblable.

3. *Œuvres*, I, 177.

en lieu de grâces », Amphion exhorta la Reine à remercier le Ciel, avec tous ses sujets,

> Eux de se voir et leur postérité
> Sous si clémente et grande autorité;
> (Elle) de régner si avant dans les cœurs,
> Qu'en (la) servant ils se trouvent vainqueurs.

Et tout en félicitant Catherine de Médicis de « chères tenir les amitiés parfaites », le prétendu Amphion passait à l'éloge de Marie Stuart, dont le père, Jacques V, avait rendu des services signalés à la France.

Certes le cardinal de Lorraine dut être content ; le spectacle était nouveau.

Mais Mellin ne réservait pas exclusivement ses petits vers aux membres de la famille royale : nous en trouvons encore d'écrits pour « Mme la maréchale de Sainct André » [1], costumée en Vénus dans quelque bal. Il nous reste aussi un sonnet pour les masques de « monsieur de Martigues à la cour, après qu'il eut épousé Madame de Laval [2] ». On voit que le sémillant aumônier n'était jamais embarrassé pour amuser demoiselles et seigneurs ; quand il n'avait aucun divertissement nouveau à fournir, il savait relever les jeux ordinaires par quelque détail piquant, quelque allusion délicate qui donnait à ces amusements tout l'attrait de la nouveauté. Une de ses plus poétiques inventions lui fut suggérée par la danse des Mattacins [3].

Cette danse, d'origine espagnole, dérivait d'après Jean Tabourot [4], « de la dance des saliens et de la dance pirri-

1. *Ibid.*, II, 73.
2. *Ibid.*, I, 294.
3. *Ibid.*, II, 35.
4. *Orchésographie et traicté en forme de dialogue, par lequel toutes personnes peuvent facilement apprendre et pratiquer l'honneste exercice des dances*, par Toïnot Arbeau, demeurant à Lengres. — Imprimé au dict Lengres, par Jehan des Preyz, imprimeur et libraire, tenant sa boutique proche l'Eglise Sainct-Mammes du dict Lengres, 1589. — Bibl. Nat. Rés. V. 1631.

que ». C'était une vraie parade militaire, aux figures nombreuses et compliquées. Les danseurs « vestus de petits corcelets, avec fimbries ès espaules et soubs la ceinture, une pente de taffetas soubs icelles, le morion de papier doré, les bras nuds, les sonnettes aux jambes, l'espée au poing droit, le bouclier au poing gauche, dancent soubs un air à ce propre et par mesure binaire, avec battement de leurs espées et boucliers ». Ils « chamaillaient » ensemble jusqu'à ce qu'une partie d'entre eux feignait de tomber morts. Mais, pendant ce temps, les dames, groupées dans un coin étaient forcées de rester simples spectatrices, ne pouvant qu'applaudir les plus beaux coups.

Or, un soir, pendant une de ces danses guerrières, voilà que tout à coup une foule de petits oiseaux s'envolent du milieu des mattacins pour se diriger vers les dames. On capture les gentilles bestioles. Chacune portait « un escriteau attaché au pied ». C'était de galants quatrains, qui disaient :

Si nous fusmes pris par des hommes,
Amour nous en a bien vengez ;
Car il les a pris et rangez
A pire estat que nous ne sommes. II, 37.

Il y avait aussi quelques distiques, non moins maniérés et non moins subtils :

Il n'est oyseau qui sceust voler
Si haut comme un cœur peut aller. II, 35

Et « de chacun en escrivit une douzaine, et tous furent attachés aux oysillons ». Inutile d'ajouter que Mellin lui-même était l'auteur de cette nouveauté [1].

Mais de tous ces amusements divers le jeu favori, le plus fréquent, le plus aimé du Roi, comme de cette société chevaleresque qui l'environnait, c'était « une partie

1. Cf. Bourciez, *op. cit.*, p. 320.

d'armes », un tournoi. François Ier avait dédaigné de prendre personnellement part à ces joutes brillantes, où pourtant il avait trouvé tant de plaisir, n'étant encore qu'héritier présomptif de la couronne [1].

Son fils et successeur, au contraire, saisissait avec empressement toutes les occasions de descendre dans la lice, pour y faire parade, devant la Cour, d'adresse, d'élégance et de vigueur. Seulement pour que ces chevauchées, ces grands coups d'épée et de lance n'engendrassent l'ennui par leur monotonie, il fallait changer les accessoires, piquer l'attention et la curiosité des spectateurs et surtout des spectatrices, par la variété de la mise en scène. C'est ici que Mellin put déployer encore toutes les ressources de son esprit inventif : tantôt c'était un adroit compliment qu'un des chevaliers adressait à la reine ou à quelque grande dame, tantôt une supplique au Roi ; tantôt un vrai cartel en bonne et due forme ; tantôt un manifeste pour des masques, ou quelqu'autre trouvaille de ce genre.

Ainsi, il faisait prier un jour Madame d'Aumale de faire « en toute chose espreuve d'une bande de chevaliers les meilleurs qu'on puisse choisir » I, 164. Le lendemain, s'adressant à « Madame de Valentinois » un des maîtres du camp la suppliait

> De porter faveur à l'exercice
> Des chevaliers qu'avons menés en lice. I, 164.

Un jour de 1550, « à un faict d'armes à Blois, deux

1. Ce fut lui qui organisa et dirigea les joutes faites à Paris, le lundi, 13 novembre 1514, à l'entrée de la reine Marie d'Angleterre. Le récit s'en trouve consigné dans une curieuse plaquette du temps : *Lordre des joustes faictes à Paris à lentrée de la royne. Le pas des armes de larc triumphal, où tout honneur est enclos, tenu à lentrée de la Royne à Paris, en la rue Sainct-Anthoine, près les Tournelles, Par puissant seignr, monseigneur le duc de Vallois et de bretaigne, où tous nobles homes doivent prendre leur adresse, pour acquérir loz, honneur et gloire militaire. Rédigé et mis par escript par Montjoye, roy darmes, selon les compaignies et journées ainsi comme le tout a esté fait.*

masques en Rogier et Marphise », parurent tout à coup dans la lice et se mirent à débiter un joli sonnet sous forme de cartel (I, 298).

Dans une autre circonstance, ce sont « deux masques indians » qui se présentent chacun par un huitain [1]; quelque temps après « six chevaliers de région étrange » demandent humblement en vers au Roy de prendre part à des combats « que l'on appreste [2] ». Et les déguisements, les allusions, les surprises variaient sans cesse, au grand émerveillement des dames. Les voilà, comme d'habitude, rangées dans les loges aux tapisseries historiées, au-dessus des échafauds, contemplant la lice encore vide. Que va-t-il y avoir de nouveau ? Tout à coup, un héraut s'avance, suivi de « douze chevaliers estranges », « venus d'outre la mer où fut née Vénus ». Après une grande révérence « à ces dames », le héraut, en galant homme, commence par louer leurs vertus et leurs mérites, tout en déclarant qu'il n'est pas venu pour ce faire, car « leur bruit » remplit le monde. Mais, poursuivait-il, ces chevaliers qui vous entourent

Ambitieux de votre bonne grâce,
..... soigneux et travaillants,
De se montrer vertueux et vaillants,

sont-ils réellement aussi courageux qu'ils le prétendent ? C'est chose à examiner « car la vertu ne gist point au langage », mais « consiste aux faits et en l'ouvrage. »

En conséquence qu'elles veuillent bien choisir

Douze de ceux qui mieux scavent danser
Et qui parlant usent des plus beaux termes,
Pour essayer s'ils seront aussi fermes
En combattant contr'eux, qui les attendent,
Qu'ils sont devant celles qui les entendent [3].

1. *Œuvres de M. de S.-G.*, II, 54.
2. *Ibid.*, I, 231.
3. *Ibid.*, I, 159.

Et les dames, non sans une pointe de malice, de se concerter pour arrêter leur choix. Il est bientôt fait ; et le combat s'engage avec les phases ordinaires, mais comme il est devenu vraiment piquant par l'enjeu ! Oh ! ce Mellin, que d'esprit ! Comme on dut se récrier sur sa galanterie, le soir du jour où, dans quatre huitains tout pleins de mignardise et de préciosité, il avait si finement expliqué pourquoi « les deux combattants incarnats » allaient en venir aux mains. C'est que chacun « soustient qu'il est plus qu'autre langoureux, » c'est-à-dire plus malheureux en amour. Les armes vont en décider, mais, cruauté du sort, « le vainqueur sera toujours malheureux ! [1] »

Cependant, au milieu de cette cour si galante, deux jeunes princes se faisaient remarquer par leur réserve et leur éloignement de toutes ces mièvres pratiques de la galanterie : c'étaient « Messeigneurs d'Anghien et le prince de la Roche-sur-Yon », [2] tous deux de la maison de Bourbon. Pour les séduire et les entraîner, on multiplia les sollicitations, mais en vain. Mellin essaya à son tour. Il profita d'une partie d'armes, pour leur envoyer un cartel en règle « de la part d'Amour », les sommant de s'adjoindre pour combattre à une troupe de « chevaliers amoureux » et de partager leurs sentiments, sous peine de voir « le fils de Diane la belle » se venger cruellement. Ces deux princes « fort hommes de bien et d'honneur [3] » acceptèrent bien le combat, mais ne changèrent nullement de conduite. Bien plus, il semble qu'ils obligèrent Mellin a composer un second cartel, véritable réfutation en règle du premier. Et nous en trouvons même un troisième, fort long et passablement obscur, intitulé *Réponse au cartel des ennemis d'amour*, qui ne peut se rapporter qu'à cette querelle. Les galants seigneurs de

---

1. *Ibid.*, I, 189.
2. Voir sur cette querelle *Œuvres*, I, 150-158.
3. Brantome, t. I, p. 488.

cette époque se plaisaient à ces subtiles discussions autant qu'aux grands coups d'épée.

IV

Mais, si Mellin n'était jamais embarrassé pour composer un cartel ou rimer de joyeux quatrains destinés à une mascarade, il savait aussi au besoin devenir un secrétaire intelligent et empressé. Or, en cette année 1548, Henri II, pour le besoin de sa politique, visitait ses provinces, en attendant de passer en Italie. Mellin était resté à la Cour, auprès du Dauphin François. Depuis un mois et plus, le Roi était absent, et le petit prince s'impatientait en attendant le retour de son père. Alors Mellin se rappela que, quelque dix ans auparavant, Marot, son ami défunt, avait écrit une épitre enfantine pour la princesse Jeanne de Navarre [1], et il se hâta de composer *l'Epistre de M. le Daulphin François, au roy Henry son père* [2]. En 142 vers de huit syllabes, il s'est efforcé d'exprimer au mieux les sentiments du petit prince, tâchant de garder toujours la naïve simplicité de son âge.

Depuis un mois déjà, dit-il à son père,

> Nul n'est venu de par deça,
> Qui ne m'ait donné à entendre,
> Que je me pouvois bien attendre
> De vous avoir tost en ce lieu,
> Dont je rends grâces à Dieu,
> Pensant du jour au lendemain
> Vous voir et vous baiser la main.

Et il est encore à attendre. Il énumère ensuite avec naïveté les jeux et passe-temps qu'il pourra lui offrir à

1. Marot, Epistre XXXV, *A Madame Marguerite*, t, II, p. 108.
2. *Œuvres de Mellin de S.-G.*, II, 282.

son retour. Impatient de voir ses vœux réalisés, il en rêve la nuit, et le jour, il ne peut tenir en place, envoyant demander à chaque arrivant : où est le roi ? Il se met lui même fréquemment à la fenêtre pour interroger l'horizon. Aussi ses études en patissent quelque peu, mais l'impatience de revoir son père est si grande !

Enfin, il termine par cette petite prière, pleine de charmante gentillesse

Cependant, Monsieur, je supplie
Celui sous qui le ciel se plie,
Et dont seul estes surmonté,
Qu'il doint, par sa sainte bonté,
A vous et à la Royne aussi
Volonté de venir ici,
Et si longue vie et prospère
Que vous me puissiez voir grand-père. II, 287.

On peut faire toutes les réserves qu'on voudra sur le mérite littéraire de cette épître, mais elle dut certainement causer un très sensible plaisir au petit Dauphin et un non moins grand au Roi, son père.

En cette même année, 1548, Mellin trouva une autre occasion plus importante encore de se montrer secrétaire intelligent, autant que courtisan habile. On était au mois de février. La reine venait de mettre au monde son quatrième enfant, Louis, duc d'Orléans, lorsqu'il prit fantaisie au roi d'aller voir le superbe château que Diane de Poitiers faisait édifier à Anet. Il partit, laissant à Saint-Germain, la reine Catherine, trop faible encore pour le suivre, Mellin l'accompagnait. Or, après quelques jours de plaisir et de fêtes, Henri II décida tout à coup d'aller retrouver brusquement sa femme, le lendemain même ; il fallait la prévenir. Ce fut Mellin qui reçut « commandement » de lui écrire. Il se hâta d'improviser une lettre fort curieuse [1], étant donné les diverses circonstances. On ne

1. *Ibid.* III, 123-129.

peut en effet aujourd'hui que trouver fort étrange de voir un roi de France, en visite officielle chez sa maîtresse, écrire à la reine, au lendemain de ses couches, en regrettant qu'elle n'ait pu l'accompagner.

> Et y eussions les plaisirs plus entiers
> Vous y voyant, comme eussions volontiers,
> Si vostre force eust pu le supporter,
> Et si souhaits eussent peu transporter
> Vous et ma sœur et nos enfans aussy,
> Pas n'eust tenu à la dame d'icy
> Que vous et elle et tout ce qui vous suit
> Autant que nous n'eussiez eu de déduict. III, 127.

Quoi qu'on puisse penser et dire de cet état d'esprit, et de ces mœurs, Mellin dans sa lettre, commence par vanter la beauté enchanteresse de ce lieu « beau en perfection ». Il décrit ensuite les plaisirs qu'on peut y trouver. C'est surtout la chasse avec tous ses agréments : le gibier abonde ; il est des plus variés et la garenne est richement peuplée. Chacun peut suivre ses goûts, et chiens et faucons ont beau jeu. Détail particulier et bien digne d'être noté : viendrait-il à pleuvoir pendant un mois, il suffit d'un seul jour de soleil pour que la terre redevienne sèche « comme sable et arène ». Quel magnifique rendez-vous de chasse ! Diane avait habilement su choisir sa résidence pour offrir en tout temps à son « royal chevalier » son plaisir favori [1]. La brillante décoration du château, qu'elle même avait particulièrement dirigée, présentait presque exclusivement des attributs et des scènes de chasse, le tout émaillé à profusion du monogramme H D et du croissant enlacés. Elle n'avait pas donné moins de soins à sa volière, à son chenil, et s'était même procuré des léopards à courir le lièvre [2]. Et dans

1. Cf. Hector de La Ferrière, *Les grandes chasses au* XVIe *siècle*. Jouaust, 1884, in-8°, chap. III.
2. Cf. Jacques d'Arcenay, *Diane de Poitiers et son temps*.

l'intérieur du château elle se plut à former une bibliothèque de chasse contenant des livres de toute rareté [1]. Excellente écuyère, elle possédait aussi une assez belle écurie, et si elle aimait peu la chasse, elle ne manquait pas d'accompagner le roi pour flatter son goût pour cet amusement.

On comprend dès lors que le poète ait loué cet endroit charmant et privilégié ; mais ce que l'on comprend moins, c'est qu'il n'ait pas craint de terminer sa lettre en faisant dire au roi qu'il regrette fort, dans cette splendide résidence [2], que la reine n'ait pu l'accompagner avec ses enfants et sa sœur, Marguerite. Ce voyage se fera plus tard ; car « si je m'empresse d'accourir maintenant auprès de vous, à Saint-Germain, dit Henri II à Catherine, en finissant son étrange *Epistre*, c'est :

Avec espoir de venir quelque jour
Expressément icy faire séjour,
Pour vous monstrer, en plus belle saison,
Ce qui de beau est en ceste maison,
Que trouverez lors mieux édifiée
Et vous plus saine et plus fortifiée.

Ces détails singuliers éclairent un des côtés du caractère de Henri II.

Bien que Mellin eût dépassé la soixantaine, il avait gardé toute l'activité de son esprit, et, malgré la délicatesse de sa santé, ne souffrait d'aucune infirmité. Il ne manquait pas d'accompagner la Cour et le Roi dans ses déplacements. Aussi, en mai 1550, il se trouvait devant Boulogne assiégé, et dut prendre part à l'entrée triomphale de Henri II dans cette place. Du moins était-il là quand le canon envoyait « mainte vollée », et que la

1. Le *Catalogue* de ces livres curieux fut dressé en 1724, et publié chez Goudain.

2. Sur le château d'Anet, cf. Comte de Caraman, *Château d'Anet*, Paris, 1860, in-8°.

bise soufflait ainsi qu' « aux plus gelés hivers ». C'est ce qu'il nous apprend dans une petite pièce qu'il composa alors pour « trois princes », et destinée à être envoyée « à trois dames » qui leur avaient accordé quelque « avance » ou faveur [1]. Pour charmer les ennuis de ce siège, commencé en août de l'année précédente, on avait recours à la galanterie « à distance ».

En fait de galanterie, l'âge et le temps avaient bien peu changé les habitudes de Mellin, nonobstant ses velléités de conversion. Il continuait ses gentillesses auprès des dames et des seigneurs, toujours aimable, empressé. Aussi était-il devenu en quelque sorte le « parangon » de la cour. Il ne manqua pas de se montrer plein de prévenances pour la sœur du roi, Marguerite, duchesse de Berry, sachant combien Henri II avait pour elle d'estime. En 1548, alors que l'on craignait de voir Charles-Quint attaquer de nouveau la France, Mellin, prenant prétexte de la devise de cette princesse — « l'escu de Gorgon et l'olivier [2] » —, lui adressait un dizain pour lui souhaiter de voir cet olivier « s'estendre par toute la terre », et le temple de Janus fermé. Déjà dans la *Chanson des Astres*, il lui avait prédit qu'estant

Tant belle et honneste,
Elle serait des yeux d'un Roy
Bientôt digne conqueste [3].

Mais Mellin devait terminer sa carrière avant que Marguerite [4] épousât, à l'âge de 36 ans, non un roi, mais Emmanuel Philibert, duc de Savoie. Il ne manqua pas

1. *Œuvres de Mellin de S. G.*, I, 215-217.

2. *Ibid.* I, 163 — « Pour devise, elle portait un rameau d'olive entortillé de deux serpents entrelassés l'un en l'autre avec ces mots: *Rerum sapientia custos.* » Brantome, édition du Panthéon, II, 187.

3. *Ibid.* I, p. 122, 2ᵉ strophe.

4. Sur Marguerite, fille de François Iᵉʳ, voir *Une princesse de la Renaissance, Marguerite de France, duchesse de Berry, duchesse de Savoie*, par Roger Peyre, 1900, in-8ᵉ.

non plus de célébrer la jeune Marie Stuart [1], fiancée au dauphin François depuis 1548, et si célèbre dans la suite par ses infortunes. Seulement il oublia, comme tant d'autres, de pleurer la mort de sa bienfaitrice, Marguerite de Valois, et fit la sourde oreille à l'appel lancé par Charles de Sainte-Marthe [2], indigné de voir que trois étrangères seules — les sœurs Seymour — avaient jusque là déploré la fin, et loué les grandes vertus de celle qu'on se plaisait à appeler de son vivant « la Minerve de France ».

V

Il préféra poursuivre ses badinages galants, continuant à faire servir sa science ecclésiastique aux plus profanes allusions. Abusant des privilèges de sa charge et profanant son ministère, il se plaisait à surcharger les livres d'heures des demoiselles d'honneur de quatrains érotiques, contenant de scandaleux rapprochements. Il en écrit partout, en tête des psautiers pour expliquer les diverses parties de l'office [3], « au kalendrier [4] », « au devant d'une instruction pour se confesser [5] », plus souvent sur les images servant de signet et jusque sur les couvertures. C'est ainsi qu'en particulier Mlles de Charlus [6], de Nemours [7],

1. *Œuvres de M. de S. G.*, I, 220. — Née le 7 décembre 1542, à Lintligthgow, en Ecósse, la princesse Marie vint en France à l'âge de six ans, accompagnée par le sieur Montalabert d'Essé. Le 13 août 1548, elle abordait à Brest, et était fiancée peu après à François, fils aîné de Henri II. Elle fut élevée avec les autres enfants de France et fit son entrée solennelle à la Cour à l'âge de 15 ans, vers la fin de 1557; le 24 avril de l'année suivante, 1558, eut lieu son mariage avec le Dauphin. Cf. Mignet, *Marie Stuart*, 2 vol., 1851.

2. *Annae, Margaritae, Janae, sororum virginum, heroïdum Anglarum, in mortem divae Margaritae Valesiae, Navarrorum reginae, hecatodistichon. Accessit Petri Mirarii ad easdem virgines epistola : una cum aliquot doctorum virorum carminibus.* Paris, 1550, petit in-8°. — Bibl. Nat. Rés. pYc. 1237.

3. *Œuvres de M. de S. G.*, I, 263.

4. *Ibid.* II, 13 et 31.

5. *Ibid.* I, 268.

6. *Ibid.* II, 27.

7. *Ibid*, II, 30.

Madame Marie Campan [1], Mlles de Saint-Léger [2], de Autheville [3] et de Rohand [4], virent leurs livres de piété scandaleusement annotés par cet étrange aumônier. Trouvant un jour les heures de « Sainct-Léger » il n'eut rien de plus pressé que d'écrire sur « la couverture qui estait de papier pour les conserver », le petit quatrain suivant [5] :

Ce papier est moins honoré
Que le dedans peint et doré ;
Mais ce n'est pas peu d'aventure
De vous servir de couverture.

Et dans une autre circonstance, il écrivait « au kalendrier » du même livre [6] :

S'il vous plaisait marquer en teste
Un jour ordonné pour m'aimer,
Je l'aurois pour une grand'feste,
Mais point ne la voudrois chaumer.

On pourrait encore se montrer indulgent s'il n'avait pas poussé plus loin ces sacrilèges applications, mais il depassa toutes les limites, ne respectant même pas la décence et la plus vulgaire dignité, dans les trop nombreuses inscriptions tracées sur les images religieuses. Les pieuses gravures représentant Notre-Seigneur, la Sainte-Vierge et les Saints ne sont pour lui que « le sujet d'un badinage affreux [7] ». Le Christ au jardin des Olives [8], ou sous la figure du bon pasteur [9], comme Saint-Laurent [10] sur son gril, Saint-Sébastien [11] percé de flèches, Saint-Mi-

1. *Ibid.* II, 25.
2. *Ibid.* II, 33.
3. *Ibid.* II, 34.
4. *Ibid.* II, 19 et 47.
5. *Ibid.* II, 33.
6. *Ibid.* II, 31.
7. Cf. Boileau, *Art poétique*, II, vers 180.
8. *Œuvres de M. de S. G.*, II, 139.
9. *Ibid.* II, 19.
10. *Ibid*, II, 17.
11. *Ibid.* II, 17.

chel [1] terrassant le dragon, Marie-Madeleine [2] et les portraits des autres saints, n'éveillent en son âme, ou du moins ne fournissent à sa Muse, qu'une occasion de coupables rapprochements. C'est un mélange choquant de galanterie et de dévotion. Il en veut surtout à saint Antolne de Padoue [3], qu'il ne craint pas de mettre plusieurs fois irrévérencieusement en parallèle avec Cupidon [4].

Il semble même avoir été jaloux de ne laisser échapper aucune occasion de faire ainsi des choses saintes les plus choquantes applications. Connaissant sa science astrologique, Mme du Goguier lui avait demandé de lui expliquer clairement et brièvement le calendrier romain,

1. *Ibid,* II, 22.

2. *Ibid.* II, 25.

3. *Ibid.* II, 18, 51, 280, 297. Le *dizain*, t. II, p. 280, se trouve reproduit dans le Ms. Fr. 2.335, f° 98, avec cette indication « *composé pour les dames de la rue Saint-Antoine* ».

4. Ces inscriptions nous apprennent du moins, indirectement, quelles étaient les principales images religieuses alors en honneur à la Cour, et par suite les « *dévotions* » spéciales de cette époque.

I. Sur Notre-Seigneur Jésus-Christ, nous trouvons représentées :

1° Sa prise au Jardin des Olives, II, 139.
2° La figure du Bon pasteur, II, 19.
3° L'Adoration des Rois Mages, II, 44.

II. Pour la sainte Vierge, il est question de l'Annonciation, II, 26.

III. Pour les Saints, il y a les portraits de :

1° Saint François d'Assise, II, 10 et 23.
2° Saint François de Paule, II, 20 et 21.
3° Saint Laurens, II, 17.
4° Saint Sébastien, II, 17.
5° Saint Antoine de Padoue, II, 18, 51, 280, 297.
6° Saint Bonaventure, II, 22.
7° Saint Georges, II, 22.
8° Saint Jacques, II, 24, 27.
9° Saint Jérome, II, 45, 76.
10° Saint Christophe, II, 78, 160.
11° Saint Michel, II, 22.

IV. Pour les Saintes :

1° Onze mille vierges, II, 18.
2° Sainte Claire, II, 20.
3° Sainte Marie-Madeleine, II, 25.
4° Sainte Catherine, II, 25.

Ajoutons enfin : « l'image de David estant menacé de l'Ange », III, 133.

afin de reconnaître sans peine « le nombre d'or », la lettre dominicale et de ne pas se tromper sur « l'Advent », le « Quarême » et « la Pâque ». Il répondit en envoyant un « Almanach [1] » étrange, plein de grivoises équivoques.

Je laisse à penser dès lors dans quelles dispositions il devait assister aux diverses cérémonies religieuses, et quelles profanes pensées faisaient naître dans son âme les offices. Certain sonnet composé à Esclairon, en 1548, après un sermon pour la fête de la Sainte-Trinité, qui était cette année là le 27e jour de mai, nous en apprend long à ce sujet. Il parle de la Passion du Sauveur et de la Trinité Sainte comme un impie [2]. Trahissant sa mission, il ne semble chercher qu'une occasion de parler de ses feux et de ses peines amoureuses, faisant de licencieuses et inconvenantes applications, en des vers aussi insipides que maniérés. Cet étalage de froide galanterie devient à la fin exaspérant pour le lecteur. On lui en a fait un crime, et, certes, de tous les reproches que peut lui adresser la postérité, c'est le plus fondé. D'autant plus qu'il continua ce badinage irrévérencieux jusqu'à la fin de sa carrière. En effet dans un pale quatrain, inscrit « au psaultier de Mlle de Nemours [3] », il lui souhaitait de devenir « femme d'un Roy », dont il « serait le Prophète ». Or, cette demoiselle, née en 1542, n'épousa le duc de Mercœur qu'en 1555, bien jeune encore.

Voilà quelles étaient les occupations et les sentiments religieux de cet aumônier du roi, protonotaire apostolique, abbé richement doté, alors que le protestantisme attaquait de tous cotés avec une âpre fureur les abus de l'Eglise, préparant de terribles luttes fratricides. Ceci nous donne une assez triste idée de l'état religieux de la Cour de Henri II. Cependant il ne faut point oublier, sous

1. *Almanach à Mme du Goguier*, I, 259.
2. *Sonnet*, I, 298.
3. *Œuvres de M. de S.-G.*, II, 30.

peine de ne pas comprendre cette époque, que « l'esprit du vieux temps [1] » n'avait pas encore été déformé par la Réforme. La franche bonhomie gauloise et la foi chrétienne vivaient comme deux sœurs, en très bonne harmonie, dans l'âme française. Sans doute on se permettait bien des libertés, on se livrait parfois à d'étranges attaques contre la sainte Mère l'Eglise, mais c'était sans haine et sans arrière pensée. On riait de bon cœur, non sans une pointe de malice, mais comme en famille, et il n'en restait pas la moindre amertume. Seulement, lorsque les attaques de Luther eurent fait couler des flots de sang, soulevé des haines irréductibles, éveillé soupçons et scepticisme, tout changea. Le XVIIIe siècle, avec son esprit dogmatique et railleur, acheva la transformation, qui n'a fait que s'accentuer dans la suite ; et dès lors, doués d'une autre mentalité, nous sommes aujourd'hui tout surpris devant les ébats, très libres parfois, de cette antique bonhomie, que nous ne connaissons plus.

VI

Malgré toutes ces scandaleuses fredaines, Mellin ne cessa jamais de jouir de la plus générale considération. C'est qu'il était toujours et de plus en plus aimable, désinteressé, sans ambition, ne demandant qu'à jouir en paix de l'heureuse situation que la fortune lui avait accordée ; mais aussi toujours disposé à rendre service. En 1547, le jeune poète Jacques Peletier du Mans le proclamait un des meilleurs

> ... de ces espritz de vouloir débonnaire,

---

1. Voir sur cette question Ste Beuve, *Tableau de la Poésie française au XVIe siècle : De l'esprit de malice au bon vieux temps ;* nouvelle édit. Charpentier, p. 450-454.

Qui font les leurs d'honneur présent jouir,
Quand on les voit des bienfaits resjouir... [1]

C'était dans une circonstance qui nous montre qu'on le reconnaissait comme le chef de l'Ecole et l'arbitre incontesté du bon goût. Jacques Peletier [2], esprit aventureux et hardi, venait de publier une traduction de l'*Art poétique d'Horace* [3], précédée d'une curieuse dédicace, vibrante apologie de la langue française : quelque chose comme l'embryon de la *Deffence et Illustration* de Du Bellay. Il souleva de nombreuses critiques et les attaques ne lui manquèrent pas. D'autant plus qu'il avait déjà fait connaître son projet de réformer « l'ortografe » [4]. Loin de se laisser abattre par les criailleries de ces envieux, qui, « véritables pies » et « pleins d'arrogance folle »,

Cuident voler plus hault qu'Aigle ne vole,

il se mit « à translater » comme réponse les deux premiers chants de *l'Odyssée* [5] et même les *Géorgiques*. Mais, en même temps, il s'empressa d'en appeler à Mellin et dans une *Epistre* assez longue lui soumit le différend comme « au juge le meilleur » en la matière.

1. *Epistre à Monsieur de Saint-Gelays*, parue dans *Les Œuvres poétiques de Jacques* Peletier *du Mans. Moins et meilleur.* — Le privilège est daté de Paris, 1er septembre 1547. — Bibl. Nat. Rés. Ye. 1.853.

2. Sur Jacques Peletier Cf. Chamard, *Joachim du Bellay*, p. 33 ; et *Deffence et Illustration de la langue françaisè*, p. 12 ; mais surtout la récente thèse de M. l'abbé Jugé, *Jacques Peletier, sa vie, ses œuvres, son influence.*

3. *L'Art poétique d'Horace, traduit en vers* François *par Jacques* Peletier *du Mans, recongnu par l'auteur depuis la première impression. Moins et mieux.* Paris, Michel de Vascosan, 1545. — Ce titre indique une première édition déjà parue auparavant, probablement en 1544.

4. *Apologie à Louis Meigret Lionnois.* Cette plaquette fut ensuite réimprimée dans le *Dialogue de l'ortografe è prononciation françoise, departi en deus Livres.* — Lyon, Jean de Tournes, 1555. — Sur cette question de la Réforme de l'orthographe, Cf. Brunot, *op. cit.*, t. II, p. 93-124.

5. Cette traduction parut en 1547, dans les *Œuvres poétiques*. Elles ont été réimprimées à Paris, en 1904, par L. Séché et P. Laumonier, in-4°.

Je n'ay à qui mieux je me doyve craindre,
Et n'ay à qui mieux je me puisse plaindre
Qu'à toy, Merlin : n'a qui avoir refuge,
Pour de ma cause avoir un meilleur juge,
Ne que de moy pour moy mieux la reçoive...

Et il développe tous ses griefs contre « les malveillans ».

Tout en prêtant une oreille bienveillante aux doléances de son disciple, Mellin préparait en même temps l'impression des *Voyages avantureux du Capitaine Jan Alfonce, Sainctongeois* [1]. S'il était en effet tout dévoué à ses amis pendant leur vie, il prenait encore soin de leur gloire après leur mort. Or, ce « Jan Alfonce » avait laissé en mourant certains papiers du plus haut intérêt pour la navigation, et dont la publication devait auréoler son nom d'un singulier éclat. Mais nul de ceux qu'il avait chargés de ce soin, ne se souciait de les faire imprimer. Mellin, non sans peine, en fit l'acquisition, les mit en ordre et les donna à Jean de Marnef, pour les mettre à jour. Et c'est ce libraire lui-même qui nous donne ces détails piquants, dans la préface qu'il mit au devant des *Voyages avantureux* : Après la mort de Jan Alfonce, dit-il, capitaine très expert à la mer (où il a sceu sagement entreprendre et hardiment exécuter), aucuns de ceux qui l'avoient congneu estimoyent ses voyages et son Livre avoir esté ensepvelis avecques ses cendres, mais le seigneur Mellin de Saint-Gelays, (duquel la docte plume volle par la France) ha esté tant curieux qu'encore la voulu raviver et rendre immortel par ce livre, qu'il a subtilement et avecq grand peine recouvert, puis de grâce et libérale amytié le m'a baillé pour mettre à l'impression, que ne vouleurent oncques faire quelques

1. *Les Voyages avantureux du Capitaine Jan Alfonce, Sainctongeois, contenant les reigles et enseignements nécessaires à la bonne et seure navigation.* — A Poitiers, au Pélican, par Jean de Marnef, 1559, in-8°. — Le privilège est date d'Escoan, le 7° jour de Mars 1547. — Il y a d'abord une Préface de l'imprimeur et plusieurs pièces liminaires. — Bibl. Nat. Rés. G. 1149.

particuliers, par trop ingrats envers ce gentil capitaine, qui tant libéralement leur en avoit faict part, pensans seuls en faire leur profit, ou du tout esteindre son nom ». Après quoi il ajoutait en s'adressant aux Lecteurs de cet ouvrage : « Remerciez donc ce seigneur de Sainct-Gelays d'un tel bien par luy fait à la République. »

Mellin composa même un sonnet pour mettre au devant de cet ouvrage, qu'il se proposait de faire lire au Dauphin, afin de l'inciter à marcher sur les glorieuses traces de son père [1]. Et si les *Voyages aventureux* ne parurent qu'en 1559, il faut en attribuer la cause à des circonstances particulières, car les lettres patentes pour le privilège, furent données « à Escoan, le 7e jour de mars 1547. »

La réputation de Mellin était donc universelle ; c'était le chef du Parnasse français. Un de ses disciples, jeune avocat au Parlement de Paris, publia en 1548 un *Art poétique* [2], qui proclamait en quelque sorte officiellement cette royauté littéraire et en édictait solennellement les lois. C'était Thomas Sibilet. Il avait entrepris de composer son traité « pour l'instruction des jeunes studieus et encore peu avancez en la poésie française. » L'entreprise, sans être tout à fait nouvelle [3], présentait bien quelque hardiesse, mais, somme toute, ce n'était que la « codification » des doctrines marotiques. Il repoussait tout d'abord cette dénomination de « rimeur », qu'employait « le rude et ignare populaire », pour réclamer celle de « poète » qu'il ne fallait pas rougir d'emprunter aux anciens [4]. Et pour être « un

1. *Œuvres de M. de S.-G.*, I, 292.

2. [Thomas Sibilet]. *Art poétique François pour l'instruction des jeunes studieus et encore peu avancez en la poésie françoise.* Privilège daté du 25 juin 1548 ; l'*Epitre au Lecteur*, qui est en tête est du 27 juin. — Bibl. Nat. — Rés. Ye. 1213.

3. Sur ce sujet Cf. Brunot, *Histoire de la langue française*, XVIe *siècle* — en particulier Liv. Ier, ch. IV et IX ; et G. Pélissier, *De sexti decimi sæculi in Francia artibus poeticis* (thèse 1882) in-8°.

4. Liv. I, ch. 1.

poète de vraye merque », dit-il, non seulement il faut être « inspiré de quelque divine afflation », mais encore « n'escrire qu'avecques l'art ». Voilà pourquoi il a entrepris son *Art poétique*, dans lequel, tout en recommandant les genres reçus et cultivés par l'Ecole de Marot, tout en sacrifiant encore au gout des rimes recherchées, il ne craignait pas d'exiger de « son jeune studieux », la « parfaite cognoissance des langues Greque et Latine [1] ». Il l'invitait en outre fortement à composer des Odes, « choisissant le patron en Pindarus poète Grec et en Horace Latin [2] ». Bien plus, il engageait « son poète futur » à tenter même le « grand œuvre, au miroër d'Homère et de Virgile [3] ». Mais, après avoir indiqué comme modèle de l'Ode Horace et Pindare, il ajoutait aussitôt [4] : « Imite à pied levé Saingelais ès Françoises, qui en est autheur tant dous que divin ; comme tu pourras juger, lisant ceste ode sienne faite au nom d'une Damoiselle :

O combien est heureuse etc. [5]

« La mesme perfection et douceur de luy liras tu, lisant sés autres odes en autre forme, commençantes

Laissez la verde couleur, etc.
Puys que nouvelle affection, etc.
Ne voeillés, Madame, etc.
Hélas, mon Dieu ! y a il en ce monde, etc.

et grand nombre d'autres, toutes tant congnues et chantées qu'il n'est jà besoin de t'en escripre icy copie. »

Ainsi donc, Saint-Gelais avec Marot, le grand maître, voilà les deux modèles qu'il faut « suivre pas à pas

1. Liv. II, chap. 9.
2. Liv. II, chap. 9.
3. Liv. II, chap. 14.
4. Liv. II, chap. 6.
5. Sibilet cite l'ode en son entier.

comme l'enfant la nourrice [1] ». Et à chaque fois que Sibilet a fini d'indiquér les règles pour composer de beaux vers de cinq, de six, de sept et de huit syllabes, il répète la formule : « quelz sont les vers de Saingelais [2] ». Pour réussir en l'épigramme, la ballade, l'ode, la chanson, la définition, la description et même « le palinod », il n'est qu'un moyen, imiter Marot et Saint-Gelays.

Or, depuis quatre ans déjà, maitre Clément n'était plus : Mellin restait seul, grandi par le prestige d'une glorieuse et longue carrière, au milieu d'une rare bonne fortune ininterrompue. Par suite, malgré les quelques innovations que réclamait Sibilet, son livre, code de l'école marotique, n'était en définitive que la consécration de la royauté littéraire de Saint-Gelays, la proclamation de sa maîtrise. Rien ne manquait donc à sa gloire. Et pourtant les jeunes rivaux qui devaient l'attaquer, cette gloire si bien établie, la combattre et la renverser, étaient déjà prêts à entreprendre leur campagne.

Depuis quelque temps en effet, en plein Paris, entre les vieux murs du Collège Coqueret [3], un groupe de jeunes gens travaillaient sans relâche sous la conduite de leur maître Dorat. Ils s'appelaient Ronsard, Du Bellay, Baïf. Inconnus encore, malgré quelques maigres essais, ils avaient conçu la noble ambition de renouveler la poésie française, qu'ils trouvaient faible et languissante, de l'égaler à la Grecque et à la Latine, en composant eux-mêmes des chefs-d'œuvre. Pour y parvenir, ils demandaient avec acharnement aux auteurs grecs et latins, le secret de leur perfection et les règles de leur art. Et quelle joie à chaque nouvelle trouvaille ! Ils se communiquaient leurs découvertes, échangeaient leurs idées, élaborant peu à peu leur programme, pleins d'espérances dans le succès. L'*Art*

1. Liv. I, chap. 3.
2. Liv. I, chap. 5, 6, 7, ff. 11 et 12.
3. Consulter Chamard, *Joachim Du Bellay*, chap. II, *Le Collège de Coqueret*.

poétique de Sibilet vint les surprendre désagréablement. Ne voilà-t-il pas qu'un autre avant eux s'avisait de demander des réformes poétiques, dont-ils croyaient avoir seuls jusque-là compris la nécessité ? Il fallait se hâter !

D'autres encore plus experts, ou plus favorisés, pouvaient les devancer dans leur projet. Sous peine donc de perdre le fruit de tant de labeur, de voir s'évanouir les espérances de gloire si amoureusement caressées, on devait immédiatement élaborer le programme rêvé, et le publier avec fracas, pour forcer l'attention du monde lettré. La *Deffence* parut.

CHAPITRE VII

DÉMÊLÉS AVEC LA PLÉIADE (1549-1552)

I. *Relations avec Du Bellay.*

I. — Nécessité de réformes littéraires, mais sans rompre avec le passé. — Prétentions de la *Deffence.* — Manifeste.

II. — La *Deffence* méconnaît l'autorité de Saint-Gelays, — attaque l'Ecole marotique, les poètes courtisans et certaines œuvres de Mellin.

III. — Sentiments de Saint-Gelays — sa conduite — il n'écrivit pas contre les novateurs.

IV. — Lutte entre les deux Ecoles. — Œuvres de Du Bellay, 1549. — *L'Iphigène* de Sibilet, 1549 — *Odes* de Ronsard, 1550. — Le *Quintil Horatian* de Barthélémy Aneau, 1550. — Guillaume des Autelz : *Réplique aux furieuses défenses de Louis Meigret*, 1550. — Seconde édition de *l'Olive.* 1550.

V. — Du Bellay flatte Mellin. — Deuxième préface de *l'Olive*, 1549. — Ode du *Recueil de poésie,* 1549. — *Musagnaeomachie*, 1550. — Vrais sentiments de Du Bellay envers Mellin.

VI. — *Le poète courtisan* : date de composition — Qui est attaqué ? Pas Mellin personnellement. — C'est une satire générale.

I

Ce serait vraiment trop étendre le cadre de cette étude, que d'entreprendre ici d'exposer et de discuter les réformes et les idées nouvelles que préconisait ce petit in-8°, paru chez Arnould l'Angelier, vers la fin de 1549, avec ce titre : *La Deffence et Illustration de la langue française par I. D. B. A* [1]. Ce travail d'ailleurs a été

1. *La Deffence et Illustration de la Langue française, par J. D. B. A.*, Paris, Arnoul L'Angelier, 1549 ; pet. in-8 de 48 ff. non chiffrés. Bibl. Nat. Rés. X. 1888. — Je me suis servi de l'édition critique Henri Chamard, Albert Fontemoing, 1904, in-8°.

déjà fait bien souvent, mais particulièrement bien fait par M. Chamard, dans sa thèse sur Du Bellay [1].

Sans se proposer donc d'examiner à fond, ni la valeur, ni l'étendue, ni même la nouveauté des théories de la *Deffence*, essayons simplement de comprendre, autant que faire se peut, quels sentiments fit naître dans l'âme de tous les disciples de Marot et surtout de leur chef reconnu, l'apparition inopinée de ce manifeste si fier d'allure et si enthousiaste : véritable déclaration de guerre. Ce fut d'abord de la stupeur, mais le dépit et la colère ne tardèrent pas à se faire jour, et comme il arrive fatalement en pareille circonstance, la guerre s'alluma. Elle dura même plusieurs années, jetant le trouble et la révolution dans la République des Lettres, jusqu'au jour où des esprits plus calmes et mieux inspirés trouvèrent le moyen de réconcilier les deux chefs ennemis, et de rétablir définitivement la paix.

Sans doute, au début de cette année 1549, si mémorable pour la littérature française, bon nombre de disciples de Marot avaient déjà depuis longtemps rêvé de réforme et de progrès pour les lettres françaises. Il est entendu que Du Bellay en publiant sa *Deffence* n'a fait que résumer d'une manière précise et vigoureuse des théories chères à ses prédécesseurs [2]. Ainsi, sans remonter aux

1. Henri Chamard, *Joachim Du Bellay*, 1522-1560.

2. Cf. F. Brunot, *Histoire de la Langue Française des origines à 1900*, t. II, *Le seizième siècle*, Liv. Ier, et plus particulièrement chap. IX : *Le français dans la littérature proprement dite*. Voici ce qu'écrivait M. Henri Chatelain dans la *Revue Universitaire*, 15 novembre 1907, en rendant compte du volume de M. Brunot. « Les manifestes de la Pléiade ne sont plus aujourd'hui traités, comme ils l'ont été longtemps à la façon d'une *Déclaration des droits de l'homme*, qui ouvrirait une ère nouvelle. Il n'y a pas de 1789 littéraire. Les soi-disant innovations de 1549 avaient été annoncées et préparées à bien des reprises sous le régime antérieur ; et à mesure que sera mieux fouillé l'amas d'œuvres littéraires et de choses écrites — il y a plus de celles-ci que de celles-là — au xve siècle, il est vraisemblable que les points de départ des divers mouvements seront reculés toujours plus près de 1500, ou même au delà de cette date dans le passé », p. 327.

vieux Rhétoriqueurs, alors bien oubliés, Jacques Peletier du Mans, Charles Fontaine, François Habert, Charles de Sainte-Marthe, pour ne citer exclusivement que les vivants [1], avaient tour à tour, plus ou moins explicitement, proclamé qu'il fallait « *défendre* » la langue nationale, la délivrer de toutes les vieilles entraves dont le latin l'enserrait encore, et « *l'illustrer* » par de beaux chefs-d'œuvres, pour qu'elle pût acquérir toute la gloire à laquelle ses belles qualités la prédestinaient. Marot lui-même avait d'ailleurs expressément recommandé à ses disciples de se servir de l'idiome maternel, aussi bien aurait-il été fort en peine personnellement d'en employer un autre. Et Sibilet, nous l'avons vu, proclamait la poésie un art sacré, comme le fera Du Bellay, et recommandait aussi l'ode, le sonnet et le grand carme, à l'imitation des Grecs et des Latins. Une curieuse lettre de Jacques de Beaune [2], publiée récemment, montre même que les lettrés de profession n'étaient pas les seuls à défendre et exalter la langue nationale. Nombreux étaient les bons Français, qui depuis quelque temps déjà se répétaient tout bas ce qu'écrit Jacques de Beaune, à savoir que leur langue maternelle en valait bien une autre. Il la trouve en effet égale aux Anciennes pour la grâce, mais supérieure pour l'harmonie. Dès lors elle peut « devenir l'organe d'une littérature que la plus loingtaine postérité sera chère d'entendre, cognoistre et imiter, et par advanture d'autres nations sera recherchée et requise, comme les faitz desdictz Romains et Grecz ont esté par infinies autres nations estimez » [3].

1. Consulter Chamard, *op. cit.*, *Prédécesseurs*, p. 106-110 ; — et Brunot, *op. cit.* : Liv. I, chap. IV, *Premières revendications en faveur du Français.*

2. Emile Roy, *Lettre d'un Bourguignon, contemporaine de la Deffense et Illustration de la langue françoyse — Revue d'Hist. litt. de la Fr.*, 1895, p. 233.

3. Voir pour cette lettre et son intérêt dans cette question, Ferdinand Brunot, *Histoire de la langue française* : xvie *siècle.* t. II, liv. I, ch. IX : *Arts poetiques et poètes.*

« Défendre et illustrer » la langue française, était donc en quelque sorte la volonté formelle et le désir secret ou hautement exprimé de tout patriote éclairé.

Mais loin de tous la pensée de tenter une réforme radicale, et de susciter une révolution littéraire en se séparant brutalement du passé. En dehors du petit cénacle de Coqueret, où s'élaboraient silencieusement les théories de la Pléiade, on peut bien dire que nul écrivain ne songeait et n'avait jamais songé à devenir le Luther du Parnasse français. On demandait des réformes devenues indispensables, on réclamait unanimement des innovations, mais, même pour les plus hardis, Marot restait le modèle admiré et Mellin leur chef et leur gloire. Des progrès sans doute, mais en se conformant fidèlement à la tradition nationale, en suivant tout doucement la direction tracée par des prédécesseurs admirés : voilà le programme des plus novateurs.

Or, brusquement, au milieu de ce calme qui semblait inaltérable, éclatait un strident cri de guerre [1]. « A moi, s'écriait hardiment Du Bellay, à moi poètes et génies, qui voulez illustrer la langue française et « l'enrichir de vos trésors » (234). A moi quiconque « voudra faire œuvre digne de prix », (97) et « voler par les mains et les bouches des hommes » ! Laissez-là « toutes ces veilles poésies françoyses », (201) « véritables episseries » (202) ! Changez résolument de direction et de but. Venez, « marchez couraigeusement vers cète superbe cité romaine » (338), « donnez en cète Grèce menteresse » (339), et je vous montrerai la « seule échelle par les degrés de la quele les mortelz d'un pié léger montent au ciel et se font compaignons des dieux » ! (246).

C'était vraiment un coup de tonnerre. Et malgré tout son scepticisme, Mellin, s'il n'en fut pas épouvanté, dut

1. Cf. Chamard, *Joachim Du Bellay*, p. 45.

éprouver un violent sentiment de dépit et d'amour propre froissé. Il put bien sourire malicieusement, en lisant quelques unes des naïves audaces de Du Bellay, mais peu de pages durent faire naître en lui un éclair fugitif de joie, et trop nombreuses étaient celles où il était directement et personnellement attaqué, pour rester indifférent.

II

La *Deffence* conseillait « d'immiter les bons auteurs grecz et romains, voire bien italiens, hespagnols et autres » (194). Certes, Mellin avait emprunté plus d'un trait à l'antiquité grecque pour en rehausser ses petits vers ; Catulle, Properce, Martial, Claudien, Horace même, chez les Latins ; Pétrarque, Bembo, l'Arioste, et beaucoup d'autres parmi les Italiens, lui avaient fourni plus d'une pensée heureuse ! Et il n'était pas un de « ceux qui sans doctrine à tout le moins autre que médiocre, ont acquis grand bruyt en notre vulgaire » (196). Tout au contraire, la renommée le proclamait un homme d'une science universelle, connaissant et pratiquant les langues anciennes, et fort expert dans les choses d'Italie [1].

Mais ce que l'on reconnaissait et proclamait universellement, Du Bellay ne le proclame pas. Et tandis que l'*Art poétique* de Sibilet ne faisait en quelque sorte que donner comme des règles les exemples de Mellin, le plaçant toujours sur le même pied que Marot, citant sans cesse ses œuvres comme modèles, la *Deffence* ne le nomme jamais, alors même qu'il aurait du être nommé. « Sonne moy ces beaux sonnetz, non moins docte que plaisante invention Italienne » (222), disait du Bellay. Or c'était Mel-

1. Le Quintil *Horatian* ne manquera pas d'énumérer les nombreux mérites de Saint-Gelays, pour mieux faire ressortir le superbe dédain des novateurs. Cf. Person, *Deffence et Illustration de la langue françoyse*, p. 207.

lin qui avait introduit en France le sonnet rapporté d'Italie. Et pourtant du Bellay ne parle même pas de cette introduction, se contentant de dire : « pour le sonnet tu as Pétrarque et quelques modernes italiens » (225).

Quelle que soit d'ailleurs la cause de cet oubli, il n'est pas le seul et le suivant ne dut pas être moins pénible pour Mellin. A deux reprises différentes, Du Bellay en parlant des poètes de l'école précédente, cite Marot et Heroët, qu'il met au-dessus du commun, l'un parce qu' « il est facile et ne s'éloingne point de la commune manière de parler », [1] l'autre « pour ce que tous ses vers sont doctes, graves et élabourez ». Et Mellin?... Il est laissé parmi ces médiocres « rymeurs, mal équipez » et « mal armez pour se montrer sur les rancz, avecques les braves scadrons grecz et romains [2] ».

Ceci certes dut surprendre désagréablement le chef de l'Ecole marotique. Il devait également se sentir blessé par tous les traits lancés contre ces poètes modernes, qui ont si mal usé de la langue française. Ce sont en effet, somme toute, des critiques indirectes mais fort amères contre lui. Blâmer et condamner les procédés d'une école, déprécier ses œuvres, et proclamer qu'on peut faire bien mieux, est, certes, une critique fort mordante du maître lui-même.

Or, Du Bellay n'hésite pas à répéter maintes fois que la langue française « qui commence encores à fleurir sans fructifier, ou plus tôt, comme une plante et vergette, n'a point encores fleury, tant se fault qu'elle ait apporté tout le fruict qu'elle pouvait bien produyre ». Mais voici un reproche bien plus grave et autrement direct : « cela certainement non pour le défault de la nature d'elle, aussi apte à engendrer que les autres; mais pour la coulpe de ceux qui l'ont eue en garde, et ne l'ont cultivée à suffi-

1. *Deffence,* 172 et 105-106.
2. *Ibid.* 305.

sance, ainsi comme une plante sauvage, en celuy mesmes désert où elle avait commencé à naître, sans jamais l'arrouser, la tailler, ny défendre des ronces et épines qui lui faisoient umbre, l'ont laissé envieillir et quasi mourir [1] ».

Donc, tous les écrivains jusqu'à cette heure ont de graves torts à se reprocher envers la langue française, et par suite Mellin plus qu'aucun autre. Et quelques lignes plus loin, Du Bellay ajoute encore : « J'ay toujours estimé notre poésie françoyse, estre capable de quelque plus hault et meilleur style que celui dont nous sommes si longuement contentez » [2]. En somme, poursuit-il ailleurs, ceux qui jusqu'ici « ont acquis grand bruyt en nostre vulgaire [3] ..... ont bon esprit mais bien peu d'artifice [4] ».

L'artifice, l'art, fruit d'un travail assidu et persévérant, voilà ce que réclame la nouvelle école, et ce que Mellin ne pratiquait pas — moins encore peut-être que les autres tenants de Marot. Et, par suite, il devait prendre une plus large part que nul autre dans les reproches de Du Bellay. « Qui veult voler par les mains et bouches des hommes doit longuement demeurer en sa chambre, et qui désire vivre en la mémoire de la postérité, doit comme mort en soymesmes suer et trembler maintes fois, et autant que notz poëtes courtizans boyvent, mangent et dorment à leur oyse, endurer de faim, de soif et de longues vigiles [5] ».

S'il y avait certes à ce moment un poète courtisan, c'était bien Mellin [6]. Sans doute, Du Bellay n'avait pas encore composé sa fameuse satire, dont tant de traits s'appli-

1. *Ibid.*, 68-70; Du Bellay revient sur cette même idée, p. 191.
2 *Ibid.* 172-3.
3. *Ibid.* 196.
4. *Ibid.* 197.
5. *Ibid.* 198.
6. Voir Bourciez, *Les mœurs polies et la littérature de cour sous Henri II*, liv. III, chap. II, *Le poète courtisan, Mellin de Saint-Gelais.*

quent si exactement à Saint-Gelays [1]. Admettons même qu'il voulut soigneusement éviter tout ce qui aurait pu directement vexer le favori de Henri II, et en faire un ennemi déclaré de la Jeune Ecole, il n'en est pas moins vrai que ces attaques contre les poètes courtisans, durent singulièrement ennuyer l'indolent Mellin. Car, après tout et malgré les protestations qui purent se produire, il sentait bien que lui aussi était dédaigneusement renvoyé sinon « au bagage avecques les paiges et les laquais », du moins « soubz les frais umbraiges aux sumptueux palais des grands seigneurs et cours magnifiques des princes, entre les dames et les damoyselles [2] ». Et n'était-ce pas ce que recherchait Mellin ? Sa Muse n'avait jamais eu d'autres prétentions ! Que ses « beaux et mignons écriz », qu'il ne souhaitait nullement « de plus longue durée que sa vie », fussent « receuz, admirés et adorés [3] » par les dames, les demoiselles et les seigneurs de la cour, c'était son rêve et tout son idéal ! Or, il est souverainement ennuyeux d'entendre ainsi des critiques générales, dont le premier venu peut vous faire une juste et facile application !

Mais il y a encore dans la *Deffence* des attaques beaucoup plus directes et plus personnelles contre Mellin.

Sibilet dans son *Art poétique*, en parlant de l'épigramme, avait recommandé au poète d'être « le plus fluide qu'il pourrait et d'estudier à ce que les deux verz derniers fussent agus en conclusion [4] ». Et comme pour les autres genres, il donnait pour modèles en celui-ci : Marot et Saint-Gelays. Ce dernier se distinguait surtout par le piquant et l'imprévu du trait final dans ses dizains, qui n'avaient souvent pas d'autre mérite. Et voilà qu'à son tour Du Bellay criait au poète « nouveau genre » :

1. Voir Chomard, *Joachim Du Bellay*; seconde partie, chap. VIII, Le *Poète courtisan*, (1559).
2. *Deffence*, 306.
3. *Ibid.*, *ibid.*
4. *Art poétique*, II, I, fol. 43.

« Jète toy à ces plaisans épigrammes, non point comme font aujourd'huy un tas de faiseurs de comtes nouveaux, qui en un dizain sont contens n'avoir rien dict qui vaille aux IX premiers vers, pourveu qu'au dixiesme il y ait le petit mot pour rire : mais à l'immitation d'un Martial, ou de quelque autre bien approuvé [1] ! » Quelle que soit l'intention de Du Bellay, sa théorie n'en est pas moins la contre partie de celle de Sibilet, et par le fait même une condamnation formelle de cette partie de l'œuvre de Mellin, sa principale gloire jusqu'à ce jour.

Il n'en va pas autrement pour l'ode, mais ici la critique est encore plus précise, et indéniable cette fois. Qu'on en juge ! La *Deffence* recommande au poète de chanter « ces odes incongnues encor de la Muse françayse », en ajoutant : « Sur toutes choses, prens garde que ce genre de poème soit éloingné du vulgaire, enrichi et illustré de motz propres et épithètes non oysifz, orné de graves sentences et varié de toutes manières de couleurs et ornementz poétiques, non comme un *Laissez la verde couleur*, *Amour avecque Psychès*, *A combien est heureuse* et autres telz ouvrages : mieux dignes d'estre nommez chansons vulgaires qu'odes ou vers lyriques [2]. » Or, *Laissez la verde couleur*, *O combien est heureuse*, sont deux chansons de Mellin ; Du Bellay ne pouvait l'ignorer, puisque Sibilet les donnait comme exemples « de chants lyriques », en indiquant expressément qu'elles étaient « de Saingelais [3] ». Une autre preuve non moins convaincante, c'est qu'en un autre endroit [4], Du Bellay réfute les paroles mêmes par lesquelles Sibilet recommandait « d'imiter à pied levé Saingelais és odes

1. *Deffence*, 203 à 206.
2. *Ibid.*, 208 à 212.
3. Sibilet, II, VI, f° 57, r° et v°. Voir à ce sujet ce que dit M. Chamard, *Deffence*, 212-213.
4. *Deffence*, 107.

françoises [1] ». Ce trait est donc directement dirigé contre Mellin.

Quant à ce poète, qui « pour n'avoir encores rien miz en lumière soubz son nom.... mérite qu'on luy donne le premier lieu : et semble (disent aucuns) que par les écriz de ceux de son tens, il veille éternizer son nom, non autrement que Démade est ennobli par la contention de Démosthène et Hortense de Cicéron », ce ne peut être encore que Mellin [2]. Après plus de trois siècles nous pouvons, nous, émettre quelques doutes à ce sujet, parce que nous ne saisissons pas clairement toutes les allusions, mais les contemporains ne purent s'y tromper, et le principal intéressé surtout. Du Bellay a beau feindre rapporter les paroles « d'aucuns », la feinte est trop manifeste. « On voit tout à clair que tu forges ici des repreneurs à plaisir, sous la personne desquels tu cuides couvrir et dissimuler la censure que toy mesme fais de tels personnages, lesquels tu ne oses nommer, ne reprendre ouvertement », lui dira le Quintil Horatian [3], et cela fort judicieusement. De plus, la critique à l'adresse de Mellin est fort acerbe, chez lui « si l'on s'en rapportait à la renommée, dit la *Deffence*, les « vices sont égaulx, voyre plus grands que ses vertuz », et il n'y a dans les nombreux écrits qui se lisent tous les jours sous son nom « ny grâce, ny erudition [4] ». Voilà qui n'est pas flatteur.

1. Sibilet, *Art poétique*, fol. 57 r°.

2. *Deffence*, 182; et *Revue universitaire*, 1904, p. 224.

3 *Deffence*, p. 178, n. 6 ; et Person, p. 201.

4. Voici la phrase textuelle de la *Deffence*, p. 181-182. « Que si on en vouloit faire jugement au seul rapport de la renommée, on rendroit les vices d'iceluy égaulx, voyre plus grands que ses vertuz, d'autant que tous les jours se lisent nouveaux écriz soubz son nom, à mon avis aussi éloignez d'aucunes choses, qu'on m'a quelquefois asseuré estre de luy, comme en eux n'y a ni grâce, ni érudition. » Voir le judicieux et savant commentaire dont M. Chamard accompagne ce texte.

III

On peut bien discuter les intentions de Du Bellay [1] à l'égard de Mellin, mais le fait, ou plutôt le livre est là avec sa réalité. Admettons que la nouvelle école voulait à tout prix conserver les bonnes grâces, ou du moins ne pas irriter le vieux poète, favori de Henri II, et alors tout puissant à la Cour ; il n'en est pas moins vrai que la *Deffence* est un manifeste violent et direct contre « l'école gauloise », dont Mellin était le chef. Et s'il n'est jamais nommé personnellement, les attaques sont parfois si nettes et si précises qu'il est impossible de s'y tromper. Aussi tous ces traits répétés durent faire une blessure douloureuse à l'amour-propre de Saint-Gelays. Or, quelle que pût être la valeur et la légitimité des réformes proposées, on sent passer dans toutes les pages de ce manifeste un souffle piquant d'hostilité contre « les poètes du jour ». La nouvelle école se pose hardiment en face d'eux en adversaire. Sans ménagements pour les gloires existantes, Du Bellay, ou plutôt Ronsard et ses disciples se proclament des réformateurs et des novateurs à outrance. Et moins cette réforme est profonde et véritable [2], plus ils vont répétant très haut

1. Beaucoup de critiques assurent que Du Bellay n'exprimait pas là ses idées personnelles, mais bien celles de Ronsard : Cf. Brunetière, *Revue des Deux Mondes, La Deffence*, 1er janv. 1901 ; — Em. Faguet, *Etudes sur le* XVI*e siecle, Joachim Du Bellay ;* — Chamard, *op. cit.* p. 94-96.

2. Depuis qu'a paru le livre de M. P. Villey, *Les sources italiennes de la Deffence*, 1908, la tentative des novateurs ne saurait plus être regardée comme une initiative hardie, audacieuse entreprise d'esprits clairvoyants. Somme toute, leur belliqueux manifeste n'était qu'une habile adaptation. En effet, M. Villey prouve par des citations irréfutables que les chapitres les plus saillants de la *Deffence* sont dérivés ou traduits du *Dialogue des Langues* de Sperone Speroni. Et s'il n'est pas encore parvenu à retrouver les sources de l'*Illustration*, il incline à la croire pareillement d'origine italienne et espère pouvoir en donner les preuves un jour. Cf. Pierre Villey, *Les sources italiennes de la Deffence et Illustration de la langue française de Joachim Du Bellay* — Paris, Champion, 1908, in-12.

qu'il veulent tout changer, tout transformer, parce que rien de bon n'a été fait avant eux. Bien plus, non contents de méconnaître, avec une fatuité toute juvénile, les mérites de leurs prédécesseurs, et d'affecter une ignorance superbe de toutes les réformes tentées avant eux, ils se laissent aller, sans provocation aucune, à de blamables excès de langage [1]. Le ton, en général agressif et batailleur, devient parfois d'une aigreur extrême et monte jusqu'au diapason d'une violente polémique [2].

Pour être employés par des jeunes gens sans expérience, entraînés par l'ardeur excessive de leur esprit et l'amour de la gloire, de pareils procédés n'en sont pas moins profondément blessants. D'autant plus que l'apparition de ce petit opuscule dut faire sensation au milieu de cette cour de Henri II, déjà si raffinée dans la médisance. Malheureusement, comme toujours en pareille occurrence, il ne dut pas manquer de gens, qui, guidés par la jalousie ou l'intérêt, envenimèrent la querelle, excitèrent les esprits et rendirent un éclat inévitable entre les deux partis.

Quelle fut la conduite de Mellin dans cette bataille littéraire ? Les documents nous manquent pour répondre avec précision ; toutefois, étant donné l'homme, sa posi-

---

1. Cf. *Deffence*, Ire partie, chap. 3 et 8. — IIe partie, ch. 2 et 11.

2. J'avais écrit ce qui précède, lorsque j'ai pris connaissance de l'article de M. Laumonier, dans la *Revue critique d'Histoire et de Littérature*. Le jugement qu'il porte sur la *Deffence* est encore plus sévère que mon appréciation. « Il (M. Chamard) a laissé trop dans l'ombre les erreurs de doctrine et les excès de polémique qui déparent à mon sens ce manifeste, inférieur à l'*Art poétique* de Peletier. La *Deffence* n'est pas seulement une œuvre pédantesque, mal digérée ; c'est trop souvent (par exemple aux chap. II, IV et XI de la seconde partie) un pamphlet où les injures tiennent lieu d'arguments ; sans compter que Du Bellay n'a pas rendu justice aux efforts si louables des précurseurs de la Pléiade, grâce auxquels fut possible la révolution littéraire de 1549. — Les chefs de cette révolution le reconnurent eux-mêmes, non seulement en abandonnant une partie de leurs principes, mais encore en ne parlant jamais de la *Deffence*, en n'y faisant jamais la moindre allusion, comme s'ils avaient voulu condamner à l'oubli ce péché de jeunesse. » *Revue critique*, 10 oct. 1904, p. 249.

tion et son caractère, on peut bien assurer qu'il dut dire leur fait à ces jeunes et hardis novateurs, qui venaient ainsi le troubler dans son règne brillant et tranquille. « Il estait prompt et soudain à reprendre et à censurer les fautes d'autruy », nous apprend Thevet [1]. Nul ne le surpassait pour la causticité et le mordant d'une prompte réplique. Il était depuis longtemps passé maître dans l'art de triompher d'un adversaire par un bon mot, un trait à l'emporte-pièce, qui mettait les rieurs de son côté. Jamais jusqu'ici son esprit ne l'avait laissé en peine, dans les situations les plus embarrassantes. On peut donc assurer, qu'à peine la *Deffence* parue, « il n'épargna pas les railleries et les sarcasmes à tous ces novices téméraires [2] », dans les nombreuses et brillantes réunions de la Cour. Mais se contenta-t-il de la parole ? N'eut-il pas recours aussi pour répondre à l'attaque à quelqu'une de ces mordantes épigrammes où il excellait ? Ne céda-t-il pas à l'envie de montrer à ces jeunes novateurs quelle redoutable puissance gardaient encore ces huitains et ces dizains qu'ils affectaient de mépriser ? Peut-être, mais on ne pourrait en trouver la preuve dans les vers que nous possédons. Il a bien flagellé « *un mal disant* [3] » et quelque peu raillé un poète prétentieux qui avait quémandé des louanges pour son livre [4], mais rien ne prouve que c'était Du Bellay ou Ronsard.

Quant à répondre directement au *factum* des novateurs, et à riposter « *du tac au tac* », la pensée n'en dut même pas venir à notre poète. Ce n'était pas sa

1. *Op. cit.*, fol. 557 r°.
2. Em. Phelippes-Beaulieux, *Op. cit.*, p. 35.
3. *Contre un mal disant*, II, 251. Je serais plutôt porté à croire que cette pièce se rapporte au différend de Sagon et de Marot, et qu'elle fut dirigée contre quelqu'un des ennemis de maître Clément.
4. *Œuvres*, II, 262 et III, 115 et 116. — En revanche, il ne me paraîtrait pas téméraire d'affirmer que ces trois dizains furent composés à propos des odes de Ronsard.

manière. Grand seigneur, épicurien avisé, il abhorre les disputes. Dans la pièce *Contre un mal disant*[1], à qui il veut faire répondre simplement par :

Un couple de bons Perroquets
Avec deux Pies langagères,

il proclame avec une hauteur dédaigneuse, qu'il ne s'abaisse pas jusqu'à le faire lui-même, laissant les disputes aux gens mal élevés et de bas étage[2]. Il tenait surtout à sa réputation de galant homme, plein d'esprit et d'urbanité, repoussant soigneusement l'épithète de médisant[3] et d'ambitieux[4].

De plus il était déjà vieux, ayant dépassé la soixantaine ; il ne demandait qu'à jouir en paix de sa gloire. Aussi, tout en ne se faisant pas faute de décocher à l'occasion contre « ces troubleurs de fête et de repos » les traits les plus mordants, laissa-t-il à d'autres plus actifs, plus entreprenants et surtout plus jeunes, le soin de répondre à leur manifeste bruyant, en bonne et due forme. Ils n'y manquèrent pas et la guerre commença.

IV

Ce fut une lutte ardente et passionnée, où les adversaires ne se ménagèrent pas. Mellin, en chef dévoué et habile, se devait à lui-même et à son école de diriger ses parti-

1. *Ibid.* II, 251.

2. Voici la strophe de Mellin avec toute sa crudité d'expression : l'époque même justifie à peine ces mots sous la plume d'un aumônier du Roy :

Car de moy ce n'est pas mon cas
De m'amuser à ces disputes ;
Je les laisse faire à un tas
De ruffiens et vieilles p..... II, 252.

3. On dirait qu'il a pris soin à l'avance de réfuter cette accusation de médisant et d'envieux, que des ennemis ont voulu faire peser sur sa mémoire après sa mort. Voir I, 196, 198, 313.

4. Voir I, 256, et II, 113, 194.

sans et de les appuyer. Mais il ne prit pas directement part au combat, laissant agir ses amis et préparant sa « pince » pour s'en servir à la première occasion. Il me suffira donc d'indiquer très brièvement les diverses phases de cette lutte, en faisant connaître les principaux champions qui entrèrent dans la mêlée, avec leurs moyens d'attaque et de défense. Ceci spécialement pour éclairer et présenter sous son vrai jour l'incident qui mit violemment aux prises Mellin et Ronsard.

C'est aux environs de Pâques de l'année 1549, que dut paraître la *Defference et Illustration,* le privilège étant du 20 mars. La première riposte connue se fit attendre près de huit mois. Durant cet intervalle, Du Bellay avait donné au public non seulement l'*Olive* et les *Vers lyriques*, qui accompagnaient son manifeste, mais encore son *Recueil de poésie* [1], dont la dédicace à Madame Marguerite porte la date du 23 octobre 1549. Dans ce recueil se trouvent bon nombre d'odes officielles, adressées par le poète à Henri II et à sa sœur, pour s'assurer un appui solide à la Cour ; mais il y en a aussi une pour Mellin, une autre pour Carles et une troisième pour Heroët. Par ces louanges, Du Bellay essayait de corriger le funeste effet que devaient avoir produit ses premières attaques.

Pendant ce temps aussi, Sibilet avait terminé sa *Traduction d'Iphigénie*, elle parut dans les derniers mois de l'année [2]. Et comme, somme toute, la *Deffence* était au moins la contre-partie, sinon une attaque directe, de son *Art poétique*, et que les novateurs proscrivaient les traductions et surtout les traductions des poètes, Sibilet, en donnant la sienne, ne pouvait garder le silence. Il répon-

1. *Recueil de poésie présenté à très illustre* Princesse, *Madame Marguerite, sœur unique du Roy, et mis en lumière par le commandement de madicte Dame.* Par J. D. B. A. Paris, Guill. Cavellat, 1549, in-8°.

2. L'*Iphigène d'Euripide* Poète *Tragic : tourné de* Grec *en* François *par l'Auteur de l'Art poétique.....* Paris, Gilles Corrozet, 1549. — Bibl. Nat. Rés. Yb. 832. L'Epître *aus Lecteurs*, suit la *Dédicace* à Jean Brinon.

dit brièvement, mais avec esprit et désinvolture, dans une sorte de préface de l'Iphigénie. Dans des lignes « pleines d'humour, » il critiquait quelques-unes des idées de Du Bellay, et après avoir finement loué son maitre, Marot, il déclarait crânement que pour lui il n'écrivait pas dans l'intention d'être « leu et loué des Poètes de la première douzaine... j'écry aux Muses et à moy ».

L'action était engagée. Sur ces entrefaites, non sans avoir longtemps hésité, Ronsard se décida enfin à faire paraître son premier ouvrage poétique, dans les premiers jours de 1550 [1]. Le succès ne fut peut être pas considérable ; le livre rencontra d'abord de sourdes et profondes oppositions. Mais, quoi qu'il en soit, cet ouvrage n'était pas fait pour calmer le débat ouvert par la *Deffence*. Seulement on saura désormais quel est le véritable chef des novateurs, et c'est contre Ronsard que seront surtout dirigés les coups !

Moins humble qu'Horace, il n'avait pas craint de prendre en main la lyre grecque et de « pindariser » de toutes ses forces. Il montrait ainsi clairement — ce qu'on soupçonnait bien un peu — qu'il était le principal inspirateur des idées nouvelles préconisées par la *Deffence*. En effet, dans une orgueilleuse préface, il revendiquait pour lui seul la gloire et l'honneur d'introduire en France la poésie lyrique, et « de guider les autres au chemin de si honnête labeur [2] ». Il déclarait plus loin rompre en tout et pour tout avec ses devanciers, « prenant style à part, sens à part, œuvre à part [3] ».

1. *Les quatre premiers livres des Odes de P. de R. V. Ensemble son Bocage.* Paris, Guillaume Cavellat, in-8° de 10 et 170 ff. plus 2 ff. d'errata, 1550. — Bibl. Nat. Rés. Ye. 4.769. Le privilège est daté du 10 janvier 1549. (n. s. 1550). Ronsard a changé si souvent la disposition de ses vers et le texte lui-même de ses compositions poétiques, qu'il est difficile de s'y reconnaître parfois. Les Odes ont été reproduites dans l'édit. Blanchemain, t. II, p. 9 et ss. — édit. Marty-Laveaux, t. II, p. 474 et ss.

2. *Préface* — Edit. Blanchemain, t. II, p. 9.

3. *Ibid*, t. II, p. 10.

Entrant encore plus avant dans le débat engagé, il adressait dans le premier livre une ode à Du Bellay [1], pour critiquer, non sans acrimonie, certains poètes envieux. Ceci est une nouvelle preuve qu'il y avait eu déjà plus d'un propos désobligeant échangé, et que les hostilités étaient journalières entre les deux partis. En terminant, il s'écriait :

Ore donc, frères d'Hélène,...
Faites encrer à ce bord
Ma navire en quelque port,
Pour finir mon navigage ;
Et destournez le langage
Du mesdisant que je voy,
Qui toujours sa dent travaille
Pour me mordre, afin qu'il aille
Remordre un autre que moy ! [2]

Quel est « ce mesdisant » qui aiguise sa dent pour mordre Ronsard ? Serait-ce Mellin ? Il ne semble pas qu'un éclat se fut encore produit entre les chefs des deux écoles rivales, mais il est bien probable que le poète Vendômois n'ignorait nullement les dispositions de Mellin à l'égard des novateurs. Saint-Gelays ou tout autre, c'était sûrement un marotique, qui était visé et accusé de mordre méchamment.

Il y avait quelques jours à peine que le petit livre de Ronsard circulait de main en main, exalté par les uns, critiqué par les autres, lorsque parut tout à coup une petite plaquette anonyme, éditée à Lyon avec ce titre : *Le Quintil Horatian sur la Deffence et Illustration de la langue française*. C'était une seconde riposte au manifeste de Du Bellay, mais autrement importante et serrée que la première. L'auteur gardait l'anonyme, mais laissait cependant entendre qu'il n'était autre que Charles Fontaine ;

1. *Œuvres de Ronsard*, édit. Blanchemain, t. II, p. 103.
2. Edit. Blanchemain, II, p. 105.

celui-ci protesta hautement, et dans une lettre à Jean de Morel [1] renvoie la paternité de ce pamphlet à Barthélémy Aneau, principal du Collège de la Trinité. Et c'est bien ce dernier qui doit être regardé comme le véritable auteur du Quintil [2].

Avec beaucoup de bon sens et d'à propos, mais aussi, il faut en convenir, non moins de lourdeur de style et de pédantisme, Aneau prenait la *Deffence et illustration*, discutait les réformes proposées, critiquait les affirmations, réformait les jugements, et ne laissait pas la plus petite attaque sans réponse [3]. Tout comme il devait le faire avec ses élèves, il note les fautes de style et les défauts de composition, relève les incorrections et les impropriétés de terme, jusqu'aux fautes d'orthographe. Mais à côté de ces critiques puériles ou exagérées, se trouvent bon nombre de réponses justes, sensées et sans réplique. A bon droit il reprochait à Du Bellay de dénigrer la langue française au lieu de l'illustrer : tu ne « fais que nous induire à gréciser et latiniser en françoys, vitupérant toujours nostre forme de poésie comme vile et populaire [4] ». Et il n'était pas moins heureux quand il défendait Marot et ses disciples, attaquait les théories des novateurs sur l'imitation et l'introduction des genres nouveaux, et montrait à son adversaire qu'il ne savait pas « ratiociner [5] ».

Et, tout en attaquant de la sorte l'auteur de la *Deffence*, il lance en passant plusieurs traits à Ronsard, mis en évidence par la publication de ses poésies. Ainsi à propos de l'ode, il reproche aux novateurs de vouloir faire des poètes lyriques « des ménestriers, tabourineurs et vio-

1. Cf. P. de Nolhac, *Lettres de Joachim du Bellay*, Paris, Charavay, 1883, p. 86 à 95.

2. Voir sur cette question H. Chamard, *La date et l'auteur du Quintil Horatian*, étude publiée dans la *Revue d'Hist. litt. de la France*, année 1898, p. 54-71.

3. Consulter sur ce sujet H. Chamard, *Joachim du Bellay*, 151-158.

4. *Deffence et Illustration*, édit. Chamard, p. 75 ; édit. Person, p. 194.

5. *Ibid.* édit. Chamard, p. 64-65 ; édit. Person, p. 195.

leurs ». Et il ajoute immédiatement avec un ironique dédain : « Comme ton Ronsard trop et très arrogamment se glorifie avoir amené la lyre grecque et latine en France, parce qu'il nous fait bien esbahyr de ces gros et étranges mots, strophe et antistrophe [1] ». C'était là un reproche fondé et que beaucoup déjà avaient adressé au « novice pindariseur », mais malheureusement l'auteur du *Quintil* se laissait entraîner par la passion et l'ardeur de la polémique. Bien qu'il eut annoncé qu'il ferait œuvre de critique « amiable et modeste, sans aucune villanie, injure et calumnie ne simple ne figurée » [2], il répond aux injures par des injares. Et si le ton de la *Deffence* est batailleur et agressif, celui du *Quintil* est rageur et hargneux.

Cependant malgré son aristocratique et dédaigneuse aversion pour toute dispute, Mellin ne dut pas être trop mécontent de l'œuvre de Barthélemy Aneau. Celui-ci d'ailleurs avait pris soin de mêler à ses attaques contre les auteurs de la *Deffence* un éloge enthousiaste du vieux poète, opposant sa longue et universelle réputation à la gloire à peine naissante de Ronsard. C'est à propos de l'ode. « Et si vous autres, dit-il, me mettez en avant un Mellin, Monsieur de Saint-Gelais, qui compose, voire bien sur tous autres, vers lyriques, les met en musique, les chante, les joue et sonne sur les instruments, je confesse et je say ce qu'il sait faire, mais c'est pour luy. Et en cela il soustient diverses personnes et est poëte, musicien, vocal et instrumental. Voire bien davantage est-il mathématicien, philosophe, orateur, jurisperit, médecin, astronome, théologien, brief panepistemon. Mais de telz que luy ne s'en trouve pas treize en la grande douzaine ; et si ne se arrogue rien et ne dérogue à nul [3]. »

Si la main qui a tracé ce portrait est un peu gauche,

1. *Ibid.* Person, p. 207 — Chamard, p. 225-226.
2. *Ibid.* Person, p. 187 — Chamard, p. 23.
3. *Ibid.* Person, p. 208 — Chamard, p. 226-227.

il n'en est pas moins vrai que l'intention est toute faite de vénération et de respect ; c'est un disciple qui est heureux de proclamer les qualités de son maître, que des envieux avaient méconnues : protestation contre un oubli, réponse à des attaques dissimulées.

L'émotion et l'intérêt causés par cette violente riposte n'étaient pas encore éteints, lorsqu'un troisième champion entra en lutte. C'était un tout jeune homme de vingt ans, et, chose bien digne de remarque, il laisse de côté toute acrimonie et toute exagération, apportant dans le débat une réserve polie, une sage modération, qui font ressortir davantage encore la justesse de sa critique et la finesse de son esprit [1]. Il s'appelait Guillaume des Autelz. C'était aussi un poète, mais pour le moment uniquement occupé à combattre contre Louis Meigret, le fameux réformateur de l'orthographe. Et, tout en répondant à son adversaire, il était amené à dire son sentiment sur la réforme autrement importante proposée par Du Bellay [2]. Son livre parut vers les derniers jours d'août.

Des Autelz était alors un « conservateur ». Il prend donc parti contre la nouvelle école, défend assez spirituellement Marot et s'efforce, lui aussi, non sans succès, de réhabiliter ces genres antiques et nationaux, que les novateurs traitaient dédaigneusement « d'épisseries ». Ses critiques contre la théorie de l'imitation ne sont pas moins sensées et moins fondées, mais il se montre conciliant. Pas de proscriptions à priori et sans raisons sérieuses : la Justice pour tous à la lumière de la Vérité. Et voilà pourquoi il veut bien admettre l'ode, telle que la prône Ronsard, mais il réclame hautement pour les chansons de Saint-Gelays. « Et ne me saurait-on oster

1. Cf. Chamard, *Joachim Du Bellay*, p. 147-151.

2. *Réplique aux furieuses défenses de Louis Maigret*, Lyon, Jean de Tournes et Guillaume Gazeau, 1550. — in-8°. La dédicace est datée du 20 août 1550, mais la Bibl. Nat. ne possède qu'une édition datée de 1551 : Rés. Ye. 1679.

de la fantasie que *Laissez la verde couleur* et *Amour avecques Psichés,* quelque nom que leur donnent ceux qui veulent bailler des titres aux œuvres d'autrui, sont vrayment œuvres poétiques, bien ornées de figures convenantes à leur sujet [1]. »

Il était bien temps que les novateurs répondissent à leur tour à ces « répliques furieuses ». Du Bellay en cherchait l'occasion, mais s'il avait prévu que les attaques ne lui manqueraient pas [2], leur violence dut le surprendre. La querelle s'était d'ailleurs étendue peu à peu et chaque école comptait de son côté des champions ardents et irréductibles. Donc, vers la fin de 1550, Du Bellay, pour faire naître cette occasion qu'il cherchait, fit paraître une seconde édition de son « *Olive* ». Elle était précédée d'une fort longue préface, en risposte à ses « repreneurs ». Non content de réfuter d'une manière générale toutes les accusations dirigées contre lui, il répondait directement à chacun de ses principaux adversaires, en particulier, à Thomas Sibilet et Barthélémy Aneau tout d'abord [3]. Quant à Guillaume des Autelz, Du Bellay semble reconnaître le bien fondé de ses critiques et lui donne en quelque sorte raison, en modifiant sa théorie de l'imitation, pour en faire la théorie de l'innutrition, comme dit M. Faguet [4].

Mais pour les autres « repreneurs », pour ceux qui incapables « d'honnestes controversées de lettres », se contentent de le « taxer avecques une petite manière d'irrision et contournement de nez », Du Bellay n'a qu'un souverain mépris. « Je ne veux pas, dit-il, faire tant d'honneur à telles bestes masquées, que je les estime seulement dignes de ma cholère [5] ». Le ton ne s'était pas

1. *Réplique*, p. 62
2. *Deuxième préface de l'Olive* : Edit. Marty-Laveaux, p. 73.
3. *Deuxième préface de l'Olive*, p. 74-78.
4. *Seizième siècle : Ronsard*, p. 214.
5. *Deuxième préface de l'Olive*, p. 78.

amélioré depuis la *Deffence* ; et ceci montre combien la querelle s'était envenimée. Les novateurs avaient besoin d'utiliser toutes leurs ressources pour défendre leur cause.

Du reste, deux petits poèmes parus à la suite de l'*Olive*, ne nous laisseraient aucun doute sur l'état des esprits à ce moment : c'est la *Musagnaeomachie* et l'*Ode à Ronsard contre les envieux poètes*. Dans cette dernière pièce [1], après avoir attribué à son ami toute la gloire de l'Ode, et s'être réservé pour lui-même l'honneur du sonnet, il attaque avec violence tous ces poètes, qui conduits par la pâle Envie, corbeaux sinistres,

> Troublent d'un son éclattant
> Les nouveaux Cignes, qui ores
> Par la France vont chantant. I, 178.

Somme toute, le chef de ces poètes envieux n'est autre que Mellin, et si on ne l'attaquait pas directement, c'est qu'on n'osait.

V

Bien plus, Du Bellay, tout en fulminant ces attaques générales, s'efforçait alors de gagner toutes les bonnes grâces du vieux chef de l'Ecole marotique. Il l'avait assez violemment attaqué dans la *Deffence*, sans le nommer pourtant, cédant peut-être aux instances de Ronsard, ou simplement à un mouvement de juvénile ardeur. Mais il semble bien qu'il ne tarda pas à s'en repentir. En effet, presqu'en même temps qu'il l'attaquait ainsi, il sollicitait humblement son suffrage dans sa *Préface* de la première édition de *l'Olive*. Il disait à la fin de *l'Epître au Lecteur* : « Je ne cherche point les applaudissements populaires. Il me suffit pour tous lecteurs

1. *Œuvres de Du Bellay* : Edit. Marty-Laveaux, t. I, p. 145.

avoir un Saint-Gelais, un Heroët, un de Ronsart, un Carles, un Scève, un Bouju, un Salel, un Martin et si quelques autres sont encor' à mettre en ce ranc. A ceuls-là s'adressent mes petits ouvraiges [1]. » L'énumération est un peu longue et comprend plus d'un nom inconnu ; de plus l'on sent que toutes les préférences de Du Bellay sont pour « M. de Ronsart », mais il n'en est pas moins vrai que c'est Mellin qu'il place en tête de cette élite de poètes illustres, dont il sollicite l'approbation. L'intention est manifeste : Du Bellay veut se concilier les bonnes grâces du tout-puissant aumônier, et peut-être aussi faire oublier un moment de folle témérité.

Cette intention apparaît encore plus évidente dans le *Recueil de poésie* [2], publié vers la fin de 1549. Il y a là une ode à Mellin où le jeune poète prodigue les éloges et les fleurs à celui qu'il attaquait naguère avec acrimonie.

> Mellin, que cherist et honnore
> La Court du Roy, plein de bonheur :
> Mellin, que France avoue encore
> Des Muses le premier honneur,

s'écrie-t-il avec enthousiasme, en débutant. Et plus loin il a recours à une comparaison assez heureuse pour exalter cette douceur tant vantée des vers de Mellin, de l'avis de tous, la principale qualité de ce poète.

> Comme la Saone doulce et lente
> Dedans son sein non fluctueux,
> Coule beaucoup moins violente
> Que le fort Rhosne impétueux :
> Mellin, tes vers emmielez,
> Qui aussi doulx que ton nom coulent.
> Au nectar des Muses meslez,
> L'honneur de tous les autres foulent.
>
> Edit. Marty-Laveaux, I, 239.

1. Edit. Marty-Laveaux, I, p. 69.
2. *Op. cit.*

Ce n'est pas que le sujet de cette ode présente un intérêt spécial par la grandeur des pensées ou l'importance des événements auxquels elle fait allusion ; loin de là, ce sujet est fort insignifiant. Faute de trouver une occasion plus favorable, Du Bellay en est réduit simplement à faire part de ses projets à Mellin. « Je me proposais, lui dit-il, de chanter Mars et les combats ; mais le dieu de l'harmonie m'en a dissuadé, en me rappelant la faiblesse de ma lyre. Je me contenterai donc de chanter les doux plaisirs de la vie, laissant à ceux....

Qui la bonne fortune sentent
Et l'heur de la royale main,

le soin d'entreprendre les grands sujets. » Enfin en terminant, après avoir loué la douceur et la facilité de la Muse de Saint-Gelays, il ajoutait aimablement :

Celuy qui n'a eu favorable
La Muse lente à son secours,
D'un artifice misérable
Enfante les siens durs et lours.
Pourquoy doncques si longue nuit
Veulx-tu sur tes labeurs estendre,
Opprimant la voix de ton bruit
Qui malgré toy se fait entendre ?

Mellin pardonna-t-il généreusement à son agresseur, ou bien feignit-il de n'avoir jamais été attaqué? Je ne sais ; mais toujours est-il que Du Bellay continua ses flatteries et rien ne semble avoir jamais depuis troublé extérieurement la bonne entente entre ces deux poètes. Dans la *Deuxième préface de l'Olive,* alors que probablement le *Différend* entre Ronsard et Mellin était dans toute sa première acuité, Du Bellay, tout en exaltant les mérites du premier, trouve aussi des éloges pour le second. S'il se proclame en effet lui-même le prince du sonnet, il reconnaît que c'est à Mellin que revient la gloire de l'avoir introduit en France : « estant le sonnet d'italien devenu françois, comme je croy, par Mellin de Saint-Gelays [1] ». Et parmi les cent quinze sonnets qui constituent l'ensemble de ce recueil définitif, il en est un adressé à Mellin [2].

Il faut ajouter encore que, dans la *Musagnaeomachie* [3], en tête de la noble et vaillante phalange de doctes auteurs « faisant revivre les antiques », qu'il veut lancer hardiment à l'assaut de l'Ignorance, Du Bellay place

Carle, Heroët, Saint-Gelais,
Les trois favoris des Graces [4].

C'est qu'ils étaient aussi les favoris de Henri II. Et il semble bien que, pour le moment, Du Bellay souhaltait et recherchait cette faveur plus que celle de toutes les Muses. Et c'est ainsi que d'aucuns expliquent sa conduite envers Mellin. Comme il avait compris bien vite qu'il ne pouvait se pousser à la Cour en ayant contre lui un si puissant ennemi, il s'appliqua dès lors par politique, sans relâche, à faire oublier les attaques de la *Deffence*.

Mais il n'est pas impossible que, pour des motifs ignorés, Du Bellay ait voué à Mellin une amitié cordiale et sincère, faite d'admiration, de reconnaissance et de respect. D'un côté, passionné pour les réformes poétiques qui devaient assurer sa gloire, retenu de l'autre par son amitié pour le chef de l'école opposée, il laissa ces deux sentiments se développer parallèlement dans son âme, sans songer à sacrifier l'un à l'autre. Il est bon d'ailleurs d'ajouter que, l'expérience aidant, il se rendait chaque jour de plus en plus compte de quelques-unes des in-

1. *Deuxième préface de l'Olive*, édit. Marty-Laveaux, I, 72.
2. C'est le sonnet 62.
3. Edit. Marty-Laveaux, I, 139.
4. *Musagnaeomachie*, édit. Marty-Laveaux, I, 145.

convenances de son bruyant et belliqueux manifeste [1]. Une transformation s'était opérérée dans ses idées. Sans doute, vers la fin de 1550, il était toujours convaincu de la nécessité de défendre et illustrer la langue française, mais sûrement il aurait été moins affirmatif sur les procédés à employer, moins catégorique et moins intransigeant surtout dans ses divers jugements. D'ailleurs, Ronsard lui-même, ne garda pas toujours sa belle et fière assurance du début. A plusieurs reprises il sentit le besoin de revenir sur ses théories primitives, et d'en modifier plus d'un article [2].

Mais quels que fussent les vrais sentiments de Du Bellay envers notre poète, il est un fait incontestable : c'est que, la *Deffence* mise à part, il n'a jamais cessé de lui adresser dans tous ses ouvrages les éloges les plus flatteurs. Et de ce qu'il n'y a pas dans les vers de Mellin la plus petite pièce en réponse aux avances réitérées de ce jeune confrère, on ne peut rien en conclure. D'autres, en effet, tels que Sibilet, Jacques Peletier, Guillaume des Autelz, furent dans cette lutte les partisans déclarés et les amis dévoués de Saint-Gelays, et cependant il n'est jamais question d'eux dans ses vers. Peut-être les éloges de ces

1. Si l'on admet que Du Bellay n'a été dans la *Deffence* que le secrétaire et le prête-nom de Ronsard, l'explication du changement est encore plus facile.

2. Sur ce point, lire particulièrement l'*Abrégé de l'Art poétique français* de Ronsard et ses deux *Préfaces* pour la Franciade. — Quant à Du Bellay, voir son *Discours au Roi sur la poésie*, et l'*Ode à Madame Marguerite : D'escrire en sa langue*; sans parler de la petite plaquette, *La nouvelle manière de faire son profit des lettres : traduitte du Latin en Francais par I. Quintil du Tronssay. Ensemble le poète courtisan*, où avec quelques légères nuances, il confirme ses théories de la *Deffence*, sous une forme ironique.

Les variations successives de la Pléiade sur ses doctrines littéraires ont été souvent exposées : voici les guides que j'ai particulièrement suivis pour l'étude de cette question : 1° Faguet, *Seizième siècle*, Ronsard, pp. 222-230 ; — 2° Georges Pellissier, *Ronsard et la Pléiade* dans le tome IIIe de l'*Histoire de la langue et de la littérature française*, § II, *Programme de la Pléiade*, p. 144-172 ; — 3° Brunetière, *Histoire de la Littérature française classique*, t. I, chap. II du livre III, *La Poétique de la Pléiade*, p. 262-298.

amis ne nous sont-ils pas parvenus. Mais on connaît la nonchalance poétique du galant aumônier, surtout quand il ne s'agissait pas du Roi, de la Reine, des dames de la Cour, ou de quelque puissant seigneur.

Ce qui me semble encore prouver la parfaite sincérité des louanges que Du Bellay donnait alors au chef de l'Ecole rivale, c'est la déférence, sinon l'amitié constante et fidèle, qu'il lui témoigna jusqu'après sa mort. Quand, à Rome, il se trouva en proie à la plus amère nostalgie, Mellin fut un de ces amis dévoués de France, auxquels le triste Joachim confia ses peines, et ses *Regrets* [1].

Il lui adressa deux sonnets, empreints d'une franche cordialité. Dans le premier, après avoir montré par quels moyens opposés on peut réussir dans « ceste court Romaine », il terminait par cette mélancolique et amère interrogation [2].

> Qui dit que le savoir est le chemin d'honneur
> Qui dit que l'ignorance attire le bon heur,
> Lequel des deux, Mellin, est le plus véritable ?

Du Bellay nous laisse entrevoir ici un secret de son cœur. On sent que son âme est pleine de dépit de ce que ses talents et ses travaux ne lui ont pas procuré

---

1. Voir les sonnets 101 et 170.

2. Voici en entier ce sonnet intéressant :

> Que dirons-nous, Mellin, de ceste court Romaine,
> Où nous voyons chascun divers chemins tenir,
> Et aux plus haults honneurs les moindres parvenir,
> Par vice, par vertu, par travail et sans peine ?
> L'un fait pour s'avancer une despence vaine,
> L'autre par ce moyen se voit grand devenir :
> L'un par sévérité se sçait entretenir,
> L'autre gagne les cœurs par sa douceur humaine.
> L'un pour ne s'avancer se voit estre avancé,
> L'autre pour s'avancer se voit désavancé,
> Et ce qui nuit à l'un à l'autre est profitable.
> Qui dit que le savoir, etc.

Dans l'autre sonnet, n° 170, Du Bellay exalte les mérites extraordinaires de sa « Princesse ».

une situation avantageuse à la Cour : rêve de sa jeune Muse. Et c'est bien ce même dépit qui dut le pousser probablement, tout en admirant la haute fortune littéraire de Mellin, à noter quelques-uns des traits dont il se servit plus tard pour composer son *Poète courtisan.* Mais on ne saurait, à mon avis, s'appuyer sur cette satire postérieure pour attaquer la sincérité de Du Bellay à l'égard de celui qu'il traitait d'ami. Et ceci pour deux raisons qui me paraissent également probantes : l'une que je tire de la date de cet écrit, la seconde du sujet même.

VI

Il est admis jusqu'ici que le *Poète courtisan* parut seulement en 1559, accompagnant la traduction française de l'*Epitre à Loquerne*, écrite en latin, cette même année, par Adrien Turnèbe [1]. Que cette plaquette ait été imprimée quelques mois plus tôt, que ce soit à Paris ou à Poitiers, sous le règne de Henri II ou de son fils, il n'importe guère dans le cas présent. En 1559, Mellin était mort ; il y avait beau temps que la querelle suscitée par l'apparition de la *Deffence* était apaisée, les rancunes calmées. Pendant ces dix années, Du Bellay pouvait avoir plus d'une fois changé de sentiments envers Mellin, selon les circonstances et les intérêts. Mais nous avons constaté que leur amitié n'avait subi aucune éclipse

1. *La nouvelle manière de faire son profit des lettres : traduitte de Latin en Français par J. Quintil du Tronssay, en Poictou. Ensemble le* Poète *courtisan ;* — plaquette in-8°, de huit feuillets. Bibl. Nat. Rés. Y°. 1710. — Bien qu'elle porte l'indication « Poitiers », plusieurs, et entre autres M. Clément, pensent qu'on se trouve en présence d'une supercherie : la plaquette aurait été imprimée à Paris, et par Frédéric Morel lui-même. — Sur l'ensemble de cette question, Cf. H. Chamard, *Joachim Du Bellay.* Deuxième partie, chap. VIII : *Le Poète courtisan*, p. 412-430 ; — Louis Clément, *De Adriani Turnebii regii professoris praefationibus et poematis*, p. 57 ; — et *Revue de la Renaissance*, nov. déc., 1904, p. 226-265.

apparente. Or, à peine le vieux Saint-Gelays était-il enfermé dans son tombeau, que Du Bellay s'empressait de composer pour son ami une épitaphe très élogieuse [1]. Bien plus, l'année suivante, après qu'une catastrophe imprévue eut amené la mort du Roi, il croyait convenable de joindre un *Tombeau de Saint-Gelays* au *Tombeau* de *Henri II* [2]. Et la raison qu'il en donne montre en quelle estime il tenait encore Mellin : C'est, dit-il, afin de ne pas séparer le meilleur des poètes du meilleur des Rois, « *ut optimo Principi optimus poeta jungeretur* », Eloge hyperbolique dicté par l'intérêt, dira-t-on ! Pour le Roi, dont il était utile de flatter le fils, héritier de sa puissance [3], soit ; mais quant au courtisan disparu, quel intérêt pouvait-il y avoir à le louer ainsi ? Au pis aller, admettons un moment cet intérêt, admettons que ce soit dans le *Poète courtisan* que Du Bellay ait donné cours à ses véritables sentiments envers Saint-Gelays, ceci infirmerait encore bien peu la sincérité des éloges adressés dix ans auparavant, la distance est trop considérable et trop nombreux les événements accomplis.

Mais pour que l'hypothèse précédente fût pausible, resterait à prouver que le *Poète courtisan* est une satire dirigée contre Mellin de Saint-Gelays [3]. Sans doute bon nombre de traits s'appliquent exactement à lui, mais ne s'appliquent-ils pas aussi exactement à d'autres encore ? Charles Fontaine, Hugues Salel, Antoine Heroët,

1. *Poematum libri quatuor : Tumulus Mellini Sangelasii* : fol. 59 v° Paris, Morel, 1558. Bibl. Nat. Rés. pYe. 1447-1462.

2. *Tumulus Henrici secundi Gallorum regis christianiss. per Joach Bellaium...* Paris, Frédéric Morel, Bibl. Nat. Rés. mYc 113. — Cette plaquette curieuse outre le tombeau de Henri II et de Saint-Gelays, renferme encore une autre, pièce latine : *Ad illustriss. principem Carolum, Card. Lotharingum. Joach. Bellaii Elegia.* — Elle se termine par cette mention : *Scripsit vivo adhuc Henrico.*

3. Voir l'étude de M. Louis Clément, *Le poète Courtisan de Joachim du Bellay*, Paris, *Revue de la Renaissance* 1904, nov. déc. p. 226-265.

M. Léon Séché soutient une autre thèse, mais il n'a pas répondu aux arguments donnés dans l'ouvrage cité. Cf. *Revue de la Renaissance*, t. I, II, III.

Pierre de Paschal, ne peuvent-ils pas aussi bien se reconnaître dans cette peinture ? Comme Mellin, et peut-être plus que lui, ils commencèrent fort jeunes « à se dresser aux ruses et façons de la cour », cultivant les petits genres, sonnets, dizains, rondeaux et ballades, « espiant » les occasions de chanter dans des vers de circonstance

> ... Quelque victoire ou quelques villes prises,
> Quelque nopse, ou festin, ou quelques entreprises,

obtenant à ce prix grâces et faveurs, en un mot menant l'existence du poète courtisan. Et si quelques rares vers semblent aujourd'hui ne pouvoir s'appliquer qu'à Mellin seul, d'autres en revanche ne lui conviennent nullement [1].

Que conclure donc ? Que Du Bellay a voulu simplement peindre un type, tracer un caractère général, mais non faire une satire particulière. Après bien des désillusions et bon nombre de plaintes, « voyant qu'il n'était pas avancé » [2] par le roi, désespérant de jamais

---

1. Voici le passage qui semble bien viser exclusivement Mellin de Saint-Gelays :

> Tel estoit de son temps le premier estimé,
> Duquel si on eust lu quelque ouvrage imprimé,
> Il eust renouvelé (peut estre) la risée
> De la montagne enceinte, et sa Muse, prisée
> Si haut auparavant, eust perdu (comme on dit)
> La réputation qu'on lui donne à crédit.

Mais, en revanche, ce n'était pas à lui que Du Bellay pouvait reprocher d'être « sans art et sans doctrine », « et d'ignorer

> Les exemplaires Grecs et les auteurs Latins. »

Je ne sache pas non plus que Mellin ait jamais pris la peine « de produire partout comme une beste » un poète ignorant, qui se présentait pour rival à la cour ; mais les jeunes novateurs apprirent à leurs dépens que le vieux poète n'était pas d'humeur à patronner par intérêt même des rivaux « sçavants », ou se prétendant tels.

2. Du Bellay s'est plus d'une fois plaint, non sans amertume, de n'avoir jamais rien reçu de Henri II. C'est ce qu'il déclare formellement, dans une

pouvoir remplacer à la cour Mellin qui venait de mourir, poussé par le dépit, il se dédommagea en crayonnant la physionomie idéale du *Poéte courtisan.* Pour tracer ce caractère et le rendre aussi vrai que possible, il dut emprunter des traits çà et là, et il ne crut pas que son amitié pour Mellin, dut l'empêcher de mettre en œuvre les quelques détails caractéristiques qu'il lui avait été si facile de noter chez son ami. Ainsi, me semble-t-il, peuvent s'expliquer les 148 alexandrins qui composent cette fine et mordante satire du *Poète courtisan.* Il est hors de doute que ce n'est pas une satire personnelle dirigée contre Mellin. Outre les raisons déjà données, ce serait une vengeance trop tardive et trop basse, chez une âme aussi chevaleresque que celle de Du Bellay. Que si dans ce portrait général du poète courtisan de l'époque de Henri II, il y a quelques détails exclusivement propres à Mellin de Saint-Gelays, il s'ensuit simplement que l'auteur a fait ce que font d'ordinaire tous les « portraitistes » qui s'efforcent de tracer des caractères généraux, il a eu recours à l'expérience personnelle pour recueillir autour de lui les traits dont il a composé son portrait. Et craignant encore peut-être qu'on ne suspectât ses intentions et qu'on n'attaquât sa loyauté, il crut devoir user d'un subterfuge : ce fut à Poitiers que parut la satire, sous un pseudonyme, sans nom d'éditeur.

Quoi qu'il en soit du *Poète courtisan*, paru dix longues années après la *Deffence et Illustration*, Du Bellay ne prit aucune part extérieure au démêlé fameux, qui

lettre du 3 octobre 1559, adressée à Morel, auquel il avoue que la mort de Madame Marguerite lui a enlevé toute espérance. *Lettres*, p. 37.

Quant à Ronsard, voici ce qu'il disait plus tard à Charles IX, en 1575 :

> *On* doibt sçavoir que ce grand roy Henry
> M'a honoré, estimé et chéry,
> Non advancé, bien qu'il en eust envie,
> (Car le malheur luy desroba la vie).

Edit. Blanchemain, III, 316.

survint peu après entre le vieux Mellin et le jeune chel de la Brigade. Nouvelle preuve que Du Bellay tenait beaucoup à ne pas se brouiller avec Saint-Gelays, et qu'il avait pour lui une véritable estime. Quand on connaît, en effet, les sentiments d'enthousiaste admiration que, de concert avec les autres disciples de Ronsard, il affectait hautement pour le « Pindare français », on peut assurer qu'il fallut un motif puissant pour l'empêcher de prendre part à la lutte et de courir au secours de son ami.

DÉMÊLÉS AVEC LA PLÉIADE (SUITE)

II. Querelle avec Ronsard (1550 - 1552)

I. — Causes de dissentiments. — *Odes* de Ronsard, 1550. — Prétentions du novateur. — Froid accueil des courtisans. — Critiques des Marotiques.

II. — Rupture, 1551. — Relations antécédentes entre Mellin et Ronsard. — Que se passa-t-il ? Ce que dit Thevet, — Pasquier, — Binet, — Michel de l'Hôpital, — Colletet, — Disciples de Ronsard.

III. — Mellin fut excité. — Ce que dit Ronsard lui-même : Melliniser son œuvre. — Ses plaintes à Marguerite. — Il n'écrit pas pour le vulgaire. — *Amours*, 1552.

IV. — Partisans de Mellin : Habert, Tahureau, Rabelais, etc.

V. — Partisans de Ronsard : Michel de l'Hôpital, Olivier de Magny.

VI. — Réconciliation, 1552. — Guillaume des Autelz s'entremet. — L'Hôpital. — Ode de réconciliation de Ronsard, ses autres vers pour Mellin. — Sonnets de Mellin pour Ronsard.

VII. — Sincérité de la réconciliation. — Les disciples. — Paix générale.

I

On ne peut écrire la vie de Ronsard sans parler de ses démêlés avec Saint-Gelays ; bien plus, cette querelle est trop importante pour ne pas en dire un mot même dans les simples manuels d'Histoire littéraire. Aussi nul n'ignore que dans cette circonstance « Mellin fit sentir sa tenaille à Ronsard, mais que, vaincu et humilié, il fut obligé de se rallier à la nouvelle école, en s'effaçant devant son jeune rival ». Et comme les vaincus ont toujours tort, c'est Mellin de Saint-Gelays que l'opinion publique condamne.

Cependant la victoire de Ronsard ne fut peut-être pas ni aussi brillante, ni aussi facile, ni aussi glorieuse qu'on va le répétant. Et d'un autre côté, si Mellin mérita quelques reproches de la part de la nouvelle école, ses torts sont bien excusables, quand on connaît toutes les circonstances de cette affaire. La querelle fut la conséquence de l'opposition de deux théories poétiques toutes différentes, plutôt que la suite des torts de l'un ou de l'autre des deux chefs. Sans prétendre donc vouloir réformer un jugement de la critique, je demande simplement à revoir, en les discutant, toutes les pièces de ce procès, laissant à chacun le soin de se prononcer.

Le 10 janvier 1550, Ronsard obtint du roi un privilège pour l'impression de ses *Odes* ; et peu après il en publia quatre livres, en un in-8°, sorti des presses de G. Cavellart, à Paris [1]. Sans doute le poète vendômois, cédant aux instances de ses amis, avait auparavant donné au public quelques échantillons des produits de sa muse [2], mais il présentait maintenant à la France le fruit de sept années de labeurs. De plus, c'était comme le complément et le couronnement de la *Deffence et Illustration* : la pratique après la théorie, l'application de ces règles nouvelles que Du Bellay avait exposées naguère. On comprendra avec quelle impatience tous les partisans de l'Ecole ancienne attendaient l'apparition de ce livre, dont les novateurs initiés aux secrets du Maître disaient merveille. Et l'on se promettait bien de ne pas lui ménager les critiques et les railleries, s'il y prêtait.

Quand il parut enfin au début de l'année 1550, il produisit tout d'abord une profonde stupéfaction : on ne

1. *Les quatre premiers livres des* Odes *de P. de R. V. Ensemble son Bocage.* — Paris, G. Cavellart, 1550 — in-8 de 10 et 170 ff. plus 2 ff. d'errata.

2. *L'Epithalame d'Antoine de Bourbon et de Jeanne de Navarre* parut en 1549, bientôt suivi de l'*Hymne à la France* et de l'*Ode à la Paix*, en 1550. Il avait négligé de faire imprimer le *Plutus*, traduit d'Aristophane, et qui avait été joué avec tant de succès au Collège de Coqueret.

comprenait pas cette poésie savante, à l'allure solennelle et compassée, et pourtant on était saisi par son air de noblesse et de grandeur. De plus, le ton fier de l'auteur dans sa préface, et les prétentions qu'il affichait n'étaient pas de nature à lui concilier les sympathies. Aussi l'accueil fut-il froid. Et les Marotiques s'en donnaient à cœur joie, soulignant malignement tout ce qui pouvait servir de matière à leurs railleries. Mellin ne devait pas être le dernier à se moquer des prétentions « pindaresques » de son rival. Sans doute Ronsard, en déclarant que jusqu'ici la poésie française avait été « fort faible et languissante », avait pris la précaution d'ajouter prudemment : « j'excepte toujours Heroët, Scève et Saingelais ». Mais ce dernier ne pouvait que se sentir atteint dans sa fierté de poète. Ce jeune ambitieux de 25 ans n'avait-il pas, en effet, la prétention d'inaugurer la poésie lyrique en France ?

Et voici en quels termes il se vantait d'avoir remonté la lyre antique, que ses prédécesseurs avaient laissé tomber dans le plus déplorable état :

> Heureuse lyre ! honneur de mon enfance !
> Je te sonnay devant tous en la France
> De peu à peu ; car, quand premièrement
> Je te trouvay, tu sonnoys durement ;
> Tu n'avois point de cordes qui valussent,
> Ne qui respondre aux loix de mon doigt peussent.
> Moisi du temps, ton fust ne sonnoit point :
> Mais j'eu pitié de te voir mal en-point,
> Toi qui jadis des grands roys les viandes
> Faisois trouver plus douces et friandes.
> Pour te monter de cordes et d'un fust,
> Voire d'un son qui naturel te fust,
> Je pillay Thesbe et saccageay la Pouille,
> T'enrichissant de leur belle despouille. *Odes*, I, XXII.

Il ne se ménage pas les louanges. Or, chacune d'elles est un reproche indirect pour ses prédécesseurs, et plus particulièrement pour Mellin, leur chef. Bien plus, emporté par sa fureur d'innover, il déclarait ailleurs sans sourciller : « l'imitation des nostres m'est tant odieuse, que, pour cette raison, je me suis éloigné d'eux, prenant stile à part, sens à part, œuvre à part. » Et, pour mieux montrer en quelque sorte jusqu'où allaient ses prétentions, et le peu de cas qu'il faisait des meilleures œuvres de ses prédécesseurs, il ne craignait pas de reprendre, pour la refaire sur le mode « pindarique », le chant que Marot avait jadis composé en l'honneur du duc d'Anguien, le célèbre vainqueur de Cérisoles. Il avouait même fort naïvement son but et son ambition :

L'hymne qu'après les combats
Marot fit de ta victoire,
Prince heureux, n'égala pas
Les mérites de ta gloire ;
Je confesse bien qu'à l'heure
Sa plume estoit la meilleure
Pour desseigner simplement
Les premiers traits seulement ;
Mais moy, nay d'un meilleur âge,
Et plus que luy studieux,
Je veux parfaire l'ouvrage
D'un art plus laborieux. *Odes*, I, VI.

Si les partisans de l'Ecole de Marot avaient été irrités par les hardiesses de Du Bellay, les prétentions et les attaques de Ronsard devaient certes les rendre avides de saisir les occasions de se venger. Aussi, dès lors, les actes d'hostilité se multiplièrent entre les deux écoles. Mais qui donc avait provoqué cet état d'esprit? Ce n'est pas à Mellin que l'on peut reprocher d'avoir suscité cet antagonisme violent ; il ne fait que défendre ses positions, il possède.

Sans doute, il est toujours nécessaire de faire une distinction catégorique entre les personnes et leurs théories : mais, hélas ! la confusion se fait si naturellement ! Il faut bien remarquer d'ailleurs qu'il ne s'agissait pas seulement ici d'une simple question de personnes, n'intéressant que quelques amis aveuglés par la passion. La lutte devait forcément mettre en émoi le « Parnasse » tout entier. En effet, le chef de la Pléiade, par un coup de force, essayait d'accomplir en poésie la révolution demandée par Du Bellay. Cette tentative hardie devait dès lors passionner, avec tous les lettrés, tous les beaux esprits et tous les courtisans eux-mêmes. Il s'agissait de savoir si la poésie française n'allait plus être désormais qu'un pastiche de l'antiquité. Car toutes les odes « pindaresques » de Ronsard n'étaient pas autre chose, pour le fond comme pour la forme : il faut bien en convenir. Non seulement il dérobe au poète grec « ses cadres, ses formes et sa méthode de composition » — ce qui est beaucoup et constitue un flagrant anachronisme — mais, tout en chantant des personnages et des événements contemporains, il le fait « en nourrisson de la Muse grégeoise », appelant à la rescousse tous les dieux de la mythologie, fier d'étaler ses souvenirs de l'antiquité [1]. Ajoutez encore le désordre voulu de la composition — « simple effet de l'art » — Ronsard l'avoue lui-même [2]. Et l'on comprend dès lors « l'effet d'insolente nouveauté [3] » que ces quatre premiers livres d'Odes durent de prime abord produire chez les courtisans. Habitués qu'ils étaient au léger et pimpant badinage de Marot et de ses successeurs, ils furent déroutés « par cette poésie savante, mais lourde, dont les

1. Cf. *l'Ode à Michel de l'Hôpital*, que Richelet appelle « un chef-d'œuvre de poésie », et qui fut longtemps considérée comme le chef-d'œuvre de Ronsard.

2. Cf. Georges Pellissier, *Histoire de la Langue et de la Littérature française* de Petit de Julleville, XVIe *siècle*, chap. IV, p. 176 : « Lui-même nous explique candidement les secrets et les procédés de son art : il se représente « brouillant industrieusement ores ceci, ores cela », préméditant les « digressions vagabondes » et machinant à loisir les « mouvements » et les « transports ». C'est le triomphe de l'artifice et du pédantisme. »

3. Brunetière, *Histoire de la littérature française classique*, t. I, p. 331.

vers s'avançaient pesamment, cousue de lambeaux arrachés aux Grecs, obscure assez pour fournir matière aux commentaires de Muret et autres érudits contemporains [1] ».

Et ce ne fut certes pas l'envie seule, quoi qu'en dise Claude Binet [2], qui poussa les courtisans à critiquer les vers de Ronsard. N'est-il pas souverainement ennuyeux pour un homme du monde de ne pouvoir comprendre une poésie, qui parait d'ailleurs intéressante, sans avoir recours à quelque dictionnaire ? C'était le cas de la plupart des courtisans, qui n'avaient pas été, eux, « nourris aux langues grecque et latine ». La poésie est chose agréable, faite pour délasser l'esprit, disaient-ils. Elle doit s'avancer légère et souriante, toujours gracieuse et facile. Et voilà que la Muse de la Pléiade se présentait solennelle et guindée, surchargée de dépouilles de l'antiquité, hérissée de mots savants, sonnant une cadence inconnue. Est-il étonnant que les courtisans se soient détournés d'elle tout d'abord, préférant la svelte et pimpante Muse marotique ? « Ils disaient, — c'est Claude Binet lui-même qui nous le rapporte, — ils disaient, non sans raison, que les écrits de Ronsard estoient pleins de vanterle, d'obscurité et de nouveauté et les renvoyaient bien loin avec les odes Pindariques, strophes et antistrophes [3] ».

Il ne sera pas inutile d'ailleurs de faire remarquer que cette hostilité des courtisans, Ronsard l'avait prévue en publiant son livre. Voici ce qu'il déclarait, en effet, dans sa préface : « Je ne me fais point de doute que ma poésie tant variée ne semble fascheuse aux oreilles de nos

---

1. Bourciez, *op. cit.*, p. 207.

2. *Vie de Ronsard*, p. 134. « Ces courtisans envieux ressemblaient aux mastins qui cherchent à mordre la pierre qu'ils ne peuvent digérer ». Comparaison assez étrange.

3. *Ibid.*, p. 132. — Ronsard lui-même comprit bien vite qu'il s'était trop souvent égaré à la suite de Pindare, et « il délibéra d'escrire en style plus facile », p. 133.

rimeurs et principalement des courtisans, qui n'admirent qu'un petit sonnet pétrarquisé ou quelque mignardise d'amour, qui continue toujours en son propos ». Mais il en prenait facilement son parti, disait-il, car « que doit-on espérer d'eux, lesquels, estants parvenus plus par opinion peut-être que par raison, ne font trouver bon aux princes, sinon ce qui leur plaît, et, ne pouvans souffrir que la clarté brusle leur ignorance, en médisant des labeurs d'autruy, déçoivent le naturel jugement des hommes abusez par leurs mines ? [1] »

Ces plaintes et critiques anticipées n'étaient pas faites pour lui concilier les esprits à la cour ; aussi ce fut une lutte ouverte et acharnée entre partisans des deux écoles : attaques et ripostes se suivaient chaque jour, vives et pressées. Les deux chefs, on peut le deviner, excités par la médisance, se décochaient mutuellement une foule de traits, qui faisaient prévoir une rupture violente. Elle se produisit.

II

Le roi, en effet, intrigué de tout ce bruit et de ces continuelles discussions littéraires, voulut savoir à quoi s'en tenir. Il s'adressa donc publiquement à son poète favori, qu'il regardait comme l'arbitre du bon goût, et lui demanda ce qu'il en était. Que se passa-t-il alors ? Quelle fut la conduite de Mellin ? On ne saurait contester qu'il attaqua assez vivement son rival, et que Marguerite, sœur de Henri II, intervint tout à coup pour prendre la défense de Ronsard. Mais dans quelles conditions exactes ? ceci est plus difficile à déterminer. Et en voulant refaire cette scène, on s'est plu, pour la corser, à exagérer les attaques de Mellin, afin de rendre plus

1. *Préface des Odes*, édit. Blanchemain, t. II, p. 12 et 13 ; édit. Marty-Laveaux, t. II, p. 475.

dramatique l'intervention de la belle Marguerite. Seulement on a fait ainsi du vieux Saint-Gelays un envieux plein de bassesse de « vieille ignorance dépite [1] », comme dit Magny ; ce que Mellin ne fut jamais. Pour essayer de comprendre ce qui dut se passer en cette circonstance, et afin de démêler la véritable nature de cet incident qui amena une rupture violente entre les deux chefs, il est nécessaire tout d'abord d'étudier et de discuter les témoignages des contemporains. En les rapprochant ensuite de ce que nous dit Ronsard lui-même, peut-être pourrons-nous entrevoir la vérité sur ce conflit [2].

Mais d'abord il ne sera pas inutile de faire remarquer que Mellin connaissait déjà Ronsard depuis de longues années et qu'ils avaient dû souvent se rencontrer à la Cour [3]. Y avait-il entre eux quelque sujet particulier de discorde avant l'année 1550 et la publication des Odes ? Il ne le semble pas. Cependant il est plus que probable que le jeune novateur, depuis le fameux manifeste, avait été plus d'une fois en butte aux traits satiriques du caus-

1. *Ode à François Revergat*, dans les *Dernières poésies*, t. II, p. 50.

2. Après avoir constaté la brouille entre Mellin et Ronsard, Phelippes-Beaulieux ajoute : « Voilà ce qui est bien établi ; ce qui l'est moins, ce sont les manœuvres odieuses, les moyens jaloux que Saint-Gelais aurait employés pour étouffer la faveur naissante du chantre de Cassandre ; s'il fallait en croire certains biographes, qui, sans lui adresser ces reproches vagues que lui fait Claude Binet dans un passage de la *Vie de Ronsard*, précisent, au contraire, toutes les circonstances, comme s'ils avaient assisté en personne à ces débats, et vont jusqu'à dire que Henri II ayant chargé Mellin de lui lire une pièce nouvelle de Ronsard, Mellin la mutila, en changea l'ordre, y mit des vers absurdes de sa façon, et la défigura, en un mot, de la manière la plus ridicule », p. 36.

3. En 1536, Ronsard, âgé de 9 ans à peine, fut emmené par son père à Avignon, où se trouvait le Roi, se préparant avec ses trois fils à repousser l'invasion de Charles-Quint. Il devint un des pages du dauphin François, dont Mellin de Saint-Gelays était aumônier et qu'il avait accompagné dans son expédition. Ils durent donc se rencontrer dans cette circonstance, et bien souvent depuis à la Cour, où Ronsard, malgré ses voyages, passa la plus grande partie de sa jeunesse.

Cf. Prosper Blanchemain, *Poètes et Amoureuses* ; et Claude Binet, *Vie de Ronsard*.

tique aumônier. Ce « mesdisant qui toujours sa dent travaille [1] », dont il se plaint dans une ode du premier livre, adressée à Du Bellay, devait probablement avoir nom Mellin de Saint-Gelays. Mais il fallait toujours le ménager ; le fameux incident ne s'était pas produit, et la rupture ouverte n'était pas encore consommée.

Sur ce sujet, Thevet s'en tient à des généralités : « Melin estait prompt et soudain à reprendre et à censurer les fautes d'autruy, nous dit-il ; en quoy il s'acquit de son vivant plusieurs envieux » [2]. Quant à la cause immédiate qui amena le fameux différend, il n'en est pas autrement question. Pasquier est plus explicite, mais sans donner aucun détail sur la fameuse scène où Marguerite serait inopinément intervenue en faveur de son protégé. « Ronsard, dit-il, eut Mellin de Sainct-Gelais pour ennemi, lequel estant de la volée des poètes du règne de François Premier, par une je ne scay quelle jalousie dégoustait le Roy Henry de la lecture de ce jeune poète, et par un Privilège de son aage et de sa barbe en fut quelque temps creu [3] ».

Il n'est encore question là ni d'interpolation de texte, ni de manœuvre d'aucune sorte pour décrier les vers d'un rival jalousé, et ce en présence du Roi. Mais l'accusation se précise avec Claude Binet, le célèbre biographe du poète Vendômois : « De mauvais cœur, dit-il, en pleine assemblée, devant le Roy, il calomnia les œuvres de Ronsard. » Et voici en quoi consista cette calomnie : « il eut recours aux sornettes et moqueries, tronquant les vers de Ronsard et les prononçant de mauvaise grâce, mesmes les mots non communs. » Seulement le fameux « Discours de la vie de Pierre de Ronsard » ne fut rédigé pour la pre-

1. *Odes*, I, XI — édit. Blanchemain, t. II, p. 105.
2. *Les vrais pourtraits*, fol. 557 v°.
3. *Recherches*, t. I, VII, ch. VI, col. 705. B,

mière fois qu'en 1586 et l'on sait dans quel esprit ! [1]

Mais de tous les contemporains celui qui incrimine le plus durement la conduite de Mellin en cette circonstance, c'est Michel de l'Hôpital. Le premier, semble-t-il, il parla de vers tronqués et de parodie qui amenèrent la subite intervention de Madame Marguerite. En effet, dans une satire célèbre en vers latins, qu'il composa sous le nom de Ronsard, il reproche avec indignation à Saint-Gelays, sans le nommer toutefois, d'avoir essayé de se faire valoir aux dépens du « pauvre sourd », en prenant dans son livre ce qui lui paraissait le plus répréhensible, tronquant les vers pour les parodier en pleine Cour.

Ætas est aetate regenda, senisque maligni est
  Consilio juvenem nolle juvare suo.
Extremae sed nequitiae maledicere surdo,
  Crescere et alterius posse putare malis,
Diceris ut nostris excerpere carmina libris,
  Verbaque judicio pessima quaeque tuo
Trunca palam Regi recitare et Regis amicis,
  Quo nihil improbus gignere terra potest. [2]

Il n'est pas impossible que le docte chancelier de France ait été le témoin de cette fameuse scène ; rien n'empêche de croire qu'il se trouvait à côté de Marguerite, dont il était l'intime ami. Elle venait de le nommer, en effet, chef de son conseil et chancelier du Berry. Mais s'il composa sur l'heure ses vers satiriques, s'il les

1. Il existe trois rédactions différentes de cette *Vie*, qui présentent entre elles de notables divergences : 1° celle de 1586, publiée à Paris, G. Buon, in-4° ; 2° celle de 1587, publiée dans la première édition des œuvres posthumes de Ronsard, Paris G. Buon, in-12, t. IX, p. 107 et ss. ; enfin celle de 1597, éditée avec les œuvres de Ronsard, chez la Vve de G. Buon, t. IX, p. 109. C'est ce dernier texte qui est reproduit dans l'édition des *Œuvres de Ronsard* par Blanchemain, Bibl. elzév.

2. *Michaelis Hospitalii, Galliarum Cancellarii carmina.* — Amstelaedami, apud Balthassarem Lakeman, 1732, in-fol., p. 457 : *Elegia nomine Ronsardi adversus ejus obtrectatores et invidos, scripta a Mich. Hospitalio Franciae Cancellario,* — Cette pièce latine se trouve reproduite dans les *Œuvres de Ronsard,* édit. Blanchemain, t, IV, p. 361.

fit connaître autour de lui, ce n'est que bien longtemps après qu'ils furent imprimés. Ils ne se trouvent même pas dans la première édition de ses œuvres, en 1585 [1], ni dans celle de 1592. C'est seulement dans l'édition in-fol. des œuvres de Ronsard, publiée en 1609 par Buon, qu'on peut lire pour la première fois l'*Elegia nomine Ronsardi adversus ejus obtrectatores et invidos, scripta a Mich. Hospitalio Franciæ cancellario* [2], pièce qui ne parut dans les œuvres de Michel de l'Hôpital qu'en 1733.

Ceci est assez singulier. Ne pourrait-on pas soupçonner que le grave chancelier, emporté par son ardeur pour la nouvelle école, avait non pas altéré, mais un peu poétisé les faits ?

Sans entrer dans le détail de cette aventure, Colletet n'est pas moins sévère pour Saint-Gelays. Il parle « d'aveugle et basse passion », qui dans cette circonstance le poussa « à troubler l'eau de Castalie à ce nouvel Apollon [3] ». Mais il se trompe singulièrement lorsque, voulant rendre l'action de Mellin encore plus noire, il ajoute quelques lignes plus bas : « Et en cela certes Saint-Gelays estoit d'autant plus blâmable que Ronsard avoit fort honorablement parlé de lui dans la première édition des

1. *Mich. Hospitalii epistolarum seu sermonum libri VI, editia G. Fabre.* Lutetiæ Mam. Patissonius, en 1585.

2. Cf. Dupré-Lassale (Emile), *Michel de L'Hospital avant son élévation au poste de chancelier de France.* — 1re partie (1505-1558). — 2e partie (1555-1560). — Voir t. I, pp. 166 et seq. et 309. — Il m'a paru singulièrement intéressant de rapporter ici le récit que fait M. Dupré-Lassale de ce curieux incident. Il ne semble pas ajouter foi à l'intervention spontanée de la duchesse de Berry, mais fait intervenir d'abord Michel de L'Hôpital, qui seul aurait agi et fait agir en faveur de l'innovateur Vendômois. « Ronsard surtout eut besoin de l'utile patrônage du Chancelier. Ses odes pindariques étonnaient les courtisans. Mellin de Saint-Gelays les lisait devant le roi, en les défigurant. On riait de l'auteur ; on menaçait de l'accabler sous le ridicule, lorsque L'Hôpital vint à son secours. Il composa d'abord sous le nom de Ronsard, une vigoureuse apologie, qui lui ramena le public érudit, puis il engagea la duchesse de Berry à s'entremettre auprès de Henri II, qui imposa silence aux mauvais plaisants. Ronsard ne fut pas ingrat envers le conseiller de Marguerite... etc. » T. II, p. 48-49.

3. *Vie de Mellin de Saint-Gelais,* p. 77.

Amours de Cassandre, où, dans un sonnet, il faict une énumération des autheurs de son temps qu'il respectait davantage, et le mérite desquels il eust bien voulu posséder pour louer dignement sa Maistresse » [1]. Sans examiner ici s'il est bien question de Mellin dans ce sonnet, il me suffira de faire remarquer que les *Amours de Ronsard* parurent seulement le dernier jour de septembre 1552, contenant toutes les pièces contre Saint-Gelays [2].

Ce fut, en effet, probablement vers le commencement de 1551 que se produisit le fameux incident dont il est ici question. Et ceci pourrait bien faire soupçonner quelque peu, non pas la véracité, mais bien la complète impartialité de tous ces accusateurs du vieil aumônier. Je ne puis oublier, en effet, que Claude Binet, Michel de l'Hôpital et Colletet lui-même sont des amis et des disciples de Ronsard. Et, fatalement, on est porté à donner toujours le beau rôle à son Maitre. Et c'est lorsque Ronsard était dans toute sa splendeur, quand sa réforme battait son plein, au milieu d'un concert de louanges universei, que ses disciples me semblent avoir écrit le récit de ses démêlés avec Saint-Gelays. Il était bien naturel qu'ils condamnassent tous ceux qui lui avaient fait op-

1. *Ibid.*, p. 78.

2. *Les Amours de P. de Ronsard, vandômois ; ensemble le cinquiesme livre de ses Odes.* — Paris, Vve M. de Laporte, 1552, in-8°. — Achevé d'imprimer le 30e jour de sept. 1552.

Or voici la fin du sonnet en question, tel que je le lis dans les œuvres de Ronsard publiées par Blanchemain :

Pour célébrer dignement, dit-il, cette femme incomparable,

Il me faudrait ceste chanson divine,
Qui transforma, sur la rive Angevine,
L'Olive pasle en un teinct plus naïf ;
Il me faudrait un Des Autelz encore,
Et celluy là qui sa Melline adore,
En vers dorez le bien disant Baïf. t. I, p. 50-51.

Y aurait-il eu Saint-Gelays à la place de « Des Autelz », comme le rapporte Colletet, que l'éloge est assez mince et ne justifie pas les récriminations contre Mellin.

position. Pour eux, des envieux seuls avaient pu autrefois essayer d'obscurcir à son aurore l'éclat de cet astre glorieux, dont les rayons étincelants répandaient sur les disciples eux-mêmes un peu de cette gloire dont il resplendissait [1].

Et, par malheur, Saint-Gelays, alors à son déclin, disparut bientôt. Et nul de ses jeunes disciples ou de ses amis ne songea, ou n'osa prendre la plume pour nous dire ce que pensaient du triomphe de Ronsard les derniers tenants de l'ancienne école vaincue.

III

Cependant voici dans Thevet un bel éloge du caractère de Mellin, qui peut faire douter qu'il ait jamais été envieux, et capable d'employer des manœuvres basses envers qui que ce soit. « A la Cour, avec sa douceur et honesteté il se captiva et gaigna entièrement les cœurs et amitié d'un chacun, laquelle il conserva avec une ferme constance jusques à la fin. Et avait non le Roy seul, mais tous les Princes et Seigneurs de sa Court beaucoup de créance en luy. Par le moyen de laquelle et par sa naisve bonté, il profita à plusieurs plus qu'à soy-mesme [2]. »

1. Voici ce qu'il disait à ses adversaires mêmes :

..... de ma plénitude
Vous êtes tous remplis, je suis seul votre étude ;
Vous êtes tous issus de la grandeur de moi,
Vous êtes mes sujets, je suis seul votre Loi ;
Vous êtes mes ruisseaux, je suis votre fontaine.

Vers cités par Brunetière, *Histoire de la littérature française classique*, t. I, liv. III, chap. IV, p. 326.

2. *Op. cit.*, fol. 557 v°. Voir pareillement la lettre de Gabriel Siméoni dans *l'Epitome de l'origine et succession de la duché de Ferrare*, etc. *Epistre XX*, fol 44. — Bibl. Nat. Rés. K. 1.043 ; et l'*Ode* que lui adressait Jacques Tahureau, *Odes, sonnets et autres poésies gentilles*, édit. Blanchemain, p. 66 à 69.

Bien plus, il y a dans la biographie de Colletet et dans l'Ode de réconciliation de Ronsard lui-même certains aveux qui laissent entendre clairement que cette rupture fut simplement l'œuvre de certains esprits brouillons, comme il s'en trouve toujours pour pousser les choses au pis. Colletet, en effet, après avoir apprécié très durement la conduite de Mellin, ajoute en sourdine : « et meu plustot, à ce qu'ont dict quelques uns, du cry des Grenouilles courtisanes que de son jugement propre, il s'efforça de troubler l'eau de Castalie à ce nouvel Apollon [1] ». Ainsi Saint-Gelays aurait été poussé par les courtisans à attaquer Ronsard, qui leur déplaisait. Et ce n'est même qu'à regret que notre aumônier se serait permis cette incartade (si incartade il y eut) contraire à son caractère et à tout son passé. Mais, lorsqu'il eut été obligé de céder devant l'intervention de Marguerite, les courtisans se détournèrent de lui, et il dut même s'en trouver qui allèrent l'incriminer auprès de Ronsard. On dut exagérer les torts de Mellin, pour gagner les faveurs de son rival. C'est bien ce que ce dernier semble insinuer dans cette Ode qu'il composa plus tard pour sceller leur réconciliation. Cherchant à excuser « son ire », il dit en effet : Si j'ai écrit contre toi, Mellin, des vers enfiellés, c'est

> Pour ce qu'à tort on me fit croire
> Qu'en fraudant le prix de ma gloire
> Tu avais caqueté de moy,
> Et que d'une longue risée
> Mon œuvre, par toi mesprisée,
> Ne servit que de farce au roy [2].

Il est même fort dur pour ces importuns empressés qui l'avaient trompé, et il leur dit crûment leur fait, tout en se réjouissant que le malentendu soit terminé :

1. *Vie de Mellin de S.-G.*, p. 77.
2. *Odes* IV, 21. — Edit. Blanchemain, II, 278 ; Edit. Marty-Laveaux II,, 350.

Chatouillé vrayment d'un grand aise
De voir morte du tout la braise
Qui me consumait, et de voir
Crever ceux qui, par une envie
Troublant le repos de ma vie,
Voulaient ma simplesse esmouvoir [1].

Sans doute, il faut admettre quelque exagération poétique dans ces excuses intéressées ; cependant nulle part dans les écrits de Ronsard nous ne trouvons mentionnés « ces moyens jaloux, ces manœuvres odieuses que Saint-Gelays aurait employés pour étouffer la faveur naissante du chantre de Cassandre » [2]. Il a plusieurs fois dans ses Odes remercié la « Grande Marguerite », « l'honneur de ses Muses », d'avoir pris sa défense devant le Roi ; mais jamais il n'y est question de vers interpolés ou tronqués, pas plus que de la brusque et subite intervention de sa protectrice. C'était cependant là un thème bien propre à exercer la verve du « poète pindariseur », et l'on voit facilement tout le brillant effet qu'il aurait pu en tirer, si le fait avait été vrai et conforme à la réalité. Or voici comment il remerciait sa bienfaitrice dans une petite pièce, restée longtemps ignorée :

N'est-ce pas toi, vierge très bonne,
Qui ne peult souffrir que personne
Devant tes yeulx soit mesprisé,
Et qui tant me fus favorable,
Quand par l'envieux misérable
Mon œuvre fut mellinisé ?

Lorsqu'un blasmeur avec ses roles,
Pleins de mes plus braves paroles,
Et des vers qui sont plus les miens,
Grinçait sa dent envenimée,

1. *Ibid.*, *ibid.*
2. Phelippes-Beaulieux, *op. cit.*, p. 36.

Et aboyait ma renommée,
Comme au soir la lune est des chiens.

Se travaillant de faire croire
Au roy, ton frère, que la gloire
Me trahissait villainement,
Et que par les vers de mon œuvre
Autre chose ne se descouvre
Que mes louanges seullement.

Mais il feist veoir que l'envie
Etait le tyran de sa vie,
Qui le suit d'un pas éternel,
Qui toujours l'accompaigne
Comme une furie compaigne
Le doz d'un pale criminel [1].

Ainsi il appert de ces strophes que, pour « Melliniser l'œuvre » de son rival, Saint-Gelays s'efforçait simplement « de faire croire au Roy » que les meilleurs vers du novateur aux épithètes retentissantes ne célébraient que sa propre gloire. Ailleurs même Ronsard, dans une autre Ode du même livre, adressée aussi à Marguerite, faisant allusion aux attaques dont il avait été l'objet devant le Roi, ne les attribue pas au seul Mellin, mais à une troupe d'envieux. Pindare [2], dit-il,

Avec Hiéron, roi de Sicile,
Trafiqua maint vers difficile,
Où, des bracards injurieux
De Bacchylide, son contraire,
Fut moqué, comme chez ton frère
M'ont moqué ceux des envieux.

---

1. *Œuvres de Ronsard*, édit. Blanchemain, VIII, 136.

C'est en 1552, dans le *V^e livre d'Odes* qui accompagnait la première édition des *Amours*, que parurent ces quatre strophes. Mais sitôt la réconciliation opérée, Ronsard s'empressa de les faire disparaître de ses œuvres, et de les remplacer par quatre autres toutes différentes. M. Edouard Turquety est le premier à avoir retrouvé et signalé ces vers.

2. Edit. Blanchemain, *Odes*, liv. V, II, t. II, p. 306.

Enfin, même après l'intervention de la sœur du Roi, Ronsard ne se sentait pas complètement en sûreté. Il éprouva le besoin de prier instamment la duchesse de Berry de lui continuer sa protection. C'est que la défaite de Mellin n'avait pas été aussi écrasante qu'on s'est plu à le dire depuis. Sans doute Henri II, dont l'âme était peu poétique, avait imposé silence aux détracteurs de la nouvelle école. Mais il n'avait fait que céder aux instances de sa sœur. Mellin était toujours là. Son crédit semble avoir été peu ébranlé. Henri II tenait plus aux fêtes, carroussels et divertissements divers qu'à tous les livres de poésie. Et qui donc pouvait alors remplacer le vieux, mais encore alerte Mellin, dans l'art d'arranger une mascarade et d'organiser une fête ? Le roi lui continua donc toute sa confiance ; il suffit pour s'en convaincre de voir les nombreuses réjouissances qu'il organisa jusqu'à sa mort [1]. Or, un retour offensif était toujours possible avec ce madré courtisan, passé maître dans l'art de flatter. Depuis plus de trente-cinq ans déjà, il pratiquait la cour. Et Ronsard n'était qu'à demi rassuré sur l'issue de cette lutte. Aussi s'adresse-t-il à Marguerite de Berry, pour lui demander de le défendre contre la tenaille de Mellin. Elle était donc encore redoutable cette tenaille.

> Je te salue, ô l'honneur
> De mes muses, et encore
> L'ornement et le bonheur
> De la France, qui t'honore,
> Escarte loin de mon chef
> Tout malheur et tout meschef ;
> Préserve-moi d'infamie

1. En 1550, la Cour étant à Blois, Mellin composa un sonnet pour *Deux masques en Rogier et Marphise, à un faict d'armes*, I, 298. — En 1551, il écrivait une épigramme contre le pape, brouillé avec Henri II ; II, 159. — Nouvelle mascarade en 1554 au retour de Saint-Germain-en-Laye ; I, 167. — Représentation de la Sophonisbe en 1556. — Enfin, dernière mascarade de Saint-Germain en 1557 ; I, 181.

De toute langue ennemie
Et de tout acte malin,
Et fay que devant mon Prince
Désormais plus ne me pince
La tenaille de Melin [1].

C'est que, malgré toutes les interventions possibles, il est difficile de changer ainsi brusquement les esprits et de transformer les jugements. On ne se débarrasse pas d'un coup sur une parole, serait-elle royale, d'habitudes invétérées. Habitués aux naïves, spirituelles et faciles productions de la poésie nationale, la plupart des courtisans ne pouvaient goûter du premier coup les savantes compositions de Ronsard. Le goût ne s'impose pas ; tout au contraire, plus on veut le contraindre, plus il éprouve de répugnance pour ce qu'on veut le forcer d'aimer. Il est difficile de brûler le soir ce qu'on adorait le matin ! Aussi malgré tout, le nombre des disciples de Ronsard dut s'accroître bien peu. Sans doute le petit Cénacle eut désormais plus de courage et d'audace ; l'espérance lui avait souri ! Mais, en dehors des fidèles de la Pléiade, il ne comptait encore que quelques érudits. Claude Binet a beau répéter que désormais les attaques des envieux « ressemblèrent aux bouïllettes que la violence de la pluyie fait boursoufler sur l'eau, qui se crèvent aussitôt qu'elles sont engendrées et ne laissent aucune marque d'avoir esté [2], » je n'en crois rien. Cela est contraire à la vraisemblance d'abord, et à ce que nous trouvons dans les écrits de l'époque. On sent, en effet, dans les premiers écrits des auteurs de la Pléiade percer le dépit d'être en si petit nombre, et de savoir qu'ils ne sont pas compris. Il y a sans doute beaucoup de fierté, ou de conscience de son art si l'on veut, dans les vers où Du Bellay déclare que ce qui lui plait est

1. Edit. Blanchemain, t. II, p. 326 ; *Ode Ve du Ve livre*.
2. *Vie de Ronsard*, p. 134.

ce qui peut déplaire « au jugement du rude vulgaire ». Mais ne se mêle-t-il pas un peu de dépit et beaucoup d'amertume à l'affirmation suivante de Ronsard, qu'il place dans la bouche de Jupiter :

Ceux-là que je feindrai poètes,
Par la grâce de ma bonté,
Seront nommés les interprètes
Des Dieux et de leur volonté ;
Mais ils seront tout au contraire
Appelés sots et furieux
Par le caquet du populaire
Méchantement injurieux [1].

Malgré ses protestations, en effet, et toutes ses belles théories, « il délibéra d'escrire en style plus facile » [2]. Il s'était donc aperçu que ses premiers écrits étaient un peu trop savants pour être goûtés à la Cour. On ne les comprenait pas ; comment les admirer ? Nous savons, en effet, par de nombreux témoignages de l'époque [3], que les courtisans continuèrent malgré les efforts de la Pléiade à se délecter de la lecture des romans en vogue ; et par suite des productions poétiques de l'ancienne école. Voici ce qu'était obligé d'avouer, non sans dépit, le fougueux Jodelle, en 1554, dans une préface mise au devant de l'*Histoire Palladienne* [4], roman écrit par un de ses amis qui venait de mourir. Ce genre d'écrits, dit-il, « est agréable et bien receu des Gentilz-hommes et des Damoyselles de notre siècle, qui fuyent l'histoire pour sa sévérité, et rejettent tout autre discipline pour leur ignorance ». Cet aveu en dit long sur les difficultés que rencontra la Pléiade à ses débuts. A ces odes pindariques, divisées en strophes,

1. *Ode à Marguerite*, édit. Blanchemain, t. II, p. 303.
2. *Discours de la vie de Pierre de Ronsard*, p. 133.
3. Cf. Bourciez, *op. cit.* chap. III, III, p. 78 et ss.
4. *Histoire Palladienne*, par Cl. Colet, Paris, 1554, in-fol.

antistrophes et épodes, les courtisans préféraient les chansons et les petits vers.

Tout examiné donc, le Roi lui-même, la reine, les princes et les seigneurs, mais surtout les dames de la cour, à peu d'exceptions près, restèrent fidèles au vieux Mellin !

Je ne puis donc souscrire au jugement de Colletet, reproduit bien souvent, qui voudrait faire croire que Saint-Gelays « prit dès lors une juste et ferme résolution de luy (à Ronsard) céder le premier rang qu'il tenait sur le Parnasse de France, et abandonnant la poésie françoise, qui l'avait fait tant esclatter à la Cour et tant estimer des Roys et des Princes, il embrassa d'une ardeur non pareille et d'un courage invincible la Poésie latine, qu'il avait depuis si longtemps délaissée [1] ». Rien ne prouve, en effet, que Mellin ait plus particulièrement cultivé la poésie latine durant les dernières années de sa vie, et même pendant les mois de sa brouille avec Ronsard. Mais il suffit d'ouvrir ses écrits pour constater qu'après 1550 il continua toujours, et peut-être plus que, jamais à cultiver la Muse française. Malgré le peu de soin qu'il mettait à recueillir et conserver ses petits vers, il nous en reste cependant assez pour dissiper tout doute à ce sujet.

IV

Ce qui est moins douteux encore, c'est que la guerre, allumée par l'apparition de la *Défence et Illustration*, prit dès lors une nouvelle intensité. Désormais les deux chefs étaient bien connus et se trouvaient bien en évidence, les partis nettement tranchés. Certaines défections s'étaient produites du côté des Marotiques, quelques disciples plus timides ou moins fervents s'étaient prudemment mis à

1. *Op. cit.*, p. 83.

l'écart, mais, en revanche, d'autres qui avaient cru pouvoir applaudir tout d'abord à l'entreprise des novateurs se montraient maintenant leurs adversaires résolus. Témoin le jeune François Habert, qui ne craignait pas en 1550 de saluer, dans ses *Epistres Héroïdes* [1],

Jean du Bellay, Ronsard, aux rancs
Des écrivains qui ne sont ignorans,
Ayant trouvé des Odes la manière
Entre Françoys, chose fort singulière,
Chose excellente, exquise et de hault pris,
Que les Françoys n'avaient encore apris [2].

Mais, la guerre déclarée entre Mellin et Ronsard, François Habert change de sentiments, et l'année suivante, faisant réimprimer l'épitre en question, il supprime les vers précédents.

Ainsi Mellin pouvait se vanter d'avoir de son côté à peu près tout ce qu'il y avait alors de plus illustre et de plus connu. Thomas Sibilet, Guillaume des Autelz et Barthélémy Aneau avaient déjà riposté aux attaques de Du Bellay, et se tenaient prêts à continuer les hostilités. François Habert averti, Charles Fontaine, Michel d'Ambroise et Jean Bouchet, pris à partie dans la *Deffence et Illustration* [3], ne demandaient qu'à prendre leur revanche. Enfin Antoine Heroët, Jacques Peletier et Hugues Salel se montraient encore fidèles et résolus. Ces noms nous paraissent aujourd'hui bien obscurs, et leur gloire fort ihsi-

1. *Les Epistres Héroïdes, très salutaires pour servir d'exemple à toute âme fidèle*, composées par F. Habert d'Yssouldun en Berry, avec aucuns épigrammes, cantiques spirituelz et alphabet moral pour l'instruction d'un Prince ou Princesse. Item la paraphrase latine et françoyse sur l'oraison dominicale. — Paris, de l'imprimerie de Michel Fezondat et Robert Granion, 1550, in-12. — Bibl. Nat. Rés. pYe., 248.

2. *Epistre XIII, de l'autheur à Monseigneur de Sainct-Gelais*, fol. 67 v°. Sur François Habert, consulter Goujet, *Bibl. Franç.* XIII, 8-48, Niceron, *Mémoires*, t. XXXIII; et Godefroy, *Histoire de la littérature française*, XVI° *siècle*, p. 610-615.

3. *Deffence et Illustration de la langue française*, édition critique par Henri Chamard, p. 310-311.

gnifiante à côté de celle des Ronsard, des Du Bellay, et même des Baïf et des Belleau ; mais la Pléiade n'était alors qu'à ses débuts, riche seulement d'espérances et d'audace ; alors que la plupart de ses adversaires jouissaient d'une gloire inconstestée, acquise par une longue carrière.

Une ode curieuse de Jacques Tahureau [1], cet intéressant poète, mort si jeune, va nous donner des détails piquants sur l'état des esprits à cette époque. Tahureau était le parent ou l'allié de Ronsard et de Du Bellay, l'ami de Jodelle et de Baïf. Or, dans cette ode, parue en 1554 il est vrai, mais composée bien avant, semble-t-il [2], le jeune poète remercie Mellin de lui avoir fait obtenir du roi « une bonne place ». Le vieil aumônier n'avait donc pas perdu tout crédit, puisque son intervention est puissante auprès du Roi. Bien plus, le seul rêve de ce jeune débutant est de parvenir ou le vieux courtisan est parvenu.

Trop et trop heureux j'estime
Le bas nombre de ma rime
De t'avoir pleu, et, par toy,
Rencontré chez nostre Roy
Cette favorable grace
De n'estre en la moindre place.
Mais puissay-je à l'avenir
Comme toy mieux parvenir,
Quittant les tendres jeunesses
De ces neuf jeunes déesses.

Aussi ne lui ménage-t-il pas les éloges et les flatteries, louant son irrésistible douceur, l'assurant que non

1. *Odes et Sonnets et autres poésies gentilles et facétieuses de Jacques Tahureau.* — Réimprimées textuellement sur l'édition très rare de Poitiers 1554, par Prosper Blanchemain, chez J. Gay et fils éditeurs, 1869. Bibl. Nat. Rés. Ye. 4.875. — L'Ode en question est p. 66-69. — Voir sur Tahureau, H. Chardon, *La Vie de J. Tahureau*, Paris, 1885, et P. Blanchemain, *Poëtes et Amoureuses.*

2. A cause de la place qu'elle occupe dans le livre.

seulement il a charmé tous ses contemporains par les écrits « de sa docte plume dorée », mais que sans cesse il charmera ceux qui le liront dans l'avenir :

Toujours, Mellin, tu as eu,
Et certes il t'est bien deu,
Ce bienheureux avantage
Que de ravir le courage
Et de gaigner la faveur
D'un chacun par ta douceur.
Les Parnassides Déesses,
Les Princes et les Princesses,
Et les plus doctes François,
Mesme la grandeur des Rois,
Ta docte plume dorée
Ont à bon droict adorée,
Et sans cesse adoreront
Ceux qui tes beaux vers liront.

N'est-ce pas que l'éloge est piquant dans la bouche de ce parent du grand Vendômois, serait ce même au lendemain de la réconciliation ? Mais ce qu'il y a de plus curieux, c'est que Tahureau semble prendre fait et cause pour Saint-Gelays contre les novateurs. Le vrai poète, lui dit-il, c'est celui qui trace des portraits ressemblants, pleins de grâce et de douceur, pouvant obtenir l'approbation et l'agrément des meilleurs esprits. Tu as eu cet heureux avantage, Mellin. Mais inutile de recourir à de mensongers artifices.

Celuy, Mellin, qui souhaite
D'estre estimé bon poète
Il ne faut tant seulement
Qu'il masque de l'ornement
D'une mensonge notable
Sa matière variable.

Le poète, en effet, est comme le peintre, qui doit s'efforcer « de rendre au vif la nature » ; si son portrait n'est pas ressemblant, à quoi bon avoir dépensé beaucoup d'art ? Hélas ! beaucoup de poètes aujourd'hui croient « se rendre admirables », en entassant les dépouilles de l'antiquité « sans ordre et sans jugement ». Ils se trompent, et beaucoup :

Aussi n'est-ce pas assez
D'un tas d'écriz ramassez
De ces antiques merveilles
Nous étonner les oreilles,
Si cela qu'on entreprend,
Ou soit de bas ou de grand,
Heureusement ne se traite
Par le labeur du poète.
Mille aujourd'hui nous font voir
Leur trop indocte sçavoir
Cuidans se rendre admirables
Soubs l'ombre d'un tas de fables...

Qui donc alors entassait « les antiques merveilles », et accumulait « un tas de fables », si ce n'est Ronsard, ou du moins son école ? Dans tous les cas, ce n'est pas à l'école marotique que l'on pouvait adresser ce reproche. Mais Tahureau continuait toujours, se moquant de ces poètes orgueilleux et négligents, qui vont se flattant qu'avec « une mesme chanson,

Bien mille fois rechantée,
Ou des autres empruntée,
Ils peuvent gaigner le prix
Dessus les mieux nez esprits.

Pas d'esprit « mieux né », mieux doué que celui de Mellin. Et, pour compléter l'éloge, il a bien soin de faire remarquer que ce favori du plus grand des Rois, « des Princes et des Princesses », ne s'adonne pas exclusivement au commerce des Muses. Il sait allier à l'art léger de la poésie une qualité non moins précieuse, la science :

Mais ton esprit ne s'amuse
Tant seulement à la Muse,

La Muse qui pour un temps
Nous sert d'un doux passe-temps.
Tu employes bien tes heures
....
Et ton esprit est vestu
De bien plus rare vertu.
Rien des lettres plus divines.
Rien des plus graves doctrines,
Ne te fuit, ny des secrez
Des vieux Latins ou des Grecs.

Que ces petits vers, pourtant bien coulants, n'aient ni la grandeur ni la fière allure de ceux de Ronsard, ni la douceur de ceux de Saint-Gelays, soit ! Mais ils nous prouvent clairement que le crédit et la faveur de Mellin à la cour furent peu ébranlés par son différend avec Ronsard et l'intervention de Marguerite. Ils sont aussi une preuve que l'aimable aumônier fut toujours aussi admiré et choyé sous Henri II, qu'aux meilleurs jours de François Ier.

D'ailleurs on ne pouvait pas plus se passer de ses services maintenant qu'autrefois, services bien précieux, même pour un Roi : « S'il y avait, dit Thevet, quelques braves discours à faire, soit pour escrire en prose, vers français ou latins, le tout estoit renvoyé à Saint-Gelais, auquel l'on avait recours comme à un Apollon [1]. » Et quelques lignes plus bas il affirme que le « Roy Henry pour sa vertu l'honora grandement ».

Dans cette lutte, Mellin trouva encore un puissant et précieux auxiliaire dans un de ses plus vieux amis : l'auteur de Gargantua et de Pantagruel. Rabelais dût voir d'un très mauvais œil la tentative tapageuse de ces réformateurs enthousiastes. Son sourire railleur dut s'accentuer à la lecture de leur manifeste belliqueux. Ce qu'ils se proposaient, en effet, de faire pour la langue

1. *Portraits et vies des hommes illustres*, II, fol. 557 v°.

française en l'annonçant avec fracas, il l'avait fait, lui, toute sa vie durant, silencieux et modeste. Connaissant à fond les littératures antiques, qu'il aimait passionnément, il n'avait cessé « d'enrichir notre maternel langage » par les plus heureux emprunts : mais il n'avait jamais songé à s'ériger en chef d'école. Bien plus, grâce à son génie pénétrant, il avait prévu les abus que l'on pouvait faire de son procédé, et les avait critiqués d'avance avec sa verve comique endiablée. Bon nombre des traits satiriques qu'il avait lancés contre le fameux écolier limousin venalent frapper en pleine poitrine Ronsard, s'efforçant de se hausser jusqu'à Pindare [1].

Mais, outre cela, nous savons que lorsque Rabelais était à Turin à la suite de Guillaume de Langey, seigneur Du Bellay, il rencontra là le jeune Ronsard, dont il n'eut pas à se louer. D'où une antipathie profonde et sans retour [2]. Aussi, en 1550, se déclara-t-il formellement contre les novateurs. Il « ne regardait Ronsard que comme un poète impécunieux et misérable », s'efforçant de se pousser auprès des grands. En conséquence, il lui prodiguait ses sarcasmes toutes les fois qu'il le rencontrait, ce qui arrivait assez souvent. A cette époque, en effet, Ronsard en quête de protecteurs se rendait fréquemment à Meudon, auprès du Cardinal de Lorraine. « Il se tenait fort heureux de loger dans une échauguette appelée encore à présent la tour de Ronsard, d'où il allait faire sa cour au château et où il trouvait souvent en son chemin M. F. Rabelais qui ne l'épargnait guères ; car après tout s'il n'était pas si fameux poète que lui, il ne laissait pas d'être né poète comme médecin, incompara-

1. Cf. Marty-Laveaux, *Rabelais et les conteurs au* XVIe *siècle*, chap. II, de l'*Histoire de la Langue et de la Littérature française*, par Petit de Julleville, surtout p. 72.

2. Cf. Arthur Heulard, *Rabelais, ses voyages en Italie, son exil à Metz*, 1891.

blement plus sçavant que le prince des poètes de son temps, et entendant bien mieux raillerie [1]. »

V

Ronsard dut avoir beaucoup à souffrir de ce voisinage gênant, jusqu'à ce que la mort vint le délivrer du railleur curé de Meudon [2]. Il est bon de noter cependant que, même en dehors de la Pléiade, il trouva des amis dévoués qui lui prêtèrent en cette circonstance un précieux concours.

En première ligne, on peut placer le grave et judicieux chancellier de L'Hospital, dont la faveur auprès de la duchesse de Berry, sœur du Roi, était alors considérable. Nous avons déjà vu que ce docte conseiller ne craignit pas de composer sous le nom de Ronsard lui-même une sorte de satire ou d'élégie, comprenant 90 distiques latins [3]. Il y prend hautement la défense des novateurs. C'est en somme une justification de la réforme littéraire entreprise par Ronsard. Il commence d'abord (c'est Ronsard qui parle) par exposer son but : il vient s'excuser d'être un novateur auprès des courtisans qui tiennent pour l'ancienne poésie.

---

1. *Jugements et observations sur la vie et les œuvres de Mr. Fr. Rabelais, ou le véritable Rabelais réformé,* par Jean Bernier, p. 52-53. Cf. P. Laumonier, *Rapports entre Rabelais et Ronsard.* — *Revue des Etudes Rabelaisiennes*, t. I, 1903.

2. Cette mort dut arriver vers 1553. Le savant Lambin parle encore, en effet, de lui dans ses lettres vers la fin de décembre 1552.

Cf. *Deux années de la Renaissance d'après une correspondance inédite,* par Henri Potez. *Revue d'Hist. litt. de la France*, juillet-septembre 1906, p. 493.

3. *Michaelis Hospitalii, Galliarum Cancellarii, Carmina.* — L'élégie en question est dans les « *Carmina miscellanea* », p. 457. Elle se trouve aussi dans l'édition des œuvres de Ronsard par Blanchemain, t. IV, p. 361.

Magnificis aulae cultoribus atque poetis
Hæc Loria scribit valle poeta novus,
Excusare volens vestras quod laeserit aures,
Obsessos aditus jam nisi livor habet ;
Excusare volens quod sit novitatis amator,
Verborum cum vos omnia prisca juvent.

Et, à propos d'ancienneté, s'adressant toujours à ces courtisans obstinément fidèles à la vieille Muse marotique, il s'écrie non sans véhémence :

Atque utinam antiqui vestris ita cordibus alte
Insitus officii cultus amorque foret !
Non ego, conscissus furiali dente, laborem
Spicula de tergo vellere saeva meo ;
Non ego, qui tanti mihi causa fuere doloris,
Auxilium a nostris versibus ipse petam ;
Non ego nunc Musas supplex orare latinas
Rebus et afflictis poscere cogar opem....

Puis rappelant, en termes assez transparents pour qu'on ne puisse s'y méprendre, la conduite répréhensible de Mellin, il excite vivement les nouveaux poètes à se débarrasser de cette orgueilleuse tyrannie, que quelques vieillards jaloux voudraient encore leur faire subir. Il s'efforce ensuite de légitimer ses innovations. C'est la pauvreté de la langue maternelle qui l'a obligé à tenter ces hardiesses. Qui pourrait lui en faire un crime ? Et il revient aux perfides procédés de Saint-Gelays (c'est bien pour y répondre, en effet, que L'Hospital écrit), laissant à la France le soin de juger cette conduite d'un pontife du Christ.

Qui mos, quam sacro Christi sit prœsule dignus,
Videris id tute, Gallia tota videt.

Et, pour terminer, il ne craint pas d'avoir recours à la menace : Cesse, dit-il, si tu m'en crois, cesse tes acerbes plaisanteries, car je ne suis pas d'humeur à les supporter plus longtemps. Sinon, j'en prends le Ciel à témoin, mes iambes terribles te réduiront à te pendre, ou à fuir honteusement hors du royaume de France [1].

Ces terribles menaces durent faire sourire Mellin, s'il vint à les connaître. Mais peut-être bien que Michel de l'Hôpital, malgré tout son crédit, n'osa jamais les répéter en dehors d'un petit cercle d'amis et de disciples fidèles, du vivant du poète favori. La pince terrible effrayait les plus hardis, et rares furent ceux qui osèrent attaquer ouvertement. Parmi ces derniers, il faut signaler cependant Olivier de Magny [2], le poète Quercinois, encore à ses débuts. Il avait d'abord songé à imiter Marot, et était venu à Paris « surtout pour jouir d'une vie facile et agréable, pour prendre place à la Cour, derrière ces rimeurs qui payaient leur droit d'entrée par de petits vers galants, à la manière de Saint-Gelays » [3]. Mais, gagné par l'enthousiasme et les espérances de la nouvelle école, il embrassa chaudement le parti de Ronsard. Dans ses *Gayetez*, qui parurent en 1554, alors que la paix était faite, se trouvent à la fin du volume deux pièces, distinctes des 39 qui composent cet ouvrage [4]. La première est de Ronsard. Avec une cor-

1. Voici la fin de cette curieuse élégie, au nom de Ronsard :

At tibi cum fuerit factum satis, ipse vicissim .
Oris pone tui spicula, pone faces.
Non mihi semper erit circum patientia pectus,
Non tua perpetuo dicta salesque feram.
Invitus, juro, tristes accingar iambos,
Laesus et expediam carmina mille tibi,
Quæ miserum subigant laqueum vel nectere collo,
Francica vel turpi linquere regna fuga ;
Ut discant homines, linguæ sors ultima et oris
Exitus effreni quam miser esse solet.

2. Sur ce poète, cf. Jules Fabre, *Olivier de Magny, 1492-1561. Etude biographique et littéraire.* Thèse ; et la nouvelle édition de ses œuvres donnée par E. Courbet, 3 vol. bibl. elzévirienne.

3. Jules Favre, *op. cit.*, p. 31. Voir encore à propos du différend entre Ronsard et Saint-Gelays p. 36, 140-141, 150, 189-190, 194, 291, 305, etc.

4. *Les Gayetez d'Olivier de Magny à* Pierre Paschal *gentilhomme du bas païs de*

diale effusion, il remercie son ami de l'avoir « revangé d'un sot injurieux qui l'avait outragé. » Ce « sot injurieux » était-il Mellin de Saint-Gelays ? C'est bien probable. Dans la seconde pièce, Magny invoque toutes les Furies pour les lancer contre un « mesdisant de Ronsard » [3]. Et, pour l'effrayer, en disciple de la Pléiade, il lui rappelle les victimes de ces terribles Euménides : Adraste, Ajax, Oreste, Athamas et Athys [1]. On devine quel est ce mesdisant. Malgré la réconciliation accomplie, Magny, pour ne pas sacrifier ces deux pièces de circonstance, les publiait à la fin de son volume. Et plusieurs années après, écrivant à un autre disciple de Ronsard, aujourd'hui bien oublié, François Revergat, il invoquait la Muse pour chanter :

> Les ornements de son mérite
> Les rarités et la vertu
> Dont il a, vaillant abattu,
> La vieille ignorance dépite [2].

L'expression est trop injurieuse pour Mellin de Saint-Gelays, cependant c'est bien de lui qu'il s'agit. D'autant plus que dans le même ouvrage, Magny prodigue les éloges les plus flatteurs à celui « qui contente :

Languedoc — à Paris, pour Jean Dallier, demourant sur le Pont de Saint-Michel, à la Rose Blanche — 1554.

3.
> Avant, avant vers furieux,
> Fouldroyon l'homme injurieux,
> Qui de sa bavarde ignorance
> Veult honnir l'honneur de la France,
> Aboyant d'un gozier félon
> Un des plus chériz d'Apollon.

Les Gayetez, p. 106.

1. Je me suis servi des Œuvres d'O. de Magny, publiées par Courbet Lemerre 1871-1881, 6 v. in-12. — *Les Amours*, 1 v. — *Les Gayetez*, 1 v. — *Les Soupirs*, 1 v. — *Les Odes*, 2 v. — *Dernières poésies*, avec la Vie de Magny par Colletet, 1 v.

2. *Dernières poésies*, t. II, p. 50.

Ou soit de sa lyre alléchante,
Ou soit des accords de sa voix
Les oreilles des plus grands rois [1]. »

Mais alors la réconciliation avait eu lieu et la guerre avait cessé. Elle dura longtemps, transformant le Parnasse et la Cour en véritable champ de bataille.

VI

La position était difficile, autant qu'ennuyeuse, pour un grand nombre de courtisans. N'osant se déclarer ni pour l'une ni pour l'autre des deux écoles, par caractère ou par intérêt, ils étaient obligés de s'astreindre à une surveillance quotidienne fort gênante. Aussi quelques hommes modérés, désolés de voir cet état de choses se prolonger, résolurent d'y mettre un terme. Ce ne fut probablement pas sans de grandes difficultés : les poètes sont gens susceptibles. Mais, grâce aux bons offices d'amis communs, parmi lesquels Guillaume des Autelz, un rapprochement devint possible. On fournit des explications de part et d'autre, on promit d'oublier les torts réciproques ét de se réconcilier sincèrement.

Pour hâter cette réconciliation, Guillaume des Autelz, ami des deux rivaux, monta sa lyre et composa dans ce but une ode fort curieuse. Elle se trouve à la fin de ses *Façons lyriques*, parues avec l'*Amoureux repos*, en 1553 [2]. Des Autelz imite Ronsard et essaie de hausser le

1. *Ibid.*, p. 76.

2. *L'Amoureux repos de Guillaume des Autelz, gentilhomme charrolais*, à Lyon, par Jean Temporal, 1553. — Avec privilège pour 3 ans. — Privilège donné à Lyon le 12ᵉ jour de juin 1553, par le lieutenant général au gouvernement du Lyonnois, I, Tignac — Bibl. Nat. Rés. Yᵉ. 1624. Cet ouvrage est relié avec le *Secret d'amours*. Sur ce poète Cf. G. Colletet, *Vie de Guillaume des Autelz*, publiée par Ad. Van Bever dans la *Revue de la Renaissance*, 1906 ; — Hans Hartmann, *Guillaume des Autelz, ein franzosischer Dichter und Humanist*, 1907, in-8.

ton. De plus son ode est divisée en 6 strophes régulières, de quatorze vers chacune, et les strophes portent alternativement le nom de *tour* et de *retour*. Pour inciter Ronsard et Mellin à conclure « leur accord », le poète commence par chanter les bienfaits de la paix :

La paix est fille de Dieu ;
Aux noirs enfers nasquit la noyse.
Célébrons la paix en ce lieu,
Dansons un branle à la françoyse.
Mais, ô Cinthien dousonnant,
Monte ta lyre maintenant,
L'animant de même accordance
Que quand les neuf savantes sœurs,
Enyvrées de tes douceurs,
Tu fais follatrer à la danse :
De Ronsard les chans nouveletz,
Trempez en l'audace thébaine,
S'accordent à la riche veine
De l'emmiellé Saingelais [1].

Et, marchant sur les pas de Ronsard, qui ne manquait pas pour égaler Pindare de mêler toujours quelque narration à ses effusions lyriques, comme le poète thébain, Des Autelz nous raconte ensuite le différend qui éclata jadis entre Mercure le « Cyllénien » et « l'archer Phébus lointirant ».

Cette paix me fait souvenir
De la tienne avecque Mercure
Que (s'il te plaist me soutenir
Phébus) de chanter j'aurai cure. (Retour I.)

Et voici de quoi il s'agit ; l'histoire est assez curieuse pour être rapportée. Le jour même où naquit Mercure

Le Cyllénien adonné
Aux sciences et aux cautelles,

1. Cette ode, intitulée *De l'accord de Messieurs de Saingelais et de Ronsart*, est la dernière des *Façons lyriques*.

La creuse tortue il trouva,
Dedans laquelle il éprouva
L'ébat des Muses immortelles. (Retour I.)

Mais pendant qu'il fait résonner les cordes de la lyre qu'il vient d'inventer, il aperçoit, errant sur les monts, un troupeau de bœufs appartenant à Phébus. Il les emmène. Le propriétaire volé porte le débat « devant Jupiter hautonnant ». Celui-ci condamne le « biendisant fils de Maïa » « à rendre les bœufz » et commande « que la paix entre eux soit jurée ». Alors, pour se faire pardonner son escapade, Mercure « éveille l'esprit de sa tortue », et se met à chanter. Il chante la création du monde. En entendant ces merveilleux sons qu'il n'avait jamais plus ouïs, Apollon est captivé.

Le doux chantre Latonien,
Qui tous surmontant en musique,
Commença du Cyllénien
Admirer la neuve pratique;
Lors commença le saint amour
Qui dure entreux jusqu'en ce jour.
Apollon d'Hermès eut la lyre,
Hermès eut les bœufz d'Apollon [1].
Vaut-il pas mieux faire selon
Les dieux, que selon l'humaine ire?
Pas ne convient à notre foy
L'envie qui tant se débride
De Pindare et de Bacchylide,
Ni à la court de notre Roy. (Tour 3.)

S'appuyant sur cet exemple, il s'adresse tour à tour à chacun des deux rivaux et les supplie avec une cordiale insistance, de déposer leur ressentiment et de faire « une paix immortelle ».

1. Cette légende est empruntée à un hymne homérique, le troisième : *Hymne à Hermès*. Cf. Hignard, *Des hymnes homériques*, thèse, Paris, 1864.

Comment pourrait ce mortel fiel
Abreuver ta gracieuse âme,
O Mellin, Mellin tout de miel,
Mellin toujours loin de tel blasme?
Et toi, divin Ronsard, comment
Pourrait ton haut entendement
S'abaisser à ce vil courage?
Le champ des Muses est bien grand ;
Autre que vous encore prend
Son droit en si bel héritage ;
Mais vous avez la meilleure part
Si maintenant je l'avois telle,
Je ferois la paix immortelle
De Saingelais et de Ronsart. (Retour.)

Son généreux appel fut entendu et les deux adversaires se réconcilièrent. D'autres d'ailleurs avaient joints leurs efforts à ceux de Des Autelz, et les amis des Réformateurs ne furent pas les moins empressés. Michel de l'Hospital écrivit une lettre latine [1] à Jean de Morel, maréchal des logis de la reine et maître d'hôtel du roi, pour le supplier de faire comprendre à Ronsard, avec qui il était au mieux, que son intérêt exigeait qu'il ne restât pas l'ennemi de Saint-Gelays et de son parti : c'étaient des gens trop puissants à la cour : « Je demande encore davantage, ajoute L'Hospital ; dans les *Etrennes* que va publier Ronsard, tachez d'obtenir qu'il y ait quelques vers dédiés à Carles, évêque de Riez et à Saint-Gelays. » Puis, dans son grand désir de voir enfin la paix rétablie, L'Hospital, bien éloigné des sentiments qu'il exprimera plus tard, trace à Morel le canevas d'une lettre qu'il demande à recevoir de lui. Il désire en effet pouvoir la montrer à Lan-

1. Cf. P. de Nolhac, *Documents nouveaux sur la Pléiade. — Lettre de l'Hospital à Jean de Morel, pour réconcilier Ronsard et Saint-Gelays*, dans la *Revue d'Hist. litt. de la Fr.* 1899, p. 351.

Cette lettre a été découverte dans la Bibliothèque de Munich, où se trouve toute une série de documents relatifs à notre histoire littéraire du XVIe siècle ; elle faisait partie des papiers de Jean Morèl, dans la *Collection Camerarius.*

celot de Carles, pour le persuader que Ronsard ne veut pas d'autres défenseurs à la cour que lui et Saint-Gelays [1].

Le désir de L'Hospital ne fut pas complètement réalisé: Ronsard ne publia pas de *Recueil d'Etrennes.* Mais sûrement Morel agit auprès de lui pour hâter la réconciliation. En effet, l'entente rétablie, Ronsard pour sceller cet accord s'empressa de composer une Ode adressée à Mellin, où il s'efforçait de lui donner de franches explications. Seulement avant « de la lui faire tenir », il voulut premièrement la communiquer à Jean de Morel. C'est ce que nous apprend une curieuse lettre publiée naguère [2].

Cette ode si connue et si souvent citée est une des pièces les plus importantes pour juger ce différend avec quelque vérité [3]. Ronsard a pris soin, en effet, de nous indiquer pourquoi il écrivit autrefois des vers « enfiellés » contre son rival. C'est qu'on lui avait fait croire *à tort* qu'il l'avait desservi auprès du Roi, en méprisant son œuvre. Mellin a nié ce crime devant témoins, et a répété

1. Cette lettre a été écrite de Fontainebleau, mais elle ne porte pas de millésime. M. P. de Nolhac, en s'appuyant sur d'autres données, croit pouvoir la dater du 1er décembre 1552.

2. Cette lettre a été publiée pour la première fois en 1869, par le marquis A. de Rochambeau, dans son ouvrage, *Recherches sur la famille de Ronsard*, Paris, Franck, in-8. Il écrit, p. 185 : « Nous devons communication de cette lettre à l'aimable courtoisie de M. Feuillet de Conches, qui possède l'original dans sa splendide collection d'autographes. » En voici le texte intégral :

« Monsieur, je vous suppli vouloir tant faire de bien à ce pauvre enroué et morfondu et lui despartir de vos nouvelles si avès rien apris de nouveau depuis que je ne vous vy. L'Ode de Sainct-Gelays est faite et ne veux la lui faire tenir sans vous l'avoir premièrement communiquée.

» Je me recommande humblement aux plus que divines Grâces et Charités de Mlle de Morel et aux vostres pareillement,

» Votre obéissant frère, serviteur et amy,

» Ronsard. »

Malheureusement cette lettre ne porte pas de date ; P. Blanchemain la croit écrite pendant l'hiver de 1552. — Jean de Morel est assez connu ; Mlle Morel est la savante et célèbre Camille, chantée par Ronsard.

3. C'est l'ode XXI du quatrième livre. Elle parut dans la seconde édition des *Odes de Ronsard*, Paris, Cavellat. 1553, in-16 de 143 ff. plus un fol. pour la marque du libraire. — Voir *Œuvres de Ronsard*, édit. Blanchemain, II, 278-282.

« en présence de lui » cette protestation. Il en est bien aise et comprend la perfidie de ceux qui l'avaient trompé. Mais à quelque chose malheur est bon ; ce sera pour eux l'occasion d'une éternelle amitié. Ce n'est pas certes là le ton d'un vainqueur qui tend sa main à un vaincu écrasé ; Ronsard semble bien plutôt vouloir se faire pardonner « ce dépit qui lui ardoit le cœur ». Il s'empresse de consacrer cette amitié, qu'il promet pour sa part, avec serment, de ne rompre jamais. Mais ici il faut citer intégralement, car chaque strophe et même chaque mot projette une clarté spéciale sur ce fameux mais assez obscur incident [1]. Après avoir proclamé que toujours la tempête ne fait pas rage contre les bords de la mer Egée, il invective l'*Ire*, et s'écrie :

Las ce monstre, ce monstre d'Ire
Contre toy me força d'escrire
Et m'eslança tout irrité,
Quand d'un vers enfiellé d'iambes
Je vomissais les aigres flambes.
De mon courage despité.

Pour ce qu'à tort on me fit croire,
Qu'en fraudant le prix de ma gloire
Tu avois caqueté de moy,
Et que d'une longue risée
Mon œuvre, par toy mesprisée,
Ne servit que de farce au roy.

Mais ores, Mellin, que tu nies
En tant d'honnestes compaignies
N'avoir mesdit de mon labeur,
Et que ta bouche le confesse
En présence de nous, je laisse
Le despit qui m'ardoit le cœur.

1. Cette ode assez longue comprend 29 strophes de six vers ; je me contente de transcrire celles qui ont plus directement trait au différend avec Mellin.

Puis, il s'en prend aux envieux qui, par de faux rapports, avaient injustement excité sa colère et il les maudit.

Voilà pour le passé : explications pleines de déférence pour Mellin, à propos de ce malheureux malentendu. Les coupables, somme toute, ce sont les envieux, qui ont déchaîné le « monstre d'Ire ». Voici pour l'avenir : Ronsard n'est pas moins déférent :

Dressant à notre amitié neuve
Un autel, j'atteste le fleuve
Qui des parjures n'a pitié,
Que ni l'oubli, ni le temps même,
Ni la rancœur, ni la mort blême
Ne desnouront notre amitié.

Car d'une amour dissimulée
Ma foy ne sera point voilée,
(De faux visages artizan),
Croyant seurement que tu n'uses
Vers tes amis des doubles ruses
Dont se desguise un courtisan.

Ne pense donc pas que le temps brise
L'accord de notre foy promise,
Bien qu'un courroux l'aye parfait ;
Souvent une mauvaise cause,
Contraire à sa nature, cause
Secrettement un bon effait.

Et il écrit encore sept strophes pour prouver ce dernier point, terminant par l'exemple de Polynice et de Tydée qui, après s'être disputés la nuit « horriblement pour un petit de couverture », combattirent ensuite avec tant de vaillance l'un pour l'autre. Cet exemple en dit long.

Ronsard tint parole et s'efforça désormais de donner en public à Saint-Gelays les plus grandes marques de déférence. Ainsi, quelques années après, on pouvait lire dans ses *Hymnes* que, si Henri « deuxième de ce nom, roy de France », n'avait rien à envier à Jupiter « ayant un Apollon chez lui », c'est qu'il possédait à sa cour « un Carle, un Saint-Gelais » [1]. Quelque temps après, dans une *Epitre à Charles, cardinal de Lorraine* [2], le félicitant d'être pour les poètes « un père doux », il ajoutait « Saint-Gelais est à vous, Carle est à vous encor, et Dorat aux vers d'or ». Mais c'est surtout dans son *Hymne des Astres* [3] qu'il se montra plein de cordialité envers Mellin. Voici le début de cette pièce :

C'est trop longtemps, Mellin, demeuré sur la terre,
Dans l'humaine prison, qui l'esprit nous enserre,
Le tenant engourdi d'un sommeil ocieux :
Il faut le délier et l'envoyer aux Cieux.

Donc il a entrepris de « courir jusques au firmament », de se promener à travers les « astres admirables qui peuplent le ciel, soutenu « par les espaules chenues du Maure », et d'interroger ces corps célestes, signes de nos destinées. Mais il sait que Saint-Gelays est expert en cette matière ; aussi s'empresse-t-il d'ajouter : si j'écris cela, c'est :

Pour t'en faire présent, Mellin enfant du ciel,
Mellin qui pris ton nom de la douceur du miel
Qu'au berceau tu mangeas, quand, en lieu de nourrice,
L'abeille te repeut de thyn et de mélisse.
Aussi je ferois tort à mes vers et à moy,
Si je les consacrais à un autre qu'à toy,
Qui sçais le cours du ciel, et qui sçais les puissances
Des astres dont je parle, et de leurs influences.

Nous sommes loin de « l'ire » du temps jadis ! Le ton est si déférent, les éloges si pompeux que d'aucuns en ont fait un reproche à Ronsard, l'accusant d'exagération. J'aime mieux le croire sincère. Je m'appuie sur le témoi-

1. *Hymnes de P. de R. V.* — Liv. I, hym. V ; édit. Blanchemain, t. V, p. 74 ; édit. Marty-Laveaux, t. IV, p. 195.
2. *Epitre à Charles Cardinal de Lorraine*, édit. Marty-Laveaux, VI, p. 195.
3. *Hymne des Astres*, édit. Marty-Laveaux, VI, p. 138.

gnage honorable et fort désintéressé qu'il rendait à son ancien rival, quelques années après sa mort.

Saint-Gelais qui estoit l'ornement de notre age,
Qui, le premier en France, a ramené l'usage
De sçavoir chatouiller les aureilles des rois
Par un luth marié aux douceurs de la vois,
Qui au ciel égaloit sa divine harmonie,
Vid, malheureux mestier, une tourbe infinie
Advancer devant luy et peu luy profitoit
Son luth, qui le premier des mieux appris estoit [1].

Il s'empressa d'un autre côté de faire disparaître de ses œuvres toutes les pièces dirigées contre son ennemi d'hier, ou de corriger les allusions trop directes qu'elles renfermaient. C'est déjà chose faite dans la seconde édition de ses *Amours* [2], qui parut en 1553. Et non seulement cet ouvrage renferme la fameuse ode de réconciliation, mais les *Amours* débutent par un sonnet élogieux de Saint-Gelays à l'auteur.

D'un seul malheur peut se lamenter celle
En qui tout l'heur des astres est compris ;
C'est, ô Ronsard, que tu ne sois espris
Premier que moy de sa vive estincelle [3].

1. Ces vers sont tirés d'une pièce adressée à *Très illustre prince Charles, Cardinal de Lorraine*, faisant partie du *Bocage Royal*. Elle parut en 1560 ; édit Blanchemain, III, 355 ; — édit. Marty-Laveaux, III, 274.

2. Les quatre strophes à Marguerite, où se trouve racontée la fameuse scène en présenee du Roi, ont disparu. Et voici comment il avait corrigé la fin de la célèbre Ode, où il se plaignait de la tenaille de Mellin :

Préserve-moi d'infamie,
De toute langue ennemie
Teinte en venin odieux,
Et fay que devant mon Prince
Désormais plus ne me pince
Le caquet des envieux. (II, 326.)

3. Voici ce que dit Colletet, p. 83. « Et Saint-Gelais de sa part voulut confirmer leur Amitié par le sceau éternel de ces Vers d'un sonnet que Ronsard mesme, dès l'an 1553, mit au Frontispice de ses Œuvres et qui ne se rencontre pas dans celles de Saint-Gelais. » Ce sonnet parut dans l'édition de 1719 des *Œuvres de Mellin*. Je l'ai relevé dans les manuscrits Fr. 885 et Fr. 842.

Cette dame, dont Mellin se prétend aussi vivement épris que son ancien et jeune rival, doit être ici la duchesse de Berry elle-même [1]. Seulement ce sonnet avait autrefois été composé pour Marot. Mellin se contente « d'effacer Clément » et de mettre Ronsard. Il s'agissait, en conséquence, tout d'abord de la grande Marguerite, sœur de François Ier, c'est à sa nièce maintenant que s'adresse l'éloge : on ne sort pas de la famille.

Ceci pourrait faire douter de la sincérité de Mellin dans cette réconciliation ; mais je ferai d'abord remarquer que notre aumônier ayant pris la précaution de ne pas faire imprimer les improvisations de sa Muse, ce sonnet devait être inconnu en ce moment, et il était bien difficile de soupçonner la substitution. En second lieu, étant donné le caractère de Mellin, c'est plutôt le mot d'indolence que celui de duplicité qu'il faut prononcer ici. D'autant plus que, lorsqu'en 1554 Ronsard fit paraître à part son *Bocage* [2], Mellin lui envoya un des plus magnifiques sonnets qu'il ait composés, et où il lutte vraiment de grandeur avec le poète Vendômois [3]. Après avoir prodigué les louanges à son ouvrage, il termine ainsi, en s'adressant au poète :

> Quand il te plaist tu esclaires et tonnes,
> Quand il te plaist doucement tu résonnes,
> Superbe au ciel, humble entre les bergiers.

1. Quant à croire que cette dame était Cassandre, c'est très peu vraisemblable. Cf. *Œuvres de Saint-Gelais*, II, 263.

2. *Le Bocage de P. de R. V.* Paris, Vve M. De Laporte, 1554, in-8 de 4 ff. préliminaires et 56 ff. chiffrés. — Achevé d'imprimer le 27 nov. 1554.

3. *Œuvres de Saint-Gelays*, III, 112. Ce sonnet qui n'a été imprimé que dernièrement dans les œuvres de Mellin se trouve dans les manuscrits Fr. 885 et Fr. 842.

VII

Ces éloges paraissent sincères tout comme la réconciliation [1]. D'ailleurs elle était indispensable à l'un comme à l'autre. Mellin était trop épicurien pour désirer voir se prolonger indéfiniment cet état de lutte. De plus, il sentait sûrement le danger de sa situation. Sans doute, il pouvait l'emporter pour l'instant et réduire ces téméraires qui avaient osé l'attaquer. Mais il était vieux, ils étaient jeunes, pleins d'enthousiasme et d'avenir : la revanche serait terrible ; le plus prudent était de se réconcilier.

Et, d'un autre côté, Ronsard était encore sûrement plus désireux de la paix. Car ce qu'il voulait avant tout, c'était s'introduire à la cour, afin de recueillir bientôt l'héritage de Mellin et des disciples de Marot. Impossible d'y parvenir de longtemps encore avec un pareil ennemi dans la place. Sans doute il avait pour lui Marguerite, duchesse de Berry, mais Henri II était inébranlable dans ses amitiés ; or, il aimait son vieil aumônier, il tenait à ses vieux poètes, qui avaient charmé sa jeunesse. Il y avait de plus Catherine de Médicis, Diane de Poitiers ; leurs sympathies n'étaient pas douteuses. Restait une seule solution pour Ronsard, se réconcilier avec Mellin. C'est ce qu'il fit. A qui attribuer la victoire ?...

Les disciples s'empressèrent de part et d'autre d'imiter leurs chefs, et la paix et la bonne harmonie régné-

1. M. l'abbé Froger, *Les premières poésies de Ronsard*, dit que Ronsard « conserva quand même au cœur un peu de rancune... Dans ses œuvres complètes publiées en 1560, Mellin étant mort, il remit (dans la pièce corrigée) *la tenaille de Melin*, afin qu'il n'y eut plus d'erreur possible. » La preuve me paraît légere et plus que contrebalancée par le témoignage qu'il rendait dans cette même édition à son ennemi d'autrefois. Voir *A très illustre prince Charles Cardinal de Lorraine*. Edit. Blanchemain, III, 355 ; edit. Marty-Laveaux, III, 274.

rent de nouveau sur le Parnasse français, c'est-à-dire à la Cour. Ceux qui s'étaient montrés les plus agressifs et les plus ardents dans la lutte, s'efforcèrent, à la première occasion, de se faire pardonner leur zèle. C'est le cas d'Olivier de Magny. Son protecteur et ami, Hugues Salel, étant mort dans le courant de l'année 1553, il s'empressa de composer une ode pour regretter cette perte. Mais oubliant bien vite sa douleur, il excite allègrement « les Muses aux beaux yeux » à chanter Mellin, toujours en faveur auprès du Roi. Chantez, dit-il, [1]

> Mesmes un Melin que j'honore,
> Melin qui notre âge décore
> De maint et de maint autre chant,
> Qu'il nous desqueuvre en le cachant.

Et, sentant qu'il a plus d'un trait satirique à se faire pardonner, il multiplie les éloges et les protestations d'amitié :

> Mesmement, Muses, je me plais
> Parler souvent de Saint-Gelais,
> Sachant qu'outre ce qu'il contante,
> Ou soit de sa lyre alléchante,
> Ou soit des accords de sa voix,
> Les oreilles des plus grands Roys,
> Nul autre parmy vostre danse
> N'imite mieux vostre cadence,
> Et nul mieux que lui par les prez,
> Ou par les bocages sacrez,
> Se retirant loin du vulgaire,
> De ses chansons ne vous peult plaire.

Il continue ainsi vantant la grâce, la douceur et la science de celui dont il accusait naguère « la vieille ignorance dépite ». C'est que la paix était faite, les rancunes étouffées et les esprits réconciliés ; mais surtout on s'était aperçu qu'il était impossible d'aboutir sans la fa-

1. *Les Gayetez d'Olivier de Magni à* Pierre *Paschal, gentilhomme du bas païs de Languedoc.*

veur du puissant aumônier. Rabelais seul, semble-t-il, se montra revêche et ne voulut pas déposer les armes, mais la mort ne lui laissa pas le temps de prolonger beaucoup les hostilités. Mellin continua ses galantes et faciles improvisations, Ronsard ne travailla qu'avec plus d'ardeur et d'enthousiasme à doter la littérature française de chefs-d'œuvre imités des Anciens ; mais tous deux dans une concorde parfaite, fruit d'une déférence réciproque, sinon d'une cordiale amitié.

Aussi, en 1554, un poète assez obscur, Loys le Caron, célébrant « la troupe chantante des poètes sacrez » qui se trouvent dans le « Ciel des grâces [1] », place à côté les uns des autres, sans distinction, les Marotiques et les Novateurs. Et s'il donne la première place à Ronsard, il met immédiatement à côté de lui Saint-Gelays, avant Jodelle, Scève, Du Bellay, Dorat et Muret. Chacun, sans doute, garde encore ses préférences, mais en respectant celles des autres.

---

1. *La poésie de Loys le Caron, parisien.* — Paris, Vincent Sartenas, 1554. — Bibl. Nat. Rés. Ye. 1695.

Voici les vers tirés du *Ciel des Grâces* :

Qui vous a ravis aux cieux
De la divinité telle
Ronsard, Saint-Gelais, Jodelle
Scève, Bellay gracieux,
Dorat, Muret, immortelz, etc. fol. 47.

CHAPITRE IX

DERNIÈRES ANNÉES — MORT

(1550 - 1558)

I. — Faveur constante à la cour. — Sa famille. — Diane de Poitiers. — Lettre de Gabriel Siméoni, 1550. — Epigramme contre le Pape, 1551.

II. — Nouveau plaidoyer en faveur de Vénus, — auprès de Diane de Poitiers, — auprès de Diane de France, 1553.

III. — Nouveaux amusements. — Mascarade des Sibylles, 1554. — Tournois. — Représentation de la *Sophonisbe* au mariage du marquis d'Elbeuf, 1554. — Nymphes de Saint-Germain, 1557.

IV. — Il chante les événements publics. — Siège de Metz, 1552. — Prise de Thérouane, 1553. — Le maréchal de Saint-André le pensionne, 1554.

V. — Son désintéressement. — Epître à Diane sa nièce. — Il est accusé d'avarice. — Nommé abbé de L'Escale-Dieu, 1556. — Amour constant pour les lettres.

VI. — Sa maladie. — Constance. — Adieux à son luth. — Sa mort, 14 oct. 1558. — Funérailles. — Son tombeau.

VII. — Regrets universels, son tumulus poétique : Scévole de Sainte Marthe, Olivier de Magny, Jacques Grévin, Utenhove, Dorat, Du Bellay, lui consacrent des vers élogieux. — Déclin de sa gloire, causes.

I

Sans doute ses démêlés avec la nouvelle Ecole durent causer à Mellin plus d'un ennui, mais on peut affirmer que ceci ne changea pas un seul moment sa brillante situation à la cour. Henri II n'était pas homme à le sacrifier même devant les instances réitérées de sa sœur. D'ailleurs, à l'exception de la duchesse de Berry acquise entièrement à la cause des novateurs, notre poète ne comptait que des amis dans la famille royale et parmi les principaux de la cour. La reine Catherine de Médicis et Diane de Poitiers ne lui marchandèrent jamais leurs faveurs, en retour de ses petits vers. Il pouvait également compter sur la reconnaissance et le dévouement de la plupart des principaux courtisans alors en faveur. Le connétable de Montmorency, le nouveau cardinal de Lorraine, François de Guise, le maréchal de Saint-André, et M. d'Humières, tous faisant partie du grand Conseil royal, lui étaient plus ou moins redevables de quelque adroite flatterie poétique.

De plus il ne faut pas oublier, qu'outre son crédit personnel, Mellin pouvait encore compter sur de nombreuses et puissantes influences de famille. Ses oncles, Jacques, évêque d'Uzès, et Charles, grand aumônier de Louise de Savoie, n'étaient plus là, il est vrai. Le seigneur de Saint-Sévérin avait aussi disparu, mais ses fils avaient hérité de son crédit. Jean occupait le siège d'Uzès et se trouvait très bien en cour ; François, héritier du nom, venait d'épouser, en 1549, Charlotte de Champagne, et un autre François, dit de Brillebant, était également aumônier du roi [1]. De plus la famille était encore alliée aux Chabot, aux Beaumont, aux barons de Vivoul, aux d'Escars, tous riches et puissants seigneurs. Mais parmi tous ces parents et alliés, celui qui pouvait lui être du plus grand secours, c'était son cousin, le célèbre Louis de Saint-Gelays de Lansac, baron de la Mothe Sainte-Heray. Sans doute il ne s'était pas encore révélé l'habile diplomate, qui rendit plus tard tant de services, mais il se trouvait déjà pourvu de la charge de gentilhomme de la chambre du roi et gouverneur du jeune

1. Voir les détails généalogiques, Chap. I ; et *Correspondance politique de M. de Lansac*, 2. v., publiés par M. Sauzé de Lhoumeau dans les *Archives historiques du Poitou*, t. XXXIII, année 1904, et XXXIV, année 1905.

Dauphin. Il devait donc avoir toute facilité pour parler confidentiellement à Henri II, et en particulier à Diane de Poitiers, si par impossible son cousin s'était trouvé dans une position difficile.

Mais il semble bien qu'en aucun temps, Mellin ne fut menacé de perdre les bonnes grâces de la favorite. Non seulement il n'avait pas besoin qu'on le recommandât à sa bienveillance, mais il était à même de lui recommander les autres, au besoin. C'est ce qui ressort d'une lettre curieuse que l'italien Gabriel Simeoni lui adressait « de Lyon, le 12 de décembre 1550 » [1]. Ayant composé « aucuns Epigrammes sur la propriété de la Lune par les douze signes du Ciel, pour Madame la Duchesse de Valentinois », il ne crut pas pouvoir mieux s'y prendre pour les faire parvenir à destination, que de les envoyer à Mellin, en lui demandant un mot de préface pour ses « rimes Toscanes ».

Voici le début de cette lettre peu connue, dont on me pardonnera de faire de larges extraits, qui nous aideront à mieux comprendre la situation de Saint-Gelays : « Certainement que nos anciens poètes ne nous ont pas sans cause laissé par escrit, que les Muses et les nymphes habitaient par les monts et par les bois et parmy les vallées et fontaines, car je vous asseure, (Monsieur), qu'en revenant de Piedmont et me retrouvant parmy ces estranges solitudes et foretz de haults pins sauvages et bruyants ruisseaux de toute la vallée Morienne, j'ay prins si grand envie de deviser un peu avec ces Muses et mesmement de tous les noms et œuvres de Diane, par la souvenance des bois, où nous lisons qu'elle souloit chassant fuir les assauts de Cupido, que tout à cheval, je me trouve avoir faictz ces présens Epigrammes tos-

1. *Epitome de l'origine et succession de la Duché de* Ferrare. C'est la XXe lettre, fol. 44.

cans que je vous envoye, en ayant adjousté un autre d'avantage à ceux qu'anciennement sont inscriptz touchant les Metamorphoses faictz pour la dicte déesse : laquelle occasion m'a esté présentée par une fontaine qu'on m'a dicte que la nouvelle Diane veuit faire en son beau jardin et paradis d'Anet. » Après quoi, proclamant Mellin « l'un des plus élégans et doctes poètes de France », il lui avoue que « l'esprit allumé des rayons d'Apollo trempez par la trempe liqueur de Bacchus, poulsé par le son mélodieux de lyre de Phébus », il a dans cet état « comprens et descriptz tous les effects de la Lune, tandis que par l'espace de quatre sepmaines elle va et revient au premier degré de la précieuse toison d'or, sur laquelle ja passèrent la mer les bons Phryxus et Helles ». Et pour se justifier d'avoir ainsi appelé Bacchus au secours d'Apollon et des Muses, il allègue savamment le témoignage de Martial, d'Horace et de Ficin, dont il cite les textes latins. Il n'est pas plus embarrassé pour s'excuser d'avoir, lui Italien, écrit en français. C'est, dit-il, pour complaire à Diane, et il n'y a rien « d'esmerveillant » à ce qu'il s'essaie dans une langue étrangère, car il ne « s'esmerveille ja qu'un Français (tel que Melin) entende et parle mieux par aventure la langue toscane que personne de France ». Mais tout ceci n'est qu'un préambule, un peu long, pour « en venir au point ». « Voicy, dit-il, les Epigrammes et quant moy, que vous prie (puisque vous este à court ordinaire) de me vouloir tenir tousjours recommandé à la bonne grâce de Diane, tandis que j'espère bien tost (ou mes livres faulx) par ce moyen acquérir la faveur et l'ayde d'Apollo, vous assurant, Monsieur, que vous feriez beaucoup pour elle, si en vos françoises vous déclariez le subject de mes rimes toscanes. »

Ainsi au début de 1551, Mellin était en faveur à la cour, et quelque temps après le jeune Tahureau, comme nous l'avons vu, le remerciait dans une ode flatteuse « d'avoir par son entremise trouvé auprès du Roy

> ¡Cette favorable grâce
> De n'estre en la moindre place. [1]

De plus, en cette année 1551, Henri II, s'étant brouillé avec le pape Jules III, Mellin, poète officiel de la cour, dans un de ces douzains dont il était coutumier, n'hésita pas à rédiger sous une forme poétique l'accusation que l'on adressait alors en France au Pape. Il lui reproche de vouloir tout accaparer, la terre, le ciel et l'enfer (II, 159). Cette épigramme, qui fait peu d'honneur à son caractère ecclésiastique, est du moins une preuve qu'il était toujours poète courtisan. Il le fut jusqu'à sa mort. Ni l'âge, ni les événements, ni l'approche de sa fin n'avaient pas plus modifié son caractère que ses aspirations. Et tandis que Ronsard et ses disciples s'efforçaient de réformer la poésie, travaillant sans relâche, notre nonchalant aumônier se contentait d'être comme par le passé, l'intendant des plaisirs de la cour, le chantre spirituel des événements les plus saillants de cette vie de fêtes continuelles.

II

L'âge d'ailleurs avait eu peu de prise sur cette nature frêle et délicate. Son esprit était aussi pétillant qu'à vingt ans, avec ce quelque chose de plus doux et de plus captivant que donne l'expérience. Il se mêlait sans doute beaucoup de fadeur, et même parfois quelque chose de choquant à cette sénile galanterie, s'efforçant de rester toujours jeune, mais personne ne songeait à le remarquer au milieu de cette cour galante et libre. Mellin était de ceux qui s'op-

---

1. *Odes et sonnets de Jacques Tahureau*, p. 66. Bibl. Nat. Rés. Y^e. 4.875.

posaient le plus fortement, semble-t-il, à la réforme entreprise par la Reine. Et comme la duchesse de Valentinois était alors toute puissante sur l'esprit du roi, il s'efforça de la mettre de son côté, lui prodiguant les compliments les plus flatteurs. Dans un ballet ou mascarade, Vénus elle-même, en entrant en scène, s'adressait à Diane de Poitiers, et après avoir loué la beauté de son corps, mais surtout la beauté et les mérites de son esprit, la suppliait de lui permettre de reprendre sa place à la Cour.

Les deux beautés dont Vénus est déesse,
Et sur qui rare est le commandement,
Furent toujours, ô illustre duchesse,
Vostre plus grand et plus riche ornement.
L'une est au corps, l'autre à l'entendement ;
Mais le dernier tousjours vous fera vivre :
En quoy vous veult Venus mesmes ensuivre,
N'estimant plus un bien légier et court.
Laissez-la donc, Madame, estre délivre,
Et la souffrez venir en ceste court.

La demande est formelle. Mellin la renouvela dans une autre circonstance, recommençant une manœuvre déjà employée auprès de Catherine de Médicis [1] elle-même. Mais cette fois c'est à une princesse qu'il s'adresse, laquelle semble bien être Diane [2], fille naturelle de Henri II, « légitimée de France ». On était au début

1. *Œuvres de M. de S. G.* I, 223 ; voir plus haut, chap. VI, p. 175.

2. Pour les raisons alléguées plus haut, chap. VI, p. 175-177, établissant que la reine Eléonore ne tenta jamais efficacement de bannir Vénus de la cour de François Ier, la supplique *A une princesse* ne me paraît pas avoir pu être adressée à Marguerite de Navarre, ni à la princesse Madeleine, fille aînée du roi, morte en 1537, à l'âge de 17 ans, après avoir épousé Jacques V d'Ecosse.

Mais je trouve dans cette pièce elle-même des raisons plus fortes encore.

1° Il y est, en effet, question d'un prince que le poète designe sous le nom de Mars, venu à la Cour depuis peu pour « traicter d'amour ». Or, c'est en 1527, que Marguerite de Valois épousa Henri d'Albret, roi de Navarre, bien avant l'arrivée de la reine Eléonore. Et Jacques V d'Ecosse, accouru en Picardie, au secours de François Ier, ne sollicita la main de Madeleine, que vers la fin de 1536. La supplique dès lors pourrait à la rigueur faire allusion à cette

de 1553 ; et, vers les premiers jours d'avril, elle devait épouser Horace Farnèse, duc de Castro, troisième fils du duc de Parmes, un ami de la France. Ce jeune prince, déjà célèbre par son courage, était arrivé depuis quelque temps à Fontainebleau, où les fêtes se succédaient en son honneur, en attendant les solennités de son mariage. C'est à sa fiancée que Mellin imagina d'adresser son nouveau plaidoyer en faveur de Vénus (I, 227).

Pouvait-il mieux choisir ? Et s'il en est réduit à répéter des arguments déjà exprimés, il le fait avec grâce et habileté. Un soir donc se présentèrent tout à coup des masques indiens, partis le matin même de la « rive du Gange », disaient-ils. Prêtres de Vénus, ils s'arrêtent étonnés devant la jeune princesse, croyant retrouver la déesse qu'ils ont l'habitude de servir. — Le compliment est délicat. — Mais aussi noblesse oblige, et l'un des

dernière circonstance, mais elle s'adapte bien mieux à celles qui accompagnèrent le mariage de Diane de France avec le bouillant Horace Farnèse.

En effet :

2° Hélène de Clermont, dite la belle Traves, à qui s'adresse le dizain final, naquit vers 1528, elle n'avait donc que huit ans au mariage de Madeleine. Et, dès lors, elle était trop jeune pour se trouver à la Cour. Mais supposons le contraire, est-il vraisemblable que le poète ait ainsi songé à faire adresser par un masque cette excommunication solennelle d'Amour à une petite enfant de huit ans ?

3° Je remarque de plus que ce fameux dizain est précédé de la note « un des masques à Traves ». Le titre de Mademoiselle ne se trouve pas devant le nom contrairement à l'ordinaire. Ne serait-ce pas précisément parce que cette demoiselle était déjà devenue Mme de Grammont ? Mais, par suite de l'habitude reçue, on continuait encore de lui donner le nom de Traves. Nous trouvons, en effet, dans le manuscrit Fr. 885, qui semble dater de 1555, une inscription *Pour la guitare de Madame de Grammont. estant Mlle de Traves* (III, 114), ce qui montre qu'après son mariage, en 1549, elle ne quitta pas la Cour, ou du moins y revint assez souvent, gardant de nombreux et fidèles « serviteurs », même après sa chute malheureuse. Rien n'empêche donc qu'un des masques s'adressât à elle en cette circonstance.

Enfin, s'il reste encore plus d'une difficulté pour placer ces deux « plaidoyers en faveur de Vénus » après 1547, celles qu'il y aurait à les avancer jusqu'en 1532 m'ont paru bien autrement nombreuses et surtout plusieurs me semblent insolubles. Et c'est ce qui m'a décidé à m'en tenir aux notes de La Monnoye, malgré toutes les remarques de E. Phelippes-Beaulieux. Cf. *Essai biographique*, p. 22 et *Œuvres de Mellin*, III, p. 300.

masques, au nom de tous, la suppliait » de procurer à Vénus de revenir à la Cour » d'où il lui « a fallu desloger ». Cependant

Un temps elle y fut en tel prix
Que Gnide et Cypre elle avait en mépris.

Mais quel changement ! Et c'est un malheur que beaucoup déplorent. — On sent que le poète est ici l'avocat de tout un parti, qui ne peut s'empêcher de regretter amèrement sinon le libertinage, du moins les mœurs plus faciles du temps de François Ier. — Il y a eu peut-être des abus, on en convient, mais Vénus fait des promesses, elle aura plus de réserve et de dignité, s'engageant

A n'user plus de populaire atour.

Que Diane veuille donc intercéder pour le prompt retour de la « déesse Cithérée », et bien des cœurs la béniront,

Ayant rendu Vénus d'aise remplie
Et la Cour mesme et aise et accomplie.

Parmi les dames et demoiselles, femmes d'honneur de la reine, écoutant amusées, se trouvait Mme de Grammont, autrefois si célèbre par sa beauté, qu'on ne l'appelait que la belle Traves. Malheureusement une chute accidentelle l'avait défigurée. Mellin avait déploré ce malheur [1], avec tous ceux qui la connaissaient, et le Roi s'était occupé de lui trouver un mari. Elle n'avait pas quitté la cour après son union avec Antoine d'Aure, dit de Grammont, en 1549, et privée de son ancienne beauté, elle secondait, semble-t-il, de son mieux Catherine de Médicis dans ses diverses réformes. On le savait. Aussi,

1. Cf. I, 103. D'après ce dizain, la neige jalouse de la blancheur immaculée du teint de cette demoiselle, « se fit glissante ». Mlle de Clermont tomba si malheureusement qu'elle en resta défigurée.

à la fin du plaidoyer, un des masques se tournant ostensiblement du côté où elle se trouvait, fulmina l'excommunication, si souvent répétée :

Si du parti de celles voulez estre,
Par qui Venus de la Cour est bannie,
Moy, de son fils ambassadeur et prestre,
Savoir vous fais qu'il vous excommunie.
Mais si voulez à leur foy estre unie,
Mettre vous faut le cœur en leur puissance,
Pour respondant de vostre obéissance ;
Car on leur dit, qu'en vous, mes Damoiselles,
Sans gage seur y a peu de fiance,
Et que d'Amour n'avez rien que les ailes.

Ceci était passablement hardi, mais spirituel, et dut par suite paraître excusable aux courtisans de Henri II, mais quelle morale ?... Ce n'est pas sans raison que l'austère de Thou reproche amèrement aux poètes de cette époque « d'avoir corrompu la jeunesse par leurs écrits, en détournant les jeunes gens des études sérieuses, et bannissant la pudeur et la décence des âmes des jeunes personnes par le charme de leurs chants lascifs [1]. » Une bonne partie de ces reproches retombent sur Mellin.

Barbon, il se montre follement amoureux comme un écervelé de vingt ans, contant fleurettes aux dames de la Cour, mendiant sourires et regards bienveillants, multipliant ses quatrains frivoles, choisissant de préférence les « psaultiers » des demoiselles pour y écrire des déclarations enflammées. Et pourtant on ne le trouve nullement ridicule. C'est qu'il n'a pas vieilli. Par un privilège tout spécial de sa patronne, la fée Mélusine, il garde toute sa

1. Nec inter postrema corrupti sæculi testimonia recensebantur poetæ Galli, quorum proventu regnum Henrici abundavit ; qui ingenio suo abusi per fœdas adulationes ambitiosæ feminæ blandiebantur, juventute interim corrupta, puerisque a veris studiis ita abductis, ac postremo ex virginum animis pudore et verecundia per lascivarum cantionum illecebras eliminata. » De Thou, *Historia*, liv. XXII, ch. II.

jeunesse. A telle enseigne, que personne n'oserait le croire sexagénaire.

III

Il continua donc à amuser la Cour, et nul dans ce genre ne tenta de lui enlever une royauté consacrée par tant de triomphes. Sans doute, à partir de 1550, Ronsard essaie de se faire accepter auprès de Henri II, comme poëte officiel, ou plutôt de faire accepter sa Muse. Il suffit de jeter un coup d'œil sur le titre des odes écrites à cette époque, pour voir qu'il saisit avec empressement l'occasion de chanter tous les faits qui intéressent la France et le Roi ; mais il devra attendre la mort de son rival pour qu'il lui soit donné de célébrer officiellement mariages et naissances, et de composer cartels et mascarades. En attendant, c'est uniquement Mellin que ce soin regarde. Ainsi, au début de 1554, Henri II étant de « retour d'un voyage à Saint-Germain-en-Laye », pour dissiper la mélancolie des jours froids et humides de février, la Reine fit appeler l'ingénieux aumônier, afin de lui « faire commandement » d'organiser une mascarade « pour donner passe-temps au Roy [1]. » Mellin, entrant dans le mouvement qui portait de plus en plus tous les esprits vers l'antiquité, venait-il de lire Lactance ? On peut le supposer, puisqu'il ne trouva rien de mieux que d'évoquer devant la cour les sibylles, d'après la description qu'en a faite cet auteur latin [2]. Et pour ce

1 *Œuvres de M. de S.-G.*, I, 167. Cette pièce porte le titre suivant : *six dames jeunes et petites firent, par commandement de la Royne, une mascarade, un soir, estant habillées en sibylles, pour donner passe temps au Roy, à son retour d'un voyage à Sainct-Germain-en-Laye, l'an 1554.*

2. *Institutions divines*, I, ch. VI. Les sibylles étaient restées fort populaires pendant tout le Moyen-Age, qui en avait fait des espèces de prophétesses messianiques et chrétiennes au milieu du paganisme. Vincent de Beauvais, dans son *Speculum historiale* ou Miroir historique, en admet dix. Ces personnages occupent une grande place dans l'ornementation des manuscrits et des églises gothiques.

faire, il costuma fort exactement « six dames jeunes et petites », qui n'étaient autres que des princesses de sang royal, ou des demoiselles de la plus haute noblesse, âgées de sept à douze ans. Chacune à son tour vint réciter au roi, à la reine, au Dauphin, à Madame Marguerite, au duc de Lorraine et au futur duc d'Anjou [1], un petit compliment en vers que Mellin avait tout exprès composé pour elles. « La première estoit Madame Elizabet en sibylle Cumane Amalthée ; parlant au Roy », elle lui disait :

> De quoy peut mieux honorer Amalthée
> L'heureux retour du grand Roy de France
> Que d'un octroy de paix et d'abondance,
> Après victoire en tous lieux exaltée ? [2]

« La seconde fut la signora Clarice Strossy, en sibylle Tiburtine, parlant à la Royne, et la tierce la Royne d'Escoce, en sibylle Delphique parlant à Monseigneur le Dauphin. » Seulement comme celle-ci connaissait déjà et parlait convenablement le latin, c'est dans cette langue qu'elle s'exprime pour promettre à son futur époux de joindre bientôt les provinces britanniques à la Gaule :

1. C'est le prince Hercules, duc d'Alençon, qui prit le nom de François après la mort de son frère François II, et le titre de duc d'Anjou, quand son troisième frère, (depuis Henri III) devint roi de Pologne. D'un caractère faible et versatile, il se mit par ambition à la tête des *Politiques*, trahit ses amis, accourut au milieu des Flamands révoltés et fut nommé duc de Brabant et comte de Flandre. Chassé par ses sujets, il mourut à Château-Thierry, en 1584. Il était né le 18 mars 1554, ce qui vraisemblablement place cette mascarade dans le mois de janvier ou février de cette année. Cf. Brantome, *Le duc d'Anjou*, et *Mémoires* de Marguerite de Valois.

2. Cette « victoire en tous lieux exaltée », ne peut être que l'heureux combat sur la rivière d'Authie, près de Dourlens, où fut pris le duc d'Aerschot. Les pluies continuelles d'automne qui survinrent suspendirent bientôt les hostilités, le roi mit ses troupes en quartier d'hiver et rentra à Paris. — L'année suivante, 1554, l'armée royale rassemblée à Crécy ne fut prête que le 18 juin.

Cf. De Thou, *Historiarum sui temporis, pars prima*, liv. XIX.

Delphina Delphini si mentem oracula tangunt,
Britonibus junges regna Britanna tuis.

Enfin vient « Mademoiselle de Flamy, et madame Claude, fille du Roy », avec une dernière figurante, dont nous ne connaissons pas le nom, en sibylle Phrygienne.

Les courtisans de Henri II appréciaient ces petits divertissements aux allures mythologiques ; ils les délassaient des grands coups d'estoc et de taille, qu'ils distribuaient sur les champs de bataille ou dans la parade d'un tournois.

Ce dernier jeu était de plus en plus en honneur, car le Roi lui accordait ses préférences, et Mellin trouvait toujours du nouveau pour en rendre plus intéressante chaque partie. Il venait d'en donner une nouvelle preuve aux noces du marquis d'Elbœuf, René de Lorraine, septième fils du duc de Guise, avec Louise de Rieux, comtesse d'Harcourt. On se trouvait au château de Blois pour la fête, qui avait été fixée au trois février 1554. Or « quinze jours auparavant fut mis en la court du chasteau dudit lieu, en solemnité, un tableau » contenant un cartel selon toutes les règles, composé par Mellin. Comme « Amour et Vertu ensemble s'entretiennent », y est-il dit, « mais qu'Amour faux se desguise,

A cette cause, entre tant de milliers
De vrais amans, et hardis chevaliers
Dont ceste cour est plaine et fréquentée
Six ont a part une espreuve inventée,
Par où sera discernée et choisie
La loyauté d'avec l'hypocrisie.

Et voici quelles sont les deux conditions de cette « épreuve », sans laquelle nul, « fust-il descendu du sang de Mars », n'aura plus droit à la galanterie. Chacun à son tour

... doit faire essay en six façons
S'ils ont au cœur du feu ou des glaçons ;

Et si combattre ils savent bien ou mal,
En lice, hors lice, à pied ou à cheval ;

mais après être allé préalablement « faire obéissance » aux six dames qui ont chacune reçu de leur chevalier un ruban couleur de leur armure. Il faut ajouter en effet que les tenants n'avaient signé qu'en empruntant la couleur de leurs armes, et ceci encore était un nouvel aliment à la curiosité, car les surprises sont toujours possibles. Le Roi, c'est le « *chevalier blanc* » ; le blanc en effet est sa couleur favorite, à laquelle il se plait de mêler un peu de noir avec un croissant, symbole de Diane. M. de Guise et M. d'Aumale avaient choisi l'un l'incarnat, l'autre le violet, laissant le jaune à M. de Cypierre. Des deux autres combattants, le chevalier noir est l'italien Cornelio Bentignolio, et le chevalier « tanné », Carnavalet ou Kernovenoy, premier écuyer de Henri II. Et l'on combattit « moult vaillamment et moult longuement », à pied et a cheval, en lice et hors lice, à la pique et à l'épée et même à la hache.

Pour offrir aux invités du marquis d'Elbœuf un spectacle nouveau, Mellin n'hésita pas à marcher sur les traces de la nouvelle école. Sûrement il avait eu connaissance de l'enthousiasme extraordinaire excité par la représentation du *Plutus* d'Aristophane, traduit par Ronsard, et représenté au collège de Coqueret. Probablement même il avait été témoin, à côté du Roi, de l'immense succès remporté par Jodelle avec *Cléopâtre* [1]. Jean de la Péruse venait de donner sa *Médée*, qui n'était qu'une simple traduction, et les éloges ne lui avaient pas manqué. Mellin n'hésita pas à entreprendre une traduction et

1. Nous savons par Brantôme que Henri II fut si enthousiasmé qu'il donna au poète pour le récompenser « cinq cens escus à son épargne, et outre lui fit tout plein d'autres grâces, d'autant que c'était chose nouvelle et très belle et rare ». — *Henri II*, I, 301.

fit représenter à Blois la *Sophonisbe*, que le Trissino avait composée quelque quarante ans plus tôt.

On comprend quelle dut être la joie de Catherine de Médicis, qui avait vu probablement déjà représenter cette pièce en Italie ; le Roi et les Courtisans ne furent pas moins intéressés. Bien plus, d'après Brantôme, les filles de la reine elle-même ne dédaignèrent pas de tenir un rôle, avec « d'autres dames et damoiselles et gentilshommes de la cour [1] ».

Et s'il faut en croire « l'avis au lecteur », qui précédait cette pièce lors de sa première publication en 1560, Mellin lui-même, avec son ami Habert, montèrent sur les planches pour représenter deux des principaux « personnages de la tragédie devant la majesté roïale [2] ».

Que Mellin, presque septuagénaire et aumônier de France, ait tenu un rôle dans une représentation dramatique, à l'occasion d'un mariage, la chose est forte. Mais n'insistons pas. Dans tous les cas, le succès de cette représentation fut tel, qu'on la renouvela deux ans après, dans ce même château de Blois, aux doubles [3] « nopces de Monsieur de Cypierre et Mademoiselle de Pyennes [4], et de celles de Monsieur de Sainct Amant Barbazan et de Mademoiselle de Humières. » Et si dans la suite on ne

1. *Catherine de Médicis*, II, 118. Ce détail est confirmé, au moins pour la représentation de 1556, par la note du costume des deux princesses, portée aux *Registres de l'Argenterie* de la reine Catherine : « Pour seize aulnes taffetas viollet, rayé d'or fin, large de deux tiers et demy, façon de Florence, pour faire habillement à Madame Helizabeth et Claude, filles du Roy et de lad. dame, pour leur servir à la tragédie qui fut jouée à Blois... 12 liv. 15 s. tourn. » *Arch. Nat.* KK, 118 fol. 2 v°, d'après Jal, *Dict.* p. 531.

2. *Œuvres de M. de S. G.*, II, 162.

3. *Ibid.*, I, 171. Voir plus haut la passe d'armes qui eut lieu à cette occasion, p. 287.

4. Il s'agit ici de Louise de Halluin, sœur de la célèbre de Piennes, Jeanne de Halluin, fiancée du jeune duc de Montmorency, qui ne tint pas sa parole, laquelle par suite fut réduite à épouser plus tard Florimond Robertet. — Les deux jeunes mariées étaient parentes, ce qui peut expliquer la simultaneité de leur mariage. De plus les Saint-Gelays étaient alliés aux Saint-Amant de Rochechouart. Cf. Brantôme, *Dames galantes*, II, 371.

reproduisit pas souvent ce divertissement si goûté, ce fut à cause des craintes superstitieuses de la Reine. L'esprit de l'astucieuse italienne avait, paraît-il, été frappé par les revers de Siphax et la mort de Sophonisbe ; elle crut « qu'elle avait porté malheur aux affaires du royaume, ainsi qu'il succéda [1] ». Et désormais elle ne voulut plus « ouyr que des comédies et tragicomédies » et s'industriait elle-même à inventer « quelque nouvelle danse ou quelques beaux ballets, quand il faisait mauvais temps [2] ». Je croirais très volontiers que notre aumônier n'était pas étranger à ces inventions : non seulement il pouvait suggérer des idées ingénieuses, mais au besoin il savait corriger, arranger, amender très discrètement. Et comme il n'était nullement jaloux, il laissait volontiers les autres recueillir toute la gloire, surtout quand c'était la reine.

La dernière des inventions de Mellin pour amuser la Cour, ne fut pas la moins poétique. Les circonstances méritent d'en être rapportées ; elles montrent l'état d'esprit de cette société assoiffée de divertissements, même dans les heures critiques.

On était au milieu de décembre 1557 ; la saison déjà avancée s'annonçait comme très rude, et la France déconcertée par le désastre de Saint-Quentin, s'attendant chaque jour à quelque triste nouvelle, tremblait pour l'avenir. Le roi se trouvait à Saint-Germain-en-Laye, où, de concert avec le duc de Guise, rappelé en toute hâte d'Italie, il venait d'organiser la défense du royaume. Et l'on méditait tout bas, dans le plus grand secret, sans pouvoir trop s'entendre, malgré les explications détaillées de Sénarpont, le savant gouverneur de Boulogne, on méditait tout bas d'arracher Calais aux Anglais par un habile coup de main. Le plan fut enfin arrêté, Henri II et

1. Brantome, *Catherine de Médicis*, II, 118.
2. *Ibid.* loco cit.

le duc de Guise déclarèrent qu'ils allaient quitter Saint-Germain pour se rendre à Paris. Les courtisans songèrent aussitôt à organiser quelque divertissement afin d'oublier un moment de trop angoissantes préoccupations, et de fêter le roi avant son départ. Le temps pressait. Il ne fallait songer ni à une de ces brillantes passes d'armes où Henri II excellait, mais qui aurait éveillé de trop récents et tragiques souvenirs, ni à une joyeuse mascarade, déplacée en ce moment. Heureusement Mellin de Saint-Gelays était là.

Il imagina d'évoquer devant la Cour ces nymphes antiques, ramenées en quelque sorte dans nos bois et nos campagnes par Ronsard et son école, et que Goujon avait artistement « matérialisées » dans ces statues de marbre, qui ornaient la résidence royale ; Mellin leur donna la vie et le mouvement. Elles se présentèrent donc au Roi, le 21 décembre, sous la forme de sveltes jeunes filles aux costumes mythologiques. Ce furent d'abord « deux nymphes de fontaines », avec leur urne renversée en signe de tristesse, qui s'avancèrent avec des mouvements gracieux. Derrière elles se pressait le chœur des Oréades, peuplant les coteaux de Saint-Germain. Venaient enfin les Dryades, revêtues d'écorce de chêne, traînant après elles deux satyres enchaînés. Et toutes « dolentes et marries », elles vinrent déplorer le départ du roi, dans une longue tirade de vers improvisés en toute hâte par Mellin. Faisant des vœux pour le prompt retour de leur maître et seigneur, elles lui souhaitaient une complète félicité, mais fort galamment lui demandaient fidélité, afin de pouvoir « espérer en sa souvenance » [1].

Amusé par cette mythologique évocation, le Roi partit pour Paris, où il convoqua une sorte d'états généraux. Neuf jours après, le duc de Guise était devant Calais, et

1. *Œuvres de M. de S. G.*, I, 181.

le 8 janvier, il envoyait à la Cour la nouvelle de la prise de cette place sur les Anglais. Une partie au moins des vœux formés par les nymphes de Saint-Germain se trouvait heureusement accomplie.

IV

Cette année 1558, qui s'ouvrait si favorablement pour la France, devait être pour Mellin la dernière de son existence. Depuis qu'il avait été nommé Bibliothécaire de Fontainebleau, il aimait à venir se reposer au milieu de ses livres, dans cette agréable résidence, toutes les fois que ses occupations de poète et d'aumônier, lui laissaient quelques loisirs. Et malgré toutes ses occupations et les nécessités de la vieillesse, il ne laissa pas, même après 1550, de chanter les principaux événements militaires et politiques survenus dans la vie publique de la France. Preuve nouvelle que Ronsard, malgré tous ses efforts et son ardent désir, n'avait réussi à ébranler sur aucun point le crédit et la faveur de son rival.

Ainsi, tandis que l'empereur allemand s'épuisait à assiéger Metz, il composa contre lui une satire latine assez mordante, où il le raille malicieusement de s'arrêter devant une seule ville, alors qu'il a la prétention de conquérir le monde. Puis, faisant allusion à la devise de Charles Quint, *ultra* « plus oultre », surmontant les colonnes d'Hercule, selon son habitude il équivoque sur le mot latin de Metz, *Metae*, signifiant à la fois « bornes et colonnes » et prédit à l'empereur que cette ville pourrait bien être pour lui la borne de sa gloire et de ses succès [1] Le mot fit fortune et nous apprenons par les mémoires du temps que l'on frappa des médailles satiriques por-

1. *Ibid.* II, 309.

tant un aigle enchaîné et attaché aux colonnes d'Hercule, avec ces mots : *non ultrà Metas* « pas au-delà de Metz [1] ». De nombreux poètes [2] chantèrent aussi l'heureuse délivrance de cette ville et l'héroïque conduite du duc de Guise, son défenseur. Quant à Mellin, il se contenta après cet heureux événement de composer un distique latin en l'honneur de Metz, disant qu'elle ne devait plus s'appeler *Metae*, mais bien *Metanœa*, le regret [3].

Cette même année 1552, l'amiral Annebaut étant mort, Mellin composa pour lui une épitaphe latine, tandis que Ronsard [4] de son coté en écrivait une en vers français. Et c'est peut-être ce qui a fait avancer qu'à partir de 1552, « abandonnant la poésie Française pour s'effacer devant son jeune rival, il embrassa d'une ardeur non pareille et d'un courage invincible la Poésie latine qu'il avait depuis si longtemps délaissée [5] ». Rien ne prouve cette assertion, tout au contraire [6]. Nous possédons encore de nombreux vers français datant des premiers jours de 1553, lors du mariage d'Horace Farnèse [7]. Et peu après il chantait les angoisses et les inquiétudes de la célèbre Mlle de Pienne, Jeanne d'Halluin, en apprenant que le jeune duc de Montmorency, qui lui avait secrètement, mais formellement promis mariage, venait d'être fait prisonnier à la défense de Thérouanne, le 20 juin 1553 [8]. Selon toute vraisemblance, c'est bien d'elle en effet

1. Cf. de Thou ; — *Annales* de Bellesforêt ; — Guiffrey, *Chronique de François Ier*, Siège de Metz.

2. Entre autres le calviniste Louis des Mazures, — *Hymnes sur Metz, Saint-Quentin et Calais* — Lyon, 1559.

3. II, 309.

4. Edit. Blanchemain, VII, 194.

5. Colletet, *Vie de Mellin de S. G.*, p. 83.

6. *Œuvres de M. de S. G.*, II, 310.

7. *Ibid.*, I, 227-230.

8. *Ibid.*, I, 218. Sur l'aventure de Mlle de Pienne, lire Bourciez, *les Mœurs polies et la littérature de Cour sous Henri II*, p. 373 et ss. — Cf. Le Laboureur, *Additions aux Mémoires de Castelnau*, t. II, p. 386-390 — et Leroux de Lincy, *Recueil de chants historiques français*, 2e série, p. 205 et ss.

qu'il s'agit dans la chanson « pour une dame ayant son mari prisonnier des ennemis ». Les amours de cette demoiselle étaient connues à la cour, et plus d'une fois Saint-Gelays dut entendre fredonner gaiement les trois strophes qu'il avait composées.

C'était une agréable satisfaction. Il en reçut une tout autre du maréchal de Saint-André, qu'il avait félicité dans un dizain de la prise du duc d'Aerschot [1], lors de la célèbre affaire près de Dourlens. Pour récompenser le poète de ses bons services [2] il lui fit une pension annuelle de quatorze cents livres tournois, sa vie durant. On a retrouvé dernièrement l'acte authentique de la donation [3] faite le « quinzième jour de juing, l'an mil cinq cens cinquante quatre, par devant Anthoine Decloistre et Nicolas Estienne, notaires royaulx à Laon ». Il est intéressant de connaître les motifs qui ont porté le maréchal à cet acte de libéralité. « Hault et puissant seigneur, messire Jacques d'Albon, chevalier de l'ordre, maréchal de France, comte de Fronsac, désirant recognoistre.... les mérittes, plaisirs et très agréables services à luy cy devant faictz, et que luy continue fayre par chaque jour Me Merlin de Saint-Gelais, aulmosnier ordinaire du Roy, et espère le dit seigneur qu'il continuera à l'advenir, pour len récompenser et remercier, donne et octroye dès maintenant et à toujours, par donnation entrevifz irrévocable, audit M. Merlin de Saint-Gelays, aussy présent acceptant pour luy, sa vie durant, la somme de quatorze cens livres tournois, par chacun an ; à icelle prendre sur

1. *Œuvres de M. de S. G.*, III, 117.

2. Mellin de Saint-Gelays avait de plus composé un dizain pour Mme la Maréchale, Marguerite de Lustrac, (II, 73) et fait l'épitaphe de la mère de cette dame, morte en 1548 (II, 171).

3. Voir *Communication de M. Maurice Dumoulin*, dans *Bulletin historique et philologique du Ministère de l'Instruction publique et des Beaux-arts*, Année 1895, p. 506-509.

tous les biens meubles et immeubles du dit seigneur présens et advenir... »

De plus, afin de rendre cette donation plus efficace, le maréchal de Saint-André constitue Mellin de Saint-Gelays « son procureur irrévocable », pour toucher en son nom auprès du Trésorier royal la somme de douze cents livres tournois, honoraires de son « estat de gentilhomme de la chambre du roi ». Quant aux deux cents livres qui resteront, il sera facile d'y pourvoir avec d'autres revenus du Maréchal. Ce seigneur était, dit-on, avide et rusé, mais on ne peut s'empêcher de reconnaître qu'en cette circonstance, il fait preuve d'une munificence vraiment royale.

V

Quant à Mellin, nous savons qu'il était sans ambition pour les richesses comme pour les honneurs [1]. Il nous a fait connaître ses sentiments à ce sujet, dans sa fameuse épître *à Diane, sa nièce.*

> J'ay eu si peu mon esprit agité
> D'ambition et curiosité
> Qu'on ne m'a veu ne guère tracasser,
> Ny guère entendre à rentes amasser... II, 196.

Il préférait s'occuper des biens de l'esprit. Mais ceci nous laisserait croire que cette nièce, et d'autres parents peut-être, importunaient Mellin par des demandes et des sollicitations incessantes, l'accusant de ne pas profiter assez de son crédit auprès du roi. Cette lettre paraît en effet une justification, une sorte de défense personnelle.

1. Ceci est confirmé par le témoignage de tous les contemporains, et en particulier par les vers de Dorat dans son *Epicedium* et le *Tumulus* que Du Bellay éleva à notre poète. Voir p. 313.

..... En fait d'honneurs et de biens
Je voudrais, pour heureux me sentir,
Qu'il pleust à Dieu, d'où les vrais biens procèdent
M'en ottroyer de ceux que ne possèdent
Nuls vicieux, ny ne sont dispensés
A cœurs malins ne cerveaux insensés,
Et sans lesquels d'hommes n'avons que l'ombre. II, 198.

Mais renonçant à faire admettre ses idées, il s'adresse en désespoir de cause, aux esprits célestes, « esprits issus de l'essence première », les priant de venir à son secours,

..... Afin qu'a veue ouverte
Il puisse veoir vérité descouverte,
Pour faire entendre à tout le moins aux siens
La différence et des maux et des biens. II, 199.

On peut se demander quelle était cette Diane que Mellin appelle sa nièce ? Les contemporains sont muets à ce sujet, et les généalogies même manuscrites ne mentionnent nulle part ce membre de la famille Saint-Gelays. Mais Du Verdier, dans sa *Bibliothèque française*, déclare incidemment en parlant de cette épître, que « c'est là une élégie qu'iceluy Saint-Gelais adresse à Diane, sa fille » [1]. Du Verdier se plaît souvent aux malveillantes insinuations, mais, en la circonstance, il ne dit probablement que la vérité. D'autres témoignages, en effet, semblent bien confirmer son opinion.

Pour composer son *Epicedium* [2], ou complainte sur la mort de notre poète, Jean Dorat introduit deux bergers, Dorylas et Corylus, qui déplorent en vers latins le trépas de ce cygne, de cette blanche colombe. Or voici

1. *Bibliothèque de Du Verdier*, in-fol. Lyon, 1685, p. 461 ; ou Edit. Rigoley de Juvigny, III, 56.

2. *Epicedium Mellini Sangelasii poetae apud Gallos celebris*, dans *Joannis Aurati, Lemovicis poetae et interpretis Regii poemata*, p. 35-42.

ce que Dorylas répond à son ami qui vient de vanter grandement les vers amoureux du poète défunt :

Quin et Acidalii pallens candore columbi,
Veraque visus avis verus, Venerisque columbus,
Quos aliis cecinit, tacitus sibi sensit amores,
Et genuit niveam nivea de matre columba. [1]

Et Corylus d'ajouter à son tour :

Hanc si quis videat, de Lædae discerit ovo,
Pollucis germanam et Castoris esse gemellam ;
Forsan et hanc genuit non Cyprius ipse colombus,
Verum Phæbus olor factus senioribus annis.

Quoique voilée sous la forme discrète de l'allégorie, la constatation n'en est pas moins formelle. Mellin ne s'est pas contenté de chanter les amours des autres, il s'est lui-même adonné à l'amour en secret, *tacitus*, et a été le père d'une jeune fille d'une rare beauté, comme sa mère.

Et ceci est encore confirmé par l'inscription latine que cette Diane fit placer sur le tombeau de Mellin : « *Diana Sangelasia Mellino parenti bene merito mœrens posuit* » [2]. Sans doute on peut faire quelques difficultés sur la signification de ce « parenti » [3], mais les mœurs, les sentiments, les aventures et les écrits de notre poète ne laissent que peu de doutes à ce sujet.

Dans tous les cas, cette Diane ainsi avertie, ces parents déboutés, changèrent-ils de tactique pour accuser ensuite Saint-Gelays d'avarice et de ladrerie ? On pour-

1. *Ibid.*, p. 38.

2. Cette épitaphe se trouve rapportée dans le Ms. Fr. 8.217, fol. 868, et dans les *Dossiers bleus*, N° 308, fol. 20.

3. Le sens vrai, obvie de *parens* est « celui qui donne le jour », du verbe *parire* ; il désigne donc les parents : le père ou la mère. Cependant on l'emploie aussi quelquefois, même à la bonne époque latine, pour désigner les proches : oncles et tantes.

rait le croire, à lire la pièce *A un quidam avaricieux*[1], ou plutôt la *Response* de cet avaricieux aux reproches qu'on lui adresse. Employant en effet un procédé qui lui était d'ailleurs famillier, Mellin ne me paraît avoir écrit d'abord cette petite épigramme, contre un quidam avaricieux, que pour se donner l'occasion d'y répondre [2]. Les principes qu'il expose sont ceux d'un aimable épicurien, un peu dégoûté de la vie par sa longue expérience, avisé, serviable, poli, mais sans profondes affections de famille, vivant content retiré dans le « fort de son égoïsme ». Sans jugement téméraire, on peut bien se représenter à peu près ainsi notre galant aumônier, sur la fin de son existence frivole.

Au reste, quel que soit le but visé dans cette pièce, voici ce que le poète répond à l'ami qui le critiquait de vivre « en homme povre et indigent » : bien d'autres lui ont adressé ce reproche, mais il s'est aperçu que le faste et l'ambition étaient de mauvais conseillers, conduisant aux pires résultats : « le temps l'a rendu savant » en sorte, dit-il, « que la reigle et police

Qu'en moy tu nommes avarice
Est un mors donné à mes sens.

Il amasse de l'argent, c'est vrai, il ne s'en cache pas parce qu'on est forcé d'user de ce vil métal ; mais « s'il en fait provision », ce n'est pas — foi d'honnête homme — par « un désir d'agrandissement », ni par avarice, c'est uniquement pour n'être pas obligé, dans la nécessité, de recourir « à ces hommes feints » dont il n'a que trop éprouvé « la vileté et congnu l'infidélité ». Et il termine en s'écriant, non sans quelque égoïsme et beaucoup d'amertume, qu'il abandonne au premier venu les quelques écus qu'il pourra laisser après sa mort :

1. *Œuvres de M. de S.-G.*, I, 204.
2. *Response*, I, 205.

J'auray mourant plus de plaisir
De les voir à mes ennemis,
Qu'entre mains de si froids amis. I, 207.

Si ce sont ses propres sentiments qu'exprime Mellin, il faut avouer qu'il tenait ses héritiers en assez piètre estime. Dans tous les cas, aumônier du roi, bibliothécaire de Fontainebleau, abbé de Reclus et de La Fresnade, recevant en plus annuellement 1.400 livres de pension du maréchal de Saint-André, il devait pouvoir sans gêne tenir son rang à la Cour. Il allait encore recevoir de nouveaux revenus.

En effet, dans le consistoire du 7 juillet 1556, il fut préconisé abbé de Lescale-Dieu, par le pape Paul IV [1]. Ce bénéfice du diocèse de Tarbes lui était cédé par le cardinal du Bellay, qui s'en était démis entre les mains du Saint Père, et en qualité de cardinal rapporteur présentait Mellin de Saint-Gelays pour lui succéder [2]. Par ce même décret il recevait encore le monastère de la B. M. de Ferenda et un Prieuré non conventuel [3], sa

1. M. l'abbé Degert, professeur à l'Institut Catholique de Toulouse, est le premier à avoir signalé ce fait dans la *Revue de Gascogne*, Mars 1904, p. 122 Voici transcrit l' « Acte consistorial ». « Eodem referente commendavit ad eamdem nominationem monasterium Scalæ Dei Cistercien. ordinis, Tarbien. diæcesis, per cessionem Rev^{mi} relatoris in manibus Sanc^{tis} suæ sponte factam et per eamdem admissan vacan. R. Merlino de Sancto-Gelasio, clerico Engolism. diæcesis, ad duo incompatibilia dispensato, ac monasterium Beatæ Mariæ de Ferenda et Prioratum non conventualem, obtinenti ad vitam, ac sine illis quibusvis duobus aliis beneficiis sub dicta dispensatione comprehensis, et aliis compatibilibus et cum dispensatione super defectu natalitium et cum derogationibus et clausulis et fructibus. — *Acta consistorialia*. — Bibl. Nat. Ms. Fr. 12.558, fol. 465 r°.

2. Le monastère de l'Escale-Dieu, de l'ordre de Citeaux, avait 9.000 livres de rentes, et comprenait sept religieux, lors de la réforme de 1.768. — Cf. *Tableau des abbayes el des monastères d'hommes en France, à l'époque de l'édit de 1768, relatif à l'assemblée générale du clergé*, par Peigné-Delacourt.

3. C'est en vain que j'ai essayé d'identifier ce monastère B. M. de Ferenda ; il n'en est question nulle part dans l'histoire monastique de cette époque. Et par suite, je suis à me demander s'il ne faut pas voir sous ce nom le priorat conventuel de l'abbaye de La Fresnade, que Mellin possédait depuis longtemps déjà, peut-être un peu en fraude, l'ayant reçu de son oncle, Jacques

vie durant, avec dispense formelle de tous les empêchements qui auraient pu s'y trouver.

Mellin en put encore jouir paisiblement pendant deux années, plus libre que jamais de prodiguer ses petits vers à ses amis. Il n'y manqua pas. Vers 1550, il avait écrit trois quatrains sur l'album de Mlle Compan, qui devint bientôt après la femme de son ami, des Essarts. Et lorsque parut en 1552 le « quart livre » de Gargantua, il débutait par une épigramme que Saint-Gelays avait composée [1]. Malgré son grand âge et tous les progrès de l'école rivale, il s'intéressait encore grandement aux lettres, et ne manquait pas d'encourager ses amis dans leurs travaux littéraires. Ainsi, Nicolas de Herberay, seigneur des Essarts, ayant obtenu un immense succès avec sa traduction de l'*Amadis des Gaules*, était grandement sollicité par ses amis de donner une nouvelle édition de son œuvre, dont les huit volumes avaient paru de 1540 à 1548. Mellin unit sa voix à celle de tous les amis des lettres. Et en 1555, parut une nouvelle édition de l'*Amadis*, dont le premier tome commençait par le sonnet suïvant [2]:

Au grand désir à l'instante requeste
De tant d'amis dont tu peux disposer
Voudrois-tu bien, ô ami, t'opposer
Par un refus de chose très honneste ?
Chacun te prie, et je t'en admoneste
Que l'Amadis, qu'il t'a pleu composer,
Veuilles permettre au monde et exposer ;

évêque d'Uzès. Alors, usant d'un déguisement, il se fit donner une dispense de tout empêchement quel qu'il pût être, en dénaturant le nom de l'abbaye en question. Il paraît que le procédé n'était pas inouï à cette époque : des gens peu scrupuleux se permettaient ainsi de falsifier les titres des bénéfices ecclésiastiques pour en toucher tranquillement les revenus, ou exiger une transaction avantageuse, aux dépens des religieux.

1. *Œuvres de M. de S. G.*, II, 267.

2. Imprimé au commencement du t. I, de l'*Amadis*, Paris, Vincent Sartenas, 1555, in-8°.

Car par tes faits gloire et honneur acqueste.
Estimes-tu que César ou Camille
Doivent le cours de leur claire mémoire
Au marbre, au fer, au ciseau, ou enclume?
Toute statue ou médaille est fragille
Au fil des ans ; mais la durable gloire
Vient de main docte, et bien disante plume. II, 300.

Cette même année 1555, Charles Fontaine, réunit les petites pièces qu'il avait publiées successivement, et les fit paraître sous le titre allégorique : *Ruisseaux de Fontaine* [1]. Là, avec un certain nombre d'épîtres, élégies, épigrammes, odes, étrennes, chants divers et énigmes, se trouvait une traduction du premier livre du *Remède d'Amour*, d'Ovide. C'est à propos de cette œuvre nouvelle que Mellin adressa à son ami de longue date [2] le huitain suivant :

Amour voyant la superscription
De ton livret, qui le blame et méprise,
En voulut voir l'ordre et la diction,

1. *Les Ruisseaux de Fontaine*, à Lyon, par Jean Citoys, 1555, in-8°.

2. Il devait y avoir longtemps déjà que Mellin était en relations d'amitié avec Charles Fontaine, qui s'était toujours et partout montré un fervent disciple de Marot. Voici ce que nous lisons dans ses *Odes, énigmes et épigrammes*, parues en 1557 : il s'adresse *A Monsieur de Saincgelais* :

Je t'ay connu avant que te connaître :
De moy, possible, il t'en est pris ainsi :
Je t'ay connú par Phœbus, Prince et maître,
Par qui tu as acquis grand nom aussi.
Tu m'as connu, peut-être, par les grâces
Et par le nom, en France assez connu,
Que m'ont donné les Muses et les Grâces,
Et poursuyvront, me rendant plus tenu :
Et connaîtras de voix vive et de face,
Quand te viendra à plaisir et loisir,
Celui qui tient de Phébéane race,
Mais qui pour tel trop mieus te veut choisir.

Odes, Enigmes et Epigrammes, à Lyon, par Jean Citoys, 1557, in-8°. Bibl. Nat. Rés. Y°. 1681. Sur ce poète, consulter Goujet, *Bibl. Franc.* XI, 112-141 ; — *Charles Fontaine et ses amis*, par Em. Roy, dans la *Revue d'hist. litt. de la Fr.*, 1897, p. 412-422.

Et y trouva tant d'art et de maîstrise,
Que pour le stile il loua l'entreprise
Et contre toy n'en fut pis animé.
Il faut donc bien, ami, que l'on te prise
S'amour hayant, d'Amour tu es aimé. II, 59.

Ceci nous montre combien les idées de galanterie étaient encore chères et habituelles à notre poète. Ce n'est pas qu'il n'eût essayé de rompre plusieurs fois, et cela sérieusement, avec des habitudes, des pensées et des sentiments si profondément en désaccord avec son caractère ecclésiastique, mais il était bientôt retombé pour « se remettre aux amoureux liens ». Enfin, quand il sentit que tout allait finir pour lui, quand les premiers symptômes de la maladie qui devait l'emporter se firent sentir, il comprit qu'il fallait briser à jamais toutes ces attaches pour se trouver calme et tranquille devant la mort.

VI

Ce fut un renoncement pénible, plein de douloureux déchirements. Bien plus, « la flamme d'amour » se réveillait terrible au moindre souffle de l'occasion. Le vieux poète nous a dépeint lui-même son état d'âme dans un dernier sonnet [1].

Nier ne puis, ô Roy du firmament,
Que je ne sente en mon cœur quelque flamme
D'amour encor, qui peu à peu l'entame,
Pour le soumettre à soy entièrement.

1. *Œuvres de M. de S. G.*, II, 254. Ce sonnet porte comme titre *Grâce à Dieu*, mais dans le Ms. Fr. 878 de la Bibliothèque Nationale, fol. 132 v°, il est précédé de cette indication : *Les derniers propos de Saint-Gelais.* Etant placé immédiatement avant les derniers vers latins que le poète mourant adressait à son luth, dans l'édition de 1574, il est fort vraisemblable que ce fut là, en effet, le dernier produit de sa Muse défaillante.

Mais estant plein d'un désir seulement,
C'est de vous suyvre et du corps et de l'âme,
Je luy résiste et say que nulle Dame
N'a sur mes sens entier commandement.
Ce néantmoins mes travaux anciens
Me font douter que ma force inconstante
Ne se remette aux amoureux liens.
Si ainsi est, soit au moins l'amour telle
Qu'avoir du monde et du ciel je me vante
Le Roy plus grand et la dame plus belle. II, 254

D'un autre côté, il avait vu la mort emporter successivement autour de lui tous les compagnons et amis qu'il avait rencontrés dans son existence : Brodeau, Antoine Dumoulin, Bonaventure Despériers, Tahureau, Salel, Bouchet, Rabelais avaient disparu tour à tour comme leur maître Marot. Et Marguerite de Navarre n'avait pas tardé à rejoindre au tombeau son frère, le roi François Ier. Ces brillants seigneurs, que Mellin avait si souvent amusés, ces nobles dames à qui il avait prodigué tant d'esprit dans une foule de petits vers, s'en étaient allés. Et s'il avait pu garder sa position en face de la nouvelle Ecole, au milieu d'une génération qui n'était pas la sienne, ignorait sa brillante jeunesse et sentait d'autres aspirations, c'était prodige de son esprit facile et varié. Mais il restait en quelque sorte seul représentant d'un autre âge. « Tout ce qui l'avait aimé, soutenu, admiré, était ou vieux ou mort. Il ne lui restait plus qu'à mourir [1] » à son tour, et c'est ce qu'il fit sans se départir un instant du calme, de la sérénité et de l'élévation de son âme.

Ce fut à Paris que la mort vint le saisir, avec les premiers froids d'octobre. La maladie fut terrible et douloureuse, mais « il témoigna toujours un courage invincible que la douleur extrême ne pouvait abattre [2] ». Au

1. Prosper Blanchemain, *Œuvres de Mellin*, I, 26.

2. Guillaume Colletet, *Op. cit.*, p. 87.

plus fort de la souffrance, il sut garder toute la liberté de son esprit, et fut assez maître de lui-même pour plaisanter sur son mal, jusque sous les yeux de la mort. Voici en effet ce que nous rapporte Thevet, son compatriote et ami : « estant à terrible touche de la fiebvre et de la chaleur véhémente, beuvant du laict d'asnesse, duquel pendant sa maladie il avait coustume d'user par le conseil des médecins, il composa ces deux vers :

> Trojam evertit equus, Persas genus auxit equorum,
> Nolo ergo equos ; fatis sat sit assella meis [1].

Ainsi c'est à la Muse qu'il demandait de le consoler dans cette fatale extrémité. Il n'oublia même pas de prendre congé d'elle en remerciant sa lyre d'avoir charmé son existence jusqu'à son dernier soupir. Un jour donc, alors que la fièvre était plus forte et la douleur plus intense, « il se fit apporter son luth, ou selon d'autres sa harpe, et comme du commun consentement de tous les autheurs de son siècle, il excellait dans la cognoissance de la musique, tant vocale qu'instrumentale, il commença de chanter d'une mourante voix, jolncte aux doulx accords de ses mains tremblantes, ces vers lugubres qu'il venait de composer :

> Barbite, qui varios lenisti pectoris aestus,
> Dum juvenem nunc sors, nunc agitabat amor,
> Perfice ad extremum, rapidaeque incendia febris
> Quæ potes infirmo fac leviora seni :
> Certe ego te faciam, superas evectus ad auras,
> Insignem ad Citharae sidus habere locum. II, 255.

Colletet, qui nous donne ces détails, empruntés du reste à Thevet, s'est amusé à paraphraser ces vers dans un sonnet [2]. Il ne faisait que suivre les traces de Du Bellay, qui non content de traduire les vers de son ami,

1. *Op. cit.*, fol. 557 v°.
2. *Notice sur Melin de Sainct-Gelays*, par Prosper Blanchemain, I, p. 27.

crut bon de refaire en latin cette petite pièce elle-même [1]. Et moins de cinq ans après, un poète inconnu qui signe P. D. M. P., dans un manuscrit des poésies de Saint-Gelays [2], composé pour le seigneur de Villecouvin [3], a essayé de traduire à son tour les deux pièces latines. Il rend chaque distique par une strophe de six vers de sept syllabes. Voici à titre de curiosité la traduction des vers de Du Bellay.

Quand ainsi haut il chantait
Alors que l'âme sortait
Du corps fragile et mortel,
O luth, toi qui les chaleurs
De son cœur, par tes valeurs,
D'adoucir as eu loz tel !
Il ressemblait amplement,
Veu de son cœur l'ornement,
Un beau cigne prophétique,
Car cigne mourant estoit
Mellin, qui lors nous monstroit
Avoir esté déifique.
Et ce grand juge infernal,
S'il eust veu son tribunal,
Trop il eust peu adoucir
Par ce chant mélodieux,
(Bien qu'à tous soit odieux)
Et cruel l'eust peu fleschir.
Mais Phœbus, souverain Dieu,
A bien voulu bailler lieu
A ses lyres résonantes

1. *Œuvres de Mellin*, II, 255-256. Pour le sonnet, voir aussi *Œuvres de Du Bellay*, édit. Marty-Laveaux, I, 331.

2. Bibl. Nat. Ms. Fr. 878, portant au dos *Illustration des Gaules*.

3. Nicolas de Touteville, sieur de Villecouvin, ou Villeconnin d'après le manuscrit Fr. 878, était fils naturel de François Ier. C'est un personnage assez inconnu, mort à Constantinople en 1567. Il semble avoir eu un culte particulier pour notre poète, et vers 1563, il fit rassembler toutes les poésies de Mellin qu'il put rencontrer, les faisant copier dans un splendide manuscrit. Le poète ou scribe P. D. M. P. qui accomplit ce travail, exalte ses qualités et son amour « pour ceux qui en Pallas prennent contentement », fol. 4.

Aux beaux astrés syderées,
Où elles sont demeurées,
En grand honneur triumphantes.

Ces petits vers sont loin de rendre la grandeur et la beauté des distiques de Du Bellay. Mais ceux que Mellin composa luttant contre la souffrance furent en effet pour lui véritablement le chant du cygne. Epuisé par l'effort, il acheva sa mélodie dans un sanglot convulsif, et retomba épuisé. Il se remit, mais pas pour longtemps. Le moment fatal approchait. Peu d'instants avant de rendre l'esprit, les médecins appelés auprès de sa couche, discutaient sans pouvoir s'entendre sur sa maladie et sur la gravité de son état. Le malade écoutait tranquillement, et semblait dormir. « Je vais vous mettre d'accord sous peu », leur dit-il, avec un sourire. Et poussant un profond soupir, il expira [1].

C'est le 14 octobre 1558 qu'il passa ainsi de vie à trépas. On a longtemps discuté pour savoir quelle était la date exacte de sa mort ; mais la découverte de l'épitaphe [2] gravée sur son tombeau ne laisse plus aucun doute.

Les funérailles du défunt furent des plus solennelles : le roi tenait en effet à donner un dernier témoignage de reconnaissance à son aumônier, qui lui avait rendu tant de services depuis plus de 20 ans. C'est dans l'église de Saint-Thomas du Louvre qu'il fut enterré, au milieu d'un concours immense d'hommes de lettres, de dames et de seigneurs du plus haut rang. Ronsard et ses disciples étaient là, pour honorer une dernière fois leur rival « espérant bien enterrer avec lui le dernier héritier de

1. Voici ce que dit Thevet : « une ou deux heures avant de rendre l'esprit, les Mesdecins estans en sa chambre, disputans et devisans de son urine, en se soubzriant, leur dit qu'en bref de fait il leur enseignerait quelle ils la devroyent juger. » *Op. cit.*, fol. 558 r°.

2. Cette épitaphe se trouve dans deux manuscrits différents de la Bibliothèque Nationale, Ms. Fr. 8.217, *Epith.* fol. 868 — et *Dossiers bleus* de D'Hozier, N° 308, dossier Saint-Gelays, fol. 20, note à la marge.

Marot[1] ». A leurs côtés, tous les amis des lettres, tous ceux que le défunt avait aidés de son crédit, tous ceux à qui il avait prodigué les trésors si variés de son esprit et de son cœur, tenaient à honneur d'accompagner sa dépouille mortelle. Et lorsque sous les voûtes de l'antique église résonna la mélodie lugubre composée par le poète sur son lit de mort, accompagnant sur sa propre harpe le chant des distiques latins, où il disait un suprême adieu à son luth, un frémissement d'émotion secoua la nombreuse assemblée. C'était comme le dernier écho d'outre tombe de cette voix étouffée par la mort.

Sa dépouille mortelle fut déposée dans l'église même de Saint-Thomas du Louvre ; probablement à l'entrée du chœur[2]. En effet cette Diane de Saint-Gelays, dont il a été question, prit soin de lui faire ériger un tombeau. Et l'on pouvait lire sur la porte même du chœur l'inscription funéraire suivante[3] : *Diana Sangelasia Mellino parenti bene merito mœrens posuit.* Ces mots surmontaient un blason écartelé : au 1 et 4 une croix alésée, au 2 et 3 un lion, avec une crosse en pal : c'étaient les armoiries du défunt. Au-dessous, la date du décès : *Obiit XIIII octobris, anno Domini MDLVIII.*

VII

Cette mort fut déplorée par presque tous les écrivains de quelque réputation. Rarement poète suscita tant de regrets en prose et en vers. Joachim du Bellay, Scévole de Sainte-Marthe, Olivier de Magny, Jacques Grevin, Jean Dorat, Utenhove pleurèrent tour à tour en français et en

1. Lenient, *La satire en France et la Littérature militante au seizième siècle.*
2. Il y a dans le manuscrit Fr. 8.217, fol. 868, « Eglise de Saint-Thomas du Louvre — Tombe dans (*sic*) la porte du chœur ».
3. Cabinet des titres — *Dossiers bleus, loco cit.*

latin la mort de ce confrère « aux vers emmiellés ». Colletet nous affirme que « Ronsard fut un de ceux qui le regretta davantage ; en quoy il fit bien paroistre qu'il avait entièrement oublié les mauvais offices qu'il en avait reçus »[1]. Nouvelle preuve en effet de la sincérité de la réconciliation en 1552, si le renseignement donné par Colletet est exact.

Lorsque la mort le frappa, Mellin s'occupait enfin de faire paraître au jour les *Voyages avantureux* de son ami, le capitaine Alphonse, Sainctongeois. Scévole de Sainte-Marthe, qui le remplaça dans ce soin, s'empressa d'adresser, au nom de tous les Pilotes et de tous les bons français, un témoignage de reconnaissance émue et de regret à la grande ombre de Saint-Gelays[2].

Belle âme, qui maugré le corps qui te cachoit,
Jadis te fis si bien en ta France paroistre,
Qu'ores estant receue en ton immortel estre,
Des mortels la mémoire encor toujours te voit !
Entre les grands honneurs qu'en bon nombre on te doit,
Celui n'est des derniers que ta divine dextre
A désenseveli et de rechef fait naistre
Alphonce, que l'oubli par deux fois enserroit.
Te rende grand mercy le Pilote, qui ores
Ayant, par toy, Alphonce, a de quoy mieus encores
Sçavoir domter les flots : et à fin désormais
Qu'il ne soit veu ingrat, en ta faveur souhette
Que Saingelais aussi rencontre un Saingelais,
Qui montre au jour les vers d'un si divin poète.

Peu de temps après « Olivier de Magny, de Cahors » faisait paraître son livre d'Odes[3]. Une d'elles pleurait le

1. *Op. cit.*, p. 89.

2. *Les voyages avantureux*, etc. Bibl. Nat. Rés. G. 1149. Sur Scévole de Sainte Marthe, consulter A. Hamon, *De Scœvolæ Sammarthani vita et latine scriptis operibus*. Thèse, 1901.

3. *Les Odes d'Olivier de Magny de Cahors en Quercy*. — A Paris, chez André Wechel, rue Saint-Jean-de-Beauvais, à l'enseigne du Cheval volant, 1559, in-12. — Réimpression E. Courbet, Lemerre, 1876, t. II, p. 71.

trépas de Mellin de Saint-Gelais, dans ce style solennel, plein d'allusions mythologiques, que Ronsard avait mis en vogue,

Cupidon de trop grand ennuy,
En plourant, son honneur déplore,
Et Vénus pleurant comme luy
Comme luy se déplore encore.

Et le poète se plaisait à décrire cette douleur de la mère et du fils, ayant « de pleurs la face humide », exhalant mille plaintes de leur bouche :

Naguère pleurant leurs malheurs,
Pallas, qui survint d'aventure
S'enquist qui leur causait ces pleurs
Et ceste complaincte si dure.
Cesse, dict Amour, de tenter,
Cesse de tenter, Vierge sage,
Qui me meult de tant lamenter
Et baigner de pleurs le visage.
Et te ressentant de l'esmoy
Qui faict que justement je pleure,
Pleure, Déesse, avecques moy,
Pleure justement à cette heure.
Et vous, Muses, pleurez aussy,
Pleurez encore, Grâces si belles,
Et venez, vous Nymphes d'icy
Pleurer encore avecques elles :
Mellin, vostre plus grand honneur,
Mellin, nostre plus grande gloire,
Mellin, nostre commun bonheur,
Est en bas sur la rive noire.
De dire plus oultre son nom,
Et son sçavoir et son mérite,
Et ses vertuz et son renom,
Ce seroit chose trop redicte.

L'éloge est d'autant plus flatteur qu'il est adressé par un ancien adversaire.

A son tour Jacques Grévin, sur la fin de sa *Gelodra-*

crye, consacra un sonnet à la gloire du poète défunt. Il célèbre à la fois et également « l'astrologue » et le poète.

Qui contemple le Ciel, qui charge la mémoire,
Prédisant le futur, contentant les nepveux,
Trompe le sort humain, s'eslève jusqu'aux cieux,
Despitant la Fortune, ayant sur Mort victoire ?
L'un cherche la grandeur et l'autre donne gloire,
L'un se ravit au ciel, l'autre chante les dieux,
L'un ne peult contenter le désir de ses yeulx,
Et l'autre incessamment enrichit son histoire.
Nous les voyons tous deux tendre à l'éternité,
Tous deux chercher au ciel une immortalité,
Tous deux gaigner ce but par mesme voye estroicte.
C'est cela qui me fait penser que maintenant
L'âme de Saint-Gelays est dans le firmament,
Puisque, vivant, il fut astrologue et poète [1].

Après les vers français les vers latins : Charles Utenhove, le poète des *Allusions* jouant sur le nom de Gelays, qu'il fait dériver de γελάω, je ris, déclare qu'il sera le « *Regretté* », après avoir été le « *Joyeux* » avec ses poésies « meltiflues » :

Qui, Melline, favos et mella poetica manans
Ante Gelasius eras, nunc Agelastus eris [2].

Ce n'est pas d'un seul distique, pas même de quelques vers, que pouvait se contenter le savant Jean Dorat, pour

1. *L'Olympe de Jacques Grévin, de Clermont en Beauvaisis, ensemble les autres œuvres poétiques dudict Auteur à Gérard l'Escuyer prothonotaire de Boulin.* — A Paris de l'imprimerie de Robert Estienne, MDLX, avec privilège. Bibl. Nat. Rés. Ye. 1.807 et 1.808. — A la suite se trouve *le Théâtre*, et autres pièces imprimées par Vincent Sarthenas, en 1561.

2. *Caroli Utenhovii F. patricii Gandavensis Xenia seu ad illustrium aliquot Europæ hominum nomina Allusionum (a intertextis alicubi Joach. Bellaï ejusdem argumenti versibus).* Basileæ Rauracorum, Anno 1560, Calend. Jan. — Liber primus, p. 89.

Gelais, Gelasius, Γελασῖνος ou plutôt Γελασῖος, le rieur, qui porte à rire, qui fait rire.

Agelastus, Agelaste, Ἀγέλαστος, qui ne fait pas rire, grave, triste.

Après ce distique, se trouve la pièce *Qui nomen tibi, culte Sangelasi*, qui doit être laissée, me semble-t-il, au compte de Joachim du Bellay.

regretter la perte de celui que pleurait la muse latine. Il composa une longue élégie, sous forme de dialogue, qu'il intitula : *Epicedium Mellini Sangelasii poetae apud Gallos celebris* [1]. Corylus et Dorylas, deux pasteurs, gémissent longuement sur la mort de Mellin, que le poète, par une fiction un peu étrange, transforme en oiseau au chant merveilleux, la joie de tous les bergers [2].

Corylus et Dorylas Mellinum nuper ademptum,
Pastorum florem, florens tunc pastor uterque,
Nomine sub volucris flebant : tres ille volucres,
Quod simulasset apem flavam flavi puer oris,
Vir lasciva canens lasciva voce columbum,
Grandior at natu resonantem grandia Cycnum,
Dum sua præsagit Phaebaeo numine fata.
Ac prior ad socias volucres sic Corylus orsus.

Corylus.

Luctus ab alituum linguis sonet, occidit ales :
Planctus ab alituum pennis sonet, occidit ales,
Nec sonet is simplex, non una est ales adempta,
Tres periere simul, tria docta per ora canentes :
Ales adempta triplex, ter aves, ter ad æthera plangant.

Et le chant se continue ainsi dans une foule de quatrains réguliers (38), se répondant alternativement, pour amener chaque fois le même refrain :

Ales adempta triplex, ter aves, ter plangite pennis.

Il y a là plus d'ingéniosité que de mérite. Avec une prolixité fastidieuse, une redondance de mots fatigante, les deux pasteurs vantent tour à tour les mérites de cette

1. *Joannis Aurati, Lemovicis poetæ et interpretis Regii poemata.* Premier livre des Eglogues latines, p. 35.

2. Le début de cette élégie présente des difficultés de traduction et d'interprétation. Dorat n'est ni bien clair, ni bien correct en indiquant pourquoi il représente Mellin sous la figure d'une colombe. Sur Dorat Cf. Robiquet, *De Joannis Aurati vita et latine scriptis poematibus*, thèse, 1887 ; et P. de Nolhac, *Revue critique d'Histoire et de Littérature*, 1887, t. II, p. 502.

blanche colombe « *alba columba* », de ce cygne blanc « *albus olor* », son amabilité, la douceur de son chant, ses plaintes amoureuses, sa faveur auprès des Rois et son désintéressement.

Ille per et sylvas et montes sœpe per altos,
Ipse canens ad aves illas cantare docebat...
Illa fuit volucris qualis fuit altera nulla [1].

Mais ce qu'ils exaltent surtout, c'est la douceur de son chant et de sa poésie, que faisait pressentir son nom :

Mellino acta sui pro nominis omine vita
Mellea, nec tristis fellis corrupta veneno.

Et voici l'explication que le savant poète donne de cette douceur de langage, unanimement proclamée par tous les contemporains :

Cum puer esset apis parvae de more volabat,
Et mel ore legens pedibus portabat et alis [2].

C'est une allusion assez heureuse à l'amour passionné de Mellin pour l'étude, cueillant çà et là les plus belles pensées des grands écrivains de l'antiquité et de l'Italie, pour en orner ses compositions poétiques.

Quant à ses poésies amoureuses, qui oserait lui en laire un crime ?

..... Licuit semperque licebit
Ad castos ignes castas adjungere taedas...
Lusit amans vates, permisso carmine lusit,
Et ludens cecinit quae carmina dicere possis
Ipsam Erato cecinisse, et plectro aptasse canentem,
Ipsam Erato cui carmen Amor, cui nomen Amoris [3].

Nos pasteurs ne sont pas difficiles sur la morale, et

1. *Ibid.*, p. 36.
2. *Ibid.*, p. 37.
3. *Ibid.*, p. 38.

n'hésitent pas à justifier les moins excusables égarements de Mellin. Ils sont plus heureux et mieux inspirés quand ils parlent de la faveur dont il jouit auprès de François Ier et de Henri II, comme de son constant mépris des richesses, dans une si brillante position :

Melleus iste opifex cum verteret omnia melle,
Gratus apud Reges geminos, Regumque sorores,
Franciscum Henricumque et Margaridas simul ambas,
Atque aurum tulit atque decus splendentius auro...
Is quoque divitias non mirabatur inanes,
Contentus modicis, dignus majoribus, illi
Majores fuerat Rex donaturus et olim
Si majus vitae spatium pia fata dedissent [1].

Dorat ne craint même pas de rappeler le fâcheux différend avec Ronsard et le fait avec une discrétion pleine de sympathie et de déférence pour la mémoire de Mellin : ce fut un malentendu fâcheux, qui se termina heureusement pour ces deux poètes faits pour s'estimer.

Dii facerent homines cito ne malo credere vellent,
Et malus ut terris livor procul omnis abesset !...
Hic quoque vos ambos quandoque fefellerat error,
Melline atque Rosille, pares ut cantibus ambos,
Sic et amore pares, nisi vos committeret atrox
Inter vos furia hæc, sed gratia sarcta coivit [2].

Mais pourquoi plaindre ainsi cette âme aux grandes vertus, elle est remontée au ciel, où elle se plaît à contempler ces astres qu'elle aimait à étudier sur la terre.

Miratur
Quod tam parvi ignes visi tellure moranti,
Tam grandes jam sint, tantoque nitore micantes...
Miratur quod tam tardas visas sibi quondam
Fixas stellarum hinc, tantus rapit impetus illic,

1. *Ibid.*, p. 39.
2. *Ibid.*, p. 40.

Ut nullae cursum valeant aequare quadrigae,
Nullae per cita vela rates aquilone secondo [1].

Enfin, elle s'étonne aussi, cette âme si magnanime et si généreuse, que les hommes puissent se déchirer ainsi sur terre, au lieu de s'entr'aimer, comme ils devraient. Et c'est par là que se termine cette longue complainte.

Si les vers du *Poète royal* sont parfois redondants et creux, ils sont une preuve manifeste de la vénération qu'il gardait pour la mémoire de Mellin. Et l'on peut croire que les autres membres de la Pléiade, Ronsard et Du Bellay en tête, partageaient les sentiments de celui qui fut leur maître. A peine, en effet, l'aimable aumônier était-il descendu parmi les morts, que Du Bellay s'empressa de déposer sur sa tombe une gerbe de fleurs poétiques, c'est-à-dire, selon la mode du temps, une pièce de vers latins. Dans une douzaine de distiques à la fois sonores et pleins, comme il savait les agencer, il célèbre l'homme et le poète, invitant tous les courtisans à se joindre aux muses divines, à Minerve et à Apollon, pour pleurer la mort de celui qui les avait charmés si longtemps par ses vers, plus doux que le miel.

Pierides, Paphiaeque simul lugete puellae,
  Et si quod Priscis numen Amoris erat
Tuque adeo, tu Phoebe parens, tu diva Minerva,
  Et cum blandiloquo Suada diserta Deo ;
Tu diva ante omnes, cœloque nomina ducis,
  Aurea quod cœli sydera cuncta notes,
Lugete uno omnes positas in corpore dotes,
  Unius interitu nunc periisse gravi.
Heu periit nostri Mellinus gloria secli,
  Ipse etiam humani deliciae generis.
Auribus ille fuit Regum gratissimus unus,
  Mellifluus vâtes unus et ille fuit.
Cumque ex munifica studiosi principis aula
  Ipse sibi ingentes qüœrere posset opes,

1. *Ibid.*, p. 41.

(Quod proprium vatum est), parvo contentus, in omnes
Vel minimos vates officiosus erat.
Testantur multi, hoc commendatore, poetae
Divitiis aucti, muneribusque novis.
Coetera quis nescit ? nec Pindo Delius ipse,
Nec magis est sylvis Delia nota suis,
Quam Gallis Mellinus erat, cui melle fluebat
Mellita ex lingua dulcius eloquium.
Illius ut cecinit mellitos Regia versus,
Illius interitum sic quoque et ipsa gemat [1].

Et, quelque temps après, il se faisait un honneur de lui dresser un vrai tumulus poétique [2], qu'il ne craignait pas de placer à côté de celui du Roi Henri II. Il nous a exposé lui-même dans une sorte de préface les raisons de sa conduite : elles sont curieuses à connaître : « Cum post sequentem Elegiam vacuae aliquot paginae superessent, visum est tumulo Henrici regis fortissimi tumulum addere Mellini Sangelasii poetae mellitissimi : scilicet ut Marti Musae, et optimo Principi optimus poeta jungeretur. Neque vero quemquam aequoris judicii, qui litteras tantum attigerit, hoc improbaturum arbitror, cum sciat Enneum poetam vetustissimum in Scipionis illius Africani tumulo, authore Cicerone, fuisse conditum [3] ».

Le motif déterminant est assez étrange : dresser un tumulus à un ami défunt, pour ne pas laisser en blanc quelques pages d'une plaquette qu'on va publier, n'est pas précisément, un pur et noble sacrifice à l'amitié. Mais Du Bellay corrige cette première impression par les éloges qu'il accorde à Mellin. « Le tumulus » comprenait d'abord trois petites pièces de vers latins, dont la première est une sorte d'épitaphe en sénaires iambiques.

1. Cf. *Poematum libri quatuor.* — Paris. Fr. Morel 1558. — Fol. 59 v°. *Mellini Sangelasii tumulus.* — Bibl. Nat. Rés. pYc, 1447.

2. *Tumulus Henrici secundi Gallorum regis christianiss.* per Ioach. Bellarium ..... Paris, Frédéric Morel, 1559, in-4°. Bibl. Nat. Rés. mYe. 113.

3. *Ibid.*, fol. CII v°.

Du Bellay y loue les mérites du défunt, l'honneur de son siècle.

Tumulus Mellini Sangelasii.

Sepultus, hospes, hic jacet Gelasius,
Pater leporis, et joci, Gelasius,
Simulque grande seculi decus sui,
Ab ore cui fluebat Atticum melos.
Disertus idem, et eloquens, probus, pius,
Ciere doctus aureae sonos chelys :
Notare cautus ignei faceis poli :
Juvaret ut bonos, bonus parum sibi.
Quid amplius, mororve quid diutius ?
Sepultus, hospes, hic jacet Gelasius,
Pater leporis, et joci, Gelasius,
Simulque grande seculi decus sui.

C'est en hendécasyllabes iambiques, que Du Bellay célèbre ensuite la douceur du nom de Mellin, si bien en rapport avec son caractère ; et il déplore dans la troisième pièce, que les vers d'un poète si illustre soient condamnés à rester enfouis dans l'obscurité.

II.

Mellini Sang. Etymon.

Qui nomen tibi, culte Sangelasi,
Mellini imposuit, Gelasiique,
Mores ille tuos, tuos lepores
Ipso tam bene nomine indicavit,
Pictae ut nil melius queant tabellae.
Mellitos oculos vocat Catullus,
Tener, molliculus tuus Catullus ;
Mellitos quoque sæpe sic vocamus
Dulces versiculos, venustulosque,
Et quales tibi Musa dictitabat.
At Flaccus Lyricae potens Camoenae,
Graecos dum sequitur disertiores,
Ridentem vocat auream Dionem [1].

1. Ces vers de Du Bellay ont été traduits par le poète P. D. M. P., dans le Ms. Fr. 878. Sa traduction forme trois quatrains, mais ils ne se recommandent

In ejusd. carmina.

Olim multa sibi, suisque Musis
Lusit carmina Sangelasianus:
Quorum pars tenebris jacet sepulta,
Pars descripta manu huc et huc vagatur
Per manus hominum venustiorum,
Suppresso titulo. Hunc tamen poetam
Cunctis Gallia prætulit poetis,
Quorum carmina docta perleguntur
Typis edita tot laboriosis.
Sic quod ipse sibi, et suis negabat
Nomen versibus invidus poeta,
Ultro scilicet id benigna fama
Illi detulit, et quidem merenti.
Quid, si quae latuere nocte longa
Cum blattis, tineisque, muribusque,
Dias luminis exeant in oras ?

Après avoir lu tous ces éloges enthousiastes, on ne saurait douter des véritables sentiments de Du Bellay envers son ami défunt. Il se plait surtout à célébrer la douceur de ses vers, sa science, son esprit, sa facilité, son mépris des richesses et par dessus tout son extrême serviabilité, dont il avait probablement bénéficié. Aussi il n'hésite pas à le proclamer le premier poète de France ; quoiqu'il n'ait pas fait imprimer un seul de ses nombreux vers « emmiellés », il est bien supérieur à tous ceux qui ont si soigneusement mis au grand jour leurs écrits. C'était le père de la *Grâce* et de l'*Esprit*, et il restera le plus grand honneur de ce siècle. L'éloge est complet, enthousiaste. Il n'est donc pas admissible que quelques mois après Du Bellay ait bassement attaqué dans le *Poète courtisan* celui pour qui il n'avait pas assez d'éloges dans son *Tumulus*. Il lui en accorde d'autres encore, en effet.

ni par la clarté, ni par l'élégance et je n'ai pas cru devoir les citer. Cf. Fr. 878. Fol. 133 v°.

Comme il reste plusieurs feuillets blancs à remplir, dans cette plaquette qu'il prépare, l'auteur des *Regrets,* insère là les fameux distiques latins, que Saint-Gelays mourant avait composés pour son luth. Et non content de les avoir paraphrasés ailleurs en vers français [1], il en donne ici une sorte de corollaire, *Bellaii in eadem sententiam.* Là il se plaît à combler d'éloges ce chantre incomparable, qui aurait dû fléchir la mort ; ce cygne expirant, *moribundus olor,* remonté aux cieux aux accents de sa lyre céleste. Enfin venaient vingt trois hendécasyllabes, « *in rufum quemdam ex gallico Mel. Sangelasii* », heureuse traduction latine d'un charmant conte de Saint-Gelays, du *Rousseau et de la rousse* [2]. C'était une des dernières œuvres de notre poète, au moins d'après le témoignage de Du Bellay. Il dit en effet à la fin de son avis au Lecteur : Addidimus, ne quid omnino vacuum restaret, et ejusdem quoque Mellini epigramma, quod ab eo ipso paulo antequam excederet, gallicis versibus perquam lepide (ut ómnia) conscriptum, quo magis venustissimi illius poetæ ingenium latino etiam lectori perspectum esset, totidem hendecasyllabis expressimus ».

Cependant, malgré ces diverses additions, il reste encore de la place. Pour en finir, Du Bellay ajouta une élégie sur la mort déjà ancienne du Cardinal de Lorraine [3], et le *Tumulus* parut, à la louange « du très vaillant roi Henri et du plus doux des poètes, Mellin de Saint-Gelais ». Certes l'ombre du défunt ne dut pas peu apprécier l'honneur d'être ainsi associé après sa mort, au Roi qu'il avait si longtemps servi. Et ce n'était pas, d'ailleurs, une mince gloire que lui décernait Du Bellay.

Seulement peu à peu l'éclat de cette immense réputa-

1. *Œuvres de Du Bellay,* édit. Marty-Laveaux, I, 331. Voir aussi *Œuvres de Mellin de Saint-Gelays,* II, 255-256.

2. *Œuvres de Mellin,* I, 208-209.

3. *Ad illustriss. principem Carolum Card. Lotharingium Joach. Bellaii Elegia...* Scripsit vivo adhuc Henrico.

tion alla s'effaçant, selon le cours habituel des choses humaines. On oublia insensiblement et sa vaste science et son amabilité, ses traits d'esprit, ses galantes inventions, la facilité de ses impromptus, la causticité de ses épigrammes, tout ce qui avait fait sa gloire, jusqu'à la douceur tant vantée de ses vers. Il ne laissait en effet en mourant aucun témoignage sérieux de son talent et de son esprit, qui put rappeler à ses contemporains, et apprendre à ceux qui ne l'avaient pas connu, quel fut son vrai mérite. C'est que le poète courtisan avait négligé d'écrire. Tout entier adonné aux plaisirs de la Cour, il n'avait recherché que le succès du moment. Pour ménager sa gloire, il n'avait pas voulu laisser imprimer ses nombreuses improvisations. Ses vers étaient épars çà et là, suivant que le hasard ou le caprice les lui avait dictés, pour un album, un livre d'heures ou une paire de gants, billets doux ou mordantes épigrammes, chansons légères, agréables sonnets ou joyeuses mascarades. Quand on voulut les réunir et les publier, quelque quinze ans plus tard, ils avaient perdu le meilleur de leur mérite : l'à propos. Le grand public ne les comprit plus ; mais ils ont gardé sinon toute leur saveur, du moins encore beaucoup de leur piquant et de leur finesse, pour tous ceux qui aiment notre littérature nationale.

DEUXIÈME PARTIE

ŒUVRES

de Mellin de Saint-Gelays

CHAPITRE I

L'ŒUVRE LITTÉRAIRE DE MELLIN.
SON CARACTÈRE.

I. — Saint-Gelays a écrit beaucoup, mais surtout des *impromptus*, vers d'à-propos, improvisations. — Son rare talent dans ce genre.

II. — Autres caractères : peu d'étendue des pièces, — insignifiance et banalité du sujet, — négligences de la forme : afféterie, obscurité.

III. — Pourquoi ne voulut-il pas publier ses vers ? — Pas d'ambition littéraire. — Prétexte l'ignorance. — Vrai motif : se vanter d'improviser toujours.

IV. — Rares vers publiés de son vivant ; le reste est dispersé çà et là. — Manuscrits royaux. — Tentative du Sieur de Villecouvin, 1563.

V. — Beaucoup d'œuvres se sont perdues. — Interpolations. — Louanges des contemporains ; il faut en tenir compte pour juger notre poète.

I

Pasquier, dans ses *Recherches de la France*, en parlant « des bons esprits » qui s'illustrèrent « au subject de la Poésie Françoise », sous le règne de François Ier, déclare que parmi eux « Clément Marot et Melin de Sainct-Gelais eurent le prix ». Et il ajoute : « or se rendirent Clément et Melin recommandables par diverses voyes, celuy-la pour beaucoup et fluidement, cestuy pour peu et gratieusement escrire » [1].

L'œuvre littéraire de Mellin, telle qu'elle nous est par-

1. *Les Œuvres d'Estienne Pasquier*, Amsterdam. — *Les Recherches de la France*, t. I, p. 700 c.

venue, est, en effet, peu considérable, surtout si on la compare avec les productions de son illustre ami. Et cependant que de nombreuses poésies de toute sorte ne dut pas composer notre poète, à la veine abondante et facile, pour satisfaire dames et seigneurs, pendant quarante ans de vie de cour ?... Mais un très grand nombre de « ces petites fleurs », de ces friandes mignardises ne sont pas parvenues jusqu'à nous.

C'est que Mellin n'a jamais songé à écrire pour la postérité. Ç'a été le moindre de ses soucis. Poète du moment présent, il faisait bon marché de la gloire à venir, et préférait les applaudissements de ses amis et le sourire de ses admiratrices, à toutes les espérances d'Immortalité. Et ceci tient tout d'abord à son séjour en Italie, au début de sa carrière poétique. Jeune encore, il rêva pour lui, à la cour de France, cette gloire éclatante bien qu'éphémère, dont il voyait entourés les poètes italiens alors à la mode. Il voulut être le Séraphin de la France. Et c'est avec toute l'ardeur de ses vingt-cinq ans qu'il se mit à l'œuvre, à son retour d'au-delà des Alpes.

Un succès éclatant et facile vint couronner sa tentative. Il fut bientôt le poète à la mode, le roi du bel esprit, de la galanterie et du bon ton. Et quand les circonstances vinrent modifier ses idées et lui montrer d'autres horizons, c'était trop tard : sa réputation était faite, ses habitudes prises. Il continua. Se servant toujours des vieux fonds de la poésie nationale, il se contenta de l'accommoder au goût du jour, laissant à de plus intrépides le soin et la peine de piller les richesses de Rome et d'Athènes. A d'autres « les labeurs extrêmes », les longues veilles. Plaire aux dames, amuser la Cour et la famille royale, passer pour galant homme ; voilà qui lui suffit. Il écrivait à une dame :

Plusieurs pour laisser d'eux mémoire,

Taschent d'estre mis en histoire :
Aucuns preignent labeurs extrêmes,
A faire beaux vers et poèmes ;
D'autres, sur grands arcs et murailles,
Font graver leurs faicts et médailles ;
Quant à ma part, je ne souhaite
Que mention de moy soit faicte
En livre ny en autre place,
Fors seul en vostre bonne grâce ;
Car y estant, je ne doy craindre
Que jà mon nom se puisse estaindre,
Vous voyant d'une qualité
Non subjecte à mortalité. II, 155.

A ce succès éphémère, à cette gloire factice, il sacrifia tout son talent. Et voilà pourquoi il ne fut trop souvent qu'une « gentille créature », faisant très facilement des vers pour s'amuser et amuser. Ce fut là tout Saint-Gelays. Alors que la nature ne lui avait rien refusé, semble-t-il, de ce qui fait le poète, de parti-pris, il ne consentit à ouvrir son cœur qu'aux fadeurs de la galanterie. Mais aussi, au lieu d'être l'interprète généreux et inspiré de l'âme française, à cette époque, il ne fut qu'un poète de salon, le type du poète courtisan.

De là « ce goût de fadeur » parfois insipide, que presente une grande partie de son œuvre. Malgré tout son esprit et toute son habileté, on se lasse à la longue d'entendre toujours les mêmes compliments, toujours les mêmes plaintes ou les mêmes protestations, de retrouver sans cesse les mêmes pensées inspirées par une seule et unique préoccupation. Exclusivement adonné à la galanterie, il ne sait guère chanter autre chose. Mais aussi il est passé maitre dans cet art, et c'est ce qui fit sa réputation. Pour comprendre et le succès et l'influence de ces vers mignards, il faut les replacer dans le cadre spécial qui les vit naître, au milieu des circonstances qui les ont inspirés ; sans cela, groupées et desséchées sur les pages d'un livre, ces petites fleurs de poésie de cour paraissent insignifiantes et peu variées. C'est que le meilleur de leur parfum s'est évaporé, et les prendre ainsi flétries et fanées pour en faire aujourd'hui un bouquet, serait un grossier contre-sens. Chacune d'elles fut adressée à un destinataire spécial, parfumée d'une foule d'allusions délicates. Tout cela a maintenant disparu pour nous. Or ces petites bluettes, envois, billets et épigrammes, n'étaient que l'accessoire, empruntant aux circonstances particulières leur principale valeur. Ces petits vers ne nous disent rien, mais remarquez : ce sonnet accompagnait un présent de belles roses d'automne, (I, 283), envoyées à une dame : ce huitain est un billet d'étrennes épinglé sur « un brin de guy de chesnes », « au matin premier jour de l'année » (II, 209 ;) celui-ci fut lait pour l'envoi « d'un anneau tournant où il y avait une mort d'un costé et la Foy de l'autre » (II, 52) ; celui-là fut « envoyé d'une fenestre » (II,67) ; voici un remerciement pour « une portraicture » (III, 19). Là, ce petit dizain n'est qu'un « simple bonjour » (II, 83), mais combien charmant en la circonstance. Et parmi ces banales inscriptions, celle-ci était pour « des gands de la reyne au roi » (II, 27) ; celle-là se trouvait sur le couvercle enluminé d'une mignonne boîte de poudre dentifrice (II, 38). Ce n'est pas tout, ce quatrain est plus qu'insignifiant (II, 28), mais remarquez qu'il fut gravé sur le miroir de Mlle de Rohan, avec la pointe d'un diamant.

Tout cela est bien loin de nous et sans grand intérêt aujourd'hui, mais quelle réputation ces bluettes méritèrent à leur auteur, dans cette galante société. C'est qu'elles se présentaient toujours juste à propos !

Mellin eut, en effet, au suprême degré le talent de l'improvisation. Son œuvre n'est en quelque sorte qu'un recueil d'impromptus. La nature lui avait accordé la plus grande facilité pour revêtir sa pensée de la forme poétique. Il n'était jamais à court d'inspiration ; en un clin d'œil ces petits vers se trouvaient sur pied. Un iour, il perd un dizain, aussitôt il écrit pour la gagnante (II,141) :

> D'un seul dizain la perte est bien petite,
> Et Dieu mercy j'ay de quoi vous payer,
> Quand bien devroit de ma main estre escritte
> Tout une feuille entière ou un cayer.
> De dix me fait seul le nombre esmayer ;
> Car Troye fut par dix oiseaux jugée
> Cinq et cinq ans devoir estre assiégée,
> Si donc au nombre il y a quelque présage,
> Soit de dix ans la longueur abrégée ;
> Car ces dix jours [1] m'ont duré davantage.

Cette facilité peut se développer sans doute par l'usage, mais c'est un don assez rare et qu'on ne saurait acquérir par l'effort seul. Or, Mellin avait non seulement la facilité d'enfermer ainsi sa propre pensée dans la mesure des vers mais il était toujours prêt à se constituer l'interprète des sentiments les plus divers de ceux qui s'adressaient à lui. Dames et seigneurs avaient sur l'heure en lui un secrétaire habile et complaisant. Il a improvisé ainsi des vers pour le Roi [2], le Dauphin [3], les filles de Madame [4], Mlle de Traves [5], Françoise d'Escars [6], Catherine de Ferpères, pour une dame qui voulait répondre à Brodeau [7], et pour un grand nombre d'autres dont nous ignorons le nom. Il y aurait donc plus d'une restriction à faire sur la paternité des divers sentiments exprimés dans les poésies de Saint-Gelays, car il est parfois assez

1. Probablement il dut s'écouler dix jours avant que Mellin put revoir la dame qui lui avait gagné ce dizain.

2. Henri II écrivant à la Reyne, III, 123.

3. Le dauphin François, II, 282.

4. Les filles d'honneur de Louise de Savoie répondant au poète De La Vigne, II, 192.

5. La jeune Mlle de Traves, après la mort de sa mère, en réponse à l'italien Symeoni, I, 281.

6. *Chapitre, Lettres Capitales*, I, 236 et *Quinzain de Lettres Capitales, respondant au chapitre précédent*, I, 237.

7. II, 13.

malaisé d'établir la juste part qui lui revient. D'autant plus que souvent il lui est arrivé d'être à la fois le secrétaire des deux correspondants et de se répondre à lui-même.

Mais, dans tous les cas, ces diverses compositions lui ont demandé peu de travail ; aussi n'y attachait-il pas plus de prix qu'elles ne lui avaient coûté de peine. Sauf quelques rares exceptions, Mellin n'a jamais revu ses vers pour les polir et les retoucher, il préférait les refaire complètement, à moins qu'il n'eut oublié déjà sa première production. Et c'est ainsi que nous trouvons dans ses œuvres deux et trois pièces sur le même sujet ou des sujets identiques[1]. Il n'y regardait pas de si près et il aurait été fort difficile de le lui reprocher puisqu'il avait obstinément refusé, sa vie durant, de livrer ses vers au public.

II

Par suite de cette constante habitude d'improvisation, l'œuvre de Mellin présente encore d'autres caractères particuliers : ce sont le peu d'étendue de ses poésies, l'insignifiance du fond et de nombreuses négligences dans la forme.

Dans les trois petits volumes qui forment le recueil des vers de notre poète, bien rares sont les compositions de longue haleine. Au contraire, les quatrains, cinquains, sixains, huitains, dizains y abondent. Cette mesure lui suffit pour lancer un trait d'esprit, ou tourner un com-

1. Il y a trois dizains qui se ressemblent étrangement pour *Un présent de may* ; cf. II, 48, 104, 143. De même on rencontre trois épitaphes *D'un avaricieux*, II, 164, 272, 273. Assez souvent Mellin a composé deux épitaphes pour la personne dont il a déploré la mort ; cf. II, 174, pour le cœur de François Ier ; II, 166 et 274, pour la mère de Traves ; II, 176 et 293, pour Marie Compan, etc..... Il nous en reste même quatre pour Louise de Savoie, deux en français, II, 169 et 279, et deux en latin, II, 303 et 304.

pliment. Son inspiration est rapide comme l'éclair, mais n'en dépasse pas la durée. Ce n'est pas lui, certes, qui aurait jamais eu l'idée « d'entreprendre le grand carme », de tenter l'assaut du Capitole, et « le pillage du temple delphique », comme le demandait Du Bellay, pour illustrer la langue française, « luy faire hausser la teste, et d'un brave sourcil s'égaler aux superbes langues greque et latine [1] ». L'effort constant et soutenu répugnait trop à cet épicurien et « demeurer longuement en sa chambre... comme mort à soy mesmes, suer et trembler maintes fois », se ronger les ongles en attendant l'inspiration, invoquant en vain la Muse, sans parler « d'endurer la faim, la soif et de longues vigiles [2] », tout cela aurait révolté cette fine nature aristocratique qui se piquait de scepticisme.

Il ne faudrait cependant pas croire que ce fut là impuissance naturelle, et que tout travail sérieux et de quelque étendue fut interdit à notre poète. Parmi ses petits opuscules, il y a telle pièce, plus travaillée, qui laisse entrevoir tout ce qu'aurait pu donner un Mellin élève de Dorat.

Ronsard entreprit de refaire cette célèbre *Description d'Amour* (I, p. 82), que Sibilet citait comme modéle du genre ; s'il surpasse en général son devancier, il n'égale ni sa délicatesse, ni son exquise facilité. La *Chanson des astres* (I, p. 121) et la fameuse *Elégie de Venus sur la mort d'Adonis* (I, p. 127) ne sont pas d'un faiseur d'impromptus. On a justement loué la petite pièce : *Douze baisers gagnés au jeu* (1, p. 200) ; elle est pleine de charme, de fraîcheur et d'abandon. Je trouve aussi bien des qualités dans certain *Chapitre* (II, p. 185), en rimes tierces, que j'appellerais plutôt *Elégie*. Saint-Gelays raconte là, dans une centaine

1. *Deffence et illustration de la langue françaíse*, IIe partie, ch. V, p. 234-235.
2. *Ibid.*, ch. III, p. 198.

de vers, comment il a brisé avec une dame trop vertueuse pour lui. La narration est intéressante et très bien conduite. Mais le fragment de Genèvre (II, p. 328-349), imitation ou plutôt paraphrase d'un épisode du *Roland furieux* de l'Arioste, montre de quelle manière heureuse, Mellin aurait pu emprunter à la Grèce, comme Ronsard, ses poétiques légendes, pour en enrichir la littérature française. Là, en effet, ni mignardise, ni afféterie, ni sentiments alambiqués. Le vers franc et plein, de noble allure, va sonore et bien cadencé ; c'est plaisir de le suivre à travers ces quelques pages, dans l'expression de sentiments auxquels Mellin ne nous avait pas habitués. Jean-Antoine de Baïf continua cette traduction « demeurée imparfaicte par la mort de Saint-Gelays [1] ». Cependant, malgré les leçons de Ronsard et les exemples de la Pléiade, les vers du continuateur sont loin d'être en général supérieurs à ceux de notre poète. Mellin a, me semble-t-il, plus de grâce.

Mais au bout de 314 vers, il s'était arrêté. A ce labeur continu, il préférait en effet toutes ces « épisseries », que Du Bellay rejette dédaigneusement. Et, certes, il faut bien convenir, tout en le regrettant, que le sujet de ses poésies est en général des plus futiles et des moins élevés. Il se hausse rarement au-dessus de la banalité des détails les plus insignifiants de la vie quotidienne. C'est là qu'il puise son inspiration, sans avoir besoin d'invoquer Phébus et les Muses païennes. Il serait en cela bien plus près de nous et bien plus français que les poètes de la Renaissance, s'il avait traité ces sujets avec la sincérité émue d'un Villon, semant ses impromptus de quelques-unes de ces graves et sérieuses pensées, qui ouvrent aux lecteurs des horizons infinis. Mais, bien rarement Mellin fait réfléchir. Il ne veut que

1. Cf. *Imitations de quelques chants de l'Arioste*, par divers poètes français, Paris, L. Breyer, 1572, in-8°.

s'amuser et faire rire. Il n'a jamais songé à nous « faire indigner, apayser, éjouyr, douloir, aymer, hayr, admirer, étonner, bref, à tenir la bride de nos affections, tournant (le lecteur) çà et là à son plaisir », comme le demande Du Bellay au vrai poète [1].

Il serait cependant injuste de croire que Mellin était incapable de s'élever au-dessus de ces vulgarités et d'atteindre à la grande poésie. Comme le fait justement remarquer M. Bourciez, dans son chapitre si pénétrant et si finement étudié sur notre poète [2], « il la comprenait et pouvait au besoin s'y élever ». Et il en donne comme exemple le *Sonnet à Pierre de Ronsard sur son livre intitulé : les Bocages* [3] :

> Entrant le peuple en tes sacrez Bocages,
> Dont les sommets montent jusqu'aux nues,
> Par l'espesseur des plantes incognues
> Trouvoit la nuict au lieu de frais ombrages.
> Or te myrant le long des beaux rivages,
> Ou les neuf Sœurs à ton chant sont venues,
> Herbes et fruicts et fleurettes menues,
> Il entrelace en cent divers ouvrages.
> Ainsi, Ronsard, ta trompe clair sonnante
> Les forests mesme et les monts espouvante,
> Et ta guiterre esjouit les vergiers.
> Quand il te plaist tu esclaires et tonnes ;
> Quand il te plaist doucement tu résonnes,
> Superbe au ciel, humble entre les bergiers.

Voilà qui est fortement écrit ; et ce sonnet ne fait pas trop triste figure à côté des meilleurs de Ronsard et de Du Bellay. Ce n'est plus la tournure leste et dégagée

1. *Deffence et Illustration*, IIe partie, chap. XI, p. 314.

2. Bourciez, *Les mœurs polies et la littérature de Cour sous Henri II*, liv. III, chap. II, *Le poète Courtisan : Melin de Saint-Gelais*, p. 309.

3. Ce sonnet a été publié pour la première fois dans les *Œuvres de Saint-Gelays*, par M. Blanchemain. Il l'a tiré, dit-il, du Ms. Fr. 845 de la Bibl. Nat. ; il se trouve aussi dans le Ms. Fr. 842, fol. 127, qui contient encore deux petites pièces inédites de Mellin.

d'un compliment sans sincérité ; Mellin a dû être frappé par la grandeur des vers de son rival, il a voulu exprimer franchement son admiration, imposant silence à son esprit. J'ai hâte d'ajouter que, toutes les fois que notre poète courtisan a simplement traduit ses vrais sentiments, il a sinon atteint à cette hauteur, du moins trouvé une grâce pénétrante. Malheureusement c'est chose trop rare. Et quand aux quatre ou cinq pièces déjà citées on en a ajoutées tout autant [1], on est bien près d'avoir terminé la liste de ses belles poésies.

Il ne s'est pas donné la peine de chercher une expression adéquate aux pensées ingénieuses qui se présentaient à son esprit. Il les a traduites au petit bonheur. Parfois il est fort heureux, mais trop souvent l'imprécision des termes s'ajoutant à la préciosité de la pensée engendre une obscurité presque impossible à dissiper. La Monnoye, qui se plaisait à commenter ces petites poésies, ne parvenait pas toujours à les pénétrer entièrement : il est un dizain à propos duquel il renvoie le lecteur au traité de Cicéron, *le Songe de Scipion*, qui peut servir, dit-il, de commentaire à cette petite pièce [2]. Tout un traité pour servir de commentaire à dix petits vers !

Telle autre est du pur galimatias. Il y aurait aussi plus d'une faute de versification à relever et bien des négli-

1. En dehors des chansons et des épigrammes où Mellin excellait, on peut citer encore parmi ses belles poésies : *Grâces à Dieu*, II, 289 ; *Oraison d'un ami pour s'amie malade*, II, 301 ; *Chapitre*, II, 182 ; *Nuict d'amour*, III, 99 ; *Epistre à s'amie absente*, III, 105 ; *Chant généthliaque*, III, 129 et aussi *D'un présent de cerises*, I, 213, avec l'*Epitaphe du Passereau d'une damoiselle*, I, 58, et celle *de la belette*, I, 51 ; mais ici nous ne sommes plus que dans le joli.

2. *A Madame, sœur du Roy*, I, 188-189. — Je me contenterai de citer simplement pour chaque volume des œuvres de Mellin un seul exemple de ses deux principaux défauts : l'afféterie et l'obscurité.

a) Afféterie, I, 113. — II, 275. — III, LXII, 34.
b) Obscurité, I, 95. — II, 296. — III, CLXV, 86.

gences de style [1] ; dans deux endroits on rencontre même un vers qui n'a pas de rime [2].

Seulement ceci me porte à croire que bon nombre de ces petites fautes de détail sont plutôt la suite de l'inexactitude des copistes, que le résultat de la négligence de Mellin. Il regarda, en effet, comme une sorte de point d'honneur de ne pas permettre d'imprimer ses œuvres, sa vie durant. Et si quelques-uns de ses petits écrits parurent çà et là, ce fut toujours contre ses intentions, nous déclare Colletet [3] ; et de fait ils ne portent jamais la signature de leur auteur. N'être point reçu « aux doctes études et riches byblyothèques des scavans [4] », le préoccupait peu. Sans doute, il était de trop aristocratique nature pour accepter, dans la bataille littéraire, de se retirer « au bagaige avecques les paiges et laquais », mais pourvu qu'on le laissât « soubz les fraiz umbraiges, aux sumptueux palaiz des grands seigneurs et cours magnifiques des princes, entre les dames et damoizelles, où « ses » beaux et mignons écriz « étaient » receuz, admirés et adorés », il n'avait cure qu'ils fussent « non de plus longue durée que sa vie [5] ». A ce compte, il dédaignait l'indulgente pitié de Du Bellay et de toute la Pléiade.

III

Bien plus, Mellin ne tenait nullement à voir ses petits vers circuler même manuscrits. Alors qu'il s'était

---

1. Parfois il ne respecte pas les règles les plus élémentaires d'accord, cf. I, 65, 82, 90, 91, etc. On trouve des inversions forcées, cf. III, 87 et 118. Il y a en particulier un bon nombre de rimes faibles et insuffisantes : *creue* et *queue* I, 124 ; *troupe* et *coulpe* II, 76 ; *fuir* à deux ou une syllabe selon le besoin etc.

2. II, 258 et III, CLXVI, 87.

3. *Op. cit.*, p. 99.

4. *Deffence et Illustration*, 2e partie, ch. XI, p. 307.

5. *Ibid.*, p. 306.

flatté de brûler, avant de mourir, tous les vers qu'il avait improvisés, il apprend un beau jour qu'une dame, à laquelle il avait adressé bon nombre de petits billets rimés, les conserve précieusement « devers elle » ; belle occasion pour notre poète de faire un de ces subtils rapprochements où il excellait. Il lui écrit donc :

Voyant mon feu tant d'estés et d'hyvers
Continuer et de plus en plus croistre,
J'avois conclu de brusler tous mes vers,
Pour ne les veoir plus heureux que le maîstre,
Et leur donner par espreuve à cognoistre
Ce qu'ils n'ont sceu de moy vous exprimer. III, 132.

Mais la cruelle, contente d'enflammer le pauvre Mellin seul, garde les vers qui « font vivre ses beaultez ». Ce n'est jusqu'ici qu'une de ces fades galanteries comme il y en a tant dans ses œuvres. Seulement il ajoute aussitôt, suppliant :

Gardez-les donc, puisqu'il vous plaist, Madame,
Sans leur donner d'aultruy la privauté.

Et ceci n'est pas une habile feinte, une invention galante : notre poète craignait la moindre publicité pour ses vers. Il ne se laissa pas même fléchir par les prières et les supplications de ses amis. Nous possédons plusieurs témoignages de ce constant refus.

En 1549, au lendemain de la *Deffence et Illustration*, Joachim Du Bellay, dans une Ode flatteuse, se plaignait doucement à son ami de ce qu'il laissait ainsi plongé dans les ténèbres « les labeurs de sa Muse facile » :

Pourquoy doncques si longue nuict
Veux-tu sur tes labeurs estendre,
Opprimant la voix de ton bruit,
Qui malgré soy se fait entendre ? [1]

1. *Recueil de Poésie*, 1549, vide *Ode à Melin*.

Cette question, resta sans réponse. Du moins, notre poète continua toujours à soustraire ses vers aux yeux du public. Aussi, quelque temps après, en 1553, Olivier de Magny renouvelait-il la même plainte, gémissant sur le tort qu'il faisait à tous les lettrés en les privant de pareils trésors. Voici comment il terminait, en effet, un éloge dithyrambique de Mellin, dont « la rime douce » peut « domter les ours », « amollir la durté des marbres, arracher la plainte des arbres » ravis de l'écouter :

De moy, j'ay veu des vers qu'il trasse
Si plains de savoir et de grâce,
Que Lède ne fit onc si beaux
Ne si semblables ses jumeaux
Que ses vers, qui les âmes emblent ;
Les vers de Catulle ressemblent,
Et si j'aperçoi que les miens
Soient dignes de vanter les siens,
J'espère quelquefois d'escrire
Comme ardemment je les admire,
Et le tort qu'il nous fait aussi
De les ensevelir ainsi... [1]

Mellin resta sourd aux « gémissements » d'Olivier de Magny, comme il l'avait été aux supplications de Joachim du Bellay. Et ces vers « si plains de savoir et de grâce », où il louait son ami « quercinois », n'ont jamais vu le jour, comme tant d'autres de notre poète.

Il est naturel de se demander quel mobile le poussait ainsi à étouffer impitoyablement les productions de sa Muse. Etait-ce de sa part nonchalance naturelle, défiance de son talent ou calcul intéressé ? Peut-être l'un et l'autre à la fois, mais la solution de ce problème reste délicate et compliquée, car il est souvent bien difficile de démêler la vérité des propos d'un courtisan.

Toujours est-il que Mellin n'eut jamais la moindre

1. Les *Gayetez d'Olivier de Magny* — réimpression par E. Courbet — p. 78-79.

ambition littéraire. Dans un quinzain, écrit en tête du magnifique manuscrit, donné par Henri II à Diane de Poitiers, le poète nous déclare que s'il avait soupçonné qu'on recueillerait ainsi « ses plaintes amoureuses », il y eut apporté plus de soin et de souci. Sans doute ce n'est là qu'une froide et pâle imitation d'un sonnet de Pétrarque, mais Saint-Gelays parle sincèrement, quand il dit :

Si j'eusse osé penser qu'en ce temps cy
De tant d'esprits illustres esclarci,
On eut daigné recueillir et escrire
Les tristes plaints de l'amoureux souci
Que je faisois, pour implorer merci
De celle là dont je n'eus que martire ;
J'eusse tasché de plus près à les dire
En stile tel, qu'aucun les eut pu lire
En patience, et peut estre en plaisir ;
Mais mon torment ne me donna loisir
De lever l'œil à un si haut désir,
Cherchant pitié, non louange à mes cris.
Et qui d'Amour se sentira saisir,
Congnoistra bien que je voulus choisir
Vie pour moy et non pour mes escrits. I, 150

Ainsi donc, c'est parce qu'il ne s'est pas donné la peine de travailler ses vers, que notre poète ne veut pas les livrer à la publicité. Il craint le reproche d'ignorance, déclare-t-il à deux reprises différentes : voici, en effet, la raison qu'il allègue pour supplier la dame, qui voulait conserver ses poésies, de ne pas

Leur donner d'aultruy privauté :
Car, s'ils sont veus, nous deux en aurons blasme
Moy d'ignorance et vous de cruaulté. [1]

C'est le même motif qu'il alléguait près de trente ans auparavant, dans la *Response*, qu'il écrivit pour les

1. *Œuvres de M. de S.-G.* III, 133. Ces vers sont tirés du manuscrit de la Bibliothèque Nationale, Fr. 885, qui, selon toute vraisemblance, date de l'année 1555.

filles de Madame aux lettres du S. de la Vigne, en suppliant ce poète de ne pas montrer ses vers à Madame la Reine Mère :

Car trop grand deuil en recevrions,
Et d'icy mesme rougirions
Entendant que ceste ignorance
Fut venue à la congnoissance
De ses yeux divins et célestes,
A qui par trop seroyent molestes
Les erreurs de si basse lettre,
Ou la fin il est temps de mettre. II, 194.

Inutile d'ajouter que ce n'est là que fausse modestie ; Mellin, quand il le voulait, savait faire les vers aussi bien que quiconque de ses contemporains, et il en avait conscience. Mais ceci, me semble-t-il, servait plutôt à masquer son jeu. Notre poète tenait avant tout à sa réputation d'improvisateur. Seulement, même avec la plus grande facilité naturelle, improviser, c'est plus d'une fois répéter simplement un bon mot déjà servi avec succès, redonner un petit quatrain, un rondeau ou un sonnet, composés pour d'autres circonstances. « Cestuy cy fut baillé à plusieurs » [1] trouvons-nous en tête d'un huitain. Cette indication pourrait être placée avant bon nombre de vers de Mellin.

Il a plus d'une fois fait servir la même pièce dans des circonstances différentes. Il avait d'abord écrit un sonnet (II, 262), adressé à Marot, pour célébrer une grande dame, leur commune protectrice, qui ne pouvait être que Marguerite de Navarre. Bon nombre d'années après, Mellin adresse ce même sonnet à Ronsard, se contentant de changer un seul mot ; à la place de Clément il écrit Ronsard. Et celui-ci s'empresse de faire imprimer ces vers en tête de la dernière édition de ses *Amours*.

1. *Œuvres*, I, 166.

Or, la dame, « en qui tout l'heur des astres est compris », ne peut plus être Marguerite de Navarre, morte depuis plusieurs années ; c'est probablement sa nièce, Marguerite de France, la sœur de Henri II, et la protectrice déclarée de Ronsard. Mellin ne s'était pas mis en frais pour célébrer le protégé et la protectrice. De même, un seul distique latin lui sert à louer Bonaventure Despériers et Mlle Bonaventure de Saint-Léger ; il lui suffit encore de changer un seul mot (II, 307 et 326). Bien plus, un dizain (III, 49), adressé au roi pour se plaindre de « Fortune et de Mort », qui « ont faict revivre un demy-mort » pour lui nuire, avait déjà paru dans l'Hécatomphile, adressé à une dame. Ces faits suffisent, me semble-t-il, à nous faire comprendre pourquoi notre poète ne voulait à aucun prix permettre qu'on imprimât ses vers [1].

IV

Aussi quand il mourut, le public les ignorait presque complètement. Sans doute, on se plaisait à fredonner çà et là ses meilleures chansons, on répétait ses épigrammes et ses contes, mais bien peu de personnes auraient pu dire quel en était le véritable auteur. Notre poète avait tenu à rester ignoré. Des indiscrets avaient cependant livré quelques-uns de ses vers aux imprimeurs, mais sans trahir son nom. En 1534, Galliot du Pré avait fait paraitre dans l'*Hécatomphile* ou plutôt dans *Les Fleurs de poésie françoyse* , qui accompagnaient cet ouvrage, la célèbre *Description d'Amour*, suivie de quelques autres pièces plus courtes [2]. Les deux *Epitaphes de François*, dau-

1. Nous trouvons encore deux dizains bien différents terminés par deux vers identiques, II, 124, et III, 59.

2. Les *fleurs de poésie françoyse* à la suite de *l'Hécatomphile, de Leone Battista Alberti, de vulgaire italien tourné en langaige françoys.*

Voici les pièces de cet ouvrage qui appartiennent à Saint-Gelais.

1. Page 53 à 55, Qu'est-ce qu'amour ; *Œuvres de M. de S.-G.* I, 82.

phin de France, furent imprimées en 1536, chez François Juste, à Lyon, dans le *Recueil des Epitaphes* [1] de ce jeune prince. Quelque huit ans après, en 1544, la *Vraye poésie françoise* [2] publiait les 22 vers *Du jeu des eschecs*, toujours sans nom d'auteur. L'année suivante, paraissait de même, à Lyon, la *Déploration de Vénus sur la mort du bel Adonis, avec plusieurs chansons nouvelles* [3] ; mais parmi ces nombreuses chansons, deux seulement [4] appartiennent d'une façon sûre à Mellin de Saint-Gelays. C'est en 1546 qu'on fit imprimer l'*Advertissement à une studieuse damoyselle*, dont on a si longtemps ignoré le véritable auteur. Quant à la petite plaquette éditée en 1547, parue sous son nom, il fit tout son possible pour la supprimer. Deux nouvelles pièces *Douze baisers gagnés au jeu* (1, 290) et *la Ballade du chat et du milan* (II, 1) se trouvent dans le *Recueil de traductions et inventions* [5], paru en 1554. A peine est-il besoin de signaler quelques autres pièces insérées dans les

---

2. P. 55, Mal ou bien faict — *rondeau* ; *ibid.* I, 302.
3. P. 64-65, Toujours le feu cherche à se faire voir ; *dizain* ; *ibid.* III, 2.
4. P. 65, Amour n'est pas ung Dieu ; *dizain* ; *ibid.* III, 48.
5. P. 80, L'œil trop hardi ; *douzain* ; *ibid.* III, 37.
6. P. 80-81, Cesse mon œil ; *dizain* ; *ibid.* III, 48.
7. P. 82-83, Si je maintiens ma vie ; *huitain* ; *ibid.* III, 7.
8. P. 89, Dieu tout puissant, *complaincte à une dame sur la délivrance des âmes détenues ès Limbes* ; *dizain* ; *ibid.* II, 132.
9. P. 95, Amour a fait empenner ses deux aesles ; *dizain* ; *ibid.* III, 47.
10. P. 97, Un seizain, composé de deux huitains :
    a) Ma mie et moy, III, 24,
    b) Je ne scay pas si l'on pourroit, III, 22.

1. *Recueil des Epitaphes de feu Monseigneur Françoys, daulphin de France*, in-8, Lyon, Françoys Juste, 1536. — *Œuvres de M. de S.-G.*, I, 117-118.

2. *Vraye poésie françoise*, petit in-18. Paris, Janot, 1544. — *Œuvres de M. de S.-G.*, I, 278.

3. *Op. cit.*

4. Ce sont la 3e, *Chanson par une dame*, I, 66 ; et la 7e, *Complaincte : Hélas mon Dieu*, I, 69.

5. *Recueil de traductions et inventions*, Paris, 1554, in-16.

écrits de Rabelais [1], un sonnet publié en tête de l'Amadis des Gaules [2] et une Epigramme égarée au milieu des *Contes* attribués à Bonaventure Despériers [3]. Tout le reste de l'œuvre de Mellin était manuscrit, dispersé ça et là selon le hasard des circonstances qui lui avaient inspiré ses vers. Il les avait en quelque sorte « semés à tous les vents ». Cependant certains amateurs des Lettres françaises avaient essayé de recueillir et de grouper un certain nombre de ces pièces fugitives et d'en orner les *Recueils de poésie* [4]. Mais l'ensemble de l'œuvre restait épars.

Néanmoins, comme c'était pour le Roi que travaillait notre poète courtisan, il est bien à croire qu'il prêta lui-même les mains à la composition de certains manuscrits mieux soignés et plus complets, dignes de devenir un présent royal. De fait, François Ier en offrit un à Hélène de Culant, comprenant un très grand nombre de dizains, et « le roy Henri second » en donna un autre « à Diane de Poitiers, duchesse de Valentinois, sa maistresse [5] ».

Mais ces manuscrits royaux étaient un bien faible monument pour conserver la gloire littéraire de Saint-Gelays. Aussi alla-t-elle s'affaiblissant. Dailleurs Ronsard était alors à son apogée et la poésie nouvelle battait son plein. Seuls quelques amis fidèles de Mellin gardaient encore son souvenir et récitaient les vers qu'ils avaient pu lui arracher. Quant à ceux qui ne l'avaient pas connu ou l'avaient peu fréquenté, ils ne se le représentaient que

1. *Enigme*, II, 202, à la fin du premier livre de *Gargantua*; *Dixain*, 1, 266, prologue du IV livre.

2. *Sonnet*, II, 300.

3. *Epigramme de Chatelus*, II, 243.

4. Voir l'énumération de ces *Recueils* dans l'indication des manuscrits, en tête de cette *Etude*.

5 Voir ce que dit sur ces deux manuscrits Prosper Blanchemain, dans la *Préface*, p. 44 et 48.

comme un charmant causeur, qui devait à son esprit une extraordinaire réputation.

Pour essayer de sauver cette réputation qui baissait, Nicolas de Touteville, seigneur de Villecouvin, fils naturel du roi François Ier, ami des lettres comme son père, résolut de faire recueillir toutes les poésies de Mellin qu'il pourrait découvrir et de les grouper en un splendide recueil. C'était peut-être une dette de reconnaissance personnelle. Nous sommes en 1563, cinq ans seulement après la mort de Mellin. Le seigneur de Touteville s'adressa à un copiste, qui signe des initiales P. D. M. P. [1]. Celui-ci était poète à ses heures, il fit précéder et suivre les vers de Saint-Gelays d'un certain nombre de pièces de sa composition. Le mérite littéraire en est médiocre, mais elles nous donnent de précieux renseignements sur Mellin et son œuvre, et cela au lendemain même de sa mort. Voici ce que nous lisons dans la première des *Préfaces* de P. D. M. P. au Lecteur :

D'autrefois Saint-Gelays, des Muses tant aymé,
S'est mis à composer, (vivement animé)
Plusieurs carmes et vers, desquels la grand'partie
Est entre les humains morte et ensevelie,
Et l'autre cy dedans est escrite à la main,
Vagante ça et là avec un vent serain,
Le tistre supprimé, par les mains des plus saiges,
Plus doctes et sçavans, et plus grans personnaiges.
Toutesfois notre France a toujours estimé
Qu'il estoit des poètes le plus grand qu'eust rithmé,
(Des poètes je dy desquels ont eu crédit
Les œuvres estre imprimées, que maintenant on lict).
Or, de luy envieux, n'a voulu bailler nom

1. Bibl. Nat. Ms. F. 878. Ce P. D. M. P. serait-il le poète-médecin Pierre des Mireurs, l'ami et le condisciple de Du Bellay et de Ronsard ?..... Cet écrivain est si peu connu que je n'ai pu éclaircir cette question. Sa devise était : *ignoti nulla cupido*. Il fit partie de la Brigade au Collège de Coqueret, et avait écrit une *Epistre latine* aux trois jeunes Anglaises qui avaient composé le *Tombeau* de Marguerite de Navarre.

Aux carmes qu'il a faictz : vray est que ce renom
Comme le méritant, la Bonne Renommée
Luy a voulu bailler. Donc si par longue année
Ilz ont esté cachez en un'obscurité
Et avec les souriz et les teignes ont esté,
Qu'ils sortent maintenant en clarté et lumière,
F°. 4 v°. Pour estre favoriz d'un amour singulier ! [1]

Et, plein d'ardeur, le copiste poète se mit a calligraphier avec art tous les vers de Saint-Gelays qu'on avait pu découvrir.

V

Voilà de précieux témoignages sur l'œuvre de notre poète. Ainsi, en 1563, alors que Ronsard était dans tout l'éclat de sa gloire, Mellin reste encore aux yeux de quelques-uns, sinon de la France entière,

« des poètes le plus grand qui eust rithmé ».

Malheureusement, envieux de lui-même, il ne voulut jamais mettre au jour « les vers et carmes » qu'il avait composés. Dès lors, « la grand'partie » s'en est perdue ; l'autre, sans nom d'auteur souvent, était dispersée çà et là ; grâce aux soins du sieur de Villecouvin, on a pu réunir ces poésies.

Mais il faudra encore attendre plus de dix ans avant qu'Antoine de Harsy fasse paraître, en 1574, la première édition des *Œuvres poétiques de Mellin de Saint-Gelays*. Seulement il y avait alors presque 20 ans que notre poète avait disparu, et il n'était plus là pour reconnaître son œuvre, corriger les fautes qui avaient pu se glisser dans les manuscrits, écarter les interpolations. Par

1. Ces vers ne sont qu'une traduction appropriée de la troisième pièce latine composée par Du Bellay, dans le *Tumulus Mellini Sangelasii*. On dirait que Villecouvin a voulu réaliser le désir que Du Bellay exprimait à la fin de ses hendécasyllabes.

suite on peut bien avoir quelques inquiétudes et faire plus d'une réserve sur l'authenticité des poésies attribuées à Mellin.

Parmi toutes ces petites pièces qui se trouvaient « vagantes », « le tistre supprimé », sans signature, ne s'en est-il pas glissé d'étrangères à notre poète, indignes de son talent ? Même avec la meilleure volonté du monde, rien de plus facile qu'une confusion, surtout après une dizaine d'années, dans l'attribution exacte de ces petits billets, sans nom d'auteur. Voici des vers grossiers et déplacés, qui ne sont sûrement pas de Saint Gelays [1]. On ne les lit dans aucun des manuscrits connus. N'y a-t-il pas eu d'autres fausses attributions ?

D'un autre côté, bon nombre de vers ont dû sinon lui être dérobés sciemment, du moins être attribués à d'autres par ignorance. On en lit un certain nombre dans les poésies de François Ier [2]. On a fait justement remarquer que ce roi faisait les vers comme Saint-Gelays [3] et pour cause. La confusion était donc facile. Tout ce qui appartenait au courtisan était à son maître [4].

Il y a encore quelques vers de notre poète dans les œuvres de son ami Clément Marot [5]. Et ce ne sont

---

1. *Malédictions contre un envieux*, I, 243 à 248.

2. M. Prosper Blanchemain a réuni, à la fin du IIIe vol. des *Œuvres de Saint-Gelays*, quatorze des pièces de ce poète attribuées à François Ier. Il y en a bien d'autres. Voir :

a) *Huictain*, I, 111.
b) *Quatrain*, I, 115.

On trouve là cinq quatrains de suite qui paraissent avoir été faits pour François Ier; lui seul, semble-t-il, pouvait parler ainsi.

3. Prosper Blanchemain, *Poëtes et amoureuses, portraits littéraires du* XVIe *siècle*, t. I, p. 5.

4. Voir ce qu'il dit dans l'épitaphe du passereau, I, 60.

5. Voici ceux que j'ai pu relever.

1. *A une mal contente*, S.-G. I, 196. — Marot, Elégie XXVII, I, 403.
2. *Huitain*, S.-G. II, 49. — Marot, III, 108.
3. *Huitain*, S.-G. II, 53. — Marot, III, 120.
4. *Huitain* XVI, S.-G. II, 57. — Marot, III, 126.

point les moins bons, cela se comprend. Il était tout naturel d'attribuer dans la suite au plus réputé des poètes de cette époque de jolis vers sans maître reconnu.

Bien plus, malgré toutes les recherches, faute de données suffisantes, bon nombre de pièces de Mellin n'ont pu et ne pourront jamais être identifiées. Et même toutes celles qui lui sont formellement attribuées par les manuscrits n'ont pas été découvertes. Passe encore pour quelques quatrains ou huitains mais le petit poème inédit *Amour et Argent* [1], que j'ai eu le plaisir de rencontrer dans un manuscrit de la Bibliothèque Nationale, est d'une véritable valeur. Mais n'est-il pas très vraisemblable que, parmi les nombreuses pièces qui ne nous sont pas parvenues, il s'en trouvait plusieurs de non moindre prix ? Et dès lors peut-être pourrait-on demander d'adoucir le jugement sévère que la critique moderne a porté sur ce poète, et de reconnaître que les éloges que lui ont unanimement donnés ses contemporains n'avaient rien d'exagéré.

Et pourquoi pas ? M. Charles d'Héricault, en composant la notice littéraire de Mellin, regrette de ne pouvoir la faire « en consultant non ses œuvres mais l'opinion de ses contemporains » [2]. Il a raison, car, étant donné le caractère spécial des poésies de cet auteur, il faut tenir le plus grand compte de ce que nous ont dit ceux qui le connurent.

« Le concert presque universel de louanges enthousiastes » formé par les voix de tous les contemporains pro-

5. *Oraison pour s'amie malade*, S.-G. II, 301. — Dans Marot *Chant sur la maladie de s'amie*, II, 273.

Les Ms. d'Hélène de Culant et de La Rochetulon donnent encore comme de Mellin de Saint-Gelays l'Epigramme *Les cinq points en amour*, Marot III, 104-106. Cf. H. Guy, *De fontibus Clementis Maroti*, p. 75.

1. Ms Nouv. Acq. Fr. 1158. fol. 160 v° et ss.

2. *Les poètes français*, Recueil des chefs-d'œuvre de la poésie française, publié sous la direction de M E. Crépet, t. I, p. 607.

clamant « que jamais poète ne fut plus glorieux, jamais homme ne fut plus remarquable [1] », ne saurait uniquement être le résultat d'une basse flatterie. Marot, Symphorien Champier, Ronsard, Du Bellay, Dorat, Olivier du Magny, sans parler des autres, n'étaient pas de vulgaires flatteurs. Ils l'ont bien prouvé. Et cependant ce sont en quelque sorte « les maîtres du chœur » chantant l'éloge de Mellin. Marot n'hésite pas à le proclamer l'honneur de la France :

> O Sainct-Gelais, créature gentile
> Dont le savoir, dont l'esprit, dont le stile
> Et dont le tout rend la France honorée !

« Et, qu'il le cite dans son *Epitre à Sagon*, ou dans son *Eglogle au Roy*, il lui donne toujours les mêmes éloges [2] ».

Marot, il est vrai, était un ami, mais Ronsard n'est pas moins élogieux. Nous avons déjà vu quels compliments [3] il se plut à lui adresser après leur réconciliation. Il félicite Henri II d'avoir à sa cour un pareil poète, favori des Muses, que l'abeille, au berceau, « repeut de thym et de mélisse ». Et, quelques vers plus loin, dans cet *Hymne des Astres*, [4] qu'il dédia à son ancien adversaire, il n'hésite pas à le mettre au-dessus « des mieux disans » de cette époque.

Il pouvait y avoir peut-être quelque arrière-pensée dans ces éloges, dira-t-on ; la jeune Muse de Ronsard était fort ambitieuse : soit, mais Mellin est mort depuis longtemps déja et Ronsard dans son Epitre *A très illustre prince Charles, cardinal de Lorraine* [5] proclame que Saint-Gelays « fut l'ornement de son âge ». Il égalait « au ciel

---

1. Charles d'Héricault, *loco cit.*
2. Charles d'Héricault, *ibid.*
3. Première partie, chap. VIII, p. 269-271.
4. *Hymne des Astres*, édit. Marty-Laveaux, VI, p. 138-146.
5. Edit. Blanchemain, III, 355 ; édit. Marty-Laveaux, III, 274.

sa divine harmonie », dit-il, et son luth fut « le premier des mieux appris ».

N'avons-nous pas encore vu Du Bellay proclamant Mellin, après sa mort, la gloire et l'honneur de son siècle, le plaçant au-dessus de tous les poètes d'alors ? Et il s'écriait en parlant de ses vers : « ce jugement je le porte d'après les quelques poésies que je connais, mais que serait-ce, si l'on publiait enfin tant de merveilles poétiques ensevelies dans l'obscurité [1] ? » Ainsi, tout en faisant une très large part à l'amitié ou à l'intérêt dans ces éloges, on doit se demander si nous possédons bien aujourd'hui tous les éléments nécessaires pour les contrôler [2].

Afin de porter sur l'œuvre entière de Mellin un jugement motivé, il me reste donc à étudier ce qui nous est parvenu des diverses productions de son génie, tant en prose qu'en vers, en latin comme en français. Alors, en nous appuyant sur les jugements de ses contemporains, nous verrons quelle place doit lui revenir dans l'histoire littéraire, et si la postérité a été indulgente ou sévère pour cet auteur, si heureux de son temps qu'il ne songea jamais au jugement de l'avenir.

1. *Tumulus Mellini Sangelasii*, In ejusd. carmina, fol. 7.
2. Colletet, *Vie de M. de S.-G.*, p. 90.

LES PETITS VERS : INSCRIPTIONS, PETITS BILLETS, LETTRES.

I. — Nombre considérable de petites pièces badines. — Règles générales données par Sibilet.

II. — Distiques. — Quatrains. — Cinquains et Sixains. — Inscriptions et petits billets.

III. — Huitains. — Dizains et Douzains. — Règles particulières. — Vers à sa dame, sa conduite en galanterie.

IV. — Présents accompagnés de petits vers, mays, estrennes, lettres de bonne année. — Epistre à s'amie absente. — Epistre à Diane sa nièce.

V. — Epitres pour des demoiselles, — pour Henri II à Anet, — pour le Dauphin François.

VI. — Epithalames. — Vers religieux. — Prières. — Caractères généraux des petits vers.

I

Les petits vers ou impromptus, « ces petites fleurs et mignardises » dont parle Pasquier, forment une partie considérable de l'œuvre de Mellin. Ce n'est pas là, certes, à nos yeux son plus beau titre de gloire ; mais si ces vers nous apparaissent aujourd'hui fastidieux, ils contribuèrent pour une très large part à procurer à notre poète une réputation brillante. On ne saurait donc les négliger ; bien plus c'est bien par là qu'il faut commencer, si l'on veut saisir d'abord le principal trait de cette figure de poète courtisan.

Dans cette vie facile et brillante qu'il mena si longtemps à la cour, tout fut pour Mellin occasion de rimer. De là ces nombreux quatrains, sixains, huitains, dizains, etc, selon le nombre de vers que demandait le sujet, ou que sa verve lui dictait.

Mais l'occasion a beau changer, le procédé qu'emploie notre poète est toujours le même ; il renvoie invariablement à la fin le trait piquant, « le petit mot pour rire [1] », comme dit Du Bellay, s'efforçant de l'amener du mieux qu'il peut. C'est bien, semble-t-il, la principale règle qu'il ait suivie dans la composition de ces bluettes, que l'occasion faisait éclore. Sibilet, dans son *Art poétique*, s'est efforcé de donner les règles de ces compositions, qu'il appelle épigrammes, à l'exemple des Grecs et des Latins [2]. Mais, ces règles peuvent se résumer toutes dans cette dernière recommandation du théoricien : « Sus tout, sois en l'épigramme le plus fluide que tu pourras, et estudie à ce que les deux vers derniers soient agus en conclusion : car en ces deuz consiste la louenge de l'épigramme [3] ». Précepte que Du Bellay lui reprochera avec quelque acrimonie, recommandant à son poète de ne pas imiter « un tas de faiseurs de comtes nouveaux, qui en un dixain sont contens n'avoir rien dit qui vaille aux IX premiers vers, pourvu qu'au dixiesme il y ait le petit mot pour rire » [4]. Mellin ne put que se dire que ceci le regardait quelque peu. Quoi qu'il en soit, Sibilet nous assure ensuite, après cet avis général, que c'est à ce genre de compo-

1. *Deffence et Illustration*, édit. Chamard, p. 205.

2. Sibilet, *Art poétique François*. Voici ce qu'il nous apprend sur *l'épigramme* fol. 39 r°. « Or, appelé-je Epigramme, ce que le Grec et le Latin ont nommé de ce mesme nom, c'est-à-dire, poème de tant peu de vers qu'en requiert le titre ou superscription d'œuvre que ce soit, comme porte l'étymologie du mot et l'usage premier de l'épigramme, qui fut en Grèce et Italie premièrement appropriée aus bastiments et édifices, ou pour mémoire de l'auteur d'iceux ou pour merque d'acte glorieus faict par luy. Et ne devoit plus contenir de vers qu'il s'en pouvoit escrire dessus un portail, dedans la frise enfoncée entre l'architrave et la corniche, prominentes par-dessus les chapiteaux des colonnes ». Il ajoute que cependant Marot a fait des épigrammes de 30 et 40 vers, « mais régulièrement les bons poètes françois n'excèdent le nombre de douze vers en épigramme ».

3. *Ibid.* II, I, fol. 43.

4. *Deffence et Illustration*, p. 205

sition que Mellin dut le meilleur de sa réputation : « Et est l'esprit de l'épigramme tel, que par luy le Poète rencontre le plus ou le moins de faveur : témoins Marot et Saingelais, singulièrement recommandez aux compaignies des savans pour le sel de leurs épigrammes. [1] »

Seulement, il faut remarquer que sous cette dénomination le théoricien de l'école marotique englobe toutes les pièces de peu d'étendue, quatrains, huitains, dizains et douzains sans distinction. Il en va de même pour Guillaume Colletet, au XVIIe siècle, qui n'accorde pas à l'épigramme plus de douze vers. Et il cite sur ce point l'exemple même de Mellin de Saint-Gelays, « qui passait de son temps pour l'esprit le plus raffiné dans la science épigrammatique. » « Osté, dit-il, l'épigramme du vieillard de Vérone, traduite de Claudian, et une autre traduite de Catulle, toutes les siennes n'excèdent pas le nombre de dix ou douze vers. Aussi ne les a-t-il données que sous le titre de sixains, de huitains, de dizains et de douzains mesmes, comme on les appelait, plus tôt qu'épigrammes. [2] » Cependant, pour se conformer aux idées reçues de nos jours, et pour établir une distinction qui semble s'imposer, j'ai cru bon de réserver ce nom d'épigramme pour toutes les pièces qui présentent une intention maligne, agressive ou satirique, quelle que soit leur longueur. Quant aux courtes pièces qui ne rentrent pas dans cette catégorie, c'est le nom de *petits vers* que je leur donnerai.

II

Parmi ces nombreux *petits vers* qui nous restent de notre poète, très rares sont les distiques. C'est que cette forme, la plus brève de toutes, est bien courte pour ren-

1. *Op. cit.*, fol. 43 v°.
2. *L'art poétique du sieur Colletet.* -- *Traité de l'Epigramme*, p. 29.

fermer un compliment délicat, rappeler un souvenir agréable, ou lancer un trait piquant. Mellin n'avait pas le temps, ou mieux dédaignait de resserrer sa pensée et de ciseler son expression. Il s'est pourtant amusé au moins une fois à faire deux de ces vers minutieusement agencés et qu'on nommait alors « *rapportés* ».

Mais « en ce subject qui moins en fait, mieux il fait », dira plus tard Pasquier [1]. Mellin l'avait compris et ne s'arrêta pas à ces « jeux et passe-temps », que ne dédaignaient point les disciples de Ronsard. Cependant nous trouvons dans les œuvres de notre poète un sonnet en vers rapportés [2], ce qui permettrait de soutenir que Mellin en fut l'introducteur dans notre littérature [3]. Mais en la circonstance le mérite de l'invention est trop mince pour y insister. J'aime mieux citer le distigue suivant « écrit en unes heures » de quelque demoiselle de la cour :

> Heureux serait le cœur que je vous livre,
> Si vous lisiez en lui comme en ce livre [4].

Quelque temps auparavant, il s'était amusé à surcharger les premiers feuillets de ce « mesme livre » de dévotion d'un premier quatrain galant, fort déplacé d'ailleurs :

> Si vous n'exaulcez ma prière,
> Dieu mettra la vostre en arrière ;
> Car il est escrit en effect
> Qu'il nous fera comme avons faict. III, 84.

Mellin n'avait pas besoin de signer cette « spirituelle exhortation », il était assez coutumier du fait pour qu'il n'y eût pas le moindre doute sur son auteur. Nous avons

1. *Les Recherches de la France*, liv. VII, ch. XIV, p. 750.
2. *Œuvres de M. de S.-G.*, I, 300.
3. Il est en effet plus ancien dans les lettres que Jodelle et Du Bellay à qui on attribue ordinairement cette invention. Cf. Pasquier, *op. cit.*, ch. XIVe du livre VIIe.
4. *Œuvres*, III, 85.

vu en effet que, abusant de ses fonctions religieuses, il se plaisait trop souvent à annoter les livres de dévotion qui lui tombaient sous la main [1]. C'est ainsi qu'il écrivait au devant « des Heures de Sainct-Léger, l'une des filles de la royne » :

> Amour venant en moy loger,
> M'a si rempli de Sainct-Léger,
> Que luy, qui sait l'anatomie,
> N'y saurait renger autre amie. II,31.

Et, quelques jours après, il ajoutait « au Kalendrier » ces vers déjà cités :

> S'il vous plaisoit marquer en teste
> Un jour ordonné pour m'aimer,
> Je l'aurois pour une grand'feste,
> Mais point ne la voudrois chaumer. II,31.

Mais c'étaient surtout les diverses images de piété, servant de signets dans ces psautiers, qui avaient le don d'exciter sa verve licencieuse. Il serait trop long et fastidieux d'énumérer toutes les choquantes applications que lui suggère sa mièvre et parfois sensuelle galanterie. Tantôt il se compare à saint François d'Assises, pour se plaindre d'avoir reçu d'une dame autre « playe et poincture », (II, 23), tantôt à saint Jacques, le patron des pèlerins, se proclamant le pèlerin d'Amour » (II, 24), tantôt à saint Michel, à saint Georges, à saint Laurens, à saint Sébastien, à Marie-Magdeleine même, enfin à tous les autres martyrs [2], pour déclarer avec désinvolture que ses tourments amoureux sont autrement terribles et méritoires. Le goût de l'époque, alliant d'étrange façon débauche, religion et galanterie, ne saurait excuser notre singulier aumônier. D'autant plus que malgré tout son désir de

1. Voir : *En des Heures*, II, 13, 31. — III, 84 ; *Au Psautier*, II, 30, 34.
2. Cf. *Œuvres*, II, de 17 à 27.

plaire, on est vite lassé par ce système, somme toute, assez naïf.

Néanmoins, malgré un changement de règne et de mœurs, malgré les grondements de la Réforme et les attaques violentes des novateurs contre la corruption du Clergé, Mellin continua ses plaisanteries irréligieuses jusque dans sa vieillesse [1].

Comprit-il enfin combien sa conduite était déplacée ? Peut-être, mais il continua. Tout au plus apporta-t-il plus de discrétion dans ses exploits. Il aurait dû s'en tenir aux luths, « guiterres », boites de « gands » et tablettes [1] pour y inscrire ses galantes inscriptions ; on se montrerait plus indulgent pour lui [2].

Les petits billets adressés à l'occasion à quelque dame de la cour, offrent un tout autre intérêt. Mellin retrouve ici son avantage, et nul ne songera à lui refuser en ce genre une gentillesse aimable, bien que parfois un peu recherchée.

> Vous êtes si belle et honneste,
> Qu'à Dieu ne veux faire requeste,
> Sinon de rien ne vous oster ;
> Car rien n'y saurait adjouster, II, 29, XLVII.

écrivait-il à quelque « haute damoiselle ». Le compliment est délicat autant que flatteur, et nullement déplacé dans la bouche d'un ministre de Dieu. Je n'en dirai pas autant pour le quatrain *A Blanche* (II, 11), à moins qu'il n'ait été composé pour quelque courtisan de ses amis. Mais c'était bien pour son propre compte qu'il écrivait :

1. D'après Feuillet et Conches, Mellin écrivit encore en 1550 quelques quatrains de ce genre sur un album interfolié de peintures appartenant à la célèbre Mlle Marie Compan.

2. Cf. *Inscriptions pour des luths*, II, 41, 78 — *pour la guiterre*, III, 114 — *pour des gands*, II, 7, 27, 28 et 56 — *tablettes*, II, 8.

Pour gaigner en paradis lieu
Sans aller jeusner aux déserts,
Seulement vous fault servir Dieu
D'aussi bon cœur que je vous sers. III, 77.

Parfois le petit billet était un cinquain ; cela dépendait de l'inspiration ou du hasard. Ainsi, ayant appris le prochain départ d'une dame de ses amies, il s'empressa de lui faire tenir le poulet suivant :

Le grand regret de ce département
Est si avant en mon entendement,
Que si n'estoit l'espoir de vous revoir,
Le seul plaisir de vous ramentevoir
Ne serviroit qu'à croistre mon tourment. II, 9.

Mais cette dernière forme est rare dans les petites pièces de Saint-Gelays, tout comme les Sixains. Quand la pensée est plus abondante, ou plus forte l'inspiration, c'est le huitain ou le dizain qu'il emploie. C'est sa forme préférée et il s'en est servi souvent. Aussi y était-il passé maître. Ce n'est pas qu'il n'ait été parfois assez heureux dans les sixains, mais ils sont peu nombreux [1], et en général plus maniérés et plus subtils. Je me contente de citer le suivant assez joli, bien qu'un peu leste, rappelant une épigramme célèbre de Marot [2].

Les diamants, les perles, les rubis
A vous parer ne servent nullement ;
Car vos beautez gardent certainement
Que l'on ne puisse adviser aux habitz.
Donc qui vouldroit bien parée vous veoir
Sans parements il vous fauldroit avoir. III, 11.

Quant au septain, ce n'est, semble-t-il, qu'une exception. En effet deux, sur les trois qui nous restent, parais-

1. Il n'y en a qu'un seul dans le t. I, p. 86 ; dans le t. II, voir p. 40, à 47 ; dans le t. III, voir p. 11, 52, 61, 113, 114.

2. T. II, *Epigramme XVII*, sur Isabeau de Navarre.

sent n'être que des huitains mutilés par quelque copiste. Cependant le troisième n'est pas sans grâce. C'est un billet adressé à une dame que Mellin avait grandement louée, trop peut-être, puisqu'il sentit le besoin de se justifier par les vers suivants :

> Le jugement, non pas l'affection,
> Me faict louer, sur toutes dames, celle
> Où je ne voy rien que perfection.
> Il est bien vray que mon amour est telle ;
> Toujours irois ses louanges chantant.
> Mais si est-elle et si bonne et si belle,
> Que, sans l'aimer, j'en dirois tout autant. III, 79.

III

A cette époque, avant les innovations de la Pléiade, c'était, je le répète, le huitain et le dizain qui étaient les plus prisés de tous les *petits vers*. Sur ce point, nous avons le témoignage de Sibilet, qui nous indique même les raisons de cette préférence. « Le huitain, dit-il, était fréquent aux anciens et est aujourd'hui fort usité entre les jeunes aussi, pour ce qu'il ha je ne say quel accomplissement de sentence et de mesure qui touche vivement l'Aureille » [1]. Et il en donne soigneusement les règles [2], avant de passer au dizain, à qui il accorde la palme. « Le dizain est l'épigramme aujourd'hui estimé premier et de plus grande perfection, ou pour ce que le nombre de dis est nombre plein et consommé, si nous croïons aux arithméticiens : ou pour ce que la matière prise pour l'épigramme y est

1. *Op. cit.*, fol. 41 r°.

2. Voici ce qu'il dit : « Pourtant avise toy de la structure qui est bien aisée : car les quatre premiers vers croisez, les quatre derniers croisent aussi : mais en sorte que le quart et quint soient symbolisans en ryme plate ; de quoy résulte que quatre vers sont au huitain fraternisans de ryme, comme tu peux voir en ce huitain de Marot, etc. »

plus parfaitement déduite et le son de la ryme entrelassée y rend plus parfaite modulation » [1]. Il ajoute en conséquence avant d'en préciser les règles [2] : « Quoy que soit, c'est le plus communément usurpé des savans et le doit estre de toy. » Viennent ensuite les règles du « unzain », du « douzain » et des autres genres pareillement « usurpés ». Mais notons en passant que ces règles étaient loin d'être absolues ; d'ailleurs Sibilet lui-même, après avoir constaté que Marot a diversement agencé les douzains, déclare sans hésiter : « Ainsi les pourras-tu diversifier tous à ta phantaisie [3]. » Je me contenterai de dire que Mellin a été fidèle en général aux règles indiquées, ou plutôt à ces usages reçus, car c'est en s'appuyant sur son exemple et sur celui de Marot que Sibilet a tracé les règles diverses qu'il impose à tout poète abordant ces compositions [4].

De ce nombre considérable de petits billets que Mellin prodigua de tous côtés, il est bien difficile d'établir une exacte classification. Cependant il me semble qu'il est bon de séparer ceux que lui inspira la galanterie des autres vers nés des diverses circonstances de la vie quotidienne.

Sans doute, Mellin est un des premiers et des principaux introducteurs du Pétrarquisme en France, mais on ne saurait le rendre responsable de ce débordement inouï

1. *Ibid.*, fol. 41 v°.

2. Voici ce que dit Sibilet à ce propos : « Entend donc que régulièrement au dizain les quatre premiers vers croisent et les quatre derniers aussy : deus en restent à asseoir, dont le cinquième symbolise en ryme platte avec le quart, et le sixième avec le septième pareillement, comme tu peux voir en ce dizain de la Délie de Scève, et en tous les autres dont elle est pleine. » Fol. 41 v°.

3. *Ibid.*, fol. 42.

4. Dans quelques circonstances, Mellin s'est amusé à jouer avec les rimes. — Ainsi nous trouvons deux treizains, III, 38 et 110, et un quatorzain, III, 64, sur deux rimes seulement. — Sur cette question des rimes et de l'agencement des vers, voir Ernst Winfrid Wagner, *Mellin de Saint-Gelais* : Ch. V... Zur Metrik Mellin's de Saint-Gelais, p. 88 à 118.

de poésies amoureuses, qui inonda la France à la suite de *l'Olive*. Il n'était pas un poète alors qui ne se crût obligé de chanter sa maîtresse idéale, la femme accomplie ! On connaît avec l'Olive de Joachim du Bellay, la Pasithée de Pontus de Tyard, la Cassandre de Ronsard, la Méline de Baïf, l'Admirée de Tahureau, la Castianire d'Olivier de Magny, la Sainte de Guillaume des Autelz, la Délie de Maurice Scève, l'Olympe de Jacques Grévin, la Diane d'Etienne Jodelle ! Il en est d'autres encore. Jamais il ne vint à la pensée de Mellin de chanter ainsi une maîtresse imaginaire, modèle de toutes les vertus. Son âme n'était pas faite pour savourer cet idéalisme platonicien, parfois teinté de christianisme, dans lequel se complaisaient les Pétrarquistes. Il lut et admira le *Canzonière*, mais lui préféra les strambotti de Séraphin. Pour lui « l'amour sans effect » (II, 111) n'est qu'un vain mot, dont ne peut se contenter son sensualisme. Ce qu'il lui faut, c'est la réalité, le plaisir couronnant à brève échéance les vœux et les services rendus ; sans cela il ne tarde pas à rompre (II, 185). Son amour est galant, mais avant tout sensuel. Il avait d'ailleurs de qui tenir et put apprendre de fort bonne heure dans les poésies d'Octovien « ce qu'il' advient pour estre loyal a sa dame [1] ». Aussi, déclare-t-il gaillardement « qu'en cas d'amour c'est trop peu d'une dame » (I, 309) ; il ne se contente même pas de deux, et, dans une circonstance, Amour lui ayant fait « offre de trois », « toutes les trois ay prins et retenu » (II, 297), dit-il. La raison ? Pàris fut trop malheureux pour avoir choisi !

Bien différent de Pétrarque et des amoureux de la Pléiade, ce n'est donc pas pour une seule femme qu'écrivit notre aumônier. Cependant on peut, et sans trop de peine, avec les billets qui nous restent, démêler quelle

1. Voir les rondeaux qui se trouvent à la suite de la *Chasse d'amours*, f° Pi — Bibl. Nat. Rés. Vélins, 503.

tut sa conduite générale en cette matière. Quand « l'amour l'a poinct », il ne tarde pas à trouver ou à faire naître une occasion de déclarer ses sentiments. En me rendant « à vostre maison », écrit-il à une dame, je rencontrai quelqu'un qu'on menait en prison : mauvais présage, me dis-je. Et en effet, bientôt « après je m'y vis pris aussi ». (II, 85, VII) Et s'il ne trouve rien, il saura tourner un « quinzain » pour dire, avec force sous-entendus, qu'il aurait bien voulu attendre un moment plus propice pour parler, mais que « la passion le contraint et commande » (III, 20, XXVV).

Une fois sa déclaration faite, il multiplie ses services et ses compliments. Pourtant, Mellin ne s'est pas attardé à chanter les beautés de sa maîtresse : ceci convenait assez peu à sa nature primesautière, à son esprit facile, mais superficiel. Sans doute il déclare la beauté de sa dame vraiment « angélique » (III, 96, CLXXX), ses qualités auraient tôt découragé celui qui voudrait les égaler, mais il n'a pas pris la peine de les énumérer. Il y avait trop à faire, dit-il, « donc pour mieux dire il vaut trop mieux se taire » (III, 18, XXXI). Et il se contente d'inciter sa dame à l'aimer un peu « avec loyauté », non qu'il mérite bien si précieux , mais afin qu'elle garde sa beauté (II, 162). Ce qui le soutient et l'encourage, c'est l'espérance d'un dédommagement (III, 89, CLXVIII). Quand il se fait trop attendre, notre poète n'hésite pas à mettre la dame en demeure de se prononcer :

> Ou vous voulez, ou vous ne voulez point ;
> Quand vous voudriez deux mille ans deviser,
> Si faudroit-il à la fin s'aviser
> Qu'on s'en ennuye et venir à un point.

Et il poursuit : le plus petit signe me suffit, « je vous seray ami non décevant » ; sinon je recouvre toute ma liberté. Jamais en effet la pensée ne lui est venue de soupirer sans l'espérance de « quelque bien ».

Si vous voulez estre aimée et servie,
Faites qu'Amour quelque bien nous propose,
Et n'estimez que pour perdre la vie
A vous servir personne se dispose.
Je ne voy point que l'on cherche la rose
Pour n'y trouver qu'espine et cruaulté ;
On en fait cas pour bien meilleure chose,
Car sa douceur respond à sa beauté. II, 81.

Aussi, dans une circonstance, déclare-t-il à une dame qu'il « aime mieux mort endurer, que l'avoir seulement en painture : » (II, 91).

Ce n'est pas que Mellin n'ait point fait entendre des plaintes amères sur la froideur, la dureté et la cruauté de sa maîtresse. Elles ne manquent certes pas. Et si l'on se fatigue vite de les entendre, parce que trop souvent, ou plutôt toujours, elles manquent de sincérité, pourtant doit-on admirer la féconde ingéniosité de notre poète à inventer sans cesse de nouveaux procédés pour faire parvenir ses plaintes et l'expression de ses désirs. Tantôt il fait sortir son âme de son corps pour l'envoyer errante se plaindre la nuit auprès « de sa dame au lict dormante » (III, 80) ; tantôt il annonce qu'il va mourir, mais sera transformé en pensée à cause de sa « trop pensive souvenance » (III, 38). Parfois il est heureux dans ses inventions : témoin le petit huitain qu'il écrit pour faire savoir à sa dame qu'il l'aime d'autant plus qu'il fait plus d'efforts pour l'oublier :

Que doy-je plus, hélas ! dire ne faire ?
Que me vaut plus le plaindre et lamenter ?
Ne voy-je point qu'en mon piteux affaire,
Le meilleur est me taire et absenter,
Sans plus mes dicts ou escripts présenter ?
Helas ! ouy ; mais ay mal si extresme
Que plus le tais, plus le sens augmenter,
Et plus vous fuy, de tant plus je vous aime.

III, 76, CXLIII.

Cette petite pièce est digne de Marot, mais trop souvent Mellin s'en tient à des fadeurs ou à de froides allégories, quand il ne descend pas à pis. Ainsi il se plaint de ne connaître que deux saisons en amour : l'été, symbole de ses brûlantes ardeurs, et l'hiver, image de la froideur de son « inhumaine » (II, 155). Trop souvent il se plaint de « Fortune, Amour, Ciel, Mort et Nature, » (III, 5, VII), sans parler de « Foy, Honneur et Malheur » [1].

Mais tout ceci est à peine digne d'attirer l'attention . C'étaient là des thèmes généraux, des « pièces de réserve » que, selon toute vraisemblance, Mellin apporta d'Italie à son retour. Il les servit au petit bonheur, selon le besoin. Je suis très porté à croire, je le dis encore, qu'il n'était pas homme à soupirer longtemps, et les faveurs ne lui manquèrent pas. Discret et prudent en général, il a quelquefois parlé de ses bonheurs, mais sans trahir jamais ses amies. Il remercie pour « une faveur soudaine » (II, 99,) et se réjouit d'être parvenu à ses fins (1, 207, tout en ayant des inquiétudes pour l'avenir, mais toujours sans livrer aucun nom. Parmi ses meilleures pièces en ce genre, il convient de citer son neuvain sur un doulx baiser :

> Le doulx baiser donné de vostre bouche,
> Donné de grâce et acquis par requeste,
> Jusques au cœur et de si près me touche,
> Que le penser du plaisir tant honneste
> D'en souhaiter encore un m'admoneste.
> S'il vous plaisoit, Madame, l'accorder,
> Il ne tiendroit à le vous demander ;
> Mais il vault mieux ne vous prier de rien,
> Que de souffrir après un si grand bien. III, 45.

On s'accorde généralement à louer la grâce et la finesse de cette bluette. Le fait est qu'elle plaît, même après qu'on a lu le *doulx baiser* de Marot.

Ce que Mellin craint surtout dans ce commerce de ga-

1. *Œuvres de M. de S. G.*, III, 75, 79, 89, etc.

lanterie, c'est l'absence, la séparation. Il connaissait le proverbe : « loin des yeux, loin du cœur ». Aussi multiplie-t-il alors les billets (III, 23, XXXIX). Son luth même ne peut le consoler en pareil cas, (III, 94) et il soupire après le retour de la dame à laquelle il évita de dire adieu à son départ, parce que ce mot, dit-il, est de trop mauvaise augure (III, 97 et 98).

Parmi ces nombreux petits papiers insignifiants, voici un billet pour contremander un rendez-vous. « O ma seule pensée, écrit-il, la peur que j'ay, que vous soyez aperceue ou tansée », me porte à vous prier de « remettre à plus heureux loisir l'occasion d'être récompensée » (III, 110). Mais il ne faudrait cependant pas croire que Mellin n'ait jamais connu les inquiétudes, les chagrins et les déceptions dont se plaignent si souvent les amoureux. Non sans une profonde mélancolie, dont notre poète n'est pas coutumier, il écrivait à une dame qu'il aimait de « nature » :

> De bonne estime estes si bien pourveue,
> Que j'estois vostre avant vous avoir veue ;
> Tant que le bien de vous voir et hanter
> La peine a sceu non l'amour augmenter ;
> S'un autre donc vous aime d'aventure,
> C'est accident et j'aime de nature.
> Dieu sait lequel votre faveur aura,
> Mais je say bien qui mieux aymer saura. II, 39, III.

D'ordinaire d'ailleurs ses plaintes étaient autrement vives et pressantes : d'où parfois des froissements. Mellin n'était pas embarrassé pour donner alors une adroite explication. « Il vous a semblé, écrivait-il,

> Que plus grand fut le cry que le torment ;
> Mais si la fin couronne tout ouvrage,
> Vous congnoistrez par l'effect clairement
> Que plus grand fut le mal que le langage. II, 152.

Et quand il ne peut arriver à ses fins, et qu'il serait

peut-être imprudent d'être trop exigeant, il est vite consolé. — Si je n'ai pas « tout ce que j'ai souhaité de ma dame », dit-il, « je ne puis hayr sa chasteté », parce qu'elle mérite par là d'être bien plus aimée (III, 50, cxv). Dès lors, il sait se contenter d'une simple amitié (III, 74, cxxxix), quitte, dans une autre circonstance, à souhaiter vivre assez pour voir la vieillesse faire son œuvre et le venger.

O quel plaisir aura ma loyauté
D'estre vengée, et de voir ce beau teinct
Pasle et flestri, et ce clair œil estaint [1],
Voir en argent tourner l'or des cheveux!
Mais las! je suis si vivement attaint
Que mon espoir est contraire à mes vœux. II, 98.

Cependant ceci est une exception, et dans les cas ou Mellin trouvait trop longue résistance, il n'hésitait pas longtemps à rompre : les billets de cette sorte ne sont pas les moins nombreux. Tantôt il prend simplement congé (III, 83, clvii) ; tantôt il signifie la nécessité d'une complète séparation (II, 66) ; tantôt il se réjouit de ce « qu'ayant d'amour le nœud deffaict », il lui est advis qu'il est ressuscité (III, 56, cviii) ; tantôt enfin il remercie une dame qui l'avait abandonné de l'avoir dispensé lui-même de la quitter (II, 115 lv). Cependant il n'était pas de ceux qui fuïent tout raccomodemment. Fort ingénieusement, il écrivait après une rupture :

Nostre amitié est seulement
Descousue et non déchirée,
Et s'unira facilement,
Si de vous elle est désirée.
Amour qui la flèche a tirée,
Rhabillera ceste couture.
Et n'ayez peur qu'elle ne dure,

1. Ceci fait de suite songer au sonnet que devait écrire bientôt Ronsard s'adressant à Hélène : « Quand vous serez bien vieille, au soir, à la chandelle, etc. » Son. XLII.

Car s'il est vray ce qu'on afferme,
L'acier, au lieu de sa soudure,
Est plus fort qu'ailleurs et plus ferme.

Et, en cas de maladie, il priera même pour la cruelle qui le tourmente. Pour compléter ce rapide aperçu des productions érotiques de Mellin, il faut enfin signaler les réflexions étranges que lui suggèrent parfois certaines fêtes religieuses. On peut les deviner facilement, connaissant le caractère et la manie du galant abbé [1].

IV

Dans ce commerce assidu d'amour et de galanterie, les petits cadeaux allaient leur train. Mellin les accompagnait le plus souvent de quelques vers destinés à faire connaître ses intentions (II, 156). Voici un petit dizain, fort entortillé, pour remercier une dame de lui avoir envoyé sa portraicture (III,19.) ; ailleurs c'est pour un anneau de cristal, (II, 97), ou pour une jarretière (I, 101), qu'il adresse ses remerciements. A son tour, il envoie un brin de sauge avec le petit huitain suivant :

En désirant quelque herbe, fleur ou branche,
Pour m'acquitter envers vostre beaulté,
J'ay veu ung pied de saulge verte et blanche
Que j'ay cueilli par espéciaulté,
Pour vous monstrer, par le blanc, d'un costé,
Que blanche foy faict en moy demourance,
Et, si le verd est pour moy escouté,
Il vous requiert me donner espérance. III, 4.

Avec le même procédé, il envoie du laurier (I,100), des œillets, gris et rouges (I, 100), des roses d'hiver accompagnées d'un sonnet (I, 283), un anneau tournant (II, 52) et un miroir en retour d'un bracelet qu'il avait reçu (II, 95).

1. Cf. en particulier, II, 63, 91, 101, 109.

Toutes les fois que l'occasion se présentait de faire cadeau d'un livre quelconque, il ne manquait pas d'y ajouter quelques petits vers de sa production. Nous avons vu qu'il s'empressa d'écrire un huitain *sur un livre de Perceforest donné à une dame*, (II, 65). Mais que ce soit les *Illustrations des Gaules* (II, 51), les *Histoires amoureuses* (II, 71), un *Livre de fortune* (II, 134) ou tout autre qu'il envoie, les sentiments ne varient guère et la cause qui les fait naître est toujours la même. J'en dirai autant des simples billets dans lesquels il raconte les faicts divers dont il a été témoin : on retrouve toujours, sous les formes les plus variées, une galanterie raffinée, relevée d'un peu d'esprit, mais qui manque de cœur. A-t-il entendu quelque dame jouant du luth, vite il lui écrit :

Tant a en vous de grâces et bontés,
Qu'autre que vous ne vous peut ressembler ;
Mais lors sur tout vous mesmes surmontez,
Quand il vous plaist vostre voix assembler
Au son du luth, que vous faites trembler
Si doucement, que les cœurs faites vivre
Hors de leurs corps, et les savez embler,
C'est plus qu'Orpheus, qui se fit des bois suyvre. I, 109.

Véritablement, « l'amour aveugle, qui aveugle tout le monde », l'a trop aveuglé, ou plutôt traîtreusement abusé, comme il le reconnaît lui-même, en prévenant un ami sur le point de devenir amoureux, de ne pas prendre « un aveugle pour guide » (III, 5). Il l'a malheureusement suivi lui-même toute sa vie. Il s'était même tellement habitué à cet échange quasi quotidien de billets galants, que plusieurs fois, l'occasion manquant, il s'est adressé des vers à lui-même, au nom d'une dame, pour se donner le plaisir d'y répondre. Ainsi, étant un jour obligé de garder sa chambre par suite d'un mal de gorge, il se mit à écrire un dizain *D'une demoiselle à luy estant enroué.*

« Ce n'est ni le chaud, ni le froid, est-elle censée lui dire, qui a occasionné votre mal, mais bien Amour pour vous punir d'abuser de « votre douce éloquence », j'allais y succomber ! Et Mellin de répondre aussitôt : Eh bien soit, c'est Amour qui m'a rendu aphone, mais

Il a voulu par là vous faire entendre
Que les secrets et choses à moy dites
Ne sont jamais ouvertes ne redites.

Conclusion pratique, (car Mellin n'a jamais visé qu'un seul but en écrivant toutes ces fadaises), elle peut entièrement se fier à lui :

Et ne craignez vos plus grands faveurs faire
Ou au muet qui ne peut révéler,
Ou au parlant bien appris à se taire. II, 119.

Notre poète a plusieurs fois renouvelé ce jeu [1] : on peut le trouver puéril, mais il montre bien le caractère et les habitudes de celui qui se le permettait.

C'était aussi la coutume, au XVIe siècle, de fêter « le premier jour du mois de may » par l'envoi de petits présents. Mellin dut bien se garder de manquer à cette habitude si en rapport avec ses goûts. L'occasion était trop belle d'envoyer à ce propos quelques vers galants, pour qu'il la laissât échapper [2]. Ceux qui nous restent à ce sujet n'ajoutent rien à sa gloire. Je dois faire cependant une exception pour la jolie petite pièce *D'un présent de cerises*, mais je me propose d'en parler ailleurs. Il ne dut pas non plus oublier d'envoyer des *Estrennes*, « au matin premier jour de l'année ». Nous n'en possédons que deux. Il y a d'abord un dizain fait pour accompagner « un brin de guy de chesne », qu'il envoie à une dame « en lieu de may, de dorure ou de chaisne ». Et, après

1. *Œuvres de M. de S.-G.*, II, 15, 123, 271.
2. *Ibid.*, II, 48, 104, 143.

avoir rappelé la coutume des « vieux Duides sages », il revient à son procédé habituel, à cette allégorie continuelle, qui lui fait trouver partout des allusions inattendues à ses amours. C'est avec le gui que se fait la glu, puisse le cœur de cette dame se prendre et « s'agglutiner » à celui du poète (II, 209).

Une autre fois, au moment du renouvellement de l'année, Mellin était éloigné de la cour. Il aurait bien voulu envoyer des « estrennes » à six gentilles demoiselles de ses amies, qu'il avait laissées en s'éloignant. Mais il ne peut rien « trouver aux champs » digne de leur offrir. Leur écrire une savante épître ?... Il y avait songé, et avait même commencé une longue complainte sur son éloignement « en rustiques lieux » ; mais il y a renoncé, ne voulant pas « les estrenner d'excuses ». En fait d'estrennes, il ne possède « qu'une chose non achettée », qu'il voudrait bien pouvoir offrir ; c'est lui-même. Mais il renonce à cette offre pour deux raisons : d'abord il ne veut envoyer « rien de lourd et de mal tourné » ; en second lieu comme elles sont six, il ne saurait laquelle choisir, et ne peut les contenter toutes à la fois. Donc il fait simplement appel « à la faveur » de chacune, leur souhaitant en retour de rester simplement ce qu'elles sont, étant en tout parfaites, « fors la santé à une ou deux », que les Dieux vont rendre meilleure. Voilà ce que Mellin nous apprend lui-même, dans une pièce assez longue en vers de huit syllabes : *Estrennes envoyées aux demoiselles*, véritable lettre de bonne année, pas trop maniérée dans l'ensemble, et agréablement troussée, avec une pointe de malice assez piquante. Malheureusement, comme trop souvent dans ses œuvres, notre poète se permet quelques allusions risquées, et finit par un souhait singulièrement déplacé dans la bouche d'un aumônier s'adressant à de jeunes demoiselles.

Il est plus réservé et non moins heureux d'ailleurs

dans l'*Epistre à s'amie absente*[1]. Peut-être s'adressait-il ici à quelque dame assez haut placée, dont le rang élevé commandait la retenue. Dans tous les cas, par la clarté, le naturel et même la délicatesse des sentiments, cette pièce est une des meilleures de Mellin. Ce n'est, somme toute, qu'une protestation d'amitié à une grande dame, dont il est séparé malgré lui, mais elle ne manque pas de charme ; et malgré quelques négligences, on la relit avec plaisir, parce qu'on n'y trouve presque pas trace de mièvrerie, ni aucune allusion grivoise.

Il commence par protester contre le dicton reçu « que le trop esloigner » est funeste à l'amour. Cela peut être vrai « des cœurs légiers », guidés par le plaisir ou l'intérêt, « ou bien de ceux qui n'aiment que de bouche ; mais un bon cœur », qui a fait ses prœuves et s'est donné tout entier ne craindra jamais « l'absence ou la faulte de voir ». Tel est le mien, s'écrie-t-il, et il rappelle le passé avec une réserve et un sentiment de respect, qui ne lui sont pas habituels.

> ... Quand ennuy vous avez soustenu,
> Il a laissé sa douleur en arrière,
> Pour appaiser la vostre la première,
> Et si a eu plus cher son desplaisir
> Que d'offenser en riens vostre plaisir,
> Ne faire chose oultre la volonté,
> Ou contredit de vostre honnesteté ;
> Car tout son soing, son désir, son affaire
> Ne fut jamais qu'obéir et complaire
> A vous sans plus, comme encor il fera.

Après avoir pris le ciel et la terre à témoins de son éternelle fidélité, il nous en donne la raison, c'est la reconnaissance, car Amour a produit en lui les plus merveilleux effets. Ceci est assez curieux à constater, et rappelle les théories de *l'Amadis* et le prétendu rôle

1. *Ibid.*, III, 105-109.

d'éducatrice..... de Diane de Poitiers auprès du Dauphin Henri. « Le rond sera en triangle ou carré », dit-il, avant que

..... Jamais mon cœur mecte en oubly
Celle qui m'a de vertu ennobly,
Plus que n'ont faict lettres, expérience,
Art, sens, engin, doctrine ou congnoissance.
Estant muet, parler m'avez rendu ;
Aveugle ay veu, et de sourd entendu.

Aussi, il n'y a nul danger qu'il oublie jamais « ce qui tel heur lui procure », car il ne veut nullement retourner « en la prison obscure de sa première et trop grosse nature ». En conséquence, comme réponse à sa protestation de fidélité, il supplie « s'amie » d'être assez bonne pour lui envoyer deux mots « d'escripture », témoignant qu'il a fait son devoir :

Je vous supply n'estre envers moy si dure
Que d'espargner un bien peu d'escripture
A me respondre, et me faire sçavoir
Que cognoissez au moins le mien devoir,
Et qu'en ce monde à aultre je ne suis
Fors qu'à vous seule, et que jamais ne puis
Nul plus grand bien désirer ou eslire
Si non que vostre il vous plaise me dire. III, 108.

Après avoir lu cette petite épître, on regrette vivement que Mellin n'ait pas gardé plus souvent ce ton d'agréable simplicité ; avec un peu de travail et quelques corrections, ses « Epistres », sans égaler celles de Marot, n'en seraient pas si éloignées.

Mais le ton est bien différent dans les vers *A sa dame* [1], et, pour quelques traits piquants, il y a vraiment trop de défauts ! Ce n'est plus l'amant fidèle et respectueux de naguère ; les détails licencieux abondent, au milieu de phrases obscures, entortillées et parfois même

1. *Ibid.*, III, 101.

incohérentes. — Ces deux épîtres nous révèlent un Mellin jeune, spirituel, brillant et amoureux, fier de ses bonnes fortunes. Dans la fameuse lettre à *Diane, sa nièce* (II, 196), il nous apparaît sous un tout autre jour. La vieillesse est venue, les ennuis aussi, malgré sa philosophie. Il semble bien en effet que cette lettre n'est qu'un plaidoyer *pro domo* ; dans tous les cas, bien qu'elle soit adressée à cette Diane, sa nièce ou sa fille, ce n'est certes pas une lettre d'affection. On n'y trouverait que difficilement trace de tendresse : pas un seul accent parti du cœur. D'un bout à l'autre, au contraire, règne une froideur pleine d'égoïsme et de dépit.

Les causes qui motivèrent cette lettre paraissent avoir été peu agréables pour Mellin. Il devait avoir plus d'un grief contre cette Diane, qui n'agissait peut être que poussée par la famille de sa mère. Dans tous les cas, cette lettre nous fait connaître les idées personnelles de notre poète, nous renseigne sur sa conduite et éclaire d'un jour spécial les principaux traits de son caractère. Elle se subdivise en deux parties.

La première semble une réponse à des critiques dirigées contre sa conduite, une sorte d'apologie personnelle. « Jamais, dit-il, l'envie ne l'a pris de voir la Grèce, le Nil et l'Asie », ni de « suyvre un Magalan », « pour commander à quelque nouveau monde ». Non ; par une paresse naturelle, il a « mieux aymé, sans bouger », lire tranquillement les récits de ces exploits à l'abri de tout danger. C'est que son âme est sans « ambition et curiosité » ; l'amour de la richesse et des honneurs ne la tourmente guère, et, malgré toutes les occasions favorables, on ne l'a pas « vu se tracasser, pour rentes amasser ». Pourtant s'étant trouvé placé par François Ier à côté de celui qui a maintenant la suprême puissance, « quasi dès sa naissance », quelles espérances ne pouvait-il pas concevoir et quels biens obtenir ? Il s'est contenté de ce qu'on lui a donné, et le roi a même prévenu ses demandes ; à d'autres de mendier sans cesse « nouveaux tiltre et honneur ». Et il déclare avec orgueil, mais non sans amertume, que pour être complètement heureux il voudrait des biens que ne pussent jamais posséder « les envieux et les imbéciles ». Souhait égoïste, mais qui laisse entrevoir dans quel état d'esprit se trouvait le poète quand il écrivait ces vers.

D'ailleurs, la seconde partie de cette lettre est encore plus explicite à ce sujet. Après s'être ainsi justifié, il se demande avec une pitié dédaigneuse, comment il se fait que Dieu tout puissant, au lieu de régner sur des « êtres tous sages et parfaicts », ait ainsi voulu

> estre monarque et Roy
> D'infinis sots et d'un peuple ignorant ?

On sent percer sous ces mots le dépit d'une intelligence supérieure et d'une âme fière, choquée par la vulgarité de ceux avec qui il a à faire. Il illustre même son objection contre la Divinité de deux exemples, qui font mieux ressortir sa pensée :

> Tant plus un Prince est sage et de grand prix
> Plus a de gens nobles et bien appris :

de même qu'un général préférera toujours commander à de braves soldats, qu'à « un tas de païsans ». Mais il n'insiste pas sur ces idées philosophiques, et, sans chercher une réponse, s'accusant simplement de folie de vouloir pénétrer les secrets divins, il se contente d'invoquer les esprits célestes afin qu'ils lui montrent à découvert la Vérité, pour faire entendre « à tout le moins » à ceux de sa famille quels sont les vrais maux et les vrais biens.

Théories d'un épicurien, aristocrate ! Mellin nous assure que les seuls biens qu'il désire, ce sont ceux de l'esprit et du cœur — les seuls biens véritables. Hélas !

bien peu sont capables de comprendre cette doctrine ; pas même les siens !

De cette lettre se dégage une certaine mélancolie. C'est le langage d'un blasé qui met son honneur à tenir toutes les aspirations de son âme au-dessus de celles du vulgaire. L'expérience lui a fait connaître à fond les vrais biens d'ici-bas. Il s'efforce de profiter de sa science pour passer les dernières heures qui lui restent à vivre, dans le vrai bonheur, fait de tranquillité, de réserve et de sagesse. Et ce sont les siens qui viennent le troubler dans cette quiétude !

Les critiques les plus sévères sont obligés de reconnaître dans cette épître « un peu de simplicité et de naturel [1]. » C'est qu'il ne s'agit plus ici de galanterie, ni de sentiments convenus. Mellin est sincère, il exprime ce qu'il ressent, il le fait avec une certaine hauteur et son habituelle facilité d'expression. Le début de cette épître me semble vraiment digne d'éloges.

Je n'eus, Diane, onc à ma fantaisie
De voir la Grèce et passer en Asie,
Puis retourner, comme assez d'autres font,
Ma soif estaindre au Nil large et profond ;
Encore moins de suyvre un Magalan
Outre le cours du soleil et de l'an,
Et me commettre à la merci de l'onde
Pour commander à quelque nouveau monde.
J'ay mieux aimé, au coin d'une maison,
Du ciel apprendre et l'ordre et la raison,
Et navigeant entre livres et cartes
En un clin d'œil voller jusques aux Parthes,
Que tournoyant la terre pas à pas
Voir tout le monde et ne l'entendre pas. II, 196.

Et si les détails qui suivent sont moins heureusement

1. Charles d'Héricault, *Poètes français*, dans le *Recueil Crépet*..., I, p. 615.

exprimés, le dépit lui vient en aide, un peu plus loin quand il s'écrie avec vivacité :

> Ces biens icy, où tous sont si taschans,
> Viennent sans règle aux bons et aux meschans.
> Un sot en peut et un sage homme avoir,
> Un ignorant et un de bon savoir,
> Ainsi qu'il plaist au sort les despartir ;
> Et je voudrois, pour heureux me sentir,
> Qu'ils pleust à Dieu, d'où les vrais biens procèdent,
> M'en ottroyer de ceux que ne possèdent
> Nuls vicieux, ny ne sont dispensés,
> A cœurs malins ne cerveaux insensés,
> Et sans lesquels d'hommes n'avons que l'ombre.

« Ce morceau, écrit Nisard, égale les meilleurs de Marot, et la fin est d'un ton auquel Marot ne se serait pas élevé. C'est un doux fruit de la vieillesse de Saint-Gelais. Cet éloge des biens de l'esprit est déjà de la haute poésie : la Renaissance et la Réforme ont passé par là. »

Puis ce critique délicat, qui a recherché partout avec tant de finesse les diverses manifestations de l'esprit français, cite les derniers vers de cette pièce et s'écrie : « Voilà, si je ne me trompe, la première fois que la philosophie chrétienne qui bégaye dans les poésies de Marguerite de Navarre, et qui ne s'y peut dégager des obscurités de la théologie, s'exprime dans un langage clair, aisé et durable. C'est un pas de l'esprit français dans la poésie, et Saint-Gelays n'est pas un vain nom, puisque ce pas est marqué dans son recueil [1]. »

1. Nisard, *Histoire de la littérature française* — édit. de 1889, t. I, p. 348-349.

V

Le soin que Mellin n'apportait point à la rédaction de ses propres lettres, il ne faut pas le chercher dans celles qu'il écrivit pour les autres.

Nous avons vu qu'il n'éprouva jamais le moindre embarras à se constituer en toute occasion le secrétaire empressé des seigneurs de la Cour, mais nous ne possédons que peu de témoignages de ce talent de Mellin. Pourtant il devait encore être relativement jeune, quand le sieur de La Vigne ayant envoyé des lettres, par manière de jeu, aux filles d'honneur de Louise de Savoie, se trouvant à Saint-Germain, il se chargea de composer une digne réponse à ce poète [1]. Et depuis il ne dut jamais refuser son concours à qui sut le lui demander aimablement. Au besoin même, il prenait les devants.

Dans une circonstance, « trois demoiselles » avaient été obligées de quitter la cour et de s'éloigner pour un temps. Or, semble-t-il, les absentes, bien qu'il y en eut « bien peu de telles », furent un peu trop vite oubliées par les courtisans, qui s'étaient montrés les plus empressés à « leur faire service, honneur et plaisir [2] », quand elles étaient là. Les autres filles d'honneur ne purent s'empêcher d'en faire la remarque. Aussitôt Mellin écrivit en leur nom une sorte de lettre pour se plaindre « aux gentilhommes de la cour » de leur oubli trop rapide, et leur reprocher leur inconstance. Il termine en disant :

O dangereuse l'accointance,
Où il y a tant d'inconstance !
Tant d'inconstance et de parolle ;
Celle qui s'y fie est bien folle !

1. *Œuvres de M. de S. G.*, II, 192.
2. *Ibid.*, I, 232.

On est bien forcé d'ajouter que le principal mérite de pareils vers c'est surtout l'à propos, mais c'est le seul que recherchait Mellin. C'est aussi la plupart du temps la seule qualité qu'on lui demandait. Quand Henri II, se trouvant en visite à Anet, auprès de la célèbre Diane, « fit commandement » à notre poète d'avertir « la royne estant demeurée à Sainct-Germain », que le lendemain « le Roy et sa suicte » partait pour aller la retrouver, il demandait simplement quelques vers pleins d'à propos, relevés d'un peu d'esprit et de délicatesse, mais ne donnait que quelques heures à son aumônier pour avoir satisfaction. Et sur le champ Mellin improvisa une lettre en 126 vers, où il mêle assez heureusement les éloges de Diane de Poitiers à la description de ce séjour enchanteur [1].

On peut regretter que le poète « n'ait pas insisté davantage sur la maison et son hôtesse » : mais on ne doit pas oublier que les instants dont il disposait étaient comptés ; il n'a pas eu assez de loisir,

> Pour nous compter tout au long l'artifice
> De l'élégant et louable édifice.

Il se contente de déclarer qu'il est admirable et digne de tous points de l'illustre dame qui l'habite. Enfin ce palais est « si propre, si bien accommodé » que « sans l'avoir veu » jamais Mellin « tel ne l'eut cuydé ». Et il ajoute simplement :

> Trop me faudrait parlant temporiser
> Si tout voulois particulariser.
> Suffise vous qu'en nulle autre contrée
> Plus belle chose à peine est rencontrée.

Mais, s'il se contente de décrire encore plus brièvement les environs, il le fait avec grâce et facilité.

---

1. *Ibid.*, III, 123.

Auprès n'y a ny montagne, ny coste
Ni droict rocher qui le soleil nous oste,
Tant seulement la plaine est desguisée
D'une colline en tous lieux sy aisée,
Que quand quelqu'un la monte ou la descend,
Presque descendre ou monter ne se sent.
Voila pourquoy n'avons une seule heure
Senty ennuy en si belle demeure...

Quant à nous renseigner sur Diane de Poitiers, « la belle hôtesse d'Anet », ce n'était certes pas le rôle de Mellin en la circonstance, celui qu'on lui imposait était déjà assez délicat. Et il était trop prudent et trop réservé pour laisser même entrevoir ou soupçonner des secrets, qui auraient pu réveiller d'amères et récentes douleurs.

En revanche, les détails ne manquent pas dans la lettre qu'il écrivit pour le Dauphin François [1], au Roi Henri, son père, au début de son règne ; seulement ces détails nous renseignent uniquement sur les jeux du jeune prince, attendant avec impatience son père, parti pour quelque voyage. Le poète s'est efforcé de faire parler le Dauphin avec la simplicité et la naïveté d'un enfant de cinq ans. On peut lui reprocher de n'avoir pas toujours pleinement réussi, et d'avoir peut-être prêté au jeune prince des réflexions bien sérieuses sur son impatience ; mais cette lettre dans son ensemble ne manque ni de naturel ni d'agrément. Il y a là quelques détails assez heureux. Voici d'abord les amusements que le Daulphin avait préparés pour donner agréable passe-temps au roi son père, sur l'annonce d'un prochain retour.

Chambray prenait pour luy sa charge
D'une carrière longue et large,
Pour vous montrer courses et bonds
De quelques chevaux assez bons,
Dont le moindre est ma Cardinale.

....

1. *Ibid.*, II, 282.

Nous vous dressions un jeu de bale,
Nous vous gardions sur tous nos biens
Une meute de petits chiens...

Trompé dans ses espérances, il ne peut plus tenir en place, et le poète nous le représente rêvant la nuit du retour de son père, interrogeant le jour chaque courrier qui se présente, faisant ouvrir la fenêtre

Aucune fois pour descouvrir
Si quelqu'un s'en vient tout exprès
Pour dire que vous estes près.

Mais se rappelant les leçons de son maître et du Prescheur (qui doit être Mellin lui-même), il ajoute que malgré ses désirs impatients, il ne veut en rien contrarier son père dans ses projets.

... Quoique faciez, j'en seray aise
Ne voulant rien qui ne vous plaise.

Au milieu de ses préoccupations, ses études sont un peu délaissées, il l'avoue ingénieusement d'un mot en passant. Ses chevaux de bois n'engraissent pas, dit-il,

Et je crois qu'ils usent de vivres
Autant que nous faisons de livres.

Et il s'empresse de parler à nouveau de ses jeux, pour finir par une prière à Dieu, le suppliant de lui rendre son père et sa mère, de les bénir et de les lui garder jusqu'à ce qu'il soit grand-père.

Cette pièce est assez intéressante, bien que parfois un peu trop négligée dans le style. Seulement il est nécessaire de faire remarquer que Mellin suit ici, un modèle. Il suffit en effet de lire l'Epitre que Marot écrivit pour Jeanne de Navarre [1], quelque dix ans auparavant, pour

1. T. II, p. 108, Epistre XXXV. *Pour la petite princesse de Navarre. A Madame Marguerite*, 1538.

s'apercevoir bien vite que notre poète imite son ami. Mais, ici comme ailleurs, il est loin de l'avoir égalé.

VI

Pour en finir avec Mellin poète lyrique, il faut signaler encore une sorte d'épithalame. C'est bien le nom qu'il convient de donner à une petite pièce qu'il adressa à *Mademoiselle de Tallard, le jour de ses nopces* [1]. Elle épousait François du Bellay. D'après les vers de Saint-Gelays, cette demoiselle se maria fort tard : elle était cependant de noble race et très bien en cour auprès de François Ier, qui l'appelait sa *grenouille*. Marot nous apprend même que le Roi la chérissait à l'égal du Dauphin et de Chabot [2], peut-être trop pour permettre à quelque prétendant de s'approcher. Quoi qu'il en soit, la joie de Tallard fut grande d'avoir enfin trouvé un mari et son bonheur « d'autant plus grand que fut plus attendu ».

En parfait courtisan et avec sa galanterie habituelle, Mellin donne la raison de ce retard : la « petite grenouille » était si parfaite que voulant choisir « homme qui put à elle se conformer », elle a du attendre jusqu'à ce que le « ciel soigneux » ait marqué « l'heure prédes-

1. *Œuvres de M. de S. G.*, II, 245.

2. *Œuvres de Marot*, t. III, 9-10 — Epig. XI. *Pour Mlle de Talard au Roy.*

D'amour entière et tout à bonne fin,
Sire, il te plaist trois poissons bien aimer :
Premièrement le bien heureux Dauphin
Et le Chabot qui noue en ta grand'mer,
Puis ta Grenouille ; ainsi t'a plu nommer
L'humble Tallard, dont envie en gazouille,
Disant que c'est un poisson qui l'eau souille,
Et qui chantant à la voix mal sereine ;
Mais j'aime mieux du roy estre grenouille
Qu'en bien chantant d'un autre être sa reyne.

L'Epigramme suivante XII, p. 10-11, porte comme titre : *Du retour de Tallard à la cour.*

tinée ». Et le poète ne manque pas l'occasion d'adresser en passant un éloge « au Roy seul grand, victorieux et juste », qui ne devait pas être étranger à ce mariage. Mellin termine cette pièce par ce souhait aux deux époux :

Et soit tout seul entre vous le discord
Lequel des deux l'autre aime le plus fort.

Avant de clôturer cette énumération, il faut cependant dire au moins un mot de ce que j'appellerai « *les prières* » de Mellin. Le bagage religieux de cet étrange aumônier est mince. Il s'entendait mal à parler le langage de la piété. Je ne parlerai certes pas des dizains où il prie Dieu de favoriser ses coupables amours [1], mais l'*Oraison pour s'amie malade* [2] est bien jolie. Elle est si jolie qu'on n'a pas hésité à l'attribuer faussement à Clément Marot. Une grande simplicité de pensée et de style, jointe à une exquise sensibilité, contrastent fort heureusement ici avec les défauts ordinaires de Mellin, la recherche et l'obscurité. Les raisons qu'il allègue pour obtenir la guérison demandée, sont en effet dignes de la bonhomie de Marot :

Ta sainte voix en l'Evangile crie,
Que tout vivant pour son ennemi prie :
Guéris donc celle, ô médecin parfait,
Qui m'est contraire et malade me fait !
Hélas ! Seigneur, il semble, tant est belle,
Que plaisir prins à la composer telle.
Ne souffre pas à venir cet outrage,
Que maladie efface ton ouvrage !

Et il continue sa prière humble, suppliante, obstinée, multipliant les promesses. Fais, ô mon Dieu, « que maladie n'ait point l'honneur de la rendre enlaidie », et ceux qui verront cette beauté souveraine, te béniront « d'avoir

1. *Œuvres de M. de S. G.*, III, 16 et 28.
2. *Ibid.*, II, 301.

formé si belle créature, et de ma part feray un beau cantique » pour proclamér ta bonté.

Mellin ne nous avait encore jamais montré tant de naturel, de grâce et de vérité. Aussi, bien que cette pièce soit assez étrange sous sa plume, on ne peut s'empêcher de regretter qu'il n'ait plus souvent employé dans ses vers ces précieuses qualités poétiques que la nature ne lui avait pas refusées. Il y aurait dans ses poésies moins d'insipides fadeurs, et la postérité le placerait plus haut. Il dut sentir lui-même plus d'une fois la fausseté de sa manière poétique. Du moins il nous le laisse entrevoir. En une nuit de Noël, il souhaite de devenir « nouvelle créature [1] ». Et il s'essaya à composer un beau cantique [2] pour célébrer les joies de ce mystère de la naissance d'un Dieu enfant. Nous avons vu qu'il tenta plus d'une fois de se convertir et les *Actions de grâce* [3] qu'il adressa à Dieu sont pleines d'une sincère humilité. Aussi les vers du seizain qui les expriment sont des meilleurs que le poète ait jamais faits.

Ainsi revenu à des sentiments plus chrétiens, il se plaisait à contempler la Vierge Marie, Nostre-Dame, au pied de la Croix [4]. Et, dans une autre circonstance, il lui adressait cette courte salutation :

Je te salue, o très humble pucelle,
Qui du Seigneur te nommas humble ancelle,
Quand il te fit nouvelles apporter,
Que tu devois en ton ventre porter
L'intaurateur de la vie éternelle ! II, 291.

Mais les habitudes de galanterie étaient profondément enracinées dans son cœur ; elles étouffèrent trop souvent ses sérieuses résolutions. Un jour, c'était probablement

1. *Ibid.*, III, 132.
2. *Ibid.*, III, 129.
3. *Ibid.*, II, 289.
4. *Ibid.*, II, 293.

sur le tard de sa vie, il prend un livre d'heures pour satisfaire sa coupable manie d'inscrire des quatrains érotiques. Il l'ouvre, une image est là : elle représente *David estant menacé de l'ange.* Cette vue le frappe, il réfléchit, il se rappelle et se met à écrire :

Mon Dieu, si mes maux infinis
Ont mérité d'estre punis,
Envoyez moi, si bon vous semble,
La faim, la guerre et peste ensemble ;
Soit mon cœur de tous vos dards poinct.
Mais, mon Dieu, que je n'aime point ! III, 113.

Prière bien tardive, si elle fut efficace !

En voilà, je crois, assez pour se convaincre que, dans ce qu'on peut appeler les poésies lyriques de Mellin, se rencontrent presque partout, mêmes caractères, mêmes qualités et mêmes défauts. Distiques, quatrains, huitains, douzains et autres petits vers, billets de toute sorte, lettres diverses, prières ne sont que des impromptus. Ils ont de la grâce, de la facilité et de l'esprit. Mais il y a, dans un trop grand nombre, trop de galanterie, encore plus de fadeur, sans parler de la négligence et de l'obscurité. Quant à la monotonie, inévitable dans de pareils sujets, il a essayé de l'éviter, sans toujours y réussir.

CHAPITRE III

POÈMES A FORME FIXE

I. — Paroles de Pasquier sur ces genres. — Ballades : d'un chat et d'un milan ; autre.

II. — Rondeaux : érotiques, — badins, — satiriques, — élogieux. — Madrigal.

III. — Sonnets. — Importation d'Italie. — Opinion de M. Jasinski, — réfutation. — Mellin apporte le sonnet d'Italie. — Débuts, - divers emplois. — dispositions diverses des tercets.

IV. — Blasons. Définition. — Appel de Marot : concours poétique. — Mellin envoie les blasons de « *l'œil* » et des « *cheveux coupez* ».

V. — Capitolo à rimes tierces. — Capitolo burlesque. — Capitolo erotique. — Acrostiches.

I

Pasquier, en ses *Recherches de la France*, proclame que notre poésie nationale, après être restée longtemps stérile par la faute « d'un nombre effréné d'un tas de gaste-papiers », retrouva un peu de vie et de lustre avec certains poèmes à forme fixe. « Vray, dit-il, que comme toutes choses se changent selon la diversité des temps ; aussi, après que notre Poésie Françoise fut demeurée quelques longues années en friche, on commença d'enter sur son vieux tige certains nouveaux fruits auparavant incogneus à nos anciens Poètes. Ce furent Chants Royaux, Ballades et Rondeaux [1] ». Et c'est, nous apprend-il encore, « vers le règne de Charles cinquième », que ces divers poèmes « commencèrent d'avoir cours ; » ils ne

1. Pasquier, *Recherches de la France*, Liv. VII, ch. V, col. 696, D.

cessèrent d'être grandement en honneur jusqu'à ce que Du Bellay, à l'instigation de Ronsard, les proscrivit dans son manifeste. L'abus qu'en avaient fait les Rhétoriqueurs, dans leurs puérils et fastidieux agencements de mots, semblait bien justifier cette condamnation.

Or, lorsque Mellin débuta dans la carrière des lettres, la gloire de Meschinot et de Molinet était intacte, et Guillaume Cretin travaillait toujours « son vers équivoqué ». Aussi Clément Marot, qui se piquait d'être le disciple fidèle de pareils maîtres, n'a pas manqué de cultiver les formes poétiques qui leur étaient chères, et parfois même s'est laissé aller jusqu'à imiter leurs puérilités. On ne peut reprocher à Mellin de telles faiblesses. Il n'y a d'ailleurs dans les œuvres qui nous restent de lui nulle trace de Chant Royal. et, si l'on trouve quelques rondeaux, il ne nous a laissé que deux ballades.

La ballade se composait alors pour l'ordinaire de « trois ou quatre dizains ou huitains, en vers de sept, huit ou dix syllabes à la discrétion du fatiste [1] », terminés par un « envoy » de cinq vers. « Au reste, c'était un Chant Royal raccourci au petit pied, auquel toutes les règles de l'autre s'observoient », et pour « la suite continuelle de la rime », la même dans tous les couplets, et pour « la closture du vers », ou refrain, qui terminait chaque strophe et l'envoi. Donc, trois strophes symétriquement égales en tout, suivies d'un envoi de cinq vers, dont le dernier était identique à celui qui terminait chaque strophe, voilà ce qu'était extérieurement la Ballade au temps de Mellin, comme au temps de Villon. Quant au sujet, elle ne devait d'abord, au dire de Sibilet en son *Art poëtique* [2], « traiter que matières graves et dignes de l'aureille d'un roy, — mais aujourd'hui; poursuit-il, la

1. Pasquier, *loc. cit.* Col. 697, C.
2. Chap. IV, *La Balade*, fol. 48.

matière de la balade est toute telle qu'il plaist à celuy qui en est autheur ».

Et, de fait, Mellin a employé cette forme poétique dans deux occasions bien différentes. Une première fois il s'en servit pour donner un sévère avertissement à l'envieux François Sagon, qui avait attaqué Clément Marot. Nous avons vu les causes de cette querelle malheureuse, ses diverses phases et les circonstances dans lesquelles notre poète composa sa ballade. Il ne fut pas très heureux. L'allégorie dont il se sert n'est ni bien appropriée, ni bien claire. Un milan planant dans les airs aperçoit un chat qui dort, il fond sur lui et du poil lui arrache.

> Mais, se voyant ainsi injustement attaqué,
> Le chat combat et au milan s'attache
> Si vivement et l'estraint si tresfort
> Que le milan, faisant tout son effort
> De s'envoler, se tint prins à la prise.
> Lors me souvint d'un qui a fait le fort,
> Qui par son mal a sa faiblesse apprise. II, 1.

Le chat, c'est Marot, Sagon est le milan : la comparaison pourrait être mieux choisie. Je ne trouve également rien de bien piquant dans les avertissements que Mellin donne à « ce sot busard », qui a osé s'en prendre à son ami. Les vers sont souvent rudes et la construction de la phrase embarrassée. Le refrain lui-même, centre et résumé de ce petit poème, est ici mal amené et ne présente ni élévation dans la pensée, ni grâce dans l'expression. Cependant cette première ballade eut un grand succès. Les lettrés du XVIe siècle ne jugeaient pas comme nous.

Dans la seconde, Mellin s'efforça de prouver qu'un amant n'est pas volage pour aimer plusieurs beautés. Et nous voici revenus au thème favori de notre poète, la galanterie. Aurait-il été lui-même rudement pris à partie pour « papillonner » ça et là auprès des demoiselles de la cour, ou voulut-il simplement défendre une théorie qui lui était chère ? Les deux hypothèses sont également vraisemblables, à moins qu'il n'écrivit pour quelque grand seigneur accusé d'inconstance. Quoi qu'il en soit, Mellin n'est jamais à court de raisons, nous l'avons déjà constaté plus d'une fois. Ecoutons sa subtile argumentation [1]. Il commence par poser en principe que tout est imparfait ici-bas ; or l'amour véritable n'a « nul autre object que la perfection ». Dès lors, comme l'abeille qui « prend pour venir à son faict »,

De maintes fleurs douce réfection,

le véritable amant peut rechercher à droite et à gauche, « en plusieurs qui n'ont semblance aucune », les divers éléments de la beauté, afin de pratiquer le parfait amour.

Confesser faut que ceste affection,
Qui ne peut voir son object tout en une,
Se peut espandre et choisir en chacune
Ce qu'il y a plus digne d'amitié,
Ainsi l'amour dispersée et commune
Demeure entière et n'a point de moitié [2].

Ceci ne manque pas d'esprit. Le sophisme est assez ingénieusement présenté. Au reste, la ballade, somme toute, n'est dépourvue ni de grâce ni d'élégance. Toutes choses capables d'amener un sourire sur les lèvres des accusateurs et surtout des accusatrices, et c'est tout ce que demandait Mellin : la cause était gagnée.

1. *Autre ballade*, II, 4.
2. Comparez A. de Musset, *Namouna*, II, str. 46 sqq.

II

Le rondeau semble avoir été alors moins prisé et moins cultivé que la ballade. Sibilet nous l'assure et nous en donne même la raison : « Pour ce que la matière du rondeau n'est autre que du sonnet ou épigramme, les poètes de ce temps les plus frians ont quitté les Rondeaux à l'antiquité, pour s'arrester aux Epigrammes et Sonnetz, poèmes de premier pris entre les petis. Et de fait tu lis peu de Rondeaux de Saingelais, Scève, Salel, Heroët [1] ». Il nous en reste cependant vingt-trois de notre poète ; mais je suis porté à croire que ces petites compositions datent surtout de ses débuts. La langue, d'un grand nombre au moins, me paraît plus ancienne, les mots plus archaïques et moins précis que dans les autres poésies. De telle sorte que lorsque, en parcourant le premier volume de ses œuvres, on arrive aux Rondeaux, après avoir lu les sonnets qui précèdent, on éprouve une sorte de surprise, comme si l'on se trouvait brusquement ramené de quelque cinquante ans en arrière.

On a reproché à Mellin de n'avoir pas en ce genre « cette verve et cette concision dont les vieux maîtres lui avaient donné l'exemple [2] ». Cependant, sur les vingt-trois rondeaux qu'il a composés, il en est de fort bien troussés. Je laisse de côté ceux où le poète exhale ses soupirs amoureux, se plaignant « d'avoir trop de peine [3] », parce qu'il aime « sans espérer [4] », alors que « le premier accueil [5] » l'a blessé à mort. Pourtant il en est un de ce genre, attribué quelquefois à tort à Marguerite de Na-

1. *Art poétique*, Chap. III, *Rondeau*, p. 46.
2. Charles d'Héricault, *Recueil* de Crépet, I, 613.
3. *Œuvres*, I, 90.
4. *Ibid.*, *Rondeau IV*, I, 305.
5. *Ibid.*, *Rondeau X*, I, 311.

varre, qui mérite une mention spéciale, parce qu'on peut en conclure légitimement que le poète l'avait adressé à cette princesse.

A Dieu me plains, qui seul me peut entendre,
Et qui congnoist quelle fin doyvent prendre
Tant de travaux de ce commencement ;
Car je suis seur (s'ils durent longuement)
Que je puis bien certaine mort attendre.
Assez congnois que trop veux entreprendre ;
Mais quel remède ? ailleurs ne puis entendre
Ny ne ferai ; j'en fay vœu et serment
A Dieu.
Tende la Mort son arc s'elle veut tendre,
Je ne luy puis commander ny deffendre.
Une en a pris le pouvoir seulement ;
Mais si tiendray-je en mon entendement
Ceste amitié, jusques à l'âme rendre
A Dieu. I, 304.

Le ton de respect de ce rondeau, contrastant singulièrement avec la « folie » de certains autres, indique que c'est pour quelque très grande dame que Mellin l'écrivit. Mais notre poète est fort prudent et ne nous a même pas dit le nom de cette « beauté florissante, des grands aimée et soutenue [1] », à qui il reproche d'être « un peu mesconnaissante à ses amis. » La pièce ne manque, d'ailleurs, ni de grâce, ni de délicatesse. Je n'en trouve pas moins dans le Rondeau qu'il écrivit à une dame « pour s'acquitter de l'obligation » qu'il lui devait :

Pour m'acquitter de l'obligation
Que j'ay à vous, vostre condition
Méritoit bien une œuvre plus profonde,
Qu'un seul Rondeau, en langue peu faconde,
Que vous voulez pour satisfaction.
Las ! quel Rondeau a la perfection
De faire un poinct de rétribution ;

1. *Ibid.*, *Rondeau V*, I, p. 306.

Si n'est qu'eussiez la grand'fabrique ronde [1],
Pour m'acquitter.
Puisqu'elle n'est en ma possession,
Et que l'on tient pour résolution
Que chacun homme est seul un petit monde,
Ce monde cy, qui en moy seul se fonde,
Je vous présente avec l'affection,
Pour m'acquitter I, 90.

Peut-être faudrait-il signaler encore parmi les mieux réussis, ce Rondeau où Mellin s'adressant à un poète, « esprit gentil », qui doit être Marot, le prie de lui « départir doctrine souveraine », voulant lui-même « de sa main estre faict esprit gentil [2] ». Mais en voilà certes assez pour prouver que Mellin a su tirer le meilleur parti de ce petit poème pour écrire de petits billets, adresser un compliment ou un reproche, formuler agréablement une demande ou une réponse. Il lui a demandé encore d'autres services. Une fois il s'en sert pour démontrer, ce qu'il a tenté de faire souvent, « qu'en cas d'amour c'est trop peu d'une dame [3] ». Ailleurs, il l'emploie pour développer une pensée générale qui constitue un joli petit conte, assez agréablement présenté.

Pour avoir paix entre Amour et la Mort,
Qui pour le cœur souvent ont du discord,
Il a fallu faire grand jurement :

1. Dans le Ms. de la Bibliothèque de Soissons, n° 201, fol. 35, ce rondeau présente certaines variantes heureuses, que je crois intéressant de signaler :

Pour le payement de l'obligation
Que j'ay vers vous, vostre condition
Méritoit bien ung œuvre plus profonde
Qu'un seul rondeau, en langue peu faconde,
Que demandez pour rétribution.
Mais quel rondeau a la perfection
De faire un point de satisfaction,
Si n'est qu'eussiez toute la terre ronde
Pour le payement.
Or, puysqu'ell' n'est en ma possession... etc.

2. *Œuvres*, *Rondeau IX*, I, 310.

3. *Ibid*, *Rondeau VIII*, I, 309.

C'est que la Mort ne tuera nullement
Nul qui aimast de cœur loyal bien fort.
Amour aussi ne fera son effort
Toucher le cœur ; ainsi s'en vont d'accord
Amour et Mort, tout d'un consentement
Pour avoir paix.
Depuys n'ai eu d'un seul tué rapport
Par trop aimer : et combien qu'outre bord
Gouverne Amour dissimuléement
Yeux, bouche, mains, toutesfois vivement
N'a navré cœur soit à droit, soit à tort
Pour avoir paix. I, 314.

La fiction est ingénieuse et présentée sans excès de mignardise ni de subtilité. Dans deux cas au moins Mellin « arma le rondeau du fouet de la satire. « C'est d'abord pour flageller un certain « Ribard, créditeur importun », qui s'en prenait à « son revenu, le terme venu, sans attendre jour ne semaine [1] ». En second lieu, il s'en servit pour se défendre « d'avoir mesdit » d'une dame de la Cour. Cette dame, qui ne se distinguait ni par l'esprit ni par la beauté, s'estima, parait-il, lésée dans son honneur par les propos de Mellin, et elle se fâcha. Or notre poète tenait grandement à sa réputation de galant homme, et se targuait de ne jamais médire [2]. De plus il détestait fort les « laides » et les « vieilles ». Aussi, agacé par ces réclamations, il ne ménagea pas sa réponse. Non, dit-il à cette dame, je n'ai jamais attaqué votre honneur,

Mais qu'il n'y ait en vous rien à redire,
Et que sachiez bien parler et escrire,
S'on le vous dit, c'est Castillanisé
En bonne foy.
Vous estes laide, on le vous peut bien dire,
Mais Dieu me veuille oublier et maudire,
Si vostre honneur j'ay oncques mesprisé.

1. *Ibid.*, *Rondeau XV*, I, 316.
2. *Ibid.*, *A une mal contente*, I, 196.

Il est bien vray que j'ay trop mieux prisé
M'amie, aussi y a-t-il bien à dire
En bonne foy. I, 314.

Le galant aumônier est ici quelque peu discourtois. Mais aussi comme il savait tourner agréablement un compliment. Voici ce qu'il adressait « à une belle et honneste » demoiselle, qui pourrait bien avoir été Loyse du Plessis :

Par sa vertu elle est fort estimée ;
Elle est fort belle et honneste clamée,
Mais l'on ne sçait si son honnesteté
Louable est plus que sa grande beaulté,
Tant elle en est parfaicte et consommée.
La beauté plaist, mais ce n'est que fumée,
L'honnesteté luy promet renommée
Jusques au ciel, comme elle a mérité,
Par sa vertu.
Et si elle est par envie blamée,
Jà n'en sera sa louange entamée ;
Car riens ne peut obscurcir sa clarté,
Et tort luy faict quiconque en a doubté,
Veu qu'elle n'est fors à honneur aymée,
Par sa vertu. III, 58.

Nous sommes ici en plein madrigal et l'on s'est toujours accordé pour attribuer à Mellin l'honneur d'avoir introduit en France ce genre de composition, apporté d'Italie. Il n'y a, il est vrai, dans toutes ses œuvres qu'une seule pièce portant ce titre [1], et c'est une sorte de plainte amoureuse sans grands mérites et sans originalité ; mais c'est incontestablement le premier madrigal fait en France. De plus, il n'est peut-être pas inutile de faire remarquer qu'en mêlant, comme il l'a fait, les vers de six syllabes à ceux de dix, le poète, me semble-t-il, a voulu imiter autant que possible les Italiens, qui écrivaient tou-

1. *Ibid.*, I, 238. Le titre est *madrigale*, qui est le mot italien, et le Ms. Fr. 878, porte comme dénomination *mandrigal*.

jours ces pièces en vers iambiques. D'un autre côté, comme ce petit poème n'est soumis en France à aucune loi spéciale de rime ni de rythme, on peut voir des madrigaux dans toute pièce renfermant une pensée galante, un compliment précieux, un sentiment raffiné. Il suffit de leur donner ce nom, et c'est peut-être bien ce que fit particulièrement Saint-Gelays à son retour d'Italie. Dès lors les madrigaux ne manquent pas dans son œuvre. Et ceci peut expliquer encore pourquoi il fut universellement regardé comme l'introducteur de ce poème en France.

III

Tous ses contemporains lui attribuaient aussi l'honneur d'avoir le premier cultivé le sonnet français. Comme Du Bellay [1], ils croyaient sans discussion que Mellin avait apporté d'Italie cette forme poétique et l'avait acclimatée chez nous. Au XVIIe siècle Guillaume Colletet, dans son *Discours du Sonnet* [2], après avoir rapporté les paroles de Du Bellay et examiné la question, conclut en ces termes : « Je puis dire avecque raison qu'il est parmy nous, sinon le premier inventeur, du moins le premier Restaurateur du Sonnet. » Plus près de nous, M. Louys de Vey-

1. Cf. *Seconde préface de l'Olive*, 1550. Edit. Marty-Laveaux, I, 72.

2. *L'Art poétique du Sr Colletet, où il est traité de l'épigramme, du sonnet, du poème bucolique, de l'églogue, de la pastorale et de l'Idylle, de la poésie pastorale et sentencieuse.*

Voici le texte même : « Du Bellay, dans la Préface de la seconde édition de son *Olive*, reveue et augmentée par l'autheur, l'an 1550, dit en termes exprès que c'estoit à la persuasion de Jacques Peletier du Mans qu'il avoit choisi le sonnet, comme un poème fort peu usité jusques alors, estant d'italien devenu français par Mellin de Saingelais », p. 29. Et, un peu plus loin, il ajoute : « Ainsi, comme depuis le rétablissement de ce petit poème, je ne trouve point parmy nous de plus anciens sonnets que ceux de Mellin de Saingelais, je puis dire avecque raison qu'il est parmy nous sinon le premier inventeur, du moins le premier restaurateur du sonnet », p. 30.

rières, dans sa *Monographie du Sonnet* [1], ne se prononce pas et abandonne la controverse à d'autres plus compétents. Mais à son tour, M. Max Jasinski, dans sa récente thèse, *Histoire du sonnet en France* [2], n'hésite pas à conclure que « Saint-Gelais n'est pas le père du sonnet français : il en est seulement le parrain ; il l'a poussé dans le monde et produit à la cour ».

L'honneur, certes, serait encore grand pour notre poète; seulement ceci me paraît une hypothèse plausible, si l'on veut, mais qui ne tient pas assez compte ni du caractère de Mellin et de son long séjour en Italie, ni de sa manière poétique.

Que « Lyon connut le sonnet de bonne heure et dût l'accueillir aisément [3] », rien de plus vraisemblable, étant donné les relations fréquentes de cette ville avec l'Italie. Mais, de ce que les belles Lyonnaises goûtaient et applaudissaient ces petits poèmes italiens, il est bien téméraire d'en conclure qu'elles ne manquèrent pas d'en écrire ou même d'en composer en français ; car « dans ce qui nous reste d'elles, avant 1550, on est surpris de constater l'absence complète de sonnets [4] ». Dès lors sur quoi s'appuyer pour fixer, même approximativement vers 1530, « la première apparition du sonnet en langue vulgaire, récité un jour dans l'Angélique et tout de suite goûté par un auditoire délicat, dès longtemps habitué à lire et à faire des sonnets en italien [5] » ? Mais, même en admettant cette hypothèse, il est aussi probable que le même fait

1. *Monographie du sonnet, sonnettistes anciens et modernes, suivis de quatre-vingts sonnets*, par Louys de Veyrières. Il dit en parlant de l'introduction du sonnet en France : « Plusieurs critiques anciens lui (à Mellin) accordent la primauté, comme il y a doute à cet égard, nous abandonnons la controverse à ceux qui sont moins ignorants que nous », t. I, 95.

2. Max Jasinski, *Histoire du sonnet en France*. — Thèse présentée à la Faculté des Lettres de Paris, 1903.

3. *Ibid.*, p. 34.

4. *Ibid.*, ibid.

5. *Ibid.*, p. 37.

dut se produire à Paris et à la Cour, où les Italianisants (et saint-Gelays en tête) ne manquaient pas. Et pourquoi n'aurait-il pas traduit des sonnets aussi bien que des huitains, des dizains et des madrigaux ?

Nous savons en outre qu'il fit plusieurs séjours à Lyon et y compta de nombreux amis parmi les lettrés [1]. Il n'est même pas impossible qu'il s'arrêtât dans cette ville à son retour d'Italie et qu'il donnât aux dames Lyonnaises la primeur des diverses compositions poétiques qu'il rapportait. Dans tous les cas, il était au courant de ce qui se passait dans les salons de l'Angélique, et si le sonnet improvisé y avait de la vogue, il dut s'empresser d'adopter cette nouvelle forme poétique, lui, l'improvisateur par excellence. Et, par suite, il ne tarda pas à le faire connaître antour de lui, dans cette cour de François Ier, où il était le coryphée de toutes les nouveautés poétiques.

D'un autre côté, si réellement c'est Marot qui a le premier cultivé le sonnet français [2], c'est à lui qu'il laut attribuer l'honneur d'en être le parrain et de l'avoir poussé dans le monde des lettres. A Mellin reviendrait seulement la gloire de l'avoir peut-être acclimaté à la Cour, où il eut plus d'influence que son ami.

De cette hypothèse qui donne au sonnet la ville de Lyon pour berceau, je veux seulement retenir ceci : c'est qu'au « commencement il est considéré comme une épi-

1. Voir ce que lui dit Symphorien Champier dans *l'Epitre dédicatoire de la vie du Chevalier Bayard*, fol. VII v°.

2. Vaganay, le *Sonnet en Italie et en France au* XVIe *siècle*, dit dans la préface du t. II, p. VI : « M. A. Darmesteler a montré que Mellin de Saint-Gelais avait visité l'Italie avant Marot, et que ses sonnets présentent dans le dernier tercet la rime florentine *ede*, propre aux sonnets italiens, alors que Marot dispose le dernier tercet *dee*, groupement qui a généralement été adopte par nos poètes. »

Cf. J. Vianey, *Revue de la Renaissance* : année 1903, p. 74-93. *Les origines du sonnet régulier*. L'invention du sonnet régulier par Marot serait une creation en même temps qu'une déformation : son sonnet n'est qu'un ensemble de trois quatrains, dont le dernier est séparé des autres par un distique.

gramme, souvent improvisée et non destinée à l'imprimerie... C'était le sonnet-épigramme que l'on avait emprunté à l'Italie... il accompagnait les fleurs offertes à une dame, l'hommage présenté au grand seigneur, etc. [1]. » Or, c'est précisément là le caractère particulier de toute l'œuvre de Mellin, c'est même le caractère particulier de plusieurs de ses sonnets, dont on ne peut exactement fixer la date. Et j'en conclus qu'ils sont les premiers composés par notre poète, qui doit être regardé, jusqu'à preuve du contraire, comme l'introducteur du sonnet en France.

« Saint-Gelais avait fréquenté les universités de Padoue et de Bologne, -- je ne fais que citer — et il était versé dans la poésie et la langue italiennes quand, à 28 ans, il obtint une charge de chapelain de François Ier. Il connaissait donc assurément le sonnet et volontiers on supposerait (même sans preuves) qu'il l'a introduit. Curieux de rythmes nouveaux, manieur adroit de rimes-tierces, inventeur de onzains, douzains, et treizains, n'en était-il pas capable entre tous ? [2] » Contrairement à M. Max Jasinski, je réponds à cette question : « Une étude attentive de ses sonnets confirme cette supposition », corroborée par le témoignage des contemporains. Rien de plus facile que de répondre aux objections opposées, quand on connaît Mellin, son caractère et ses œuvres [3].

Sans doute « parmi ses sonnets que l'on peut dater exactement, le premier ne remonte qu'à la fin de 1533 [4] » mais ceux précisément auxquels on ne peut assigner une date exacte me paraissent les plus anciens, et cela pour plusieurs raisons.

Ce sont d'abord tous, je l'ai déjà dit, des sonnets-épi-

1. Cf. Jasinski, *op. cit.*, p. 38.
2. *Ibid.*, p. 41.
3. Voir le tableau synoptique et chronologique des sonnets de Mellin. — *Appendice.*
4. Max Jasinski, *op. cit*, p. 41.

grammes, comme il est convenu de les appeler, de la catégorie de ceux qu'on improvisait mais qu'on n'imprimait pas. Trois d'entre eux ne contiennent que des plaintes amoureuses [1], comme le *Canzoniero*, un quatrième est fait « pour un présent de roses [2] » ; un autre tourne en ridicule « les lunes de s'amie », et le dernier est adressé à Marot. De plus, deux sont empruntés à des auteurs italiens [3]. Evidemment Mellin les rapporta avec lui en venant d'Italie et dut s'empresser de les servir à la première occasion. D'un autre côté, le sonnet adressé à Marot [4] fut sûrement écrit avant 1544, mais pourquoi pas vers 1525, et même avant cette date, car l'amitié des deux poètes était alors déjà ancienne ? Or, c'est surtout avant 1525 que Marot pouvait se montrer rival de Mellin auprès de Marguerite de Navarre, la « belle et grande Dame, en qui tout l'heur des astres est compris ».

Tout autant de raisons qui me font regarder ces sonnets comme les plus anciens. Et j'ajoute que Mellin en a sûrement fait d'autres qui ne nous sont pas parvenus, et cela au début de sa carrière. Ce qui nous le prouve, c'est sa manière habituelle de procéder, et le caractère général de ses œuvres. Autant les autres poètes apportent d'empressement à produire leurs vers au jour, autant il mit de vigilance à conserver les siens inédits. Inutile de revenir sur ce point [5]. Et c'est surtout à ses débuts qu'il dut se montrer jaloux de garder ses poésies, afin qu'elles pussent lui servir longtemps. Ce n'était probablement « ni modestie, ni indifférence », mais simplement intérêt. Dans tous les cas, Thevet nous apprend que c'est « contre sa volonté et intention » qu'on publia plusieurs de

1. *Œuvres de M. de S.-G.*, I, 280, 285, 300.
2. *Ibid.* I, 283.
3. C'est le Ve, I, 285, emprunté au Berni, et le VIIe, p. 288, pris d'une épigramme de Marulle.
4. *Œuvres*, II, 262.
5. Voir plus haut, *Deuxième partie*, ch. I, p. 334-342.

ses écrits. Il n'eut donc garde de confier à son ami, le lyonnais Dumoulin, le soin de surveiller l'impression de ses œuvres, en 1547. Tout semble indiquer le contraire. Rien de surprenant donc si l'on ne trouve aucun sonnet dans cette fameuse édition.

Enfin, pour qu'en 1550, Du Bellay, au début de la lutte contre les Marotiques, dont Mellin était le chef, proclamât que le sonnet était « d'italien devenu français par Mellin de Saint-Gelais », il fallait que les preuves fussent convaincantes et connues. Car il aurait été de fort bonne guerre d'attribuer à Marot ou à quelque autre cette invention, si la chose avait été vraisemblable. On ne saurait récuser le témoignage d'un rival, qui était à même de se renseigner.

Ainsi donc, l'histoire de la vie de Mellin de Saint-Gelays, l'examen attentif de ses œuvres, s'accordent avec la vraisemblance et le témoignage des contemporains pour lui attribuer la gloire d'être le véritable introducteur du sonnet en France [1].

Maintenant, toutes les objections écartées, nous pourrons mieux entrevoir quel fut le rôle de notre poète. Frappé, sans nul doute, du succès prodigieux qu'avait le sonnet par delà les Alpes, il se mit à étudier cette forme poétique. Il ne tarda pas à saisir son incomparable valeur artistique et toutes les ressources qu'il présentait. Pas de refrain sans doute, mais un admirable agencement, plein d'harmonie et de variété. Il vit que c'était là un merveilleux instrument poétique, d'autant que le dernier vers, résumant en quelques mots frappants le sens du sonnet tout entier, pouvait lui donner une exception-

1. Edouard Turquety reconnaît aussi Mellin comme le père du sonnet français et dit fort spirituellement : « Le sonnet français n'est pas de ceux qui ne savent à quel saint se vouer, étant né avec Sainct-Gelays, mort avec Saint-Pavin et ressuscité avec Sainte-Beuve. » Cf. P. Blanchemain, *Poëtes et amoureuses du XVIe siècle*, t. I, p. 132.

nelle ampleur [1]. Aussi, bien vite s'empressa-t-il de traduire en français quelques-uns de ces petits poèmes. Peut-être même n'observa-t-il pas tout d'abord les règles essentielles du genre, et c'est ce qui explique, à mon avis, qu'on ait intercalé parmi ses sonnets un espèce de quatorzain, racontant un conte grivois (I, 284.) Ce ne serait là qu'un début, un premier essai. Mais il ne tarda pas à démêler le vrai caractère du sonnet français, et se mit à en faire sur le patron italien.

Quand il revint en France, au début du règne de François Ier, bien avant 1530, il devait en avoir plusieurs dans ses papiers. Il s'empressa de les produire. Tous roulaient d'abord sur un seul et même sujet : l'amour. Mellin n'en connaissait pas d'autres. De sa voix fluette, il débitait ces petits poèmes, qui convenaient si bien à sa Muse, à son talent et à ses desseins.

Asseuré suis d'estre pris et lié ;
Mais assurer ne puis l'heure et saison
Que je changeay ma franchise à prison,
Dont mon orgueil fut tant humilié.
    Si longtemps fut couvert et pallié
L'amer du doux et l'erreur de raison,
Que je cuidois, en prenant le poison,
Estre immortel et des dieux allié.
    Œuvre ne fut d'un jour ne d'une année
Ce changement ; mais de main longue et forte
En fut la rets tissue et ordonnée ;
    Dont aux effets du ciel je la rapporte,
Et aux beaux yeux qui de fatale sorte
Tournent mes ans, ma vie et destinée. I, 280.

Parfois même il les chantait en s'accompagnant du luth. C'était le moyen de mieux faire ressortir la force, la grâce et toute l'harmonie du dernier vers. Le sonnet

1. Cf. M. Doumic, *Une histoire du sonnet*. *Revue des Deux Mondes*, 15 mars 1904, p. 444.

français était déjà né, il essayait ses forces et cherchait à étendre son domaine, sans trop s'écarter de l'épigramme. Peu à peu les circonstances vont lui permettre de se développer et de prendre conscience de lui-même. Et Mellin contribua grandement encore à ce développement, aidé d'ailleurs, je le veux bien, par Clément Marot.

Déjà, en 1533, notre poète, au nom de la jeune demoiselle de Traves, avait écrit un sonnet en réponse à l'italien Syméoni [1]. Il s'éloignait ici un peu de son sujet habituel : l'amour. Certainement il dut en écrire d'autres, les années qui suivirent. Du moins peut-on assurer qu'à partir de 1544, il se servit du sonnet dans des occasions bien différentes. Cette même année, il l'emploie pour célébrer la naissance du duc de Bretagne (I, 290), et en inscrit un « au Pétrarque de Monsieur le duc d'Orléans » (I, 287). Nous en possédons deux de 1546. Le premier célèbre les louanges de « Monsieur le Dauphin et de la belle Eglé », Diane de Poitiers, (I, 296), le second fut « mis au devant du traité : *Advertissement sur les jugemens d'astrologie* », pour lui servir de préface. L'année suivante, il en rédigea un autre « pour mettre au devant de l'*Histoire des Indes* ». Il mérite d'être cité.

Si la merveille unie à vérité
Est des esprits délectable pasture,
Bien devra plaire au monde la lecture
De cette histoire et sa variété.
Autre Océan d'autres bords limité,
Et autre ciel s'y voit d'autre nature,
Autre bestail, autres fruits et verdure,
Et d'autres gens le terrain habité.
Heureux Colom qui premier en fist queste,
Et plus heureux qui en fera conqueste,
L'un hémisphère avec l'autre unissant !

1. *Sonnet* II, I. 281.

C'est au Dauphin à voir ces mers estranges,
C'est à luÿ seul à remplir de louanges
La grand'rondeur du paternel croissant. I, 292.

Mellin ne trouva pas de meilleure forme poétique pour chanter, peu de temps après, les heureux débuts du règne de Henri II et les espérances qu'il faisait naître. Ce sonnet est connu ; il atteint jusqu'à la grandeur (I, 295) : les progrès sont notables. Et pourtant Du Bellay, enfermé dans le Collège de Coqueret, n'avait pas encore songé à son *Olive.* Avant que le sonnet fut employé pour composer « un poème amoureux », Saint-Gelays le fit paraitre également à la mascarade « de Monsieur de Martigues à la Cour », après son mariage (I, 294), et à « un faict d'armes à Blois », pour « deux masques en Rogier et Marphise » (I, 293).

Mais il fallait bien que celui qui avait fait connaître le sonnet en France, en composât au moins un qu'on put ranger parmi les meilleurs. Mellin n'a pas manqué à cette obligation. Et le *Sonnet à Pierre de Ronsard sur son livre intitulé : les Bocages* [1] atteint à une hauteur que les plus beaux n'ont pas dépassée. De plus on trouve même une pointe de mélancolie et de tristesse dans le dernier sonnet qu'il écrivit, vieux et repentant, pour consigner « ses derniers propos [2] ». De sorte que Mellin a ouvert au sonnet presque tous les horizons. Grâce aussi à ses goûts d'artiste et à son amour de la mélodie, il s'est efforcé d'en améliorer la forme extérieure et d'en varier la construction [3]. Sans doute il n'use que du décasyllabe, (c'était alors le vers héroïque et majestueux), et il respecte la disposition régulière des quatrains, mais il s'est efforcé de trouver des combinaisons variées pour les

1. *Œuvres de M. de S.-G.* III, 112.
2. *Ibid., Grace à Dieu, sonnet,* II, 254.
3. Voir ce que dit M. J. Vianey, *Les origines du sonnet régulier,* dans la *Revue de la Renaissance,* 1903, p. 74-93.

deux tercets. Il y a huit formes différentes, pour l'agencement de ces six vers, dans les sonnets qui nous restent de lui[1]. Et l'on ne peut que le féliciter d'avoir ainsi essayé d'éviter la monotonie dans ces petits poèmes si sévèrement ordonnés.

Il me semble donc qu'on peut légitimement conclure que Mellin est véritablement le père du sonnet français[2]. Il le rapporta d'Italie au début du règne de François Ier, et ne tarda pas à le produire à la cour. D'abord vague, de forme incertaine et ressemblant à un vulgaire quatorzain, il le perfectionna peu à peu pour lui faire chanter ses plaintes amoureuses, remplir un message galant, ou pour mieux aiguiser un trait d'esprit. Encouragé par le succès, il ne craignit pas, en multipliant les combinaisons des deux tercets, de lui faire célébrer naissances et mariages, décès et joyeux avènements, ni

1. Je dis huit formes différentes au lieu de sept, comme l'écrit M. Max Jasinski, qui semble avoir oublié, par confusion de lettres, de signaler l'agencement du sonnet VII, t. I, 288. Ce sonnet a même deux textes différents. Il présente d'abord la forme CCD, CCD, qui n'est pas signalée, et de plus la variante fournie par le Mˢ La Rochetulon, donne CDC, EDE. J'ai dès lors le tableau suivant :

1° CCD EED,	employé	neuf fois (au lieu de dix.)
2° CDD CEE,	—	trois fois.
3° CDC DEE,	—	trois fois.
4° CDC DCD,	—	deux fois.
5° CDC EDE,	—	deux fois. Variante du Mˢ La Rochetulon.
6° CDC DDC.	—	une fois.
7° CDE CDE,	—	une fois.
8° CCD CCD,	—	une fois, sonnet VII.

2. Voici, à titre de curiosité, l'opinion de M. Francesco Flamini, dans sa *Studi di storia letteraria italiana e straniera* : Saint-Gelays « par-dessus tout, s'il ne fut pas le premier à écrire des sonnets français (puisque des dix composés par Clément Marot parvenus jusqu'à nous, dont quatre originaux, l'un est de 1529, un autre de 1536, et tous furent publiés avant la première édition des poésies de Mellin), a certainement le mérite d'avoir le premier usé largement et presque rendu semblable à la poésie d'au-delà des Alpes, cette forme métrique étrangère, qui tout de suite y obtint une extraordinaire fortune, fut unanimement adoptée et élevée par quelques-uns à une perfection tout à fait artistique, par Ronsard, par exemple, dont le sonnet de trempe excellente, est, selon l'expression de Coppée, fort et flexible à l'instar d'une épée », p. 263.

de l'inscrire comme préface en tête de quelqnes ouvrages nouveaux. En un mot, après avoir ramené le sonnet en France, Mellin lui fraya les voies qui devaient le conduire à la gloire.

IV

Mais, en revanche, Saint-Gelays n'a fait que suivre docilement son ami Marot les deux fois qu'il a « blasonné ».

Le blason est la description élogieuse ou satirique des diverses parties d'un objet qu'on se propose de dépeindre [1]. Ce genre fut en grande honneur au xve siècle, mais il s'était maintenu dans la médiocrité et avait peu élargi son domaine. On connaissait les blasons de Coquillart, Gringore, Collerye et Guillaume Alexis [2], sans leur accorder grande faveur. Il n'y avait là aucun modèle qui s'imposât et que l'on pût imiter en toute sûreté. Or, lorsque Marot réfugié à la cour de Ferrare, eut composé, vers la fin de 1535, la description du *Beau T...*, il l'envoya en France en provoquant tous les poètes à l'imiter dans une sorte de concours poétique. Ce fut une émulation extraordinaire parmi tous ceux qui se targuaient de pouvoir agencer deux vers. A la voix du maître, on vit surgir une légion de blasonneurs, qui se mirent à décrire sans vergogne les diverses parties du corps féminin. Ce furent : Maurice Scève, Heroët, Eustorg de Beaulieu, Victor Brodeau, Michel d'Amboise, Claude Chapuys, Jacques Peletier, Gilles d'Aurigny, Le Lieur, Lancelot Carles, Hugues Salei, Estienne Forcadel, sans oublier Bo-

1. Voici la définition qu'en donne Sibilet : « Le blason est une perpétuelle louange ou continu vitupère de ce qu'on s'est proposé de blasonner. » *Art poétique*, II, chap. X, fol. 65 v°.

2. Cf. Méon, *Blasons, poésies anciennes des* XVe *et* XVIe *siècle*, in-8, Paris, 1807.

naventure Despériers [1]. Il y en eut bien d'autres de moindre notoriété. Et tous s'empressèrent d'envoyer au plus tôt leurs œùvres à Ferrare. Mais rien ne vint d'abord de la part de Mellin. Marot s'inquiétait de ce silence. Il se mit quand même à l'œuvre pour classer les pièces des concurrents et ce fut le jeune Maurice Scève, poète lyonnais encore inconnu, qui obtint la première place, avec son blason du *Sourcil*. Ce travail à peine fini, il se mit à écrire une *Epistre à ceulx qui après l'épigramme du beau T... en firent d'aultres* [2]. Là il distribuait largement éloges et encouragements à tous ses disciples empressés, mais en même temps il laissait percer une inquiétude au sujet de notre poète, dont il n'avait aucune nouvelle.

> O Sainct-Gelays, créature gentille,
> Dont le sçavoir, dont l'esprit, dont le style,
> Et donc le tout rend la France honorée,
> A quoy tient-il que ta plume dorée,
> N'a faict le sien ? [3]

Mellin n'était pas sérieusement menacé, semble-t-il, d'être chassé de la cour par ce mauvais vent qui courait alors, comme le craignait son ami. De fait, il composa deux blasons, l'un *de l'œil*, en concurrence avec Heroët, et l'autre *de cheveux coupez*. Seulement, soit paresse dans la composition, soit négligence dans l'envoi, soit pour tout autre motif, ses deux pièces arrivèrent en retard. Il fallait les classer ; on ne pouvait bonnement leur donner le premier rang, mais on les mit au second.

Malgré cette place honorable, Saint-Gelays ne prit probablement pas part au second concours qui se pré-

---

1. Cf. *Blasons anatomiques du corps féminin*, etc. Chez l'Angelier. Paris, 1550, in-16. La plupart de ces blasons se trouvent aussi par ordre de mérite dans les œuvres de Marot, La Haye, 1731, t. III, p. 317-389.

2. *Œuvres de Clément Marot*. Edit. Guiffrey, t. III, p. 400-410.

3. *Ibid.*, p. 405.

parait. Marot, en effet, en même temps qu'il remerciait, félicitait et encourageait les blasonneurs, leur avait envoyé un second modèle. C'était l'*épigramme du laid T.....*, c'est-à-dire un contreblason [1]. Et l'on se lança dans le contreblason. Ce fut un véritable déluge de pièces de toute provenance et de toute valeur ; mais la plupart restèrent au-dessous du médiocre. La Huetterie, Antoine de Saix, Grosnet, Guillaume Guéroult et Jean de La Taille, s'y exercèrent tour à tour [2]. Gilles Corrozet, le célèbre poète libraire-imprimeur, y réussit le mieux. Non sans quelque mérite littéraire, dans ses *Blasons domestiques* [3] et surtout dans son *Blason contre les blasonneurs*, il attaqua tous ceux de ses devanciers qui n'avaient point respecté dans leurs vers les règles de la pudeur.

Son exemple ne fut pas perdu. « Les poètes se mirent à faire comme lui des blasons honnêtes. Ils appliquèrent même ce genre à toutes sortes de matières, à la morale, à la politique, à la géographie, à la médecine, aux sciences naturelles et physiques [4] », jusqu'à ce qu'enfin le blason, vers la fin du XVIe siècle, perdit peu à peu la faveur qu'il avait détenue pendant près de cinquante ans. Avec ses deux petits poèmes, Mellin de Saint-Gelays tient un rang des plus honorables parmi les poètes qui s'essayèrent à blasonner. C'est qu'ici ses défauts mêmes lui ont en quelque sorte été utiles : sa préciosité habituelle n'est pas trop déplacée dans ces petites pièces fine-

1. Quelque 50 ans auparavant, en 1486, Guillaume Alexis avait fait paraître le *Grand blason des faulces amours*. — Paris, imp. de P. Levet, in-4. — Bibl. Nat. Rés. Y^e^. 254. C'était une sorte de contre-blason.

2. Cf. *Les blasons anatomiques du corps féminin, ensemble les contre-blasons avec les figures, le tout mis par ordre : composés par plusieurs auteurs contemporains.* — Chez l'Angelier, Paris, 1550, in-16. — Réimp. à 104 exempl. Amsterdam, 1866.

3. *Les Blasons domestiques contre les blasonneurs des membres*, dans les *Poésies françaises des XVe et XVIe siècles.* Bibl. elz. t. VI. Sur Corrozet, voir Goujet, *Bibl. Franç.* t. XIII ; et Bonnardot, *Etudes sur G. Corrozet*, in-8. Paris, 1848.

4. Frédéric Godefroy, *Histoire de la Littérature Française*, XVIe *siècle*, p. 608.

ment ciselées, véritables miniatures littéraires. Aussi, me semble-t-il, son *Blason de l'œil* [1] est supérieur à celui qu'Heroët composa sur le même sujet et même à celui de Maurice Scève. Il a su garder ici une clarté d'expression qu'on regrette de ne pas trouver plus souvent dans ses autres œuvres.

Selon la règle du genre, il commence par donner sous forme exclamative les qualités de cet « œil attrayant », qui « peut les plus clairs yeux esblouir ». Mais voici comme « la table d'attente » de ce blason, « cet œil est le seul soleil de son âme »,

> De qui la non visible flamme
> En lui fait tous les changements
> Qu'un soleil fait aux éléments.

Viennent ensuite les détails : qu'il s'éloigne, en effet, et c'est l'hiver plein de tristesse et d'ennui ; qu'il reparaisse et voilà le printemps avec « en lieu de fleurs »,

> Dans mon cœur dix mille pensées
> Si douces et si dispensées
> Du sort commun de cette vie,
> Qu'aux Dieux ne porte nulle envie. »

Et si cette vue se prolonge, cet œil divin engendre un feu ardent, « qui dans son cœur arresté, remet un bouillant esté ».

La peinture est assez heureuse, bien qu'un peu teintée de mignardise. Et cependant ce ne fut pas cette pièce qui valut à Mellin le second rang dans le concours poétique ; la cour de Ferrare et Marot lui-même lui préférèrent le *Blason des cheveux coupez* [2].

Ces juges avaient une autre manière que nous d'apprécier ce genre de poésie. Je n'hésite pas, en effet, à recon-

1. *D'un œil*, I, 194.
2. *D'un bracelet de cheveux*, I, 191.

naître que notre poète retombe ici dans la subtilité, pour dépeindre fort longuement ces « cheveux, longs, beaux et desliés », qui ont lié fortement son cœur. Passe encore de dire qu'ils « furent couverture

> Du grand chef-d'œuvre de nature,
> Où le ciel, qui tout clost et voit,
> A montré combien il pouvoit
> Assembler en petite espace
> De beauté et de bonne grâce.

Mais il donne ensuite les raisons les plus subtiles du bonheur de ces cheveux. Et comparant son sort au leur, il se plaint d'être comme eux la proie du fer ; seulement, tandis que « son œil s'estaint » sous le dard qui le perce, ils n'ont pas changé de teint. Probablement on dut admirer beaucoup la finesse et l'esprit de pareilles subtilités, mais c'est vraiment par trop dépasser la mesure, même quand on est « créature gentille ».

V

Notre poète emprunta encore aux Italiens une autre forme poétique particulière : le *Capitolo* ou *Chapitre*, écrit en rimes tierces. Mais il ne fut pas le premier à s'en servir. On s'accorde généralement à regarder Jean Lemaire de Belges comme l'introducteur de ce genre en France [1]. Toujours est-il que Mellin lui fit « le plus joyeux accueil [2] ». Le Capitolo, composé de tercets réguliers s'en-

1. Sur l'origine de la terza rima, voir ce que dit M. L. E. Kastner dans « la *Revue pour la langue et la littérature française.* » *Zeitsch. fur franz. Sp. u. Litt.*, année 1904, XXVI, p: 241 à 253. — D'après lui la « terza rima », ou capitolo n'est qu'une transformation ou variété du « serventese ternario incatenato ». Fait à noter, à ma connaissance, ni Ronsard, ni Du Bellay, n'ont jamais employé la rime tierce.

2. Cf. Francesco Flamini, *Studi di Storia letteraria*, p. 264. C'est à cet auteur que j'emprunte bon nombre des détails qui suivent sur le *Capitolo*.

chaînant l'un à l'autre par la rime, avait eu une grande vogue en Italie au siècle précédent. On l'avait fait servir à deux usages tout opposés, ce qui avait créé deux genres différents : le *Chapitre burlesque*, et le *Chapitre érotique.*

Le premier (capitolo burlesco), consacré par Berni et assaisonné par lui « d'un sel un peu gros, mais fort piquant » [1], n'était pas fait pour rebuter notre aumônier. Il s'en est servi au moins une fois pour adresse à un envieux des « *souhaicts* » au rebours, véritables « malédictions [2] ». Seulement la rime tierce est devenue la rime quarte. Mais chaque quatrain, selon la règle du Capitolo, commence par les mêmes mots comme pour indiquer, par la répétition de la même formule initiale, la persistance d'une idée ou d'un sentiment dans le cœur du poète [3]. Ces souhaits ou malédictions pouvaient s'adresser peut-être à Sagon, le poète envieux, ennemi de Marot. Quel que soit le destinataire, ces invectives commençant par ces mots « je prie à Dieu », sont plus violentes que spirituelles. Et sans mettre sur le compte de Mellin les quatrains grossiers, qu'on a ajoutés dans certains recueils [4], ces stances ne sont pas pour lui un titre de gloire [5].

Il a été plus heureux dans le *Chapitre* érotique. « Au commencement du XVIe siècle, ce genre spécial,

---

1. *Ibid*, p. 264.

2. *Œuvres*, I, 243. Une première ébauche de cette pièce avait paru dans l'édition de 1547, sous le titre de *souhaicts* (I, 79), suivie de trois quatrains, précédés de ces mots : *autres souhaitz au contraire des précédents.* — En sorte qu'il y a comme trois textes différents de cette pièce.

3 Cf. Francesco Flamini, p. 265.

4. Cf. *Recueil des poésies françaises des* XVe *et* XVIe *siècles*, publié par A. de Montaiglon, t. V, p. 254. La pièce a pour titre : *Les Prières et Dons faicts par Robin à celuy qui l'a marié, et buvent du bon vin.*

5. Peut-être pourrait-on rapprocher de ce genre de *Chapitre*, au moins pour la forme extérieure, une petite pièce qui porte le nom de *Stances*, III, 83. Elle est composée de quatre quatrains à rimes entremêlées régulièrement, (A B B A) et le premier vers est le même pour chaque stance. Cette disposition est assez curieuse.

ayant déjà fait son temps, se traînait languissamment, devenant, d'après le sujet traité, épître, élégie, églogue, ou restant « capitolo ». Dans ce dernier cas, il était d'ordinaire fort court et remarquable par l'arrangement des vers. Précisément les compositions de Mellin en rimes tierces nous présentent ces deux caractères. [1] » Laissant, en effet, de côté la fameuse *Description d'amour* [2], si vantée au XVIe siècle, nous trouvons d'abord deux simples *Chapitres* fort courts, uniquement consacrés à la galanterie. Le premier porte le titre de *Discours amoureux* [3] et semble avoir été composé pour le roi, ou du moins il fut arrangé par l'addition d'un dernier quatrain pour devenir un galant message royal. Ce « discours », somme toute, respire encore une certaine vivacité ; il y a de l'énergie et de l'entrain dans ces tercets sur un sujet assez banal.

Je n'en puis dire autant de la *Complainte du loyal et malheureux amant à sa dame mal pitoyable* [4]. Malgré quelques traits heureux, il y a là trop de froideur et de fadeur. Cette pièce, à laquelle Sibilet, dans son *Art poétique* (II, ch. VI, f° 58 v°), donne le nom d'Ode, avait été composée pour être chantée sur le luth ou la « guyterre », comme le *Discours Amoureux* d'ailleurs [5]. C'était donc une espèce de chanson sur quelque rythme connu.

Mellin s'est encore servi de la rime tierce dans deux

1. Cf. Francesco Flamini, *loco cit*, p. 264-265.

2. *Œuvres*, I, 82. Sibilet, dans son *Art poétique*, range cette pièce parmi les *Définitions*. Il dit à propos de ce genre : « La *définition* françoise imprime la substance de la chose définie et le naturel fond d'elle. Et la *description* peint et colore seulement la chose descripte par ses qualités et propriétés accidentaires, ne plus ne moins qu'en latin. Ces deux sortes de poèmes sont trouvées de nouveau et encore peu usitées, toutesfois élégantes, comme tu peus voir en la définition d'Amour, qui dit ainsi :

« Qu'est-ce qu'Amour ? etc. » II, chap. X, fol. 66 r°.

3. *Ibid.* I, 61.

4. *Ibid.* I, 69.

5. Elle est intitulée dans l'édition de 1574 : *Léger chapitre pour le luth, à double repos.*

pièces de quelque étendue qui sont de pures élégies [1]. Il l'a employée aussi pour célébrer la *Royne Marie* [2], la belle Marie Stuart. Elle était encore fort jeune et élevée à la Cour avec les autres enfants de France, en attendant de devenir l'épouse du dauphin François. Le poète chante, non sans exagération, les beautés physiques et morales de cette princesse qui fait « en pleine nuict le soleil apparoistre ». Il y a cependant là quelques tercets pleins de grâce et de fraîcheur. « Quiconque la contemplera, dit-il,

> Dans ses beaux yeux, en flamme non esteinte,
> Avec Amour verra jointe et enclose
> Honnesteté, sans querelle ou contrainte ;
> Il verra teint un visage, où repose
> Douceur hautaine et gracieuse audace,
> Comme entre liz une vermeille roze.

Il termine cet éloge par ce quatrain à l'adresse du Daupbin :

> Si donc heureux un chacun se peut rendre
> En la voyant, sans faveur plus expresse,
> Qui sauroit l'heur mesurer et comprendre
> Du semidieu qui l'a pour sa maistresse.

Le poète courtisan reparaît toujours : mais on pourrait adresser le même reproche à d'autres qu'à lui, au XVIe siècle et même après. Il ne réservait pas d'ailleurs ses vers à la famille royale, et savait en faire bénéficier ses amis. Ainsi, François de Pérusse, comte d'Escars, qui soupirait pour Catherine de Ferpères, l'ayant prié de lui composer un billet amoureux, Mellin s'empressa d'écrire un *Chapitre, Lettres capitales* [3], qui est un acrostiche.

Cette pièce n'a guère d'autres mérites que celui de la

1. *Œuvres*, II, 182 et 185. Le Ms. 878 donne, en effet, à ces deux pièces le nom *d'Elégies* : la première comprend 60 vers, et la seconde en a 100.
2. *Ibid.* I, 220.
3. *Ibid.* I, 236.

double difficulté vaincue d'écrire un acrostiche en rimes tierces. Mais à son tour Catherine de Ferpères ayant fait appel à Saint-Gelays, il s'empressa d'écrire un *Quinzain de lettres capitales, répondant au chapitre précédent* [1].

Il s'est encore amusé à composer deux dizains formant acrostiche. Les lettres initiales du premier donnent ce mot « *la papalité* [2] », et la pièce attaque la « puissance de l'Eglise romaine », sapée par la Réforme : ceci n'est pas d'un catholique orthodoxe. Le second est un petit billet à l'adresse d'Anthoinette, dont le malheur l'a séparé [3]. Ce dizain est assez gracieux, mais inutile de s'arrêter plus longtemps à ces amusements d'un esprit facile et léger. Qu'il écrive, en effet, une ballade ou crayonne un blason, polisse un madrigal, agence un Chapitre, tourne rondeaux et sonnets, Mellin ne manque jamais de facilité et de grâce. Par malheur, il n'a pas assez su, même dans ces petits poèmes à forme fixe et de si courte étendue, se garder contre l'affectation et l'obscurité. On ne peut cependant lui refuser le mérite d'avoir introduit en France le madrigal et le sonnet, et c'est encore un titre de gloire que cela.

1. *Ibid.* I, 237.
2. *Autre dizain ou Enigme*, I, 108.
3. *Dizain* CXL, III, 75.

CHAPITRE IV

ÉPIGRAMMES – ÉLÉGIES – CHANSONS

I. — Epigrammes : grande réputation. — Satire politique, religieuse, littéraire, morale. — Epigrammes badines.

II. — Contes : grossièretés. — Epitaphes. — Enigmes.

III. — Elégies. — *Epitaphe de la Belette d'une demoiselle.* — *Epitaphe d'un Passereau.* — Traduction de Catulle et d'Ovide. — Deux élégies personnelles.

IV. — Chansons. — Théorie de Sibilet : ode et chanson. — Du Bellay — *Chanson lamentable sur la mort d'Adonis.* — Mlle de Pienne. — *Chanson des Astres.*

V. — Chansons érotiques : plaintes des deux amants. — Chansons badines. — Formes variées. — Traits heureux. — Strophes et vers.

VI. — Cantique : *chant génethliaque.* — Odelettes.

I

Si l'épigramme n'est pas une innovation de Saint-Gelays en poésie, c'est du moins à l'Ecole marotique qu'il faut rapporter l'honneur d'avoir introduit ce genre dans notre littérature. Il ne tarda pas à prendre un développement considérable, encouragé par la faveur du public, toujours attiré par la malice et l'esprit. Nous avons le témoignage de Sibilet sur ce point : « Et est l'esprit de l'épigramme tel, que par luy le poète rencontre le plus ou le moins de faveur : témoin Marot et Saingelais, singulièrement recommandés auz compagnies dés savans pour le sel de leurs épigrammes [1]. »

1. *Art poétique*, II, 1, fol. 43 v°.

Seulement, par le fait même de son succès, le champ de l'épigramme devint très vaste et mal défini. Quel qu'en fût le sujet, toute pièce satirique ou badine, amoureuse, élégiaque ou pastorale. était une épigramme pourvu qu'elle ne dépassât pas douze vers [1]. C'est, en effet, la règle donnée par Sibilet, le théoricien de l'Ecole marotique. Cependant il fait remarquer qu'en France, comme chez « les Latins premiers », nous n'avons limité aucun nombre de vers pour l'épigramme. Ce qui ne l'empêche pas d'ajouter aussitôt. « Tu dois néantmoins penser que les épigrammes qui ont plus de vers sont ceus aussy qui ont moins de grâce. Pour ce régulièrement les bons poètes françois n'excédent le nombre de douze vers en épigramme ; aussy en font-ils de tous les nombres qui sont depuis douze jusques à deuz [2]. » Et de fait, les épigrammes de Marot ont en grande majorité la forme de *huitains* et de *dizains*, assez rarement de *douzains*.

Ainsi donc, pour les contemporains, toutes les petites compositions poétiques de Saint-Gelays, n'ayant pas plus de douze vers, quelqu'en fut le sujet et la destination, étaient des épigrammes. Il est pourtant bon de réserver le nom d'épigramme aux seules pièces où prédomine l'intention maligne, sans se préoccuper du nombre des vers.

Mais, encore ainsi entendue, l'épigramme garde des empiois différents. Dirigée contre quelqu'un en particulier,

1. Cf. Sainte-Beuve : « Les anciens entendaient par ce mot d'*épigramme*, quelque chose de plus général que ce que nous désignons sous ce nom. L'épigramme, pour eux, était une petite piécette qui ne dépassait guère huit ou dix vers, et qui allait rarement au delà, d'ordinaire en vers hexamètres et pentamètres : c'était une inscription soit tumulaire, soit triomphale, soit votive ou descriptive, une peinture pastorale trop courte pour faire une idylle, une déclaration ou une plainte amoureuse, trop peu développée pour faire une élégie. La raillerie y a aussi sa part, mais une part restreinte, tandis que, dans les épigrammes modernes, elle est presque tout, et que c'est toujours le trait et la pointe finale que l'on vise. » *Nouv. Lund*... VII, 8.

2. *Art poétique*, fol. 39 v°.

elle devient une satire. Elle peut, au contraire, s'en tenir « au général », badiner agréablement, ou même raconter avec une malicieuse bonhomie un petit fait plaisant, et dans ce dernier cas nous avons « un conte ».

Mellin avait tout ce qu'il faut pour réussir dans l'épigramme. Aussi Colletet, dans son *Art poétique*, rapporte « qu'il passait de son temps pour l'esprit le plus raffiné dans la science épigrammatique [1] ». Et à ce propos, il reproche à Ronsard et à Marulle d'avoir avancé « que jusques en leur temps personne n'avait encore réussi dans le style épigrammatique... Le nom d'épigramme ne commença qu'alors d'estre en usage, dit-il, mais Catulle et Martial, Marot et Saint-Gelays avaient fait des épigrammes que toute l'antiquité et tous les derniers siècles avaient si hautement estimés [2]. »

Notre poète composa donc de véritables épigrammes, au sens actuel du mot et par là il s'attira quelques ennemis. En effet, il a parfois attaqué, non sans violence, des particuliers, abordant les divers genres de la satire : politique, religieuse, littéraire et morale.

Comme poète courtisan et comme français, il devait aider de son mieux le Roi à se venger des ennemis de la France. Et l'on ne peut lui reprocher ni basses flatteries, ni adulations envers les princes étrangers. Après avoir composé une épitaphe ironique pour Antoine de Lève (I, 119), il attaqua l'empereur, Charles-Quint, pour sa duplicité, lors de son passage à Paris (I, 93), railla ensuite son échec devant Alger (II, 292) en 1541, et sa fuite à Landrecies (II, 137), en 1543. Il prêta aussi le concours de sa verve satirique à Henri II, et lors des démêlés de ce prince avec Jules III, ne craignit pas de critiquer l'ambition du pape, « des bons pères Romains » et de « leurs riches successeurs » (II, 159).

1. *Art poétique, Discours de l'épigramme*, p. 30.
2. *Ibid.*, p. 31.

Au reste, tout prélat qu'il était, Mellin s'est permis d'attaquer l'Eglise Romaine et les ordres religieux, (II,297-298) leur reprochant, non sans esprit, leur prétendue inconduite et leur amour de l'argent. Et ceci contribua passablement à le faire accuser d'avoir un faible pour la Réforme.

Mais ces diverses épigrammes politiques et religeuses ont naturellement trouvé place dans le récit des événements successifs de la vie de Mellin de Saint-Gelays. Inutile d'y revenir. Au reste, s'il a montré là quelque esprit, un peu de causticité et beaucoup d'à propos, sa satire ne s'est jamais élevée bien haut dans ces deux premiers genres. Il manquait trop de vigueur pour se laisser entraîner par l'indignation à des accents passionnés.

Nous avons vu encore qu'il n'épargna pas ses sarcasmes aux mauvais écrivains. *Un poète importun*, que les contemporains reconnaissaient parfaitement en fit la cruelle expérience (II, 43).

Il n'y a pas moins de finesse, avec une certaine bonhomie railleuse en plus, dans le dizain qu'il adressait à un autre poète, qui pourrait bien être Ronsard à ses débuts:

Dis-tu que tu n'as sceu comprendre
Par l'obscurité de mes vers,
Si je veux louer ou reprendre
Ton livre et tes écrits divers ?
— Je te dis que de lauriers verds
Je t'ordonne une belle tocque,
Un signe que je te colloque
Sur tous les poètes récens !
— Il t'ést avis que je me mocque ?
— Va, tu es homme de bon sens ! III, 116.

Parmi les comtemporains que Saint-Gelays a attaqués le plus, il faut placèr semble-t-il « maître Jean Thibault », qui se piquait d'être à la fois médecin et astrologue, et qui n'était qu'un charlatan. Ayant composé un mauvais ouvrage sur *Les tables du soleil et de la lune* , il se plaignait, paraît-il, de ce qu'un envieu l'accusait de lui avoir volé son livre. Notre poète, qui était expert en la matière, lui écrivit:

> Maître Jean Thibaut faites mieux,
> Donnez-luy le livre et l'estoffe
> Et l'on tiendra vostre envieux
> Pour un très mauvais philosophe. II, 94.

Peut-être cette animosité avait-elle été excitée ou augmentée par le refus de « ce maîstre Thibault de prester ses extraits » à Mellin (II, 261). Dans tous les cas, il lui adressa encore un dizain plein de raillerie (II, 260).

Et Saint-Gelays faisait ainsi la cour au Roy et se moquait d'un ennemi. Voici encore ce que nous apprend La Monnoye [1] : « Jacquelot, avocat au Parlement de Paris, s'étant un jour trouvé, lui sixième, chez l'abbé de Chatelus, à un déjeuner assez succinct parce qu'il fut impromptu, à l'issue invita, pour le lendemain, les mêmes personnes à diner, avec trois ou quatre autres de ses amis. » Le dîner, à ce que l'on ajoute, se trouva encore plus juste que le déjeuner, en sorte que les convives se retirèrent affamés.

Saint-Gelays, qui avait été des deux repas, écrivait aussitôt après :

> Chatelus donne à desjeuner
> A six, pour moins d'un carolus,
> Et Jacquelot donne à disner
> A dix, pour moins que Chatelus.
> Après tels repas dissolus,
> Chascun s'en va gay et fallot.
> Qui me perdra chez Chatelus,
> Ne me cherche chez Jacquelot. II, 243,

Mellin s'en est aussi pris aux femmes dans ses traits

1. Voir *Notes* sur l'épigramme citée, II, p 244

satiriques. Sans doute, c'était un homme aimable, mais il avait ses prédilections et n'aimait nullement à être importuné par des « beautés » indiscrètes. Or, une de ces dernières « se trouvait mal contente d'avoir esté sobrement louée et se plaignait non sobrement ». Notre poète lui adressa une épigramme, pleine d'éloges ironiques qui en font une satire [1]. Après s'être défendu de vouloir médire, il lui déclare que pareillement, il ne saurait pour mériter ses faveurs « ni la flatter, ni mentir ». Il laisse ce soin aux Italiens et Espagnols. Et, avec ironie, il énumère toutes les qualités qu'ils lui reconnaîtront, multipliant les comparaisons et les figures. Jamais Mellin n'a eu plus de verve.

Ceux-là diront que les rays de vos yeux
Font devenir le soleil envieux,....
Ils vous diront que d'un ris seulement
Vous eschauffez le plus froid élément,
Et que les biens dont l'Arabie est plaine,
N'approchent point de vostre douce haleine.
Ils jureront que vos mains sont d'yvoire,
Et que la neige au prix de vous est noire,
Vos blanches dents, ou plustost diamans,
Sont la prison des esprits des amans,
Et le coral où elles sont encloses,
Pallit le teint des plus vermeilles roses.

Véritablement ce petit abbé musqué devenait parfois méchant. Il détestait les vieilles et les laides. Aussi ne leur ménageait-il pas ses railleries, parfois même avec une franchise brutale. « Une qui pour ce qu'elle avait sa mère faisait la jeune, bien qu'elle fut vieille » (II, 242), en fit la cruelle expérience.

Si vous voulez un peu belle paraistre,
Faites vous voir au soir à la chandelle, (II, 69, XXXIII)

1. *A une mal contente d'avoir esté sobrement louée, et se plaignant non sobrement.* I, 196.

écrivait-il à une autre, et il n'hésitait pas à déclarer à une troisième, sans détour, qu'elle était « passée et plus que trépassée » (II, 122, LVII). Il est moins sévère pour Magdelon (II, 96, XX), coquette intéressée, qui, sous prétexte « d'apprendre quelque chose », vient le voir « privément » mais ne veut point repartir les mains vides. Le dizain est des mieux réussis.

> Magdelon s'en vient privément
> Me voir quand j'escris ou compose,
> Et dit que ce n'est seulement
> Que pour apprendre quelque chose ;
> Mais si rien de beau je propose
> A ses yeux, il est si bien pris !
> Un diamant d'assez bon prix,
> Un tableau où n'ayt que reprendre :
> Je ne say s'elle a rien appris,
> Mais je ne vis onc si bien prendre. II, 96.

En revanche, il trace une grimaçante caricature de « Lucresse », « au visage un peu masculin » (II, 106, XXXIV). C'était un « laideron ». Voici, au contraire, un charmant portrait d'Agnès, véritable miniature, où chaque détail est finement exprimé et relevé par un piquant contraste :

> Agnès se dore, et va égorgetée,
> Cheveux frisés, et à cornette ostée,
> Sa voix fait gresle, et si quelqu'un luy conte
> Quelque folie, elle rougit de honte,
> Et va si dru qu'il pert qu'elle n'y touche,
> Elle a sa mère à toute heure à la bouche,
> Elle n'oseroit, ce croy-je, avoir songé
> De faire un pas sans elle, et sans congé. II, 276.

Ainsi Mellin prodiguait la malice et l'esprit dans ses épigrammes satiriques. Nous trouvons les mêmes qualités dans celles qui sont purement badines. Les plus belles sont peut-être les plus courtes : gentiment troussées à la grecque, elles seraient dignes de figurer dans l'*Antholo-*

gie. On trouve cité dans tous les Recueils, le joli quatrain suivant :

Dy moi, ami, que vaut-il mieux avoir,
Beaucoup de biens, ou beaucoup de savoir ?
Je n'en say rien ; mais les savans je voy
Faire la cour à ceux qui ont dequoy. II, 39.

Voici un cinquain qui peut être placé à côté des meilleurs vers de Marot.

Au bon vieux temps que vertu fut en prix,
Un cœur de dame honneste et bien appris,
De son amour ne vouloit récompense
Que seul amour. Mais aujourd'huy je pense
Que s'on donnoit, amour seroit le prix. II, 268.

Mellin est revenu encore plusieurs fois sur cette pensée, mais jamais aussi heureusement [1]. C'est que sa veine poétique est d'ordinaire très mince, il ne donne que peu à la fois, et plus la composition s'allonge, puis aussi l'esprit s'affaiblit. Cependant rares sont ses épigrammes badines ou il n'y a pas quelque joli trait à glaner. Ainsi, il termine un dizain sur l'inconstance par ces deux vers charmants :

Nous donnons à Cupido des ailes
Pour excuser notre légèreté. (II, 116, LXXI.)

Dans une circonstance, sollicité par deux beautés de taille bien différente, il choisit la plus petite :

La grande en fut ce croy-je, bien despite,
Mais de deux maux le moindre on doit choisir. (II, 57, XVI.)

Il y a encore beaucoup de délicatesse dans le *Douzain d'un passereau* [2] mordu cruellement par un perro-

1. *Œuvres de M. de S. G., De Vénus,* II, 259, et le petit poème inédit : *Amour et Argent.*
2. *Ibid.,* II, 48.

quet et réconforté soudainement par les caresses de sa maîtresse. Mais ici Mellin revient à son thème ordinaire, l'amour et la galanterie, et, il a beau varier, c'est toujours même ritournelle.

II

Ses contes valent mieux. Notre poète avait le talent de conter avec bonhomie; sa narration est vive et gracieuse. C'est un vrai prédécesseur de La Fontaine, et en tous points malheureusement, car tous les deux n'ont aucun souci de la morale. A grand peine parmi les contes que Mellin a composés [1] peut-on en citer trois ou quatre honnêtement. On connaît le suivant [2] :

Un maistre ès arts, mal chaussé et vestu,
Chez un paisant demandoit à repaistre,
Disant qu'on doit honorer la vertu,
Et les sept arts dont il fut passé maistre.
« Comment, sept arts ? respond l'homme champestre,
Je n'en say nul hormis mon labourage,
Mais je suis saoul quand il me plait de l'estre,
Et si nourris ma femme et mon mesnage. » II, 75.

Il n'a pas moins gentiment conté l'histoire de ce charlatan, se targuant de montrer publiquement le diable à tout le monde [3].

Un charlatan disoit en plein marché
Qu'il monstreroit le diable à tout le monde ;
Si n'y eust nul, tant fust-il empesché,

1. La plupart des contes se trouvent au tome I, p. 272-277.

2. Peut-être pourrait-on ranger cette pièce parmi les simples *Epigrammes*, mais elle a toutes les qualités du conte, et porte ce nom dans le livre de Bebelius à qui il semble emprunté.

3. Le Père Garasse, dans ses *Recherches des recherches de M. Etienne Pasquier*, Paris, 1622, in-8°, p. 534, admire « particulièrement l'invention de ce charlatan, laquelle lui semble aussi belle que les plus naïves et excellentes de l'Anthologie ».

Qui ne courust pour voir l'esprit immonde.
Lors une bourse assez large et profonde
Il leur desploye et leur dit : « Gens de bien,
Ouvrez vos yeux ! Voyez ! y a-t-il rien ? »
— « Non, dit quelqu'un des plus près regardans. »
Et c'est, dit-il, le diable oyez-vous bien ?
Ouvrir sa bourse et ne voir rien dedans. » I, 277.

Je n'ai garde d'oublier une jolie petite *épigramme imitant le grec sur deux sourds plaidant devant un juge de village encore plus sourd qu'eux* [1], et cela d'autant plus que cette petite pièce n'a pas encore trouvé place dans les œuvres de Mellin. Elle fait cependant honneur au poète. Voici ce huitain gracieux :

Un sourd fit un sourd assigner
Devant un sourd, dans un village,
Puis s'en vint son droict entonner :
La demande estoit d'un fromage,
L'aultre respond du labourage.
Le juge, estant sur le suspens,
Déclara bon le mariage,
Et les renvoya sans despens.

Tabourot des Accords [2] essaya de traduire à son tour cette piquante fantaisie grecque, mais il est resté assez loin de notre poète.

L'histoire d'Annette [3], qui, entendant chanter le vicaire, se met à pleurer, au souvenir d'un âne qu'elle avait perdu,

---

1. Cette épigramme est signalée par M. Frédéric La Chèvre, dans sa *Bibliographie des recueils collectifs de poésies publiés de 1597 à 1700*, t. II. Elle se trouve dans le *Jardin des Muses, où se voyent les fleurs de plusieurs aggréables poésies, recueillies de divers autheurs, tant anciens que modernes* — Paris, chez Antoine de Sommaville et Augustin Courbe, 1643, p. 218. Le titre l'attribue formellement à « Meslin de Saint-Gelais ». Je ne l'ai cependant rencontrée dans aucun des nombreux manuscrits contenant des vers de notre poète. — Frédéric Godefroy la cite dans son *Histoire de la littérature française*, XVIe *siècle*, p. 583, et lui donne le nom de fable.

2. Son épigramme est à la suite de celle de Mellin dans le *Jardin des Muses* de 1643.

3. *Œuvres de M. de S.-G. — D'un curé*, I, 274.

est aussi fort bien troussée. Quant au badinage du *Rousseau et de la Rousse*, Joachim de Bellay le trouvait des meilleurs. Il le jugea digne d'être traduit en tout autant d'hendécasyllabes latins, afin de permettre aux lecteurs qui n'entendaient que cette langue, d'apprécier le mérite du poète français [1].

Mais nous tombons ensuite dans la grossièreté. Notre poète ne recule pas, dans ses épigrammes, devant la crudité des mots et traite au besoin ses victimes « de beste et de veau [2] ». Le sel des contes est encore plus grossier, et de si mauvaise qualité qu'il ne peut être servi en bonne compagnie.

Ses traits d'esprit les plus piquants et les mieux réussis sont malheureusement les plus libres et les plus licencieux. Mellin se complaît aux sujets grivois et tombe trop souvent dans l'obscénité. A tel point que les moins difficiles n'osent même pas écrire en entier le titre de toutes ses pièces [3].

Il aurait mieux fait de comprendre, comme le fera remarquer plus tard Guillaume Colletet, « que le poète épigrammatique en reprenant les vices de son siècle, ne doit pas employer des termes obscènes qui représentent les choses un peu trop librement, et qui laissent de sales images dans l'esprit du lecteur. Car encore que tout soit

1. Joachim Du Bellay, *Mellini Sangelasii Tumulus*, à la fin du *Tumulus Henrici secundi*, etc. Bibl. Nat. Rés. mYc. 113.

Voici les paroles de Du Bellay : « Addidimus..... et ejusdem quoque Mellini Epigramma, quod ab eo ipso paulo antequam excederet, Gallicis versibus perquam lepide (ut omnia) conscriptum, quo magis venustissimi illius poetae ingenium latino etiam lectori perspectum esset totidem hendecasyllabis expressimus. » La parole de Du Bellay n'est pas tout à fait juste, il n'a employé que 23 hendécasyllabes pour traduire les 24 vers français.

2. *Dizain* : *Yo fut fille*, I, 106 ; *Autre chanson*, II, 220 ; *Response*, II, 269.

3. Pour excuser la liberté de certaines de ses expressions, Montaigne allègue l'exemple d'un « ecclésiastique des plus crêtez », qui ne peut être que Mellin, car il cite un vers de notre poète. Cf. *Essais*, liv. III, chap. V.

pur aux âmes pures, si est-ce que il y a une certaine honnêteté qu'il n'est jamais permis de violer[1]. »

Il faut donc convenir qu'il n'y a que trop de gaillardises et de « lascivités » dans les épigrammes et les contes de Mellin. De plus, il est aussi parfois « prétentieux et mignard, froid, terne et forcé[2] ». Mais, plus souvent, il fait preuve d'une agréable bonhomie, relevée par une pointe de malice, qui lui inspire les plus heureux traits. Aussi le *Quintil* reprend-il vertement Du Bellay de recommander à son disciple « les plaisans épigrammes » uniquement « à l'immitation d'un Martial, ou de quelque autre bien approuvé[3] ». On ne voit pas en effet trop en quoi l'épigramme de Marot et de Saint-Gelays diffère de celle de Martial, ni quelle est la supériorité de cette dernière.

Mellin composa aussi un certain nombre d'*Epitaphes*; mais parmi toutes celles qui sont parvenues jusqu'à nous, il n'en est aucune d'excellente[4]. Notre poète avait trop d'esprit et pas assez de cœur ; chez cet épicurien, la sensibilité était trop à fleur de peau pour lui permettre un regret ému. Quand il veut louer les vertus et les quali-

---

1. *Art poétique, Discours de l'épigramme* §, 20, p. 74.

2. Godefroy, *Histoire de la littérature franç.*, XVIe *siècle, Melin de Saint-Gelais*, p. 582.

3. Voici ce que dit le *Quintil* : « Tu veux que l'on se jette (comme tu parles) à ces plaisans épigrammes, poësie aussy aysée comme briève. De laquelle se sont aussy bien aydez et d'aussy bonne grâce nos poètes françois tant vieux que nouveaux, et en grand nombre, que un Martial Latin (que tu proposes), poête inégal, bien souvent froid, Espagnol, mal Romain et flatteur, idolâtre de Domitian, vicieux et abominable sotadic, méritant n'estre mis en lumière que de flambe de feu. Auquel Martial le plus souvent eschet ce que tu reprens aux faiseurs de comtes nouveaux, qui est le petit mot pour rire à la fin, et rien plus. » Edit. Person. p. 203 ; édit. Chamard : *Deffence et Illustration*, p. 206.

A son tour Guillaume Colletet, reprit Ronsard et Marulle, qui avaient prétendu que nul n'avait encore réussi dans « le style épigrammatique ». « Après tout, dit-il, je ne sçay d'où pouvoit procéder le dégoust de ces deux fameux poètes » : *Discours de l'Epigramme*, § VI, p. 31.

4. Sibilet dans son *Art poétique* cite comme un modèle pour le dialogue celle de *feu Monsieur de Budé*, I, 120. — *Art poétique*, chap. VIII, fol. 61 v°.

tés du défunt, il tombe dans l'exagération et l'enflure, ou s'en tient à de froides et insipides mignardises. Un seul exemple suffira. En parlant « de feue Mme de Traves », il dit que le marbre du tombeau ne renferme que « la moindre portion » de la morte :

> Car s'elle eust eu à la proportion
> De ses valeurs un juste monument,
> Toute la terre elle eust entièrement
> Pour son cercueil, et la grand'mer patente
> Ne fust que pleurs, et le clair firmament
> Luy eust servi d'une chapelle ardente. II, 166.

D'un autre côté, même en composant une épitaphe, Mellin était porté à en faire une épigramme, et celles qui sont ainsi conçues ne sont pas les moins acceptables. Seulement, c'est parmi les satires qu'il faut les ranger.

Quant aux énigmes, il faudrait commencer par expliquer d'abord celles qui sont « *en façon de prophétie* [1] », afin de pouvoir ensuite les apprécier avec quelque fondement. Je me contente d'ajouter qu'il nous reste un petit dizain renfermant une « devinette », pour nous montrer que Mellin ne dédaignait pas ces petits jeux de société. Dans une autre circonstance, une dame lui ayant appris, semble-t-il, « le jeu des échecs [2] », il écrivit pour elle une pièce pour lui apprendre « les siens », à son tour. Par un procédé qui lui est familier, il donne une explication ingénieuse de ce jeu, de tout temps fort en honneur auprès des chevaliers. Ses propos amoureux sont les *pions* ; « foy constante et loyal service » forment les deux *Rocs* ; ses désirs « servent de *fols* » ; les *Chevaliers* sont ses escrits, pour *dame* il met son espérance.

---

1. Voir I, 70 et II, 202. Voici la définition de l'Enigme donnée par Sibilet : « Entend donc que l'Enigme est allégorie obscure, vice d'oraison, appellé en quintilian, à cause de son obscurité » *Art poétique*, chap. XI, fol. 68 r°.
2. *Œuvres de M. de S.-G.* I, 278.

Enfin le cœur, qui un temps fut à moy
Et or' est vostre, est le chef et le *Roy*,
Ferme en un lieu sans guère se bouger,
Car mieux ailleurs il ne sauroit loger. I, 278.

Celà est un peu recherché ; mais au moins l'explication est facile à saisir ; elle dut avoir du succès.

III

L'édition de 1547 des œuvres de Saint-Gelays s'ouvrait par deux épitaphes d'une certaine longueur [1], en vers de huit syllabes. Ce sont plutôt des élégies, imitées de Catulle. La première est faite pour « *la belette d'une demoiselle* » et la seconde déplore la « *mort d'un passereau* ». Toutes deux sont pleines de jolis détails.

Les vers de Mellin, ici particulièrement, sont faciles et coulants. Il nous dépeint assez heureusement cette belette, la plus gentille,

Et la mieux faisant son devoir
Que damoiselle eut sceu avoir ;
Car aussitôt qu'elle fust prise
Elle devint si bien apprise
Qu'a fuïr oncques ne tascha ;
Par quoy point on ne l'attacha,
Mais eust liberté et loisir
D'aller partout à son plaisir.

Et il nous la montre courant çà et là, tout le jour, folatrant avec « Tinet, le petit chien », mais par dessus tout « fidèle à sa maistresse » et jalouse de son affection. Et le poète ajoute :

Combien d'hommes eurent envie
Sur elle et son heureuse vie,
Et eussent, pour y parvenir,
Voulu Belettes devenir !

1. La première comprend 90 vers, et l'*Epitaphe du passereau* en compte 66.

Par malheur, une fouïne jalouse tua « la petite beste : d'où grand deuil ». Sa maîtresse éplorée lui fit dresser une petite sépulture « au pied d'un jeune cyprès ».

Il semble bien qu'il y ait là plus d'une réminiscence de Virgile, de Catulle et de l'Anthologie grecque [1]. Mais *l'Epitaphe du passereau d'une demoiselle*, n'est qu'une simple paraphrase de la célèbre élégie de Catulle *Sur la mort du moineau de Lesbie.* Cependant le poète français a trouvé quelques jolis traits pour peindre ce gentil petit passereau de plume blonde,

Qui estait le plus beau du monde ;
Si gay, si prompt, si vigoureux,
Si plaisant et si amoureux
Qu'on ne peut oster de mon esme
Que ce ne fut Amour luy-mesme...
Son petit corsaige joly,
Son petit bec si bien poly,
Sa petite teste follette,
Eveillé comme une belette,
Ses plumettes si bien lissées,
Ses jambettes tant desliées,
Ses petits pieds, dont le follastre
A petits saults s'allait esbattre,
Sa petite queue troussée
Un peu contremont hérissée...

Mais à côté il y a bien des vers faibles comme dans les autres élégies qui nous restent de lui, car Mellin n'avait guère les qualités d'un élégiaque.

Il y a dans tous ses vers, bien peu d'amour véritable, s'il aima sincèrement. Aussi ses élégies, peu nombreuses d'ailleurs [2], sont froides et simplement spirituelles ; en

1. Voir dans Virgile, *le Culex* — et la description d'un cerf apprivoisé, VII, vers 482 et ss. ; et dans Catulle, II, *Ad passerem Lesbiæ*, et III *Luctus in morte passeris*. Mellin devait connaître aussi l'élégie d'Ovide sur la mort du perroquet de Corinne (*Amores*, II, 6) ; et celle de Stace sur la mort du perroquet d'Atedius Mélior (*Silves*, II, IV).

2. En laissant en effet de côté la fameuse *Elégie sur la mort d'Adonis*, les

sorte qu'il demeure loin de la fougueuse passion de Catulle pour Lesbie. Sans doute les accents voluptueux du poète latin devaient le charmer, mais sans réussir à le tirer de son égoïsme. Il s'est contenté de traduire une épigramme [1], où Catulle, après avoir gémi sur la passion qui le tyrannise, supplie les dieux de le guérir de ce mal.

Par son naturel, Mellin se rapprochait davantage d'Ovide, plus spirituel, moins passionné et plus superficiel. C'est ce qui pourrait expliquer et justifier le surnom d'Ovide français que ses contemporains lui avaient donné. Aussi le voyons-nous choisir une élégie du troisième livre des *Amours* pour la traduire ou mieux la paraphraser [2], élégie dans laquelle Ovide, s'adressant à « un dur mari », prétend l'avertir que le meilleur moyen d'avoir « chaste et honneste femme » n'est pas de lui interdire tout ami, ni de l'entourer d'une « songneuse garde », mais plutôt de s'en rapporter à sa « bonté naturelle », se montrant lui-même « traictable et oslant toute crainte ». Avis intéressé pour les deux poètes et peut-être encore plus pour Mellin: Il devait être pour l'application intégrale des *Arrêts d'amour* [3], prêt à déclarer tout mari jaloux s'il « s'approchait de plus de six piedz près ».

Mais notre poète a essayé aussi d'exprimer ses propres plaintes, et une fois au moins, n'y a pas trop mal réussi [4].

deux épitaphes dont j'ai parlé et les chansons, il ne reste que quatre élégies proprement dites. De plus, deux ne sont que de simples traductions, et les deux autres sont des espèces de *Chapitres* en rimes tierces.

1. *Translation d'un épigramme de Catulle*, II, 189.

2. *Elégie d'Ovide paraphrasée*, II, 177.

3. D'Aurigny Gilles, *Le cinquante deuxieme arrets d'amours : avec ses ordonnances sur le fait des masques.* — Cum privilegio amplissimo. — On les vend à Saint-Jean-de-Latran, en la maison de Chéradame. Lecta, publicata, registrata in parlamento amoris, audito procuratore generali, in viglia regum. Anno MCXXVIII. — Signé Pamphile. Curieux livre de 14 ff. non chiffrés. — Bibl. Nat. Rés. Y² 2.867.

4. Cette petite pièce et la suivante, dans l'édition des *Œuvres de Saint-Gelays* par Blanchemain, porte le nom de *Chapitre*, mais le Ms. Fr. 878 appelle l'une et l'autre, *Elégie*.

C'est au début du printemps : tout est à la joie et Mellin est triste parce qu'il n'a pas à côté de lui son amie.

> O que d'ennui à mes yeux se présente
> En ce beau lieu et saison agréable,
> N'y voyant point celle où est mon attente ! (II, 182.)

Et il développe cette pensée pleine de contraste : d'un côté, son imagination lui représente l'image captivante de celle qu'il aime, mais elle lui manque, et par suite tous les charmes du printemps qu'il décrit ne font qu'aigrir ses regrets. Cette description est vraiment pleine de fraîcheur printanière et dégage comme un parfum de « renouveau ».

> Je voy autour la plaisante ceincture
> Des beaux jardins, dont l'œuvre et l'artifice
> Semble contendre avecques la nature ;
> Je voy le ciel appaiser la malice
> Du froid hyver, et reprendre une face
> Plus favorable au monde et plus propice ;
> Je voy les nuicts abbréger leur espace,
> Et redoubler le temps de ma querelle,
> Que nul sommeil ne termine ou efface ;
> Je voy sortir plus colorée et belle
> L'aube du jour songneuse et diligente
> De faire accueil à la saison nouvelle ;
> Je voy les bois où d'Amour se lamente
> Maint oysillon, que ma plainte accompagne
> Ne voyant point celle où est mon attente.

Cette plainte, qui se répète régulièrement, sert à rendre le contraste plus frappant et produit un heureux effet.

Il y a là de beaux vers, pleins d'images, sans affectation, ni obscurité. Mellin aurait pu nous donner sinon de grandioses descriptions, au moins de gracieuses peintures, que le temps aurait respectées. Il y a en effet une certaine délicatesse de touche dans ce début d'une autre élégie :

Ja commençoit la vermeille compagne
Du vieil Titon à faire espanouir
Cent mille fleurs par chacune campagne,
Et voyait-on les estoiles fuir
Vers occident, pasles et sans couleur
Et du beau jour le monde s'esjouir. II, 185.

Seulement notre poète visait un autre but dans ses vers et ne pouvait longtemps soupirer ; quand il n'y avait plus aucune espérance, il brisait avec un éclat de rire. Il a pris soin de nous renseigner lui-même à ce sujet [1]. Il s'était, semble-t-il, lié très intimement avec quelque belle dame vertueuse, qui s'efforça de lui inspirer une de ces affections élevées et chevaleresques, si prônées par les romans d'alors. Saint-Gelays se laissa faire d'abord, gagné par le charme de cette dame, ou espérant arriver à d'autres fins. Mais il se fatigua vite de cet amour platonique, et lorsque la dame se présenta devant lui pour lui reprocher son infidélité et sa « fraude aperte et paraissante », Mellin de répondre avec malice : « Madame, je proclame vos beautés et célestes mérites, mais vous êtes trop parfaite pour moi ! » C'est le ton de l'épigramme non celui de l'élégie.

IV

C'est surtout comme poète lyrique que Mellin était vanté à la cour de François Ier. On se plaisoit à redire ses chansons, comme à répéter ses bons mots. Aussi, quand Sibilet eut à parler, dans son *Art poétique*, du Chant lyrique ou ode, il ne craignit pas de mettre Mellin sur le même pied qu'Horace et Pindare et de le proposer en ce genre comme modèle [2] : « N'en attend de moy, règle autre, fors que choisisses le patron des odes en Pindarus

1. *Œuvres*, II, 185.
2. *Art poétique*, II, chap. VI, fol. 57 et ss.

poète Grec et en Horace Latin, et que tu imites à pied levé Saingelais ès françoises qui en est autheur tant dous que divin : comme tu pourras juger, lisant ceste ode sienne faite au nom d'une damoiselle.

O combien est heureuse etc.[2] »

Il ajoutait ensuite : « La mesme perfection et douceur de luy liras-tu, lisant ses autres odes en autre forme, commençantes

Laissez la verde couleur, etc.
Puisque nouvelle affection, etc.
Ne vœillés, Madame, etc.
Hélas ! mon Dieu ! y a il en ce monde, etc.

et grand nombre d'autres, toutes tant congnues et chantées qu'il n'est ja besoin de t'en escrire ici copie. »

Seulement, tout en admettant que le Cantique, l'Ode et la Chanson « ont en forme et style quelque dissimilitude[1] », Silibet ne les distingue qu'imparfaitement et confond même l'ode et la chanson. « La chanson approche de tant près l'ode, que de son et de nom se ressemblent quasi de tous points : car aussy peu de constance ha l'une que l'autre en forme de vers et usage de ryme. Aussi en est la matière toute une. Car le plus commun subject de toutes deus sont Vénus, sés enfans et sés Charités, Bacchus, sés flacons et sés saveurs. »

Ainsi, d'après la théorie de Sibilet, l'ode et la chanson ont le même objet, c'est simplement un chant d'amour qu'on accompagne des sons du luth. L'ode a seulement

---

2. Sibilet cite l'ode entière : Voir *Œuvres de M. de S.-G.*, I, 66.

1. *Ibid.*, II, chap. VI, fol. 58 v° et 59 r°. « Et ne t'esbahis au reste de ce que j'ay séparé ces trois, le Cantique, l'Ode et la Chanson, que je pouvois comprendre sou bz l'appellation de Chanson ; car encore que nous appelions bien en françoys chanson tout ce qui se peut chanter, et ces trois soient indifféremment faits pour chanter comme leurs noms et leurs usages portent, toutesfois congnois tu bien qu'ils ont en forme et stile quelque dissimilitude, laquelle teue t'eut fait douter, et comme je l'ay exprimée ne te peut que soulager. »

un peu plus d'étendue, mais le rythme et la forme sont identiques chez les deux. Et Marot est « autant souverain autheur de chansons, comme Saingelais de chans lyriques [1] ».

Nourri des anciens, Du Bellay ne pouvait admettre une pareille théorie, ni reconnaître des odes dans « ces chants lyriques » de Saint-Gelays. Aussi s'écriait-il : « chante moy ces odes, incognues encor de la Meuse françoyse, d'un luc bien accordé au son de la lyre grèque et romaine... [2] » Et, attaquant plus directement les préceptes de Sibilet, il poursuivait : « Sur toutes choses, prends garde que ce genre de poème soit éloigné du vulgaire, enrichy et illustré de motz propres et épithètes non oysifz, orné de graves sentenses et varié de toutes manières de couleurs et ornementz poétiques, non comme un *Laissez la verde couleur*, *Amour avecques Psychès*, *O combien est heureuse*, et autres telz ouvrages, mieux dignes d'estre nommez chansons vulgaires qu'odes ou vers lyriques. » L'attaque était directe et contredisait les opinions reçues dans l'Ecole marotique. Le Quintil répondit aigrement, repoussant cette dénomination dédaigneuse de « chansons vulgaires », donnée aux chants lyriques de Saint-Gelays. A son tour, Guillaume des Autelz prit la défense de Sibilet, reprochant à Du Bellay d'appeler « vers lyriques » des chants « non mesurez à la lire [3] ». Inutile de revenir sur ce débat ; mais il serait peut-être téméraire aujourd'hui de réclamer le nom d'ode pour les chansons de Saint-Gelays. Elles n'en ont ni l'ampleur, ni l'élévation des sentiments. Tout au plus pourrait-on appeler odelettes, quelques petites pièces d'allure gracieuse, qui n'étaient pas faites pour le chant.

---

1. *Ibid.* II, chap. VI, fol. 59. — Sur cette distinction de la *chanson*, de l'*ode* et du *chant lyrique*, cf. Chamard, *Deffence et Illustration*, p. 212-215.

2. *Deffence et Illustration*, édit. Chamard, 208-212.

3. Guillaume des Autelz, *Replique aux furieuses défenses de Louis Meigret*, p. 62.

La dénomination ne change rien d'ailleurs à l'œuvre elle-même. Et Ronsard et ses disciples ont rendu hommage au talent lyrique de Mellin [1]. De plus, Sibilet nous assure que les odes de son ami étaient « tant cognues et chantées » qu'elles étaient dans toutes les mémoires. Nous verrons par tout ce qui suit que Saint-Gelays méritait cette réputation.

Il faut d'abord mettre à part la célèbre *Elégie ou chanson lamentable de Vénus sur la mort du bel Adonis* (I, 127). Pasquier, en ses *Recherches*, déclare « que c'est la plus belle chanson que fit Mellin de Sainct-Gelays », tout en regrettant qu'elle ne se puisse chanter [2], « parce qu'on n'y trouve aucun ordre des masculins et féminins, ains y sont mis pesle mesle ensemblement, qui est une grande faute aux chansons qui doivent passer par la mesure d'une mesme musique [3] ». Cette pièce est assez longue, elle comprend 160 vers de sept syllabes. Mais ce n'est qu'une traduction libre, ou plutôt une libre imitation de la première idylle de Bion. Peut-être même Mellin ne connaissait-il la pièce grecque que par la traduction du poète italien, Amomo, qui avait attribué faussement ces vers à Théocrite [4]. Dans tous les cas, cette composition de Saint-Gelays est une de ses meilleures. Il lutte sans trop de désavantage avec son modèle ; ses petits quatrains sont pleins d'une grâce pénétrante, et les vers clairs, vifs et alertes, me paraissent des mieux forgés. Le début de cette complainte ne manque pas de saisissante mélancolie :

1. Ronsard, *Le Bocage royal* — édit. Blanchemain, III, 355 ; édit. Marty-Laveaux, III, p. 294 ; dans la pièce *A très illustre prince Charles, cardinal de Lorraine.*

2. Peut-être serait-il bon de faire remarquer que les 2e et 4e vers de chaque quatrain, ont tous la même rime en *ée*, d'un bout à l'autre de la pièce, ce qui pourrait quand même permettre de la chanter comme une sorte de mélopée.

3. *Recherches*, VII, chap. VII, p. 713, C.

4. Francesco Flamini, *Studi di storia litteraria*, p. 256. Amomo avait écrit *Epitafio di Adone di Theocrito*, en vers libres.

Laissez la verde couleur,
O princesse Cythérée,
Et de nouvelle douleur
Vostre beauté soit parée.
Plorez le fils de Myrrha
Et sa dure destinée :
Vostre œil plus ne le verra
Car sa vie est terminée.

Il n'est pas moins heureux dans la description qu'il nous fait de Vénus, penchée avec désespoir sur le cadavre du bel Adonis :

Dessous une verde branche
Auprès de lui s'est couchée,
Et de sa belle main blanche
Sa playe lui a touchée...
Toutefois de mort atteint
Il n'a de rien empirée
La grand' beauté de son teint
Des nymphes tant désirée.
Mais comme une rose blanche
De poignant ongle touchée
Ne peut tenir sur la branche
Et sur une autre est couchée ;
Ainsi le piteux amant
Tenoit sa teste appuyée,
Comme il souloit en dormant,
Sur sa maistresse ennuyée.

Notons d'ailleurs que la plupart de ces détails ne sont pas empruntés au poète grec : Mellin est en outre plus touchant, peut-être, dans sa simplicité. Les plaintes qu'il prête « à la Déesse de beauté », sont réellement émouvantes. En voyant son époux sans vie, Vénus se plaint de ne pouvoir mourir à son tour, pour le rejoindre « en l'infernale contrée ». A quoi lui servent ses privilèges divins ? Et elle s'adresse tristement aux chiens de l'infortuné chasseur, auxquels le poète grec fait simplement pousser de longs gémissements.

Et vous, pauvres chiens lassés,
Bestes d'amour asseurée,
Sans Seigneur estes laissés,
Moy sans ami demeurée.
Bien pourrez recouvrer maistre
Aimant la chasse usitée ;
Et m'amour ne pourroit estre
En autruy ressuscitée.

Puis, tout bas, elle reproche amoureusement au mort de n'avoir « pas pris son conseil »... C'est le soir, le soleil se couche, le repos s'étend sur la terre, et Vénus soupirant profondément,

... Vers le mort s'est tournée,
Disant : « Las l'heure est venue,
Que toute chose créée,
De sa peine soustenue
Dormant sera recréée.
Mais pour moy les jours et nuyts.
N'ont point d'heure disposée
A terminer mes ennuis
Et me trouver reposée. »

Pendant ce temps « l'obscure nuit est jà presque arrivée », ce que voyant « les deux blancs cygnes » emportent vers les cieux la déesse qui continue ses soupirs et ses gémissements ; et plus elle s'élève dans les airs, plus elle se penche hors de son char pour voir encore son cher Adonis. Les fictions de Mellin ne sont ni moins poétiques ni moins captivantes que celle du poète grec. On comprend dès lors l'indignation du *Quintil* et de tous les disciples de l'Ecole marotique, en voyant cette jolie pièce irrévérencieusement traitée de vulgaire chanson, par l'auteur de la *Deffence.*

Ce n'est pas à tort, du reste, que Sibilet place St-Gelays à côté de Marot pour la chanson. Nul de son temps n'eut plus de vogue en ce genre. Et il ne faut pas oublier que non seulement il savoit « savamment les composer », mais qu'il était encore à même de les mettre en musique lui-même, et de les chanter.

Comme dans ses petits vers, il a célébré l'amour et les plaisirs dans ses chansons. Cependant il en est deux qui se rapportent à des événements contemporains connus. Ce ne sont pas les moins intéressantes. L'une lui fut inspirée, semble-t-il, par l'aventure de Mlle de Pienne[1]. Les événements sont connus. Vers 1551, dans les nombreux bals de la Cour, à Saint-Germain et à Paris, le jeune François de Montmorency remarqua, parmi toutes les filles de la reine, la belle Jeanne de Halluin, demoiselle de Pienne. Les deux jeunes gens se plurent, se le dirent, s'aimèrent et échangèrent un serment mutuel, « se prenant réciproquement à mari et à femme », comme le déclara plus tard la jeune fille devant le tribunal qui devait la juger. Cette liaison continua, mais dans le secret, car François de Montmorency craignait la sévérité du connétable, son père. Cependant la chose avait transpiré, on en parlait dans l'entourage du Roi et de la Reine. Et Jeanne, partagée entre l'amour et la crainte, vivait dans une continuelle inquiétude.

Or, en 1553, l'empereur Charles-Quint ayant recommencé la guerre, on apprit tout à coup à la cour que, le 20 juin, Thérouane avait été emportée par les Impériaux, et que François de Montmorency se trouvait enfermé dans une prison des Pays-Bas. On comprend quelles terribles inquiétudes s'emparèrent aussitôt de Mlle de Pienne. Elle ne put les cacher : on la plaignait. Mellin essaya de traduire en vers les sentiments de cette âme. Seulement, pour ne pas trahir le secret, il donna comme titre à sa chanson : *Pour une dame ayant son mari prisonnier des ennemis*. Voici quelques vers de cette chanson :

1. Sur cette affaire, consulter Le Laboureur, *Additions aux Mémoires de Castelnau*, t. II, p. 386-395.

Amour, ne sauriez-vous apprendre
A monstrer vos feux et glaçons
Par autres plus tristes façons
Que par pleurs et par soupirs rendre?
Chacun sait des larmes espandre
Et faire entendre
Par longue pleinte
Sa joye estainte;
Mais las! je me sens opprimer
D'un si amer
Malheur extrême,
Que mon teint blesme
Ny la mort mesme
Ne le peult assez exprimer...

Encores si j'estais bien seure,
Que ma blesseure
Et mesme flamme
Fust en son âme!...
Tout autre en vain pour moy soupire,
Et se peut dire
Des filets tendre
Pour le vent prendre! I, 218.

Ce ne fut pas elle, en effet, qui brisa l'engagement juré. Mais elle dut remercier le poète qui avait ainsi traduit sa douleur. Les vers de Mellin sont en général assez coulants et sa strophe est un heureux mélange de vers de huit et de quatre syllabes.

Quelque dix années auparavant, il avait essayé de chansonner en quelque sorte la cour tout entière, et d'en donner sous une forme allégorique un piquant aperçu. L'idée était originale, mais présentait bien des difficultés, même pour un courtisan. Notre poète ne fut pas longtemps arrêté. C'était vers 1540. Or, à cette époque, par suite de l'influence italienne, la science astrologique était en grand honneur à la Cour. Mellin était reconnu comme un maître dans cette science, il composa la *Chanson des Astres* où la *Chanson appelée le Ciel, sur les da-*

mes de la Cour de François Ier, (I, 121). Heureuse trouvaille pour adresser de délicats compliments à chacune des étoiles et aux principaux astres qui gravitaient alors autour du Roi, « le Soleil tant louable ». La strophe, composée de cinq vers, d'un rythme harmonieux, est légère et très chantante. On peut avancer sans crainte d'erreur, que Jamais à la cour couplets ne furent plus souvent répétés. Voyait-on passer le Roi avec Mademoiselle de Canaples [1], on pouvait chanter ou murmurer tout bas :

L'Aurore qui plaist à tous yeulx
Ha bien sceu choisir pour le mieulx
  Le soleil tant louable ;
Car c'est l'endroict de tous les cieulx
  Qui est le plus aymable.

Voulait-on faire sa cour au dauphin et à Diane de Poitiers, il n'y avait qu'à répéter :

Endimion, par fermeté,
De bien aymer s'est acquitté ;
  Aussi la lune claire
Cognoist bien qu'il ha mérité
  Qu'on lui doive complaire —

Le descours d'elle va baissant
Et l'amour de luy va croissant,
  Sans se pouvoir deffaire.
S'il l'eust veue en son beau croissant
  Pensez qu'il eust pu faire !

Il y a ainsi 22 couplets. Tous les personnages connus ont leur tour, et le poète ne ménage même pas les traits satiriques à ceux qui ne sont plus en faveur. Nous ne savons plus aujourd'hui quel était cet Ariés et ce Capricornus, si bien domptés par Gemini, qu'ils se cachaient de honte, mais on ne s'y trompait pas alors. Et la cour

1. Des notes manuscrites donnent la clef pour quelques noms, mais il est beaucoup d'allusions que nous ne pouvons saisir aujourd'hui.

comprenait fort bien quelle était cette dame ambitieuse, manœuvrant pour devenir la maîtresse du roi ou du dauphin, et que le poète représente comme une nouvelle comète, qui serait fort contente « d'avoir une grand' queue ». Ce qui dut faire en effet le succès de cette chanson si curieuse, c'étaient les allusions sans nombre qu'elle contenait. Mellin d'ailleurs ne s'oubliait pas. Le dernier couplet de cette chanson des Astres est réservé à sa planète à lui, à la dame de ses pensées :

La planète en qui je suis né
Et soubs qui je suis destiné
  Faire perte ou conqueste,
Me peult rendre aussi fortuné
  Qu'elle est belle et honneste.

V

Mais, pour les chansonniers de tous les temps et de tous les pays, le thème le plus habituel c'est l'amour et le plaisir. Ceux du xvie siècle ont largement exploité cette veine [1]. Leurs œuvres sont presque toujours graveleuses et même trop souvent obscènes. Les dix-huit chansons qui nous restent de Saint-Gelays ne méritent cependant pas ce reproche. Sans doute, la morale exposée dans plus d'une est singulièrement immorale, mais au moins ici, il a su garder une certaine réserve et une certaine dignité. Bien plus, pour l'ordinaire, il laisse de côté les graves défauts qui déparent bon nombre de ses pièces, pour ne garder que son esprit et sa grâce. Aussi,

1. Cf. Ch. Malo, *Les Chansons d'autrefois*, in-8, 1861 ; — Ch. Nisard, *Des Chansons populaires*, 1867, 2 vol. in-16 ; — *Recueil de Maurepas*, Leyde 6 vol. petit in-12, 1865.

pour la chanson comme pour l'épigramme, la postérité l'a placé à côté de Marot [1].

Le sujet le plus ordinaire des chansons d'amour, ce sont les plaintes de l'un des deux amants. Mellin a su traiter ce sujet banal avec assez d'aisance et d'originalité. Donnons d'abord la parole aux dames. En voici une de modeste condition, semble-t-il, éprise de quelque grand seigneur et qui nous fait part de ses inquiétudes et de ses désirs. Elle conte fort gentiment sa peine, et Sibilet n'hésite pas, dans son *Art poétique* [2], à citer en entier les neuf couplets de cette chanson.

O combien est heureuse
La peine de céler
Une flamme amoureuse
Qui deux cœurs fait brusler,
Quand chacun d'eux s'attend
D'estre bien tost content.
  On me dit que je taise
Mon apparent désir,

---

1. Pour mieux comprendre le mérite de Saint-Gelays, chansonnier, il suffit de parcourir les divers recueils de chansons de cette époque. Cf.

1° *S'ensuyvent plusieurs belles chansons nouvelles, avec plusieurs aultres réitérées des anciennes impressions, comme pourrez voir à la table, en laquelle sont les premières lignes des chansons et le feuillet là ou se commencent les dictes chansons.* Paris, mil cinq cents XXXV. Bibl. Nat. Rés. Ye. 1377-1379.

2° *Chansons nouvellement composées sur plusieurs chants tant de musique que rustique : nouvellement imprimées : dont les noms s'ensuyvent cy après.* Mil cinq cens XLVIII. On les vend à Paris, en la rue Neuve Nostre-Dame, à l'enseigne Sainct-Nicolas, par Jehan Bonfonds. — Ces diverses chansons ont été réimprimées dans la *Bibliothèque gothique du* XVIe *siècle*, Paris, 1869.

3° *Nouvelles chansons de ce temps*, imprimées à Paris, chez la veufve N. Buffet, près le Collège de Reims, 1560.

4° Leroux de Liney, *Recueil des chants historiques français depuis le* XIIe *jusqu'au* XVIIIe *siècle, avec des notices et une introduction.* — Les Chansons relatives au règne de François Ier et Henri se trouvent au t. I, p. 53 à 220.

En voyant la pauvreté de presque toutes ces compositions diverses et pour le fond et pour la forme, on rendra mieux justice à Mellin de Saint-Gelays.

2. Fol. 57 v°.

Et feigne qu'il me plaise
Nouvel amy choisir ;
Mais forte affection
N'a point de fiction.
  Vostre amour foible et lente
Vous fait ainsi discret :
La mienne violente
N'entend point le secret.
Amour nulle saison
N'est amy de raison. I, 66-67.

Et elle poursuit, toujours avec plus d'insistance, contant « ce grand tourment que lui donne la peur du changement », pour terminer par ce dernier appel :

De vous seul je confesse,
Que mon cœur est transi,
Si j'estois grand'Princesse
Je dirois tout ainsi.
Si le vostre ainsi fait,
Montrez le par effet. I, 68.

Maintenant voici les abandonnées qui se plaignent de la cruauté de celui qui les a trahies.

Dieu inconstant, pourquoy as-tu laissé
Le cœur qui fut pour toy prins et blessé,
Et par lequel le mien tut oppressé
  De ta maistrise ? [1] I, 264.

Une autre se lamente de se voir recherchée par un importun qui lui déplaît grandement :

Mon Dieu, que j'ay de mal !
Mon ami m'a laissée
Et d'un suis pourchassée
Qui n'est point son égal.

1. Cette pièce se distingue par le jeu des rimes ; les manuscrits Fr. 885 et Fr. 1667 lui donnent le titre de *chanson*.

Mon ennuy principal,
Après m'estre abusée,
Est me voir accusée
D'aymer cest animal. II, 220.

Et elle termine ses récriminations, par cet adieu :

A dieu danse, à dieu bal !
Ma joie est achevée ;
Plus ne seray trouvée
En masque à carneval.

Promesse bien imprudente, car cette autre avait peut-être fait des serments encore plus formels, et voici qu'elle crie bien haut qu'elle veut aimer encore.

Je veux aymer quoiqu'on en veuille dire ;
Un facheux m'a donné trop de martire
Pour craindre plus de vouloir luy desplaire ;
Je veux aymer !
Et mon esprit en amour satisfaire,
Je veux aymer !

Je veux aymer tant pour faire vengeance
D'ingratitude et de mescongnoissance,
Que pour le bien et l'heur qui se présente :
Je veux aymer !
Et veux qu'un autre en amour me contente,
Je veux aymer ! II, 241.

Et je crois devoir citer le dernier couplet de cette chanson, parce qu'il rappelle la discrétion prudente que Mellin apporta toujours dans ses amours, et bien lui en prit.

Et toutes fois mon amour si secrette
Toujours sera et si sage et si discrette
Que j'en auray paisible jouissance;
Je veux aymer !
Longtemps avant qu'on en ayt congnoissance,
Je veux aymer !

Notre poète n'a pas été moins heureux dans l'expression des plaintes de l'amant infortuné. Les trois couplets dans lesquels un pauvre amoureux, pris par des yeux aussi doux que rigoureux, exhale tout bas sa douleur, sont pleins de mélancolie.

Les yeux qui me surent prendre [1]
Sont si doux et rigoureux,
Que mon cœur n'ose entreprendre
De s'en montrer langoureux.
Il se sent mourir pour eux
Et feinct d'estre sans douleur.
O que celluy est heureux
Qui peut dire son malheur !

Seulement, nous savons que Mellin n'aimait pas à perdre son temps à soupirer après une intraitable beauté. Il ne s'est pas dépouillé de ses sentiments personnels dans ses chansons, et son amant repoussé s'empresse de chercher ailleurs « la science de prendre patience », au risque de ne faire qu'aigrir « sa première pointure [2] ». Reste alors la ressource de s'écrier avec dépit à la fin de chaque couplet :

Amy, je ne veux plus aimer !
  Puisque nouvelle affection
  Ha vaincu la perfection
Qui mon cœur peut seule enflammer,
Amy, je ne veulx plus aymer ! III, 290.

A côté de ces chansons érotiques, s'en trouvent d'autres que j'appellerai simplement badines. Elles ne sont pas les moins intéressantes, car Mellin y peut librement lâcher la bride à son esprit. En voici une pour se justifier d'aimer deux dames à la fois : « les deux que

1. Je ne m'explique pas comment M. E. Philippes-Beaulieux a pu voir là « une chanson composée pour une dame mariée, de très haut parage ». Celui qui parle est un homme, puisqu'il déclare « qu'un bien le fait malheureux » et qu'il proclame heureux « celluy qui peut dire son malheur ».

2. *Œuvres de M. de S.-G.*, II, 238.

j'ayme ne sont qu'une, dit-il, à mon désir constant et fort » (II, 237). Encore une théorie chère à Mellin. Et il ne s'est pas fait faute de chanter l'infidélité conjugale en des vers qui scandalisèrent fort ses contemporains réformés [1].

Il existe même un couplet pour regretter que le divorce ne puisse terminer aussitôt les maux « de tous ceux qu'Amour presse ».

> Pleust à Dieu... qu'on peust déposer
> Un qui tanse et maltraicte
> Pour celuy espouser
> Qu'on désire et souhaite :
> Nos maux seroyent guéris
> Et jaloux bien marris. II, 227, VI.

Non sans motif, assurément, Mellin détestait les jaloux : il dut en faire plus d'un durant sa longue vie, peut-être même parmi ses amis. Il s'en tira toujours en homme d'esprit, comme le héros d'une de ses chansons. C'est un chevalier aux « bonnes fortunes », qui, à la fois câlin et gouailleur, après avoir, semble-t-il, enlevé sa maitresse à son ami, tâche de le consoler. Pour y parvenir, il lui énumère avec une malicieuse bonhomie ses diverses qualités, se faisant lui-même petit et sans mérites aucuns. Mais à chaque tentative, l'ami répond obstinément avec tristesse : « tu la baises et je ne le puis pas. » Et cela fait une véritable scène de comédie. La pièce vaudrait d'être citée tout entière, mais je me contente du second couplet :

> Ne me parles point de baiser,
> Mais de ta tristesse appaiser,
> Estant seur de sa grâce bonne,
> Tu es à son gré la personne
> De la cour qui danse le mieux,
> Tu es l'abime de ses yeux,

1. Voir *Pour la guiterre*, II, 222.

Tant tu vas propre et bien en poinct ;
Tes présents ne refuse point,
Que veux-tu mieux en attendant ?
— Mais tu la baises cependant !

Cette brève et sèche réplique, répétée à la fin de chaque couplet, produit un piquant effet.

La répétition d'un « mesme vers en fin de chaque couplet d'une chanson », Sibilet l'appelle « palinod », c'est-à-dire « rechantée »[1]. Mellin a employé plusieurs fois ce procédé avec assez de bonheur ; aussi Sibilet cite t-il deux de ses chansons, qu'il appelle odes, comme modèles du genre.

Au reste, il faut ajouter que notre poète, ici comme ailleurs, a su changer de ton et varier la forme pour éviter la monotonie. Voici des vers *d'un eslongnement* « pris d'Arioste pour réciter sur le luth ou guiterre avec le chant qu'on appelle Romanesque, qui est une redite de deux vers en deux vers »[2]. Ailleurs nous trouvons une sorte de mélopée villageoise sur une seule rime. C'est un amant repoussé, qui se plaint en 25 vers, regrettant de n'être pas hirondelle, pour aller « le soir en sa ruelle », à son amie faire « entendre sa querelle »[3]. Dans ce même genre, voici encore une *villanesque* ou *villanelle.* Et le villageois que le poète fait parler, conte fort comiquement qu'il se croit amoureux pour « avoir dansé avec

1. *Art poétique*, chap. XV, fol. 75. *Diverses sortes de rimes:* « Kyrielle a esté appelée la ryme en laquelle en fin de chaque couplet un mesme vers est toujours répété : qu'ils ont appellé *refrain* ès ballades et chantz royaux et l'ont ici nommé *palinod*, c'est-à-dire *rechantée.* Et est ce nom de *palinod* bien séant en ceste kyrielle, laquelle se commet le plus souvent en *chans lyriques* ou *odes*, où ce *palinod* est plusieurs fois rechanté : comme est le vers : « Amy je ne vœil plus aymer », en l'ode de Saingelais, qui commence

Puisque nouvelle affection, etc. ;

comme est le carme « vœillez en avoir mercy », en l'ode qui commence

Puisque vivre en servitute. »

2. *Œuvres de M. de St-G.*, I, 210, notes.

3. *Ibid.*, II, 228.

Catin. » Malheureusement « elle lui tourne le dos », à son grand désespoir, et si cela « dure guère » il se trouvera un beau matin « gendarme ou moyne, en despit de Catin » (II, 231).

Une des formes de la chanson la plus en vogue pendant tout le Moyen-Age, fut la pastourelle, sorte d'églogue dialoguée entre un seigneur et une bergère, qui se répondaient régulièrement couplet par couplet. Mellin emprunta au moins une fois cette forme ancienne et populaire, pour composer une chanson que Sibilet range au nombre des plus connues et des mieux estimées[1]. C'est un « homme » et une « dame » qu'il fait dialoguer, dans de petits quatrains pleins de finesse. Les vers de quatre syllabes courent gaiement, lestes et pimpants, et le débat se poursuit plein de vivacité.

L'homme.

Ne vueillez, ma Dame,
La peine ignorer
Que ma vive flamme
Vous veult déclairer.

La dame.

Je vous pry me taire
Vostre mal ou bien ;
Je n'en ay que faire,
J'ay assez du mien.

Au reste, il est juste de faire remarquer que, même dans les chansons les plus faibles, on rencontre toujours quelque joli couplet, ou pour le moins quelques vers à retenir. C'est ainsi que dans une *Chanson pour la guiterre*, un chevalier, resté jusqu'à minuit passé sous les fenêtres de sa dame, pour lui donner une sérénade, ne voyant enfin rien apparaître, s'écrie plein de dépit :

Au moins dy que tu n'y es ! II, 219.

1. *Art poétique*, fol. 76.

Ailleurs, quelqu'un se plaignant des jaloux et réclamant plus de liberté pour les « amoureuses flammes » termine ainsi :

> Et si quelque obstiné
> Disait qu'il en appelle
> Jour luy fust assigné
> Par devant la plus belle
> Qui soit dedans Paris ;
> Et jaloux bien marris !

Cette strophe à la tournure sautillante, est une heureuse trouvaille de Mellin. Il excellait d'ailleurs à arranger les petits vers, guidé qu'il était par son goût musical. Toutes ses chansons sont d'un rythme varié et harmonieux. Ce sont les vers de huit, de sept et de six syllabes qu'il y emploie le plus souvent. Mais, qu'ils soient groupés dans le couplet, ou combinés avec d'autres, ils vont toujours en cadence. Disposés simplement quatre à quatre, ou plus savamment arrangés — jusqu'au nombre de dix et même de quatorze, — les stances qu'ils composent savent déjà fort correctement tomber. Mellin a rendu de grands services à la versification française et une bonne part doit lui être faite dans les progrès sensibles qu'elle accomplit alors[1]. Il sait d'ailleurs disposer les rimes pour produire un effet, ou amener ingénieusement un refrain. Voici comment il crie merci à sa dame « trop dure » :

> Autre bien ne veux prétendre
> De mes plaintes et clameurs,
> Sinon que veuillez entendre
> Que c'est pour vous que je meurs,
> En mes yeux n'a plus de pleurs
> Et mon cœur est jà transi.
> Veuillez en avoir merci. II, 216

1. Cf. M. Bourciez — dans l'*Histoire de la langue et de la littérature française* de Petit de Julleville, t. III, *Seizième siècle*, ch. III, p. 133 et ss.

Et le même vers termine chaque couplet. Il n'est pas moins habile et moins heureux dans une autre chanson pour répéter cette plainte douloureuse :

Quelle peine est plus dure
Que celle que j'endure ! II, 238.

Enfin, parmi les strophes diverses employées dans ses chansons, qu'il me suffise d'en citer une, composée de trois vers différents. C'est un amoureux — toujours — qui répond , tant bien que mal, à ceux qui l'accusent d'avoir « perdu tous ses sens ».

Vous chassez
Et effacez
Tels du rang de vos amis,
Qui après
Ne seront prêts
Quand vouldrez qu'ils y soient mis. III, 120.

Cet exemple suffit en effet pour prouver que Mellin se jouait avec la plus grande facilité de toutes les difficultés de la rime.

VI

Comme pendant à cette vingtaine de chansonnettes agréables, notre poète a composé une sorte de cantique religieux. Il l'a intitulé : *Chant génethliaque de la naissance de N. S. Jésus-Christ, dit à Noel* [1]. Cette fête si populaire et si poétique dans sa gracieuse simplicité, lui a inspiré neuf couplets. Bien que Mellin n'eut rien moins que l'habitude de puiser son inspiration à cette source, il a composé sur ce sujet quelques vers au rythme facile et léger.

1. *Œuvres de M. de St-G.*, III, 130. Ce chant se trouve dans bon nombre de Manuscrits des poésies de Mellin, et en particulier dans le n° 1158, des Nouv. Acq. Fr., fol. 183 r°.

O nuit plus reluysante
Que jour qui ayt esté
Qui fustes produisànte
L'éternelle clarté,
Qui nous mist en esté
Perpétuel,
A droit vous est chanté :
Noël, Noël ! III, 130.

Neuf couplets religieux, c'était beaucoup pour ce mondain ! Il préfère nous donner, à la manière de Catulle la description « d'una notte d'amore goduta » comme parle M. Francesco Flamini [1]. Il est vrai que cette petite pièce [2] ode ou élégie, peu importe, n'est qu'une imitation (trop fidèle, dit-on), d'une Elégie de l'Arioste [3] ; mais elle est tout à fait dans le goût de Mellin et s'il a imité, c'est la nonchalance qui l'a probablement porté à prendre un guide, pour exprimer ses propres sentiments. Il devait feuilleter plus souvent, ou du moins avec plus d'intérêt Anacréon et l'Anthologie, Catulle et Ovide que son psautier. A peine Henri Etienne avait-il publié le Manuscrit palatin des œuvres d'Anacréon, en 1554, que Mellin s'empressa de traduire ainsi une des odes du poète grec.

Des femmes suis appelé
Vieillard tout chauve et pelé ;
Et me disent que je preigne
Un mirouër, et que j'appreigne,
En me voyant sans cheveux,
A n'estre plus amoureux.
Or, quant à moy, je n'ay cure
De poil, ni de chevelure.
Si j'en ay ou n'en ay point,
Ce soing guières ne me poinct.
Je n'ay ni ne veux avoir

1. *Studi di Stori letteraria*, p. 265.
2. *Nuict d'amour*, III, 99.
3. Voir Ariosto, édit. Polidori, Eleg. VI, t. I, p. 224.

Autre cure, autre scavoir
Que de tant plus m'esjouir,
Que plus les ans vont fouïr. III, 112.

Voilà bien la peinture exacte de notre aumônier presque septuagénaire ; ceci est plus qu'une banale traduction. Mellin comme Anacréon, ou celui qui composa ces vers grecs, ne songea jusqu'à ses derniers jours, qu'à « s'esjouir » galamment. « Il s'esjouit » donc en composant de charmantes chansons, que tous se plaisaient à répéter, en chantant ses plaisirs pour mieux en jouir et en rimant des contes joyeux un peu trop grivois, souvent véritables folies qui nous étonnent. Mais, si parfois il tombe dans la grossièreté, si ses élégies sont froides et ses épitaphes trop spirituelles, il garde une supériorité incontestée dans le genre satirique. En effet, dit Baillet, [1] les « connaisseurs qui donnent à Marot la gloire du rondeau et à Du Bellay celle du sonnet ont préféré Saint-Gelays à l'un et à l'autre pour l'épigramme ».

1. *Jugemens des savans sur les principaux ouvrages des auteurs*, t. IV, p. 384.

CHAPITRE V

OPUSCULES :

VERS POUR CARTELS, MASCARADES, INSCRIPTIONS.

I. — Poète officiel. — *Douze baisers gagnés au jeu.* — *D'un présent de cerises.*
II. — Questions d'amour. — Mariages ; naissances ; décès. — Vers pour amusements.
III. — Cartels. — Provocation adressée aux ennemis d'Amour. — Réplique. — Nouvelle réponse. — Cartels du Château de Blois, 1554 et 1556.
IV. — Mascarades. — Supplique en faveur de Vénus. — Les nymphes de Saint-Germain-en-Laye, en 1557.
V. — Inscriptions d'album et autres.

I.

Poète officiel de la cour de France, Mellin devait, pour remplir son rôle, amuser et éblouir cette société brillante. Il n'y manqua jamais, semble-t-il. Toujours il avait quelque nouveau trait plaisant à servir, et chacun se plaisait à répéter la « dernière » de Mellin.

Or, parmi ces improvisations au jour le jour, il en est deux qui, par leur importance et leurs qualités, me semblent mériter une mention particulière.

Une fois, dans un de ces jeux de société, où la galanterie s'industrie à trouver les enjeux les plus divers et les plus piquants, notre poète gagna à sa dame « douze baisers à son choix, bien assis [1] ». Mais celle-ci, usant

1. *Œuvres de M. de St-G.*, I, 200. Ceci est cependant imité du *Sixième baiser* de Jean Second, mais l'imitation est si large et si libre qu'elle mérite bien d'être appelée originale.

d'un subterfuge, ne voulut en donner que six pour sa part, car ils étaient deux,

Disant chacun avoir de son quartier
Baisé six fois et fait le compte entier.

Voilà l'incident, tel que nous le raconte Mellin lui-même, qui n'eut rien de plus pressé que de rédiger une protestation en règle contre « ce larrecin », dit-il,

Ce larrecin, qui sans votre advantage
A vos amis porte si grand dommage.

Et il commence par essayer de « faire honte » à celle qu'il appelle « ô ma seule maîtresse », et qui l'a si déloyalement fraudé.

Ainsi, par fraude et droit mal entendu,
M'ostez un bien justement prétendu,
Et apprenez à chiche devenir,
A bien promettre et à très mal tenir. I, 200.

Puis il se met à lui prouver longuement « qu'une bouche vermeille » n'est pas seulement faite par le créateur, « pour qu'elle rende heureux l'œil et l'oreille », elle a été créé pour les baisers, c'est là sa fin et son but. Ce n'est donc pas douze fois seulement qu'il faut la satisfaire, mais « un nombre infini de fois ». Et par une théorie, bien étrange pour un aumônier, il engage cette dame à ne pas se laisser arrêter par l'opinion commune, c'est-à-dire les lois ordinaires de la morale, qui font agir le vulgaire, car elle est au-dessus de cela :

Vous proposant je ne say quels diffames,
Comme s'estiez du rang des autres femmes.

Scandaleuse morale, certes ! Mais si le prêtre est ici grandement répréhensible, le poète est particulièrement heureux dans les comparaisons qu'il emploie pour plaider sa cause. Il y a dans ces vers comme un souffle de mai appelant la nature au renouveau.

Répondez-moi, dit-il à cette dame, à qui il veut prouver que tout ce qui est naturel, nous venant des dieux

Vient sans mesure et sans nombre odieux,
Répondez-moi ; trouveriez vous plaisante
Une forest beaux arbres produisante,
Dont en plein may et saison opportune
On peust compter les feuilles une à une ?
Vistes vous onc, en un pré ou l'eau vive
Sème de fleurs et l'une et l'autre rive,
Qu'on s'amusast à vouloir compte rendre,
Combien de brins il y a d'herbe tendre ? I, 202.

Mellin, bien avant la Pléiade, aimait et comprenait la nature ; aussi a-t-il trouvé d'assez jolis vers pour peindre les charmes du printemps. Seulement il en revient toujours à la galanterie, esclave « de l'immortelle et blonde Cythérée [1] », et c'est pourquoi il demande à sa dame avec beaucoup d'à propos

Pourquoy nous sont les grâces departies
De vós baisers par comptes et parties ?
Et les torments qu'à grand tort nous donnez,
Nous sont sans nombre et sans fin ordonnez ? I, 203.

D'où la conclusion naturelle : diminuez les peines et non les baisers, ou bien ménageant les uns, ménagez les autres aussi.

C'est partout le même refrain. Mellin a beau varier l'intonation, changer de sujet, vieillir même, il revient toujours à la galanterie comme à la conclusion nécessaire de tous ses écrits. En voici une nouvelle preuve. La chose se passe au « beau premier jour de may », et nous savons déjà que Mellin n'avait garde de manquer à la coutume d'envoyer un petit présent à ceux et surtout

1. *Ibid.*, I, 203.

à celles à qui l'on avait quelque obligation. Or, cette année-là, Mellin avait eu la bonne fortune de se procurer « un plat de cerises nouvelles », de ces belles et appétissantes cerises, rouges et blanches, qu'on appelle vulgairement des cœurs. Empressé, il va les offrir lui-même à deux demoiselles de ses amies. Celles-ci, rieuses, de se mettre aussitôt à croquer les fruits ; et Mellin, fidèle à son procédé allégorique, de leur dire galamment :

Saurait-on voir, que vous en semble,
Rien qui mieux à un cœur ressemble ?
C'est signe que toutes vos vies
De mille cœurs seront servies.

Puis il ajoute :

Quoy, ay-je failli à bien dire ?
Qu'est cecy ? qu'avez-vous à rire ?
Est-ce que, me laissant prescher,
Vous mettez à les despêcher ?
Et toujours les plus cramoisies
S'en vont les premières choisies ;
Ne say, quand l'une à l'autre touche
Quelle est la cerise ou la bouche,
Tant sont également vermeilles. I, 213.

Malheureusement, comme les rires continuent de plus belle, Mellin cherche une autre explication. Et celle qu'il laisse entendre nous étonne, et prouve une fois de plus quelle extrême licence régnait alors dans les conversations.

II

Pour charmer les loisirs que laissaient souvent la guerre et les jeux des armes, on s'amusait parfois à résoudre l'un de ces subtils problèmes d'amour si en faveur pendant tout le moyen-âge. Mellin n'a pas dédaigné de rédiger en vers quelques-uns de ces puérils cas de conscience.

Voilà, dit-il, deux amants [1],

L'un a le temps, le lieu et le loisir,
Mais il craint tant qu'il n'ose un seul mot dire ;
Car il a peur de faire desplaisir
Si l'on congnoist en rien ce qu'il désire.
L'autre n'a moins de douleur et martire :
Il sçait très bien que veoir, parler, escrire
Donnent plaisir. Au lieu de luy aimé
Il ne craint rien ; mais le temps luy retire
L'occasion. Jugez s'il a du pire,
Et qui doit estre heureux moins estimé ?

Il n'était pas toujours bien facile de résoudre ces questions, et pour décider lequel des deux était le plus malheureux en amour, « *les deux chevaliers incarnats* [2] » descendirent en champ clos, s'il faut en croire les vers de notre poète. Sujet de querelle bien futile, mais à la Cour où présidait Diane de Poitiers, on n'en jugeait pas ainsi : une question d'amour était toujours chose grave, et primait toutes les autres. Aussi, afin que nul n'en ignorât, au moment où les chevaliers revêtus d'une armure « incarnat » parurent dans la lice, un héraut s'adressant aux dames leur lut quatre huitains, composés par Mellin, pour exposer le sujet de cette querelle. Voici :

Dames, voyez à quelle extrémité
Peust vostre amour les plus grands cœurs réduire !
Ces deux, de qui la magnanimité
S'estend partout où le soleil peut luire,

étaient unis par la plus étroite amitié au point de se confier leurs secrets les plus intimes. Mais dans leurs confidences mutuelles, étant venus à parler de leurs peines

1. *Ibid.*, III, 34, LXIII. Voir aussi 35, LXV ; 53, CII.
2. *Ibid.*, I, 189.

amoureuses, chacun « soustient qu'il est plus qu'un autre langoureux », autrement dit, plus malheureux en amour que son ami.

> L'un qui n'eust onc ny refus ny rudesse,
> Veut son torment sur tous grand maintenir :
> L'autre qui a sage et douce maistresse
> Qui or' le chasse, or' le fait revenir,
> Tant qu'il ne sait d'elle à quoy se tenir,
> Soustient qu'il est plus qu'autre langoureux.
> Mais ils sont fols, (quoy qu'il puisse advenir),
> Car le vainqueur est tousjours malheureux

Les armes vont donc en décider. Seulement dans le dernier huitain, notre poète gourmande fort les dames d'être ainsi cause de pareilles extrémités. Conclusion toute naturelle : sacrifiez à l'Amour.

Je n'ai garde de ranger ces vers parmi les meilleurs de Mellin. Seulement ils nous font connaître quels étaient les sentiments qui préoccupaient les courtisans de cette époque. Il faut en dire tout autant de ces nombreuses petites pièces que j'appellerai *d'occasion*, et dont la valeur littéraire est minime. Elles ne mériteraient pas même d'être signalées d'un mot, n'était l'intérêt historique qu'elles présentent. Même observation pour toutes les pièces quasi-officielles, dans lesquelles, au fur et à mesure des événements heureux ou malheureux, notre poète exprima les sentiments du Roi et de sa cour. Ceci est encore plus de l'histoire que de la poésie.

Saint-Gelays célébra, en effet, tour à tour, dans ses vers la naissance du duc de Bretagne (I, 290 et II, 288), le mariage du marquis d'Elbeuf (I, 173), de Cypierre (I, 171) et de Martigues (I, 294), et la guérison de la douairière, Louise de Savoie (II, 130). Il a déploré pareillement la maladie et la mort de Charles d'Orléans (II, 80), fils de François Ier, dont il était l'aumônier. Nous avons encore les épitaphes qu'il composa pour Charles d'Orléans

(II, 298 et 318) et Louise de Savoie (II, 169, 279, 303), mais ce sont là vers qui ne méritent pas de nous arrêter plus longtemps.

Cependant, bien que les cartels, mascarades et autres pièces que Mellin composa pour les diverses fêtes de la cour, présentent également un intérêt plutôt historique que littéraire, il me paraît bon de leur accorder une mention particulière, à cause de leur nombre. Sans cela, toute une partie considérable de l'œuvre de notre poète resterait dans l'ombre, et l'on ne saurait apprécier exactement son caractère. Sans doute, il a été question plus ou moins longuement de chacune de ces pièces dans le récit de la vie de notre poète ; mais en les groupant il sera plus facile de se rendre compte de la fécondité de ses inventions.

Ainsi, il écrivit un huitain *Pour des chevaliers que des masques, vestus en amazones, menoyent sur les rangs au tournoye de la royne Catherine, à son entrée à Lyon* (I, 162) ; composa des compliments, à propos de quelque passe d'armes, pour Madame Marguerite (I, 163), Madame d'Aumale (I, 164), Madame de Valentinois (I, 165) et d'autres encore ; il eut l'idée « d'attacher des escritaux qu'il avait versifiés aux pieds de petits oyseaux que des mattacins laissèrent aller parmi les dames » (II, 35) ; il organisa le festin allégorique « que le cardinal de Lorraine fit aux roynes, le lendemain des noces » (I, 177), et la mascarade des sibylles, où « par commandement de la royne, un soir, six dames jeunes et petites donnèrent passe temps au Roy » (I, 167).

Mais nous avons vu qu'il n'était pas besoin des ordres de Catherine de Médicis pour exciter Mellin à composer des mascarades. Ce fut sûrement à l'insu de la reine qu'il organisa la fameuse supplique en faveur de Vénus, lue ou débitée par une jeune nymphe, entourée de six docteurs ès-amours (I, 225). Et cette première demande n'ayant pas pleinement réussi, il s'adressa une seconde fois « à une Princesse » (I, 227) de l'entourage de la reine, pour essayer de gagner la cause « de la déesse de Cythérée ». Il écrivit encore des vers pour « deux masques indians » (I, 294), pour ceux « de M. de Martigues » (I, 298) et pour deux autres « en Rogier et Marphise » (I, 298) sans parler des compliments, adressés à Diane de Poitiers (III, 116), à Madame la Maréchale de Saint-André (II, 73) et d'autres encore (III, 44), après quelque brillante fête. Infatigable, il compose trois dizains « pour des masques de neuf filles de la royne, aux couches de la dite dame, elles estans en trois bandes » (I,187), et, plus que septuagénaire, à deux doigts de la mort, il rime encore de nombreux vers pour exprimer les regrets des nymphes de Saint-Germain-en Laye, attristées par le départ du Roy, partant pour aller assiéger et reprendre Calais (I, 181). A défaut d'autres qualités, on ne peut refuser à Mellin la fécondité et l'ingéniosité.

III

Il s'acquit également une grande réputation dans la rédaction des cartels, qui précédaient les tournois. Il nous reste ceux qu'il composa pour *La partie qui fut faite en armes aux nopces du marquis d'Elbeuf* (I, 173), et deux ans après à celles de Monsieur de Cypierre (l, 171) ; la requête *De douze chevaliers estranges aux dames* (I, 159) et celle de six combattants de même région (I, 231) s'adressant au Roy Henri II ; enfin les trois cartels, écrits à l'occasion de « Messeigneurs d'Anghien et prince de la Roche-sur-Yon », (I, 151-158).

Nous avons vu déjà que la conduite réservée de ces deux princes contrastait avec les libertés que prenaient ceux qui les entouraient. Et ce n'est pas sans dépit que les courtisans les voyaient ainsi condamner, par leurs actes mêmes, leur conduite légère. Le galant « prêtre de Vénus », Mellin, résolut de les amener à résipiscence et de leur faire courber la tête « sous le joug d'Amour ». De connivence avec quelques seigneurs, il leur envoya donc un cartel,

> De par le fils de Dioné la belle,
> Contre lequel quiconque se rebelle
> Esprouve en brief qu'il n'est pouvoir humain
> Qui résister puisse à sa forte main. I, 151.

Il fait savoir à ces « seigneurs et princes » qu'Amour tient « à grand mespris » qu'ils soient restés indifférents et n'aient nullement ressenti son feu qui pousse à aimer et à combattre. Aussi, les provoque-t-il à un combat pour le soir même.

> Si vous commande et enjoint par exprès
> Que dans ce soir vous deux soyez tous prêts
> Pour soustenir en armes la querelle
> De dix soldats de sa bande et sequelle
> Contre autres dix, qui de cœur non faillis
> Les ont ce jour bravement assaillis. I, 152.

Ces vers ne sont pas trop mal frappés, mais les raisons qu'allègue notre poète me paraissent assez faibles. Au contact, dit-il, de ces chevaliers courageux, les princes rebelles à la galanterie, deviendront amoureux eux-mêmes.

> ... Ils se prendront, estant en cette troupe
> Où Amour est, comme feu en l'estoupe ;
> Car il sait bien qu'on ne peut approcher
> De tels amans sans l'amour accrocher.

Mellin trouve ainsi l'occasion de flatter à la fois les deux princes et les seigneurs qui demandaient à les combattre ; il sait délicatement distribuer les louanges. Il termine en se flattant que ces deux jeunes chevaliers, « issus du fort Enée », se montreront bons parents envers Amour, « ayant eu une mère commune ».

Les princes ainsi provoqués se rendirent-ils à l'invitation ? C'est fort vraisemblable. Ce qui est certain, c'est qu'ils répliquèrent en vers, et que ce fut notre poète lui-même qui composa la réponse à sa provocation, en rédigeant un second cartel, ayant exactement le même nombre de vers que le premier, et le réfutant assez heureusement. Le « poète courtisan » connaissait l'art de se contredire, et il était assez léger de sentiments et d'opinions pour le faire sans être gêné. Aussi, je n'hésite pas à avancer que la réponse est supérieure à la provocation. Voici le début de cette petite pièce, qui en est comme l'*adresse* :

A vous, Seigneurs, quiconque vous soyez
Qui de bon sens et raison forvoyés
Suivez Amour inconstant et volage,
Qui pour un peu de bien et d'avantage
Qu'il sait promettre et assez mal tenir
Le voulez Dieu prétendre et maintenir. I, 153.

Puis, non sans une fine ironie, ces austères chevaliers reprennent les reproches qu'on leur a adressés, pour déclarer qu'ils ne consentiront jamais à servir le traître Amour.

Nous sans espoir, nous mal traictés des dames,
Nous, ennemis d'Amour et de ses flammes,
Voulons prouver en plein camp de bataille,
Qu'Amour n'est Dieu, ne rien qui guères vaille,
Servez un traistre et infidelle maistre. I, 154.

Et pour ce faire,

Et lui donner mille ennuis et destresses,
Devant leurs yeux et ceux de leurs maistresses,

voici qu'à leur tour ils proposent un combat, dont Mellin décrit les conditions. Il s'agit de mettre douze fois « la lance en l'anneau ». Mais l'enjeu est bien digne de la galanterie raffinée de cette époque. Si les adversaires sont victorieux, « amour sera mis à délivre, et partout librement pourra vivre ». Dans le cas contraire, c'est-à-dire si les ennemis « du fils de Dioné la belle», sont vainqueurs, « l'aveugle enfant sera pendu »,

> Au lieu et jour qu'il plaira ordonner
> Au plus grand roy qu'on eut sceu couronner.

La querelle devenait intéressante, et elle ne pouvait manquer de diviser la cour en deux partis. Aussi, cinq jours après, paraissait un nouveau factum : *Response au cartel des ennemis d'Amour* (I, 155). Mais, dans ce troisième impromptu, Mellin a perdu bon nombre de ses aimables qualités. Il s'est en quelque sorte épuisé. Dans une longue pièce diffuse, il essaie de réfuter ou plutôt de ridiculiser les ennemis « de très puissant et très haut Dieu d'aymer », en expliquant que leur rancune et folie n'est qu'une vengeance « de l'Amour offensé, qui l'esprit trouble et rend l'homme insensé ». Tout cela est bien subtil et maniéré. Enfin, voici proposé encore un troisième combat ; il ne s'agit plus de courir la bague, mais bien d'échanger « deux coups de lance » et d'en « venir après au combat de l'épée ».

Si le mérite littéraire de pareilles compositions est des plus minces pour nous, il n'en était pas de même pour ceux qui en eurent la primeur. Peut-être même ce qu'ils admiraient le plus dans ces vers, est ce que nous condamnons le plus sévèrement aujourd'hui. Somme toute, Mellin de Saint-Gelays paraît avoir été le créateur de ce genre de poésie, que ne dédaignera pas Ronsard et son école. Du moins, à ce que je crois, il est le premier poète connu qui rédigea en vers ces cartels provocateurs qui précédaient presque toujours les tournois. Il y fallait de l'à propos, de l'esprit, une certaine délicatesse et beaucoup de facilité : qualités que Mellin possédait, comme nous l'avons constaté déjà. Aussi, s'il n'est pas toujours également heureux dans ces petites pièces, il en reste cependant le maître incontesté, comme il en fut le créateur. Ceux qui de son temps ou dans la suite ont tenté de l'imiter ne l'ont pas dépassé, même Ronsard.

J.-B. Rousseau a loué le début du cartel composé « pour la partie qui fut faite en armes aux nopces du marquis d'Elbœuf ». Et, certes, ces vers sont dignes d'éloges, ils ont une fière allure.

Quiconque sent du fils de Cytherée
La vive flamme, et la pointe dorée,
Celle qui fait les cœurs se ressentir
Du feu céleste, et point ne consentir
A bas désir, qui empesche et retarde
Le bien suprême où la vertu regarde,
Sache qu'il a la marque et le vray signe
D'homme divin, courageux et insigne ;
De même aussi qui courageux se sent
Monstre assez tost qu'à l'amour il consent ;
Car la vertu et l'amour, qui soustiennent
Tout l'univers, ensemble s'entretiennent. I, 173.

Mais, je serais bien tenté de croire que ce qu'admiraient surtout les contemporains dans ces cartels c'était encore moins la beauté des vers que l'ingéniosité et la variété des travestissements nouveaux trouvés par notre poète. Ceux, en effet, qui avaient signé le cartel précédent, ne prenaient d'autre dénomination que celle qu'ils tiraient de la couleur de leur armure, ou plutôt du ruban qu'ils avaient reçu de leur dame. Dans une autre circonstance, aux *Noces de Monsieur de Cypierre et Mademoiselle de Pyennes* [1] *et à celles de Monsieur de Sainct-Amant Barbazan et de Mademoiselle de Humières* [2], les six combat-

1. Cette demoiselle de Piennes est Louise de Halluin, qu'il ne aut pas confondre avec sa sœur, la célèbre de Pienne, Jeanne de Halluin, fiancée secrètement au jeune duc de Montmorency et réduite à épouser plus tard Florimond Robertet.

2. I, 171. Les deux mariées étaient parentes, Claude de Humières étant la

tants, qui jouaient le rôle de provocateurs, avaient pris le nom des six plus fameux héros de Boïardo et de l'Arioste, Mandricardo, Rinaldo, Rogier, Sacripante, Orlando, Astolpho. De plus, ils prétendaient « ces six vainqueurs des vertus héroïques », avoir été avertis par Mercure lui-même, « aux champs heureux », qu'en France

> Il se faisait diverses entreprises,
> Où toutes gens aux armes bien apprises
> Venoyent leur force et valleur esprouver.

Et, par suite, ils s'étaient empressés d'accourir joyeusement,

> Pour honorer la royalle maison
> Où tant d'honneurs virent en la saison.

Mellin sait toujours amener un compliment délicat à l'adresse du Roi, lorsqu'il est présent. Sans doute, on peut trouver qu'à la langue les vers de notre poète « tournent au compliment qui se répète » [1], mais chaque fois, les circonstances lui fournissent quelque nouveau détail, de sorte qu'on ne s'aperçoit guère des redites. Ses contemporains ne songèrent donc jamais à lui reprocher ce défaut, véritable qualité pour un courtisan.

IV

Le goût des mascarades était alors aussi vif que celui qu'on avait pour les tournois. Aussi, Mellin multiplia-t-il ici encore les inventions, en prodiguant ses petits vers. Sans doute, bon nombre ne s'élèvent pas au-dessus de la banalité ordinaire de ces pièces de circonstance, mais pour comprendre quel effet ils durent produire, il faut

---

petite-fille d'une Barbe de Halluin. — C'est ce qui explique la simultanéité des noces.

1. M. Bourciez, *Marot et la poésie française de 1500 à 1550*, t. III, chap. III de l'*Hist. litt.* publiée par L. Petit de Julleville, p. 132.

par l'imagination les replacer dans la bouche des actrices qui les débitaient. Les petits « escritaux » ou quatrains, composés pour la danse des mattacins, sont loin d'être de hautes productions poétiques, mais ils étaient attachés « aux pieds de petits oyseaux ». Avec quelle avidité les dames s'emparaient de ces messagers, pour lire les vers qu'ils apportaient, au milieu des rires et des applaudissements !

Certes, il est permis de trouver étranges et déplacées les deux suppliques en faveur de Vénus, bannie de la Cour par Catherine de Médicis. Cependant il faut reconnaître l'habileté et l'ingéniosité du poète. En s'adressant à la Reine elle-même, il commence par la louer grandement, mêlant habilement ses louanges à celles « de la belle Cypris ». Il s'efforce même de piquer son amour-propre :

Royne de qui la grandeur et pouvoir,
Et les vertus de si loing se font voir,
Qu'il n'est païs si barbare et estrange
Qui pour tribut ne vous donne louange,
Une princesse aux terres adorée
D'où vient le jour avec l'aube dorée,
Et d'où luy plaist la domination
Par dessus Cypre et toute nation,
Une de qui le sceptre et la couronne
Le ciel emplit et la terre environne,
De qui le fils de Saturne est le père
Et à qui Mars furieux obtempère,
Somme, une à qui, Madame, vous devez
Ce que plus cher au monde vous avez,
Veu qu'elle tient sous sa principauté
Amour, douceur, bonne grâce et beauté...! I, 223.

Et le poète continue cet éloge avec aisance, regrettant que « Pallas ait chassé Amour ». Puis, exploitant habilement le goût de l'époque, qui, depuis longtemps déjà, poussait tous les esprits vers l'antiquité et voulait que les

des Troyens, il donne une explication ingénieuse de ce qui se passe à la cour :

Le Roy et vous, Madame, estes venus
Du fils du Roy qui préféra Vénus
A celle-là qui vous entretenant [1]
Se veut à tous préférer maintenant,
Et qui, sous ombre et couleur de doctrine,
Descouvre l'ire enclose en sa poictrine,
Chassant Vénus, par despit de Pâris,
De vostre cour et même de Paris,
Ainsi par vous de vos ayeuls se venge,
Cherchant du mal envieuse louange. I, 225.

Comment se fâcher, après avoir entendu des éloges si flatteurs et de telles explications ?

Mellin n'a pas dépensé moins d'esprit, de grâce et d'ingéniosité dans les autres inventions. Je me contenterai de parler de la dernière à Saint-Germain-en-Laye, m'efforçant de reconstituer, autant que possible, le cadre exact au milieu duquel se déroula cette mascarade. Il n'est pas de meilleur moyen, me semble-t-il, de se rendre compte du talent de Mellin.

On était en 1557, et vers le milieu de décembre. La cour se trouvait alors au château de Saint-Germain-en-Laye, dans cette somptueuse demeure que François Ier avait fait restaurer. L'hiver sévissait, en sorte qu'un voile de tristesse semblait envelopper les hôtes du palais royal. On se trouvait encore sous le coup du désastre de Saint-Quentin. Le roi, inquiet et surexcité, passait de longues heures enfermé seul avec le duc de Guise, dernier espoir de la France. Tout portait donc à la mélancolie, quand un soir, Henri II, plus préoccupé que jamais, annonça son prochain départ pour Paris. On voulut lui

1. *Celle-là* c'est Pallas ou Minerve, que Catherine de Médicis honorait en place de Vénus.

« donner un passe-temps », et Mellin se mit à l'œuvre.

Deux jours après, le 21 décembre, le Roi profitant d'une soirée relativement belle, sortit du château. Il vit alors s'avancer vers lui deux sveltes « nymphes de fontaine », couronnées de roseaux et leur urne à la main. C'était à croire que les magnifiques statues créées par le ciseau de Jean Goujon s'étaient subitement animées et avaient quitté leur piédestal. Elles s'approchèrent gracieuses, pour promettre à Henri II qu'elles resteraient fidèlement en cette belle demeure et pour se déclarer beureuses d'avoir été appelées à vivre « voisines et hostesses » de sa Majesté. Vivre près du roi, quel honneur ! Mais elles ajoutaient aussitôt, « dolentes et marries » :

Nostre onde croist sachant vostre venue,
Et vostre aller nous seiche et diminue ;
Ces urnes-cy le vous font assez voir,
Qu'en deux jours, qu'on nous a fait savoir
Vostre prochain et triste eslongnement,
Ont de nos pleurs versé si largement
Qu'elles en sont légères et taries. I, 182.

Et elles terminaient leur plainte par ce souhait :

Que tost le Dieu qui ramène le jour,
Vous rende à nous, par vostre heureux retour !

Lâ dessus, s'avance tout à coup le chœur des Oréades, « nymphes de ces collines », habitant les coteaux riants de Saint-Germain, « ces prés, ces champs et ces contrées voisines ». L'une d'entre elle prend la parole : « depuis trois jours entiers et trois entières nuits », dit-elle, nous avons entendu

..... un cry sans cesse et une voix
Qui de tristesse emplissait tous les bois.

Et elle continue l'énumération des phénomènes qui les

ont affligées, l'herbe séchait sous leurs pas, et elles voyaient avec étonnement

> Les pauvres cerfs oublier leurs paissons
> Et se tenir en leurs forts et buissons.

Tout s'explique maintenant, c'étaient « les deux germaines nymphes des eaux de fontaine », qui, connaissant le départ du roi, en avertissaient toute la vallée. Quel deuil ! Et voici la promesse qui termine les plaintes de l'Oréade :

> Vos bois ferons de nos voix retentir,
> Non en chantant comme quand estes prez,
> Mais lamentant notre malheur exprez,
> Jusqu'à ce que vous sentant venir
> Le chant nous puisse et le cœur revenir. I, 183.

Au même instant, au milieu des gémissements, tout éplorées sous leurs cheveux épars, revêtues d'écorce de chêne, accoururent les nymphes des bois, le nombreux chœur des Dryades. Traînant après elles deux satyres enchaînés, elles s'empressaient de venir mêler leurs voix à ce concert de regrets. Leur porte-parole rappelait à Henri II que c'était dans ces lieux enchantés qu'il avait vu le jour, que c'était là que les trois Grâces, « filles de Jupiter », lui avaient rendu visite pour le combler de tous « les dons du ciel ». Aussi poursuivait-elle,

> Nymphe n'y a si craintive entre nous
> Qui ne se vinst getter à vos genoux,

pour vous supplier avec larmes de rester dans ce séjour. Mais c'est impossible. Et le poète n'oublie pas de célébrer en passant les vertus et mérites du Roi, exaltant sa constance dans l'accomplissement de ses projets : vertu que d'aucuns ont depuis appelée de l'entêtement.

> ... Nous avons longue connaissance
> De vos vertus, mesmes de la constance

Qui ne permet que vostre Majesté
Oublie ou change un vouloir arresté.

Inutile, les Dryades le savent bien, de songer à empêcher ce « département inévitable ». Avant donc de se retirer « en quelque part déserte, pour plorer leur dommage et leur perte », au milieu de ces forêts « maintenant toutes nues », elles formulent deux requêtes, l'une adressée à leur mère Nature, l'autre à leur Seigneur et Roi :

Nous requérons le froid et la gelée,
Qui semble avoir despit de vostre allée,
Qu'elle s'appaise et face si doux temps
Que ne laissiez d'avoir vos passe temps. I, 184

Et, pour la seconde fois, nous remarquons que les belles nymphes, même au milieu des préoccupations les plus graves et les plus inquiétantes, tout comme les seigneurs de la cour, n'oubliaient pas la galanterie et les plaisirs.

Seulement, comment s'amuser quand le roi n'est pas là ? Lui présent, c'est « félicité céleste », lui absent, c'est « un commun desplaisir ». Voilà pourquoi, poursuivait la Dryade, les arbres de la forêt, que nous habitons,

Pourront leurs feuillages reprendre
Mais le repos vous seul pouvez nous rendre.

Qu'il revienne donc au plus tôt, c'est leur seconde requête, et elles espèrent bien que dans « ses doux passe temps », il ne rencontrera jamais nymphe capable par sa beauté de lui faire oublier celles de Saint-Germain,

Celles qui n'ont autre aise, autre allégeance,
Que d'espérer en vostre souvenance.

Une profonde révérence et la mascarade était finie, mais la cour avait oublié pendant quelques instants les angoissantes préoccupations de la réalité, pour goûter le charme de ces fictions mythologiques, rehaussées d'allusions délicates et de fine galanterie.

Cette évocation peut nous paraître aujourd'hui un peu naïve, mais il ne faut pas oublier que Ronsard et ses disciples avaient à peine eu le temps de faire connaître toutes les divinités antiques. Et les esprits d'alors, peu familiers avec ces gracieuses créations du génie grec, trouvaient fort bon qu'on leur donnât une apparente réalité.

Sans doute trop souvent, ici comme presque partout dans les œuvres de notre poète, les vers se ressentent de la hâte avec laquelle ils furent composés. La pensée est parfois flottante ou trop recherchée, mais, on le sait, ce n'était pas l'habitude de Mellin de revenir sur ses productions pour les polir : il laissait ce soin à ses jeunes rivaux, estimant que c'était assez pour lui d'avoir amusé quelques instants.

V

Faut-il répéter maintenant qu'il dut souvent enrichir de quelques-uns de ses impromptus les albums des dames qui l'en priaient ? Marie Compan [1], la femme de son ami et parent Nicolas Herberay des Essarts, en fit plusieurs fois l'expérience, et beaucoup d'autres, certes, avec elle. (II, 24 et 25, 45, 76, 244 et 280). Il était passé maître dans ces jeux de salon, de tout temps à la mode. On devait se disputer l'honneur de posséder quelques vers au-

1. Voici ce qu'a écrit Feuillet de Conches, dans ses *Causeries d'un curieux*, t. II, p. 392. « On retrouve encore les Albums au XVIe siècle, et les huitains que Mellin de Saint-Gelays, gardant ses tenailles pour pincer sans rire, écrivit doucement. *En un Sainct Jerome, en un Saint Jacques, en un Saint Christofle, en une Magdeleine*, ont été écrits en 1550, sur un Album, interfolié de peintures et de poésies, appartenant à « Madamoyselle Marie Compane » depuis femme de Nicolas de Herberay, seigneur des Essarts. C'est aussi pour l'album d'une dame qu'il écrivit son *dixain du mercredi des cendres*, et cette épigramme qui lui fit une affaire, par ce que tout se sait et se lit :

Chatelus donne à desjeuner, etc. »

tographes de ce poète si goûté. Aussi, « pouvons-nous le considérer comme l'Homère des vers d'album »[1].

Dans une circonstance, « à la requeste du vicomte d'Orbec » (II, 281), trésorier de François Ier, il composa trois inscriptions différentes, pour être gravées chacune sur une des trois cloches qu'on fondit, à cette époque, pour l'église de Saint-Denys, à Orbec, près de Lisieux. L'une de ces cloches « avait nom Marie, l'autre Denys et la tierce Jehan ». Ce n'est certes pas dans ce genre de composition qu'un poète peut déployer ses talents ; je me contenterai de citer la première de ces inscriptions, mise sur la cloche « ayant nom Marie » :

Oyant le son de ma voix claire et forte
Accourez tous à servir nostre Dieu ;
Sa sainte mère à cela vous exhorte
Au nom de qui on m'a mise en ce lieu.

Tous ces vers d'occasion sont bien médiocres et méritent à Mellin le titre d'*amuseur* plutôt que celui de poète. Mais ce fut un aimable « amuseur », aux inventions multiples. Grâce à son esprit facile et ingénieux, il sut varier les distractions qu'il offrait et les offrir à propos. L'ennui est lourd à porter surtout dans les sociétés mondaines ; aussi, par ce talent, notre aumônier assura sa faveur et sa réputation de « créature gentille ».

1. Charles d'Héricault, *Les poètes français*, Recueil de M. Crépet, I, 610.

CHAPITRE VI

EMPRUNTS ET TRADUCTIONS

I

Mellin n'avait pas attendu le manifeste de Du Bellay pour piller « les serves dépouilles de la superbe cité romaine », et s'approprier « quelsques-uns des sacrez thrésors du temple delphique ».

Il avait eu le bonheur d'être initié de très bonne heure au grec et au latin, et pouvait admirer et savourer à loisir les chefs-d'œuvre de l'antiquité, sans avoir été au préalable obligé de s'enfermer dans quelque collège retiré pour refaire des études tronquées. Celui qui prit tant de soin de sa première jeunesse, Octovien, le savant évêque d'Angoulême, le traducteur patient d'Homère, d'Ovide et de Virgile, dut sûrement lui faire goûter la joie de traduire en français les beautés des maîtres d'Athènes et de Rome. Et quelque jeune que fut alors notre poète, ces leçons sont de celles qui ne s'oublient jamais.

Le séjour de Mellin en Italie ne put que développer en lui le goût de l'antiquité. A l'Université de Bologne et de

Padoue, en entendant les savantes leçons des maîtres d'alors et particulièrement de l'illustre Musurus, il dut se perfectionner dans la connaissance du grec et du latin. Malheureusement, il fut encore plus frappé par la gloire des poètes modernes, et songea plutôt à imiter Pétrarque, Berni, Camillo et Séraphin, qu'Horace, Virgile, Sophocle et Homère.

Aussi ne retrouverons-nous dans ses poésies fugitives que de faibles traces des chefs-d'œuvre antiques. Ce n'est pas avec cela qu'on amuse une Cour, ni qu'on s'acquiert une réputation de bel esprit. Il puisait à d'autres sources le secret de ses impromptus.

Néanmoins il est un livre grec qu'il semble avoir passablement pratiqué et auquel il a emprunté plus d'une idée : c'est l'*Anthologie*. Ce recueil convenait parfaitement à la tournure de son esprit et au genre de poésie qu'il avait adopté. Parfois il traduit par un quatrain [1] un distique grec ; plus souvent il se contente de prendre une fine pensée pour en faire le trait final, « la conclusion ague » d'un dizain ou d'un huitain. Mais ces imitations plus ou moins directes, ces réminiscences sont assez nombreuses pour nous prouver que Mellin connaissait l'anthologie et se plaisait à relire fréquemment les pièces délicates dont elle est composée [2]. On retrouve pareillement

1. *Œuvres de M. de S.-G.*, II, 8.

2. Voici les principales imitations ou réminiscences que l'on peut signaler :

I, 107, Epigramme d'Agathias. — Anthologie palatine, V, 237.
I, 112, Epigramme de l'Anthologie palatine, IX, 15.
II, 91 et 146, Distique de Platon. — Anth. palatine, VII, 669.
II, 164, Epigramme de Lucilius. — Anth. palatine, II, 420.
II, 297, Epigramme de Rufinus. — Anth. de Planude, VII, 143.
III, 78, Epigramme de Cratès. — Anth. palatine, IX, 497.
III, 90, Epigr. de Paul le Silentiaire. — Anth. palat., V, 272.

A ces diverses indications, on pourrait peut-être en ajouter quelques autres, où l'imitation est moins facile à établir :

II, 81 rappelle un passage de Rufinus.
II, 90 id. une épigramme de Méléagre.
III, 142 id. id. de Straton.
III, 146 id. un distique de l'Anthologie, IX, 139.

dans ses vers des emprunts faits à Théocrite [1], Philémon [2], Aristote [3], Socrate [4], et Hésiode [5]. Inutile de parler encore une fois de la célèbre *Elégie sur la mort d'Adonis* [6]. L'imitation est d'ailleurs fort contestable et ce n'est probablement pas au grec que Mellin alla demander son inspiration.

Mais il traduisit assez exactement une petite ode d'Anacréon [7] et un passage de Ménandre conservé par Plutarque. Et comme ce même passage a été traduit dans la suite par Amyot et Ronsard, on peut établir une comparaison très intéressante entre les trois traducteurs. Chacun présente des caractères bien différents. Voici d'abord les dix premiers vers de Mellin de Saint-Gelays :

Si tu fus seul de ta mère enfanté,
Du sort commun si quitte et exempté,
Que tous les biens où l'on peut parvenir
A ton souhait te deussent advenir,
Et s'il te fût ainsi dit et promis
Par un des dieux, estant de tes amis ;
Sans point de doute aux peines que tu portes
Merveille n'est si tu te desconfortes
Et donnes blasme à ce Dieu prometteur,
Car il se trouve envers toy grand menteur. I, 248.

Il y a là beaucoup de facilité : on sent que le poète est habitué à se jouer des difficultés de la rime. Mais la phrase se traîne, elle est moins claire que celle d'Amyot, et le style parait beaucoup plus vieux. Sans doute les deux auteurs étaient à peu près contemporains ; cependant Mellin avait environ 25 ans de plus qu'Amyot, et

1. Théocrite, III, 135.
2. Philémon, II, 93.
3. Aristote, II, 39.
4. Socrate, II, 38.
5. Hésiode, II, 216.
6. I, 127. Voir chap. IV, § 4.
7. *Œuvres de M. de S.-G.*, III, 112. Cette ode fut aussi traduite par Remy Belleau et l'on peut faire le rapprochement. Bibl. Elzév., t. I, p. 21.

bien près de 35 de plus que Ronsard. Et c'est chose très appréciable qu'un quart de siècle entre deux écrivains, surtout aux époques de transformation littéraire, comme en cette occasion. Il est facile de le constater :

Si tu étois, o Trophime, seul entre
Tous les vivans, hors du maternel ventre
Sorti avec cette condition
Que tu aurois à ton élection
Ce qui seroit à ton cœur agréable,
Ayant toujours fortune favorable
Et que quelqu'un des dieux te l'eust promis.
Tu te serois à la vérité mis
Non sans raison en fort grande colère,
Pour sa promesse envers toi mensongère ;
Car il t'auroit falsifié sa foi... [1]

Amyot n'était pas poète, ses vers sont d'une facture pénible et très peu harmonieux ; mais il n'a pas perdu les qualités qui le distinguent comme prosateur, la clarté et la bonhomie. Il a eu besoin de trente-deux décasyllabes français pour traduire les dix-huit vers de Ménandre, conservés par Plutarque en tête de sa *Consolation à Apollonios* ; Mellin n'en avait employé que vingt-huit. Mais la traduction de Ronsard présente un caractère bien différent : nous allons voir tout le progrès accompli dans l'art de s'emparer des dépouilles antiques.

Son ami, Olivier de Magny, avait demandé au roi une faveur à laquelle il tenait beaucoup ; or, elle se faisait grandement attendre, et le demandeur se désespérait, il se plaignit à Ronsard. Celui-ci, pour le consoler, s'empressa de lui faire tenir un billet en vers [2], qui commence ainsi :

Lorsque ta mère estoit prête à gésir de toy,
Si Jupiter, des Dieux et des hommes le Roy,

1. *Œuvres morales de Plutarque*, Paris Franç. Gueffier, 1766, t. I, p. 509.
2. *Œuvres de Ronsard*, édit. Blanchemain, VI, 270.

Luy eust juré ces mots : « L'enfant dont tu es pleine
Sera tant qu'il vivra sans douleur et sans peine
Et toujours lui viendront les biens sans y songer » ;
Tu dirois à bon droit Jupiter mensonger.
Mais puisque tu es né ainsi que tous nous sommes,
A la condition des misérables hommes,
Pour avoir en partage ennuis, soucis, travaux,
Douleurs, tristesses, soins, tourmens, peines et maux,
Il faut baisser le doz et porter la fortune
Qui vient dès la naissance à tous les hommes commune.

Sans doute, Ronsard imite ici Ménandre, mais il ne le traduit pas. Son imitation est loin « d'être un esclavage », c'est un souvenir, dont il s'aide pour mieux exprimer sa pensée. Il y a, certes, loin de la traduction de Saint-Gelays aux vers sonores et pleins de Ronsard ; les progrès accomplis sont énormes.

II

Mellin connaissait et pratiquait encore plus les grands auteurs latins que les maîtres grecs, et il n'a pas hésité à leur emprunter quelques-unes de leurs idées, les traduisant quelquefois et parfois les paraphrasant. Il avait lu les Elégiaques, Catulle, Properce, Tibulle et Ovide, dont les œuvres légères et licencieuses étaient bien faites pour le charmer. Juvénal, avec sa brutale crudité, ne devait pas lui déplaire, et il semble bien qu'il doit à ce poète l'idée du quatrain pour *le cœur du feu Roy François enterré à Haute Bruyère* [1]. Dans tous les cas, c'est avec un rare bonheur d'expression qu'il s'est souvenu du début de l'ode d'Horace au vaisseau qui emportait son ami Virgile [2], pour composer le gracieux dizain suivant :

1. *Œuvres de M. de S.-G.*, II, 174.
2. C'est l'Ode III du livre I ; *ad navem*.

Heureuse nef flottant en mer profonde,
Dans laquelle est marchandise si chère
Qu'encore assez n'est cogneue du monde,
Las ! garde toy de la coste rochère ;
Maine à bon port, à saine et bonne chère,
Les deux qui sont eslongnez de leur tiers !
Toy, Eolus, enferme tes vents fiers,
Fors que le Nord, qui bientost les ramène
Avec le flot ; car aultre bien ne quiers,
Que revoir ceulx sans qui ma vie est vaine. 112, 59.

Mellin est encore loin de son modèle, mais du moins il a su lui dérober quelque chose de sa grâce aimable et enjouée. Dans une autre circonstance, il s'efforça pareillement de traduire le grand lyrique latin. C'est peut-être un essai de jeunesse ; toujours est-il que cette *imitation près de translation* [1], comme porte le titre, est fort curieuse. C'est d'abord une des rares compositions de Mellin où la succession des rimes, masculine et féminine, est régulièrement observée. De plus le rythme en est assez original. Il s'agit de l'ode d'Horace bien connue qui commence par *Diffugere nives*, sur le retour du printemps. Le poète latin avait employé le premier mètre archiloquien, mélange de l'hexamètre ordinaire et du trimètre dactylique catalectique. Saint-Gelays a eu recours pour sa traduction à une strophe de six vers, où régulièrement deux décasyllabes alternent avec un vers de six syllabes, disposition du plus heureux effet. Il faut ajouter que le dernier vers de chaque strophe se rattache par la rime aux deux premiers de la strophe suivante, produisant ainsi un enchaînement harmonieux. Peut-être Mellin était-il encore plein d'admiration pour les tours de force prosodiques des Cretin et des Molinet. Dans tous les cas, il avait le don du rythme et si quelquefois il viole dans ses vers des règles poétiques généralement

1. *Œuvres de M. de S.-G.*, I, 81.

reconnues, il respecte comme naturellement celles de la cadence.

En cette circonstance, il a été parfois assez heureux pour rendre les gracieuses invitations du poète latin à quelqu'un de ses amis, à se hâter de jouir de la vie. Le début, en particulier, égale le modèle dans la description du printemps :

> Or ha hyver, avecques sa froidure,
> Quicté le lieu à la belle verdure
> Qui painct les arbrisseaux ;
> La terre change accoustrements nouveaux,
> Et ne sont plus sinon petits ruisseaux
> Les tant grosses rivières.
>
> Les vois-tu jà, nues, en ces bruières
> Chanter, danser, les Grâces familières
> Et les nymphes des bois?
> Ce changement de l'an tel que tu vois,
> Te monstre, amy, si bien tu le coignois,
> Que rien n'est immuable, I, 81.

Mellin reproduit ensuite assez fidèlement la succession périodique des quatre saisons de l'année, mais il a beau dans la strophe suivante substituer Roland et Lancelot à Enée et aux rois Tullus et Ancus, qu'Horace avait cités, il retombe dans ses défauts trop fréquents : l'obscurité et la négligence. Il s'arrête après six strophes, laissant quatre vers latins à traduire. Est-ce par négligence, ou parce qu'il n'a pas cru bon de rendre en français les détails particuliers qui suivent dans le poète latin ! Je ne sais.

On peut croire encore que Mellin songeait à la première ode d'Horace, lorsqu'il écrivit son quatorzain pour déclarer à sa dame que sa seule ambition était de gagner ses bonnes grâces [1]. Dans tous les cas, il semble avoir réservé ses préférences aux modèles qui lui offraient de petites pièces courtes et faciles. Frappé par

1. *Ibid.* II, 155, XI.

le charme plein de mélancolie qui se dégage de la seconde épigramme de Claudien, *De sene Veronensi*, il entreprit de la traduire en français. Et c'est là peut-être une des pièces les plus connues de Mellin et le plus souvent citées dans les recueils de poésie. Bien que dans la suite Ronsard [1], Racan [2] et le chevalier de Boufflers [3] aient traduit à leur tour le chef-d'œuvre de Claudien, leur traduction n'a pas fait oublier celle de leur prédécesseur. Ses petits vers faciles et coulants, à la tournure « vieillotte », ont encore une saveur toute particulière, et nous dépeignent bien ce « bon vieillard d'auprès Vérone »

Qui, d'un baston et du bras secouru,
Va par les champs où jeune il a couru,
Les siècles longs pas à pas racontant
Du tect champestre où il est habitant [4].

Malgré quelques inversions forcées et plusieurs négligences, Mellin n'est pas trop resté au-dessous de son modèle.

Dans une autre circonstance, lisant les poésies du voluptueux Catulle, son esprit s'arrêta sur la LXXVIIe épigramme et il se mit à la traduire en français. L'élégiaque latin se console du mieux qu'il peut de l'ingratitude de Lesbie, en se répétant qu'il n'a pas du moins manqué lui-même à la fidélité promise. Mais, sentant que malgré tout sa passion est plus vive que jamais, il supplie les dieux de l'en débarrasser. Ici, notre poète s'est efforcé de traduire aussi exactement que possible les treize distiques latins par cinquante-deux décasyllabes français [5]. Qu'il me suffise de dire que la traduction est satisfaisante. Ailleurs il s'est encore plusieurs fois souvenu des vers de

1. *Eglogues*, t. IV, p. 9.
2. *Œuvres*, édition elzév. Paris, 1857, 2 vol., t. I, p. 198.
3. *Œuvres*, Paris, Barba, 1828, 2 vol. in-8, t. I, p. 97.
4. *Œuvres de M. de S.-G.*, I, 63.
5. *Ibid.*, II, 189

Catulle, et « l'épitaphe du passereau d'une demoiselle [1] » n'est qu'une paraphrase assez languissante de l'épigramme *Sur la mort du moineau de Lesbie.*

Mellin n'aimait à contraindre ni sa verve, ni son esprit. Il leur laisse toute leur liberté et se contente souvent, même en traduisant, de se livrer à l'improvisation, au risque de ne donner qu'une pâle paraphrase du modèle. Il a été cependant assez heureux en ce genre pour une toute petite épigramme de Martial, qu'il a développée en 34 vers de huit syllabes [2]. Et si le trait final est ainsi un peu retardé, on ne saurait trop s'en plaindre en lisant les suppositions pleines de bonhomie, par lesquelles le poète français essaie d'expliquer la tristesse de la « belle Catin » :

Je pensay que ce fust pourtant
Que sa cousine alloit portant
Une robe aussi descoupée
Qu'une nymphe ou une pouppée,
Et que pour n'estre ainsi jolie
Elle fust en mélencolie ;
Ou bien que les froides gelées
Qui ces jours sont renouvelées
Eussent fait mourir les œillets
Qu'elle tient si chers et douillets. I, 76.

Mais il fallait bien autre chose pour « troubler femme si experte », car, ajoute-t-il malicieusement :

Catin n'est pas volontiers
En un soucy trois jours entiers.

En fait d'épigrammes, Mellin s'y entendait fort bien, et, quoique celle-ci soit un peu longue, elle n'est pas inférieure à la traduction donnée par Marot [3]. En revanche, il a été moins inspiré en paraphrasant plus lon-

1. *Ibid.*, I, 58. Voir aussi « *Douzain d'un passereau* », II, 148.
2. *Ibid.*, *Epigramme de Martial*, I, 76.
3. Marot, édit. de La Haye, t. III, p. 171.

guement encore les 24 distiques d'une élégie d'Ovide, tirée des *Amours* [1]. Peut-être bon nombre de seigneurs de la cour de Henri II le félicitèrent-ils d'avoir traduit en français les étranges conseils du poète latin « à un dur mari », mais le « profit et l'honneur » qui lui en reviennent aujourd'hui ne sont pas considérables [2].

Mellin ne s'est pas contenté d'emprunter aux classiques latins. Comme plus tard La Fontaine et André Chénier, il se plaisait aux lectures les plus diverses, uniquement soucieux de beauté et de poésie. Aussi, se croyait-il en droit, bien avant que la théorie en fut formulée, de prendre « son bien » partout où il le trouvait. Dès qu'il rencontrait donc, même chez les néo-latins de son époque, quelque bluette intéressante, quelque trait piquant, qui pouvait lui être utile, il n'hésitait pas à se l'approprier, en l'adaptant à son genre d'esprit et au goût de son entourage. C'est ainsi que Jean Second [3], ce poète hollandais, mort à 25 ans, lui a fourni trois de ses meilleures pièces [4].

Il doit pareillement au poète italien Marulle un de ses sonnets et non pas des moins beaux, sur *Les lunes de s'amie* (I, 288). Ayant lu les contes de l'allemand Bebelius, il y puisa de quoi composer un huitain sur un *Maistre ès arts* (II, 75), et lui emprunta encore le trait par lequel il termine sa petite épître *Estrènes envoyées aux damoiselles* (II, 210). Enfin, il pourrait bien s'être

1. *Œuvres de M. de S.-G.* — *Elégie d'Ovide paraphrasée*, II, 177.

2. E. Phelippes-Beaulieux fait remarquer que le *sixain* XVIII, p. 11, n'est que le développement d'un vers de Plaute (*Mostellaria*, act. I, sc. III), mais l'imitation me paraît peu probable. Marot a écrit une épigramme sur le même sujet (*Epig.* liv. II, XVII) et ne semble pas en avoir emprunté l'idée au comique latin.

3. Jean Second, *Joannes Secundus*, s'appelait réellement Jean Everaerts ; il naquit à La Haye, le 10 nov. 1511, et mourut à Tournai, le 8 oct. 1536 Après sa mort, on publia pour la première fois ses poésies complètes, sous ce titre, *Joannis Secundi Hagiensis opera, nunc primum in lucem edita*, Utrecht, Borculous, 1541, petit in-8°. La partie la plus celébre de cette œuvre, c'est évidemment les dix-neuf *Baisers*, petits poèmes érotiques, très libres.

4. *Œuvres de M. de S.-G*, I, 104, 200 et II, 148.

inspiré deux fois des poésies latines de Vultéius (III, 299 et 308), à moins que celui-ci ne se soit amusé à traduire en latin les deux épigrammes de notre poète. Dans tous les cas, à peine Pierre Apianus, avait-il publié dans ses *Inscriptions*, une prétendue inscription antique découverte non loin de Venise, que Saint-Gelays s'empressa de la traduire en français. C'est l'épitaphe d'une courtisane [1] Dans cette circonstance, comme dans beaucoup d'autres d'ailleurs, il faut en convenir, c'est moins la beauté littéraire, qu'un sensualisme un peu grossier qui guide le poète. Etrange mais fatale conséquence d'une galanterie outrée, au milieu d'une cour corrompue.

Du moins, ce n'est pas ce sentiment qui porta Mellin à « translater les psalmes de David [2] » pour permettre à Clément Marot de les versifier en français. Mais il est pour le moins curieux de constater la part qu'a prise cet aumônier de France dans la composition du psautier huguenot, et comment, sans le vouloir, il fut la cause indirecte du long et pénible exil de son ami. D'un autre côté, on peut croire que le secours de Mellin ne fut pas moins utile à maitre Clément pour traduire également Ovide et Virgile. Peut-être même y a-t-il dans ces traductions plus d'un vers dont notre poète aurait pu revendiquer la propriété ; mais il avait de tout autres préoccupations.

III

Nous avons déjà vu qu'une autre source à laquelle Mellin puisa abondamment , ce fut l'Italie [3]. Il mit en

1. *Ibid.* II, 172.

2. La Croix du Maine, édition de 1772, I, 136. Et sur les psaumes de Marot, voir le savant ouvrage de M. O. Douen, *Clément Marot et le psautier huguenot*, Paris 1878-1879, 2 vol. in-4.

3. Sur l'influence italienne chez Mellin, cf. Winfrid Wagner, *Inaugural Dissertation* chap. VI, p. 119-149 ; et Joseph Vianey, *De l'Influence italienne chez les Precurseurs de la Pléiade*. — *Bulletin Italien*, 1903

quelque sorte à contribution tous les poètes de ce pays, aussi bien ceux du siècle précédent, que les contemporains dont il avait personnellement connu plusieurs. Grâce à sa connaissance approfondie de la langue italienne, il put savourer à loisir et admirer en connaisseur délicat les œuvres littéraires dont se glorifiait l'Italie. Les écrivains de toute sorte ne manquaient pas. Mellin voulut leur dérober un peu de cette gloire qui les auréolait, pour en faire bénéficier la France et pour en tirer profit. Tantôt les prenant simplement pour modèles, il s'est efforcé de lutter avec eux, essayant de les dépasser ; plus souvent aussi, avec moins d'effort, il s'est contenté de les traduire en français. Qu'il me suffise de donner ici une rapide énumération de ces emprunts, les ayant déjà étudiés ailleurs. Sans parler tout d'abord de Navagero [1], qui lui servit au moins pour composer son *Blason de l'œil*, sinon pour traduire Ménandre, Mellin doit au cardinal Bembo sa fameuse *Description d'Amour* (I, 82). Pour écrire l'*Elégie sur la mort d'Adonis* (I, 127), il s'aida, selon toute vraisemblance, de la traduction d'Amomo, poète aujourd'hui bien oublié, même en Italie. Parmi ses sonnets, trois ne sont guère que des traductions. Sannazar lui donna l'idée d'en écrire un pour *exprimer ses sentiments de regret en présence des Alpes*, « voyant ces monts de veue ainsi lointaine (I, 78). Pour faire sa cour au dauphin Henri et « à la belle Eglé », Diane de Poitiers, il traduisit Giulio Camillo (I, 296). Enfin, cédant à son humeur satirique, il copia, assez gauchement d'ailleurs, Berni (I, 285) pour louer avec ironie une beauté un peu fanée.

Il semble encore avoir emprunté à Boccace son conte d'*un Curé* (I, 274), à moins qu'il ne l'ait puisé dans la tradition populaire, car l'anecdote est fort connue. Je suis très porté à croire aussi, avec La Monnoye, que la mor-

1. Navagero — en latin Naugerius, I, 196 et 250.

dante épigramme *A une mal contente d'avoir esté sobrement louée* (I, 199) n'est qu'une paraphrase d'une fantaisie de l'Arétin. Saint-Gelays avait lu sûrement les *Ragionamenti*. Dans deux autres circonstances, il s'inspira de Pétrarque pour composer un quinzain *De lui mesme* (I, 150) et un quatorzain à la louange de « s'amie, ceste gentille et belle créature » (II, 147). Tebaldeo (III, 93) et Séraphin d'Aquila (III, 7) lui furent aussi de quelque utilité, chacun, au moins, dans la composition d'un dizain, aussi recherché de sentiment que maniéré d'expression. Cependant celui à qui il semble devoir le plus c'est à Marcello Philoxeno, si peu lu aujourd'hui même par ses compatriotes, qu'il a fallu toute la patiente et savante curiosité de M. Vianey [1], pour découvrir ce que lui emprunta Mellin de Saint-Gelays et les autres poètes de la Renaissance.

Enfin notre poète emprunta encore quelques pièces aux stances de l'*Orlando furioso*, sans parler de l'importante traduction de Genèvre et d'une sorte d'élégie ou ode d'inspiration fort licencieuse, intitulée *Nuit d'Amour* (III, 99).

Peut-être pendant les années qu'il passa en Italie, dans sa jeunesse, Mellin entendit-il plus d'une fois l'Arioste lui-même déclamer quelques passages de son fameux poème. Dans tous les cas, lorsqu'il publia, en 1516, le produit de dix longues années de travail poétique, il ne dut pas éprouver, en lisant ces nombreux épisodes étincelant de grâce et d'esprit, les sentiments du Cardinal d'Este en entendant l'auteur lui-même. Il ne pouvait, lui, que se complaire grandement dans ces « coglioneries », si propres de tous points à le charmer. Il nous en a laissé d'ailleurs des preuves.

En parlant du désespoir de Roland après avoir appris que la belle Angélique s'est donnée à Médor, le poète italien avait dit de son héros : « Il s'étonne lui-même com-

1. *Bulletin Italien*, Annales de la Faculté des Lettres de Bordeaux. — Juillet-septembre 1904, p. 238-243 : *M. Philoxeno et Melin de Sainct-Gelays.*

ment une si grande abondance de larmes peut couler de ses yeux : il croit que toutes les sources de sa vie s'échappent avec ses pleurs ; ses soupirs ne lui paraissent plus être l'effet d'une douleur ordinaire : leur chaleur brulante lui fait croire ainsi que ce sont des feux ardents que l'amour attise et souffle avec le vent de ses deux ailes [1]. »

Cette dernière comparaison dut frapper Mellin. Le gentil billet qu'on pourrait écrire avec cette idée ! Cupidon excitant du souffle de ses ailes le feu qu'il vient d'allumer dans un cœur ! Voilà, certes, une pensée que notre poète ne pouvait oublier de si tôt. Et il écrivit, en effet, un dizain des plus subtils pour assurer sa dame que si elle continue à se montrer cruelle et le petit dieu à souffler toujours, il ne restera bientôt plus de lui qu'un peu de cendre. Qu'on me pardonne de citer les vers : c'est un exemple.

Cest aspirer, que souvent m'a faict craindre
Qu'on entendist mes peines sans parler,
N'est point souspir, car tant me sens estraindre
Qu'en moy ne peut air venir ny aller ;
C'est la vapeur qu'Amour fait exhaller
De mon grand feu (battant l'une et l'autre aile),
Dont la chaleur fait violence telle,
Que le sortir je ne luy puis défendre :
Et si longtemps vous m'estes si cruelle,
D'un corps en feu vous rendrez froide cendre. II, 108.

Notre poète est revenu bien souvent sur ce feu qui le consume sans atteindre sa dame — il n'y est même revenu que trop.

Dans une autre occasion, avec non moins de recher-

1. *Orlando furioso*, chant XXIII, strophe 126, 127, Edition Cazin, In Parigi, 1786, p. 115. Je me contente de citer les quatre derniers vers de la seconde strophe.

Amor, che m'arde il cor fa questo vento,
Mentre dibatte intorno al foco l'ali.
Amor, con che miracolo lo faï,
Che in foco, in tenghi, e nol consumi maï ?

che, il se plaint qu'il a « du pleur l'abisme espuisé », et que, par conséquent « si rudesse guères plus dure, en lieu de pleurs ses yeux espandront l'âme [1] ». N'est-il pas à plaindre ?

Mellin n'est certes pas très heureux dans cette manière d'imiter en développant. Il ne fait qu'exagérer la recherche et l'afféterie de son modèle, au point de rendre ces défauts insupportables. Mais il a mieux réussi quand il a tenté de résumer l'Arioste et de resserrer la pensée du poète italien. Nous lisons, dans le XXXIIIe chant de l'*Orlando furioso* [2], que Bradamante, dans le château de la Roche de Tristan, s'étant enfin endormie après une nuit d'angoisses et de pleurs, crut voir en songe son cher Roger se précipiter à ses pieds pour la consoler et lui renouveler ses serments d'amour. L'héroïne s'éveille de joie, « mais l'image de Roger fuit loin de ses yeux et cet instant de bonheur fuit avec elle ». Alors Bradamante se lamente amèrement sur ce sommeil trompeur qui lui a présenté en rêve l'accomplissement de ses plus chers désirs, pour aigrir seulement sa douleur au réveil, regrettant de ne pouvoir dormir toujours. Or voici le dizain composé par notre poète :

Si j'ay du bien, hélas ! c'est par mensonge,
Et mon tourment est pure vérité.
Je n'ay douceur qu'en dormant et en songe,
Et en veillant je n'ay qu'austérité.
Le jour m'est mal, et bien l'obscurité :
Le court sommeil ma dame me présente,
Et le réveil la fait trouver absente ;
Ha, povres yeux, où estes vous réduits ?
Clos vous voyez tout ce qui vous contente,
Et descouverts ne voyez rien qu'ennuis. I, 107.

Ceci n'est pas précisément une traduction, c'est à peine

1. *Œuvres de M. de S.-G.*, II, 109, XXXVI.
2. Edit. Cazin, p. 119-120.

une imitation. La jolie épigramme de Marot *D'un songe*[1] ne dit pas autre chose, somme toute, que le dizain de Saint-Gelays; or ce n'est pas, que je sache, à l'Arioste que maître Clément a emprunté son idée. Mais en admettant, ce qui est vraisemblable, que Mellin s'est souvenu de l'*Orlando furioso* pour composer le dizain en question, comme les deux précédents, il lui revient encore une certaine part d'originalité. Au reste, il aimait à garder sa liberté quand il traduisait, abrégeant, développant ou transposant le texte original, au gré de son caprice ou de l'inspiration du moment. Il est facile de le constater dans sa plus longue traduction poétique : *Genèvre.*

IV

L'épisode est connu et d'une sentimentalité que j'appellerai populaire. Renaud, envoyé en Angleterre par l'empereur Charlemagne afin de chercher du secours, aborde en Ecosse, non loin de cette forêt « calédonienne », illustrée par les Chevaliers de la Table Ronde. En quête d'aventures, le paladin demande aux moines d'une abbaye où il a trouvé une large hospitalité, « par quel moyen un chevalier pourrait signaler son courage ». Ils lui parlent de Genèvre, la fille infortunée du roi ; accusée par un puissant baron, nommé Lurcain, duc d'Albanie, d'avoir cédé aux instances de son amant, elle doit périr par le feu selon les lois du royaume, si quelque preux ne prend sa défense contre son accusateur, pour prouver par les armes qu'il a menti. C'en est assez ; Renaud part, monté sur Bayard. En chemin, il délivre une jeune femme que deux brigands allaient poignarder. C'est Dalinde, la suivante même de Genèvre. Elle lui apprend comment, poussée par un amour aveugle, elle a reçu la nuit dans

1. *Epigramme* CXXXVI, La nuit passée, etc., t. III, p. 97.

ses appartements le duc d'Albanie, qui, violemment épris de la fille du roi et la trouvant inflexible, s'est servi d'un perfide stratagème, auquel elle s'est prêtée inconsciemment, pour perdre la vertueuse princesse. Bien plus, le duc, ayant satisfait sa vengeance, avait chargé les deux brigands de poignarder sa naïve complice, pour l'empêcher à jamais de parler. On devine le reste : Renaud, excité encore par ces paroles, hâte sa marche et arrive à la ville, juste au moment où le sort de la malheureuse Genèvre est en train de se décider. Il fait cesser le combat. Au dernier moment un champion s'était présenté, l'ancien fiancé de la princesse qu'on croyait mort, il démasque l'hypocrite, lui reproche sa lâcheté, et lui fait subir le châtiment qu'il mérite.

Voilà ce que l'Arioste nous raconte fort longuement, mais avec une grâce charmante, une verve intarissable, et une foule de détails de la plus fraîche poésie. Cependant on peut se demander pourquoi, parmi tant d'autres épisodes non moins intéressants, aussi poétiques et plus connus même, dont se compose le Roland furieux, Mellin a choisi celui de Genèvre. Il peut avoir été poussé par des causes extérieures et accidentelles que nous ne connaissons. Mais en dehors de ces raisons extrinsèques, il me semble deviner les motifs de ce choix dans la réponse même que Renaud fait aux bons moines, qui viennent de lui parler de Genèvre. Après lui avoir exposé la triste situation de cette infortunée princesse, ils lui énumèrent les raisons qui doivent l'engager à prendre sa défense, en vantant ses vertus passées et la récompense qui attend son sauveur. « Soyez tranquilles », répond Renaud, et il se met aussitôt à exposer à son tour les motifs qui le poussent à entreprendre cette nouvelle aventure.

Nul Roy, ne peuple, ou leur commandement
Sçauroit contreindre un libre entendement
De trouver bon, que, pour avoir laissé

Un serviteur de forte amour pressé
Venir à soy et ses maux alléger,
On doyve à mort une Dame juger,
Plutost devroit estre à mort destinée
Une cruelle ingrate et obstinée
Qui peut pour elle un amant voir mourir
Devant ses yeux, et ne le secourir. II, 333.

Par conséquent, peu lui importe que Genèvre ait fait ou non ce qu'on lui reproche. Sans doute, il aimerait mieux qu'elle eût reçu son amant — « la chose avouée » — sans « avoir esté de nul homme apperceue ». Cependant il combattra vaillamment pour elle, non pour soutenir qu'elle est innocente, il pourrait se tromper, mais pour montrer l'injustice de la loi qui la condamne.

Bien soustiendray que pour un tel effect
Mal ne luy doit ny outrage estre faict,
Et si diray injuste et hors du sens
Quiconque feit ces statuts indécens,
Et qu'on les doit comme fols révoquer
Et loy meilleure en leur lieu colloquer. p. 334.

La raison qu'il en donne est assez curieuse et bien en rapport avec les idées de cette époque, où l'on se montrait fort coulant sur les faiblesses du « sexe enchanteur[1] ».

Si convicz, voire et forcez nous sommes
Egallement tretous, femmes et hommes,
Par mesme ardeur et semblable désir,
De tendre au but de l'amoureux plaisir
Si fort blasmé du vulgaire ignorant,
Pourquoy va-l'on femme vitupérant
Qui avecqu'un, ou plus d'un, a commis
Ce qui de faire aux hommes est permis
Avec qu'autant que l'appétit les meine,
Et dont ils ont louange au lieu de peine ? p. 334-335.

1. « Sexe enchanteur, fiers paladins, amours, combats, galanterie, c'est vous que je chante » ; telle est la *proposition* par laquelle l'Arioste commence son *Orlando furioso*. Mellin de Saint-Gelays ne traduisit pas le début du chant V, où le poète italien chante les liens de l'amour, en flagellant l'homme féroce qui en abuse.

C'est là une théorie qui semble avoir été particulièrement chère à Mellin, au point qu'on pourrait dire qu'il s'en est fait l'apôtre à la cour de France Ne peut-on pas dès lors légitimement conclure que c'est spécialement pour faire ce discours qu'il a entrepris la traduction de l'épisode, et que c'est là comme la cause ou le but de son travail ? Il était heureux de retrouver ainsi, exposées chez un poète alors si goûté, des idées qui lui étaient chères. Et il s'empressa de les traduire en français, afin d'abord de se donner à lui-même le plaisir de les savourer en artiste, mais surtout de les faire goûter autour de lui. En effet, il était certainement de l'avis des bons moines qui approuvèrent pleinement les raisons données par le paladin français : aussi a-t-il accentué en quelque sorte fortement cette approbation dans ses vers.

Chacun loua de Renaud la raison,
Disant que ceux de l'antique saison,
Qui approuvé telle ordonnance avoyent,
Bien peu du monde et du droit moins sçavoyent,
Et que le Roy qui peut loix ériger
Faisoit très mal de ne la corriger. p. 335.

Dès lors, il ne faut pas être trop surpris s'il n'acheva pas son entreprise : nous connaissons son indolence et la brièveté de son inspiration poétique ; mais de plus ici son but était désormais atteint, et le reste de l'épisode présentait peu d'intérêt pour lui. Aussi s'arrêta-t-il bientôt, laissant à d'autres le soin d'achever le récit de Dalinde et de raconter la fin de cette aventure.

Ce fut Baïf qui entreprit ce travail, peu de temps après la mort de Saint-Gelays, puisque ses vers furent publiés en 1572, par L. Breyer, avec d'autres imitations de quelques chants de l'Arioste[1]. Il dédia son œuvre à

1. *Imitation de quelques chants de l'Arioste*, par Desportes, Mellin de Sainct-Gelays, Baïf, Louis d'Orléans. Paris, L. Breyer, 1572, in-8. — Je crois devoir faire remarquer que le *Conte de l'infante Genièvre* (chants IV-VI), parut dans la *Tricarite* de C. De Taillemont, Lyonoes, à Lyon, 1556, in-8°.

son ami, Henri de Mesmes, par quelques vers qu'il mit en tête de ceux de Saint-Gelays [1].

Cy prend son cours de Genèvre l'histoire,
Par Saingelais, de son âge la gloire.
Baïf après, o Memme, la poursuit
Et promptement à la fin la conduit
En ta faveur, plus tost voulant te plaire
Que proposant quelque bel œuvre faire.

Sa part dans la traduction de cet épisode est même plus considérable que celle de son prédécesseur, puisqu'il rima près de 800 vers, alors que Saint-Gelays n'en avait laissé que 300. D'un autre côté, sa traduction est plus exacte et plus fidèle au texte que celle de Mellin. Il n'est pas nécessaire, en effet, de comparer bien attentivement le texte italien avec les vers français, pour s'apercevoir que notre poète fait une paraphrase plutôt qu'une traduction. Ceci apparaît très clairement si l'on rapproche les deux discours de Renaud. Adoucissant certaines expressions [2], laissant de côté quelques détails, Mellin a développé parfois assez heureusement une pensée qui lui semblait plus importante. Il a tâché, en quelque sorte, d'accommoder pour le mieux les idées du poète italien au goût des Français. Il n'y a pas trop mal réussi. Ses vers sont coulants et me semblent n'être pas une vulgaire contrefaçon des belles stances italiennes. Toute la poésie de l'Arioste ne s'est pas évaporée dans cette translation. Qu'il s'agisse, en effet, de descriptions, de discours ou du simple récit des évènements, Mellin ne craint pas de suivre partout le poète italien et de construire harmonieusement de grandes et sonores périodes, ou de s'en tenir à la phrase simple et courte que de-

1. *Œuvres de Jean Antoine de Baïf*, éd. Marty-Laveaux, t. II, p. 231.

2. Dans l'*Orlando furioso*, Renaud traite « d'imbéciles » ceux qui suivent l'injuste loi en question.

mande le sujet. Voici comment il décrit « de Calydon la fameuse forest :

La vont errans, entre apparens dangers,
Maints chevaliers voysins et estrangers,
Ceux que la mer Aquitanique baigne,
Ceux de Norvêge, Holande et Allemaigne :
Et ne faut point qu'homme soit là trouvé
Qui ne se sente en armes esprouvé:
Là firent voir leurs forces et vertus,
Jadis, Tristan, Lancelot et Artus,
Et autres preux cogneuz par tout le monde
De l'ancienne et neuve Table-ronde,
Et y voit-on encores pour trophées
De leurs haults faits, colonnes estoffées. p. 329.

Et, quelques pages plus loin, Dalinde délivrée, racontant tristement à son sauveur la perfidie du duc d'Albanie, soupire au milieu de son récit :

Las, on voit bien des hommes le visage,
On en entend la voix et le langage,
Mais ce qu'ils ont en leur entendement
Fuit nostre veue et nostre jugement. p. 337.

Peut-être la traduction de Saint-Gelays s'arrêtait-elle au milieu d'une période, sans même que le sens fut terminé. Son continuateur rajusta le tout pour le mieux ; mais, nonobstant les leçons et les exemples de la Pléiade, il n'a pas sensiblement surpassé notre poète dans son œuvre. Les vers de Mellin peuvent, en effet, avoir un aspect un peu antique, contenir quelques mots démodés, ils n'en sont pas moins toujours faciles, clairs et élégants, aussi savoureux que ceux de Baïf.

On sait avec quelle intransigeance la *Deffence* condamnait la traduction, surtout la traduction des poètes, pour recommander « d'amplifier la langue francoyse par l'imitation des anciens aucteurs grecz et rommains ». Si Mellin traduisit quelquefois, il imita plus souvent encore, montrant qu'il n'ignorait aucune des sources auxquelles les novateurs voulaient désormais envoyer la Muse puiser ses inspirations. Seulement, aux Grecs et aux Latins, il préféra les Italiens pour l'expression comme pour les idées.

Observation curieuse : si, après avoir parcouru successivement toutes les poésies de Saint-Gelays, on s'amuse à relire l'une après l'autre celles qu'il emprunta à l'Italie, une réflexion se présente aussitôt à l'esprit : voilà le résumé de l'œuvre entière du poète. C'en est plutôt le canevas : il n'a fait presque que développer pendant toute sa carrière poétique, les quelques idées, qu'il avait glanées, tout jeune, chez les poètes italiens. Il s'en est tenu là.

Il mérite bien, par conséquent, l'épithète « d'*italianisant* », pourvu qu'on n'oublie pas qu'il défendit la langue française contre les exagérations de ses imitateurs. On peut également le taxer de *pétrarquisme*, mais sans lui imputer toutes les froides et mystiques subtilités qu'engendra cette manie. C'est à l'école lyonnaise qu'il faut en faire porter la responsabilité, et en particulier à Maurice Scève [1], dont les œuvres sont saturées d'un ardent mysticisme prétentieux et d'un platonisme exalté, qui n'était nullement du goût du sémillant Mellin de Saint-Gelays.

1. Cf. Baur, *Maurice Scève et la Renaissance Lyonnaise*, 1906, in-8 ; — Brunetière, *Un précurseur de la Pléiade* — dans les *Etudes critiques*, 6e série, et *La Pléiade française*, dans la *Revue des Deux Mondes*, 15 déc. 1900.

CHAPITRE VII

LE PROSATEUR

I. — *Traduction de la* Sophonisbe *du Trissin*. La pièce italienne : imitation des pièces grecques — imitation de l'Alceste d'Euripide.
II. — La traduction française. — Changements pratiqués. — Le cadre extérieur est gardé. — Dialogue en prose : chœurs en vers, sauf à la fin.
III. — Nouveautés de cette représentation, 1554. — Difficultés de la tragédie après l'arrêt du 17 nov. 1548 — Mellin essaie de les tourner. — Particularités de son essai.
IV. — *Advertissement à une studieuse damoyselle*, 1546. — Etat de l'astrologie à cette époque. — Mellin fait l'apologie de cette science.
V. — Analyse de l'Advertissement : 1) ceux qui attaquent l'astrologie ; 2) ceux qui l'estiment et la pratiquent : 3) quel est son vrai but ?
VI. — Qualités de ce petit traité. — Les preuves historiques. — Nombreuses et piquantes comparaisons. — Style. — Mellin croyait-il à cette science ?
VII. — Saint-Gelays orateur. — Discours pour le roi et autres. — Sa facilité de parole et son éloquence.

Il est bien probable que, durant son séjour en Italie, Mellin dut rencontrer plus d'une fois et peut être aussi fréquenter Giovanni Giorgio Trissino. Peut-être même assista-t-il à la fameuse représentation de la Sophonisbe [1], qui eut lieu à Rome par les soins de Léon X, en 1515. Toujours est-il que, près de quarante ans plus tard, il

1. Trissino, *Sophonisba tragedia*, Roma, Ludovico degli Avuglii e Lautitio Peruquio, 1524, petit in-4°. Elle se trouve aussi dans l'édition des Œuvres complètes du Trissin, *Tutte le sue opere, non piu raccolte*, Verona, 1729, 2 vol. in-fol.

entreprit de traduire cette pièce pour permettre à ses compatriotes d'en goûter les beautés et leur procurer ainsi un amusement des plus rares. Ce fut, nous l'avons vu, à l'occasion du mariage du marquis d'Elbœuf, qui eut lieu le 3 février 1554, dans le château de Blois, en présence du Roi et de la Cour.

Le sujet de cette pièce est un des plus dramatiques et des plus frappants que nous présente l'histoire [1]. Les malheurs de cette princesse, obligée d'avoir recours à une coupe empoisonnée le jour même de son mariage, pour se soustraire à la honte, fournissent un exemple saisissant des vicissitudes humaines. Il est facile de tirer de là des tableaux pathétiques. Aussi peu de sujets ont-ils été mis sur la scène aussi souvent que celui-là. En 1584, Claude Mermet essaie de refaire la traduction de Saint-Gelays. Puis tour à tour Antoine de Montchrestien, en 1598, Nicolas de Montreuz, en 1601, Mairet en 1620, P. Corneille en 1663, et Voltaire, en 1774, tentent d'apitoyer les spectateurs français sur les infortunes de cette princesse. C'est ce qui explique cette phrase de Brunetière. « Ce seul sujet de la Sophonisbe, étudié dans ses transformations, depuis le Trissin jusqu'à Mairet, et dans les causes prochaines de cette transformation, projeterait sur l'histoire du genre tragique une lumière dont l'éclat s'étendrait à toutes les parties obscures de l'histoire de la Renaissance [2] ».

Seulement, il est bon de remarquer que les aventures

1. On sait que Sophonisbe, fille d'Asdrubal, promise d abord en mariage à Massinissa, épousa Syphax, roi de Numidie, pour les besoins de la politique. Massinissa indigné fait appel aux Romains, Scipion accourt aussitôt avec ses légions, défait Hasdrubal et Siphax et s'empare de Cirta. Sophonisbe tombe aussi au pouvoir des Romains et de Massinissa, qui, toujours épris de la belle princesse, s'empresse de l'épouser. Mais le général romain vainqueur voulant à toute force que la fille d'Asdrubal figurât à son triomphe, à Rome, son nouveau mari, fidèle à la promesse qu'il lui avait faite de lui épargner cette honte, lui fit porter une coupe pleine de poison. Elle but ce fatal breuvage en disant : « J'accepte ce présent nuptial. »

2. *Revue des Deux-Mondes*, 15 sept. 1900, p. 338 : *La littérature européenne*.

de Sophonisbe avaient pour les compatriotes du Trissin un intérêt qu'elles ne présentaient plus pour les Français : c'était un sujet à peu près national pour les Italiens.

Le Trissin le traita selon toutes les règles et les habitudes des tragiques grecs [1], de telle sorte qu'on a dit souvent avec raison « que la Sophonisbe était à la fois la première des tragédies régulières du théâtre italien de la Renaissance, et en même temps la dernière de l'antiquité [2] ». Elle est, en effet, bâtie avec une scrupuleuse fidélité sur le cadre des pièces grecques d'Euripide, que le poète italien semble avoir pratiqué beaucoup. Bien plus, c'est une imitation à peine déguisée de la première partie d'Alceste. Il y aurait là un curieux et intéressant rapprochement à faire. Même exposition, même conduite de la pièce, même enchaînement des scènes, même dénouement. Le Trissin a copié autant que possible les traits d'Alceste pour dépeindre sa Sophonisba. Et il en a usé de même pour tous les autres personnages, les calquant sur un patron grec. De telle sorte que si après avoir parcouru la pièce italienne, on se met à relire la première partie de la tragédie d'Alceste, on est tout surpris des nombreuses ressemblances qu'on remarque. A chaque page, à chaque ligne même, ce sont les imitations les plus inattendues. On sent que le poète italien n'a pas osé faire un pas sans suivre son modèle, ne hasardant une idée, une réplique dans le dialogue, qu'après l'avoir scrupuleusement calquée sur les vers d'Euripide. A l'occasion même il se contente de traduire le grec en s'efforçant de faire concorder les situations du mieux qu'il peut : un exemple suffira [3].

1. Consulter sur cette pièce Tiraboschi, *Storia della litteratura italiana*, III, 35, et surtout Ricci, *Sophonisbe dans la tragédie classique italienne et française*.

2. S. de Sismondi, *Histoire de la littérature du midi de l'Europe*, Paris, 1829 — 4 vol. in-8°, t. II.

3. Cf. P.-L. Ginguené, *Histoire littéraire de l'Italie*, 2e édition revue et corrigée par Daunou, t. VI, p. 5 à 55.

Dans la pièce grecque, Alceste sur le point de mourir pour son mari, arrive sur la scène soutenue par Admète et accompagnée de ses deux enfants. Après avoir salué une dernière fois le soleil, elle recommande à son époux leurs enfants, gage de leur amour. Mais tout à coup elle aperçoit Charon, s'effraie, s'affaisse et meurt dans une scène des plus poignantes. Or, après avoir pris la coupe empoisonnée, Sophonisbe vient, elle aussi, sur le théâtre pour faire ses adieux à la vie. Avant de mourir, elle confie son fils à son amie Hermina et tombe entre les bras de ses suivantes, qui l'emportent sans vie. La scène est d'ailleurs une des plus belles, mais ici l'imitation est une véritable traduction, *mutatis mutandis*. Chose curieuse, les novateurs en littérature sont souvent, quoiqu'ils en disent, de timides imitateurs. La *Deffence et Illustration* n'infirme pas cette remarque, malgré ses airs de manifeste belliqueux [1].

II

Selon sa coutume, Mellin en a agi fort librement avec le texte original, supprimant ici une scène, modifiant là telle situation, ajoutant ailleurs quelques mots pour la clarté de l'action. Et par là, il a fait preuve de sens dramatique et d'une certaine entente de la scène. La pièce italienne, en effet, manquait souvent d'action. Il y a dans les dialogues de longues tirades que les interlocuteurs prononçaient tout d'une haleine sans être interrompus : ce sont des espèces de déclamations oratoires, assez belles si l'on veut, mais « qui arrêtaient l'action et la faisaient languir », comme La Bruyère le reprochera plus tard à Corneille, même pour ses chefs-d'œuvre. Mel-

1. Voir dans l'édition de M. Chamard les nombreux emprunts que Du Bellay a fait partout à l'antiquité, et surtout consulter le livre de M. P. Villey, *Les sources italiennes de la Deffence et Illustration*.

lin de Saint-Gelays, poussé par son goût naturel, essaya de couper ces interminables discours par quelque vive réplique de l'interlocuteur, afin d'introduire dans l'action plus de mouvement et de vie. Et, quand il n'a pas pu pratiquer ces coupures, il n'a pas hésité à abréger ces longues tirades.

Or, ceci est d'autant plus digne de remarque qu'à cette époque, les traducteurs, pour l'ordinaire, allongeaient singulièrement les textes, pour paraître indépendants et originaux. De plus, Jodelle en créant la tragédie de la Renaissance l'avait en quelque sorte astreinte aux longs récits, et ses imitateurs respectaient fidèlement le cadre qu'il avait tracé. Notre poète en jugea autrement et l'on ne peut que l'en féliciter.

Cependant il n'a pas été toujours aussi heureux dans ses modifications. Ainsi il ne crut pas bon de conserver la fameuse scène contenant la mort de Sophonisbe devant les spectateurs. Se sentant défaillir, l'infortunée princesse rentre dans les coulisses, et quand arrive Massinissa, ce sont les dames du chœur qui lui font le récit de ses derniers instants. On ne comprend pas pourquoi ici, contrairement à ce qu'il a fait ailleurs, Mellin a substitué le récit à l'action elle-même. La pièce y perd beaucoup en mouvement comme en intérêt, et le dénouement est singulièrement affaibli.

Mais malgré ces quelques changements, et ces adaptations plus ou moins heureuses, tout le mérite de la pièce elle-même revient à l'auteur italien, Mellin n'a eu garde, en effet d'en modifier essentiellement ni le fond, ni le cadre. Elle possède donc en conséquence une sorte de prologue ou exposition, suivi de quatre « intermédies » bien distinctes, commençant chacune par une espèce de chant du chœur. Ce chant se renouvelle à la fin de la quatrième intermédie pour amener la catastrophe ou dénouement. Du reste, la pièce est on ne peut plus régulièrement ordonnée : l'exposition et le dénouement se correspondent avec une exacte symétrie, séparés par quatre intermédies de même longueur.

Par suite, il n'y a pas d'actes à proprement parler, cependant la première édition de l'œuvre de Mellin (1560), faisait remarquer dans un *Advertissement* qu'« intermédie signifie pause à la manière de France ». En quoi consiste au juste cette pause ? Il serait assez malaisé de le déterminer. En revanche, il n'aurait pas été bien difficile au poète français de modifier les divisions de la pièce italienne, et de la partager en cinq actes. Mais, malgré sa réconciliation avec Ronsard et la Pléiade, il y a plus d'une bonne raison de croire qu'il ne tenait nullement à se ranger sous les règles de la nouvelle Ecole, et ne se souciait pas davantage d'imiter les novateurs sur ce point.

Dans sa tragédie, le Trissin s'était affranchi du joug de la rime et avait assez heureusement employé les vers libres, entremêlés çà et là de quelques vers rimés. C'est en prose que Mellin a traduit la pièce italienne, à l'exception des chœurs qui sont en vers, sauf à la fin. Il est permis de croire que notre poète, pressé par le temps, ne put pas, malgré toute sa facilité, achever son œuvre et versifier les dernières répliques du chœur.

Quelle que soit la cause de cette particularité, sa traduction est bonne et mérite nos éloges. Elle est toujours claire et exacte, sa prose est même élégante et facile, et ne sent nullement la hâte. Que Mellin ait à traduire dans cette pièce un discours solennel et pompeux, un simple récit ou un dialogue pressant et serré, il est toujours également heureux. Quand Sophonisbe apprend que tout est perdu, Cirta prise, qu'elle va tomber au pouvoir des Romains, elle s'ecrie : « O Asdrubal ! o cher père ! quelle vous semblera la perte que je fay de cest estat, auquel contre vostre jugement et volonté je fuz eslevée. Comme m'a deceue la flateresse espérance. La joie que m'estois promise enfin de vous donner de cest avantageux mariage sera que vous me verrez en continuel tourment, sera que je seray desnuée de toute grandeur et esloignée du païs de ma naissance ; qu'il me faudra passer la mer, devenir esclave et servir à la superbe nation, naturelle ennemie de la mienne. Non, non ! vous n'entendrez point telles nouvelles de moy, vous orrez plustost dire que je seray morte que serve ! » (III, 174).

Le dialogue qui s'engage entre Lellius et un soldat, à qui il demande ce que fait Massinissa dans le palais, n'est pas moins bien rendu (p. 187). Et quant aux discours, Mellin n'a affaibli ni leur force ni leur grandeur, s'il les a parfois abrégés ou coupés. Par suite, sa traduction ne peut qu'avoir été utile à la langue française en contribuant à l'enrichir des dépouilles de l'étranger.

Mais les chœurs nous présentent un intérêt plus considérable et par la variété des vers qui les composent et par l'originalité de l'auteur qui est plus grande ici que lorsqu'il emploie la prose.

Ce rôle du chœur est rempli par une assemblée de matrones de Cirta. Elles remplacent les vieillards de Phères dans Alceste. Jusqu'à la troisième intermédie, elles expriment constamment en vers les divers sentiments qu'elles éprouvent, mais à partir de ce moment, elles n'emploient plus le langage poétique qu'à trois reprises différentes. Ces vers, peu nombreux d'ailleurs, sont cependant de mesure fort variée, ils ont tour à tour douze, dix, huit et sept syllabes.

Dans la première intermédie, c'est en alexandrins graves et solennels que s'expriment les dames de Cirta. Ce rythme, particulièrement cher à la Pléiade, n'était pas inconnu de Mellin. Et, dès avant 1535, il s'en était servi plus d'une fois, non sans bonheur, pour écrire quelques-uns de ses petits billets[1]. Mais c'est le décasyllade qui

1. Parmi les petites pièces fournies par le manuscrit La Rochetulon cinq

est son mètre habituel. Peut-être voulait-il montrer ici aux novateurs qu'il savait au besoin ajuster et assembler douze syllabes. De fait ses alexandrins ont bonne tournure, et s'avancent pleins d'énergie et de dignité. Ils expriment de façon assez heureuse l'inquiétude des matrones de Cirta, se demandant avec angoisse s'il faut avertir Sophonisbe du danger qui la menace, ou garder un respectueux silence [1]. Après s'être résolues à parler, elles s'écrient :

O pauvre Sophonisbe, ô divine beauté !
O douceur assemblée à haulte royauté !
Combien luy seroit grief servir estrange prince,
Venant de donner loix à si grande province.
O Dieu ! ne permet point que ce malheur advienne
Et de bonté si rare et vertu te souvienne. p. 169.

Et quelle que soit la réponse ou la question qui, dans cette intermédie, sorte de leur bouche, c'est l'alexandrin qu'elles emploient toujours, lors même que la rime fait défaut.

Intercalée au milieu de ces graves alexandrins, se trouve une petite strophe de six vers, gracieuse et pleine de poésie. Elle fait immédiatement songer aux vers lyriques d'Esther. Les dames de Cirta s'écrient à l'approche de Massinissa :

Las ! je me sens au cœur
Une si grand peur,
Que je ne scay que taire ou que parler ;

sont écrites en vers alexandrins.

1° *Dizain*, à un ami, à propos d'un procès perdu, III, 9, XIV.

2° *Quatrain*, billet à Loyse, III, 44, LXXXIII.

3° *Dizain*, définition d'Amour, *Hécatomphile*, III, 48, XCII.

4° *Dizain*, Requête à François Ier, *Hécatomphile*, III, 49, XCIII.

5° *Septain*, Plainte sur le « seul bien de la veue », III, 87, CLXVI.

1. Ainsi, dans *Alceste*, les vieillards de Phères se demandent avec inquiétude, au début de la pièce, si Alceste est morte et s'ils doivent prendre le deuil.

Je me sens toute telle,
Comme la colombelle
Qui sur son chef voit un aigle voler.

La seconde intermédie débute par une quarantaine de décasyllabes. En lisant l'invocation, que le chœur adresse d'abord à

Haulte, céleste, invisible lumière,
Qui « est » source et naissance première
Des corps luisants qui restaurent le monde,
Par le retour de leur clarté féconde,

on ne peut que regretter une fois de plus que Mellin, laissant de côté les subtilités et les fades mièvreries de l'amour, n'ait pas plus souvent exprimé fortement et clairement de belles et saines pensées comme celles-ci.

Au milieu de ces beaux décasyllabes, il a intercalé quelques nouveaux alexandrins — dix exactement, (p. 186). Mais ce sont des octosyllabes qu'emploient les dames de Cirta, dans la troisième intermédie. Elles gémissent sur les malheurs de Sophonisbe et implorent le secours « du Dieu qui tout peult et tout veoit ».

Puis, tout à coup, la prose succède aux vers. Il en va de même pour la quatrième intermédie, où le chœur n'emploie que deux fois le langage poétique, au début et à la fin, pour annoncer la catastrophe. Seulement les vers n'ont que sept syllabes, Mellin suit une gradation descendante voulue ; au reste il est aussi habile à manier un rythme que l'autre. Je ne puis cependant que médiocrement goûter la première tirade, consacrée à célébrer

Amour, qui des plus hautains
Voluntiers les cueurs attains
Et non guières jamais hors
Des gentilz esprits ne sors. p. 215.

Ces petits vers rappellent trop cette multitude de huitains et de dizains prodigués par notre poète. Mais il n'en est pas de même lorsque le chœur chante l'inconstance de la fortune. Ici le rythme vif et sautillant s'accorde pleinement avec la pensée. Les vers heureux abondent.

Las ! trop s'abuse qui fonde
En chose de ce bas monde
Le but de son espérance.
Au ciel faict sa demeurance
La vraye félicité
Sans péril d'adversité. p. 232.

Et, constatant avec mélancolie que rien n'est stable ici-bas, les dames du chœur ajoutent, non sans une poignante tristesse, en songeant à « la pauvre Sophonisba »:

Mais, quand d'une haute cime
D'honneur on tombe en l'abîme
De toute calamité,
En si griefve extrémité
Il n'est si ferme courage
Que n'esbranle un tel orage. p. 233.

Ces tirades lyriques, dont le mètre varie chaque fois, ajoutent à la beauté et à l'intérêt de la pièce, sans nuire au dramatique de l'action. Et l'on se prend à regretter que Mellin ait laissé inachevée cette partie de sa traduction en vers [1].

Malheureusement, il n'était pas de ceux qui, pressés par les circonstances, se plaisent ensuite à revenir sur leur œuvre pour corriger les faiblesses et les lacunes d'une improvisation. Il se contenta de terminer son travail, fait à la hâte, par un huitain de sa composition sur l'impossibilité de se soustraire à ce qui « est escript au grand volume des cieux ». Mellin croit toujours à l'astrologie.

Ainsi donc, quatre intermédies, précédées d'une sorte de prologue, le tout écrit en prose avec des chœurs en vers, tel est le cadre extérieur de la pièce que Mellin of-

1. Colletet dit p. 97 : « Et d'autant que la traduction des vers en vers est un ouvrage infiniment pénible, il se contenta de mettre en vers les Chœurs de la Pièce et tout le reste en prose. »

frait au Roi et à sa cour en 1554. Elle fut jouée, avons-nous dit, au château de Blois, à l'occasion des noces du marquis d' « Elbœuf ». Et ceci constituait une nouveauté scénique qu'il est nécessaire de souligner dans l'histoire du drame au XVIe siècle. Mais pour bien comprendre le rôle joué par Mellin dans ces débuts de la tragédie française, il est nécessaire de rappeler en quelques mots quel était l'état du théâtre vers 1550.

III

L'arrêt du Parlement du 17 novembre 1548 avait mis fin à la représentation des « mystères sacrez, suspeine d'amende arbitraire ». Mais les confrères n'en conservaient pas moins le privilège exclusif « de pouvoir jouer autres mystères profanes, honnestes et licites » ; et ceci allait singulièrement gêner le développement du théâtre moderne, créé par Jodelle et la Pléiade. Pas de théâtre approprié, pas d'acteurs de profession pour interpréter les pièces nouvelles, et que de susceptibilités à ménager ! Cette situation se prolongea pendant quarante ans. Aussi, lorsque Jodelle, répondant au manifeste des novateurs,

..... le premier d'une plainte hardie
Françoisement sonna la grecque tragédie,

en composant sa fameuse Cléopâtre, il fut réduit à faire interpréter son œuvre par ses amis, au collège de Boncourt. Il était, en effet, d'usage dans les collèges[1] de faire jouer

1. Cf. L. V. Gofflot, *Le théâtre au collège, du moyen âge à nos jours*. — Paris, Champion, 1907, in-8°, ch. III. — Sur l'état du Théâtre français vers 1550, Cf.

1° E. Rigal, dans l'*Histoire de la Langue et de la Littérature française*, publiée sous la direction de Petit de Julleville, t. III, chap. 6 : *Le théâtre de la Renaissance*. — Et *Le Théâtre français avant la période classique*, 1901, in-8°.

2° Gustave Lanson, *Les Origines de la Tragédie classique en France*, dans la *Revue d'Hist. litt. de la France*, année 1903, n° 2, p. 177, n° 3, p. 413.

périodiquement des œuvres dramatiques par les écoliers en cours d'études. Longtemps ce furent exclusivement des pièces latines qu'on interpréta. Mais avant 1540, on se mit à traduire Térence. Lazare de Baïf traduisit l'*Electre* de Sophocle (1537), puis l'Hécube d'Euripide, en 1544. Au lendemain de la publication de la *Deffence et Illustration*, Sibilet fit paraître sa traduction d'*Iphigénie à Aulis*. Et, cette même année, Ronsard, avant de quitter le collège de Coqueret, représentait avec quelques amis, devant son maître Dorat, la traduction qu'il avait faite du *Plutus* d'Aristophane.

Il est nécessaire aussi de faire remarquer qu'on n'ignorait pas les productions récentes du théâtre italien. Alamanni [1], exilé à la cour de François Ier et de Henri II, avait même composé une *Antigone* dans sa langue natale et selon les règles nouvelles reçues au-delà des Alpes. De plus, les jeunes seigneurs italiens qui avaient accompagné Marie de Médicis, avaient dû parler de ces brillantes représentations dramatiques auxquelles ils avaient assisté, et faire connaître les œuvres entendues. On se mit a les traduire en français. Quand la ville de Lyon, en 1548, voulut fêter l'entrée de la jeune reine, elle n'hésita pas à faire représenter « en place de mystères et moralités », la *Calandria* du cardinal Bibliena, jouée en italien par une troupe d'acteurs venus exprès de Florence.

Le succès extraordinaire obtenu par Jodelle suspendit pour un moment ces traductions diverses. On comprit qu'il y avait mieux à faire. Les Confrères de la Passion eux-mêmes s'efforcèrent de profiter de l'exemple

3° E. Faguet, *La Tragédie en France au* XVIe *siècle*, 1883, in-8.

4° E. Lintilhac, *Histoire générale du Théâtre en France*, t. II, *la Comédie*.

5° G. Bapst, *Essai sur l'histoire du théâtre en France*, 1893, in-4.

1. Cf. Henri Hauvette, *Un exilé florentin à la cour de France au* XVIe *siècle : Luigi Alamanni (1495-1556). Sa vie et son œuvre.*

donné en essayant de concilier le vieux mystère religieux et populaire avec la jeune tragédie d'origine antique et savante, Dès 1551 déjà, le fameux Théodore de Bèze avait publié et fait jouer à Lausanne la *Tragédie française du sacrifice d'Abraham* : sorte de mystère rajeuni. C'était une tentative heureuse, un essai qui semblait promettre d'excellents résultats. Malheureusement il n'en fut rien. Malgré la nouvelle tentative de Loys des Mazures qui publia, en 1566, ses trois *David*, la tragédie et le mystère ne purent s'accorder.

On peut discuter longuement sur les causes qui amenèrent ce divorce définitif[1], mais il est un fait incontestable, c'est qu'on fit la vie dure à la tragédie, dès son apparition. Le succès de Jodelle fut brillant, mais sans lendemain. Très probablement il mourut sans avoir vu représenter sa *Didon*. Son ami Jean de la Péruse, incité par le succès de *Cléopâtre*, auquel il avait contribué comme acteur, se mit à écrire une *Médée*, imitée de Sénèque. Mais lorsqu'il mourut inopinément en 1555, sa tragédie se trouvait encore manuscrite. Elle ne fut publiée que l'année d'après, vers le même temps que l'*Agamemnon* de Charles Toustain, plate imitation de l'Agamemnon de Senèque. Et si Jacques Grévin donna sa comédie la *Trésorière*, en 1558, ce n'est qu'en 1560, qu'il produit au grand jour la *Mort de César*, alors que Jacques de la Taille écrivait sa *Didon* et songeait à la *Mort de Daire* et à la *Mort d'Alexandre*.

Or, on peut se demander pourquoi Jodelle, après son premier triomphe, garda ainsi dans ses papiers, sans oser les donner au public, un bon nombre de pièces de théâtre « achevées ou pendues au croc », quand il mourut en 1573, et qui ne furent même pas imprimées ? Il avait

1. Cf. E. Rigal, *Le théâtre de la Renaissance*, chap. VIe de la Grande *Histoire de la langue et de la littérature française* de L. Petit de Julleville, t. III, *le* XVIe *siècle*.

dû se heurter, lors de la première représentation, à des difficultés telles qu'il ne se sentit pas le courage de les surmonter de nouveau. Ses amis et ses émules, qui l'avaient aidé à interpréter Cléopâtre, fort avides de gloire et de succès, hésitèrent, eux aussi, devant les obstacles à vaincre. Mellin essaya de les tourner.

Ce fut à Blois qu'il fit représenter sa *Sophonisbe* ; dès lors il n'y avait plus à s'occuper du privilège des confrères de la Passion Et, au lieu d'une cour de collège, il fit aménager quelque grande salle du château. Les acteurs manquaient ; Mellin s'adressa à son entourage et fit appel à ses amis comme Jodelle : seulement ce ne furent pas des jeunes gens, arrivés à la fin de leurs études. La pièce fut « très bien représentée par mesdames les filles d'honneur de la reyne et autres dames et damoyselles et gentilshommes de la cour [1] ». Peut-être même notre poète y tint-il un rôle à côté de son ami Habert [2]. Dans tous les cas, cette représentation eut, semble-t-il, un succès considérable. Brantôme, qui avait eu l'honneur d'y assister, proclame l'œuvre de Mellin supérieure à son modèle. Parlant de la « Sophonisba » du Trissino, il dit en effet : « Je l'ay veue et belle ; mais je ne la trouve si belle que celle que la reyne mère fit jouer et représenter sur le même subject à Blois devant le roy, que M. de Sainct-Gelais composa, ou plustôt prit et déroba sur l'autre, mais mieux l'orna [3]. »

Une nouvelle preuve de ce succès et du plaisir extraordinaire que le Roy et la cour prirent à cette repré-

1. Brantome, *Vie des Dames illustres* — Discours II — *Catherine de Médicis*, t. II, p. 118.

2. C'est à tort que M. Faguet dans sa thèse, *Essai sur la tragédie française au* XVI*e siècle*, parle d'une *Sophonisbe* de François Habert, différente de celle de Mellin de Saint-Gelays, et jouées toutes deux en 1559. Les deux pièces n'en font réellement qu'une, qui fut jouée d'abord en 1554 et en 1556 une seconde fois, et imprimée en 1559. Ce que M. Faguet dit de la *Sophonisbe* de François Habert, doit être rapporté à l'œuvre de Saint-Gelays.

3. Cf. Brantôme, *Le grand Roy Henri II*, t. III, p. 257.

sentation, c'est qu'elle fut renouvelée deux ans après, au même endroit, à l'occasion « des nopces de Monsieur de Cypierre », le 21 avril 1556. Bien plus, lorsque, quelque temps avant sa mort, Henri II songeait déjà à unir sa fille Claude de France au duc de Lorraine, Charles, il fit commandement exprès au jeune poète Jacques Grévin de composer une pièce, pour relever l'éclat de cette fête [1]. Et de fait, la jeune duchesse de Lorraine assista à la représentation des *Esbahis*, ou plutôt de la *Comédie du sacrifice*, qui eut lieu en 1560, au collège de Beauvais, où Grévin avait déjà donné sa *Trésorière*, deux ans auparavant. L'exemple de Mellin ne fut pas cependant complètement perdu : Nicolas Filleul, en 1566, fit jouer une tragédie, *Lucrèce*, et une comédie, les *Ombres*, au château de Gaillon, propriété des archevêques de Rouen [2]. Et, l'année d'après, le *Brave* de Baïf, fut représenté à l'hôtel même de Guise.

Cela suffit bien, me semble-t-il, pour mériter à la *Sophonisbe* de Mellin une place à part, parmi toutes les productions dramatiques de cette époque. Abstraction faite, en effet, du fond, qui appartient au Trissino, et sans tenir même compte des modifications heureuses que notre poète a introduites dans sa traduction, la pièce présentait un certain nombre de nouveautés. Ce fut la première œuvre dramatique qui vit le jour après la double tentative de Jodelle ; et ce n'était pas une imitation de Sénèque et des latins, mais la première traduction ou adaptation d'une tragédie italienne. Elle se trouvait écrite en prose avec les chœurs seuls en vers, ce qui ne s'était encore jamais vu en France. Pour la première fois également, on essayait de jouer une pièce tragique dans un

1. Sur Grévin, voir : *Ancien théâtre français*, Bibliothèque Elzévirienne, t. IV. — E. Chasles, *la Comédie en France au XVIe siècle*, Paris 1862 ; et surtout L. Pinvert, *Jacques Grévin, sa vie, ses écrits, ses amis*, thèse 1899, in-8.

2. Sur Filleul, cf. Goujet, *Bibliothèque Française*, t. XIV.

château et non plus dans la cour d'un collège. Sans doute ces diverses innovations sont loin de présenter une importance capitale pour l'histoire de l'art dramatique en France. Mais le progrès ne s'accomplit que par une suite d'efforts constants. Il est bien juste d'enregistrer tous les essais vers le mieux, surtout dans les débuts. Et si le succès n'a pas complètement couronné les efforts du novateur, du moins la postérité lui doit-elle, à défaut de gloire, quelques éloges et mieux qu'un simple souvenir.

IV

Mellin terminait sa traduction de la *Sophonisba* par les vers suivants de sa composition :

> Ce qui de nous tous doit estre
> Est escript au grand volume
> Des cieulx, avant nostre naistre,
> Qui de là premier s'allume.
> Trop de soy-mesme présume
> Qui cuyde s'en exempter ;
> Soit doulceur ou amertume,
> Force est de s'en contenter. p. 241.

Ce huitain placé dans la bouche des dames de Cirta empruntait aux circonstances une poignante mélancolie. Mais il nous prouve en même temps que notre poète resta fidèle jusqu'à la fin à la croyance en l'astrologie, qu'il avait défendue quelques années plus tôt dans son *Advertissement à une studieuse demoiselle*. C'était là, en effet, un véritable plaidoyer en faveur de cette prétendue science. Et il nous fournit de très curieux et intéressants renseignements sur les croyances astrologiques de cette époque [1].

C'est un fait depuis longtemps reconnu que l'astrologie occupe une grande place dans la vie, au XVIe siècle.

1. Cf. Maury, *La Magie et l'Astrologie dans l'antiquité et au moyen-âge.*

D'un bout à l'autre de l'échelle sociale, on croit fermement à ses jugements. Le peuple professe une foi aveugle en ses devins et sorciers, qui ne sont que d'avides charlatans. Mais les astrologues célèbres Luc Gauric, Cardan, Nostradamus et les deux Ruggieri, ont leurs entrées libres chez les rois et les princes, qui ne manquent pas de prendre leurs avis et de les suivre. Les savants, les lettrés et les gens d'Eglise eux-mêmes, partagent ces faiblesses ou n'osent faire entendre que de timides objections. Une anecdote que nous trouvons dans la *Vie de Du Châtel* par Pierre Galland [1] nous en dit long sur ce sujet.

En ce temps-là, la duchesse d'Etampes était toute puissante sur le cœur du vieux roi François Ier. Un jour en public elle osa lui assurer que les astres n'annonçaient dans la destinée du Dauphin rien qui fût digne d'un Roi de France, tandis qu'ils promettaient les plus grandes conquêtes au duc d'Orléans. C'était la jalousie et la haine qui faisaient parler la Duchesse, ennemie jurée de Diane de Poitiers. Néammoins, aussitôt un certain nombre de Dames se mirent à renchérir sur ses paroles, assurant que le Dauphin « était d'une étoile malheureuse ». Du Châtel se trouvait présent. Partisan du prince Henri, il répondit à ces Dames que « l'Astrologie était mal aisée à apprendre et qu'il était encore plus malaisé « de l'ajuster » aux événements humains ». « J'ai étudié autrefois, poursuivit-il, ces matières sous le fameux Turrel et j'y ai fait autant de progrès qu'aucun autre de mon temps. Par une espèce d'amusement et pour satisfaire quelques curieux, j'ai aussi tiré avec toute l'exactitude possible, l'horoscope du Dauphin et celle du duc d'Orléans : et j'ai trouvé que ce dernier devait avoir l'âme bonne, grande... etc. mais que le Dauphin ne lui serait inférieur en rien et qu'il règnerait avec autant de

1. Gallandi, *Vita Petri Castellani*, cité par Oroux *Histoire ecclésiastique de la cour de France*, t. II, p. 95-96.

bonheur que de gloire. Au reste, toutes ces manières de prédire étant vaines et douteuses, le plus sûr est de se fonder sur les mœurs, le caractère et le génie de l'un et de l'autre de ces deux princes pour conjecturer de ce qu'il leur arrivera [1]. »

On voit par cet exemple, pris entre beaucoup d'autres, quelle importance avait alors l'astrologie. On s'en servait à la cour ; les personnages les plus graves et les plus sensés, comme Du Châtel, l'étudiaient et la pratiquaient au besoin. Quelques années plus tard, 1558, l'évêque de Châlons, Pontus de Tyard, publiait son *Mantice* ou discours de la vérité de divination par l'Astrologie. Et il y a véritablement une « *littérature astrologique en français* » au XVIe siècle : les ouvrages abondent [2]. On

1. Rapporté par Oroux, *loco cit.*

2. Sans parler du *Mirabilis liber*, plusieurs fois réimprimé au début du XVIe siècle, et de la *Pronostication de Lichtemberg*, 1528, je citerai parmi les plus connus de ces ouvrages astrologiques, suivant la date de leur publication :

1° Turrel, *Le Période, c'est-à-dire la fin du monde... Fatale prévision par les astres.* Lyon, 1531.

2° Ogier Ferrier, *Jugements astronomiques sur les nativitez.* Lyon, J. de Tournes, 1550.

3° Ant. Couillard, *Les prophéties...* Paris. Ant. le Clerc, 1556, in-8.

— *Les contredicts aux faulses et abbusifves prophéties de Nostradamus.* Paris, L'Angelier, 1560, in-8.

4° Léger Bontemps, *Narration contre la vanité et abbus d'aucuns plus que trop fondéz en l'astrologie judiciaire et devineresse.* Lyon, Rigaud, 1556, in-16.

5° Dariot, *Introduction au jugement des astres.* Lyon, Maur. Le Roy, 1558, in-4.

6° Pontus de Tyard, *Mantice ou discours de la vérité de divination par astrologie.* Lyon, J. de Tournes, 1558.

8° Mizaud, *Les louanges, antiquitez et excellences d'Astrologie.* Paris, Richard, 1563, in-8.

— *Secrets de la lune ..* Paris, 1571, in-8.

— *Harmonies des corps célestes et humains*, traduction par Jean de Montlyard. Lyon, Rigaud, 1580, in-16.

9° Jean de la Taille, *La Géomance abrégée pour sçavoir les choses passées, présentes et futures.* Paris, Breyer, 1574, in-4.

Il faudrait signaler encore l'*Hymne des Astres* de Ronsard et bien d'autres écrits.

Cf. Philarète Chasles, *Nostradamus et ses commentateurs*, dans les *Etudes sur*

ne saurait donc s'étonner de voir Mellin de Saint-Gelays écrire, avant 1547, une apologie de cette science.

Seulement, c'est aussi peut-être une défense intéressée. En effet, à mesure que se répandaient les lumières de la Renaissance, diminuaient peu à peu, en raison directe, les croyances superstitieuses du Moyen-Age : l'astrologie était du nombre. Et déjà quelques esprits, plus indépendants et plus audacieux, ne s'étaient pas fait faute de l'attaquer. Ainsi le célèbre savant Agrippa Corneille [1], après avoir professé les diverses sciences occultes alors en vogue, les avait tournées en ridicule dans ses deux ouvrages latins : *De incertitudine scientiarum declamatio invectiva* (Cologne, 1527) et *De occulta philosophia libri tres* (Paris, 1531). Peu d'années après Bonaventure des Périers persiflait assez agréablement les astrologues et devins dans son poème satirique : *Prognostication des prognostications* [2]. On sait en outre que François Ier subissait plutôt l'astrologie qu'il ne l'aimait, et la superstitieuse Catherine de Médicis, ne pouvait encore montrer trop ouvertement ses secrètes inclinations. D'ailleurs, il y avait eu de nombreux abus. Des astrologues, parmi les plus accrédités, s'étaient fait prendre en flagrant délit de mensonge et d'erreur [3]. Tandis que d'un autre côté, comme s'en plaint notre poète, « d'aucuns qui à peine sçavaient l'usage des éphémérides publiaient leurs prognostications des grandes mutations du monde, menaçans de guerre ou de paix, de pestilence ou de santé, de cherté et d'abandon ». Il ajoutait, non sans amertume, « pour l'indiscrétion desquelz ce

le XVIe siècle en France; et surtout Brunot, *Histoire de la Langue française*, t. II, p. 58-61 : *l'Astronomie, Cosmographie et Géographie.*

1. Sur ce savant consulter A. Prost, *Corneille Agrippa, sa vie et ses œuvres*, Paris, 1881 — 2 vol. in-8.

2. Bonaventure Despériers, bibliothèque elzévirienne, édit. Lacour, t. I, p. 130-139 : *Contre l'impudence des prognostiqueurs.*

3. Entre autres Cardan, qui avait annoncé qu'Edouard VI, roi d'Angleterre, devait vivre longtemps, et constamment heureux. A peine la prédiction faite, le roi expira.

n'est raison que les sobres et exercitez, soyent dejettéz de la faveur qu'ilz méritent[1] ». Cependant il est obligé d'avouer, en parlant de ceux qui « vitupèrent plainement l'astrologie ou la contemnent, comme pleine de superstition, vanité et incertitude », « qu'il estime bien leur nombre estre aujourd'hui le plus grand[2] ».

Dans tous les cas, si cette science subit un moment d'éclipse, pendant les dernières années de François Ier, elle reprit de plus belle lorsque Catherine de Médicis, devenue reine, put lui témoigner le crédit qu'elle lui avait accordé. Au reste, Mellin nous apprend que, même avant 1547, il n'y avait pas « faulte de grands princes qui ayans restitué toutes bonnes arts par la cognoissance qu'ils en ont »... n'avaient pas oublié l'astrologie, « entretenant avec honneste condition personnes très doctes et choisies, qui la lisent publicquement. » Il s'agit évidemment de François Ier. De plus, il n'y a pas que des princes à estimer hautement l'astrologie, mais « aussi des dames non moindres en bon esprit qu'en haulteur de fortune et illustre degré, qui se délectent de cognoistre le ciel, qui à leur vertu est deu et promis[3] ». En outre, Mellin n'hésite pas à déclarer qu'il lui serait très facile « de trouver en l'Eglise romaine des principaux d'elle, qui ont donné bonne partie de leur estude à l'astrologie... d'aucuns morts depuis naguières et en est encore de vivans qui en leur reverendissime et très saincte compaignie treuvent largement de qui prendre très honorable exemple en la profession d'elle[4] ».

Donc, si on l'attaquait, cette prétendue science ne manquait pas de nombreux défenseurs, qui, au besoin, prenaient la plume pour essayer de la défendre. C'est ce que fit Mellin.

1. *Œuvres*, III, 259 et 260.
2. *Ibid.*, III, 250.
3. *Ibid.*, III, 254 et 255.
4. *Ibid.*, III, 276.

V

Mais son *Advertissement* est loin d'être un traité en règle c'est plutôt, comme il le dit lui-même [1], une lettre que lui a dictée l'occasion. Voilà donc encore une sorte d'impromptu en prose. Et l'on peut facilement se faire une idée des circonstances qui amenèrent la composition de cet opuscule. Une studieuse « damoyselle », « non instituée en mathématiques », mais particulièrement bien douée, désirait étudier l'astrologie ; mais elle était arrêtée par une foule d'objections recueillies çà et là contre cette science, et par la mauvaise opinion que le vulgaire en avait. Elle s'en ouvrit à Mellin, qui se chargea de lever ses scrupules et de dissiper ses préjugés. Et voilà pourquoi, somme toute, son petit livre n'est qu'un playdoyer contre ceux qui attaquent l'astrologie, mais un playdoyer fort habile.

Partant de ce fait que cette demoiselle se laissait arrêter par des préjugés, il commence par lui montrer l'importance « de l'opinion en toutes choses ». Cependant, ajoute-t-il aussitôt, l'opinion ne change rien à la chose elle-même, mais il en résulte l'obligation pour toute âme droite et sérieuse « de se pourvoir de bonne heure de bonnes opinions »; afin de ne pas ressembler à un malade, trompé par les conséquences de son mal. Et, après avoir constaté que toutes les sciences donnent lieu à des opinions bien différentes, « mesmement celles qui se touchent et voyent à l'œil », il ajoute aussitôt, fort habilement ; « ce n'est merveille si la science, qui enseigne par l'influence des corps célestes à juger des choses à venir, trouve divers jugements de soy ». « Les uns l'estiment chose louable et digne d'admiration », « les autres la vitupèrent pleinement ou la contemnent ». Il parle

1. *Ibid.*, III, 255.

donc des uns et des autres en deux points distincts pour déterminer ensuite, en un troisième, le véritable but de l'astrologie. Dès lors, il pourra légitimement conclure, en exhortant cette « studieuse damoyselle » à ne pas craindre « de faillir en se mettant à cultiver si noble étude ».

Mellin n'a eu garde d'oublier en la circonstance les règles de la rhétorique. La composition de son discours est on ne peut mieux ordonnée, et l'enchaînement des idées ne laisse rien à désirer. Mais, de plus, il fait à chaque page preuve d'une grande habileté de dialectique pour résoudre les objections qu'il rencontre. Il n'est jamais embarrassé pour donner une réponse, sachant tirer parti des moindres faits et mettant très heureusement en lumière les arguments qu'il présente. On reconnaît là le courtisan habile, à l'esprit prompt, à la riposte facile.

Enumérant ceux qui ont accordé à l'astrologie « prix et honneur », il parle des Perses, des Egyptiens, des Hébreux, des Grecs et des Romains. Mais voici une objection, Aristote, le maitre de tout le moyen-âge, « n'a pas daigné l'honorer seulement de sa mention ». Soit, répond Mellin, seulement ses « livres de génération et de corruption et ceux du ciel et du monde et de la physique »[1] prouvent suffisamment qu'il la connaissait et estimait. De plus, comment son élève, Alexandre, l'eut-il eue en si grande admiration « s'il eut veu son précepteur la détester et réprouver ? » Aristote n'en a pas parlé parce que « suyvant la coutume des anciens, il tenait telles choses secrètes. » Et, d'ailleurs, quand bien même il l'aurait ignorée ou négligée, « son autorité ne saurait contrebalancer celle de plusieurs non inférieurs à lui. » Et il continue l'énumération de ceux qui ont admiré et pratiqué l'astrologie.

Comme on le voit, Mellin se joue des difficultés et sa réfutation est capable d'entraîner l'assentiment.

---

1. *Advertissement*, III, p. 252.

C'est surtout dans la seconde partie, en parlant des adversaires de l'astrologie qu'il déploie toutes les ressources de son esprit et de sa dialectique. Ces adversaires, « bien qu'il y ait parmy eux des personnes ingénieuses et qui sçavent beaucoup, si s'adonnent-ilz presque plus volontiers aux sciences qui apportent gaing ou volupté, que à celles qui eslèvent les cueurs par dessus les humaines affections [1] ». Ils restent donc, malgré leur science, « dans le reng du populaire ». Raison de plus, se hâte d'ajouter Mellin, pour « un rare esprit comme le vostre » d'estimer et d'aimer une chose « mesprisée et incognue du vulgaire ». Il n'est pas plus embarrassé pour répondre aux autres objections, qui se présentent. « Picus, conte de la Mirandole » a attaqué l'astrologie. Il le fit « pour monstrer qu'il en sçavait beaucoup et ne fit pas mentir Bellantius qui lui avait prédit qu'il ne dépasserait pas vingt-trois ans ». — L'astrologie se trompe dans ses jugements : les données avaient été mal posées ou mal comprises. C'est donc la faute des ignorants ou de la faiblesse humaine, non celle de la science astrologique. Et quant à dire que Jésus-Christ à défendu telle prédiction en l'Evangile, Mellin a tôt fait d'expliquer les textes, pour conclure qu'il semble « l'astrologie et la cognoissance de l'avenir estre par l'Evangile non seulement non deffendue, mais louée et auctorisée ». Et il accumule les preuves comme en se jouant : alléguant tour à tour l'exemple de Jésus-Christ, « l'affaire de la grande ville de Ninive », la conduite de Hiérémie, Esaïe, Noé et Abraham et des anciens patriarches, qui « entendoient très bien le cours des estoilles et leurs significations, les ayans de main en main apprises du premier père, à qui Dieu avait communiqué la raison de son grand ouvrage et toute sapience [2] ». Bien plus, ce n'est pas sans une raison réelle que David

1. *Ibid.*, p. 255-256.
2. *Ibid.*, p. 265-266.

proclame les cieux « spécialement annonçant la gloire de Dieu ». Il faut donc les étudier. — Le sophisme est amusant.

Mais, dans cette étude, on doit bien se garder de tomber dans des excès « damnables », comme serait « si par curiosité nous voulions ou nous euquérir trop avant des mystères que Dieu ha réservez à luy, ou nous mesler, soubz umbre de l'astrologie, de vanitez et superstition, pernitieuses et méritéement deffendues [1] ». Et il est ainsi amené à préciser quel est le vrai but de l'astrologie et les moyens d'y réussir sans danger. Voici : le but principal des astrologues, ce n'est pas la prédiction des choses futures « mais est seulement un sçavoir accessoire, qui leur revient d'entendre premièrement les qualitez et natures de toutes choses, et par conséquent l'alliance, le symbole et correspondence qu'elles ont ensemble, et célestes et inférieures » (271). L'explication n'est pas des plus claires, mais poursuivons. « Et puis, par ceste sublime cognoissance, comme par les causes, veoir les effects non seulement présens, mais aussi ceux qui ont à estre ». C'est peut-être un peu difficile, surtout avec des indications si vagues et si générales, mais tranquillisons-nous, voici, d'après notre auteur, le moyen d'y parvenir. « Cette science ne s'acquiert par vaines et extérieures observations, poinctz, parolles et ymages, mais par grandissime élévation d'esprit et continuel labeur, conduict et illustré d'une expresse faveur et grâce de Dieu ». Dès lors quelle est l'âme un peu élevée, qui ne puisse se promettre de réussir ? Et n'allez pas objecter que saint Augustin, Lactance et d'autres condamnent expressément cette étude : ils se contredisent.

Conclusion : « parquoy, puisque vous voyez de toute antiquité ceste science avoir esté en grandissime réputation et avoir de si grands hommes pour elle, et cette opinion

1. *Ibid.*, p. 270.

mal appuyée qui luy veult rendre la saincte Escripture ennemye, n'en veuillez esloigner la vostre » (p. 275). Et s'il reste encore quelques difficultés, « parce qu'elle a esté quelquefois descriée et deffendue par les loix », on ne doit pas se laisser arrêter ; on a bien defendu d'autres choses, pour des raisons spéciales, qui maintenant sont pleinement reçues « d'un publique consentement sans que personne aujourd'huy soit malédifié » (p. 276).

VI

Il n'est certes pas indispensable d'admettre les conclusions de Mellin pour trouver son discours plein d'agrément et d'intérêt. La lecture de cet opuscule est, en effet, à la fois facile et captivante. Ici plus de traces de préciosité : en fait de galanterie et de délicatesse, il n'y a simplement que ce qui est nécessaire de la part d'un homme de cour s'adressant à une noble et studieuse demoiselle. Mais on est charmé et captivé par l'esprit et la bonne grâce de l'écrivain, qui sait, avec une aisance parfaite, présenter les choses sous un jour favorable à son opinion.

C'est là un jeu déjà fort intéressant. Mais Mellin fait encore preuve d'une grande étendue de connaissances, et, sans pédantisme, apporte à l'appui de ses dires le témoignage d'une foule d'auteurs. Et ceci ne contribue pas peu à répandre de l'intérêt dans tout son petit traité. On sent que c'est un maitre habile, plein d'un savoir varié, parlant en homme d'esprit d'une science qu'il possède à fond. A tout propos, il invoque l'autorité de l'histoire, alléguant les coutumes des Perses, des Egyptiens, des Chaldéens, des Babyloniens et des Assyriens, comme celles des Grecs et des Romains. Il cite l'exemple de Belesus, le syrien, et d'Actinus « de la gent des Telchiniens[1] », montrant qu'il connaît les histoires de Xénophon, de Diodore de Sicile et de Strabon. Au besoin, il recourt à la mythologie, nous parlant d'Icare, de Salmoneus et de Prométhée. Quant aux Saintes Ecritures, elles n'ont pas de secret pour lui, et il en tire le plus heureux parti. Parmi les Grecs, voici ceux qu'il fait comparaître tour à tour comme témoins de ce qu'il avance : Anaxagoras, Aristote, Platon, les « Pythagoricques », Alexandre le Grand, Josèphe, Hipparchus, Hippocrate, Galien et Ptolémée : j'en passe, et plus d'un. Les Romains sont presque aussi nombreux : ce sont d'abord les princes et empereurs Jules César, Auguste, Tibère, Domitien, suivis de leurs astrologues P. Nigidius, Theogènes, Ascletaris et Trasylus ; puis viennent Ovide, Pline l'Ancien, Saint-Augustin et Lactance.

Mais n'allez pas croire qu'il s'en tienne uniquement à l'antiquité, car il connaît aussi l'histoire des temps modernes. Voici « le roy Alphonse d'Espaigne », et derrière lui les scolastiques Albert le Grand et « sainct Thomas le Dominicain ». Enfin, viennent aussi à leur tour les Italiens, « Picus, conte de la Mirandole », Bellantius, Pontan et Marsile Ficin, auxquels il faut ajouter les cardinaux Bessarion et Pierre d'Ailly.

Certes, les témoins ne manquent pas ; on pourrait même les trouver un peu nombreux pour si peu de pages : seulement il ne faut pas oublier qu'il s'agit ici d'opinion. Et d'ailleurs Mellin les produit si à propos qu'ils sont loin d'être jamais ennuyeux ni encombrants.

D'un autre côté, pour élucider ses réponses et rendre ses explications plus claires, notre défenseur de l'astrologie a souvent recours à des images et à des comparai-

1. Les Telchiniens ou Telchines, en grec Τελχῖνες, étaient, d'après la tradition, les habitants primitifs de Rhodes. — On les disait méchants et envieux, mais très habiles à travailler les métaux, ce qui les faisait regarder comme les fils de Poseidon ou de Thalassa.

sons, qui donnent au style quelque chose de poétique et d'imagé. Ce n'est parfois qu'un simple rapprochement fondé sur le bon sens. « Tout ainsi, dit-il, que ce serait œuvre de personne insensée de s'abstenir de allumer feu en sa maison, pour en avoir veu quelque autre brusler, ou de ne vouloir jamais manger pour avoir vu quelqu'un malade de crudité et d'indigestion, ainsi serait-ce faulte de jugement de rejeter l'usage de l'astrologie pour en avoir veu aucuns mal user » (275). Mais au besoin la comparaison prend plus de développement et d'ampleur. C'est ainsi que pour prouver que l'Evangile ne défend pas « connaissance de l'avenir », dans certaines limites, il compare le ciel à une lettre écrite par un Roi à quelqu'un de ses sujets [1]. Le rapprochement est assez ingénieux, clair et même frappant. « Et serait l'homme bien insolent auquel le Roy ayant faict cest honneur d'escripre une simple lettre, voudroit se vanter, à cause d'elle, de sçavoir tous ses secretz et entreprises et presque plus que messeigneurs de son conseil privé. Bien est-il vray que de ce qu'il luy auroit escript, il ne pourroit douter, l'ayant sceu lire ; mais de ce qui ne luy est communiqué, il demeure ignorant ou présumptueux devineur. Ainsi est-il de ce qu'il ha pleu à Dieu nous monstrer escript par les estoilles, qui sont ses caractères et lettres, lesquelles, (comme nous faisons les nostres) il ordonne, assiet et transpose comme il luy plaist, diversement pour diverses significations, au grand papier estendu sur nous qui est le ciel, duquel ne devons prononcer plus avant que de ce qu'il nous ha donné grâce d'y pouvoir lire, luy réservant l'honneur non seulement de ce qui y est pardessus nostre entendement, mais de ce mesmes qui nous y est cogneu ».

On peut se demander maintenant si réellement Mellin

1. *Advertissement*, III, p. 263.

ajoutait foi à cette science qu'il prônait ainsi ? Et pourquoi pas ?... D'autres, alors et même après lui, y ont cru, qu'on admire encore de nos jours pour l'étendue de leur science, la sûreté et la pénétration de leur jugement. Qu'il suffise de citer Henri Estienne, Pibrac, de Thou et Bacon [1]. Toujours est-il que notre aumônier n'hésite pas à proclamer l'astrologie une science des plus sûres et des mieux établies. « Comme elle est fondée sur démonstrations si évidentes qu'on ne les peult nyer, et sur des mouvements si certains qu'ils ne peuvent faillir : ainsi les enseignements qui viennent d'elle sont plus résoius et moins varians que nulle autre discipline » (p. 249). Seulement il est peut-être un peu téméraire de demander à cet habile et vieux courtisan quelles sont ses croyances intimes. Il y avait beau temps qu'il s'était aperçu qu'il ne fallait pas, à la cour, laisser deviner ce que l'on pense. Au reste, peut-être encore ne s'était-il jamais donné la peine de s'interroger sérieusement sur cette croyance. Je la croirais assez sincère. La curiosité, le mystère et l'espoir d'un succès facile purent seuls lui inspirer tout d'abord du goût pour l'astrologie. Mais peu à peu, par l'effet de l'habitude, la croyance se fit, se précisa en se fortifiant ; je me garderai cependant de dire qu'elle devint inébranlable dans cette âme indolente.

Quelle que soit l'opinion que l'on adopte sur ce sujet, il faudra toujours convenir que Mellin termine son discours par une invitation des plus pressantes à cette demoiselle de s'adonner sans retard à l'étude de l'astrologie. Cette conclusion est aussi insinuante que délicate : « Ne craignez donc, Madamoyselle, de faillir vous mettant de cest ordre, y estant guidée de si illustres exemples, et appuyée de si fortes raisons. Et estimez que ceste dextérité d'entendement, accompaignée de tant de grâces

1. Cf. Philarète Chasles, *Etudes sur le seizième siècle en France. — Nostradamus et ses contemporains*, p. 317 à 335.

(see p. XVII sup)

Chasles : [1798 - 1873] (W)

que Dieu ha mises en vous, ne sçauroit recevoir ornement plus digne de vostre excellence, ne qui plus vous mette au chemin de l'immortalité, que l'exercice de cest estude, auquel si vous vous adonnez et en tirez le fruict qui ne vous peult fuyr, je me tiendray bien heureux de vous veoir, par ma sollicitation, au degré de la perfection qui vous peult eslever non seulement par dessus les plus louées femmes, mais à l'égal des plus célèbres hommes, combien que sans mon advertissement je ne doubte point que vostre labeur et industrie, et l'amour que vous portez aux bonnes lettres, ne vous eussent pas longuement souffert estre sans ceste partie, y estant de vous mesme assez encline. Toutesfois, soit que vous preniez ce mien office pour exhortation ou pour approbation de vostre jugement, ce me sera grande faveur, que vous l'ayez aggréable et que, usant de ma trouble lumière, vous faciez comme le soleil, lequel ayant à se lever sur la terre, n'ha à desdaing qu'une moindre estoille luy serve de guide, et, annonçant le jour, se monstre la première. »

Cette page est, certes, bien écrite, d'une belle allure et termine dignement cet opuscule, dont la lecture est agréable. Aussi mérite-t-il à son auteur une place honorable parmi les prosateurs qui ont illustré la langue française, dans la première moitié du XVIe siècle.

VII

En constatant avec quelle habileté, quelle science du sujet, il a défendu la cause de l'astrologie, on regrette qu'au moins quelqu'un des nombreux discours d'occasion qu'il composa pour la cour ne nous ait pas été conservé. Thevet, nous assure, en effet, que « s'il y avait quelques braves discours à faire, soit pour escrire en prose, vers français ou latins, le tout était renvoyé à Sainct-Gelais ; auquel l'on avait recours comme à un Apollon [1] ». Il serait aujourd'hui fort curieux de voir comment cet habile courtisan faisait parler le Roi et les autres grands personnages de l'époque. Malheureusement si le temps a respecté bon nombre de ses impromptus en vers, il n'a laissé subsister, du moins que je sache, aucun de ceux qui étaient en prose.

D'un autre côté, étant donné le caractère et la science de Mellin, il devait être fort habile à manier la parole. Sûrement, la nature qui l'avait si bien doué pour l'improvisation, ne lui avait pas refusé, sinon les dons qui font les grands orateurs, du moins les qualités d'un habile et intéressant parleur. J'en ai pour garant le témoignage non suspect du malheureux Etienne Dolet. Celui-ci ne craint pas, en effet, de le proclamer, dans une petite pièce latine, supérieur à tous ses contemporains par son éloquence, comme par sa gloire [2]. Il s'était donc acquis une grande réputation comme orateur.

Je ne croirais pas cependant qu'il s'adonnât très volontiers au ministère de la parole sacrée. Sans doute, à l'occasion il ne devait pas dédaigner ce moyen de faire valoir ses talents, et même d'être agréable d'une autre manière, à tous ceux qui avaient l'habitude d'applaudir ses bons mots et ses traits d'esprit. Mais, quand on connaît son genre de vie, il me semble qu'on peut conclure sans témérité qu'il devait préférer discourir sur tout autre sujet que sur la vie, la mort, les souffrances et même la doctrine du Sauveur des hommes.

Au reste, en parlant comme en écrivant, aussi bien

1. *Portraits et Vies des hommes illustres*, fol. 557 v°.

2. *Stephani Doleti, Gallii Aurelii, carminum libri quatuor*, — Lugduni, anno 1538. Bibl. Nat. Rés. mYc. 772.

Quam id admirabile est etiam, tumultibus
Eductum in aulicis, vigere plus cæteris
Nostratis eloquentiæ laude, et gloria. p. 34

en prose qu'en vers, Mellin devait toujours viser le même but : le succès du moment... Cependant sa prose vaut beaucoup mieux que ses vers ; ici c'est sans restrictions qu'on peut l'admirer. Soit qu'il traduise, soit qu'il exprime sa propre pensée, il le fait avec beaucoup de facilité, de grâce et d'à propos. Malheureusement les sujets qu'il a traités ne sont pas des plus importants, et ses ouvrages ne peuvent se ranger parmi ceux auxquels on revient toujours.

CHAPITRE VIII

LE POÈTE LATIN

I. — Usage fréquent du vers latin dans la première partie du XVIe siècle. — Extraordinaire réputation de Saint-Gelays. — Il ne se renferme pas dans la poésie latine après 1550.
II. — Epitaphes : d'Anne de Bretagne, — de Louise de Savoie, — d'Annebaut, — d'Albert Ripanus, — de Mlle de Bonneval, — d'une vieille Dame.
III. — Epigrammes : Contre Charles-Quint ; contre Andrea Corvo. — Au sujet de Mlle de Helis. — Petits billets. — Envoi de violettes à Sylvie.
IV. — Inscriptions : pour des luths, — pour les remparts de Sedan. — Enigmes. — Conclusion.

I

Tout homme lettré au XVIe siècle était non seulement versé dans la connaissance des auteurs latins, mais pouvait au besoin exprimer sa pensée dans la langue de Virgile et d'Horace. Rares étaient ceux qui, comme Marot, avaient besoin du secours d'un traducteur pour comprendre et admirer les classiques de Rome : ceci est une très rare exception. Aussi, jusques vers 1550, les vers latins furent en honneur en France, et peut-être en écrivait-on sinon plus, du moins autant que de vers français. Il suffit de consulter l'ouvrage de Janus Gruter [1] pour se renseigner à ce sujet [2]. Aussi Du Bellay protesta-t-il énergi-

1. *Delitiæ C. poetarum gallorum hujus superiorisque aevi illustrium*, collectore Renutio Ghero (Jano Grutero). 1609, in-fol.

2. Voir sur l'influence et l'usage du latin à cette époque, Brunot, *Histoire de la langue française des origines à 1900*, t. II, *Seizième siècle*, liv. I, ch. II, *Les obstacles : la tradition latine dans l'école — la tradition latine dans l'Eglise.*

quement contre cet usage si préjudiciable au développement et à l'illustration de la langue française.

Et cependant il employa maintes fois lui-même le vers latin pour exprimer ses sentiments. La plupart des autres disciples de Ronsard, par habitude ou par amusement, délaissèrent, eux aussi, plus d'une fois la Muse française pour la Muse latine.

On faisait donc régulièrement et couramment des vers latins au temps de Mellin de Saint-Gelays. Mais dans cet art, comme dans beaucoup d'autres, il s'était acquis une exceptionnelle réputation. On le regardait, non seulement en France, mais dans tout le monde des lettres, comme un maitre hors pair. Nous en avons un témoignage curieux et nullement suspect, c'est celui de Buchanan, le plus célèbre latiniste de l'époque. Voici ce que nous en dit Colletet, dans son style plein de bonhomie : « Je trouve dans la vie de ce grand poète latin, Georges Buchanan, escripte par lui-même, que Mellin de Saint-Gelais, dans les occasions importantes composait des poèmes latins excellents, tesmoins celluy qu'il composa sur le fameux siège de Metz; qui donna de la jalousie à ce grand Poète d'Ecosse, son intime amy, jusques au poinct de lui faire advouer qu'il estait diverty de faire des vers sur ce mesme subject, après ceulx que Mellin de Saint-Gelais avait publiez [1] ». C'était en 1553 : Buchanan venait de quitter l'Angleterre, où les esprits étaient encore fort agités par les dernières convulsions de la guerre civile, il se trouvait alors en France, comme il nous l'apprend lui-même : « Igitur in Galliam transmisit, iisdem fere diebus quibus urbis Medionatricum obsidio fuit soluta. Coactus est ibi per amicos eadem obsidione carmen scribere ; idque eo magis invitus, quod non libenter in contentionem veniret cum aliis plerisque necessariis et imprimis cum Mel-

1. *Vie de Mellin de Saint-Gelais*, p. 81.

lino Sangelasio, cujus carmen eruditum et elegans eà de re circumferebatur » [1].

Après avoir cité ces paroles, Colletet ajoute aussitôt : « Je laisse à juger à mon lecteur, si Buchanan le redoutait si fort dans un art où il estait luy-même un si grand Maistre, combien il debvait estre redoutable aux autres. » Et, là-dessus, il blâme fort Janus Gruter de ne l'avoir pas cité dans son ouvrage : *des Poètes français qui ont escrit en langue latine.*

Mais je ne puis accepter comme exact ce qu'il dit ensuite, prétendant qu'après son différend avec Ronsard, Mellin abandonna la poésie française « et embrassa d'une ardeur non pareille et d'un courage invincible la Poésie latine, qu'il avait depuis si longtemps délaissée, et en laquelle mesme il s'estait acquis déjà une grande réputation ». Nous avons vu que Mellin, pour laisser la place libre à ses adversaires, ne cessa nullement après 1552 de faire des petits vers, ceux qui nous restent de cette époque sont même assez nombreux. Et, d'un autre côté, les quelques petites pièces latines que nous possédons, composées après cette date, permettent encore moins de conclure que ce fut là le seul genre de poésie qu'il cultiva désormais. Sans compter les vers qu'il adressa à son luth, sur son lit de mort, on ne trouve en effet que trois épitaphes, deux inscriptions insignifiantes et

1. *Georgii Buchanani, Scoti, poetarum sui seculi facile principis, opera omnia.* — Le passage cité est tiré de la *Vita ab ipso scripta biennio ante mortem*, année 1553, les pages ne sont pas chiffrées.

Après s'être fait prier, Buchanan s'exécuta cependant et composa une ode comprenant douze strophes alcaïques. Elle commence ainsi :

Cœlo vetustas intulit Herculem
Mirata monstris lethiferam manum :
Flammisque stellatus refulget
Saxificæ domitor Medusæ.

Il n'hésite pas à placer Henri II bien au-dessus d'Hercule, de Thésée et des autres héros antiques. Cf. *Miscellaneorum, liber VIII. — Ad Henricum II Franciæ regem.*

trois épigrammes, dont la composition doive être renvoyée après son différend avec Ronsard. En tout huit pièces de circonstance sur cinquante qui nous sont parvenues [1]. Et rien ne permet de rapporter à cette époque de sa vie les vers auxquels on ne peut assigner une date, surtout si l'on considère qu'il nous reste une épitaphe de 1514 et qu'un grand nombre des autres pièces s'échelonnent graduellement depuis cette date jusqu'à la publication du manifeste de la Pléiade.

Ceci établi, il faut bien convenir que, malgré son extraordinaire réputation, Mellin n'a pas montré plus de qualités poétiques en latin qu'en français. C'est toujours la même manière, les mêmes procédés, les mêmes défauts. Quelques épitaphes, un certain nombre d'épigrammes satiriques ou galantes, deux énigmes et plusieurs brèves inscriptions, voilà toutes ses œuvres latines. Le bagage est assez mince. Il est vrai qu'on peut croire qu'étant donné l'insouciance de notre poète, un plus grand nombre encore de vers latins que de vers français ne sont pas parvenus jusqu'à nous.

---

1. a) Epitaphes.

1. *Alberti Ripani, Fidicinis eximii, epitaphium*, II, 308.

2. *Bonivallæ, puellæ nobilissimæ, ex Margaritis Regis* Henrici *II, sororis comitatu, epitaphium*, II, 317.

3. *Annebaldi, classium Gallicarum præfecti,* quem *Annibalem nuncupare libuit, epitaphium*, II, 319.

b) Inscriptions.

1. *Inscriptum tabulæ æneæ vallis et aggeribus Sedanii affixæ*, 1554, II, 310.

2. *Anetani horologii inscriptio*, II, 312.

c) Epigrammes.

1. *Ad Carolum V, imperatorem, Metas obsidentem*, 1552, II, 309.

2. *De Julio Cæsare Scaligero medico, ætate confecto, ad Henricum II*, II, 312.

3. *De lacte asellæ*, II, 326.

II

Mellin ne réussit guère mieux à composer une épitaphe en latin qu'en français. Comme toujours, il n'a que de l'esprit, et son habileté à manier la langue latine, sa maîtrise poétique ne peuvent remplacer ce qui manque : l'émotion. Et l'on passe indifférent, à peine amusé. Voici d'abord l'épitaphe d'Anne de Bretagne, reine de France : elle comprend trois distiques où, par une fiction poétique assez hardie, Mellin prétend que Jupiter a banni du ciel Vénus, Minerve et Junon, qui se disputaient le premier rang dans la demeure céleste, pour les remplacer par la reine Anne. A elle seule elle fera parfaitement l'office des trois déesses bannies [1].

> Præreptamque Annam terris suffecit Olympo,
> Atque erit haec, inquit, pro tribus una satis.

Mellin n'a pas été mieux inspiré pour déplorer la mort de Louise de Savoie. Bien qu'il s'y soit repris à deux fois, le second distique est pire que le premier, n'étant pas exempt de mauvais goût [2]. Aussi, à tout prendre, mieux valent encore les deux dizains français composés dans la même circonstance.

Inutile de parler de l'épitaphe de Charles, duc d'Orléans, fils de François Ier [3], ce n'est que la traduction du sixain français, composé d'abord sur la mort de ce prince : à moins que ce ne soit le contraire. Mais je trouve un certain air de grandeur et de mélancolique majesté aux deux distiques écrits pour Claude d'Annebaut, maréchal et amiral de France. L'évocation de la Piété,

1. *Œuvres de M. de S.-G.*, II, 303.
2. *Ibid.*, II, 303 et 304.
3. *Ibid.*, II, 318.

de la Fidélité et de la Patrie, venant pleurer sur le tombeau de cet homme, si utile à son Roi, en temps de paix comme en temps de guerre, est une assez heureuse invention : l'éloge est juste et discret.

Annibali hunc tumulum Pietas posuere Fidesque,
  Et Regum et Patriae multa querentis Amor.
Nam Patria armatis quicquam genuisse negabat
  Pacatisque illo Regibus utilius. II, 319.

Ronsard ne fut pas mieux inspiré quand il composa de son côté l'épitaphe de cet amiral [1].

Comme il avait déploré la mort de ses puissants protecteurs, Mellin donna aussi des regrets à ses amis. Nous trouvons, en effet, d'abord trois épitaphes latines pour Marie Compan [2], il nous en reste aussi deux en vers français, sur cette même dame, ce qui peut être regardé comme une preuve d'étroite intimité entre Mellin et Herberay des Essarts. Au reste, il y avait entre eux des liens de parenté. Voici maintenant une pièce relativement plus longue. C'est l'épitaphe d'Albert Ripanus ou de Rippe, célèbre joueur de luth, qui eut le don de plaire à François Ier et à son successeur. Comme Mellin était un délicat amateur de musique, on peut croire qu'une commune passion avait rapproché ces deux hommes. Albert mourut de la pierre. L'explication que donne son ami de cette mort est curieuse, nouvel exemple de cette manie qui poussait notre poète à chercher toujours quelque spirituelle interprétation des choses. Cet habile musicien, dit-il, avait par les accents de sa lyre arrêté les fleuves et entraîné les rochers à sa suite. Mais voilà que ces rochers, non contents de suivre le chanteur, attirés sans cesse, pénétrèrent, on ne sait comment, dans le corps du malheureux, pétrifièrent ses articulations et raidirent tous

1. Cf. *Œuvres de Ronsard*, édit. Blanchemain, IV, 194.
2. *Œuvres de M. de S.-G.*, II, 316-317 et 176, 293.

ses membres. Il en est mort [1]. Etrange explication, épitaphe inattendue, trop spirituelle.

Il n'en va pas autrement des vers composés pour le tombeau d'une demoiselle de Bonneval : Bonavallis. Il ne voit dans la perte de cette jeune fille emportée à la fleur de l'âge , qu'une occasion de faire un jeu de mots piquant, en adressant un éloge délicat à Marguerite d'Angoulème, sœur de Henri II. Qui croira, dit-il, que les vallées atteignent le ciel, alors que les montagnes ne peuvent y parvenir ? Et pourtant, voilà une « Bonne vallée », qui fleurissait naguère parmi nous, maintenant placée au-dessus des astres. Elle serait heureuse d'être délivrée des misères d'ici-bas, sans le regret de cette Marguerite, perle qui rend la terre l'égale du ciel [2]. Voilà tous les regrets du courtisan devant cette tombe si prématurément ouverte.

Il s'est même servi de la forme de l'épitaphe pour attaquer, avec une brutalité et une violence qui surprennent, une « pauvre vieille ». Il est vrai qu'il l'accuse d'avoir été la peste de son temps. Aussi il n'y a que de mauvaises herbes à croître sur son tombeau : ivraie et folles graminées. Bien plus, un pied d'ellébore est sorti de son cerveau, son cœur pervers a engendré une cigüe et des pousses d'aconit sortent de sa bouche.

E cerebro helleborum, putri de corde cicutam
Protulit, e lingua nata aconita ferunt. II, 311.

Nous savons déjà que Mellin n'aimait pas les vieilles, mais vraiment il dépasse ici les limites.

1. *Ibid* , II, 308.
2. *Ibid* , II, 317.

III

En latin comme en français, Mellin, quand il ne se laisse pas aveugler par une folle galanterie, réussit à merveille l'épigramme. Inutile de parler longuement des traits lancés contre Charles-Quint. Les trois distiques intitulés : *in aquilam* [1], ne sont que la traduction d'un dizain français déjà analysé. Quant aux vers se rapportant à la délivrance de Metz [2], ils sont certes dignes d'un habile humaniste, pleins d'élégance et de fine malice. Mais on ne voit cependant pas par quelles qualités exceptionnelles ils pouvaient décourager un Buchanam de traiter le même sujet. Les quatre premiers distiques sont faits uniquement pour amener le trait final renfermé dans les deux derniers vers. Mellin n'a pas changé de méthode : ce n'est là qu'un dizain écrit en latin et qu'il s'est efforcé, comme toujours, de rendre « agu en sa conclusion ».

> Quid scelerata moves alienis mensibus arma,
>   Et longa Metas obsidione premis,
> Carole ? An Herculeas ultra ut spatiere columnas,
>   Et solis spectes exorientis equos ?
> At quantum a Rheni populis gens dissita Maura est,
>   Quam longe a rapido Gange Mosella fluit !
> Non hœc respondet populis cunctatio tantis,
>   Ut qui orbem affectat non queat urbe frui.
> Hic igitur stulti *meta* est statuenda laboris,
>   Nomen et hoc *Metas* omen habere puta. II, 309.

Ces sonores antithèses à l'antique devaient plaire aux partisans de la Renaissance, et les vers de Mellin eurent un succès prodigieux.

---

1. *Ibid.*, II, 304.
2. *Ibid.*, II, 309.

Les traits qu'il lance ailleurs contre Andrea Corvo [1], célèbre chiromancien, et un ignorant petit maitre [2], n'ont rien de bien digne d'intérêt. D'un autre côté, il est à peine besoin de noter deux épigrammes sur un sujet général, la fortune [3] et la tyrannie [4]. Il est cependant rare, pour ne pas dire inouï, que Mellin aborde ainsi des sujets d'un intérêt général. Mais voir un courtisan s'élever contre la tyrannie, est chose piquante, lors même qu'il écrit en latin.

Ce qu'il faut à Mellin pour retrouver tous les avantages de son esprit, c'est quelqu'un de ces mille faits quotidiens, un de ces petits riens, auxquels le poète sait donner toujours de l'intérêt.

Son chef-d'œuvre en ce genre est la petite pièce intitulée *De Helide*. Bien qu'elle soit assez courte, ne comprenant guère qu'une trentaine de petits hendécasyllabes, c'est de beaucoup la plus longue composition poétique latine que Mellin nous ait laissée. Elle raconte simplement un de ces petits incidents de galanterie, si fréquents à la cour. L'héroïne est une demoiselle Hélis, sur laquelle nous sommes réduits à de simples conjectures, le poète ayant jugé bon de déguiser ou de transformer son nom. Mais les contemporains ne devaient avoir ni doutes, ni hésitations à ce sujet. Quoi qu'il en soit, cette Hélis, l'objet de tous les vœux du seigneur Pompilius, demoiselle de tous points accomplie, sans laquelle rien ne pouvait paraître ni beau ni agréable à la cour, se trouvait dans son cabinet de toilette, se préparant à se rendre à une noce magnifique : le seigneur Cicilius épousait la belle Camille. — Les préparatifs étaient longs, Hélis n'en finissait jamais d'arranger chevelure, écharpes et joyaux. La troupe de

1. *Ibid.*, II, 320.
2. *Ibid.*, II, 318.
3. *Ibid.*, II, 320.
4. *Ibid.*, II, 319.

jeunes gens qui l'attendait pour lui faire cortège était à bout de patience. Mellin semble bien avoir été du nombre.

Mirum quam misere diuque torsit
Nos desiderio sui moraque,

dit-il en se mettant en cause. A la fin, n'y tenant plus, l'un des jeunes seigneurs, et non le moins remarquable par sa beauté et sa naissance, « nec facie infimus, nec ortu », se dévoue, s'avance sur la pointe des pieds et pénètre sans bruit dans le « buen retiro » de la coquette. Il s'arrête, trahi d'ailleurs par le miroir, devant lequel Hélis jette un dernier coup d'œil sur sa parure. « Eh quoi, Mademoiselle, s'écrie-t-il, n'avez-vous pas ajouté assez d'appas à cette beauté qui captive les mortels et les dieux ? Ignorez-vous que, d'après un vieux proverbe, le véritable artiste doit savoir en finir en écartant sa main du tableau ? » Et elle de répondre en tournant légèrement sa tête : « Prenez garde, Monsieur, que de ce tableau dont je ne puis écarter ma main, vous, à votre tour, vous ne puissiez écarter vos regards. »

Helis de speculo prius loquentem
Contemplata, parum caput reflectens,
Et risu exipiens modestiore
Inquit : Dum tabula haud queo movere
Manum, ne faciem, puer, caveto
Ut nec tu inde oculos movere possis. II, 305.

L'anecdote est lestement contée, et si le tableau n'est pas exempt de mignardise, elle ne choque pas, car tous les détails sont artistement poussés. La description de cette demoiselle, dont les compagnes envient les qualités et même les défauts (*nequitias*), ouvre heureusement cette pièce en piquant la curiosité. Non moins piquants, certes, sont les détails de toilette que le poète nous donne ensuite, nous montrant la coquette Helis, s'efforçant de placer son brillant collier de perles, de la manière la plus propre à faire ressortir sa beauté, *loco decentiore*. Et, de plus, l'indiscrétion n'est pas poussée trop loin, Mellin a su garder une juste réserve, ce qui n'est pas son habitude. Il faut donc lui en savoir gré, d'autant que nous savons par Brantôme [1] que les seigneurs de l'époque se permettaient trop souvent envers les demoiselles d'honneur des indiscrétions et des plaisanteries de la pire espèce. Ici, du moins, nous nous trouvons en bonne compagnie.

Parfois la louange et la flatterie ont la plus grande part dans ces petites compositions ; ce sont alors des espèces de madrigaux [2]. Mellin s'est même servi de la langue latine pour composer quelques-uns de ces petits billets, qu'il se plaisait tant à envoyer soit seuls, soit accompagnant un présent. Ainsi, au début de l'année 1548, le roi Henri II, ayant pardonné aux révoltés de la Guyenne, à l'occasion de la naissance de son second fils, Louis, notre poète lui adressa deux distiques pour l'assurer qu'il était vraiment un descendant d'Enée, lui qui pouvait en un même temps sauver des hommes et enfanter des dieux [3] :

> Quis neget Æneaden, possis qui, ô maxime Regum,
> Et servare homines, et generare deos ?

Voici maintenant deux distiques différents pour remercier une certaine Suzanne de lui avoir donné un luth en présent. Le poète proteste qu'il aimera à jamais le don et la donatrice. Mais le second de ces distiques a ceci de particulier que Mellin a fait de quatre manières différentes le vers pentamètre destiné à exprimer par une comparaison jusqu'à quand durera sa reconnaissance. Ceci nous prouve, semble-t-il, que Mellin avait autant de fa-

1. Cf. Brantôme, en particulier t. IX, p. 268 et ss.
2. De *Bonaventura Ligerina*, 307, et *Ars augendæ pulchritudinis*, 320.
3. *Œuvres de M. de S.-G.*, II, 321.

cilité pour mettre sur pied les vers métriques que les vers syllabiques. Il faut en conclure aussi que cette Suzanne était une dame fort instruite, entendant parfaitement le latin, comme cette demoiselle de Fauville, (en latin *Favilla*, cendre), à qui le poète, ayant un jour mal aux yeux, écrivait pour l'assurer que seule elle pouvait tarir la source de son mal provenant du cœur. C'est encore une équivoque ; Mellin ne connaît guère que ce procédé.

Un autre jour, alors que déjà ses cheveux avaient blanchi, il envoya à Sylvie un bouquet de violettes de septembre et de roses tardives, avec un poulet de huit vers latins, tout pleins de galanterie [1]. Ecoutez : « A cette époque, dit-il, ces fleurs sont rares, alors que les premières gelées se sont déjà fait sentir, et Sylvie va s'étonner. Mais il est bien plus étonnant encore qu'elle puisse supporter avec un cœur glacé les flammes des yeux du galant Donateur, tout comme il s'étonne de posséder une pareille flamme au cœur avec de la neige sur la tête. » Il est, en effet, étonnant qu'un vieillard, un ecclésiastique à cheveux blancs, s'amuse ainsi à compter fleurettes, mais nous avons vu que Mellin ne put ou ne voulut jamais se défaire de ces habitudes de galanterie. En voilà une preuve nouvelle. D'autant plus qu'il termine en demandant son salaire, et réclamant des fruits pour le printemps. Peu après, il renouvelait le présent avec le même billet se contentant de changer simplement les deux derniers vers, non sans mélancolie. « Hélas, disait-il, maintenant en automne cette ardeur qui me brûle produit des roses et des lis, mais au printemps autrefois elle donnait des fruits. »

Heu calor iste rosas automno et lilia profert,
Qui verno œtatis tempore poma dabat.

1. *Ibid.*, II, 306.

Il avait vraisemblablement compris que ces fruits qu'il réclamait étaient hors de saison, mais il l'oublia probablement bientôt.

IV

Il fallait que la mode de placer des inscriptions sur les instruments de musique fût alors fort répandue ; Mellin, en effet, en a composé un bon nombre en latin pour des mandolines, luths et cythares [1]. Mais si ces distiques nous prouvent qu'il était toujours prêt à « versifier », ils ajoutent peu à la gloire du poète. La plupart ne sont que de fades concetti sans aucune saveur pour nous, ou sont faits de pâles et froides allusions mythologiques. Après avoir loué ces cythares et ces luths de la puissance qu'ils possèdent pour captiver les cœurs, ou rappelé quelques souvenirs mythologiques, (les chênes de Dodone, le navire Argo), il termine invariablement par ce refrain banal et fastidieux : « Puissé-je, moi, toucher le cœur de la dame que j'adore. » Et ce n'est pas uniquement pour des instruments de musique qu'il s'amusa à composer ainsi de banales inscriptions : en voici une pour orner la bordure d'une paire de gants [2]. Cette autre se lisait sur un miroir qu'on lui avait donné [3] et l'on connaît le fameux distique inscrit au-dessous de l'horloge d'Anet [4].

Sa réputation était même telle que lorsque la comtesse de La Marck eut fait relever les fortifications de Sedan, en l'an 1554, c'est à Mellin qu'elle s'adressa pour lui demander de composer une inscription latine qui serait gravée sur une plaque de bronze, pour perpétuer le souvenir de ce fait. Et notre poète s'empressa de répon-

1. *Ibid.*, II, 322-324.
2. *Ibid.*, II, 316.
3. *Ibid.*, II, 324.
4. *Ibid.*, II, 312.

dre à cette invitation. Il est vrai que la comtesse de La Marck n'était autre que Françoise de Brézé, une des filles de Diane de Poitiers. Il composa même deux inscriptions, l'une en prose, l'autre en vers. Ces vers latins peuvent être rangés parmi les meilleurs que Mellin ait composés et mériteraient des éloges, si des inscriptions de ce genre pouvaient en mériter.

C'était en l'absence de son mari, Robert IV de La Marck, que la comtesse avait fait relever les fortifications de cette ville. Après avoir heureusement rappelé ce fait dans son premier distique, le poète, plein du souvenir de l'antiquité, ajoute avec beaucoup de finesse et non moins d'à propos : « en l'absence d'Ulysse, sa femme tissait la toile, mais les travaux aimés de Mars conviennent mieux à l'épouse de La Marck. »

Solerti conjux telas texebat Ulyssi,
Marchii at uxorem Martia facta decent. II, 310.

L'allusion, à la fois délicate et naturelle, est relevée par un jeu de mots. Au reste, pour maintenir sa réputation d'homme d'esprit, il savait faire servir les vers latins à de simples amusements de société. C'est ainsi qu'il composa une énigme sur Anne Rémond [1], prétendant que la sœur d'Elise (Anne) et le frère de Quirinus (Remus, Rémond) le font souffrir ; mais ces deux personnages, dit-il, n'en font qu'un dans cette occasion. On peut trouver cela assez plat, sans être trop sévère. Voici encore des vers à allusion [2], une sorte de devinette alors fort à la mode, où les noms communs cachaient des noms propres, que le sens aidait à découvrir.

Toutes ces bagatelles ne mériteraient même pas d'arrêter l'attention, si elles ne servaient à prouver que Mellin n'a jamais regardé la poésie, en latin comme en

1. *Ibid.*, II, 315.
2. *Ibid.*, II, 324.

français, que comme un simple jeu, et rien de plus. Elles nous montrent aussi la souplesse du talent de notre poète, en même temps qu'elles sont un nouveau témoignage de sa connaissance de l'antiquité. En effet, les allusions à l'histoire d'Athènes et de Rome et les emprunts à leurs écrivains se rencontrent à chaque pas. Mais s'il connaissait Homère, Virgile, Horace et les autres grands génies anciens, il semble avoir préféré Stace et Martial.

MELLIN DE SAINT-GELAYS DEVANT L'OPINION

I. — Jugement de ses contemporains. — Concert de louanges. — Marotiques et novateurs. — Epître héroïde de François Habert, 1550. — Ode de Scaliger.

II. — Après sa mort. — Manuscrit de Villecouvin, 1563. — Première édition de ses œuvres par *Harsy*, 1574. — Baïf. — Pontus de Tyard. — Brantome. — Thevet. — La Croix du Maine et Du Verdier.

III. — Le xviie siècle. — Colletet. — Fontenelle. — La Fontaine. — Boileau. — Baillet.

IV. — Le xviiie siècle. — Particulière faveur. — Ménage. — J.-B. Rousseau. — Rigoley de Juvigny. — Niceron. — Goujet. — Annales poétiques.

V. — Le xixe siècle. — Recueils poétiques. — Concours de l'Académie en 1826 : Sainte-Beuve. — Nisard. — Charles d'Héricault. — Frédéric Godefroy. — M. Bourciez. — E. Castaigne. — E. Phelippes-Beaulieux. — Edition de Prosper Blanchemain en 1873. — Thèse de M. Winfrid Wagner, 1893.

I

Après avoir parcouru successivement les diverses étapes de la vie de Mellin de Saint-Gelays, puis essayé de comprendre et d'apprécier les œuvres qui nous sont parvenues sous son nom, il me reste maintenant à examiner sommairement les principaux jugements que la postérité a portés sur lui, afin de lui attribuer ensuite avec la plus exacte équité possible la place qui doit lui revenir dans notre littérature. Tâche délicate, à cause du caractère spécial du poète et de son œuvre.

Nous avons vu que, contrairement à tous les écrivains, Mellin ne jugeait pas ses vers dignes de passer à la postérité. Il voulait les brûler avant de mourir, afin qu'on ne put l'accuser d'ignorance (III, 132). Le jugement de la postérité lui importait peu ; les louanges de ses contemporains lui suffisaient, elles ne lui manquèrent pas. Dès lors, il pouvait peut-être espérer qu'elles auraient quelque écho dans l'avenir, si l'on veut qu'il n'ait pu se désintéresser ainsi complètement de sa gloire.

Dans tous les cas, de son vivant, il eut une réputation extraordinaire, universelle. On le mettait sans hésiter au-dessus de Marot. Colletet, après avoir énuméré ses diverses qualités, ajoute : « Et par là il paroist assez que son intime amy Clément Marot, qui vivoit alors et qui estoit en grande réputation, n'emportoit pas sur luy l'advantage qu'il avoit sur tous les autres, puisque l'on considéroit Marot comme un poète facile à la vérité, mais Sainct-Gelays comme un poète facile et savant [1]. » Inutile de répéter ici les éloges que lui adressèrent à l'envi tous les contemporains : Symphorien Champier ouvre en quelque sorte le concert, en 1525, et tour à tour Marot, Dolet, Salmon Macrin, Gabriel Simeoni, Salel, Jacques Peletier, Charles Fontaine, François Habert, Olivier de Magny, Des Autelz, Buchanan, Scaliger, Charles de Sainte-Marthe, Sibilet et Tahureau, y joignent leurs voix avec empressement, en latin comme en français. Le différend ou malentendu avec la Pléiade dissipé, Ronsard, Du Bellay, Baïf et Pontus de Tyard se mettent à l'unisson. De telle sorte que Mellin parvint à la fin de sa longue carrière, toujours encensé par tous ceux qui se piquaient de littérature. Et chacun répétait avec sincérité, comme l'ami anonyme de Dolet, en 1539, « que Sainct-Gelays estoit divin esprit en toute composition [2] ».

---

1. *Vies d'Octov. de S.-G., de Melin de S.-G.*, etc., p. 89.

2. Cette année, 1539, Dolet ayant eu un fils composa son *Genethliacum*, qu'un de ses amis traduisit en français avec ce titre, *L'avant-naissance de*

L'*Epistre héroïde* [1], ou plutôt laudative que lui adressait François Habert, vers 1550, nous donne assez bien, sous forme poétique, l'opinion générale de tous les lettrés sur Mellin, juste au moment où allait éclater sa fameuse querelle avec Ronsard.

Habert avait depuis quelque temps quitté la cour pour se rendre dans le Berry, son pays natal. De là, poussé par la reconnaissance, il écrivit à notre poète, non sans avoir hésité longtemps, nous dit-il. Ce n'est pas que la matière lui manquât, « la grâce et la vertu entière » de son bienfaiteur lui fournissent bien de quoi. Mais son « style est mal limé », et il craignait d'envoyer une œuvre si imparfaite à un poète si bien disant. Enfin il s'est décidé, pour éviter « soupson d'ingratitude » ;

> Et mieulx aymai escrire et mal rimer
> Que point n'escrire ou œuvre bien limer.

Alors, il se met à raconter un prétendu songe qu'il a eu, dit-il, sur le mont Parnassus, où tandis qu'il prenait « soulas en l'umbre », il a entendu les neufs Muses

> Tenir propos des poètes bien nez.
> Et du laurier immortel couronnez.

Ces favoris d'Apollon s'appellent Homère, Virgile, Lucain, Ovide, Cicéron, Martial. On les vante grandement, après quoi Calliope compose une sorte de chanson, « où elle meit des poètes estranges, nom et surnom avecques

Claude Dolet, fils de Estienne Dolet, premièrement composée en latin par le père et maintenant par ung amy traduicte en langue françoyse. A Lyon, chès Estienne Dolet MDXXXIX. — Dans la Preface, le traducteur s'excuse disant que cet ouvrage demandait un autre « translateur » que lui... « ung Maurice Scève, ung Heroet, ung Brodeau, ung Sainct-Gelays, divin esprit en toute composition »...

1. Les *Epistres héroïdes, très salutaires pour servir d'exemple à toute âme fidele, composées par F. Habert d'Yssouldun en Berry, avec aucuns épigrammes, cantiques spirituelz et alphabet moral pour l'instruction d'une jeune princesse. Item la paraphrase latine et françoise de l'oraison dominicale.* — Bibl. Nat. Rés, pYe. 243.

leurs louanges ». Maistre Alain vient en tête, puis Molinet, Bouchet, Cretin, avec les tenants de la nouvelle école — encore à ses débuts — Jean (*sic*) Du Bellay, Ronsard, Maurice Scève, Bouju, Michel d'Amboise et d'autres encore. Il est curieux de relire aujourd'hui ces jugements divers d'un jeune poète, écho de la critique et de l'opinion littéraire vers 1550. Naturellement, l'éloge de Mellin est des plus brillants :

Mais par sus tout j'entendy par les Muses
De Sainct-Gelays les louanges diffuses.
Ce fut Clio qui s'en esmerveilloit,
Et un chapeau pour luy appareilloit
De vert laurier et d'autres fleurs jolies,
Sur le sainct mont de Parnassus cueillies...
Et me semble que, parlant de toy mesmes,
Elle te meit jusqu'aux astres suprêmes,
Remémorant les grâces et vertuz,
Dont tes espritz sont richement vestus ;
Remémorant qu'avec ton Luc aymable
On oit les sons de ton stile estimable,
Et maintenoit (par tout cela dict-on)
Qu'à ton berceau, ainsi comme à Platon,
Mouches à miel mettoient miel savoureux
En ton palais, dès ton enfance heureux ;
Signe pour vray de future éloquence,
Et d'un autheur de haulte conséquence,
Pour nostre Roy Henry prédestiné...

Sans doute, il ne faut pas oublier que c'est un obligé qui remercie son bienfaiteur, mais, même en faisant la part de l'exagération, on voit que François Habert ne fait que répéter ce que l'on pense et dit autour de lui. Ce jugement ne lui était pas personnel, et toute la cour y aurait certainement souscrit, sans restriction, ajoutant avec le poète reconnaissant :

Ainsi disait Clio de Sainct-Gelais,
Louant ses dictz, chansons et virelais.

Louant les traictz de sa plume dorée,
Des clairs voyants (peu s'en fault) adorée !

Et, de fait, le grave et savant Scaliger parle de notre poète avec un enthousiasme qui a de quoi nous surprendre. Il composa en son honneur une ode de dix strophes alcaïques [1], dans laquelle il le comble d'éloges et le place au sommet du Parnasse, au-dessus de tous les poètes latins. « O Mellin, lui dit-il, gloire de la science française, Mellin l'honneur du Parnasse, en s'exaltant pour te louer, la Renommée reste encore au-dessous de tes mérites.

Melline, Franci gloria luminis,
Melline, montis fama biverticis,
Quem. fama se major, minor te
Atque tuis meritis triumphat...!

« Que d'autres, poursuit-il, se délectent de la poésie d'Horace, ce qui me charme, moi, c'est d'entendre ta lyre résonner sous tes doigts. » La raison qu'il donne de cette préférence est curieuse : c'est que Mellin a contribué grandement à restaurer en France l'amour des lettres et de l'étude...

At me audientem sub numeris lyram
Tuis loquentem candida sæcula,
Quibus revisviscit resurgens
Nobilibus studiis Apollo....
Quem prisca avorum Martia pectora,
Aversa Musis atque choris Deum,
Incusserant nobis pudorem
Unus inertem animose tollis.

Il le compare ensuite à la rosée bienfaisante qui guérit les blessures de la terrible canicule, et l'assure qu'il a triomphé de l'inexorable destin. Les flots de sa poésie

1. *Julii Cæsaris Scaligeri viri clarissimi poemata in duas partes divisa* — 1ᵃ Pars, *Farrago*, p. 167. — Sur cet écrivain, consulter J.-J. Bernays, *Scaliger*, 1856, in-8.

sont plus abondants que ceux de l'Adige et du Tibre, et bienheureux celui qu'il a chanté dans ses vers, car il le sauvera de l'oubli.

O fons beati carminis, ut tui
Crevere large fluminis agmina,
Unde invidere vorticoso
Aut Athesi Tyberive possint!
O ille felix ter, quater, amplius,
In quem tuus ros cœlitus excidit;
Cui vena dives imminentem
Fati abolet timidam querelam.

Et, comme si ces éloges ne suffisaient pas, il le proclame encore, dans une autre circonstance, l'ami privilégié du Dieu de l'harmonie, le charme des Muses et de la cour, et le favori « du grand roi qui gouverne la France [1] ».

La brouille avec Ronsard troubla pour quelques instants l'accord parfait de ce concert de louanges, mais, la paix rétablie, il recommença de plus belle. Aussi, vers 1555, Jacques Peletier du Mans écrivait dans le premier livre de son *Art poétique* [2] : « Quant ét de moy, je ne suis point épargneur de louanges. Je suis bien ésé de dire un Saingelès doux, facond é né aux oreilles des princes. » Mellin laissait faire et souriait. Lui mort, les éloges continuèrent, au moins pendant quelque temps.

II

Nous avons vu quels regrets excita la mort de Mellin. Du Bellay couvrait son tombeau de fleurs poétiques et

1. *Op. cit*, 1ª Pars, *Archilocus*, p. 343 :
« Melline, magni pectus internum Dei,
Qui ignota plebi, grata cœlesti choro,
Momenta mulcet flexibus mitis soni ;
Melline, regis cui patent aures sacræ,
Qui Gallicanum temperat nutu solum .. ».

2. *L'Art poétique, départi an deus livres.* — Bibl. Nat. Rés. Ye. 1214, p. 13.

le proclamait le premier poète de France, saluant à l'avance le jour où l'on publierait enfin tant d'œuvres admirables. Le sieur de Villecouvin entreprit de réaliser ce vœu, en recueillant tous les vers de Mellin qu'il put découvrir. Le scribe ou poète P. D. M. P. qu'il chargea de cette besogne, y joignit plusieurs pièces de sa fabrication pour louer le défunt.

Quand Saint-Gelays chantoit [1]
Ses complaintes amoureuses,
Alors l'Amour montoit
Ses lires armonieuses,
Et qui point odieuses
Aux Muses n'ont esté,
Car, oyant ce haut son,
On diroit qu'Apollon
A luy même chanté.

Et, quelques vers plus loin, il déclare qu'Apollon « voulut se transmuer en ce bon Saint-Gelays. veu la grand'douceur qui en ces vers abonde », car ils sont pleins « de choses résonantes, tant douces et hautement sonantes ».

Onze ans après, un des amis de Mellin, Antoine de Harsy, afin de maintenir la réputation du défunt qui allait s'affaiblissant, songea à donner une première édition de ses œuvres. Il la dédia « à très docte et vertueux seigneur, Monseigneur M. Hierosme Chastillon, conseiller du Roy. » Et dans son *Epître dédicatoire*, il apprécie l'œuvre du poète avec une rare justesse. En parlant de ceux qui, à cette époque, ont illustré la poésie, il dit : « Mais sur tous il me semble que je faudray si je ne mets Mellin de Sainct-Gelays, poète assez congnu de nativité et nom par la France ; les œuvres duquel symbolisent si bien à ceste façon ancienne, estant fort doctes, gentiles et de bonne grâce, qu'à mon advis il ne sera dit despriser sa

1. Ms. Fr. 878, fol. 5 r°.

vacation. Il avoit déjà donné assez bon tesmoignage de son savoir en quelques petits fragments semés parmi les autres autheurs, qui aussi ont esté fort bien receus et grandement approuvés ; mais qui considérera tout l'œuvre qui maintenant se présente, et lequel jusques icy nous avoit esté caché, jugera, je m'asseure, avec moy qu'il est digne de singulière recommandation, et que c'estoit dommage de le laisser ainsi esgaré. »

Je ne vois pas trop ce que les poètes de la Pléiade, alors dans toute leur gloire, pouvaient avoir à redire à ce jugement. Cependant, à entendre de Harsy, il semble bien qu'une cabale s'était formée contre la gloire de Mellin et que ses détracteurs s'en donnaient à cœur joie. Il implore, en effet « la faveur et ayde » de Chatillon, afin que l'œuvre qu'il édite « puisse subsister parmi tant d'envieux dont la France est peuplée ». Et ceci peut expliquer les paroles de Pasquier disant : « qu'un recueil de ses œuvres (de Mellin) qu'on fit imprimer après sa mort, mourut presque aussitôt qu'il vit le jour [1] ». Cette « mort » pourrait bien avoir été la conséquence de l'envie.

Dans tous les cas, une seconde édition, parue en 1582, suivit de près la première. Nous en trouvons deux autres en plein dix-septième siècle, et une cinquième en 1719. Ceci indique une faveur constante des gens lettrés, dont les étoiles même de la Pléiade ne pourraient se vanter. Au reste, quoi qu'en dise Pasquier, Mellin conserva des lecteurs et des admirateurs même en cette fin si dramatique du XVIe siècle. Sans doute quelques-uns, non sans raisons, lui reprochent son immoralité et ses théories scandaleuses en amour, entre autres Henri Estienne [2], Claude d'Espence [3] et plus tard Guillaume Bouchet dans

1. *Recherches de la France* — édit. de 1723, liv. VII, chap. V, p. 700 c.

2. *Apologie pour Hérodote*, t. I, p. 147-148.

3. *Collectanarum ecclesiasticarum liber unus, Ad D. Margaritam christianiss. Regis sororem, per Claudium Especaeum, Parisiensem theologum*, Parisiis apud Viduam Gu. Morelii, typographi regis, 1566, in-12 — p. 124.

ses *Serées*[1], mais les disciples de Ronsard, eux-mêmes, proclament les rares qualités du poète courtisan. Baïf entreprend de terminer la traduction de l'épisode de *Genèvre*, et dans une de ses Eglogues « il introduit Mellin de Saint-Gelays soubs le nom du pasteur Merlin, qui console Thoinet dans sa misère et dans sa pauvreté. Et par ces vers qu'il mect en la bouche de ce mesme Thoinet, par lequel l'autheur entend parler de soy-même,

> Mellin, rien de rural tu ne me viens de dire !
> O la douce fureur qui ta poitrine inspire
> A chanter ces beaux vers !

il tesmoigne assez clairement combien le mérite de nostre poète lui estoit en grande vénération[2]. »

Peu de temps après la mort de Mellin, Pontus de Tyard, dans ses *Vers lyriques*[3] chantant « quelques excellents poètes de ce temps, » lui accorde cet élogieux témoignage :

> Lors fut au sacré palaiz
> D'immortalité, nommée
> L'invisible renommée
> De Mellin de Saingelaiz.
> O que s'il vous fait jouir
> De la douceur distillée
> De sa plume emmiellée ;
> Heureux siecle, qui avois
> (Direz-vous) le leut, la voix,
> Qui se sceurent faire ouïr
> Des oreilles de Deux Rois !

Colletet nous apprend que Marc-Antoine Muret « disoit que ce bel esprit surpassoit de bien loin en douceur et en majesté de vers et en grandeur de sçavoir

1. *Second livre des Sérées de Guillaume Bouchet, sieur de Brocourt.* Reveu et corrigé de nouveau par l'autheur, XIXe sérée, p. 222.

2. Colletet, *op. cit.*, p. 114, et Baïf, *Eglogues*, II, p. 406.

3. *Œuvres de* Pontus *de Tyard* — édit. Marty-Laveaux ; *Vers lyriques*, p. 123-124. Sur ce poète consulter Abel Jeandet, *Pontus de Tyard*, 1860, in-8.

tous ceulx qui devant lui avoient escript en langue françoise ». Et il ajoute : « tesmoignage advantageux rendu par un grand homme [1] ». Chose bien digne de remarque, Brantôme, tout en condamnant toute l'ancienne poésie française, fait une exception pour Mellin de Saint-Gelays. Il dit, en effet, en vantant les tenants de l'école de Ronsard : « ces poètes ont esté bien autres qu'un Marot, un Salel et Sainct-Gelays : encor que M. de Sainct-Gelays fut un gentil poète de son temps et qu'il ne tint rien de la barbare et antique poésie [2] ». Guy Lefèvre de La Borderie, dans sa *Galliade*, reconnaît également que « d'un vers emmiellé, il contenta les esprits de son prince oreillé [3] ». Et, dans son *Art poétique*, Vauquelin de La Fresnaye en lui attribuant l'introduction du sonnet à la cour, l'appelle « doux et populaire [4] ».

Les auteurs de biographies et de bibliothèques n'eurent garde d'oublier notre poète dans leurs galeries. Son compatriote, Thevet, lui donne une bonne place au milieu de ses *pourtraits* [5]. Malheureusement, selon son habitude, il s'en tient à des généralités et ne semble même pas bien connaître les ouvrages de Mellin. Il parle en effet d'un livre latin *De fato*, qui ne peut être que l'*Advertissement à une studieuse damoyselle*. Cependant, malgré quelques erreurs, cette notice est la principale et la plus précieuse des sources biographiques que l'on peut consulter pour la vie de Saint-Gelays. C'est là que sont allés puiser les biographes postérieurs, quelquefois en attaquant leur modèle, comme le fit Colletet.

1. *Vie de Mellin de S.-G.*, p. 79.

2. Brantome, t. III, p. 288.

3. *La Galliade ou De la révolution des Arts et Sciences.* A Monseigneur, fils de France, frère unique du Roy. Par Guy Lefèvre de La Borderie, secrétaire de Monseigneur et son interprète aux langues pérégrines — fol. 123 v°. — Bibl. Nat. Rés. Ye. 519.

4. *Les diverses poésies du sieur de la Fresnaie Vauquelin.* — *Art poétique*, I, 20 Bibl. Nat. Rés. Ye. 1804.

5. *Les vrais Pourtraits et Vies des Hommes illustres*, ff. 557 et 558.

Quant aux *Bibliothèques françaises* de La Croix du Maine et de Du Verdier [1], elles ne nous apprennent rien de nouveau et n'éclaircissent aucun des points obscurs. Il faut en dire autant des *Elogia* de Scévole de Sainte-Marthe [2]. L'auteur avait cependant pu voir et connaître Mellin dans les dernières années de sa vie ; mais il s'est contenté de répéter en latin ce qu'avaient déjà dit ses prédécesseurs [3]. Peut-être même ne s'était-il pas donné la peine de parcourir les poésies de Mellin de Saint-Gelays.

III

Dans la première moitié du XVIIe siècle, un savant très consciencieux et fort curieux de tout ce qui touchait à notre littérature, Guillaume Colletet, entreprit de traduire en français les *Eloges* de Scévole de Sainte-Marthe [4]. Puis, excité par le résultat de ses recherches, il entreprit de les refaire en les complétant. Ce fut l'origine de ses fameuses « *Vies des poètes* » dont on regrette vivement la perte depuis qu'un incendie en a détruit le manuscrit authentique. Par bonheur, la notice concernant Mellin avait été publiée avant la catastrophe par Gellibert des Séguins et Eusèbe Castaigne, en 1863.

Colletet avait beaucoup lu, malheureusement son sens

1. *Bibliothèque Françoise de Du Verdier* (1584). Edit. Rigoley de Juvigny, t. III, p. 52 à 57. — *Bibliothèque Françoise de La Croix du Maine* (1584). — Même édit., t. II, p. 114-117.

2. *Gallorum doctrina illustrium elogia*, p. 39-40.

3. En 1591, un certain Gabriel Lurbée, procureur et syndic à la Cour de Bordeaux, fit paraître en latin une *Vie des hommes illustres*, au nombre desquels il ne manqua pas de placer Mellin. Voici comment il l'apprécie «... ita se feliciter exercuit, ut poesis Gallica, quæ tum aspicere lucem cœperat, maxime ejus operibus et mellita lingua dignitatis accessionem fecerit. Fuit etiam elegans et copiosus in dicendo ». — *De illustribus Aquitaniae viris libellus, auctore Gab Lurbeo*, p. 95-96.

4. *Eloges des hommes illustres qui depuis un siècle ont fleury en France dans la profession des Lettres*... Composez en latin par Scévole de Sainte-Marthe et mis en français par G. Colletet ; p. 87-91.

critique était peu développé. Il se contenta le plus souvent de reproduire les assertions de ses prédécesseurs, en y ajoutant çà et là quelques réflexions personnelles. Pour la biographie de Mellin, il suit pas à pas Thevet. Ce qui ne l'empêche pas d'appeler cet écrivain « mauvais philosophe aussi bien que fade orateur et infidèle historien [1] ». Et, cependant, il le copie souvent textuellement, quelquefois même sans le comprendre et se garde bien de laisser de côté la moindre des anecdotes qu'il avait rapportées. De plus Colletet est un fervent disciple de Ronsard et de la Pléiade, aussi est-il plus que sévère pour Mellin. Il se départ alors de son impartialité et traite notre poète « d'envieux et de malveillant ». Mais il ne lui ménage pas les éloges ailleurs et vante ses talents et ses qualités.

Le début de sa notice est particulièrement élogieux pour Mellin : « Voicy, dit-il, un des plus grands, et des plus fameux autheurs de cet heureux siècle du Roy François Ier, qui travailla tant pour la gloire des Muses que les Muses recognoissantes ne s'en pourront jamais taire. » Et, après avoir parlé de son origine, il ajoute : « Mais si la naissance de ce fils ne fut pas ainsi légitime, la gloire qu'il s'acquit depuis par la beauté de son esprit et par sa doctrine fut un trésor qu'il mérita légitimement. Et en ce point on peut dire qu'il devança son père d'aussy loin que le règne du grand Roy François devança celluy du roi Louis XII, en science profonde et en pureté de langage [2]. »

Ces éloges, écrits vers le milieu du XVIIe siècle, au milieu du règne littéraire des Balzac, des Chapelain, des

1. *Vie de M. de S.-G.*, p. 79. Il est fort curieux de comparer les deux biographies : mêmes détails, presque dans les mêmes termes, sur la naissance, heureuses dispositions, séjour en Italie, ouvrages divers, mort, lait d'ânesse, caractère et portrait physique. On pourrait traiter Colletet de plagiaire, sans exagération.

2. *Ibid.*, p. 73-75.

Voiture et des Scudéry, prouvent bien que Mellin de Saint-Gelays s'il n'était pas aussi populaire que Marot, était cependant fort gouté. Aussi donna-t-on deux nouvelles éditions de ses œuvres. M. Frédéric Lachèvre [1] a montré qu'on ne l'oublie pas alors dans les divers *Recueils de poésie*. En 1692, l'auteur du *Recueil des plus belles pièces des poètes français*, qu'on dit être Fontenelle, lui donne une bonne place dans son ouvrage, immédiatement après Marot. Il lui consacre une petite notice fort élogieuse, suivie de nombreux extraits de ses poésies [2].

La Fontaine paraît avoir eu une prédilection pour notre poète. Du moins certains passages de ses œuvres et en particulier la préface de son *Second livre des Contes et Nouvelles*, paru en 1671, prouvent suffisamment qu'il avait lu Mellin de Saint-Gelays [3]. Quant à Boileau [4], malgré son extrême sévérité pour nos vieux poètes, il lui a donné des éloges dans sa *VIIe Réflexion sur Longin*. Ainsi même en plein classicisme, Mellin était loin d'être méprisé. Baillet, dans ses *Jugemens des savans* (1685), lui reconnaît « un air de noblesse et d'élévation provenant de la connaissance qu'il acquit des langues grecque et latine et des mathématiques, ce qui servit beaucoup à le distinguer de Marot et des autres ». Il ajoute encore qu'il « était estimable en son temps pour sa douceur, sa naïveté et le tour aisé qu'il semblait avoir pris des anciens [5] ».

1. *Bibliographie des recueils collectifs de poésies publiés* de 1597 à 1700.

2. *Recueil des plus belles pièces des poètes françois, tant anciens que modernes, avec l'histoire de leur vie, par l'auteur des Mémoires et Voyage d'Espagne* — t. I, p. 142-181.

3. Cf. E. Phelippes-Beaulieux, *op. cit.*, p. 50.

4. Voici le jugement de Boileau : « le vrai tour de l'épigramme du rondeau et des épîtres naives ayant été trouvé même avant Ronsard, par Marot, par Saint-Gelays et par d'autres, non seulement leurs ouvrages en ce genre ne sont point tombés dans le mépris, mais ils sont encore aujourd'hui généralement estimés ; jusque-là même que pour trouver l'air naïf en français, on a encore quelquefois recours à leur style. » *Réflexions critiques sur Longin*, Réflexion VII.

5. *Jugemens des savans sur les principaux ouvrages des auteurs.* — Edit. de La Monnoye, t. IV, p. 383-385.

IV

A son tour, Ménage admira fort ses petits contes et ses meilleurs traits d'esprit [1]. Et en défendant Octovien, l'évêque d'Angoulême, contre les calomnieuses insinuations de Henri Estienne, il donne à Mellin des éloges mérités. D'ailleurs cet amateur de bons mots était bien fait pour comprendre le spirituel aumônier. Et l'on peut certes en dire tout autant de tout le XVIIIe siécle ; car Mellin a plus d'un trait de ressemblance avec les petits abbés d'alors, et même avec les auteurs en vogue à cette époque de scepticisme, de raillerie et d'épicuréisme. Aussi, en 1719, l'éditeur Coustelier donna-t-il une nouvelle édition de ses œuvres, augmentée d'un très grand nombre de pièces latines et françaises avec quelques notes. Cette édition eut du succès.

Jean-Baptiste Rousseau admirait fort le début du *Cartel* fait pour la partie d'armes de Blois aux noces du marquis d'Elbœuf [2]. La Monnoye, un des héritiers du vieil esprit gaulois en ce début du XVIIIe siècle, faisait ses délices de ces bluettes et s'amusait à les commenter avec érudition et bonhomie. Et quand il publia ensemble les *Bibliothèques de La Croix du Maine et de Du Verdier*, quelques années après, Rigoley de Juvigny protestait contre le jugement de Pasquier qu'il trouvait beaucoup trop sévère. « Ces petites pièces fugitives, dit-il, sont la plupart bien conçues, heureusement exprimées et feraient honneur aux bons poètes de nos jours, dont beaucoup ne négligent pas d'aller puiser dans ces sources [3]. »

---

1. *Menagiana.* — Edit. d'Amsterdam ; t. I, p. 266 ; et t. II, p. 196.

2. Cf. *Lettres sur différents sujets de littérature.* — Lyon 1750, 3 vol. in-12. — *Lettre à M. d'Ussé*, en lui envoyant l'*Epître de l'amour platonique*. Voir *Œuvres de M. de S.-G.*, I, 176.

3. *Bibliothèque française de La Croix du Maine et de Du Verdier, revue par Rigoley de Juvigny* ; t. II, p. 116, note.

Quant au P. Nicéron et à l'abbé Goujet, tous deux ont consacré à Mellin bon nombre de pages dans leurs encyclopédies littéraires. Ils avaient lu et étudié les vers de Mellin. Le premier apprécie assez justement l'œuvre de notre poète telle qu'elle était connue alors [1]. Il lui reconnait les plus heureuses dispositions pour la poésie et proclame « que personne ne savait mieux que lui faire de ces sortes de vers qui ne disent pas grand'chose, mais qui sont fort propres à être mis en chant [2] ». Les détails biographiques qu'il donne sont empruntés à Colletet, mais il tempère ses éloges par quelques critiques, d'ailleurs assez fondées. Voici comment il termine sa notice, caractérisant assez justement le talent de notre poète : « Saint-Gelays n'excelle que dans l'harmonie du vers et dans la richesse des rimes, en quoi aucun poète françois ne l'a peut-être égalé. Mais le grand nombre d'épithètes, les diverses idées qu'il veut joindre ensemble avant que de finir un sens, beaucoup d'inexactitudes dans la construction, le rendent en plusieurs endroits, et même dans de petites pièces, presque inintelligible ; ajoutez à cela des pensées fausses et insipides, des mauvais jeux de mots, des obscénités grossières et un mélange des choses les plus saintes avec les plus profanes, qui ne se rencontrent que trop souvent dans plusieurs pièces. »

Selon sa méthode ordinaire, l'abbé Goujet résuma fort consciencieusement tout ce que l'on savait de la vie de Mellin, fit une courte analyse de son œuvre, en citant quelques-unes des meilleures pièces qu'il avait notées en lisant son auteur [3]. Somme toute, c'est un excellent résumé des opinions générales de la critique d'alors sur Mellin de Saint-Gelays, avec quelques jugements personnels très

1. *Mémoires pour servir à l'histoire des hommes illustres dans la République des Lettres*; t. V, p. 197 à 206.

2. *Ibid*, p. 199.

3. *Bibliothèque françoise*, t. XI, p. 456-472.

judicieux et des aperçus originaux mais un peu timides.

Les auteurs des *Annales Poétiques* ou Almanach des Muses, Sautreau de Marsy et Imbert, réservèrent une très large place à notre poète dans leur immense recueil [1]. Les nombreux extraits de ses poésies qu'on y trouve, sont faits avec discernement et accompagnés de remarques fort justes. Quelque quarante-cinq ans auparavant, Le Fort de la Morinière ne l'avait pas non plus oublié dans sa *Bibliothèque poétique* [2] ; cependant il lui ménage singulièrement la place sinon les éloges. En retour l'auteur des *Mélanges tirés d'une grande bibliothèque* [3] déclare que les œuvres de Mellin ne peuvent manquer à une bibliothèque d'homme véritablement lettré, comme à celle de tous les gens d'esprit.

D'après E. Phelippes-Beaulieux, tous les auteurs d'épigrammes de cette époque « Le Brun, Voltaire, Fontenelle, Marmontel et Thomas savaient encore savourer le sel qui assaisonne ses meilleures pièces ». Bien plus « La Harpe, si dédaigneux d'ordinaire de nos vieilles richesses, lui accordait une mention courte , mais flatteuse, dans le *Cours de littérature* [4] ».

Tous ces témoignages suffisent à établir que Mellin de Saint-Gelays a joui d'une assez grande vogue au XVIIIe siècle. Sa réputation ne devait pas diminuer au siècle suivant. Sans doute, sa gloire est loin d'avoir retrouvé l'éclat de jadis ; il ne pouvait rencontrer un retour de faveur pareil à celui dont a bénéficié Ronsard, mais il garde encore bon nombre de lecteurs.

1. *Annales poétiques ou Almanach des Muses, depuis l'origine de la poésie française*, t. III, p. 67-113.

2. *Bibliothèque poétique ou nouveau choix des plus belles pieces de vers en tout genre, depuis Marot jusqu'aux poetes de nos jours*, t. I, p. 20-24.

3. *Mélanges tirés d'une grande bibliotheque*, t. VII, p. 146-148.

4. *Essai biographique et littéraire sur M. de S.-G.*, p. 51

V

Au début du XIXe siècle, avant même que se fut produite la réaction contre les faux jugements de Boileau et de son école sur nos anciens poètes, Crapelet donnait un bon rang à Mellin dans son importante *Collection des anciens monuments de la littérature française* [1]. Et, vers le même temps (1824), Auguis lui consacrait une notice élogieuse avec de très nombreux extraits dans son *Recueil des poètes français depuis le* XIIe *siècle jusqu'à Malherbe* [2].

Deux années après, août 1826, l'Académie française, suivant en cela le courant général qui portait les esprits vers les origines de notre littérature, proposait comme sujet du prix d'éloquence un *Discours sur l'histoire de la langue et de la littérature françaises, depuis le commencement du* XVIe *siècle jusqu'en 1610*. On sait ce qui se passa. Un jeune étudiant en médecine (il n'avait que vingt-trois ans) encouragé « par le savant et respectable M. Daunou », résolut de prendre part au concours. Mais, avant de faire un *Discours* sur l'histoire de la littérature à cette époque, il sentit le besoin de la connaître ; il commença par la poésie « et le sujet lui parut si intéressant et si fécond, qu'il n'en sortit pas ». Voilà ce que nous apprend Sainte-Beuve lui même [3], car c'est de lui qu'il s'agit ici. Dès lors il ne put prendre part au concours et le prix fut partagé entre deux concurrents illustres, Saint-Marc Girardin [4] et Philarète Chasles [5]. Beau-

1. *Collection des anciens monuments de la littérature française.* — Crapelet, 1816-1830 — 13 vol. in-8.

2. *Les poètes francais depuis le* XIIe *siècle jusqu'à Malherbe, avec une notice historique et littéraire sur chaque poète*, t. II, p. 375-408.

3. *Tableau historique et critique de la poésie française et du théâtre français au* XVIe *siècle*, par Sainte-Beuve. — Nouv. édit. — Paris, Charpentier. — Préface de la première édition, datée de juin 1828. p. 3.

4. Cf. *Tableau de la littérature francaise au* XVIe *siècle.*

5. Cf. *Etudes sur le seizième siècle.*

coup trouvent de nos jours ces deux études fort superficielles, mais le XVIe siècle était alors imparfaitement connu. L'un et l'autre consacrent quelques lignes assez justes à Mellin de Saint-Gelays, mais ce n'est qu'un souvenir qu'ils lui donnent en passant, avant d'aborder l'étude de la réforme entreprise par Ronsard.

Sainte-Beuve avec son esprit pénétrant a certes mieux apprécié notre poète et plus exactement caractérisé son œuvre. Son jugement a trop de valeur et d'autorité pour ne pas être rapporté presque en entier. « Avec plus de correction peut-être et plus d'éclat que Marot, Saint-Gelays est bien loin de la franche naïveté gauloise. Les pièces qu'il a laissées, fort courtes pour la plupart, étincellent de traits soit gracieux, soit caustiques ; mais elles n'ont presque jamais le laisser-aller d'un conte ou d'une causerie. Quand Marot est excellent, il y a chez lui quelque chose de La Fontaine ; quand Saint-Gelays invente le plus ingénieusement, c'est dans le tour de Voiture et de Sarrasin [1]. » Et il cite trois exemples de cette charmante ingéniosité ; après quoi, il poursuit : « Par malheur, cette gentillesse va souvent jusqu'à la mignardise, suivant l'expression d'Étienne Pasquier ; et si son mauvais goût n'est pas celui auquel nos vieux poètes et Marot lui-même sont quelquefois sujets, s'il ne fait pas coigner Cognac et remémorer Romorantin, il joue sur les idées aussi puérilement que d'autres sur les mots, et n'évite le défaut national que pour tomber dans l'afféterie italienne. » Il lui reproche ensuite « de n'avoir négligé aucun des contrastes que la poésie pouvait offrir avec sa profession, car il a fait souvent servir sa science ecclésiastique à des allusions assez profanes ». Enfin, il termine son jugement par cette fine appréciation du talent de Mellin pour l'épigramme : « Tout consommé qu'il était dans la galanterie du sonnet et du

1. *Op. cit.*, p. 35-38.

madrigal, l'obscénité de l'épigramme ne l'a pas rebuté. On doit convenir pourtant qu'il a très bien réussi en ce dernier genre, et que plus il s'y rapproche de la gaîté un peu grossière de l'époque, plus il en trouve aussi les saillies et le naturel. La douceur de son style et l'indolence de son humeur n'émoussaient point chez lui le piquant de la causticité ; et Ronsard, avec lequel il eut quelques démêlés littéraires, s'est plaint douloureusement de la *tenaille de Mellin* [1]. »

Le grand critique a été captivé par l'esprit et la grâce aimable de notre poète. Il en fut de même pour M. Nisard. Pendant longtemps il répéta à ses élèves que si « souvent Saint-Gelays fut un Marot affadi, épuré par un prélat bel esprit », il l'égala en beaucoup d'endroits et « monta jusqu'où Marot ne se serait pas élevé [2] ». Il lui savait surtout gré d'avoir le premier fait parler à la philosophie chrétienne « un lange clair, aisé et durable ». Et pour « ce pas qu'il a fait faire à la poésie française [3] », il réclamait pour lui plus qu'une mention honorable dans une histoire de notre littérature.

A la suite de ces études, les esprits en France s'étaient portés avec ardeur vers ce XVIe siècle, qui apparaissait si curieux. On se mit à lire ses poètes et ses prosateurs, et on leur trouva des qualités insoupçonnées. Nombreux sont ceux qui se sont adonnés à l'étude de cette époque dans ces cinquante dernières années et cependant il reste encore bien des problèmes à résoudre. La gloire de Mellin n'a pas perdu à ce dépouillement progressif des œuvres de ses contemporains ; pourtant je dois dire qu'il a trouvé plutôt de la curiosité que de la sympathie auprès du plus grand nombre Quelques critiques

1. *Op. cit.*, p. 38.
2. *Histoire de la littérature française*, édit. de 1889. La première édition est de 1844 — t. I, p. 343-351.
3. *Ibid.*, p. 349

même, choqués par la frivolité des sujets qu'il traite et ses défauts de style « aggravés encore par une obscénité raffinée et une impiété froide [1] », se sont montrés sévères à son égard. M. Charles d'Héricault, chargé de l'étudier et de le juger dans la collection des *Poètes français* [2], publiée sous la direction de M. Crépet, le traite avec rigueur, et ne voit en lui « qu'un mignon professeur de beau langage » — Mellin fut plus que cela. — Il ajoute d'ailleurs aussitôt : « au moins n'oublions pas qu'il enseigna la langue française ». Au reste, il est obligé de proclamer ses nombreuses qualités de forme : esprit, grâce, élégance, finesse, extrême facilité avec une grande douceur et harmonie de style.

S'il est un peu sévère, ce jugement ne respire pourtant ni antipathie, ni partialité. Je n'en dirai pas autant de celui de M. Godefroy, qui, dans son *Histoire de la littérature française au XVIe siècle* [3], refuse à Mellin le titre de véritable poète. Pour lui, Mellin n'est « qu'un arrangeur de rimes élégantes », « un rimeur ingénieux et habile, qui avait assez bien le sens du français naturel ». Il fut cela, soit, mais plus que cela. Les défauts que lui reproche ce critique ne sont que trop réels, seulement il est juste de proclamer les qualités d'un écrivain dont on énumère les défauts. Et c'est ce qu'a fait M. Bourciez en étudiant Marot et la poésie francaise dans la grande *Histoire de la langue et de la littérature française* [4], publiée sous la direction de L. Petit de Julleville. D'ailleurs M. Bourciez connaissait Mellin de Saint-Gelays de longue date, pour l'avoir rencontré dans son étude pénétrante sur les *Mœurs polies et la littérature de cour sous Henri II*. Il

1. M. Jeanroy, dans la *Grande Encyclopédie*, article Saint-Gelays (Mellin).
2. *Poètes français*, p. 607-616.
3. *Histoire de la littérature française* — XVIe *siècle*, 2e édit., p. 579-585.
4. Chap. III, *Marot et la poésie française de 1500 à 1550*, § III, *Les Successeurs de Marot*, p. 131-175.

avait consacré tout un chapitre — et non pas le moins intéressant certes — au poète courtisan [1]. Avec finesse, il y dépeint ce volage « papillon » de cour aux brillantes couleurs, semant à profusion ses impromptus, qu'il apprécie avec justesse. On sent même qu'il a quelque sympathie pour ce petit abbé aux manières si affables et si polies « galant et empressé auprès des dames, causeur spirituel avec une pointe d'ironie et de malice », parce qu'il a été pour lui un charmant introducteur dans ce monde curieux qui entourait Henri II.

D'autres encore, au XIXe siècle, se sont occupés de Mellin avec grand intérêt. En 1836, un savant et modeste érudit de province, Eusèbe Castaigne, faisait paraitre dans l'*Annuaire administratif de la Charente* [2] une *Notice sur la famille Saint-Gelays*. Les quelques pages qu'il consacre à notre poète sont pleines de délicatesse. Si elles contiennent quelques erreurs, elles respirent la sympathie.

Près de trente ans après, Eusèbe Castaigne aida Gellibert des Séguins à accomplir le dessein qu'il avait formé de publier les *Vies des poètes angoumoisins* [3], écrites par Colletet. Elles parurent en 1863, avec des notes qui complètent et corrigent les renseignements fournis par Colletet. L'auteur des notes de la vie de Mellin aime et admire ce poète, et s'efforce de faire comprendre par le lecteur ses nombreuses qualités.

Cet ouvrage n'avait pas encore vu le jour, lorsque Emmanuel Phelippes-Beaulieux, avocat du barreau de

---

1. Livre IIIe, chap. II, *Le poète courtisan : Melin de Saint-Gelais*, p. 300-322.

2. *Annuaire statistique, administratif, commercial et judiciaire du département de la Charente et de la ville d'Angoulême, pour l'année 1836.* — La notice sur les Saint-Gelays se trouve p. 307-337.

3. *Vies d'Octovien de Sainct-Gelais, de Mellin de Sainct-Gelais, de Marguerite d'Angoulême et de Jean de la Péruse*, par Guill. Colletet, publiées par M. Gellibert des Séguins, avec des remarques de M. E. Castaigne. La vie de Mellin occupe les pages 73 à 135.

Nantes, fit paraître dans les Annales de la société académique [1] de cette ville, un *Essai biographique et littéraire sur Mellin de Saint-Gelays.* Les cinquante pages qu'il lui a consacrées sont du plus haut intérêt. Cet avocat était à la fois un érudit et un lettré. On voit qu'il avait fait ses délices de la lecture de Mellin. Aussi le défend-il contre toutes les attaques, essayant de nous faire connaître le milieu dans lequel « en doux loisirs il souloit passer sa vie ». Ses recherches avaient été minutieuses : nous sommes loin des généralités de Thevet. Phelippes-Beaulieux s'est efforcé d'élucider une foule de points jusque là restés obscurs, et, s'il n'y a pas toujours réussi, il y a apporté tous ses soins. Son étude, bien que sentant le panégyrique, est remarquable. Il termine son *Essai*, en se flattant « que les amis des lettres trouveront toujours assez de traits agréables dans les œuvres du vieux poète, pour ne point regretter le temps qu'ils auront passé à les lire ».

Mais il y avait bien longtemps déjà que ces œuvres n'avaient pas été réimprimées. La dernière édition, celle de 1719, était devenue fort rare, et les autres étaient introuvables. Aussi les amateurs de notre vieille poésie songeaient-ils à donner une réimpression des *Œuvres de Mellin de Saint-Gelays*, plus complète et au courant de la critique moderne. Dans cette intention, feu P. M. Janet acheta, on peut vraiment dire au poids de l'or, un exemplaire de l'édition de 1574, annoté par La Monnoye. On ne put malheureusement pas retrouver « un cahier supplémentaire qui devait contenir un commentaire tant sur les vers imprimés pour la première fois en 1719, que sur d'autres entièrement inédits et une notice sur la vie du poète » : Enfin, après bien des difficultés [2], l'édition

1. *Annales de la Société académique de Nantes et du département de la Seine-Inférieure.* — Année 1861, premier semestre p. 3-52. — Il existe un tirage à part de cet *Essai*, Nantes, Vve Mellinet, 1861, in-8°.

2. Voir le détail de toute cette affaire dans la *Bibliographie* placée par P.

parut, en 1873, dans la Bibliothèque elzévérienne, par les soins de Prosper Blanchemain. Elle était dédiée à Monseigneur le duc d'Aumale. C'est un monument assez remarquable.

L'auteur a bien mérité « de tous les amis de nos vieux livres et de notre vieille littérature[1] ». En effet, « grâce, nous dit-il, au concours éclairé de quelques amis littéraires, il a pu mettre au jour, en le complétant, un commentaire inédit que le savant et spirituel La Monnoye avait laissé sur notre auteur[2] ». Là ou ce commentaire fait défaut, Prosper Blanchemain a essayé d'y suppléer par ses propres remarques. De plus, il avait pris soin de consulter tous les manuscrits contenant des poésies de Saint-Gelays, recueillant les vers inédits et notant les variantes qui lui semblaient présenter quelque intérêt. Ses recherches furent couronnées de succès, il eut le plaisir « d'ajouter au texte un bon nombre de pièces injustement négligées jusqu'alors[3] ». Le manuscrit La Rochetulon lui en fournit à lui seul plus d'une centaine. Il pouvait légitimement se vanter, dans sa *Dédicace*, « d'avoir mis tous ses soins à parfaire ce livre ». C'est un digne monument élevé à la gloire de Mellin de Saint-Gelays. Cependant cette édition est loin d'être sans défauts, et l'on désirerait qu'elle fût un peu moins spirituelle.

Une autre gloire attendait encore l'aimable poète. Vingt ans après, M. Winfrid Wagner de Stuttgart, présentait, en 1893, « à la haute faculté philosophique de Heidelberg pour l'obtention de la dignité de docteur en philosophie

Blanchemain à la suite de la *Notice sur Mellin de Sainct-Gelays*, en tête du premier volume de ses *Œuvres*, p. 35-37.

1. *Dédicace à son Altesse royale, Monseigneur le duc d'Aumale*, t. I, p. II.

2. *Ibid.* — Il y a à la Bibliothèque de l'Arsenal un manuscrit, sous le n° 1243, contenant un *Recueil de pièces latines érotiques* formé par La Monnoye Il s'est amusé à traduire par trois distiques latins le conte de Mellin, *Ung jour que Madame dormait*, I, 272 — fol. 3 r°.

3. *Ibid., Ibid.*

une étude littéraire, historique et linguistique sur Mellin de Saint-Gelays [1] ». Cette thèse, comme toutes celles de ce genre, est avant tout une étude de grammaire. Après quelques courtes pages de biographie (chap. I, p. 9 18), l'auteur énumère les ouvrages de notre poète et jette un coup d'œil rapide sur ses principales pièces (chap. II, p. 19-38), caractérise son genre (chap. III, p. 39-46), puis étudie fort longuement sa langue et sa métrique (chap. IV et V, p. 47-118), pour finir (p. 119-149) par ce qu'il doit à l'Italie. C'est donc avant tout une patiente et minutieuse recherche sur la langue de Mellin de Saint Gelays. Elle nous montre dans quelle haute estime les lettrés d'au-delà du Rhin tiennent ce poète. Il est bien juste qu'il soit au moins aussi bien traité dans son pays.

---

1. *Mellin de Saint-Gelais : Eine litteratur-und sprachgeschichtliche Untersuchung.* — Inaugural-Dissertation zur Erlangung der Philosophischen Doktorwürde vorgelegt der Hohen philosophischen Fakultät der Universität Heidelberg, von Ernst Winfrid Wagner aus Stuttgart.

CHAPITRE X

PIÈCES INÉDITES

I. — Epigramme oubliée par Blanchemain. — Dizain faussement donné comme inédit. — Difficultés de reconnaître les vers de Mellin.
II. — Quatrain. — *Huitains.* — Dizains. — Enigme. — Trophée d'Amour. — Envoy d'une dame à ung gentilhomme. — Responce.
III. — *Lutte d'Amour et d'Argent.*
IV. — Qualités de cette satire de mœurs. — But. — Allégorie. — Discours d'*Argent.* — Ironie. — Code de coquetterie féminine.

I

Comme je l'ai déjà fait remarquer, lorsque Prosper Blanchemain voulut publier une nouvelle édition des *Œuvres* de Mellin de Saint-Gelays, il ne négligea rien pour la rendre aussi complète que possible. Mais ce n'est pas chose facile que de grouper les vers d'un poète disséminés dans bon nombre de recueils, avec des indications plus ou moins vagues sur le nom de l'auteur. Et chaque jour peut amener des découvertes nouvelles. Je ne sais cependant pour quelle cause, inadvertance ou oubli, il ne publia point la petite épigramme *Sur deux sourds plaidant devant un juge de village, encore plus sourd qu'eux.* La pièce est gentille et appartient incontestablement à Mellin de Saint-Gelays. Le *Jardin des Muses* [1]

1 *Jardin des Muses, où se voyent les fleurs de plusieurs aggréables poésies, recueillies de divers autheurs, tant anciens que modernes.* A Paris, chez Antoine de Sommaville et Auguste Courbe, 1643. — in-12, p. 218.

de 1643 la lui attribue, et depuis elle a été plusieurs fois citée comme de notre poète.

En revanche, le dizain que M. F. Lachèvre, dans sa *Bibliographie* [1], donne comme inédit, ne l'est nullement. C'est un extrait d'une chanson fort libre composée « pour la guiterre », qui commence par ces mots : « je ne veulx point de trop volage amie » (II, 222). Henri Estienne et Guillaume Bouchet citent ces vers pour les condamner, sans peut-être bien savoir à qui ils appartenaient [2].

Voici encore quelques pièces inédites, que, sur le témoignage des manuscrits, je n'hésite pas à attribuer à Mellin. A ma connaissance, nul ne les a jusqu'ici réclamées pour quelqu'autre poète, j'ai cru devoir les insérer dans mon travail [3].

II

Quatrain.

Bibl. Nat. Ms. Fr. 842.

Fol. 128 r°. Plus n'est mon bien subject à l'adventure,
Je l'ay tout seur, avec tant de plaisir
Qu'il a d'autant surmonté mon désir,
Que le vif est vainqueur de la nature [4].

Huitains.

1

Bibl. Nat. Nouv. Acq. Fr. 1158.

Fol. 151 v°. Foy et Amour, en la saison qui court,
Ont peu souvent ensemble demeurance.

---

1. *Bibliographie des Recueils collectifs de poésies publiés de 1597 à 1700* — t. I, 306 et 419.

2. Voir ce que dit à ce sujet La Monnoye, dans les *Œuvres de M. de S.-G.*, t. II, 224.

3. Inutile d'abord de rapporter le onzain inédit composé pour Diane de Poitiers. Cf. Ire Partie, chap. V, p. 140. — Le Ms. Nouv. Acq. Fr. 1158, fol. 177 r°, attribue à Mellin l'*Epitaphe De Ortis, le Maure du Roy*, qu'on met généralement sur le compte de Marot, (t. II, Epit. XII, p. 236). Si je ne la transcris point ici, on peut cependant émettre des doutes sur son véritable auteur.

4. Le manuscrit donne une variante pour le dernier vers de ce quatrain :
Q'un homme vif surmonte sa poincture.

Vous qui sçavez qui s'arreste et qui court [1],
Trouvez assez des deux la différence :
En l'une y a grande persévérance,
Sur l'autre on voit deux inconstantes aesles.
Laissez donc l'ung, avec son apparence,
Accomplissant le veuil des damoiselles.

2

Bibl. Nat. Fr. 2.335.

Fol. 109 v°. J'avais pensé que pour mon plus grand bien,
Et trouver fin à mon deulh et torment,
C'estoit de voir celle [2] que je sçay bien
Garder la clef de mon contentement.
Mais [3] mon mal est aigri plus que aultrement,
Car, comme l'un attraict l'autre plaisir,
Ainsi je sens en mon entendement
De la revoir accroistre le désir.

Dizains.

1

Bibl. Nat. Nouv. Acq. Fr. 1158.

Fol. 177 v° Ce n'est poinct pleur, madame, qui me tient,
C'est seullement qu'Amour m'a attisé
Dedans son feu, et de la flamme vient
Mon grant ennui ! Comme j'ay advisé,
Et comme on voyt qu'ung bois verd embrasé,
Dedans ung feu, rend de l'eaue à grant force ;
Ainsi mon corps, lequel la flamme force,
Gecte ceste eaue que vous appelez pleur.
De résister à ce feu je n'ay force,
Par quoy me fault endurer ma douleur.

2

Ibid.

Fol. 178 r°. S'il est ainsi que, par entendement,
L'homme diffère à toute créature,
Et s'il est vray que du grant firmament
Nous soit donné ce grant bien de nature,

1. Il y a évidemment là une négligence. Un mot ne saurait rimer avec lui-même.

2. Il y a dans te texte *chèle.*

3. Le scribe a orthographié *Més.*

Cognoistre puys le grant mal que j'endure
Seul parvenir d'ung estrange martire ;
C'est que toujours ton noble cœur m'attire
A te servir, et si ne puis pas bien
Avoir le temps, auquel te puisse dire
Le mal que j'ay pour te vouloir du bien.

3

Bibl. Nat. Fr. 2.335.

Fol. 113 r°. Yeulx, qui havez sans faire résistance
Laissé passer un traict jusques au cueur,
Dont il se sent de mort en grant doubtance,
Et n'hat espoir d'alléger sa langueur,
Fors que veulez, sans user de longueur,
Bander vostre arc et tirer contre celle
Qui n'aura point une puissance telle,
Que vostre traict, empenné de requeste,
Puisse percer son cueur et sa cervelle,
Si bien qu'en bref vous en ferez conqueste.

Enigme.

Bibl. Nat. Nouv. Acq. Fr. 1158.

Fol. 179 r°. Messager suys, venant de l'autre monde,
Où je n'ay sceu encores parvenir.
Là, j'ay veu gens en ung feu rempli d'onde,
Dessus un mont en vallée profonde,
Courans leurs cours, sans aller ne venir,
Qui, ce faisant, disoyent qu'à l'advenir
En mainets vieulx cas auroyent choses nouvelles,
Qui laydement me sembloyent estre belles.
Lors d'Antipatre il m'alla souvenir,
Qui trop souldain creut mauvaises nouvelles,
Et dist qu'Argus, pour oiseau devenir,
Pourroyt bien veoir ses yeulx mis en ses aesles.

Trophée d'Amour.

Bibl. Nat. Fr. 2.335.

Fol. 99 r°. Amour a faict son trophée ériger [1],
Marque et tesmoing de ses faicts et victoire.

1. Cette petite pièce assez intéressante comprend 17 vers roulant uniquement sur deux rimes.

Cil en qui est lumières diriger
Et les humains défaillans corriger,
Y a laissé sa fouldre en nue noire.
Là sont pendans, pour enseigne et mémoire,
Armets, escus de Mars, qui prent à gloire
Le sang espandre et règnes affliger.
Neptune y voit son trident arranger,
Et Hercule sa massue méritoire :
Phoebus, son arc et sa trousse d'ivoire,
Bacchus ses dards et instrumens à boire
Y a vendu et souffert rédiger [1].
O cœur caduc, mortel et transitoire,
Voyant les dieux servir de tell' *constoire* [2],
Vouldrois tu bien imaginer ou croire,
Qu'eusses povoir d'eschapper ce danger ?

Envoy [3] *d'une dame à ung gentilhomme.*

Bibl. Nat. Nouv. Acq. Fr. 1158.

Fol. 169 r°. Si Dieu vouloyt, pour chose bien nouvelle,
Que pour ung jour je devinsse arondelle,
De bien voler seroyt telle entreprinse
Que ceste nuyt vous verroys en surprinse,
Et par moy mesme auriez de moy nouvelle.

Responce.

v° Vous pouvez bien, sans plumes d'arondelle,
Faire à l'essor une montée telle,
Que jusque icy en tombe la remise.
Que plust à Dieu....................
Pour vous..........................
Si c'est trop loing pour une damoiselle,
Prier Amour qu'il vous preste son aesle
Et essayer de voler en sa guise
Vous pouvez bien.

1. C'est le verbe latin *redigere*, ramener, recueillir, ranger, placer de coté, c'est dans ce dernier sens que le poète l'a employé ici.

2. Du bas latin *constoria*, coût, dépense. Cf. Du Cange.

3. On trouve dans les *Œuvres de M. de S.-G.*, II, 269, un amusement poétique semblable à celui-ci, composé sur le même modèle et avec la même disposition des rimes. Seulement c'est un chevalier qui écrit d'abord à une dame, qui lui répond à son tour.

Longtemps y a que cette heure j'appelle[1],
Mais vostre cueur, trop agart et cruelle,
Veult estre pris de proye plus requise,
Cella le tient et rompt nostre entreprise,
Car si vouliez vous viendriez ici, belle,
Vous pouvez bien.

III

Amour et Argent

Bibl. Nat. Nouv. Acq. Fr. 1158.

Fol. 160 v°. Au moys de may, Amour print ses sagettes,
Pour venir veoir ses subjectz et subjectes,
Dedans Paris et toute la province,
161 r°. Ainsi que doibt et que veult un bon prince.

Luy arrivé, en sa colère monte,
Car plus de luy dames ne tenoyent compte,
Dont descrocha son arc, dressant ses aesles,
Contre plusieurs dames et damoiselles.

Pour mieulx tirer, ses deux yeulx desboucha,
Tout despité, mais son traict reboucha
Contre leurs cueurs, sans faire playe aucune,
Ou s'il en fit, ce fut seullement une.

Il eut recours à ses ardans flambeaulx
Et leur lança par moyens fins et beaulx;
Mais, quand du cueur vindrent saisir la place,
Furent estainctz, quasi plus froids que glace.

Ce Dieu, voïant sa débille faiblesse,
Que plus les cueurs ne guérist ne ne blesse,
Se retira, prins de douleur amère,
V° Compter le cas devers Vénus, sa mère,
Qui lui respond que sur parisiennes
Avoit perdu ses vertus anciennes,
Car, pour leur dieu d'amours et pour régent,

1. Le copiste avait d'abord écrit : *longtemps y a que j'ay l'heur appelée*; mais s'apercevant de son erreur, il corrigea le premier texte sans rien effacer, en sorte que la lecture de ce vers présente quelques difficultés.

Avoient receu un que l'on nomme Argent,
Qui a muny leurs cueurs de fortes armes,
Pour contempner tous amoureulx alarmes.

Ce faict oy de si grande importance,
Précipite de deuil et d'inconstance
Ce jeune enfant ; hardy il vient desfier
Le nouveau dieu, superbe, fort et fier,
Et luy livra, après meincte querelle,
D'armes le choix, avec guerre mortelle.

Mais cest Argent, qui à l'homme impossibles
Rend à Paris meinctes choses possibles,
Gaigna le champ, ruant Amour par terre
Et le vainquit par nomparcille guerre,
Qui non content de si rude secousse
162 r°. Luy arracha arc, traictz, aelles et trousse,
Et pour l'honneur de Vénus, la déesse,
Ne luy voulut fayre plus griefve oppresse.

Dont, quant Argent eut sur Amour victoire,
Et prins captif dedans son territoyre,
Il commença à parler fièrement,
Et le blasmer fort témérayrement,
Disant ces mots : « Garson plain de cautelle,
As-tu ousé par rigueur si rebelle
Me deffier, qui monstre par effect
Que faire puys le faict et le deffaict ?

Cil qui jadis déploya estandars
Contre la force [1] de tes amoureulx dards,
Fut il si fol de vouloir tout mesprendre
Que sur mon droict s'esforsast d'entreprendre ?
Pour t'abolir sceut remède addresser,
Mais contre moy il n'osa l'œil dresser.

Cruel enfant, conduyt par promptitude,
v° Cognoys tu poinct ta grant ingratitude ?
Je te supply, respond ce que t'en semble,
Sceuz tu jamais joindre deux cueurs ensemble,

1. Dans ce vers, Mellin ne fait pas compter la syllabe muette qui suit la césure ; cette licence avait été proscrite par Lemaire de Belges.

Que je ne fusse en cest accord compris,
Et pour moyen le plus apparant pris?

Mais sçauroys tu de ce me desmentir?
Certes, nenny, si ne vouloys mentir.
Mes chaynes d'or, rubis et diamans
Ont plus valu pour joïr aux amans
Que tes fins tours, tes flesches et tes arcs,
Aussi sont ilz bien plus vertueux artz.

Je n'entends pas du temps que pour florettes
Humbles pasteurs joïssoyent d'amourettes.

Petit trompeur, de finesse la bonde,
Qui as deceu et le ciel et le monde,
Tu as induict Jupiter et les dieux,
Icy dessendre et délaisser les cieulx,
Et pour joïr d'humaynes créatures
163 r° Prendre et vestir des bestes les figures.

Par tes flambeaulx et flesches venimeuses,
Meinctz ont souffert tes ardeurs oultraigeuses,
Les contraignant de jouster à oultrance,
Dedans tournoys donnans grands coups de lance,
Et assaillir villes, chasteaulx et tours,
Pour seulement joïr de leurs amours.

Languir faisoys les povres amoureulx
Trois ou quatre ans, tristes et langoureulx;
Mais maintenant, par ma grande puissance,
Sans les navrer leur donne joïssance,
Et si les puys tellement dispencer
Qu'ils jouiront souvent sans y penser;
Car n'ont esgard d'amer aux gens honnestes,
Ne aux vertus, prières ne requestes,
Mais il suffist pour avoir bon recueilh,
Qu'on me présente au lieu de bon accueilh.
Ung laid quinault, que jamaiys n'auront veu
Et qui n'aura ny parent ni adveu,
v°. Et, me livrant, plus tost en joyra
Que ung saige aymant, qui par tous ars yra;
Et un varlet, me donnant à cognoistre,
Aura la dame aussitôt que le maistre.

Tu t'es jadiz joué de povres sottes,
Ainsi que font enfans de leurs pellottes,
Tant les faisoys honteuses et secrètes
Qu'on dit : « C'estoient nyaises indiscrètes. »

Car, quant avoient à ung leur cueur donné,
Ne l'eussent oncques pour rien habandonné.

Tristes estoyent, et jour et nuict pensives,
De leurs amans relisant les missives,
En les faisant coucher avecques elles
D'ardant désir entre leurs deux mamelles ;
Et les aymoient, comme simples et nices,
Plus que joyaulx et fourreures de Nices [1].
Pour leurs amans perdoyent boire et manger,
Mettant leur vye en péril et danger ;
164 r°. Et enduroyent tant de griefves douleurs
Que pour le moings portoyent palles couleurs ;
Et mainctes foys, par tes faictz inhumains,
Contre leurs cueurs ont converty leurs mains,
Et qui estoyent belles et bien formées,
En un vil corps ont esté transformées.

Bien cher vendu leur estoyt ton plaisir
En les faisant de telle mort gésir.

Leur jeu estoyt de composer épistres,
Dont on en voyt en Ovide les tiltres,
Et perdre temps à lire ung tas de livres
Qui les rendoyt de tous plaisirs délivres.

Elles prenoyent pour précieuses choses
De leurs amys un chappelet de roses ;
Mais, non après de guerdonner remises,
L'une donnoit des mouchouers et chemises,
L'autre en fin or quelque riche devise,
Là où estoyt sa pourtraicture assise.

v°. De telle erreur cause estoit l'inscience,
Faulte d'avoir des miennes la science,
Et de n'avoyr fréquenté mon escole,
Où la doctrine est de fraiz non frivole,

1. Nice se distingua toujours par son industrie et son commerce ; au XVIe siècle il s'y faisait un grand trafic d'objets de luxe.

Pour néant n'est dit, mays c'est chose certayne
Que Paris est de sçavoir la fontayne.

Dont n'ont pas tort de t'avoir dépposé,
Et en ton lieu moy, doulx prince, posé,
Duquel les loys doulces et naturelles
Ont confondu les tiennes tant cruelles,
Qui a bon droict ont esté réprouvées
Et justement les miennes approuvées,
En les gardant de bon et franc couraige
Mieux que ne font la loy de mariage.

En premier lieu, je leur ay faict deffence
De ne vouloyr à leurs corps faire offence
Pour leurs amys, comme les amoureuses ;
Mais qu'en tout temps soyent gayes et joyeuses,
En fréquentant festins, banquets et festes,
Et que de deuilh ne tormentent leurs testes.

165 r° Je leur permets dormir toutes les nuictz,
Les dispensant de prendre aulcuns ennuis
Pour mieux traicter leur délectable chair;
Sans point penser en amy, tant soict cher,
Et toutesfoys luy feront bonne mine,
Car c'est le poinct qui plus le chétif mine,
Dont payera les despens et amande.

A leur coucher, prendront ung cuict d'amande,
Qui les tiendra fresches et bien disposes,
Dedans leur lict entre courtines closes.

Sur le matin, pour avoir le beau tainct
Qui se ternist la nuict et se destainct,
Humer pourront ung petit œuf mollet,
Ou ung bouillon cuict avec ung poullet,
Puys se feront suer sur l'oreiller,
En assayant un peu de sommeiller.

Je leur ay faict aultre commandement:
Ne s'arrester à ung tant seulement,
v°. Et, quand sera quelcun d'elles party,
Qu'à l'aultre puys facent un tel party.
Mais pas n'entendz que les povres et chiches

Ayent recueil si humble que les riches,
Car c'est raison de déférer l'honneur
A cil qui est le plus large donneur,
Et si seront mes damoiselles fières
A saluer honnestes gens fort chères.

Conséquemment que soyent bien perfumées,
Car par cella en seront extimées
De plus hault pris, et tousjours bien en ordre
D'affiquets d'or et sans aulcun désordre.

Car tels gluaulx font duppes consumer
Et bien souvent de povreté sommer,
Pour ce qu'il fault que le présent consonne
Au riche habit et luisante personne.

A se farder auront eaues distillées,
Ou quelque unguent, comme sont bien stillées ;
Je ne veulx pas oublier la pommade,
Pour refreschir leur lèvre sèche et fade.

Fol. 166 r°. Pour s'apparoir gentes et sadinettes
Leurs corps feront estraincts de cordelettes,
Dessus leurs yeulx yront cheveulx au vent,
Car cela dit : c'est icy que l'on vend.

Les advertir d'ordonner leurs mamelles
Sur l'estomach, se fault fier en elles,
Qu'elles sauront descouvrir un petit
Pour provoquer des hommes l'appétit.

Au temple yront, voyre pour mugueter
Leurs pigeonnetz, qui les vont là guetter,
Et, soubz couleur de leurs dévotions,
Entre eulx feront leurs assignations.

Bien ay voulu aussi leur commander
De non jamais se feindre à demander
A leurs mignons, mesmes aux testes razes,
Car par ceulx la feront riches leurs cazes,
Et mangeront de meinctz frians morceaulx [1],
Qui devant eulx sourdent à grans monceaulx.

1. Il y a dans le texte du manuscrit *nouveaulx*, mais le sens et la rime semblent demander *morceaulx*.

v° Sans ce, maris de dames ainsi graves
Ne les pourroyent entretenir tant braves,
Avec lesquels ay d'accord convenu
Ne s'enquérir dont je serai venu ;
Et par l'accord ne leur sera besoing
De joyaulx d'or et robes avoir soing,
En permectant qu'en tout temps et saison
L'on voise veoir dames en leur maison.

Si du mary l'amant a crainte ou doubte,
Semblant fera ce mary n'y veoir goute,
En le laissant avec sa femme faire,
Feignant d'avoir en ville quelque affaire ;
Aussi après il s'en trouvera bien,
Car les gros fraiz ne lui cousteront rien.

Quant porteront le deuil de leurs mariz,
Feront semblant d'avoir les cueurs marriz,
Pour en siffler d'autres à leurs pippées,
Dont les amours sont par femmes pipées.
Mais, au couvert sous ces blanches pelisses,
167 r°. Continueront leurs plaisirs et délices ;
Et si entendz que les adolescentes
Observeront de leurs mères les sentes,
Affin qu'après, en aage plus parfaicte,
L'on dye : c'est la mère toute faicte.

Pas je ne veuil qu'une d'elles s'amuze
A lire escripts, car cella les abuse.

Que si quelcun leur envoye une épistre
Ou ung dizain, si je n'y suys en tiltre,
Mutez [1] seront, car je veuil que par moy
Soict l'introïte et finisse par toy.
J'en sçay assez qui sçavent ce mestier,
Mais les nommer il n'est poinct de mestier.

D'aymer tournoys et les vertus belliques,
Je leur deffends, comme vaynes pratiques ;
Car, si l'ung est pour elles desconfit,
C'est vayne gloire où n'y a nul proffict,

1. Mutez, participe passé du verbe muter, du latin *mutare* pour *commutare*, qui signifie vendre : ils seront vendus. Cf. Du Cange.

Qui est le blanc ou je veuilh qu'elles tendent,
Pour ce que sçay où leurs cœurs mieus prétendent.
Après seront, en entrant en besoigne
En délaissant tout honneur et vergoigne,
Par tous endroictz à prendre curieuses
Et à donner lentes et paresseuses.

Donner pourront, une foys la sepmayme,
Bouquets de fleurs garnys de marjolayne,
Ou aultre cas de petite valeur,
Car les grans dons ne portent que malheur.
Mais pour leur bien je veulx que soient vénalles
En se vendant comme les bledz aux halles,
Et qu'elles soient à bailler difficilles,
Mais au déduict humaynes et facilles,
Ne reffuzant ès festes et festins
A leurs oiseaulx manier leurs t...,
Et que pendant qu'à baller on s'esgaye
Es cabinez prennent une viscaye.

Pour couverture, auront quelque matrone
De gravité, qui conduyra le trosne,
Car de penser donnera occasion
Que tout se faict à bonne intencion.

168 r°. Si quelque amy, tant soict de bonne grâce,
Entre sans moy, qu'on destourne sa face ;
Et, quand aulcun en sera despourvu,
Semblant feront de jamais l'avoir veu,
Combien que tous ses parens et amys,
Pour les aymer, en arrière aura mys,
Et que dorez soient cabinetz et plains
De ses présens, dont après fera plaings.

Je veuil aussi que si leur honneur touche,
Pour se venger qu'on leur baille une touche [1],
Et que leur [2] nom hors d'usaige soict mis,
Sans les nommer [3] par Amour leurs amys,

1. Critique sévère — reproche amer. V. Godefroy.

2. Rature *son*. Ce passage est des plus obscurs, aussi y a-t-il plusieurs ratures dans le manuscrit.

3. Rature : *Sans plus aymer*.

Mais par Argent, pour l'honneur d'avarice,
Car ce surnom convient à leur office.

Sçauroys tu doncques en rien me contredire,
Que de nous deux il n'y ayt trop à dire ?
N'ont-elles pas le bien pour mal choisy,
En acceptant le fraiz pour le moisy ?
Donné leur ay pour servaige franchise,
Affin de vivre à leur désir et guise ;
Bien ont esleu la plus facile voye,
Car sans ennuy auront toute leur joye.

Ne suis-je pas, comme le feu et l'eau,
Contrayre a toi, et plus doulx et plus beau?
Par quoy bien tost pense te retirer,
Allant ailleurs tes dards infectz tirer;
Tu ne feroys rien icy que morfondre,
Si par tes arts vouloys les miens confondre.

Retire toi ès lieux, sans longues poses,
Où tu as fait tant de méthamorphoses.
Va-t-en chercher Tisbée et Déiphile,
Philis, Phedra, et de Minos la fille,
Et ta Dido, à qui fis ce bon tour,
Quant vit sur mer Enée de sa tour.
Va visiter le cueur Pénélopé [1],
Où si longtemps tu fuz enveloppé,
Car brief ne peuz encontre moy avoir
Puissance esgale à mon haultain [2] pouvoir.

Aultrement

Pour conclusion, tu ne scauroys tant faire
Que ton pouvoir me peust en rien malfayre. »

Fin.

1. Le copiste avait d'abord écrit *de Pénélope*, mais il ratura le *de*, car il faut lire *Pénélopé* pour la rime.

2. Raturé *encontre mon* pouvoir.

Voilà, certes, une piquante satire, c'est un petit chef-d'œuvre pour cette époque. Elle possède la plupart des qualités que nous avons admirées en Mellin, sans aucun de ses défauts habituels. L'esprit de notre poète s'y donne libre carrière, se jouant à multiplier ses traits fins et légers. Ici, plus de mièvrerie : Mellin brosse un tableau d'une grande vérité, plein d'animation, et surtout bien français. Et il nous montre par là ce qu'il aurait pu.

Le but visé par le poète est facile à discerner : il veut prouver ce que Vénus déclare à son fils, au début de cette pièce, à savoir que les Parisiennes — ou plutôt toutes les femmes d'alors — ne reconnaissaient plus « pour leur dieu d'amours et pour régent », que Messire *Argent*. Reproche bien ancien ! Dans cette première moitié du XVIe siècle, plus d'un poète l'a répété ; Marot lui-même attaqua les Parisiennes qui ne voulaient point accepter ses excuses [1], et Mellin nous apprend ailleurs qu'*Amour* préfère de beaucoup l'or à Vénus sa mère (II, 259). C'est l'antique légende de Danaë qu'il a voulu rajeunir. Il a été assez heureux dans sa tentative.

Il y a, dans le discours d'*Argent*, deux parties distinctes et qui forment un heureux contraste : ce sont les reproches qu'*Argent* adresse à *Amour*, et les éloges qu'il se décerne à lui-même. Or, par une fine ironie, tous les reproches adressés à *Amour* vaincu constituent son plus bel éloge, et tous les éloges qu'*Argent* s'attribue sont un réquisitoire contre son propre pouvoir. Se condamner soi-

1. C'est à propos des fameux *Adieux* qu'on attribuait à ce poète, il commença par écrire une première *Epître* pour se justifier : *Excuses d'avoir faict aucuns Adieux*, II, 44, Epît. XII. Mais comme on ne voulait pas l'en croire, il s'empressa d'écrire une seconde *Epître* : *Aux dames de Paris qui ne voulaient prendre les précédentes excuses en payement*. II, p. 48, Epit. XIII.

même en se louant, et louer un ennemi en le blâmant, est un procédé des plus comiques. Bien plus, reproches et éloges forment dans ce poème une satire fort spirituelle de la légèreté des femmes de Paris.

Je ne dirai rien de la première partie de ce discours : *Argent*, ou plutôt Mellin, y fait une peinture assez agréable de l'amour « au bon vieux temps », qu'il oppose à ce qui se passe aujourd'hui. Mais la seconde partie est le point capital de cette composition. Elle contient les commandements d'*Argent* aux Parisiennes, et c'est un tableau de mœurs fort intéressant. Ces commandements constituent un code complet de coquetterie féminine. Rien n'est oublié : voici d'abord les soins matériels à donner au corps, viennent ensuite les détails de la toilette et enfin la conduite à tenir par les coquettes qui veulent bien plumer « les pigeonnetz » assez naïfs pour se laisser prendre. Il y a là des observations qui s'appliquent à tous les temps. Les vers heureux abondent. Exemple :

Pour s'apparoir gentes et sadinettes,
Leurs corps feront estrainctz de cordelettes ;
Dessus leurs yeulx iront cheveulx au vent,
Car cela dit : c'est ici que l'on vend.

Il serait facile de citer bon nombre d'autres traits non moins heureux et ce n'est pas, certes, dans ce petit poème que l'on peut reprocher à Mellin d'avoir été maniéré.

Que faut-il penser de Mellin de Saint-Gelays, comme homme et comme poète ?

I. — *L'homme.* — Traditions de famille, — sa situation, gros revenus — heureuse fortune.

II. — Son caractère : épicurien et égoïste. — Nombreux amis auxquels il est fidèle et utile. — Ses ennemis : il se défend d'être médisant.

III. — L'artiste. — Le courtisan. — L'aumônier. — Reproches mérités.

IV. — *Le poète* : ses qualités naturelles, — son but poétique et son idéal.

V. — Il appartient à la fois au Moyen Age et à la Renaissance, mais il est surtout *italianisant.*

VI. — Défauts : mignardise, afféterie, froideur. — Qualités : esprit, grâce et délicatesse, surtout douceur et harmonie de la forme.

VII. — C'est un vrai poète, peu sympathique mais intéressant. — Sa place est entre Marot et Ronsard.

Et maintenant, toutes choses bien pesées, ayant examiné ce que les autres ont pensé de Mellin de Saint-Gelays, je demande la permission d'émettre aussi mon jugement. L'homme est un courtisan habile et heureux, revêtu du costume ecclésiastique, grand seigneur, fin lettré et surtout galant. Le poète, plus difficile à définir en quelques mots, présente un caractère à peu près unique dans notre histoire littéraire : c'est un bel esprit, des mieux doués par la nature, qui se rendit esclave de la galanterie.

I

Je ne ferai pas d'abord difficulté d'avouer que pendant les nombreux jours et les longues heures passés à étudier les œuvres de mon poète, je me suis trouvé parfois gêné. Il se permet, en effet, de temps en temps, des libertés de langage qui sont de véritables « *folies* », son impiété est trop souvent choquante, et il glisse quelquefois dans l'obscénité. Mais, en général, il est homme de bonne compagnie, plein d'élégance et de politesse. S'il n'est pas toujours sympathique, il se montre toujours intéressant, agréable, rarement ennuyeux. On sent qu'il est de noble race. Je ne sais quel sang sa mère lui avait transmis, mais la famille à laquelle il appartenait par son père était des plus anciennes et des plus aristocratiques. Et peu importe à quelle branche il se rattachait, le tronc était glorieux, sain, il avait porté des rois ; la sève coulait bonne et généreuse.

Il n'avait donc reçu de sa famille que les meilleures traditions de noblesse et de générosité. Si quelque chose lui manqua pour son éducation, dans le palais épiscopal d'Angoulême, ce ne fut certes ni l'esprit, ni la dignité, ni le bon ton. Son long séjour en Italie affina encore sa distinction native, il en rapporta je ne sais quoi de délicat et de féminin, qui lui valut partout le surnom de « *créature gentille* ». Cette gentillesse, ces manières aimables, il les perfectionna encore à la cour « cette maîtresse d'école », comme l'appelle Marot.

« Gentil », il pouvait l'être en toute tranquillité : sa fortune et sa situation le mettaient à l'abri de tout souci. Octovien, après l'avoir élevé, avait assuré son avenir : ses oncles, en particulier Jacques et Charles, ne durent pas l'oublier. François Ier d'abord, Henri II ensuite, payérent largement ses services. Pourvu de riches abbayes, jouissant de gros revenus, il n'était pas réduit comme Marot à quémander sans cesse. Ce n'était pas un rimailleur famélique. Il n'a jamais connu le besoin, il n'a jamais véritablement souffert.

Dans les *Vrais pourtraits des hommes illustres* de Thevet, il nous est représenté à mi-corps devant une table à écrire. Sa mise est des plus soignées : vêtu d'un riche pourpoint de moire et d'un surcot de damas à larges manches, sa tête est couronnée de lauriers et se présente presque de face. Il a les cheveux courts et la barbe longue. Thevet nous apprend qu'il était blond. Un sourire erre sur ses lèvres finement pincées. Ses mains blanches et maigres ont des doigts fuselés, et la droite tient un rouleau de papier, comme s'il venait d'y écrire quelque impromptu. C'est bien ainsi que je me figure Mellin.

II

Ce fut, en effet, un aimable épicurien, dont la maxime favorite était d'éviter les larmes. Voilà le fond de son caractère. La nature l'avait cependant doué d'une âme ardente, mais « d'une complexion fort délicate » nous apprend Thevet [2]. Tout jeune encore, en voyant dépérir celui qu'il appelait son bon oncle Octovien, instruit d'ailleurs sûrement par ses sages leçons, il dut comprendre où conduisait fatalement l'abus des plaisirs. Dès lors, il se satura d'indifférence et de modération ; il s'habitua au doux « nonchaloir », cueillant au jour le jour les fruits de la vie qui se trouvaient à sa portée, sans courir à leur recherche, et sachant s'arrêter avant d'arriver au dégoût. Aussi, se préserva-t-il toujours de l'ambition et de la cupidité, et se tint à l'écart des partis et des intrigues. Il

1. Voir fol. 557 r°.
2. *Op. cit.*, fol. 557 v°.

nous l'apprend lui-même dans sa lettre à Diane (II, 196), mais nous avons d'autres témoignages. Ayant eu quelques difficultés avec un voisin de l'abbaye de Reclus que le roi lui avait gracieusement donnée, il s'écrie ennuyé :

Fy du voisin, fy de l'or et du cuyvre !
Je ne veux rien : car si le Roy peut vivre,
J'ay trop de biens, ayant sa bonne grâce. I, 256.

Ceci peint bien l'homme. Les disputes lui répugnaient par dessus tout ; il les laissait aux gens de bas étage. Thevet nous assure que « dans l'excellente position où il se trouvait à la cour, il profita à plusieurs plus qu'à soy mesme ». Et de fait nous avons vu que tous ses contemporains se plaisaient à proclamer son grand désintéressement et sa serviabilité. Dorat fait dire au pasteur Dorylus dans son *Epicedium* [1] qu'il méprisa toujours les vaines richesses et se contenta de la médiocrité, alors qu'il était digne de tous les honneurs.

Is quoque divitias non mirabatur inanes,
Contentus modicis, dignus majoribus...

Il semble bien cependant que cette modération épicurienne était chez notre poète le résultat d'un certain fond d'égoïsme, autant que la suite d'un calcul intéressé. Je dirai qu'il pratiqua l'*égotisme* bien avant la création de ce mot, si on entend surtout par là l'égoïsme des délicats et des raffinés. En effet, le but qu'il se proposa dans sa carrière de poète courtisan fut de plaire. Plaire aux dames et aux seigneurs de la cour, plaire à ses amis, plaire à tous ceux qui pouvaient lui procurer quelque plaisir, telle a été sa préoccupation. A cela il employa toutes les ressources de son esprit, à défaut de celles du cœur. Voilà la source de son excessive galanterie et l'explication de toute sa carrière poétique.

1 *Joannis Aurati Lemovicis poetae poemata*, p. 39.

Il était du reste, au besoin, capable de dévouement et se faisait remarquer par son aménité. Aussi compta-t-il toujours de nombreux et fidèles amis. « Avec sa douceur et honnesteté, affirme Thevet[1], il se captiva et gaigna entièrement les cœurs et amitié d'un chacun, laquelle il conserva avec une ferme constance jusqu'à la fin. » Nous avons vu avec quel empressement il mettait sa Muse au service du roi et de la cour. Il fut également très serviable envers ses jeunes confrères. François Habert et Tahureau sont là pour en témoigner. Le premier lui disait dans une lettre de 1550 :

J'ay en Berry faict assez long séjour,
Non toutefois sans penser nuict et jour
A la bonté et graces dont tu uses,
Quant il te plaist favoriser mes Muses ;
Dont j'apperçoy qu'autre bien n'est yssant
Fors un vouloir à toy obéissant,
Et ce vouloir tant que seray en vie
De t'obéir ne perdra son envie,
Tant congnoissant que mon soutien es tu,
Que bien voyant que suprême vertu
Reluist en toy et y fait sa demeure,
Et ne mourra encor que ton corps meure[2].

Il terminait cette missive, toute débordante de reconnaissance, par cette promesse :

Te suppliant d'excuser l'entreprise
De ton Habert, en qui foy est comprise
Pour t'obéir, et dont l'allègement
Est de t'aymer perpétuellement :
Si suppliray le céleste donneur
De te donner accroissement d'honneur.

Et, certes, il n'est pas moins élogieux en exaltant en-

1. *Op. cit.*, fol. 557 v°.
2. Les *Epistres héroïdes*... Bibl. Nat. Rés. pYe. 248 — *Epistre XIII*, fol. 67 v°.

core la bonté de Mellin à son égard dans une épigramme[1] datant à peu près de la même époque :

Quant à toy ma plume essorée
Quelquefoys d'escrire entreprent,
Le bruict de la tienne dorée
De l'entreprinse me reprent.
Mais mon cœur hardiesse prent
Dessus la bonté dont tu uses,
Qui d'ardent zèle te surprent
Pour donner faveur à mes Muses.

Quatre ans plus tard, le jeune Tahureau, admirateur de Ronsard et ami intime de Du Bellay, ne mettait pas moins d'effusion et de cordialité à remercier Mellin d'avoir agi pour lui auprès de Henri II, proclamant bien haut qu'il lui doit d'être « bien placé[2] ».

Ce n'est pas là, certes, la conduite d'un envieux ni d'un jaloux. Il ne fut pas moins serviable pour ses rivaux en gloire. Inutile de rappeler longuement quelle étroite et cordiale amitié l'unit toujours à Marot, malgré les persécutions, les dangers et l'exil. Et ce n'est pas autrement qu'il agit avec Etienne Dolet, Bonaventure Despériers et Rabelais, pour ne citer que les principaux de ses amis. Chez lui, l'égoïsme était loin d'avoir étouffé les sentiments affectueux.

Cependant, comme il arrive fatalement à tous ceux qui, pleins d'esprit, s'amusent à le faire étinceler aux dépens des autres, il s'était créé des ennemis. Thevet nous l'avoue. Sans doute ces ennemis n'osaient pas laisser paraître leur ressentiment en public, mais ils nourrissaient une rancune qui se manifestait à la première occasion. Mellin devait bien le soupçonner. Aussi, à plusieurs re-

1. *Op. cit.*, fol. 111 v°. — *Epigrammes — A monsieur de Saingelais aulmosnier du Roy.*

2. *Odes, sonnets et autres poésies gentilles et facétieuses de Jacques Tahureau*, p. 68-69. — Bibl. Nat. Rés. Ye. 4.875.

prises, a-t-il senti le besoin de protester qu'il ne voulait nullement médire, et cela avec une force qui sent la défense intéressée :

> Pour tous les biens qui sont deça la mer,
> Je ne voudrois vous ny autre blasmer,
> Contre raison, en sorte qu'on peut dire
> Que je me mets volontiers à mesdire, I, 196.

écrivait-il en tête de l'épigramme *A une mal contente*. Mais si Mellin « estoit ainsi prompt et soudain à reprendre et à censurer les fautes d'autruy », et si par là il se fit « de son vivant plusieurs envieux [1] », il ne le fut jamais lui-même. Non, pas même de Ronsard : la suite le montra clairement. Au reste, à qui porter envie ? Ne fut-il pas heureux jusqu'à la dernière heure de son existence ?

III

Mellin de Saint-Gelays eut à un haut degré l'intelligence de l'art. Trop souvent il s'est arrêté, il est vrai, dans ses œuvres au mignon et au joli, mais il savait comprendre le grand et le beau. Son âme avait reçu de la nature les qualités qui font le véritable artiste : l'éducation les développa, et son long séjour en Italie épura et fortifia son goût naturel, en l'affinant même jusqu'à l'exagération. Tous ses contemporains sont unanimes à reconnaître ses talents et son habileté « pour la musique, tant vocale qu'instrumentale [2] ». C'était pourtant le temps où sous l'influence italienne, cet art avait acquis en France une grande perfection. Alors Albert, Certon et le fameux Janequin faisaient admirer leur maîtrise et leurs œuvres aujourd'hui encore grandement estimées [3].

1. Thevet, *loco cit.*
2. Colletet, *op. cit.*, p. 85.
3. Voici comment Guy Lefèvre de La Borderie caractérise ces trois artistes

Si Mellin ne s'exerça jamais lui-même à manier le pinceau, on peut bien avancer qu'il savait admirer les chefs-d'œuvre que la peinture, la sculpture et l'architecture enfantaient alors à l'envi. Il avait, en effet, reçu en partage « tant d'heureuses dispositions qu'il paroissoit également propre à tout [1] ». Ayant tous les talents, celui du courtisan ne lui manqua pas.

Et dans cet art de flatter le roi et les grands, art moins honorable mais aussi difficile que tout autre, il fut encore un maître. Jamais, malgré toutes les difficultés d'une situation parfois bien dangereuse, il ne semble avoir été en péril. Aussi est-il devenu comme le type idéal du poète courtisan. Courtisan, il l'était en quelque sorte par atavisme ; son grand-père, Pierre de Saint-Gelays, joua ce rôle auprès des ducs d'Orléans et des comtes d'Angoulême. Les fils de Pierre, mais surtout Jean et Octovien marchérent sur ses traces. Mellin les dépassa tous. Cependant, s'il flatta le roi et son entourage, s'il s'industria à varier leurs amusements, favoriser leurs plaisirs et leurs amours, s'il contribua même trop à acclimater à la cour la licence et le libertinage, du moins ne mérite-t-il pas le sanglant reproche de D'Aubigné :

....

dans la *Galliade ou De la révolution des Arts et Sciences*, fol. 125 r°. — Bibl. Nat. Rés. Y°. 519.

Et des musiciens quelques uns ent cest âge
Feirent heureusement heureux apprentissage.
Albert toucha le luth avec si souples doigts
Qu'il en eut peu ravir les rochers et les bois,
Sinon qu'il aima mieux des villes la demeure
Et la court, où souvent la Musique demeure.
Certon en bons accords et harmonieux sons
Meist des ailes aux vers et une âme aux chansons;
Mais Janequin subtil remist sus la pratique
Du genre coloré, ornant la Diatonique,
Et par l'humaine voix feist contrefaire au vif
De la guerre les tons, et le doux chant naïf
Des oiseaux desgoisans, que par un feint ramage
Il faisoit gringoter sa voix et son langage.

1. Niceron, *Mémoires*, t. V, p. 198.

Des ordures des grands un poète se rend sale,
Quand il peint en César un vil Sardanapale.

Il en mérite malheureusement d'autres comme prêtre. Ce fut, en effet, un singulier aumônier, aussi peu ecclésiastique, à le juger par ses vers, que ces abbés commendataires du XVIIIe siècle, qui dépensaient en orgies les revenus des abbayes qu'ils possédaient. Je croirais volontiers qu'il ne se mit guère en peine de s'acquitter dignement de ses fonctions religieuses. Dans tous les cas, c'est une singulière morale qu'il prêche dans ses écrits, celle du plaisir. Il aurait pu être le supérieur de l'abbaye de Thélème; là il n'aurait pas fait scandale.

Il ne faudrait pas cependant le croire athée ou impie, et encore moins partisan des idées nouvelles. Je le crois très sincère quand il prie Dieu de lui faire la grâce de ne pas aimer (III, 113), et d'éclairer son intelligence pour éviter « la fosse d'erreur » (II, 289). Comme Du Bellay, il pouvait dire sincèrement, sur la fin de sa vie,

Je ne doutai jamais des poincts de nostre foy [1].

Si tout d'abord il avait eu quelque inclination pour les doctrines nouvelles, il ne tarda pas à les repousser. Elles présentaient trop de danger pour un courtisan avisé, et cette prétendue réforme avec ses violences et ses rigueurs ne pouvait tenter longtemps une âme épicurienne. En outre, les habitudes et le singulier relâchement des mœurs à cette époque peuvent expliquer bien des faiblesses sans les excuser. Cet étrange aumônier du roi fut donc catholique, mais de ces catholiques qui, tout en admettant le *credo* dans sa parfaite intégrité, pratiquent une morale païenne, trop faibles ou trop lâches pour mettre d'accord leurs actes et leurs croyances. Cette faiblesse et cette lâcheté sont encore plus blâmables chez un ecclé-

1. *Regrets*, s. 43.

siastique, chargé par son ministère même d'enseigner et de garder cette morale, avec laquelle sa conduite et ses écrits sont en contradiction. Mellin mérite ce blâme : pour ce courtisan spirituel, la véritable religion fut la galanterie, voilà le fond de toute son œuvre poétique.

IV

La place qu'occupe Mellin de Saint-Gelays dans l'histoire de la poésie au XVIe siècle est considérable. Son œuvre s'étend de 1515 à 1558, depuis l'avènement [1] de François Ier jusqu'à la dernière année du règne de Henri II. Et pendant cette longue période, il fut regardé comme un maitre. Son influence aurait pu être immense : elle le fut moins par suite de la règle qu'il s'était imposée de ne jamais rien publier. Ce fut Marot qui donna le ton aux poètes d'alors, mais, néanmoins, Mellin par son crédit, ses succès, sa réputation, sa longue carrière, exerça une profonde influence sur la poésie, vers le milieu du XVIe siècle.

La nature lui avait accordé une extraordinaire facilité pour la poésie. Elevé par un poète, il était dans les meilleures conditions pour devenir un habile écrivain. Malheureusement son séjour en Italie vint fausser ses idées. Il renonça au labeur, à la composition d'œuvres sérieuses et durables, pour se lancer dans l'improvisation d'éphémères compliments, ou d'épigrammes sans portée. Détermination qu'on doit vivement regretter pour sa gloire et pour la poésie française, car il a montré plusieurs fois qu'il ne lui manquait rien de ce qu'il faut pour écrire des vers immortels. Ceux qui nous sont parvenus — contre sa volonté — nous permettent d'apprécier surtout son

1. La pièce la plus ancienne qui nous soit parvenue est une épitaphe latine d'Anne de Bretagne; cette reine mourut le 9 janvier 1514.

rôle dans l'évolution de notre poésie. Il fut tout particulier.

Mellin forme, en effet, la transition entre le Moyen-Age et la Renaissance. Il est, en France, le représentant principal de cette influence italienne qui fit enfin éclore dans notre pays cette profonde rénovation des Lettres et des Arts, qui se préparait depuis longtemps dans tous les esprits [1]. Il est en quelque sorte le chaînon qui relie l'époque de Ronsard à celle de Marot, car, comme on l'a fait justement remarquer, « il n'y a pas de rupture dans la chaîne des générations [2] », surtout dans le monde de la littérature et des idées.

V

Mellin de Saint-Gelays est encore du Moyen-Age par bien des côtés, et d'abord par sa naissance et son éducation. Les rhétoriqueurs étaient dans tout l'éclat de leur réputation, quand il fit ses débuts daus la littérature. Il ne put donc s'empêcher d'adopter une foule d'idées généralement reçues autour de lui.

Il est encore davantage du Moyen-Age par l'idée qu'il se faisait de la poésie. Pour lui, ce n'est qu'un amusement. On sait que tout chevalier devait pouvoir au besoin rompre une lance, jouer aux échecs et composer quelques vers pour la dame de ses pensées. Laissant à d'autres, plus robustes, la cuirasse et la lance, il se revêtit de l'habit ecclésiastique et s'amusa à faire des vers. Il ne vit jamais autre chose dans la poésie, aussi n'a-t-il pas sensiblement agrandi son domaine. Les sujets qu'il

1. Sur cette lente et longue préparation de la Renaissance en France, voir *Histoire de la Langue et de la Littérature française* de L. Petit de Julleville, t. III, *Seizième siècle*, chap. I. — et Brunetière, *Histoire de la littérature française classique*, t. I, *Introduction, la Renaissance littéraire*.

2. Petit de Julleville, *op. cit.*, p. 2.

a traités sont ceux-là même que connaissait et aimait le Moyen-Age : sujets mesquins et sans intérêt à force d'être rabachés. Ce n'est pas lui, certes, qui tenta de résoudre les grands problèmes. Dieu, l'homme et ses destinées ne l'ont pas beaucoup plus préoccupé que la morale. Et, s'il a compris et aimé la nature — ce qui pourrait être — ce fut pour en jouir et non pour la chanter.

De plus, ces sujets étroits, et mesquins, il les a traités presque toujours avec une légèreté d'esprit, un ton de badinage qui sont le caractère propre du Moyen-Age décadent. On dirait, à lire leurs œuvres, que les poètes de cette fin d'école ne savaient que railler, incapables de prendre rien au sérieux. Mellin n'a pas échappé à ce défaut. Il n'a guère varié non plus les procédés du Moyen Age. Des grossièretés, une sorte de cynisme inconscient dans l'expression déparent quelquefois ses meilleures pièces. Il fit cependant des progrès dans la décence et le bon goût, et l'on peut croire que les contes, épigrammes et folies qui nous choquent par des crudités de langage ou des gaillardises trop osées, datent des premières années du règne de François Ier. Peu à peu, il acquit plus de délicatesse dans l'expression de ses sentiments, son talent s'épura et s'éleva avec l'âge et l'expérience. Quelquefois aussi, dans ses premières pièces, il employa l'allitération et les antithèses forcées : mais son bon goût naturel le préserva de ces excentricités prosodiques, si longtemps en honneur parmi les poètes.

Le Moyen-Age avait usé et abusé de l'allégorie froide, abstraite et prolongée. Mellin s'est servi fréquemment de ce procédé, mais en l'adaptant à son genre d'esprit et au caractère spécial de sa poésie. Il en a fait simplement une comparaison métaphorique. Voici sa manière : il prend un fait banal, un objet vulgaire et commun pour le faire servir à l'explication de ses sentiments. Une dame dont il recherchait les faveurs, vit un jour sa maison brûler. Notre poète lui envoya aussitôt le huitain suivant :

Voulant Amour, soubs parler gracieulx,
Porter son feu pour ton cœur enflammer,
Il ressortit marry et furieux,
Car il ne peust ton dur cœur entamer.
Alors pensa, pour se faire estimer,
Qu'il brusleroit tout ce qui seroit tien,
Et que verroys de tes yeux consommer
Moy par dedans et par dehors ton bien. III, 54.

Explication assez ingénieuse d'un accident désagréable, mais qui dut médiocrement consoler la dame qui l'avait souffert. C'est de cette manière, par des rapprochements inattendus, de délicates allusions que Mellin a composé la plupart de ses petites pièces. Le procédé n'est pas nouveau, mais il plaît toujours, pourvu qu'il ne soit pas gauchement employé. Les sentiments ainsi exprimés, empruntent au fait extérieur une force, une clarté particulières. Et, à n'en pas douter, c'est à l'ingéniosité de ses explications, que notre poète dut une grande partie de sa renommée. Dans ce genre, il a parfois glissé dans la puérilité, mais il a su toujours se garder des monstrueuses extravagances des rhétoriqueurs. Marot sur ce point serait peut-être moins que lui à l'abri de la critique. C'est que Mellin eut sur son ami un avantage incontestable : celui de la science et d'une instruction des plus étendues. Et en cela il appartient à la Renaissance.

Cette antiquité grecque et latine, que les disciples de Dorat furent obligés d'étudier péniblement au Collège de Coqueret, il la connaissait, lui, de très longue date. Ses nombreuses imitations des Grecs et des Latins en sont une preuve suffisante. Bien plus, cette antiquité il l'aimait. Peut-être préférait-il la lecture de Catulle, de Martial et d'Ovide, à celle de Virgile et d'Horace ; l'Anthologie pouvait avoir pour lui plus d'attraits qu'Homère et les Tragiques grecs, mais il connaissait tout cela. Aussi mérite-t-il vraiment le nom d'*humaniste* ; car non seulement il aima les Lettres, mais il rendit les services les plus signalés à l'humanisme en France. Gardien de la bibliothèque du château de Blois d'abord, et puis de celle du château de Fontainebleau, il veilla sur ces trésors littéraires et les augmenta même. La postérité fait grand honneur à François Ier d'avoir ouvert le temple du savoir et protégé les humanistes de l'époque. Peut-être faudrait-il en rapporter la principale gloire à ses conseillers et une grande partie à notre poète.

Dans tous les cas, Mellin de Saint-Gelays a plus fait pour la Renaissance qu'aucun des disciples de Marot et que le maitre lui-même. Il y a contribué, en effet, encore par cette élégance de style, ce tour aisé, comme dit Baillet, qu'il avait emprunté aux Anciens. Si quelquefois il a abusé de sa facilité, l'aisance du style, la finesse et la grâce sont des qualités qu'on ne saurait lui refuser. Seulement ces qualités il les doit autant à l'Italie qu'à l'antiquité.

J'ai déjà fait remarquer combien l'influence italienne avait été profonde et durable chez Mellin. Quand il repassa les Alpes, tout était devenu italien chez lui. Déjà l'italianisme avait pénétré à la cour de France après la première campagne des guerres d'Italie, il s'y développa rapidement dans la suite, surtout après l'arrivée de Catherine de Médicis. Mellin l'introduisit dans les Lettres et plus particulièrement dans la poésie sous la forme du *pétrarquisme*. Là encore, ce genre nouveau se développa très vite, et engendra bientôt les plus regrettables abus. Mellin n'en est pas entièrement responsable. Par malheur, il a lui-même pratiqué, toute sa vie durant, cette froide et insipide galanterie italienne qui gâte la plus grande partie de la poésie du XVIe siècle. Ronsard, Du Bellay et toute la Pléiade à leur suite ne surent pas s'en garantir. De plus, les novateurs eurent beau proscrire tous ces petits genres insignifiants et mesquins, importations de l'Italie, moins de trente ans après le célèbre manifeste de 1549, Desportes rimera « des cartels et des mascarades, des sonnets *Pour un Miroir* ou *Pour des pendants d'oreilles*, ou *Pour une faveur donnée à M. le duc d'Anjou* [1] », quand ce n'est pas pour des sujets pires encore. La poésie était revenue à ses anciens errements et c'était comme « la revanche du vieux Mellin de Saint-Gelays, tant honni [2] ».

Il rapporta aussi de l'Italie le sonnet et le madrigal, et c'est un titre de gloire pour lui de les avoir introduits en France. Il en rapporta aussi le goût de l'astrologie et contribua à acclimater chez nous cette prétendue science.

J'ai hâte d'ajouter que, quel que fût son engouement pour cette insipide rhétorique italienne, son goût le préserva toujours des fautes contre le langage. On trouve très peu d'italianismes dans ses vers. Il fut, au contraire, tant qu'il vécut, un des plus ardents défenseurs de la langue nationale. Sur ce point, il est resté bien français, et mérite notre reconnaissance. Seulement, par un aveuglement étrange bien qu'assez fréquent, il tomba lui-même dans bon nombre des défauts qu'il reproche aux autres.

VI

La mignardise et la préciosité sont choses fréquentes chez Mellin de Saint-Gelays, si fréquentes même qu'on a dit qu'elles constituaient le caractère de son œuvre. Elles sont, en effet, l'écueil du genre de poésie qu'il avait choisi. A force de vouloir être aimable, on devient presque forcément mignard. De plus, l'esprit le mieux doué

1. M. Paul Morillot, *La poésie après Ronsard*, dans *l'Histoire de la langue et de la littérature française* de L. Petit de Julleville, t. III, chap. V, p. 239.
2. *Ibid., ibid.*

n'est pas toujours également heureux dans ses improvisations. Parfois la liaison entre deux idées qui se présentent subitement est des plus ténue, la comparaison ne repose que sur une pointe d'aiguille. Et si la pensée est un peu vague ou l'expression imprécise, on a aussitôt l'obscurité : deux défauts qu'on rencontre aussi chez Mellin, rarement cependant, car il fut un improvisateur hors de pair. Mais ce qu'il y a de plus choquant dans ses poésies, c'est la froideur. Il manque trop de sincérité. Rarement on trouve dans ces bluettes un élan passionné, un cri du cœur : c'est qu'encore une fois le poète ne voulait que s'amuser. Or, on ne s'amuse pas à montrer le fond de son âme, mais on s'amuse avec des jeux d'esprit, avec le clinquant d'une rhétorique subtile.

Cette froideur générale contribue à faire remarquer la monotonie des sujets traités et les négligences de style et de versification. La répétition continuelle d'un même air, si harmonieux soit-il, devient à la fin exaspérante.

Voilà, certes, bien des défauts. J'ajoute même que, réunis chez un homme extrêmement aimable, et grandement admiré, ils constituaient un danger pour notre littérature nationale. Elle risquait de s'enlizer dans cette prétention et cette mollesse efféminée, qui venaient de précipiter la littérature italienne dans une décadence lamentable.

Heureusement, Ronsard et ses disciples vinrent tirer notre poésie de ce mauvais pas en l'invitant à se proposer un autre idéal plus haut.

Du reste, Mellin de Saint-Gelays avait aussi de réelles et précieuses qualités. Laissons de côté sa science reconnue, Baillet fait, en effet, remarquer que « c'est peu pour la poésie ». On ne peut lui refuser l'esprit. Il en eut beaucoup et du meilleur. Charles Fontaine [1], lui écrivait :

1. *Odes, énigmes et épigrammes adressées pour étreines au Roy et a la Royne, à Madame Marguerite et autres Princes et Princesses de France*, p. 54. — Bibl. Nat. Rés. Ye. 1681.

Pour te bien louer par escrit,
De toy je voudrois emprunter
Ton cler et divin esprit,
Si tu me le voulois prester.

Beaucoup d'écrivains de cette époque auraient voulu, certes, pouvoir contracter cet emprunt chez Mellin de Saint-Gelays. Il y avait, en effet, en lui une grâce aimable dont le charme nous pénètre encore à si longue distance. Tous les critiques sont obligés d'en convenir, et citent pour l'ordinaire comme exemples les deux petites pièces *D'un présent de cerises* et *Douze baisers gaignés au jeu* [1]. J'ajoute que cette grâce charmante se montre surtout dans les heureuses comparaisons que le poète emploie pour mieux exprimer sa pensée ; elles sont nombreuses et variées. Il terminait un huitain à sa dame, où il lui demandait au moins « quelque bien », par ces quatre vers charmants.

Je ne voy point que l'on cherche la rose
Pour n'y trouver qu'espine et cruauté ;
On en fait cas pour bien meilleure chose,
Car sa douceur respond à sa beauté. II, 81.

Sa délicatesse n'est pas moindre. Il sait toujours exprimer sa pensée avec tact et politesse. Il connaissait l'art des nuances. Ces qualités lui étaient d'ailleurs indispensables pour sauver sa situation.

Cependant, c'est surtout la douceur et l'harmonie de ses vers que les contemporains ont le plus vanté chez Mellin. Tour à tour Macrin, François Habert, Scaliger, Du Bellay, Olivier de Magny, Pontus de Tyard, Ronsard et Antoine Muret ont exalté cette douceur. C'est une légende reçue que, comme pour Platon, les abeilles nourrirent notre poète au berceau des doux sucs « du thym

1. *Œuvres de M. de S.-G.*, I, 200 et 213.

et de mélisse », Ronsard dans son *Hymne des Astres* [1], le proclame après François Habert [2]. On se plait à répéter que son nom fut choisi par les Muses pour présager et signifier la douceur des vers coulant « de sa plume emmiellée [3] ». C'est du moins ce que nous assure Scaliger [4], en célébrant ce nom. Et Du Bellay compare la poésie de Mellin au cours de la « Sône douce et lente », disant que ses vers coulent aussi doucement que son nom, aussi doucement « que le nectar des Muses [5] ». Et par suite tout ce qu'il dit, tout ce qu'il écrit, bien plus, tout ce qu'il touche a la douceur du miel.

> Plectra manus dum tangit eburnea mellea fiunt,
> Pollice dum chordas, chordas de melle putares,
> Melleus est pecten, lyra mellea, mellea et illa
> Omnia quae caneret mellitis carmina chordis.

Voilà ce que nous assure le grave Dorat, au lendemain de la mort de notre poète [6]. Bien longtemps auparavant, Macrin, écrivant à son ami, l'assurait que ses vers avaient une douceur telle qu'ils calmaient instantanément sa Chloris, pire qu'une tigresse à qui l'on aurait ravi ses petits [7]. A cela rien d'étonnant, certes, puisqu'Olivier de Magny disait à son tour, s'adressant aux Muses pleurant la mort de Salel, que Mellin avait maintes fois par la douceur de son chant, dompté les ours, arrêté le cours des fleuves et charmé les rochers et les forêts, aussi bien qu'Orphée [8]. Ce sont là fictions poétiques, mais

1. Edit. Marty-Laveaux, t. VI, p. 138.
2. *Epistres héroïdes*, fol. 68 r°.
3. Pontus de Tyard, édit. Marty-Laveaux : *Vers lyriques*, p. 123. — *Erreurs amoureuses*, Sonnet LXVII, p. 58.
4. *Julii Cæsaris Scaligerii, veri clarissimi, poemata in duas partes divisa.* — *Farrago*, p. 137 — *Archilochus*, p. 343.
5. Edit. Marty-Laveaux, t. I, p. 238.
6. *Joannis Aurati poemata...*, *Epicedium Mellini Sangelasii*, p. 37.
7. *Carminum libri quatuor*, 1530, fol. 44 v°.
8. *Les Gayetez*, édit. Courbet, t. I, p. 77.

sous lesquelles il est facile de discerner la vérité. Antoine Muret nous l'exprime tout simplement, quand il dit « que Sainct-Gelays surpassait de bien loin en doulceur tous ceulx qui devant lui avaient escript en langue françoise [1] ».

Et, de fait, la forme de sa poésie est harmonieuse. Il était, en effet, musicien, et avait le don du rythme. Sa versification est nette et soignée, on reconnaît la main d'un artiste. Aussi je ne crains pas d'avancer qu'il a contribué autant et peut-être plus que Marot aux progrès de la langue et de la versification à cette époque [2] : progrès qui allaient permettre à Ronsard d'entreprendre d'égaler les anciens.

VII

Quant aux genres divers dans lesquels s'est exercé Mellin, je serais tenté de dire qu'il n'en a connu qu'un seul : l'*impromptu*. Mais il a emprunté diverses formes poétiques, selon les circonstances.

Ses *petits vers*, improvisés au jour le jour, qui lui méritèrent une grande réputation, ne présentent pour nous qu'un intérêt secondaire. Ses *Epîtres* valent mieux et sont plus dignes d'attirer notre attention, mais elles restent inférieures à celles de Marot. Il a fait preuve de quelques qualités poétiques, mais surtout d'habileté dans ses *Ballades*, *Rondeaux* et *Chapitres* ; du moins on ne saurait lui enlever la gloire d'avoir introduit en France le *Madrigal* et le *Sonnet*. Il s'est même élevé aussi haut que quiconque de ses contemporains, dans un de ces derniers petits poèmes. Ses *Elégies* sont froides ou trop spirituelles, c'est

1. Rapporté par Colletet, *Vie de M. de S.-G.* p. 79.

2. Cf Bourciez, *Histoire de la langue et de la littérature française* de L. Petit de Julleville, t. III, chap. III, p. 133, *Progres de la versification*.

convenu ; mais il mérite une place à part parmi les meilleurs écrivains pour ses *Epigrammes* et ses *Chansons*. Là son esprit l'a bien servi ; il est agréable, naïf et tout à fait dans la bonne tradition française. Je passe ses *Epitaphes* : ses *Contes* seraient charmants s'ils n'étaient grossiers presque tous. Dans ses *Cartels*, *Mascarades* et *Vers d'album*, il a fait preuve d'une grande ingéniosité, mais c'est presque tout. Seulement, en empruntant librement aux Grecs, aux Latins et aux Italiens, il enrichit la langue française, bien avant que les novateurs de la Péiade eussent songé à leur réforme.

Comme prosateur, s'il a moins écrit, il n'a pas moins de mérite. Sa traduction, ou plutôt son adaptation de la *Sophonisba* du Trissin, est une tentative originale. *L'Advertissement à une studieuse damoyselle*, est écrit d'un style alerte, toujours clair et sans prétention. La prose de Mellin vaut mieux que ses vers.

Sa réputation comme poète latin fut sans pareille : sans être supérieures aux meilleures de ses contemporains, ses poésies latines méritent les mêmes éloges que les vers français, et présentent les mêmes caractères. Mais elles intéressent beaucoup moins l'histoire de notre littérature.

Enfin, la petite pièce inédite jusqu'ici, *Amour et Argent*, que j'ai découverte, ajoute encore un peu à sa gloire. Elle nous montre que la nature ne lui avait pas refusé le souffle poétique. Il aurait été capable, aussi bien que Marot, de composer des œuvres de quelque étendue. Dès lors, je revendique pour Mellin de Saint-Gelays le titre de poète que certains voudraient lui refuser. Il fut vraiment poète, et si, trop souvent, il s'en tint exclusivement aux petits sujets, il a prouvé qu'il comprenait la haute poésie et pouvait s'y élever au besoin.

C'est donc un poète que ce sémillant aumônier de François Ier et de Henri II, mais c'est un poète à part dans notre histoire littéraire. Jamais peut-être vers n'ont moins coûté à leur auteur que les siens. Et ce n'est, certes, pas une mince gloire pour lui, après tant d'années, tant de changements dans la langue, dans les mœurs et les idées, que ses improvisations poétiques supportent encore la lecture, et présentent même quelque agrément.

Mais je n'hésite pas à ajouter ce qu'une dame lui écrivait ou était censée lui écrire, un jour :

> De louer tant et Amour et sa Dame
> C'est faict de soy par trop grand'vanterie
> C'est oublier son salut et son âme,
> C'est s'adonner du tout à menterie. III, 82.

Je comprends aussi que ce poète léger et badin n'excite pas de grandes sympathies. Il n'est pas de ceux pour lesquels on se passionne. Son ton de légèreté, de fine malice et de continuelle plaisanterie, peut même déplaire à beaucoup : c'est le sort habituel de ceux qui se piquent de bel esprit. Enfin, il est le dernier représentant d'une école qui disparaît. Et ce fut un grand malheur pour sa gloire. Car, instinctivement, on s'éloigne de tout ce qui finit, s'éteint et meurt de faiblesse. Toutes les sympathies au contraire vont à ce qui est nouveau, à ce qui commence et promet de durer. Rien de plus poétique, de plus attrayant que le soleil à son aurore ; mais cela ne doit cependant pas nous empêcher de goûter la mélancolique poésie de son coucher.

De plus, Mellin donne une foule de détails sur les mœurs, coutumes et événements de son époque, détails que l'on chercherait en vain dans les Mémoires du temps. On a fait remarquer que « les œuvres des écrivains qui ont aimé le monde ou l'ont fréquenté, respirent un parfum spécial, un charme subtil qui est au génie ce que la grâce est à la beauté [1] ». Or peu d'écrivains ont fré-

1. Victor du Bled, *La société française du* XVIe *au* XIXe *siècle*, 1re série, p. 4.

quenté le monde comme Mellin, et nul poète de cette époque ne laisse percer dans ses ouvrages un tel amour des plaisirs mondains. C'est un témoin aimable et fidèle de la vie de la haute société française en cette première moitié du XVIe siècle.

Aussi Mellin de Saint-Gelays aura toujours sa place dans la galerie des principaux écrivains, et quiconque voudra connaître l'histoire littéraire du XVIe siècle, s'arrêtera avec intérêt, en parcourant cette longue suite de personnages divers, devant cette fine figure, éclairée par un sourire délicat, spirituel, et qui contraste singulièrement avec les visages de ses deux voisins et amis, le bonhomme Marot et le « hault visant » Ronsard.

Vu :

Le Doyen,

F. DUMAS.

Vu et permis d'imprimer :

Toulouse, le 16 juin 1909.

Le Recteur,

Président du Conseil de l'Université.

Pour le Recteur :

Le Doyen délégué,

D. JEANNEL.

APPENDICE

Tableau chronologique des Sonnets de Mellin de S.-G.

DATE	SUJET ET CARACTÈRE	TERCETS	RÉFÉRENCES
1. Début	Conte grivois....................	dee. fef	I, 284
2. id.	Quand l'amour le prit ?........	CDC.DDC	I, 280
3. id.	Pour un présent de roses.....	CDC.DCD	I, 283
4. 1525 ?	Billet à Clément Marot, au sujet d'une grande dame.......	CDC.DEE	I, 262
5. ?	Beautés physiques de la figure de s'amie....................	CCD.EED	I, 285
6. ?	Contre les lunes de s'amie....	CCD.CCD	I, 288
	— variante.	CDC.EDE	
7. ?	Plainte amoureuse, vers rapportés..........................	CDC.DEE	I, 301
8. 1533	Réponse à Siméoni pour Mlle de Traves...................	CCD.EED	I, 281
9. 1536 ?	En face de monts élevés......	CCD.EED	I, 78
10. 1544	Pour la naissance du duc de Bretagne, né le 20 janvier...	CDC.DCD	I, 290
11. 1544	Sur le Pétrarque du duc d'Orléans, mort le 9 sept. 1545..	CDD.CEE	I, 287
12. 1546	En l'honneur du Dauphin et de Diane de Poiters............	CDD.CEE	I, 296
13. 1546	Préface de l'*Advertissement sur les jugements d'Astrologie*....	CDD.CEE	I, 299

DATE	SUJET ET CARACTÈRE	TERCETS	RÉFÉRENCES
14. 1547	Préface des *Voyages adventureux*........................	CCD.EED	I, 292
15. 1547	Début du règne de Henri II...	CCD.EED	I, 295
16. 1548	Pour les masques de M. de Martigues....................	CCD.EED	I, 294
17. 1548	Sur le sermon d'Esclairon.....	CCD.EED	I, 297
18. 1550	Pour les masques en Rogier et Marphise....................	CCD.EED	I, 298
19. 1550	Epitaphe de Marie Compan....	CDC.DEE	II, 293
20. 1554	Pour les *Bocages* de Ronsard..	CCD.EED	III, 112
21. 1555	Pour l'*Amadis des Gaules,* traduit par Herberay des Essarts.	CDE.CDE	II, 300
22. 1557	Vieux, il craint de retomber en amour.......................	CDC.EDE	II, 254

INDEX

TABLE DES MATIÈRES

Pages

PREMIÈRE PARTIE

Vie de Mellin de Saint-Gelays

DEUXIÈME PARTIE

Œuvres de Mellin de Saint-Gelays

5001209. Rodez, imp. Carrère.

bibl items

p. 515 n: Chasles *Etudes* ...

←

Collège Coqueret p. 199
p. 341 n

Mellin: 'apologie' for astrology 506

nb p 505: books on astrology...

Cardano... 504, 506 n

Pontus de Tyard 505

Lightning Source UK Ltd.
Milton Keynes UK
UKHW011320040219
336708UK00016B/1359/P

9 780282 169626